堀一郎著作集

第二巻

宗教と社会変動

未來社

編集　楠　正弘

堀一郎著作集第二巻

宗教と社会変動

目次

日本宗教の社会的役割（日本宗教史研究Ⅰ）

宗教・習俗の生活規制（日本宗教史研究Ⅱ）

単行本未収録論文・エッセイ

凡　例

一　本巻は、『日本宗教の社会的役割』（一九六二年八月、小社刊）、『宗教・習俗の生活規制』（一九六五年五月、小社刊）を底本にし、単行本未収録論文・エッセイを加えたものである。

二　仮名遣いおよび旧字体の漢字等は原則として底本・原文のままとした。

三　本文中、現在では用いられない不適切な表記・表現があるが、本書は学術研究書であり、底本刊行時の時代性、著者がすでに故人となっていることを考え、そのままにしてある。

宗教と社会変動

日本宗教の社会的役割

日本宗教史研究Ⅰ

このつたなき論集を
柳田国男翁に
つつしみて捧げまつる

はしがき

『我が国民間信仰史の研究』二巻を出版して以後、折にふれて発表したものが、およそ六〇〇ページ分ほどたまった。それでこれを多少類に従ってまとめてみることにした。本書はその第一部で、日本の宗教と社会とのかかわり合いを、歴史的、且つ現在的の両面から追求した「日本宗教の社会的役割」という主論文を中心に、日本人の宗教生活、霊魂観念、信仰習俗の三つに分類し得るような作品をあつめてみた。

なにぶん、一貫した構想のもとに執筆した論著ではないから、なかにはややくだいた読物ふうのものもあり、評論めいたものもあり、多少の重複もあって、不統一のそしりは免れない。しかしそれらを通して、私が終始解明しようと試みているのは、日本の一般民衆の理解と実践のなかに見出し得る宗教意識と信仰形態であり、また社会と宗教とのかかわり合いについてである。この意味では多少不揃いな論集ではあるが、私の意図しているところが、いろいろの角度から論じられている点で、多少の存在意義を持つかと思う。

宗教史学がどのような理論と方法を持たねばならぬかは、マックス・ミュラー以来の懸案であるが、何よりもまず、彼の提唱した宗教の What it was or is があきらかにされなければ、宗教哲学や神学からの独立を宣言した宗教学そのものの存在意義は消失してしまう。そして宗教現象の歴史分析や現状分析は、必ずしも宗教者そのもの、教義そのものの分析のみで能事終れりとなすことの出来ない特徴を持っている。そこには数において圧倒的多数の信者群や、潜在的な形で宗教意識を表白し、慣習的に宗教的実修に従っている民衆がある。私の眼はこの宗教現象の底辺へと偏向する。宗教史学がこの分野のみのものでないことは、私も十分に知っている。しかし宗教者と信者、正統な教義と民間宗教とのずれをあきらかにし、民衆が宗教に求めるところを正しく分析することも、また宗教史の重要な任務としなければならない。こんにちの精神文化の危機とは、決して宗教教理や宗教者そのものの精神内容が危機に瀕しているのではなく、実に民衆の上におおいかぶさっている精神文化と物質文化のマル・アジャストメントに起因していると考えられるからである。

この意味で本書は日本宗教史研究という従来の常識的概念を多少破ったものとなった。しかし日本宗教史も単なる過去の考証の学から脱却し、現在的意義の探究へと展開すべきではないかと思っている。本書がこの目的に十分にかなった論集であるというのではないが、現在の意識につらなる常民の宗教史をすこしでもあきらかにしたいというのが私の念願であり、今後もその努力をつづけて行きたい。

第二巻は特に民間仏教の社会的役割や規制の問題を中心とした論文を集めてみたい。本書の出版にあたって示された未來社の西谷能雄氏の大きな好意に深謝の意を表する。

一九六二年七月一日

仙台にて　堀　一郎

追記

ことしは岳父柳田国男翁がめでたく米寿を迎えられ、公私のお祝いの会が催された。この小著は、翁の誕生日である七月三十一日に、私の心ばかりの祝意をこめて献呈する予定であった。いろいろの事情で出版がおくれ、とうとう生前これをお眼にかけることが出来なくなってしまった。過去二十五年間にわたって、私と私の一家にそそがれた翁の深い愛情、たどたどしい私の学問の歩みにあたえられた暖かい導きと励ましを想うと、限りない悲しみに打ちひしがれて物いうすべもない。今はただ翁の生涯をかけて念願とせられた「日本と日本人を知るために」、その墾かれた畑を一寸でも深く耕すことが、翁のみたまをなぐさめる、せめてもの道であろうかと、心に期するばかりである。

（昭和三十七年八月十三日　柳田翁葬儀の翌日しるす）

一　日本宗教の社会的役割

一　日本宗教史の立場

この小さなペーパーの目的は、日本の社会、文化の進展の上に果した、また現に果しつつある宗教の役割を、特に自分の専攻する「日本宗教史」の立場からとりあげ、そこに見出される日本の宗教と、日本人の信仰の性格と形態とを素描しようとするにある。

ここで私が、特に「日本宗教史」の立場から、といっている点には、多少の注釈が必要である。それは姉崎正治博士(1)、土屋詮教氏(2)以来、大学の講義や著書、あるいは講座の類に、しきりに「日本宗教史」という題名が用いられてきているが、そこにはまだ共通の理解や立場というものがはっきりしていないように思われるからだ。なるほど人々の間には「日本」という共通の意識はある。また「宗教」の漠然たる理解はある。しかし日本といっても、それが地理的な日本なのか、日本という社会なのか、日本人なのかは、論者によってかなりの違いがあり、宗教という用語も、その具体的な理解の仕方や着眼に応じて、異なる意義や価値を持つようになるのである。

土屋氏の『日本宗教史』には、たしかに彼の持つ独自の識見がある。彼はまず宗教とは何ぞやという問から起して、日本宗教史を日本哲学史、日本倫理思想史との連関において研究すべき特殊領域とした。また、加藤咄堂氏はその『民間信仰史』(3)においてウィリヤム・ジェームズ William James の説などを挙げて、民間信仰史研究の意図を明らかにしている点も注目される。

しかしそののちの多くの著者たちは、「日本宗教」の題名を二つ以上の多宗教にわたる編年史であったり、その制度史[4]、思想史[5]、あるいは交渉史であったり[6]、もしくは従来の神・儒・仏・道といった分類のいずれにも属し得ない領域を取扱う際にこれを使ったと考えられるケースが多いのである。たしかに、民間信仰史の研究[7]も[8]、切支丹の迫害と潜伏の歴史[9]も、また日本に特発した修験道史の研究[10]も、日本巫女史[11]も、近代の民衆宗教史の研究[12]も、これを広く日本宗教史の一分野と見なすことができるであろう。

ただ、日本宗教史が単なる大学の講座制の便宜や多宗教にまたがるゆえに用いられる名称というだけでなく、「日本宗教史学」という独立した分科的領域を主張するものであるとするなら、そこには明確な立場や態度、目的と方法が要求されなければならない。このためには、多少の注釈が必要である。結論的にいうならば、そこにはいろいろの考え方に立つ日本宗教史があり得るが、私はその主要な目的は、日本人が発想し、あるいは他から受容しつつ展開せしめた宗教の形態と、この宗教を通して表白している信仰もしくは宗教意識の形態を、日本の文化、社会との歴史的関係においてとらえることにある、と考えている。

日本には神道という自発的宗教があり、儒教、仏教、道教、陰陽道、切支丹、等々の受容的諸宗教があり、さらにこれらの幾つかの要素のシンクレティズムに立つ夥しい数の教団や分派がある。またこれらの教団分派のいずれにも属さない未組織の雑然とした民間信仰や俗信がある。したがって日本宗教史は、これらそれぞれに門戸を張り、存在意義を主張している教団分派の個別的差異に注目し、それぞれの成立事情や特殊的思想や実践や機能をあきらかにすることも、もちろん重要な領域とすべきであるが、また他方、こうした日本人の宗教の多種多様なる個別性にもかかわらず、それらが相倚って日本の社会と文化、日本人の人格の型の形成に基本的な機能を果してきた点から、これらを日本宗教という統合体の sub-pattern もしくは相互に矛盾対立しつつ一つの全体を構成する pattern variables と見[13]、このなかに共通性を発見しようとすることも、日本宗教史の一つの任務としたいのである。

宗教はもちろん、人間存在の窮極的関心であり、人間の窮極的価値と意義に関する態度と行為とであるといわれるが、したがって宗教は一方では社会倫理の基礎となるべき窮極的価値を与えるものであり、また他方では、価値と意義への窮極的脅威、すなわち窮極的フラストレーションと呼び得るものを処理する役割をも持つのである。窮極的関心の対象は超絶的な「聖」とか「神」に象徴されるが、これへの服従、帰依の構造を通して、宗教はその社会の中心的価値に形而上的意義と基盤を提供することとなり、他方、人間や人間集団の当面する、人力をもって支配しがたく、倫理的に意義づけ得ないような窮極的フラストレーションにたいして、適切な解答を与え、その社会の中心的価値を冒すことなく、人々に活力と勇気を与えるものと考えることができるであろう。(14)

かくて宗教は、一面に現世からの超脱、人間の超克を教えるのであるが、しかし反面、宗教を要求する社会と人間によって逆に規制されるという悲劇的運命を担っている。宗教は一方で聖に、他方で俗にかかわるものであるから、理念内においても、また理念と現実の関係において、多くの矛盾性をはらんでいるが、しかも宗教は、つねにその時代、その社会の文化を反映し、それと別ちがたくからみ合いつつ、その時代と社会とを形成してゆく基本的要素の一つとなっているのであるから、社会と文化の変遷には、必ずつねにその宗教の形態、宗教意識や信仰形態の変化が、ある場合にはこれに先行し、ある場合にはこれに随伴して起るのである。

したがってわれわれは二つの操作を必要とする。一つは可能的な日本宗教のプロト・タイプを個別宗教史の時代的変遷を通しての普遍性の発見から想定することであり、もう一つは変化そのものの共通性の発見から想定することである。このプロト・タイプの想定は、歴史的溯源によって得られる原初形態《ウル・ティープス》を指すのではなく、歴史を貫いてあらわれる原質《プロト・プラスム》を内蔵する形態であり、またこれに支配される変化型なのであるから、それは宗教史といっても、単に過去的な価値を有するだけでなく、現在的な意義を持つものでなければならないのである。

こうした日本宗教史の研究には、もちろんいくつかの方法があるが、宗教を孤立したアスペクトから考察するのではなく、日本文化の錯雑した歴史的脈絡において把握し処理しようとするのであるから、それは神学的、教理学的ではあり得ず、人文、社会両科学の方法と研究成果の上に立つものでなければならない。たとえば社会構造と宗教や信仰のかかわり合いを追究するためには社会学や社会人類学の方法や着眼が、また社会における他の基本的諸要素と宗教の関連性については、政治、経済、倫理、制度に関する史的研究の成果が、さらには宗教や信仰の基本的な現象、たとえば神観念、霊魂観念、他界観念、祖先崇拝、巫俗、行事、祭祀といった観念表出や信仰形態については文化人類学、民族誌、民俗学、考古学などの資料や法則や仮説が導入されなければならないであろう。

この立場は、かなり困難なもので、実証的でありつつ思弁的でなければならず、記述的であるとともに抽象化せねばならぬという方法論上の矛盾を含んでおり、一つの立場を固執する人々からの多くの批判を覚悟せねばならぬのである。たとえばシカゴ大学の故ヨアヒム・ワッハ Joachim Wach の、宗教史的もしくは彼のいうところの religionswissenschaftlich な立場に立つ「宗教社会学」[15]と、タルコット・パースンズ Talcott Parsons やシルス Edward A. Shils やインガー J. Milton Yinger やグッド William J. Goode など、現代アメリカ社会学者の宗教社会学の諸論を比較してみればよい。ワッハの作品はアメリカ宗教社会学者には十分理解されず、また正しく評価もされていないし、ワッハは逆に宗教を社会的集団の一機能と見、もしくは文化表現のもう一つの形式としか見ない多くのアメリカ宗教社会学者にたいして頗る批判的であった。[16] ワッハの意見はヌーメン[17] Numen との霊交こそがいずれの宗教社会においても宗教的統合に達する最初の、そして基本のものである、とするのにたいして、アメリカ宗教社会学者は、かかる出発点はワッハ自身公言する「宗教の社会学的意義の探究は公平にして客観的なアプローチがなされねばならぬ」とするプリンシプルに適合しないとし、社会構造とここにおける価値体系の脈絡のなかに宗教現象をとらえることこそ宗教社会学の本筋とするのである。[18] ここで私は二つの立場の可否優劣を論じようというのではない。同じ「宗教社会学」の名のもとにも、純粋に社会学的立場をとるか、宗教学的立場をとるかによって、現象にたいするフォーカスのあて方や、その重要性に関する認識の仕方や、したがって探究の方法にかなりの差異が生ずるものであることをしめしうれば足りる。それはまたドイツ流の教養に育ってきた学者と、アメリカ流のそれに培われた研究者のキャリアの差異からも起る結果であろう。ただ宗教史というものは元来独自の方法論を持たない学科の一つである以上、そして宗教現象が人類普遍のものである以上、これを科学化するためには上述の立場を取ることはやむをえないものであり、「日本宗教史」を単なる個別的宗教の年代史的並列の記述学や、二つ以上の個別的宗教の交渉史といった、曖昧な従来のあり方から独立させうる一つの行き方ではなかろうかと思っている。本論はこうした私なりの立場からする一つの試みであり、もとより成算を期しての上のものではないのである。

（1）姉崎正治は東京帝国大学文学部に「宗教学」講座（のち、宗教学宗教史講座と改めた）開設以来その初代教授となり、「日本宗教史概説」を講じた。その大要は Anesaki, M.: History of Japanese Religion, London, Kegan Paul, 1930. として出版された。

（2）姉崎以後に「日本宗教史」と題して著書を発表したものには
土屋詮教『日本宗教史』東京、自修社、一九二五年。

比屋根安定『日本宗教史』全五巻、東京、三共出版社、一九二五年。

比屋根安定『日本宗教史』東京、教文館、一九五一年。

総司令部民間情報教育部宗教資料課編、文部省宗教研究会訳『日本の宗教』東京、一九四八年。

家永三郎、小口偉一、川崎庸之、佐木秋夫監修『日本宗教史講座』全四巻、京都、東京、三一書房、一九五九年。第一巻、国家と宗教、第二巻、宗教の改革、第三巻、宗教と民衆生活、第四巻、現代の宗教問題。執筆者には監修四氏のほか、笠原一男、柴田実、竹田聴洲、森竜吉、高取正男、田村円澄、村上重良、鈴木宗憲、中濃教篤ら十六名にのぼる。

（3）加藤咄堂『民間信仰史』東京、丙午出版社、一九二五年。なお氏には『日本宗教風俗志』東京、森江書店、一九〇二年がある。

（4）たとえば、豊田武『日本宗教制度史の研究』東京、厚生閣、一九三八年。

（5）たとえば、西田長男『日本宗教思想史の研究』東京、理想社、一九五六年。

（6）たとえば、原田敏明『日本宗教交渉史論』東京、中央公論社、一九四九年。

（7）たとえば、小口偉一『日本宗教の社会的性格』東京、東大出版会、一九五三年。

（8）たとえば、堀一郎『我が国民間信仰史の研究』二巻、東京、東京創元社、一九五三年、五五年。桜井徳太郎『日本民間信仰論』東京、雄山閣、一九五八年。

(9) たとえば姉崎正治『切支丹の迫害と潜伏』丹波市、養徳社、一九四九年。海老沢有道『切支丹史の研究(畝傍史学叢書)東京、畝傍書房、一九四二年。田北耕也『昭和時代の潜伏キリシタン』東京、日本学術振興会、一九五四年。古野清人『隠れキリシタン』東京、吉川弘文館、一九六〇年。

(10) たとえば、和歌森太郎『修験道史研究』東京、河出書房、一九四三年。村上俊雄『修験道の発達』東京、畝傍書房、一九四三年。戸川安章『羽黒山伏と民間信仰』鶴岡、庄内郷土誌刊行会、一九五〇年。

(11) たとえば、中山太郎『日本巫女史』東京、大岡山書店、一九三〇年。柳田国男「巫女考」(雑誌、郷土研究、第一巻第一号―第一二号)郷土研究社、一九一三年。

(12) たとえば、村上重良『近代民衆宗教史の研究』京都、法蔵館、一九五八年。また高木宏夫『新興宗教』東京、講談社、一九五七年もここに挙げておく。

(13) この言葉はTalcott Parsonsが彼の社会学上の用語として鋳造したもので、日本の社会学者はこれを「類型変数」と訳している。私もこの訳語をベラー Robert N. Bellah の Tokugawa Religion, The Values of Pre-industrial Japan, 1957. Glencoe を邦訳(堀・池田訳『日本近代化と宗教倫理』一九六二年、未來社、東京)の際には踏襲したが、訳語としては不適当かつ難解である。元来この語は社会関係を認識する対立概念として、従来考えられた二分範疇を訂正すべく提出されたものである。ここではこれをかりに日本宗教の複雑な諸関係の認識にこの用語を借用したのである。なおパースンズの社会理論にはParsons, T.: The Structure of Social Action, NewYork, McGraw Hill, 1937; The Social System, Glencoe, The Free Press, 1951; Essays in Social Theory, Glencoe, The Free Press, 1949. Parsons, T., Bales, R. F., and Shils, E. A.: Working Papers in the Theory of Action, Glencoe, Ill., The Free Press, 1953.

(14) Tillich, Paul: The Courage to be, New Haven, Yale University Press, 7th ed., 1957, "Types of Anxiety" pp. 40-56; "Pathological Anxiety, Vitality and Courage" pp. 64-78.

(15) Wach, Joachim: Sociology of Religion, Chicago, University of Chicago Press. 1944; "Sociology of Religion" in Twentieth Century Sociology, edited by Georges Gurwitch, and Wilbert E. Moore, pp. 406-437. Philosophical Library Inc., New York, 1945.

(16) Parsons, T.: Religious Perspectives of College Teaching in Sociology and Social Psychology. 1952, New Haven, Conn., Edward W. Hazen Foundation; The Structure of Social Action, Chap. XI, XIV, XV, XVII, NewYork, McGraw

Hill, 1937 : Social System, Glencoe, The Free Press, 1951.
Shils, E. A.: "The Present Situation in American Sociology," in Pilot Papers, II, No. 2 (1947), London.
Yinger J. M.: Religion, Society and the Individual, New York, Macmillan, 1957.
Goode, W. J.: Religion among the Primitives, Glencoe, The Free Press, 1951.

(17) Numenとは、ローマの宗教でローマ固有の神々の大多数がそうであるように、その存在は感得されるが、その性格や個性は極めて漠然とした観念より持ち得ないような、名のない一種の神的な力、もしくは精霊的なるものの意味で、メラネシア人の持つマナManaとかシオウ・インディヤンの持つワカンWakanといった観念とも比較され得るもの。このラテン語からルドルフ・オットーRudolf Ottoは真、善、美を越えた宗教的理解の独自の対象であるmysterium tremendum et fascinansをあらわす言葉としてヌミノーゼ（英numinous）という術語を鋳造した。Otto, R.: Idea of the Holy (rev. ed.), transl. by J. W. Harvey, London, Oxford Univ. Press, 1946. (10th impr.).

(18) Wach, J.: The Comparative Study of Religion, ed. with an Introduction by J. M. Kitagawa, New York, Columbia University Press, 1958. Introduction xxxiii.

二　宗教の社会的機能に関する理論

私は前節で、自分なりの立場を一応あきらかにした。この立場から、日本の宗教の形態と信仰の態度を考えてゆきたい。

さて、宗教を神の主体性においてとらえる行き方、すなわち宗教は神の創りなせるもの、神とか久遠実成の仏によって啓示されたものとする立場は、いわゆる神学であるが、これを人間の側においてとらえるのが人文、社会科学における宗教の扱い方である。最も保守的な神学者も、社会が宗教の性格とその発展の上に何程かの役割を果したという事実は認めざるを得ないごとく、宗教は人間、社会、文化と切り離して考えることはできないのである。

なぜなら、神によって啓示された宗教も、それをうけとる人間と、その人間によって構成される集団によって生活化されるのであるから、宗教は人類文化の複雑な脈絡のなかに、その基本的な要素の一つとして機能しつづけるのであり、特定社会の構造のなかに相互連関しつつ、自らを性格づけ、また社会を性格づけ、さらには自らを変化させ、また社会を変化させるからである。

この点についてアメリカの宗教社会学者インガー J. Milton Yinger はその著『宗教、社会及び個人』(1) のなかでつぎのようにいっている。宗教信仰と実践の体系は、もちろん社会の性格によって著しい差異があるが、しかし、宗教の性格は極めて複雑に社会、文化、およびその宗教を実修する個人の個性傾向と欲求とにむすび合っており、そのいずれもが他の要素に影響することなく変化することはできない。宗教信仰と実修の具体的なあり方は、その社会のスケールや変動の度合、その経済の性格、階層組織の型、他の社会との接触のあり方、等々によっていろいろ異なるし、また宗教と倫理との間には複雑な関連があり、宗教と知的探究の間にも強力な相互影響がある。経済活動、政治問題、族制、美的表現、ないし医療などを説明する場合も、これらが宗教に影響したり、逆に影響されたりした仕方を無視しては完全なものとはいえない。一般に、いわゆる教祖といわれる人々は、往々歴史の上に自発した新しい力と考えられているけれども、彼等もまたその社会、文化の刻印から遁れることはできないのである。社会の様式が変化したり、あるいは宗教が新しい社会に移植されるときには、それが蒙る変化は、宗教と社会の密接な相互関係をさらによくしめすことになる。(2)

ルース・ベネディクト Ruth Benedict も指摘しているように(3)、主要な文化の型と価値とは社会の性格と同様に、密接に宗教に関連している。確かに宗教は個人としての、また社会の一員としての人間の自然の表現ともいえようが、しかし宗教の力は、それが一たび動き出すと、複雑な相互作用の体系の一部となり、儀礼や祭式の要求は、より、正確な暦の作成への努力を促し、僧職制度は封建的土地領有制の解体を防止し、交易は宗教的な祭によって刺戟され、厳格な禁欲的な経済活動は選民たるの自覚を立証しようとの欲求から起り、宗教的感動は強く芸術のスタイルに影響する。宗教の影響は時に促進的、時に禁止的であり、その機能はあるいは顕在的、あるいは潜在的であり、またしばしば予期されない方向へも働くのである。一定の価値観点から見れば、その効果はよい場合も悪い場合もある。しかし宗教が社会的環境によって形成、もしくは再形成される過程を見落すことはあっても、宗教がこれらに与えた影響を無視することはできないのである。[4]

宗教と社会の間の関連性はその社会のタイプによっていろいろである。社会体系にはその社会で宗教が展開してゆくのに一定の限界を置く至上的な要因があるからである。[5] ヨアヒム・ワッハ[6] Joachim Wach は、「自然集団」すなわち、社会、部族、親族集団といったものと同延にある宗教と、「特殊宗教集団」と呼びうるものとの間を区別する必要を説き、元来宗教集団と社会集団は一つであったのが、社会が複雑化するにつれて、次第に特殊宗教集団へと移行した。この特殊宗教集団は広域社会とか政治的単位、部族とか国民といったもののなかにある特殊な儀礼集団、もしくは民族的政治的に全然異なる信徒団によって信仰される宗教と説明されるが、したがってこれは一つの社会の成員を分離し、また異なった社会の成員を宗教的に一つに結びつけるから、宗教と社会の領域の原始的な統一は破れてゆく。単に社会の俗的な構造の分化によってこの推移がたどられるだけでなく、また宗教的経験それ自身もここに含まれるのである。この両者の変化は決して自動的に起るのではなく、社会的な状況における変化と、これに付随する人格傾向の変化とから起りはじめ、しかも一度この変化が起ると、もはや俗的環境に立ち戻って関連づけるだけでは理解されえないような仕方で発展してゆく。とくに特殊宗教者と、とくに選ばれた宗教的実践があらわれると、宗教組織はそれ自身の内面的弁証法的展開をとげ、かくて社会と相互作用をはじめ、成長してゆく。こうした宗教と社会の変化の相互関係は、レッドフィールド[7] Robert Redfield も、フォーク・ソサエティ（folk society）が文明化してゆくとき、宗教の機能と支配がいかに変化するかについて、すぐれた研究を行なっている。かくして社会と宗教との関連性についての分析は、まずそれがいかなる種類の社会であるかの問題と、いかなる宗教的専門家があらわれ、いかなる信仰組織を作り上げ、いかなる権威を維持し増大しようとしているかの問題から出発しなければならないのである。[8]

そこで、宗教の社会的機能を考えてゆく場合、われわれは常に二つの面に注意しなければならないのである。かつて古く、デュルケーム Emile Durkheim[9] やジンメル Georg Simmel[10] は、宗教を社会的相互作用と集団生活の所作とし、デュルケームはとくに、社会は宗教的崇拝の対象であり、「聖」の基盤的源泉であって、宗教の本来的機能は社会的統一の保持にあるとした。社会はすでにして諸部分の相互依存的な体系であるから、宗教の諸様式もそれが体現されている全体から孤立しては理解されえないし、宗教的象徴、儀礼、教義、聖所などは、その一部として社会体系に合一し、全体系に神秘的価値を与え、俗的な賞罰以上の力をもって人々に服従を強制する働きをする。[11] また宗教はおしなべて窮極者、超越者にたいして人々に服従、帰依の構造を設定し、これが社会の中心的価値にたいして、形而上的な意義と支えとを提供し、個人や社会が、その平衡関係を維持する基本的なメカニズムとしての役割を果すが、しかし他方、この平衡関係が何かの理由で破綻し、世俗的な法律とか倫理では処理しえないような脅威にさらされるとき、さらに懺悔、儀礼その他種々の宗教的メカニズムを通して回復処理されることが多い。このような面からすれば、宗教の主要なる社会的機能は社会の統合と現状維持的価値の強化にあるともいえるであろう。

この主張は主として機能主義者と呼ばれる人々により、彼らの調査したアフリカその他の原住民の、大体において宗教と自然社会とが同延的に一致している社会での観察と分析から導かれたのであるが、これにたいしてクラックホーン Clyde Kluckhohn はナヴァホ（Navaho）の社会と宗教の集約的かつ機能的調査の結果、[12] またマートン Robert K. Merton はその『社会理論』において、[13] 機能には、「顕在的」（manifest）なもののみならず、「潜在的」（latent）な両面のあることを主張し、これが個人の上に、また社会の上にどのように作用するかによってその宗教がその社会で受容的構造として、社会統制のテクニークとしての存立理由を有するが、その機能には function と disfunction のあること、を論じている。マートンはさらに、ある型の構造社会では、宗教は社会統合よりはむしろ社会分解 disintegration の機能があり、とくに同一社会に異なる宗教が併存しているような、有文字高文化社会では、宗教集団相互間、宗教集団と俗的集団、宗教的教理及び価値と俗的多数者の価値観とが対立する場合が多く、つねにかならずしも宗教が社会の統合的機能を果すようにばかりは働かず、歴史的にも現実においても、むしろ逆のケースの方が多いことに注意している。したがって宗教の社会的機能を論ずる際、かかるただ一つの支配的宗教組織を持ち、全体社会の成員と宗教社会の成員とが実質的に同延的な社会の観察から導き出された仮説を、どこにでも援用してゆくことは危険でもあり、軽率でもある。だから機能主義者たちが、宗教の普遍的機能を、社会の制度的統合に向わしめる最も根本的な情緒を強化するための社会的メカニズムと主張することは、ちょうどマルクス主義者たちが宗教を「民衆の阿片」としたことと非常に近似している。そして彼らはともにある種の社会的条件の下では、宗教が民衆をして反抗せしめ、多数の男女の行動を社会構造の改変にかり立てた歴史的事実を無視しており、大衆が特定の宗教を受容するしないの差を、個人が阿片を吸うか吸わぬかの差のごとく見る傾向を免れない。したがってこれらは分析ではなくして評価である[14]。宗教の機能を理論的に組織づけるためには、その機能の分析は、一定の社会的文化的な事柄が、それにたいして機能を有しているような諸単位を、こまかくしわけすることがとくに要求される。それはファンクショナル、ディスファンクショナルないろいろの結果を持つある特定の事柄について、個人について、サブ・グループについて、さらには最も包括的な社会構造や文化についてのみ許されることであろう。

かくて宗教の社会機能は、総括して二つの重要な、しかも相矛盾する方向、すなわち、一つは伝承性、現状維持的、停滞的方向と、他は革新性、現状打破的、進歩的方向、の両面において観察する必要がある、ということになる。

（1） Yinger, J. M.: Religion, Society and the Individual, An Introduction to the Sociology of Religion, New York,

The Macmillan Co., 1957.
(2) Op. Cit., pp. 125–126.
(3) Benedict, R.: Patterns of Culture, Boston, Houghton, Mifflin, 1934, Rep. by Penguin Books, 1946.
(4) Yinger.: Op. Cit., p. 128.
(5) Parsons, Talcot: The Social System, Glencoe, Ill., The Free Press, 1951, p. 189.
(6) Wach, J.: Sociology of Religion, Chicago, University of Chicago Press, 1944, p. 57.
(7) Redfield, R.: The Primitive World and Its Transformations, Ithaca, Cornell University Press, 1953, pp. 63–83 in "Civilization and the Moral Order."
(8) Yinger ; Op. Cit., p. 130.
(9) Durkheim, E.: The Elementary Forms of the Religious Life, trnsl. by J. W. Swain, London, George Allen and Unwin, 1915 ; The Free Press, Rep. 1947. 古野清人訳『宗教生活の原初形態』東京、岩波書店。
(10) Simmel, G.: "A Contribution to the Sociology of Religion." transl. by W. W. Elwang, in American Journal of Sociology, Nov. 1905. Rep. in 1955.
(11) この説は主としてイギリスの社会人類学者、たとえば Fortes, M. J. and Evans-Pritchard, E.: African Political System, Oxford, Oxford University Press, 1940, p. 16 ff. また、Radcliffe-Brown, A. R.: Structure and Function in Primitive Society, Glencoe, Ill., The Free Press, 1952. など参照。
(12) Kluckhohn, C.: Navaho Witchcraft, Cambridge Mass., Papers of the Peabody Museum of American Archaeology and Ethnology, Harvard University, Vol. XXII, No. 2, 1944, Part II, pp. 45–72.
(13) Merton, R. K.: Social Theory and Social Structure, (Revised and enlarged ed.), Glencoe, Ill., 1957, Part I, "Manifest and Latent Functions" pp. 19–84.
(14) Merton.: Op. Cit., p. 38–45.

三　日本宗教を性格づける風土、文化と人間の型

こんにちの日本の宗教事情は、一面からはすでに過去の、歴史的存在に過ぎないともいえるであろう。宗教は過去において、十分な発現理由を持ち、時代社会の諸文化の中核的な価値を持ち、多角的な機能を果していた。しかし、時間の推移にさけ難い社会の価値体系の変化に伴い、また社会の分化発展につれて、かつて掌握していた多くの社会機能は、次第に俗的な他の分野のそれに取ってかわられ、わずかに残された存在理由によって、過去の法城を守っているとも見られる。

この事実はなにも日本の既成教団にだけ負わされた運命ではない。最近の二度にわたる世界大戦において、同じ神を奉ずるキリスト教社会が、二つのブロックに分れて互に殺戮し合ったという悲劇的な事実と、他方では教育機関、社会施設、社会保障、保険制度、調停裁判制度などの発達、科学と神学の食い違い、といったさまざまの原因によって、社会と個人の直面する場には、多くの矛盾をはらみ、危機感は一層深刻化しつつあるにもかかわらず、キリスト教世界においても、聖職者や教会の果す社会的機能はいちじるしくせばめられ、その社会を規制する力も弱ってきていることは否定すべくもない。

既成宗教が、かくして一歩一歩、その社会的機能を後退させつつあるように見える反面に、現代の日本には明治維新以来、消長はあったにしても、いくつかの新宗教の勃興があり、それが敗戦を契機としてさらに競い起って、数の上ではまさに戦国乱世の風を呈している。既成宗教が教義、神学の深遠雄大な組織を誇るのにたいして、新宗教のそれはおおむね盛り合わせの一皿料理であったり、「語呂合せ」的な解説[1]も目につき、論理的にも哲学的にも脆弱さを覆えないものが多いし、のちにもふれるように、教祖の性格にも教団組織者の傾向にも、他宗教他宗派にたいする批判、闘争はあっても、おおむね保守的、古代的性格を示すにもかかわらず[2]、すべてが活気にあふれてい

る。殿堂はふくれ上り、一たん既成宗教が失ったと見られた多くの社会施設や教育施設が、綜合的に運営され、しかもそれらがすこぶる近代科学の粋を集めて建設されているのは注目すべき現象といわなければならない。

現代日本の宗教の持つこの矛盾した二面性は、同時に日本の文化、社会の持つ二面性の象徴であり、それは日本の歴史的風土的な所産の一つともいえるのである。

こんにちは世界に一種の日本ブームがまき起っているといわれる。しかしこのブームをかついでいる外国人の眼底には、二つの相容れない日本のイメージがある。一つは木と紙と竹でできた華奢な家がある。亜熱帯と亜寒帯植物の入りまじった小じんまりした庭がある。浮世絵からぬけ出たような娘さんが茶の湯をし活花をしている。琴、三味線が鳴り、雅楽、能、人形浄瑠璃、歌舞伎が演ぜられる。丘の中腹には古塔がそびえ、繊細な感覚を盛った仏像があり、杜にかこまれた簡素な古代様式の神社がある。古い儀式や祭や行事がある。中世風の名人気質もあり、親分子分があり、本家分家の制が残っている。義理人情の世界、権威主義の道徳がある。マッチのすり方、釣銭の出し方といった細かな慣習にも、言語思考の構造と同じくいちじるしい相違がある。すべてが封建社会を通し、あるいは古代社会の靄のなかに消え去るほどに古い。

もう一つのイメージには、巨大な煙突があり、溶鉱炉があり、紡績機械があり、発電ダムがあり、電動機がある。フィンランドの総人口の二倍もの住民をかかえた怪物のような都市がある。ジグザグ行進もあれば民主主義もある。安価で無限の労働力がある。馬鹿々々しい数の大学がある。ラジオ、テレビ、カメラ、自動車、ミシン、船舶、玩具、絹、メリヤス、罐詰、陶器、雑貨などの華々しいというよりダンピング的な海外進出がある。家内工業的近代工業と、中小企業的近代工業とでも評すべき体系がこれらの進出を支えている。すべてが生産され、模倣される。ヨーロッパでもアメリカでも、こういう形ではね返ってくる廉い日本商品の進出には頭を痛めている。

把捉しがたい古臭さと、把捉しがたい新しさがこの日本という島のなかで渦を巻いている。二つの日本がどのような潜在的な力で、日本人の生活のなかに結びつけられているのか。二つの日本の間にどのような歴史的、文化的必然性があるのか。現代日本の持つ異質的矛盾的なものの非合理的な自己統一の価値体系は何であるのか。古代文化の集積が、日本人をして人類学的に系譜的分類を不可能にしているように、また日本語をして言語学的類縁を発見せしめ得ないように、種々の異質と矛盾要素を含みつつ、遂に一つの日本文化の Pattern variables として統合せしめられてきたのと同一の経過をたどりつつ、やがては「日本」という鋳型のなかにプレスされて、特殊な変容を含む全体としてその存在を打ちたててゆくのであろうか。

日本が特殊の国家体制を樹立し、特殊な歴史のマイクロコスムとして自ら展開してきたことは、一面において近世以前の日本の政治的、社会的孤立性、隔絶性に負うところが多い。しかし他面からすれば、太平洋諸島やアフリカや南米の過去におけるごとく、文明の中心や活発な民族の隆替の地から遠く隔絶し、孤立してしまっては、社会と文化が高度に展開することは不可能に近い。そこには自己の社会と文化の中心的価値を傷つけない程度の刺戟が外から内へ、また感受性が常に内から外へ向って働いていなければならないのである。

和辻哲郎博士がすでに古く指摘しているように(3)、インド、シナおよび日本は、ともに湿潤を特徴とするモンスーン的風土のなかにある。しかし同じモンスーン型の風土といっても、日本のそれはインドともまたシナ大陸ともその地形的制約による自然環境を異にし、その社会、文化の構造を異にしている。日本列島は北東から南西へ長く細く断続する島々から成るが、南端は北回帰線に近く亜熱帯に属し、北端は四五度線を越えて亜寒帯に突入している。この全長は北米合衆国の一番長い南北の線、メイン州からフロリダ州マイアミに至る距離よりもやや長い。そして弓形にアジア大陸を抱くような形で横たわっている。大陸からの距離から見ても、また南から、北からする複雑な海流からしても、この列島は南から、北から、西から、幾多の人種とその文化の漂着、渡来を可能ならしめ、それらをさらに他に流出させることなく、一つの島国の文化パターンのなかに根づかせる条件をそなえている。

現在の考古学の到達している結論からすれば、縄文式土器に象徴される非常に長い年代——八、〇〇〇年とも一〇、〇〇〇年とも推定されている——にわたる食物採集文化は、西紀前第三世紀を境にして、漸次農耕、特に稲作を中心とする弥生式文化に移行したといわれている。この弥生式文化は北九州地方に出土する銅鉾、大和地方を中心とする銅鐸にシンボライズされる青銅器文化であり、すでにシナ大陸の文明の強い影響を受けている。

農耕文化の導入、金属器の使用開始は、先史時代の日本に大きな政治的、経済的、ないし宗教的革命をもたらしたことであろう。食物採集時代に見られたような、小規模の、流動的なエキゾガマスな氏族制社会から、一定の地域に定住して農業を営む地域社会としてのムラが次第に成立してきたと想像される。そこにはなお血縁的氏族を中心としつつも、地縁性の確立により、また婚姻による他氏族との連合により、新しい共同体の結成へと向って行った。こうした変化は、生産用具や聚落構造のみならず、定住に伴う時間と空間の占有により、また生活経験や技術の伝承伝播により、収穫や製品の蓄積により、文化の革命的な展開を可能としたことであろう。水稲栽培には灌漑治水を始めとして人力の結集が必要であり、土地を生産源化するためには、新しい国家体制への動きが、村落を連合し統轄する呪術宗教的な王の出現を可能とした。

こんにちの日本の文化と社会を構成する基盤は、恐らくはこの弥生式文化から次の古墳文化に象徴される大規模な連合王国の樹立への過程のなかに形成されたと見られよう。恐らくは古神道といわれるものも、この間に次第に一つのパターンにかたまってきたのではなかったろうか。もちろん古代日本はある意味でアジア大陸から孤立していた。事実一九四五年のアメリカ占領まで、外国軍隊によって国土が支配されたということはなかった。その結果、日本は新石器から神政政治や封建政治の時代を経て、近代の工業化の時代まで、いわばそれ自らの手によって、一つの歴史を展開してきたのである。

しかしこのような歴史の展開は、単に孤立によってのみもたらされたものではなく、常に外方からの刺戟と内面からの欲求によって行なわれてきたのである。古代日本人の眼は常に西方に注がれつづけていた。アジア大陸における民衆の興亡、その政治的、経済的、文化的な展開は、直ちに日本の政治、経済、文化に密接に反映した。日本列島の地理的孤立が、雑多な人種と文化の複合的人間と文化の形成に都合のよい距離を保ったと同時に、躍動する諸民族の隆替と古代文明の中心地から全く隔絶してしまわぬ反応可能の距離を保っていたということが、日本文化の歴史を大きく運命づけたことは否定できないのである。だから与えたものはつぎつぎと滅び去って行ったが、与えられたものは、それをいろいろとこねまわし、改変して、何とか自分たちの生活のなかにくみ入れ、保存してきたのである。

弥生式文化そのものが、すでにシナ文化の強い影響をしめしているが、西暦五七年には北九州の地方的王がはるばる後漢光武帝に使者を送り、黄金の印綬を受けた。この金印は福岡市の北にある志賀島から一七八四年に発見され、シナ史書の記録を実証した。これ以前の前漢時代にも、日本の分立王国の使者と覚しきものが、朝鮮の京城、平壌の付近にあった漢帝国の植民領、帯方、楽浪の二郡を通して交通したらしい記録があるが、つぎの三国時代には、日本はさらにかなり大きな部分がカリスマ的、女巫的な性格を持つ耶馬台国女王ヒミコ（卑弥呼）によって、連合王国として統治され、西暦二三八年、二四〇年、二四五年、二四七年、女王と魏王朝との間に使者の往復が記録されている。五七年の倭奴国王の使者派遣は、王莽を滅して後漢光武が王朝を樹てておよそ三二年後であり、二三八年の遣魏使節の派遣は、後漢が滅んで三国の分立がなってのち一八年のことであって、いかに古代人の眼が大陸に鋭く注がれていたかがわかる。

かくて日本が適当な距離をおいて大陸の諸民族の隆替移動からある程度隔絶し、また適当な距離を置いてその文明を選択吸収しうる地位にあった、ということは、日本人の人種学的特殊性や言語の特異性のみならず、生活様式や儀礼、慣習といった面にも、その先史時代の複雑な経過を物語るものが多いのであり、日本の文化が一面に強い連続性と、他面に強い個別性とを併せ持っていることも知られるのである。このことは単に対外的な関係においてしかあるばかりではない。日本の地勢が、脊梁山脈によっておおむね太平洋岸と、日本海、東シナ海岸を細い帯状にわけるだけでなく、さらに複雑な山脈や河川によって細分されていることによって、日本の社会がまた一種のアウタルキー的孤立を保ちつつ、さらに適当な距離において高い文化とその展開変化にたえず接触を保ちうるという二重性格をも有していたことは注目される。こうした地理歴史的条件において、日本文化の底部には、いずれの方向にも放出することのなかった雑多の沈殿物と、これをときどきかきまわし、それを新しく組立てる新しい外部刺戟と内部反応が、歴史の上にくり返され、したがって文化は極めて柔軟性を帯びて、二つの相矛盾する性格が、一つの社会的価値体系のなかに併存しうるかのような複雑な形態を形成したといえるであろう。これは湿潤を特色とするモンスーン地帯において、日本が熱帯的寒帯的、季節的突発的の二つの二重性格にはぐくまれたとする、和辻説に対応するものかも知れない。

一般に人間が一個の人格を作り上げてゆく過程には、四つの成分があり、それが相互に作用し合うと考えられている。この四成分とは、自然環境、遺伝、社会的遺産（文化）および集団である。最近、歴史学者の一部には自然環境あるいは風土は、文化を論ずる場合にはさほど決定的な要因とはなりえない、なぜなら、人類は、同一の風土においてまったく異質の文明を受容し、革命的な思想を蘊醸させ、新しい社会構造を展開させるから、と主張する人もある。このことはある点、ある地域社会においては確かに首肯するに足るものがある。

例えば北米合衆国は、三〇〇年以前はもはや考古学と人類学の領域に属し、荒っぽい言い方をすれば世界のあらゆる地方、あらゆる社会、あらゆる民群のなかから、海を渡ってやってきた一億七〇〇〇万の人々が、それぞれの固有雑多な文化的社会的伝承を、ユダヤ・キリスト教文化を基調とするヨーロッパ的生活様式と、英語を基調とする言語様式と、ドルを基調とする経済様式とを中心の鋳型とする巨大な溶鉱炉のなかに投入され、新しいアメリカ人として止揚再生されつつある。一方では強力な政治的組織と膨大な経済的組織力はマス・プロダクションとマス・コミュニケーションによる生活と知的水準の画一化の過程を通して浸透し、インディヤン、ニグロ、プェルトリコ人など幾多の人種問題をかかえながらも、古い民族的コロニーの痕跡は次第に解消しつつある。そしてここには文化の風土的性格といったものは、あらわにはもはや存在しない。近代科学に根ざす近代生活は、風土的条件をほぼ克服してしまった。彼らはいかなる風土へもその生活様式を堅持して住みついている。もちろんアメリカ的風土、すなわち広大にして肥沃なるフロンティヤの存在が今日のアメリカ的文明と生活様式を産み出したに相違ないが、しかしこの国には特に風土として特色づけうるものはない。湿潤もあり乾燥もある。熱帯もあり、寒帯もある。牧場もあり、沙漠もある。ハリケーンも洪水も地震もある。いわばそれはあらゆる風土的条件を持つ大陸あるいはコスモスである。

これにたいしてヨーロッパは、すべての点で北米合衆国、ソビエト連邦国家とはいちじるしい対照をなしている。北欧、中欧、南欧とあきらかに区別し得る歴史的風土があり、風土的歴史がある。そこをさらに細かく分けて大小数多くのネーション・ステーツ (Nation States) がある。同じドイツ語といってもドイツ、スイス、オーストリアではそれぞれ違っているし、同じネーション・ステートのなかでもヒンターラントのドイツ人は北部のザクソン訛りを笑い、チューリッヒの人はバーゼルのドイツ語を区別している。北欧における徹底した合理主義は、安定した経済生活の上に立てられている。しかもそこには宗教的禁欲主義の根強い生活規制力が今なお潜在している。哲学、宗教、芸術をはじめ文化全般におよぼしている自然、風土の影響はあらわである。

ヴァン・ダイク Van Dyke やレンブラント Rembrandt の、あの雄健だが陰鬱な、濃い焦げ茶色をふんだんに駆使した絵画は、北海の波あらく、ほとんど快晴のない暗雲に覆われたフランドルの自然に接して、はじめて理解し得るものであろう。緯度の高い北欧の人々の、光のない長い冬が終ったあとの、太陽崇拝ともいえるほどに公園の芝生に、街路のベンチに、オペラハウスの石段に、サン・グラスをかけ半裸の姿で日光を浴びている姿や、素っ裸で公園の池の水をはね上げて走りまわる子供たち、爆発的な春の到来を祝福する歌声など、いずれもきびしい自然のなかに生きる人間の風土的所産といえるであろう。中北欧の哲人、詩人、芸術家が絶えずあかるい地中海へあこがれる共通の傾向は、いわば文明の起源と太陽への魅惑による。

中世のヨーロッパを支配した宗教的価値体系は、ある時は政治と角逐し、ある時は異教的文化と相剋して、血なまぐさい中世史を形成してきた。キリスト教が、ユダヤ人の沙漠的風土に芽生え、ローマを経て中欧に入った時、その陰鬱な風土とそこに育くまれた文化と接合して、独自の宗教芸術を創り上げた。これらはすでに多くの専門家の指摘するところであるが、血にまみれた十字架のキリスト像はいうまでもなく、ハンス・メムリンク Hans Memmling, ハンス・フォン・クルムバッハ Hans von Klumbach, ダーク・ブーツ Dirk Bouts, ハンス・ホルベイン Hans Holbain, ペルル・フォン・ブラバンド Perl von Braband をはじめ、多くの画家によって描かれた殉教聖者の絵ほど、われわれに強烈な印象を与えるものはないだろう。腹をさかれ、腸をリールにかけて引き出されている聖エラスムス St. Erasmus, 四頭の馬に手足を縛りつけられ、体をひき裂かれようとしている聖ヒッパリッス St. Hippalitus, 生きながら身の皮を剝がれ、鮮血のしたたりのなかに絶叫する聖バーソロミュー St. Bartholomeu をはじめ、身首ところを異にして血潮のなかに打ち伏す無数の殉教者の前に、われわれは、「バプテスマか、しからずんば死か」との二者択一をせまるきびしい宗教の不寛容性と、それに身を投げ出して主の教えにしたがった人々の熾烈な精神に打たれる。

スイスのチューリッヒの国立博物館で見たスイス伝道の三人の聖者の絵は、それぞれ血のしたたる自分の首を両手にささげ、斬られた頸から鮮血を噴き上げながら、なおも伝道の旅をあゆもうとした姿を描いたもので、芸術品としての価値よりは、自分には中世ヨーロッパの宗教的価値の問題をいろいろと考えさせたものである。殉教者の最期を描き、殉教の精神をあらわそうとする宗教美術が、これほどにも強烈に血を媒介としなければならないところには、それが一面にその奉ずる唯一神的伝道的宗教の持つ不寛容性に基因するとはいえ、そこにはこうした絵画的表現をとらせ、その表現に宗教的感激を感じとる歴史と文化と風土とが根柢に横たわっている。熱狂的な血に飢えた十字軍の進撃も、苛酷無残なる宗教戦争の殺戮も、これと呼応するものであろう。

異教徒の征矢を裸身にうけ、苦しみと悲しみにみちた眼差しを遠く天空に向けている聖セバスチャン St. Sebastian の姿は、ルーブルにある有名なマンテグナ Mantegna やブラッセル博物館のハンス・メムリンクの絵をはじめ、多くの画家彫刻家によって制作され、とくにわれわれを惹きつけ、共感をそそるものがある。しかしこのようなところまできても、まだ東洋の宗教美術との間に大きな距りを感じないわけにはいかない。それは地獄草紙などと比較さるべきものではなく、実に救いの絵であるのだからだ。食卓の上に、料理して主客に供しつつある牛や羊の首を銀盃にのせて飾り、血を流して床に横たわる兎や小動物、天井からぶら下げられた雉や小鳩など、狩りの獲物を生々しく描いたナチュール・モルトをサロンの壁にかけて楽しんだ人々にして、はじめて血の宗教絵を理解しえたともいえるだろう。そして人間と動物の血を流しつくした果てに、はじめて血の貴さ、人間性の尊貴を強調せねばならなかったのである。不寛容に徹底した宗教が、その果てにおいて寛容の精神を主張するにいたったことと、それは揆を一にする。われわれはヨーロッパの近代文明がこのような自然的風土と風土的歴史を仲介して、今日に到達したことを考慮することなしに、ヨーロッパを理解することができない。

このことは、近世以前の文化が種々の度合いにおいて、その社会、その民群、その文化に、自然環境と歴史的風土が関連していることを物語っている。そして今日のわれわれはそうした風土を通して築き上げられてきた社会、文化、人間の古代史、中世史、近世史を完全に切断して現代に生きているのではないことも明白な事実である。もちろん、人間は独立した思考、感情、行動能力を持つ生存有機体である。社会を構成し、その行動において文化を表現するのは個々人である。人間精神は文化醱酵のイースト菌として、あらゆる文化要素の源泉であり、新しい行動の型、文化の型を創造し変革する能力を有しているのではあるが[4]、しかし古くギリシャの哲学者以来いわれてきたように、人間には元来集団生活に導かれやすいいくつかの経験を持っている。われわれは生れ落ちた瞬間において、すでに社会のうちに存在している。母を中心とする家族集団の保護なしに、赤ん坊は生きながらえていくことはできない。そして社会は、その新生の幼児を賞罰を予想させる教育と、模倣を通じて行なわれる無意識教育によって、その社会の文化要素を身につける enculturation の過程を辿らせるのである[5]。

リントン Ralph Linton が文化を定義して「一定社会に特有の習得反応 learned response の組織体」とするのはこのゆえである[6]。そして人間存在はこの社会、文化、個人の相互関係と相互作用を中心に回転する、とする。また文化は社会との関係においては、その存続期間を通じての社会の過去の経験の綜合体でもある。そこで人間は遺伝的に決定された一定の肉体的心理的可能性と、その環境との間の複雑な相互作用の所産であり、その目に見える行動の型も、パーソナリティとよぶ捉えがたいものも、その個人の過去の経験の綜合、すなわち文化をあらわす。この経験は社会における他の成員との接触に由来し、その行動はその文化によって立てられる限界、すなわち実際の文化型に入るのである。(7)

特定の文化型を身につけた人間の集団、すなわち社会は、近代都市に見られるような計画されたものを除いては、その集団員は政治的、経済的な相互依存のみならず、むしろさらに情愛とか日常的生活連合に基づく情緒的紐帯によって強く結合し、「仲間うち」の意識を持ち、(8)違った文化的背景を持つ人々にたいするより、はるかによく互に理解し合い、親しみをもって接することができる。この集団意識は、文化の伝承性に支えられて特有の生活型を打ち出し、それによって支持される文化物質を持つ生活類型と、精神的類型によって維持される。生活型は象徴であり、生活体験と体験価値とを持つものであって、一般に社会的遺伝と考えられ、文化物質は生活手段の用具であって、社会的遺産と呼ばれる。社会的遺伝は伝承過程であり、機能的部分として伝承する作用であって、社会をまってはじめて行なわれるものであるから、広い意味での社会的習得過程ともいえよう。こうして社会は人間の行動制約のメカニズムを作り上げるが、このメカニズムは地理、歴史的の制約と体質的、言語的の制約によってさらに固有のものとされる。生活様式の上で、前者は行動の類似を、後者は観念の類似を導きだす。この制約年代の長さ、集団の孤立度に応じて、伝承度は強く、特異な文化形質を持つ社会集団と、集団人格を形づくるのである。

われわれが今日、考察の対象としうるような意識を持った人格型、生活型、すなわち社会と文化が、先駆地帯を北九州とするか、大和地方とするかは説の分れるところとしても、この日本列島に形成されはじめたとき、その生活基盤が強く定住農耕と自給自足的孤立的ムラ集団にあったことは重要である。獲物や牧草を追って、ある程度移動し得る生活様式と違って、定住農耕は一定地域の占有を基調とするから、自然環境や風土は生活の絶対的な前提条件として立ちはだかってくる。それらへ一定の生活様式や態度を割り込ませて行くよりは、自然への適応、順応によって生活をきずき上げてゆこうとする傾向が強くなる。定住性に伴う時間の占有はまた、一定の生活条件が持続してゆく限り、強固な伝承社会をつくり上げる傾向を持っている。

私はかつてこの前提から導かれた日本人の「カタギ」という言葉によってあらわされる人格型と、これを形成せしめている社会と文化の型について論じたことがある。(9) ここで、「カタギ」とは、全生活、全思考、全感情の型として意識される村ごとの、部落ごとの、あるいは地方ごとの差異、特色をあらわすものであり、古くから認識されていたものであり、のちには特殊の技術者集団や職業者集団のそれにも適用せられた。それは、いいかえれば固有の集団的パーソナリティということもできる。これが外に向って意識されるとき、村落対村落、地方対地方の対立緊張に導くが、他方内部のイン・グループに向うときは、強い社会統制力となってあらわれる。部落構造によって、もちろん一様に論ずることはできないが、そこには社会統制力を象徴するリーダーシップの強力な発達を伴い、それが宗教的シンボルとも結合して、精神的な権威を形成してきている。

日本が全体として島国であるだけではなく、ムラがそれぞれ独立した島嶼的性格を持ち、これが家畜をあまり使用しない集約的な手耕小農法を営んできた生産形態とも相まって、その生産過程においてはもとより、外部からの有形無形の来入者、侵入者にたいしても、災害にたいしても、できる限りの人間の力を結集し、一つの中心に集約する必要性が痛感されたものと思われる。自然への適応と、時処占有と、農耕生活に基本的につきまとう限界性の自覚、負い目における不安が絶えず人々の心を駆って、極めて入りくんだ、重層的ピラミッド型の社会組織を形づくっており、さらにそれを上から下へとつらぬく強力な政治的統合態勢をもって維持しようとしてきている。

ナックレア・ファミリーは、大体に独立した意識や機能を持たず、血縁意識と家族間の歴史的間柄の意識と、これらを結びつける宗教的シンボルと墓地の共有を契機として、本家分家による同族集団を構成し、あるいは地縁集団としてのマキ、クミ、カイトなどの結合も、単に政治的な統制関係のみならず、通過儀礼や職業技術の習得にいたる仮親《かりおや》、親方どり、の上下の階層関係への加入を通して共同体の意識を強め、その不安や脅威をやわらげていた。同族団に代表される家連合の社会単位は、おそらく古代の氏姓制社会にまで溯りうるものの残存形態かと見られるが、それが日本農村社会の基本的構造であったらしいことは、この制度の崩壊したところ、発達しなかったところには、その疑似形態としての親分子分、親方子方、本家分家・別家などの制度が、特殊の技術集団のみならず、近世は芸能集団や商家にもひろく採用されてきたところからもうかがわれよう。(10)

家の永続と栄誉とは家族員の共通の責任であり、義務であり、また願望でもあるが、その最高の責任者は家長としての父であり、この間柄は儒教的な「孝」の倫理と、これにからみ合う祖先崇拝の宗教によって支えられている。しかし家は独立した社会的単位であるよりも、より大きな集団、同族とかマキとか五人組といったものの構成分子であり、本家や親方への従属分子でもある。この関係は国家といった包括社会にまで数多くの年輪的なサークルを描いて拡大し、孝と忠の倫理と、これに形而上的意義と価値とを提供する宗教との精神的権威を支柱として、強い政治的価値社会を形成してきた、といえるであろう。明治以後の日本が徳川時代を通じて蓄積し、展開してきた経済力と合理主義的精神を基盤としつつも、そのあまりにも急速な近代化と資本主義機構への転換は、幾多の社会的混乱と不安とを生んできた。

ルース・ベネディクトが『菊と刀』のなかで論じている日本人の文化とパーソナリティの型(11)は、まさにこの農村的同族社会に発して、さらに前近代的商家や特殊社会内に変形採用されてきた擬似形態を通して、初期資本主義社会の機構のなかにまで持ちこまれた、いわば「郷土型人格」の構造を分析したものであり、これが近代都市社会の機構のなかにまで長い尾を引いて、真の意味での近代化を阻んでいる大きな原因をなしている。ただここで注意を要するのは、日本における郷土型の人格には、前にものべたように、その社会の伝承の体現者であり、集団の生活、思考の代弁者であり、秩序の維持者、権力の保持者であるリーダー型と、これに従属奉仕することによって自らの生活を持続し、その庇護のもとに繁栄を得ようとする従属型・子分型の二つがあり、これらが社会機構のなかに複雑に組み合わされ、家族、年齢別、性別ないし擬制家族や擬制同族社会等々を形成しているのであるが、それらの社会は常に上下に向って多数のスケールと間柄を持つタテ割りの社会に包括されたり、分割されるのであり、上位者と下位者の関係につねに自分を置くことになる。それゆえ日本におけるリーダーシップは、常にさらに高い権威――俗的であれ聖的であれ――にたいして服従的であり、なにかの権威にすがることなしには、そのリーダーシップを行使し得ないという特徴を持つのである。そしてこの関係は、社会の最小の単位であるナックレア・ファミリーのなかにまで浸透しているから、服従型と指導型はその社会の対人関係において交互にあらわれ、そのいずれもが他者的な権威によって正当づけられるという、いわば宗教的な構造を持つことになるのである。これがまた、日本人の宗教を性格づける大きな要素の一つと見られるのである。

（1）小口偉一『日本宗教の社会的性格』東京、東大出版会、一九五三年「Ⅱ、民衆と宗教、語呂合せの宗教」六六―七一頁。
（2）小口偉一、前掲書。高木宏夫『新興宗教』（ミリオン・ブックス）東京、講談社、一九五八年。また乾・小口・佐木・松島共著『教祖――庶民の神々』東京、青木書店、一九五五年。村上重良「幕末維新期における民衆宗教の創唱」（『日本宗教史講座』、第二巻、一九七―二七六頁）東京、三一書房、一九五九年。
（3）和辻哲郎『風土』東京、岩波書店、一九三五年。
（4）Linton, Ralph: The Tree of Culture, New York, Alfred A. Knopf, 1955, Chap. Ⅳ. "Society, Culture and the Individual." p. 40.
（5）Linton: Op. Cit., p. 39.
（6）Linton: Op. Cit., p. 29.
（7）Linton: Op. Cit., p. 37.
（8）Sumner, Graham: Folkways, Boston, Ginnd Co., 1906.
（9）「郷土を愛する心」（柳田国男編、『日本人』〔毎日ライブラリー〕東京、毎日新聞社）一九五四年、五八―八五頁。
（10）日本農村社会の同族団の構造、その近世的擬似形態の詳細な解説は、有賀喜左衛門『日本家族制度と小作制度』東京、河出書房、一九四三年。堀一郎『民間信仰』東京、岩波書店、一九五一年、を参考。

(11) Benedict, R.: The Chrysanthemum and the Sword, Patterns of Japanese Culture, Cambridge, Mass., The Riverside Press, 1946. 長谷川松治訳『菊と刀』東京、社会思想研究会出版部、一九四九、五〇年。

四　社会のアノミー Anomie[1] に果す日本宗教の役割と性格
――アジャストメントとしての日本的シャマニズム――

Ⅰ　社会的アノミーとこれにたいする反応

私は、第二章で、宗教の社会的機能を論じ、宗教は単に社会の統合的、権威維持の役割のみならず、社会と文化の変革にも民衆を駆り立てる大きな機能を有していることを指摘した。また私は、宗教は個人、集団、社会がある種の平衡状態の破綻によって脅威にさらされ、それが現実の法律、経済、倫理などの機制によっては処理し難いような緊張や不安の場において、儀礼、贖罪、懺悔、隠遁、瞑想といったいろいろの宗教的メカニズムによって、これを処理しようとするものであることを記した。

宗教が窮極的なフラストレーションの処理として要求されることは、個人においても、個人の集団である社会においても同様であるが、この緊張、不安を醸成する窮極的フラストレーションは、個人の場合には死への逃避という、表面的には非宗教的な処理によって解消される場合もあり得る。しかし社会は全般的に自殺への逃避意志を持ち得ないから、社会全体が崩壊するか、新しい適応的展開によって生きのびようとする。こうした社会の緊張と不安の切迫した場において、宗教の顕著な社会的展開が見られる。すなわち社会における脅威が一定の限界を越えるとき、既成の宗教体系そのものも脅かされてくる。したがって宗教のメカニズムも改変されなくてはならなくなる。

この際、宗教の展開には二つの形態があらわれる。一つは、脅威によって引き起される社会的アノミーや緊張が、もはや既成の古い宗教組織や形而上学的神学では処理されなくなったとき、新しい宗教組織が起り、人々の宗教的刺戟を新しい方向へと導いてゆく。第二の形態は、古い価値体系が崩れて、高度のアノミーや緊張が起っても、社会がなお活動しつづけるとき、そして新しい宗教組織が十分に展開し得ないような場合、古い宗教組織は簡素で強力な形に脱皮するという方向をとる。この二つのいずれかによって、強い緊張は緩和され、アノミーは解消する。

社会と文化の構造の諸要素のなかで最も重要なものは、第一に社会のすべてのメンバーにとって正当な目標として主張される文化的に限定された目的、意図、関心から成り、リントン Ralph Linton のいうところの「集団生存のためのデザイン」の基礎的要素である。第二の要素はこれらの目的に到達すべき適当な方法を決定し、調整し、統制することである。どの社会集団も、これらの目標に向って動く正当な行為を、社会規範《モーレス》とか制度に根ざして調整するが、これは必ずしも技術的、すなわち能率的なノルムと一致するものではない。この行為の自由選択をどこまで許容するかの度合は、社会によって大いに違い、伝統に縛られる神聖社会といった極端なものでは、その文化によって許される行動選択の幅は極端に制限される。しかしいずれにせよ、この二つの要素の間の効果ある平衡関係は、個人が目的達成の満足と、目的達成に努力する制度的に掘り開かれた方法そのものから直接得られる満足との、二つの文化的拘束にしたがうことの満足が得られる限り維持される。しかし社会が制度化された行為とかかわりなく、どうしても達成したい特殊目標を持つようになると、そうした慣習的、制度的支配が、文化価値の体系で高い地位を占める目的にたいして、うまく統制されなくなってくる。この是非達成せねばならぬとする目的と、すでに制度化されているその目的に向う行為との比重差から、やがては技術的に最も能率的な行為が、文化的に正当であろうとなかろうと、制度的に命令される行為より優先することになってくる。この支配の稀薄化の過程が長くつづくと、社会は不安定となり、そこにデュルケームのよぶアノミー、すなわち規範喪失（normlessness）が起る。[2]

さてこのデュルケームによって展開されたアノミーの概念は、社会ないし集団における相対的な規範喪失の状態を指すものであり、彼はこれが社会的、文化的構造の性質に関するもので、こうした構造に直面する個人の性質でないことを明らかにした。しかしながら偏向行動のいろいろの形態を理解するのにこの概念が利用されるにいたって、これは環境よりはその個人の状態を指すように拡大されていった。アノミーの心理学的な概念は、同時にマッキーヴァー R. M. MacIver とリースマン David Riesman によって形をととのえたが、この両者の公式は本質的に似たもので、倫理的根源が取りのぞかれ、いかなる規準をも持たず、互に連関のない刺戟を持つのみで、継続性、仲間、義務といった感覚を持たず、精神的不毛となり、自己にのみ反応し、他人の価値を嘲弄し、否定の哲学をその信条とし、未来も過去もない刹那の感覚にのみ生きるような心の状態とした。それはいわば倫理の主要動因である社会的凝集力が破れるか、致命的に弱められた心の状態を指すのである(3)。彼らの考えは、心の状態は社会的緊張を反映するものではあっても、アノミーはあくまで心の状態であり、その心理的な型はデュルケームの概念の主観的側面を形成する、不安・孤立感・目的喪失感といったものに当るのである。

この概念はのち多くの精神分析家によって証明されてきているが、しかしアノミーの社会学的概念は、その個人の特色ある環境が、一方では文化構造を、他方では社会構造を含むものとして有効に考えられ得ることを前提とする。ここでいう文化構造とは、一定の社会や集団の構成員にとって、あたりまえな行動支配の一組の組織を持ったノーマティヴな価値であり、社会構造とは、社会や集団の構成員が、いろいろからみ合わされている一組の組織づけられた社会関係を指す。そこでアノミーは特に文化的規準と目的と、これらと一致して行動しようとする集団構成員の社会的に組立てられた能力との間に、急性の分裂がある場合に起る文化的構造内の崩壊と考えられる。この概念においては、文化的価値は、価値そのものの命令とは一致しがたいような行動を生むことを助長もしよう。

この見地に立つと、社会構造は文化的価値を変形させ、この価値に一致する行為を、社会内に占有されているある状態の人々にたいしては可能にし、他の人々には不可能にする。社会構造は文化の命令する行為に、あるいは防壁として、あるいは開かれた扉として働く。だから文化構造と社会構造がうまく統合されていないときは、文化が行動や態度を呼びかけても後者が阻むことになり、規範の崩壊、すなわち規範喪失への緊張が起る。勿論、これがアノミーの社会条件を作り出す唯一の過程ではなく、さらに進んだ理論や研究は高度のアノミーの他の型を持つ原因に向けられている。一つの試みは心理学的社会学的アノミー概念を、「単純《シンプル》」アノミーと、「急性《アキュート》」アノミー acute anomie に分けて捉えようとするもので、単純アノミーは集団や社会の混乱状態を指すが、ここでは価値体系間の相剋に悩まされ、ある度合の不安と集団離脱の意識を起す。急性アノミーは価値体系の低下、極端にはその崩壊を意味し、顕著な不安を結果する、とする。(4)

このアノミーの状態と構造上の抑圧に適応する個人と社会の反応のタイポロジーを、マートン Robert K. Merton はその「社会構造とアノミー」の論文で、次のように図示している。(5)

	適応方式	文化目標	制度化された手段
一	適合 Conformity	＋	＋
二	改革 Innovation	＋	－
三	儀礼主義 Ritualism	－	＋
四	逃避主義 Retreatism	－	－
五	反抗 Rebellion	±	±

（記号の＋は受容、－は拒否、±は主要価値の拒否と新しい価値の代用を示す）

またパーソンズ Talcott Parsons は、大体においてマートンの図式を容認しつつ、彼独自の社会的相互作用の概念的体系から導き出した四つの基本方向を指摘している。それは社会の相互作用の離間面として攻撃性と逃避、強制面としては強制的な遂行（Compulsive performance）と強制的な受容（Compulsive acceptance）である、とする。(6)

社会的アノミーにたいするこれらの説からして、われわれは新宗教の発生と勃興、外来宗教の社会への導入、既成宗教の新展開、変化といった宗教史上の現象が、その時代の緊張とアノミーへの対応として誘発されるものであることが理解できる。この点に立って、先ず私は、日本宗教史の現在的意義において最も重要な現象の一つと考えられる新宗教運動から考察の歩を進めて見たい。

II　社会的アノミーと新宗教運動

すでに触れたように、第二次大戦後における最もいちじるしい社会現象の一つに、一時雨後の筍と評された大小七〇〇におよぶ新しい宗教法人が、あるいは復活し、あるいは独立し、あるいは発生して人々の耳目を驚かせた。この現象はまさに日本社会の陥った高度のアキュート・アノミー acute anomie にたいするレスポンス、またはアダプテーションとして理解することができる。旧秩序を維持し、これに窮極的な意義と価値を提供してきた既成宗教は、一九四五年を契機として日本が直面した国家、社会の崩壊的危機に際して、強度のフラストレーションに陥った人々の救いとはなり得なかった。なぜなら社会秩序と、社会における個人の行動を支配してきた文化的価値体系が、政治・経済の破綻と、一種の革命的占領政策によって破壊されたからである。そこで国家的権威との結びつきが比較的稀薄であった宗教、旧秩序によって抑圧されてきた宗教の復興、新しくアノミーに対応して発生した新宗教の夥しい勃興を見たのである。

皮肉な見方をするならば、日本社会の完全な崩壊、革命は、占領政策の急旋回もあずかって力があったとはいえ、内部的にはこの新宗教運動の勃興が、ある程度まで食い止めたともいえるのである。なぜなら、儀礼主義は社会の持つ文化的目的を拒否するが、制度化され慣例化された手段を是認採用するものであり、達成動機 achievement-motif を強調する社会における急性《アキュート》な現状不安 status-anxiety は、過度の適合と過度の従順という偏向行動を起こし易いからである。[7] 新宗教運動の革命阻止的な性格について、小口教授はその『日本宗教の社会的性格』のなかでつぎのようにのべている。[8]

戦後における宗教集団の簇生を、多くの人々は、既存の宗教的権威の崩壊と社会的動揺、不安という事実によって解釈している。この解釈はけっして誤ってはいないであろう。とくに既成宗教への不信が、多数の民衆をして新興宗教を欲求させ、これに参加させた事実は存している。けれども信者数の上からみれば、新興宗教の信者が圧倒的に多いとはいえないことを統計は示している。多いのはむしろ新興宗教の数である。新宗教集団の創立者は、既成宗教に対して、つねに批判者としての立場に立っている。……けれどもその批判は、主として教説的側面に向けられているのであって、集団形態は旧態が模倣されており、その機能にいたっては、むしろ原始宗教的＝呪術的行動が大部分を占めている。……教理的にも新宗教集団の教説は簡単である。呪術的行動によるだけで、教理をまったくもたぬ集団も存在している。ただ概括して見るならば、新興宗教の教理には流動性があるといえるであろう。これは既成宗教における教理の形式化、固定化に比較さるべきものであるが、発展的な変化ではなく、むしろ時勢への便乗というべきである（七四―五頁）。

とし、新宗教運動の基底は近代的変貌をとげたシャマニズム的要素であるとして、「現世利益的な目的をもって、伝統的な祖先崇拝とシャマニズムとの複合形態として存在しているのが新興宗教の実態である」（一〇二頁）とする。また高木宏夫氏は、[9]「新興宗教の社会的役割」を論じて、その非近代性、すなわち民間信仰の集大成と教団内人間関係の擬制的親子関係、現状肯定と非社会性、企業的性格を挙げ、「新興宗教の果す社会的役割は、宗教的な組織が古い体制の維持・再編に大きく役だっていることにあるだけではなく、社会的な諸問題が個人の宗教的現世利益の中に解消して、個人問題として主観的に解決されてしまい、社会的な問題が社会問題となって世論をおこし、政治的な解決を求める方向をたどらせない傾向」（二二八頁）があり、社会改革の大衆的エネルギーを霧消させる役割を果していると結論している。

そしてこのような新興宗教に動員されている民衆の層は、中年を過ぎた更年期にあたる人（一〇一頁）、とくに中小産業の企業主や商店主、社会保障や組合組織を持ち得ぬ労働者（二四一頁）、自然条件に支配されがちの農民、漁民（一二二頁）、中年すぎの女性、人生の将来に希望を失った青年（一〇二頁）等を算え、彼らはこの新しい宗教に入信することによって、㈠その動機となった生活上のゆきづまりが打開され、現世利益＝「おかげ」をいただき、㈡生活自体の意識・価値が変って、人生の再出発・出直しができ、㈢教団組織を通して新しい人間関係が生まれ、現実生活にも直接の利益が生まれる（八六頁）、という結果を得ている。

また民衆によって持たれる新興宗教の魅力は、第一は教祖である。それは各教祖が共通して没落地主、貧農、漁民、小商人等の娘または次、三男であり、早く親元をはなれ、社会の荒波にもまれ、職業も転々として、多くの最低の生活体験を経てきており、しかもこの苦難を自己の宗教によって克服したのであるから、低い層の信者の悩みを洞察する力や、指導力においてとくにすぐれている。さらには大教団になり、年月がたつと、そこに媒体的ヴェールが入って、神秘化の過程をたどり、またその異常性格や個性が強いところから、自ら名乗るものはもとより、そうでなくてもこれを生き神、生き仏と見る例が極めて多い。また他方、教理は平易である上に、入信後の現世利益を媒介として信ずるのであり、布教師も民衆の間の種々の職業人であり、宗教家としての専従職業者でないこと、教理体系がいろいろの既成宗教のエッセンスの集大成といった感じを与えること、また民間信仰に見られる在来の日本人の宗教観の特徴を継承し、家族宗教と家族倫理を強調することなどが、民衆に親しみやすさを感じさせ、一つの魅力になっている、と指摘している。彼はそのほかに教団の組織や、そこにおける地位昇進の魅力、サークル指導の魅力、地上天国建設への魅力といったものをも分析している。(10)

さて、現代の社会に多くの問題を投げかけている、いわゆる「新興宗教」なるものは、いかなる歴史の過程において発生し、展開してきたものであろうか。この点についても高木氏は多くの新興宗教のなかで、特に大教団となったものについて、その成立期をおおよそ三期に分けて考察している。

その第一期は幕末明治初年で、神道本局、神道修成派、神道大社教、黒住教、神道扶桑教、神道実行教、神道大成教、神道神習教、神道御嶽教、神理教、神道禊教、金光教、天理教のいわゆる戦前の教派神道十三派に丸山教、蓮門教、本門仏立講といったもので、神道十三派の構成は明治政府の神社国教化と宗教政策の結果、明治初年に組織された国家神道系の諸運動の独立教派化したもの（禊、神理、神習、大成、修成）、実行、扶桑、御嶽の諸教のごとき、江戸時代の山岳信仰に基く各種の講を再編成したもの、特定神社の講社や神職組織の再編成と見るべきものなど、雑多な要素をふくんでいるが、とくに注目すべきことは、黒住、天理、金光、丸山、蓮門等の、山陽、近畿、北九州、関東などの先進地帯で、行者や修験を媒介として神がかりした教祖によって創唱されたもので[11]、封建社会の崩壊と、近代化への社会的変動のなかで成立し、資本主義経済確立期への過渡的動揺のなかで発展して行ったものである。

第二期は大正末から昭和初頭にかけての大本教、ひとのみち教団の成立展開期で、大正大震災後の不況から昭和維新の運動が漸く活発化してくる重苦しい社会情勢のなかに、天理、金光の諸教が農民、労働者、商人に多くの信者を得たのにたいして、都市小市民層に多くの信者を獲得し、組織者の手腕とも相まって短い期間に大発展をし、やがて昭和一〇、一二年にいずれも治安維持法その他によって徹底的な弾圧を蒙ったものである。

第三期はすなわち終戦後の日本の政治、経済の破局的危機において、或いは復活、成立、発展したもので、代表的なものは霊友会、世界救世教、生長の家、ＰＬ教団（元のひとのみち教団）、大本愛善苑（もとの大本教）、立正佼成会、創価学会、等である[12]。

これらのなかでは生長の家、世界救世教などは大本教から分立し、本門仏立講、蓮門教以来の法華行者と日蓮宗系在家教団の系譜は霊友会に継承され、ここから立正佼成会、妙智会、仏所護念会その他が分立したし、また最も新しく最も活発な発展をしめす創価学会も日蓮系に属する。[13]

かく、現在の新宗教運動は、いくつかの系譜に別つことができるが、これらがいずれも明治以後の急テンポに転回した社会の動きから生じたアノミーに応じて発生し、それぞれ多数の信者をえて、社会的役割を演じてきたのであるから、その時代に応じ、また時代の変遷に応じて、その性格、教理内容も異なり、変化もさせられてきているが、ここで私が宗教史の問題として採り上げたいのは、こうした社会的アノミーにおいて現われる教祖の性格である。この問題についてはすでにあげた小口、高木二氏のほか、村上重良氏の諸研究や、[14]ことに乾・小口・佐木・松島四氏による『教祖――庶民の神々――』[15]が、それぞれの角度から詳しい分析と観察を行なっているが、今これを創唱的な宗教について組織者を除き教祖のみについてみるならば、次表のようになり、代表的な一二教団の教祖のうち、五人は女性、七人が神がかり、そしてすべての教祖が何らかの意味で神秘なる感得体験をしている。これを更にジャーナリズムを賑わした璽光尊（璽宇教）や、「踊る宗教」といわれる天照皇大神宮教の北村サヨといった

黒住教	黒住宗忠	三五歳	日神との合一の神秘体験
天理教	中山みき	四一歳	神がかり
金光教	川手文治郎	四五歳	神がかり、神伝感得
丸山教	伊藤六郎兵衛	四二歳	神がかり
蓮門教	島村みつ	？	霊験
大本教	出口ナオ	五六歳	神がかり
ひとのみち	金田徳光	御嶽教行者	
	御木徳一	黄檗僧上り	
霊友会	小谷キミ	二五歳	神がかり
世界救世教	岡田茂吉	四五歳	神がかり
生長の家	浜口雅春	三八歳	（神示）
立正佼成会	長沼妙佼	五〇歳	神がかり
創価学会	牧口常三郎		

中小教祖群からピックアップすれば、このシャマニスティックな傾向は更に著しいものとなろう。

Ⅲ シャマニズムの形態と機能
――特にエリアーデの所論を中心として――

社会的アノミーの際に、なぜこのような宗教形態が続発するかは、もちろん社会心理学でも大きな課題となろうし、また教祖の持つ異常性の問題は、精神医学や精神分析学でも最近、大きく採り上げられてきているが、しかしそれは同時に宗教史における中心的問題でもある。一般に教祖の伝記は、教団編纂のものはもとより、その自伝と称するものにおいてさえ、意識無意識のうちに、ある程度の神話化 mythologizing をまぬがれないのであるが、今、問題の一つの手がかりとして、幕末維新期に立教開宗した天理教祖中山みき、明治中期に神啓を得た大本教祖出口ナオ、およびナオとともに大本教を大成した出口王仁三郎の、すでに歴史的存在ともなり、そののちの新宗教運動に大きな影響力を持ち、そのモデルケースともなった三者の、それぞれ最初の神秘体験の事情を略記して、そこに見出されるいくつかの共通性を指摘してみたい。

一七九八年（寛政一〇年）、奈良県山辺郡三昧田村（現・天理市）の庄屋前川半七の長女に生れた天理教祖中山みきは[16]、自ら「子どもの時からいんきないんきなもの」、「人よりの中へはちょっとも出る気にならなんだ」、内向的な性格であり、ひとり部屋に籠って細工物や裁縫、習字などを好み、寺参りの供や念仏がすきで、時には尼になりたいとか神仕えがしたい、といい出したりしたこともあったという。一三歳で一里ほど距たった庄屋敷村の庄屋中山善右衛門に嫁し、四〇歳までに一男五女を生んだ。この間、一九歳のときには檀那寺の浄土宗善福寺で「五重相伝」を受けている。文政のお蔭参りの勃発、そして天保の大飢饉と、幕末の異常な社会的不安と動揺がつづき、一八三七年大塩平八郎の乱が大阪に起った。この年、みきは四〇歳、その年の一〇月、長男の秀司《しゅうし》が畑で麦まきの最中、脚に激痛を覚えて匐うようにして帰宅した。みきは心痛して医者や祈禱師をたのみ、百方手を尽したが、たびたび激しい痛みが再発し、百姓仕事は一生できぬかもしれぬということになった。当時みきは臨月に近い体で、やがて五女コカンを生むが、この頃から「気の間違いというようになり」、「四一歳、天保九年の春の頃より、何となく身のゆらめくように感じられ」、その冬に入ってからは、「御異状いよいよはなはだしく」、「釜下をたくに折々気絶し、或時は井戸端に水汲みに参るも気絶致し、人事を覚えざる数回に及」んだ。そして一〇月二四日（一八三八年）、秀司発病のときからしばしば加持祈禱を頼んでいた山伏市兵衛（理性院明賢法印）が、おりから隣家に来ていたのを招いて寄加持《よせかぢ》を行なうことになったが、市兵衛の専属のヨリマシ（加持台、ミコ）がちょうど不在であったため、みき自身が水垢離をとり、幣二本を手にして加持台《かぢだい》となり、遂に神がかりとなった。一八八一年（明治一四年）一〇月の『手続書』によると、「廿四日之夜胸中燃るか如く覚え、翌朝廿五日に至り目を覚すれば、頭元に脇ざしを持ちイむ人あり、且一人は幣を持有って、自分は狐狸の障碍之様に家内は存し種々祈禱等致し居、同夜天上に物音聞えければ、身体忽ち大石を以て押さゆる如く覚えるに、微妙なる声にて珍らしき物来れりときくは、我者国常立尊と聞けば身体は軽るくなり、又入替り右の如く、次第十柱の神来れりと覚え候」、とあり、一八八三年一〇月の『神の最初の由来』には、「十月廿四日の寄加持に、始て幣を持せば、夫よりみきは夢中と相成に、荒振神さま御下に有、おそれて尋ぬるに、我れは天の将軍とのたまはく、ゆへにうかがひ申上候処、此度はみきの心体を社にもらい請に天下りたと曰候へば、皆のもの神とわさらさらおもはず、狐か狸の類のつきもの成ると申して、親類一統より集りて、退そかさんとゆうて、ことはり申上候得ども、此物らは中々退ぞく神ではなし、其体神のやしろに貰ひ請たる上は、此方のままにして三千大世界助けおしへて神の体とす、さもなくば此家断絶に及ぼす事と仰あるに……」、とも記録されている。

大本教祖出口ナオ(17)は一八三六年（天保七年）一二月一六日、京都府福知山市の大工桐村家の娘に生れたが、家が貧しく、一一歳から年季奉公に出され、一七歳で叔母の綾部の大工出口家の養女となり、婿養子を迎えて三男五女をあげた。この間幕末維新から明治中期におよぶ社会の変動のなかで、自ら「まずは、このよにおいては、ほかにひとりもないくろうにん」としるせるほどの生活の辛酸をなめた。教祖伝によると、ナオはすでに子守り奉公をしている時代に、とつぜん数日間行方不明となったことがあり、帰って来て、山の中で修業していたと答えたという逸話があり、また一九歳のときには、自殺した叔母の死霊が憑いて発熱重病に陥ったことがあった。一八九〇年（明治二三年）、三女が産後の肥立ちがわるく、逆上して錯乱状態となり、翌年暮には長女が発狂している。この年には周辺にも発狂者が頻発したということだが、この二人の娘の突発事件が直接の刺戟となって、ナオの神がかりが起こった。明治二五年一月、ナオはしばしば神界に遊ぶ夢を見たというが、一〇日の夜、突如すさまじい声をあげて、一三歳のリウと一一歳のスミ（のちの出口王仁三郎夫人）に、前年暮に発狂した長女のところへ行って、「三十六お燈明をあげてお題目を唱えい」と命じ、その夜から一三日間にわたる第一回の神がかりが始まった。ナオは眼に見えぬ「いきもの」が身内に入ったような感じに襲われ、その命ずるままに井戸端に出て水垢離をとり、全身がはり切れるほど緊張し、うめき、坐ったままで両足をどんどんと動かしたり、腹の底から大きな叫び声をあげたりした。このとき腹中の「いきもの」（神）とナオとの間に次のような問答があったと伝えられる。

「わしは艮之金神《うしとらのこんじん》であるぞよ」
「そんな事言ふて、あんたはわしをだましなはるのやおまへんかい」
「わしは神ぢゃから嘘は吐かぬわい……」
「そんな偉い神様どすかい、狐や狸かがだましてなはるねん御座へんかい」
「狐や狸ではござらぬぞ、この神は三千世界を建替え建直しする神じゃぞ、三千世界一度に開く梅の花、艮之金神の世になったぞよ、この神でなければ世の建替えは出来ぬのじゃ、……これからなかなかたいもう（大望）なれど、三千世界を一つに丸めて万劫末代続く神国の世に致すぞよ」

「そんなこと言うて本真《ほんま》どすかい」

「嘘の事なら神はこんな苦労はせぬぞ」

この年から翌年にかけて、はげしい神がかりが断続している。

幾多の迂余曲折を経て、遂に出口ナオの後継者となり、大本教の組織大成者となった出口王仁三郎（上田喜三郎）[18]も、また異常人格であり、異常経験の持ち主である点で、充分に教祖的性格を有している。彼は幼時身体が弱く、しばしば死んだ祖父の幻影を見たというが、その生家に出入りしていた妙霊会の布教師の話を聞いたり、一三歳のときには近在の叔母が狐つきとなったのを見聞したり、言霊学に傾倒した中村孝道の娘が祖母であった関係から、その影響をうけたりしたといわれる。異常な記憶力と理解力に恵まれ、しかも世の中の不如意を克服できず、貧しい生活環境から強い反骨精神を身につけた。青年期においても彼は夜間しばしば幻覚に襲われることがあったという。明治三一年（一八九八年）旧二月、ある女性のことから村の遊び人たちに袋だたきにされ、半死半生の態で助け出された。翌日母に叱責され、苦痛と後悔からしきりに神を祈念していたが、その夜（旧二月九日）、神使いと名乗る男の幻覚に誘われて、そのまま家を出て、近くの高熊山中をさまよい、一週間にわたって神秘な体験をしたといわれる。旧二月一五日、服もボロボロになってふらりと村に戻ってきたが、「神さんにつれられて、ちょっと修業に行って来た」と答えただけで、一週間ほどは疲労で口もきけなかったといわれている。この修業は、後年、彼の『霊界物語』の基礎となったものであり、彼の霊魂はあまねく霊界をめぐり、その宗教的使命をさとらされ、神通力を得、種々の神啓をうけたとされるものである。彼にかかった神が名乗られるのはこれから二ヵ月半ほどのちの、静岡県不二見村の稲荷講社本部においてであった。

この高熊山修業は、王仁三郎の意志的作為であって、自然のイニシエーション的エクスタシーと見ない論者も多い。しかし、これら三者の伝承から、われわれは、たとえそこに幾多の潤色改変があろうとも、なおそこに共通したシャマン的類型のいくつかの特徴を見出すことができる。すなわち、㈠異常体質、いわゆる病弱、孤独を好む、内攻性、ハルシネーションや幻聴といった性格、㈡その社会的背景を持つ個人的危機における巫病（イニシエーション的精神異和）、㈢憑神憑霊、㈣入巫後の人格転換と巫術の駆使、自己統御、㈤お筆先、みかぐら歌、神界物語などの啓示文学の創作、等である。

日本的シャマニズムと最も近い関係にあると想像される朝鮮においては、秋葉隆博士の現地研究によると、[19]世襲的巫ムウダングと、しからざる生巫ソンムウダングにわかれ、したがって入巫過程にも世襲的入巫と降神的入巫がわけられるが、この場合日本の例と比較される降神的入巫の特徴として、多くは幼少の頃一種の精神病にかかることから始まり、食いごのみ（偏食）の性質があり、遊戯を好まず人を避けて一室に閉じこもるような性格のものが、巫者になる可能性が多い。入巫に際しては、極端な偏食に陥り、肉体の衰弱に伴って眼光は鋭くなり、顔に凄味を帯び、異常な精神の昂揚状態となり、家を飛出し、山野を彷徨したり、狂踏乱舞したり、異常な言葉を発したり、卒倒したりする。意識が狭く弱くなり、極端に暗示をうけ易い催眠状態になって卒然として神託を口走り、たまま卒倒の際や山野彷徨中に入手した異物を神物、守護物として巫の生活に入る。これには入巫祭を必要とするが、シャマニズムが制度化している朝鮮では、入巫儀礼として虚主祭、降神祭、集神祭の三段の歌舞賽神を行なうことによって巫病は平静となり、爾後巫者としての天職を行なうに至るのが通例の入巫過程であるという。そしてこれは満蒙地方及び北方アジア諸民族のシャマンにおいてもほぼ同一である、と結論している。

ところで、シャマニズム（Shamanism, Chamanisme, Schamanismus）は、その術語がツングース語から由来するように、北方アジア、シベリア地方諸部族のなかに、その典型的な形態と機能が保存されているといわれる。したがってシャマニズムの研究はこれらの諸地方、諸民族のそれぞれについて、精緻な業績が多く発表されてきた。たとえばシロコゴロフ S. Shirokogoroff[20] のツングース族における、ツァプリカ女史 M. A. Czaplicka[21] やニオラーゼ G. Nioradze[22]、ステルンベルグ L. Sternberg[23]、ミカイロフスキー V. M Mikhailowski[24] のシベリア原住民における、ヨヘルソン W. I. Jochelson[25] のユカギール、コリヤーク諸族、ボゴラス W. Bogoras[26] のチュクチ族における、ポターニン G. N. Potanin[27] のモンゴール族における、シェロスチェフスキー W. Sieroszewski[28] のヤクート族における、ウノ・ハルヴァ[29]（ホルムベルグ）Uno Harva (Holmberg) のアルタイ諸族における、カルヤライネン K. F. Karjalainen[30] のユグラ諸族における、ラスムッセン K. Rasmussen[31] のイグルリク・エスキモーにおける研究など、こんにちではすでに古典的作品とされている。

しかしシャマニズムは、シベリア、中央アジア、極北アジアにのみ限定さるべき宗教現象ではなく、比較的稀薄なアフリカ大陸を除いては、南北アメリカの原住民、東南アジア、オセアニア、インド、チベット、シナにも類似現象は見出されるし、またシャマン的信仰と技術の痕跡は、インド・ヨーロッパ諸民群の間にも発見されている。そしてこれら諸地域についての調査報告も次第にその数をましてきている。[32]

ところで、これらのほとんど全世界にひろがる古代的宗教としてのシャマニズムを綜合して、比較宗教史的に考察したものとしては、まずエリアーデ M. Eliade の *Le Chamanisme et les techniques archaiques de l'extase* (Payot, Paris, 1951, pp. 447.) が最も早く、また優れたものである。本書は一九六四年に改訂増補英語版が出版された。彼はその後も多くのシャマニズムに関する論著を発表しているし[33]、また故ヴィルヘルム・シュミット W. Schmidt[34]、フィンダイセン H. Findeisen[35]、カンプベル J. Campbell[36]、リッスナー I. Lissner[37]、ブッドラス A. F. & G. Buddruss[38] などのすぐれた研究もあらわれたが、一九六一年夏、"Recent Works on Shamanism, A Review Article" (*History of Religions*, Vol. I, No. 1, Summer, 1961, 〔University of Chicago Press〕, Chicago pp. 152–186) において、さらに前著を補足して、一九五一年以後の多くの新研究を紹介評論している。

エリアーデによれば、シャマニズムは、その題名にしめしたように、古代的エクスタシー技術であるとともに、同時に一種の神秘主義であり、呪術であり、また広義の宗教であるとする。[39] そしてシャマン（巫者）は、「神の召し」vocation,「選び」election をうけ、もしくは少くとも「宗教的危機」の場において、その社会内の他の成員にはおよびがたい「聖の世界」に達しうる異常存在者と規定する。[40] 聖の領域にまじわる専門家としては、呪医 medicine-man, 術者 magician, 瞑想者、霊感感受者、憑霊者、等々があるが、そのなかでシャマンはとくにその社会の利益のために、エクスタシーを行使する方法を知るものである。このエクスタシーこそは、シャマンを呪医や術者、卜者 soothsayer などと区別する重要な要素である。

このエクスタシーの過程においてシャマンはトランス trance に入るのであるが、トランスとは、シャマンの魂が一時的にその肉体をはなれ去ることである。エクスタシーの間に、シャマンの魂は天界に昇り、地下界に降り、あるいは空間を遠く旅するものとされる。シャマンはその神秘の旅を、まずその入巫過程――巫病および入巫的夢想 maladies et rêves initiatiques, 巫力獲得 l'obtention des pouvoirs chamaniques, 入巫式 l'initiation chamanique――において経験するのであるが、入巫以後は、㈠病人の肉体から抜け出た魂をさがしに（空間、地下界、まれに天界）㈡生牲にした動物の霊を天界に運び、神々に捧げるために（中央アジア、シベリア地方）、天上の神々の祝福を獲るために（南アメリカ）、新入者の加入式《イニシエーション》を執行するため（オーストラリア）、月その他の天体を訪れるため（エスキモー人）、等、主として上昇の旅に、㈢最後に死者の魂を地下界の新しい住処に導くため（descensus ad inferos of the shaman-psychopompos）に、エクスタシー技術を行使するのである。[41]

エリアーデによれば、このエクスタシー（トランス、霊魂離脱、意識喪失）は、不安や夢や空想などとひとしく、人類共通のものであり、特定文化や特定の歴史的モメントの所産ではなく、一つの非歴史的な経験である。ただこの経験に施される宗教的解釈や、エクスタシーへの準備、その促進の技術などは歴史の所産として、文化的環境に依存し、歴史の流れにつれて変化するのである[42]。

ところでシャマンのエクスタシーにおける他界遍歴の基本的形態は天界上昇である。諸民族の例を集めてみると、地下下降の夢想や幻想例に比して、その数がはるかに多いのみならず、この呪術的飛翔は、世界のあらゆる神話や民間伝承の重要な要素をなす人類最古の説話モチーフでもあった[43]。

他方、エクスタシー的下降は、多くの未開社会にあまねく見られる死と復活のイニシエーション儀礼から導かれたものである。入巫過程において、未来の巫者が他界において肉体的な責苦をうけ、殺され、屍体を切断され、肉や骨を洗われたり煮られたりする、という経験談は数多く集められているが[44]、一般のイニシエーション儀礼においても、最原始社会といわれるオーストラリア原住民や南米のフェゴ人のそれが、割礼やジャングルへの隔離というシンボルによって死と復活の過程がしめされるのにたいして、より進歩した社会、たとえばメラネシアや北米においては、拷問、埋葬、気絶、亡霊との合一儀礼、といった具体的方法によって実修される点を考えると、シャマニズム本来の現象とは思われず、借用要素と推測される[45]。

つぎに憑霊現象について、エリアーデは、多くの学者が、憑霊、「神がかり」をもってシャマニズムの基本的要素とする傾向のあるのに反論している。彼はこの現象は確かに古代的普遍的な現象ではあるが、これはメラネシアやポリネシアでは、シャマニズムとほとんど無関係な「聖界の専門家たち」の周辺にも頻発するものであって、真正シャマンにおいては、エクスタシー経験から展開する第二次現象と見なければならない。すなわちシャマンの魂が天界や地下界に旅している間に、精霊がその肉体を占領するのであり、この逆のプロセスは想像し難いとする。もし精霊の憑依がエクスタシーに先行すれば、シャマンの人間的エクスタシーは妨げられ、その宗教的経験を課し、これを具体化するのは精霊でなければならなくなるが、厳密な意味でシャマニズムの支配下にあるシベリア地方では、憑霊は事実上第二次現象である。また憑霊は真正シャマンの持つべきイニシエーション的訓練、自己と精霊の統御、精神集中といった諸要素とは、全く異なる安易さや自動作用が見られると論じている[46]。

のシャマンの精神的平衡の一時的破綻によって現われる。従来はこれを北極型ヒステリー arctic hysteria, メリアク meryak とかメネリク menerik とよばれる一種の精神病的発作とするのが通説であった。しかし最近の研究では、シャマンは決して精神病者ではないという意見が強くなってきた。いかなる古代もしくは原始社会にあっても、真正の精神病者や癲癇患者が尊敬されたり、重要な社会的機能や権威を負わされることはありえない。彼らがその威力を認められ、権威をもって部族民に臨み得るのは、その癲癇性トランスを起し易いという事実に基くのではなく、シャマニズムの行使において、かかる癲癇性トランスを自在に制御し得る能力による。

たしかにシャマンは外形上癲癇患者やヒステリー症に似るが、実は常人以上に強靱な神経組織を持っている。彼らは俗人には近づき難い強度の自己集中ができ、消耗力の大きい長期の緊張にたえ、そのエクスタシー活動を制御する。カルヤライネンの集めたヴォグール族シャマンの例[47]、シェロスチェフスキーのしるしているヤクート族シャマンの例[48]、またカイ・ドネ Kai Donner のサモエード、オスチャック族シャマンの例[49]を見ても、彼らは通常健康の面でも知性の面でも、しばしば周囲の人々よりすぐれている事実が報告されている。リンドグレン E. J. Lindgren の報告によれば[50]、シャマンは狭いユルトでダンスを行なうとき、その着ける衣裳は、ゆうに一五〇キロを越えるものがあるといわれ、またカスタニェ Castagné の報告では[51]、カザック、キルギースのバクサ baqça（シナ語の「博士」と同根語といわれる）は、トランスの間も眼を八方に注ぎ、驚くべき精神統御力を見せる。一般にシベリア、北アジアのシャマンには精神分裂の徴候は見えず、記憶力、自己統御力は普通人よりはるかに優れている。ヤクート族の一般人の常用語は約四、〇〇〇語といわれるが、シャマンの持つ詩的語彙は実に一二、〇〇〇語に及ぶといわれている[52]。このような傾向は、単にシベリア、北アジア地方のシャマンのみならず、遠く隔った南米のアマゾン流域あたりのシャマンについても同様の観察が行なわれている[53]。

すなわち、シャマニズムは生れながらの、もしくは潜在的な精神異状に関連して起るものではない。実際に職業的ヒステリーが真正の精神錯乱に悪化したシャマン例はまだ一例も挙げることはできないといわれている[54]。イニシエーションにおいても、それは単にエクスタシー経験を含むだけでなく、そこに複雑な教理的教育的実修が伴なわれており、一度は真実の癲癇やヒステリー症の発作を起したとしても、彼らの精神病理的経験に一つの理論的内容が持たれていることに注意すべきである。彼らは自身病気を克服したのであり、他人を癒すことを知り、就中その病気のメカニズム、あるいは理論を心得ている。シャマンにおける異常性格は、いわば一種の「聖」の弁証法を示すものといえる。つまりかかる聖にかかわる人物の持つ異常性と、推挙または神霊の選びによって、社会の他の人々とは異なる強烈な聖の経験者の持つ異常性との間には、一つの均斉があるということだ[55]。

そこでエリアーデによれば、シャマニズムは、人が慣習的に「宗教」と名づけるものよりは、むしろミスティーク（神秘主義者、神秘家）のなかに位置づける方がにつかわしいとする。シャマニズムはつねに特定のエリートの素質としてエクスタシー技術を存し、またそれぞれの宗教の神秘説を構成するからである[56]。またシャマンは当該社会の精神的統合の防衛という点にその本質的役割を演じ、すぐれた反悪魔《アンティ・デモーニック》的な戦士として、悪魔や病気と、さらに黒呪術者《ブラック・マジシャン》とも戦うのである。古代社会において、人類は悪魔や邪力にとりまかれた未知の世界に単独では暮し得ない。祈禱や、生牲を捧げる神々や、超自然的存在に加えて、「聖界における専門家」、精霊を見、天空に上り、神々に会い、地下界に降り、また悪魔や病気や死と戦い得る人々を必要とする。不可視の世界の住者によって起された危機的状況において、シャマンこそが彼らを救い得る唯一のものと信じられたのは当然である。かくて社会の他の成員には見得ざるもの、隠されてあるものを見、超自然界から直接かつ確実な知識を得て帰り得るシャマンの能力は、進んで死に関する、死者の国に関する、また天上界に関する知識にも決定的な寄与をなし、さらには言語的叙事詩的創作にも大きな寄与をなした、と論じている[57]。

以上の所論によってシャマニズムの性格はいちおう明らかとなった。そしてシャマンの持つ社会的機能が、その危機的な場における統合的役割にあることをも指摘した。

古代日本が、シャマニズム的宗教の支配下にあったかどうかは、もちろんはっきりと肯定はできないが、さりとてまったく無関係であったのではない。ただわが国では南朝鮮をふくめて、いずれかといえば女巫の活躍が著しく、したがって母系社会から父系社会への政治的社会的変化の前に、日本的巫俗はいちじるしい変貌をとげ、政治史の表面から後退して、次第に民間に沈潜し、またその機能を副次的なるものへと改めて行かなければならなかったようである。したがって日本には、シベリアその他に見られるような制度的シャマニズムは、局地的な場合を除いて、ついに発達しなかったのである。この間の事情をごくざっと観察するために、先ず歴史の舞台を一八〇〇年ほど逆転させて見よう。

一　日本宗教の社会的役割

それは西暦一八〇―二四七ないし二四八年と推定されるが、北九州か大和かは知らず、すこぶるカリスマ的、女巫的な風格を持つ耶馬台国女王ヒミコ（卑弥呼）が、強大な連合王国を統一し、魏王朝（二二〇―二六五年）としばしば使者を往来し、「親魏倭王」に叙し、金印紫綬を付与せられて、魏にとって政治外交の上ではなはだ重要な独立王国を形成していたことが、陳寿（二三三―二九七年）の『三国志』魏志の倭人伝に見える。この書物は明治年間の白鳥・内藤両博士の論争をピークとして、(58) 遠くは一三世紀以来学者の関心と興味をそそったものであり、終戦後もいろいろの意味で歴史学者、古代学者の間に毀誉褒貶のはげしいものであるが、虚心にこれをよめば、そこには見のがすことのできないいくつかの宗教史の諸問題を含み、古代日本の解明に重要な鍵を持っている。葬送習俗、「持衰《ぢさい》」という特殊な呪術的人間の存在、禊、鹿卜、亀卜のうらない、なども興味ふかいが、ここでは特に女王ヒ

ミコの宗教的性格に注意したい。今、便宜、和田清、石原道博両氏編訳によると、(59)

其ノ国、本亦男子ヲ以ッテ王ト為シ、住《トド》マルコト七・八十年。倭国乱レ、相攻伐スルコト歴年。乃チ共ニ一女子ヲ立テテ王ト為ス。名ヅケテ卑弥呼ト曰ウ。鬼道ニ事《ツカ》エ、能ク衆ヲ惑ワス。年已ニ長大ナルモ夫婿無ク、男弟有リ、佐《タス》ケテ国ヲ治ム。王ト為リシヨリ以来、見ル有ル者少ナク、婢千人ヲ以テ自ラ侍セシム。唯〻男子一人有リ、飲食ヲ給シ、辞ヲ伝エ、居処ニ出入ス。宮室、楼観、城柵、厳カニ設ケ、常ニ人有リ、兵ヲ持シテ守衛ス。……卑弥呼以ッテ死ス。大イニ冢《チョ》ヲ作ル。径百余歩、徇葬スル者、奴婢百余人。……

とある。

ここでわれわれは二つの問題を指摘することができよう。一つは二世紀の末ごろに、日本列島のどこかに大きな内乱があったこと。そしてこの攻伐歴年の末、ヒミコは人々に擁立されて王となり、内乱はおさまり、壱岐、対馬をはじめ大小二八ヵ国を統治した。それぞれの国には大官、副官などの官僚制がしかれ、国々を巡察する女王直属の一大率なる長官と役所があり、国内は大人・下戸、尊卑の階層的社会が、慣習的制度や規制的態度によってその秩序が保たれていた。女王は立派な城柵をめぐらした宮殿に住み、千人の侍女にかしずかれ、武装兵士によって護衛されている。女王の死に当り、奴婢百余人が殉死せしめられたとの記事からは農奴制も存したであろうし、租賦課庸の制度も確立し、国々には国立のマーケットもあって交易も盛んに行なわれている。(60)この時期は丁度、考古学の上でいえば弥生式文化の末期、古墳時代の開幕期にあたり、シナの歴史では後漢帝国の崩壊から三国時代、五胡十六国分立（二二〇―三一六年）にいたる動乱期にあったこと。

第二には、このようにして擁立された女王は、帯方郡太守を通して魏王朝と親誼を通じて国内統一を計る一方、自らは「鬼道に事えて能く衆を惑わす」といわれ、年老いても夫婿なく、男弟に政務を司らせ、自らは宮殿の奥深く籠って神に仕え、神託を請うところの巫女的性格を帯びていることである。

私は古代史の専門家ではないから、耶馬台国の所在や、女王ヒミコの比定の問題には介入する資格もなく、また興味もない。ただ私にとっては、女巫的、カリスマ的な女性が、弥生式文化から古墳文化への過渡期の内乱といった社会のアノミーのなかに、その収拾者として登場してきたことを宗教史的に注意すれば足りる。しかし、『日本書紀』の編者以来、従来多くの学者が、このヤマトの女王の日本歴史とのむすびつきを、あるいは景行紀を中心にしばしば現われてくる九州地方の「土蜘蛛」と呼ばれた女酋にあてたり、あるものは天照大神、倭迹迹日百襲姫命《やまとととひももそひめのみこと》、倭姫命、神功皇后などに比定している。また女王とこれを補佐する男弟といった神政的政治形態を、天照大神と高木神、倭迹迹日百襲姫と崇神天皇、神功皇后と武内宿禰、推古天皇と聖徳太子、斉明天皇と中大兄皇子などの関係において見ようとし、佐喜真興英氏の『女人政治考』[61]その他で注目されている沖縄の尚王家における男王と聞得大君の合体政治の形式なども、歴史をはなれた宗教史的類型としては意義がある。

天照大神と高木神（高御産巣日神《たかみむすびのかみ》の別名）のコンビネーションは、あまりに茫漠として、この場合の考察に必ずしも適わしいものとは思えないが、高天原神話の最も重要なるべき天孫降臨の前後には、『古事記』は多くの個処において「爾レ高御産巣日神、天照大神ノ命以テ」とか「爾レ天照大御神、高木神ノ命以テ」という句がくりかえし用いられているし、また

> 天若日子、天神ノ賜エル天之波士弓、天之加久矢ヲ持チテ、其ノ雉ヲ射殺シツ、爾レ其ノ矢……逆ニ射上ゲラレテ天安河ノ河原ニ坐マス天照大御神、高木神ノ御所ニ逮《イタ》リキ。

とあって、二神同所にある如くしるしている。この二神上下の関係、また「命以テ」の語の解釈については今は触れまい。

神武天皇とならんで、記紀に暗示ぶかくも「御肇国天皇《はつくにしらすすめらみこと》」と称えられたという崇神天皇の治世から垂仁、景行朝にかけても、多くのカリスマ的女巫の活動が、あるときは皇室の危機、疫病などに象徴される社会不安、あるいは四道将軍の派遣とか、倭建命の東西遠征といった、国家の大きな展開を暗示する事件に伴ってあらわれてきている。「聡明叡智、能く未然を識る」と称された天皇の姑倭迹迹日百襲姫は、書紀の系譜によれば孝霊帝の皇女で、崇神の世、国内疾疫多く、人民の死亡半ばを過ぎ、百姓流離し、背叛するものあるをうれえ、天照大神、倭大国魂二神の従来宮中に同床して祭れるを畏れて、それぞれ豊鍬入姫、淳名城入姫に託けて宮殿外の聖地に祭らしめ、さらに天皇、神浅茅原に幸し、八十万神を会《つど》えて卜問《うらど》うた時、倭迹迹日百襲姫に神憑って大物主神があらわれている。また大彦命が和珥坂で見聞した不思議な少女の歌える童謡《わざうた》を説いて、武殖安彦の叛乱を予言した。このの ち姫は大物主神の妻となったが、神との約束のタブーを破ったため、姫の急死という悲劇的な終末をつげたことになっている。日本の古代神祇史の上に、大きな足跡と伝播分布を示した神《みわ》、鴨《かも》二氏の祖神といわれる大物主神の出現と、武殖安彦の乱は、崇神紀を彩る二大事件であるが、古事記は何故かこの姫の活躍を全く黙殺して、崇神帝の巫祝的性格のみを強調しているのは、古事記の方にむしろ伝承改変の作意があるらしいことを示している。

垂仁朝に天照大神鎮座の地を求め、神の御杖《みつえ》として神託のままに大和から近江、美濃を経て今の伊勢神宮の地を卜したといわれる倭姫命は、次の景行紀においては東西に遠征して大和朝廷の統一事業の集約的英雄倭建命に、重要な物実を賦与することによって、呪力を得しめている。すなわち『古事記』によれば、熊襲を討つ門出には「姫命の御衣、御裳を給わり、小劒を御懐に納れて」行き、蝦夷を平げるべく東征の時は「草薙劒と御嚢を賜」っている。この呪力をこめた太刀を、尾張の美夜受比売《みやづひめ》のところに置いて伊吹山の神を討ちに出向いたのが、この英雄の悲劇となったことは、病革ってのち、「をとめの、とこのべに、わがおきし、つるぎのたち、そのたちはや」と歌い竟えて崩《かむあ》がりました、と語られたことからも知られる。『古事記』巻中、帯中日子天皇の条にいう、其ノ大后息長帯日売命ハ当時神帰《ヨ》リタマヘリキ。カレ天皇筑紫之訶志比《カシヒ》宮ニマシマシテ、熊曽国ヲ平ケタマハムトセシ時ニ、天皇御琴ヲ控シテ、建内宿禰大臣沙庭ニ居テ、神ノ命ヲ請ヒマツリキ。ココニ大后神ガカリシテ言教エ覚《サト》シタマヒツラクハ、西ノ方ニ国アリ、金銀ヲハジメテ、目ノ耀ク種種ノ珍宝ソノ国ニ多ナルヲ、吾今ソノ国ヲ帰セタマハムト詔リタマヒキ。ココニ天皇答ヘ白シタマハク、高キ地ニ登リテ西ノ方ヲ見レバ、国ハ見エズ、唯大海ノミコソアレト白シテ、詐リセス神ト思ホシテ、御琴ヲ押シ退ケテ控キタマハズ、黙シイマシヌ。カレソノ神大ク忿ラシテ、オホカタ茲ノ天下ハ汝ノ知ラスベキ国ニアラズ、汝ハ一道ニ向ヒマセト詔リタマヒキ。ココニ建内宿禰大臣白シケラク、恐シ、我ガ天皇、猶ソノ大御琴アソバセトマヲシキ。カレ稍ソノ琴ヲ取リ依セテ、生生ニ控キ坐シケルニ、幾時《イグダ》モアラズテ、御琴ノ音聞エズナリヌ。カレ火ヲ挙ゲテ見マツレバ、既《ハヤ》ク崩リマシニキ。

これは日本の文化史の大きな展開点となった朝鮮半島およびシナ大陸よりの大規模な帰化人の来航と、倫理、宗教、技術、文学等の上層部への浸透による文化、産業の革命的展開を示す発端伝説であり、強力なカリスマ的女巫の世論統一の能力と指導力を遺憾なく発揮している。

儒教の合理主義的な倫理と、仏教の統一的思想の強い影響下にあった推古朝以後においても、蕃別氏族の経済的文化的擡頭と、隋・唐の擡頭による日本の外交的後退によって、いわゆる氏姓制とよばれる古代社会は大きく動揺し、皇位継承をめぐる上宮王家と蘇我氏の対立、王家滅亡、中大兄皇子・中臣鎌子によるクーデタによって大化改新の幕が開かれたのであるが、これらの過程をめぐって、多くの巫覡の活動と童謡《わざうた》の流行が記録されていることは注意してよい。紙数の関係で一々こまかく証拠を挙げることはできないが、例えば蘇我氏滅亡の前年、皇極三年六月の紀には、三輪山の猿のあやしいわざ歌が報ぜられ、また、「是の月、国内の巫覡等、枝葉を折取り、木綿《ゆう》懸《とりし》掛で、大臣の橋を渡れる時を伺い、争って神語入微の説を陳す。その巫甚《にえさ》多なり。具に聴くべからず。老人等の曰えらく、移《かわ》らん風《とき》の兆なりと。時に謡歌《わざうた》三首あり」云々といった記事である〔書紀巻二十四〕。巫覡のかかる活動が、「移風の兆」、すなわち社会変革の兆としているのは、直後の大化改新をうけているにしても、古代人の興味ある認識というべきである。

大化改新後、再び帝位についた斉明（皇極）女帝も、決して奈良朝以後にあらわれる、いわゆる「中天皇」的性格のものではなく、社会変革におけるカリスマ的女巫王の性格が、かすかながら保存されていたことは、皇極元年八月の大旱に、村々の祝部、仏教僧等の雨乞に実効のなかった時、自ら南淵の河上に幸し、四方を拝し、天を仰いで祈り、遂に雨ふること五日、天下の百姓よろこんで、至徳天皇《いきおいましますすめみこと》と称した〔書紀巻二十四〕、という記録にもうかがえよう。

天武帝の強烈な帝王意識と、その帝王権確立の際にも、自ら沙門皇子と称しつつ、しかも巫覡的信仰を利用したような形をとって、壬申の乱を終局に導いた。天武以後の日本の国家体制と社会構造、およびこれと密接にからみ合った倫理、宗教の構造は、もはやカリスマ的王の出現、殊に女巫王の出現を不可能にしたが、しかし集団、社会、国家の危機的な場、あるいは変革的展開への前段階における、強い緊張関係やアノミーのあらわれる際、常に要請されてくるのは、この種の呪術宗教的指導者であり、仏教呪術や陰陽道呪術の国家的な規模による受容、朝廷主催による祈禱呪願の執行や、それらの教理的儀礼的メカニズムへのチャンネル化にもかかわらず、シャマニズム的性向は民間に拡散し潜在して、日常的な民衆の心理的アノミーに対処する機能を果してきている。奈良末平安初頭の遷都を必要とした政治社会の混乱の際にも、民間巫祝の活躍は、一部は『続日本紀』に、一部は『日本霊異記』説話のなかに暗示せしめられる。この時代を界として、日本のシャマニズムは仏教や陰陽道の影響をうけていちじるしい変質を遂げつつあったし、逆に日本の仏教や、元来その下地を持っていた陰陽道は、日本のシャマニズムに影響され、これと習合することなしには民間に伝播し得なかったのである。仏教の公式伝来よりかなりの期間、少なくとも奈良・平安を通じて神仏は、時にするどく対立したらしいことは、神社の森の樹を伐って仏寺建立の材にあてたために、神祟神怒が落雷怪火にあらわれたとする記事の頻出が象徴している。「仏法を尊び神道を軽《あなず》る」と評された天皇も、すでに書紀のなかにあらわれ、沙門皇子の天武朝にはいちじるしい国家仏教への傾斜が見られるが、しかし奈良朝末の称徳帝にいたっても、沙弥尼たる天皇の大嘗会には僧尼の奉仕あるべしとの徹底的仏教化の底流に、なお、「神等をば三宝より離《さ》けて不触物《ふれぬもの》ぞとなも人の念いてある」を考慮せざるを得なかった。(62)神祟を感得し、神怒をあらわすものは、巫者である。かくて神仏習合は巫者を仏教のなかに包摂すること、仏教を巫者の宗教に近接させるという二つの目的をも持っている。社会階層によって区別されたらしい古代的な霊魂観や、祖霊観に大きな変化をおよぼしたのは恐らく仏教であったろうし、祟りや怒りの形であらわれてくる死者の霊や神霊に対して、仏教が鎮送と対抗の呪術を発達させ、民間に下降して行ったことは、仏教の日本的シャマニズムへの傾斜を物語るものではないであろうか。

奈良末平安初頭に端を発したらしい御霊信仰は、この当時の政争の犠牲になった貴族の死霊が、巫者の口をかりて生前の怨恨と報復の次第を説く形式をとったが、これが表面上は極めて華やいだように見える平安朝の、実はじめじめとして不健康な貴族を中心とする生活から生ずる心理的アノミーや、陰謀、簒奪に悩んだ社会的緊張や不安のなかに、次第に活発化してきたらしく思われる。そしてこの現象のなかに、自分はシャマニズムと仏教、陰陽道の事実上の合流、習合を見ることができるように思う。豪族の祖霊のみが御霊化の特性と考えられた時代が去ると、人間性の独立意識が庶民の霊魂の御霊化可能という形で象徴化され、そしてやがて民間の念仏と山の験者の修験が、この信仰の上に成長しつづけて行った。民間念仏と民間修験と、これらと相倚り相助けて残存し分化した民間巫俗とが、前近代的な民間信仰の荷担者であり、民間陰陽師を含めて、これらの中世的分化形態から、日本の芸能の大きな部分が分化され、展開してきたと見られる。この問題を自分はかつて「人神」の形態としてとらえ、『我が国民間信仰史の研究』の「宗教史編」において、かなり詳細な資料を挙げて研究した。(63)

上世仏教の持つ全般的に呪術宗教的性格は、空海の密教導入と、円仁・円珍以後の天台宗の徹底した密教化によって、政争の有力な武器としても利用されるようになり、護持僧・檀那の関係が樹立される一方、社会不安のもたらすシャマニスティックな霊祟、怨霊の頻出に対して、その防衛者としての機能を果してきた。かかる呪術者としての験者は原則的に霊山、高山における抖擻《とそう》苦行によってその呪力を獲るものとされるが、この背後には恐らくは素朴な山中他界観念が潜在し、山中の死霊または祖霊が、やがては山神の性格の一部を形成するにいたり、古い山岳信仰と山岳呪術者が、のちの験者を経て修験道に組織化され、民間に拡散土着して、神社を着彩し、法印神楽、山伏祭文などの芸能へもその機能を分化せしめた。同じ死霊信仰の鎮送呪術として展開した民間念仏は、疫神祭としての鎮花祭系統の踊念仏を展開し、一方では下級念仏聖が土着して、茶筅、ささら、鉢屋、鉦打ちなどの部落を形成して、農村社会の呪術宗教の荷担者となり、他方民間巫女と結合して念仏踊、熊野比丘尼、歌比丘尼などの特殊宗教的芸能者を発生せしめ、また陰陽道系からは陰陽師、唱門師、院内などの特殊な呪術宗教者の機能を持つ特殊部落が発生し、神社の特殊神事や、季節的来訪祝福の機能を伝承しただけでなく、各地の神社、寺院に寄属した人々の間からは、各地の「能」の芸が展開した。これは他方でいわゆる民間の口寄巫女《くちよせ》が託宣、口寄せの技術を、次第に語り物、浄瑠璃などに展開してきたのと対比すべく、根柢に亡霊憑依の宗教形態が色濃く残存していることに気づかされるのである。日本人の信仰形態の一つの特色とされる神と人との連続性、「神は人はさらでもいはず、……何にまれ尋常ならずすぐれたる徳のありて、畏るべき物をカミとはいう」〔古事記伝〕とする古代観念は、神の妻であり、神の代弁者であり、神性を主張し、また神に扮し得る如き「人神」の宗教形態が、アニミスティックな信仰から祖霊崇拝を導き出し、やがてそれは、先に考察した如き、歴史的にも竪割りの社会構造のなかで、農耕儀礼とも習合し、わが国の民間信仰の核を形成してきたと見られるのである。

（1） 特に社会学的なアノミーの理論は、Merton, R. K.: Social Theory and Social Structure, (Revised and enlarged ed.), Glencoe, Ill., 1957, IV. “Social Structure and Anomie,” 126–160; V. “Continuities in the Theory of Social

"Structure and Anomie," 161–175.; "Social structure and Anomie" from The Family, Its Function and Destiny, ed. by Ruth N. Aushan, New York, Harper and Brothers, 1949; "The Social-Cultural Environment and Anomie" in New Responsives for Research on Juvenile Delinquency, edited by Helen L. Witmer and Ruth Kotinsky, Washington D. C., U. S. Dept. of Health, Education and Welfare, Children Bureau, 1959, pp. 24–50; Parsons, T.: The Social System, Glencoe, Ill., The Free Press, 1951, pp. 256–267; 321–325; Parsons, T., Bales, Robert F. and Shils, Edward A.: Working Papers in the Theory of Action, Glencoe, Ill., The Free Press, 1953, pp. 67–78.

（2）Merton, R. K.: Social Theory and Social Structure, 1957, IV. "Social Structure and Anomie," pp. 131–135.

（3）Merton: Op. Cit., V. "Continuities in the Theory of Social Structure and Anomie," pp. 161–162; MacIver, R. M.: The Ramparts We Guard, New York, The Macmillan Co., 1950, pp. 85–86.

（4）Grazia, Sebastian De: The Political Community, Chicago, University of Chicago Press, 1948, pp. 72–74; Merton: Op. Cit., 1957, p. 163.

（5）Merton: Op. Cit., pp. 139–140.

（6）Parsons: The Social System, pp. 256–267; 321–325; Parsons, Bales and Shils: Working Papers in the Theory of Action, 1953, pp. 67–68.

（7）Merton: Op. Cit., pp. 149–153; 184–187.

（8）小口偉一『日本宗教の社会的性格』東京、東大出版会、一九五三年。

（9）高木宏夫『新興宗教』（ミリオン・ブックス）東京、講談社、一九五八年、二一二―二四二頁。

（10）同上、一四二―二〇九頁。

（11）小口偉一・村上重良「近代社会成立期の新宗教」（日本宗教史講座第三巻）東京、三一書房、一九五九年、二一七―二二〇頁。

（12）高木、前掲書、三六、四四、四七、五〇、五五―五六頁。

（13）小口・村上、前掲論文二一七―二二〇頁。

（14）村上重良『近代民衆宗教史の研究』京都、法蔵館、一九五七年。同「幕末維新期における民衆宗教の創唱」（日本宗教史講座第二巻、東京、三一書房、一九五九年）一九七―二七六頁。

（15）乾孝・小口偉一・佐木秋夫・松島栄一共著『教祖――庶民の神々――』東京、青木書店、一九五五年。

（16） 天理教同志会編『天理教祖』一九一三年。奥谷文智『天理教祖伝講話』一九二四年。村上重良「幕末維新期における民衆宗教の創唱——天理教の成立過程」（日本宗教史講座、第二巻、二〇八—二二四頁）。乾・小口・佐木・松島共著『教祖』一六—二八頁。

（17） 出口ナオ自筆『経歴』一九〇二年。大本教学院編『稿本大本教祖伝・開祖之巻』一九五七年。服部静夫『大本教祖出口直子伝』一九二一年。村上重良「大本教の成立と展開」（『近代民衆宗教史の研究』一一七—一二九頁。）前掲『教祖』五九—六七頁。

（18） 大本教学院編『稿案大本教祖伝、聖師之巻』一九五七年。出口王仁三郎『わが半生の記』一九三五年。『聖師伝』一九五三年。村上、前掲書、「出口王仁三郎と教団の形成」一四〇—一四八頁。前出『教祖』七〇—七五頁。

（19） 秋葉隆『朝鮮巫俗の現地研究』、一九五〇年、天理市、第三章第四章参看、三二—六五頁。

（20） Shirokogorow, S.: Psychomental Complex of the Tungus, Shanghaï-London, 1935.

（21） Czaplicka, M. A.: Aboriginal Siberia, Oxford, 1914.

（22） Nioradze, Georg: Der Schamanismus bei den sibirischen Völkern, Stuttgart, 1925.

（23） Sternberg, Leo: "Die Auserwählung im sibirischen Schamanismus" (Zeitschrift für Missionskunde und Religionswissenschaft, Vol. 50, 1935, pp. 229–252; 261–274.)

（24） Mikhailowski, V. M.: "Shamanism in Siberia and European Russia" (Journal of the Royal Anthropological Institute, Vol. 24, 1894, pp. 62–100; 126–158.)

（25） Jochelson, W. I.: "The Yukaghir and the Yukaghirized Tungus"; "The Yakut" (Anthropological Papers of the American Museum of Natural History, Vol. 33, 1931, pp. 37–225; The Koryak (The Jesup North Pacific Expedition, Vol. VI, Part I–II: Memoirs of the American Museum of Natural History, Vol. X, Leiden-New York, 1905–1908.

（26） Bogoras, Waldemar G.: The Chukchee (The Jesup North Pacific Expedition, Vol. VII, 1907); Chukchee Mythology (The Jesup North Pacific Expedition, Vol. VIII, I. pp. 3–197).

（27） Potanin, G. N.: Otcherki severo-zapadnoj Mongolii, St. Petersburg, 1883.

（28） Sieroszewski, W.: "Du chamanisme d'après les croyances des Yakoutes" (Revue de l'Histoire des Religions, 1902, pp. 204–235, 299–338).

（29） Harva (Holmberg), Uno: Die religiösen Vorstellungen der altaischen Völker (FF Communications, No. 125,

Helsinki, 1938.)
(30) Karjalainen, K. F.: Die Religion der Jugra-Völkern, (FFC, No. 63, Helsinki, 1927.)
(31) Rasmussen, Knud: Intellectual Culture of the Iglulik Eskimos (Copenhagen, 1927.)
(32) それらの詳細については、以下に紹介するエリアーデの諸著、論文、特にLe Chamanisme, 1951, Parisと "Recent Works on Shamanism" (History of Religions, Vol. I, No. I), 1961, pp. 162–182. を参看。
(33) Eliade, Mircea: "Le problème du chamanisme," (Revue de l'histoire des religions, CXXXI 1946, 5–52.)
"Shamanism," in Forgotten Religions, ed. Vergilius Ferm, New York, 1949, pp. 297–308
"Einführende Betrachtungen über den Schamanismus," (Paideuma, V, 1951, 87–97.)
"Techniques de l'extase et langages secrets," (Instituto Italiano per il Medio et Estremo Oriente, Conferenze, II, Rome, 1953, 23 pp.)
"Shamanism and Indian Yoga Techniques," in Forms and Techniques of Altruistic and Spiritual Growth: A Symposium, ed. Pitrim A. Sorokin, Boston, 1954, pp. 63–70.
(34) Schmidt, Wilhelm: Ursprung der Gottesidee, Vols. IX–XII, Münster, 1949–55.
(35) Findeisen, Hans: Schamanentum, dargestellt am Beispiel der Besessenheitspriester nordasiatischer Völker, Stuttgart, 1957.
(36) Campbell, Joseph: The Masks of God: Primitive Mythology, New York, 1959.
(37) Lissner, Ivar: Aber Gott da: Das Erlebnis der letzten unerforschten Wälder der Erde, Olten, 1958.
(38) Buddruss, Adolf Friedrich and Georg: Schamanengeschichten aus Sibirien, Munich, 1955.
(39) Eliade: Le Chamanisme, 1951, p. 14.
(40) Eliade: Op. Cit., p. 21.
(41) Eliade: "Recent Works on Shamanism," Op. Cit., 1961, pp. 133–154.
(42) Eliade: Op. Cit., 1961, p. 154.
(43) Eliade: Op. Cit., 1961, p. 154.
(44) Eliade: Le Chamanism, 1951, Chap. II, pp. 45–75.
(45) Eliade: "Recent Works on Shamanism," Op. Cit., 1961, pp. 154–155.

(46) Eliade: Op. Cit., pp. 154-155.
(47) Karjalainen, K. F.: Die Religion der Jugra-Völkern, 1927, Helsinki, III, pp. 247-248.
(48) Sieroszewski, W.: "Du chamanisme d'après les croyances des Yakoutes," (Op. Cit.) 1902, pp. 317-318.
(49) Donner, Kai: La Sibérie, p. 223, cited by Eliade's Le Chamanisme, 1951, p. 41.
(50) Lindgren, E. J.: "Notes on the Reindeer Tungus of Manchuria" (Journal of the Royal Central Asia Society, Vol. XXII, 1935), pp. 218 ff.
(51) Castagné, J.: "Magie et exorcisme chez les Kazak-Kirghizes et autres peuples turcs orientaux" (Revue des Études islamiques, 1930, p. 60.)
(52) Chadwick, H. Munro and Chadwick, N. Kershaw.: The Growth of Literature, Vol. III, Cambridge, 1940, p. 214, cited by Eliade's Le Chamanisme, p. 41.
(53) Métraux, A.: "Le chamanisme chez les Indiens de l'Amérique du Sud tropicale" (Acta America, II, 1944), p. 201-202., cited by Eliade's p. 42.
(54) Nadel: A Study of Shamanism, cited by Eliade's p. 42.
(55) Eliade: Le Chamanisme, 1951, pp. 38-43.
(56) Eliade: Op. Cit., p. 21.
(57) Eliade: "Recent Works on Shamanism" (Op. Cit.), 1961, pp. 184-185.
(58) 白鳥庫吉「倭女王卑弥呼考」（東亜之光、五ノ六、七）、一九一〇年。内藤虎次郎、「卑弥呼考」（芸文一ノ二—四、読史叢録）、一九一〇年。なお両者の論争、および白鳥の著述については、くわしくは、和田・石原編『魏志倭人伝、その他』東京、岩波書店、岩波文庫、一九五一年、付録一〇三—一〇四頁。藤間生大『埋れた金印』東京、岩波書店、岩波新書、一九五〇年、六七—八〇頁。なお藤間の九州説に対する大和説には、近く志田不動麿『倭の女王』東京、吉川弘文館、一九五六年がある。
(59) 和田・石原、前掲書、一九五一年、四八頁。
(60) 前掲書、四六—四八頁。
(61) 佐喜真興英『女人政治考——人類原始規範の研究』東京、岡書院、一九二六年。
(62) 原田敏明『日本宗教交渉史論』東京、中央公論社、一九四九年、「五、神仏習合の起源とその背景」九八—一一七頁。

堀一郎「神仏習合に関する一考察」(『印度学仏教学論集』、宮本正尊教授還暦記念論文集、五二七—五四八頁)東京、三省堂。
(63) 堀一郎『我が国民間信仰史の研究』東京、東京創元社、一九五五年。

五　社会の変革に果した日本宗教の役割
——ディスインテグレーションからリインテグレーションへ——

以上、私は現在の新宗教運動のなかに顕著に見られる巫俗的性格をとりあげ、それが果しつつある社会的機能に注目しつつ、これをさらに溯って、日本宗教史的な跡づけをしてみた。久しい歴史を貫いて根強く残存し、多岐に習合し、また分化しつつ、しかも社会的アノミーや個人的宗教的危機の場において、つねに歴史を越えたtrans-historicalな生命力と社会化力を保存してきた日本巫俗の宗教史的研究は、その必要性を痛感されながらも、未だ十分満足すべき成果を挙げ得るまでにいたっていない。

エリアーデもいうように、シャマニズムは人類の宗教現象の最も古代的、普遍的形態の一つであり、それは同時に神秘主義であり、呪術である(1)。しかも一般的な宗教経験の所産とされる宗教的観念や神話、儀礼を直接創造したのではないが、——これらは巫俗教に先立って発現したか、パラレルにあるもの——、しかし強い影響を与えつつある。しかもそれは多くの異質的な社会体系、文化様式のなかに受容されているだけでなく、諸種の異質の呪術、宗教の様式とも混融し、併存する強い生命力を有している。したがって日本巫俗教の研究は、単に古代、中世といった過去の宗教史の解明であるにとどまらず、また実に現代の宗教史に重要な意義を持つのであり、さらには芸能史や民間芸能、民間信仰などの民俗学的領域の、基礎的な文化要素としても重要視しなければならないと思う。

ただこの研究には、その現象がきわめて複雑であるだけでなく、地域的なひろがりも大きく、歴史的変化も激しいものであり、その上、ほとんど教義書化せられていない点に、きわめて多くの困難が伴っている。したがってそれは単に精神医学的、心理学的、社会学的なシンクロニックなアプローチだけでは足りず、ディアクロニックな資料の蒐集観察も必要であり、日本という特殊民族社会の現象として把握する場合にも、それを分析し、解釈し、上映するスクリーンとしては、単に亜欧大陸のみならず、ひろく世界の諸地方に分布する類似現象についての理解や、世界宗教に発展し、教義化したもののなかでの神秘主義や神秘宗教の理論や体験も利用せねばならない。したがって、現代の新宗教運動の教祖的人格を、単にシャマニズムの現代的変貌といった一語のみで片付け、解釈するには、問題はあまりに根深く、かつ複雑であるように思う。この問題はしかし、私としてはまだこれから調査し検討しなければならない部分を多く持っているので、この小論では将来の課題として問題の提出にとどめておきたい。

本章では、私は先に提出した宗教の社会的役割の第二の部分、すなわち社会の変革におよぼす役割について、宗教史の上から検討してみたいと思う。この点について、私は、昨年からハーバード大学の社会学科のスタッフになったベラ Robert N. Bellah の『徳川時代の宗教』(2) (Tokugawa Religion) についての着眼を紹介してみたい。彼はパースンズの社会理論と、ウェーバー Max Weber の宗教社会学を、前近代の日本社会におしあて、日本の明治以後における驚異的な近代化、産業化に先駆した精神史を明らかにしようとして、興味のある分析を行なった。

彼はまず、日本の急速な近代化は、従来多くの外国人が安易に解釈していた日本人の異常な模倣能力といった点からだけでは解き得ないものとして、その原因を徳川幕府治下の歴史的な社会、政治、文化、経済、制度の価値体系とディメンションの脈絡のなかに求めようとしている。和辻博士も指摘しているように、シナ人は日本人より三世紀以上も早く、インド人はさらに古く、西欧人と西欧文明により直接な形で接触し得たにもかかわらず、日本が維新前後の半世紀間に受けた影響の何分の一をも身につけ得なかったし、西欧以外の社会のなかで日本だけが、何ゆえこのような目覚ましい近代化に成功し得たか。

さて、ここで、近代産業化した社会とは、社会機構の中では経済が、価値体系では経済価値が、他のすべてに優先して重要性を持つ社会を指している。この経済価値とはつづめていえば手段合理化過程、すなわち適応過程を特色とし、その形態は「遂行」(performance)であり、かつ「普遍主義」(universalism)であるといわれる。[3] この典型的な社会はアメリカ合衆国であるが、中世ヨーロッパでは政治的(フューダリズム)、かつ宗教的文化的価値(カソリシズム)を特徴としたから、その近代産業社会化のプロセスは異なる支軸によって展開した。しかしここでも経済価値は常に第二次的重要性を持ったし、その経済は高度の分化と合理化を必要とした。ウェーバーのいうところの合理性の獲得は、伝統主義の束縛からの解放、合理的規範によって支配される手段合理化の不断の過程が必要とされる。すなわち伝統主義的社会が狭い規制的領域にとじこめられているのに反して、経済的合理性により産業化した社会では、広いフリー・プレイ、自由選択の領域を持ち、ここから「流動性」と「可変性」が導き出されてくる。

この観点から、前近代日本をふり返って見ると、そこには歴史を通していちじるしい政治的価値の優位が認められ、その特徴である「目的達成」(goal attainment)と「個別主義」(particularism)の性格が強い。社会の中心的関心は生産よりは集団目標の達成であり、その中心的徳目は「忠」であった。このような政治的価値の支配下にある社会が近代化するためには、まず経済合理化とパラレルな政治的合理化のプロセスが必要なのである。

それではこのようなプロセスに宗教はいかなる役割を果したであろうか。ここでしばらくベラをはなれて眼を古代社会へ向けて見よう。なぜなら近代化のプロセスは必ずしも幕末明治期においてはじめてあらわれたものではないからだ。そこにはすでに幾つかの近代化が歴史の上に展開されている。前章にも指摘したように、縄文式土器の文化が弥生式土器の文化に移行したとき、弥生式前期の文化が古墳文化に展開したとき、そこにはあきらかに当時における合理化のプロセスがあり、文化と価値の転換が行なわれたに違いない。縄文式文化は食物採集経済の基礎に立つものであり、弥生式文化は農耕経済と金属器技術を基盤としている。そしてこの間に民族的、人種的な著しい断層が見られないとすれば、必ずや革命的な社会体系と経済価値の変化があり、その社会のアノミーを回復し、諸変化に適応する宗教体系の新しい展開がなければならなかったろう。弥生式文化から古墳文化への推移には農耕経済の基盤が特に動揺せしめられたと見る証跡はないが、しかし後者が強力な大和朝廷の統一運動を反映するものとすれば、その統一の過程には経済基盤のスケールの差、地方的な階層社会の質的変化などとともに、これを推進し、また支持してゆく精神的な合理化——時代的意味における——がなければならない。

この三つの文化段階をつなぐ二つの危機的変革の場における宗教の役割を適確に把握し指示することは困難であるが、もし大胆に自分の抱いている臆測を述べることが許されるなら、農耕儀礼と祖先崇拝に集約し得るような宗教理念や、呪術ないし儀礼様式の原初形態が、その第一次の危機的変革の場を契機として発現し、かつ整えられてきたであろうし、第二次の場は、すでにのべたようなカリスマ的な女巫王の出現によって、次第に広地域国家形成へと導かれたらしい事実が推測せられる。

崇神・垂仁にいちじるしくなり、応神・仁徳陵をピークとする古墳文化は、前代文化が九州と大和の二大中心に最も先進的な動向が示されたのに対して、すでに早く出雲との政治的抗争において主導権を握り、ついで瀬戸内海から九州を制圧し、越の角鹿（敦賀）に半島への北門を開いた大和の主権確立のプロセスの上に築かれてくるが、ここには西晉より五胡十六国時代（三一六—四一九年）のシナ王朝の、朝鮮半島への圧力の後退に伴なう日本の進出から、南北朝時代（四二〇—五八九年）におけるいわゆる倭の五王（讃・珍《（弥）》・済・興・武）の南朝との修好という、二面の政治経済文化のルートを通して、大和朝文化はもはや他の拮抗を許さないほどの前進的展開を遂げてきている。阿直岐や王仁や弓月君、阿知使主に象徴伝承される多数の半島からの帰化韓人の来朝移住、呉織穴織、奴理能《ぬりの》美《み》や須須許理《すすこり》の伝説に象徴される産業技術の開発と展開は、当然その社会構造の上にも大きな変化をもたらさざるを得なかったろうが、これらの諸変化は、文字の導入と儒教の将来による合理主義の倫理と、斉家済民治国平天下の政治理念の上層部への漸次的浸透によっても展開され、さらに支持されて行ったものと思われる。『古事記』の応神・仁徳の巻が、一面に古代伝承的な諸要素と、他面に政治的歴史的事実をないまぜながら、その継ぎ目が、前代の崇神・垂仁ないし景行の巻ほど渾然としたスタイルを取り得ないことは、伝承的テクニックがもはや歴史的事実を十分に吸収し得なくなった現実を暗示するものとして興味がある。そしてこの形式はそれゆえ、宮廷内の争いや、二、三のエピソード的伝説を収録しつつ、顕宗の巻までを辛うじて持ちこたえ得たに過ぎなかった。『書紀』の編者をして、その遺詔の一部に『隋書』の高祖文帝の遺書を援用することを思いつかせるほど高く評価された雄略帝は、『宋書』順帝昇明二年（四七八年）の条に見える倭国王武に擬せられるが、北は任那・百済を足がかりとし、南は南宋への数次にわたる遣使により、また内には秦《はた》、漢《あや》などの帰化韓人の優遇により、政治的文化的技術的に古代大和に一つのピークをもたらしたと想像される。しかしその後シナ本土は漸次統一への足取りを辿るとともに、一方では日本の多角的外交の後退、他方では蕃別氏族（帰化韓人）の急速な抬頭によって、ヤマトの主権を支えていた氏姓制社会が激しい動揺に見舞われていることは、継体帝以後の伝承に窺われる。伝統主義的な社会基盤に立つ物部氏グループと、帰化韓人を配下に有し、進歩主義的な経済基盤に立つ蘇我氏グループとの鋭い対立は、政治外交のみならず、新来の仏教の信奉可否をめぐっても争われたのであるが、この場合、仏教は、一面に宗教としての意義を有するとともに、無量の福徳の果報をもたらすものでもあり、エキゾティックですぐれた文化技術の舶載者でもあると同時に、それは社会変革への指導的なイデオロギーとしての役割をもになっていた。[4]

仏教によってもたらされた四姓平等の理念と、儒教によって説かれ、隋王朝の中国統一の現実によって明確な意識に高められた中央集権的王朝の基本観念は、天皇氏の神性的地位に関する神話的観念とも融合し、聖徳太子によって、天皇の最高権威のもとに、平等にして調和的な社会理念を表明せしめるに至っている。大化改新の表面的な指導理念は、儒教に裏打ちされた中央集権的神聖王朝の樹立であり、唐制移植による国家制度の改変にあった。が、しかし、蕃別氏によって、むしろ旧来の部族宗教の権威に対する対抗的信仰という形ででも受容され、かつ盛り立てられてきた仏教は、蘇我氏を媒介として、いわば社会変革への精神的推進力としての役割をになっていただけでなく、例えば蕃別氏の一方の総帥であり、聖徳太子の協力者であり、よき仏教信者でもあった京都太秦《うずまさ》広隆寺の開基、秦河勝《はたのかわかつ》が、民俗信仰に根ざすらしい常世神を奉じた大生部多《おおふべのおおし》を打ち殺したという名高い伝説に象徴されるように、仏教合理主義の俗信への挑戦が、大化改新の持つ合理主義精神の背景に横たわっている事実を見すごすことはできないのである(5)。

古代氏姓制社会のピークに立った物部、蘇我二氏の滅亡につづく大化改新の危機的社会変革は、壬申の乱を媒介とする天武帝の政治的制覇と、その強烈な帝王意識のもとに結集された新しい勢力分野によって、蕃別氏の政治的野心も遂に屈服せざるを得なくなった(6)。それと同時に、蕃別氏と、それを統率していた蘇我氏、およびその血族関係にあった天皇や貴族たちを中心に、部族的に受容されてきた仏教は、今や中央集権国家の国教的地位へと次第に変質していった。政治的重要性のからみ合いのなかに根をおろしてきた仏教は、それゆえにまた支配者の政治的抱負と合体し、護国三部経その他の重用に象徴されるように、新しい理論と儀礼によって王朝の地位の精神的強化に役立つようにされた。奈良朝を通じ平安朝を過ぎて、形骸化しつつも久しく旧仏教の中に根強く生き残った国家仏教の性格は、いわば天武、桓武の、そのそれぞれの時代を開幕した強い天皇個性によっても決定せられた要素が多いように思われる。王法と仏法との不可分性を強調し、神宮寺別当寺の進出と、鎮守神の勧請とを通して、神道と仏法との調和、融和、ないし習合をはかりつつ、理念的にも実際的にも、仏法は王法のもとに服属し、奉仕する形をとるに至っている。

一〇世紀中葉から種々の破綻をあらわしはじめた平安朝の政治、経済、社会は、一方では京都において道長の全盛時代を築く一つの歩みをつづけつつ、地方において、徐々に起伏ある崩壊過程を辿りつつあった。一二世紀の後四半期にあらわれた源空の浄土開宗は、鎌倉新仏教の展開、すなわちある意味での宗教改革であり、宗教合理化への先駆をなしたものといえよう。家永三郎氏(7)は源空の念仏専修の福音の特色を、信仰形式の単純化と核心の摘出、実践を重んじ空論を斥けたこと、民衆的なること、日本的独立性の強い点、の四つを挙げ、鎌倉新仏教の諸派は、禅宗を除き、いずれも源空の浄土宗から派生したか、その影響下に立っていると論じた。すなわちまずその直系にある親鸞は、『教行信証』における三願転入の理をもって、源空の選択本願《せんじゃくほんがん》の専修念仏より教理的に一歩前進しただけでなく、信仰形態においても生活様式においても、より徹底した方向をたどっている。日蓮は親鸞とは反対に、源空を打ち破ろうとつとめつつ却ってその影響を受け、源空と同じ立場に帰着した。高弁、貞慶、覚盛、叡尊などによる華厳、法相、律など旧仏教の復興運動も、それらは単なる復活ではなく、日蓮の場合と同じく、陽に攻撃を加えつつ、実は多大の示唆をうけてそれぞれの宗教を再組織したものと見ている。氏はさらに一歩を進めて、当代に渡来した禅宗は、中国において独自の発達をとげ、中国僧堂の特殊な生活規矩を特徴とする純中国式宗教であり、日宋交通の結果輸入せられたのであるから、日本仏教の伝統と関係なく、外から付け加わってきたものといえるが、しかし純粋に禅の立場に徹底した道元は、只管打坐《しかんだざ》と修証一如《しゅうしょういちにょ》の教において、外観の大きな相違にもかかわらず、直截に実践の道を追う新仏教の根本性格に一致したし、その只管打坐の勧説は専修念仏の精神と符節を合していると論じている。

この着眼は示唆に富んでおり、そこに源空の先駆的役割を見ることができようが、しかしこのような源空のあり方は、決して彼の天才的独創性によってのみ開示されたのではなく、実に一〇世紀から一一世紀にわたって徐々に萌してきた社会的アノミーと緊張のなかに、鋭い感受性を持って、社会構造と価値体系に現状維持的な支柱となってきた制度化された宗教に対して強い嫌悪の情を示し、民間に隠れ、地方に退いて、反社会的、反既成教団的な態度を堅持した一団の人々、空也、源信、寂心、増賀、性空、教信といった人々の、貴族化し密教呪術化した天台宗団と世俗的権威への強いレジスタンスの精神と、常に民衆の側に自らを置こうとする態度とが、さらに源空に先駆していた事実をも想起しなければならない[8]。

ともあれ、鎌倉の宗教改革は、しかし、最も進歩的であった真宗をも含めて、ヨーロッパ社会においてプロテスタンティズムの果したような徹底的変革、破壊を行なうことはできなかったが、しかし平安末鎌倉初頭に起こった社会の強烈な緊張とアノミーにたいして、すでに前代の社会機構の中で機能を演じていた宗教的メカニズムに取って代る役割を果し、次いできたるべき封建社会への新しい精神的支柱となっていった。

さて、ここで先に紹介したベラの『徳川時代の宗教』の分析へバトンを渡してみよう。彼はまず徳川時代の日本社会の構造、そのサブ・システムと価値体系を考察したあとで、日本人の宗教行為は、恵みふかい超越的実在への信仰と、窮極者への合一、の二つの主要な型が抽出されるとし、その中心的なものは、「恩」の意識と「報恩」の義務感の昂揚に帰着する、としている。恩の思想は儒教にも存するが、しかし報恩思想は特に仏教によって強調され、それは宗教の社会的機能として、長い歴史を通して中心的なものの一つとなっている。鎌倉の新仏教のいずれの宗祖も、父母・衆生・国王・三宝の四恩や、阿弥陀如来の恩、釈迦・迦葉以来の大法の嫡々相伝の恩、等を強調しないものはない。他方、日本の儒教はすでに八世紀末の勅令によって一家孝経を備えしめたとの記録に象徴されるように、「孝」の義務と結びついた報恩の重要性を説いている。この「恩」と「報恩」の理論は、江戸時代にあらわれた多くの民衆的な宗教運動にも、ほとんど例外なく強調される中心命題の一つである。そしてこのような理論の展開の背後には、人間の弱小観、絶望観が横たわっている。人は常に他者の大きな恩恵をうけ、これなしに生存することはできない。しかもこの恩は、人の生涯を捧げ尽くしても償い切れないと見るから、人は常に負い目において存在していることになる。ところでこの「恩」の説が、社会機構のなかでの優者、たとえば両親とか君主に対して主張されるのと同じ言葉で、社会を越える実体、神や仏に対して主張されている点は注目すべきことである。

第二の窮極者への合一を目的とする宗教的行為には、個人的修行を通じ、隠遁を通して達成しようとする行き方と、倫理行為、善行や慈悲行を通して、世間的日常的な仕事への積極的な参加を通して、自我を滅し、自他の差別を破って、神、自然、仏性との合一に達しようとする二つの態度が見られる。この後の行き方は特に「恩」の理論と結びついて、広範な影響力をおよぼした。この面での孟子の説、さらに仏教と道家の思想を編みこんで発展させた宋代の程朱の新儒教の力は大きい。一二世紀から一三世紀にかけて、従来天台、真言の教学のなかから芽吹いてきた神道理論は、鎌倉の新しい宗教的展開を一つの契機として、伊勢外宮の度会神道へと大きく合理化し、独自の形而上学的展開を見せたが、この流れのなかにも、道徳的自己陶冶が利己欲と闘う宗教的努力とみなされ、「報恩」と「自己陶冶」がダイナミックにかかわり合って、神との合一、自己内性の充実という結果が期待されている。この点は日本社会との連関において特に重要である。すなわち宗教的行為は瞑想とか寂静主義といった静的調和にあるのではなく、この世における厳格な行為の実践にあり、社会的日常的義務の遂行が、宗教的窮極的義務の遂行に通ずるのである。ここに宗教と倫理の範疇の大幅な混同がある。日本の家族宗教の基底をなすものは「孝」の宗教であり、そこに「恩」の理論が強く働いている。家は宗教的祭場であるのみならず、家における人間関係が同時に宗教的に把握されてきているのである。これは単に儒者の立場であるのみならず、禅や浄土教の教えのなかにも、また本居・平田らの国学のなかにも明らかに示されている。そして「孝」の宗教は、ほとんど何らの対立や矛盾を意識することなく、「忠」の宗教へと拡大展開して行った。それは日本の歴史的社会の価値体系において、政治的価値がいちじるしい優位を保ち、家族そのものも社会からの逃避休養の場ではなく、一つの小政治形態として同質の政治的価値に貫かれ、それは最低単位としてさらに上位の形態単位に政治的な責任を負わされていたからである。ここに忠孝は一本であり、孝たるはそのまま忠にかなうとする教義が生まれてくる。(9)

天皇に対する忠誠観念は、大化改新ののち、七世紀において一つのピークに達したのであるが、その観念の展開は古代日本のみの特徴ではない。古代アングロ・サクソンにもゲルマン民族にも見られ、キリスト教の下でさえ、君主への忠誠は神これを嘉したまう、とする思想は存在する。「忠」の古代観念は、日本でもヨーロッパでも中世に持続され、それぞれの文化の封建的価値の源泉を形成した。中世はこの観念の一つの過渡期であるが、その推移のあとは、西欧の騎士道が近世に近づくにつれて、普遍主義の抬頭により、武士忠誠の倫理が変化し、特殊関係に立つ忠誠から、人間関係を含まない民族主義イデオロギーが発現したのに対して、日本では反対に民族主義は万世一系の天皇というところに焦点がしぼられてくる。もっともここに至るまでには、時代の変遷に伴ない、「忠」の対象はその個人の社会的階層により種々分化したし、仏教のある部分は、もちろんいちじるしい例外を示したが、全体として政治と宗教のかかわり合いの基本線はゆるがなかった。鎌倉の武士道は強く禅宗の気風に培われたのに対して、徳川のそれは儒教的色彩を帯びてくるが、いずれも殉忠の死が宗教的救いに通ずるとし、救いへの覚悟を確かにするために厳格な禁欲的な日常生活の節度と、集団とその首長に対する服従と献身とを守らなければならなかった。江戸二五〇年の泰平の間にも、戦場に発生した武士道が尊ばれたことは、政治的価値が中心をなしてきた一つの象徴と見られる。儒仏の影響を排して神話の素朴性に帰ろうとする国学運動も、神道を根元としつつもシナ聖賢の教を併せ用うべしとする水戸学も、いずれも明治維新の直接の思想的宗教的原動力となったが、そのアイディアは新しいものではなく、封建社会において影を薄くされた真精神をあきらかにしようとするものであり、それはまさに復古思想である。復古思想が近代日本を開き、日本の近代社会への踏み台となったことは特に注目すべきである。つまりヨーロッパではキリスト教は特殊関係に立つ忠誠倫理の解消に役立ち、日本の宗教はこれをむしろ強化せしめた。仏教の没我と禁欲主義の思想、儒教のシナ封建社会の「士」の理想型と「孝」の強調は、ともに武士忠誠の倫理の形成に大きく貢献した。しかもそれは発生的関係のわくを次第に拡大して一般的な階級倫理の基礎として展開し、西欧やシナのそれといちじるしく異なる様相を展開したのである。(10)

江戸時代の経済と宗教との関係も、この点同様である。当時の日本経済は、その基底はいぜんとして中世的なギルド・システムのもとにあったが、しかし種々の方面にいちじるしい合理化を遂げてきている。しかし経済はあくまで政治的価値に隷属するもの、儒教的な「経世済民」思想に基く政治への奉仕として意識されていた。もちろん商業活動の第一の機能目的は利潤追求であるから、必ずしもすべてが政治的価値に統合され得るものではなかったが、すぐれた商人の商業道では、利潤追求も一種の「天職」と見なされ、労働に対する自己犠牲的献身と、禁欲的節倹が要請され、富によって集団の目的達成に貢献すると確信されていたことは(11)、他方技術者工人が、いわゆる職人気質という、一種の宗教的苦行主義とも通ずるプリンシプルを持ち、その苦行が生産そのものより、むしろ集団目的達成に役立つ手段として、または個人の練磨や戒律の手段として価値ありとされた感情にも通じるものがある。(12)

政治的価値が経済の面に浸透している場合、政治の動向によっては経済の発達に障害を生ずる場合もあるが、生産の奨励、消費の抑制、「天職」とか「職分」観念の発達という点で、経済合理化に都合のよい効果を挙げた面を見落してはならない。(13)江戸時代の経済倫理、孝と家族の経済倫理については、従来最も倫理性に乏しく、非生産階級として、社会的に最下位に置かれていた商人を、富の支配と有無相通によって国家に奉仕するものと意義づけ、神儒仏三教の説を合糅した特有の教学と倫理を導入して、武士道にたいする町人道の樹立に向った石田梅巌や、その弟子手島堵菴、中沢道二による石門心学の運動、(14)また近江商人その他の新興商人階級に及ぼした真宗倫理による商業精神の昂揚、(15)武士階級から起り、ひろく商人の間に流行した家訓、店則などに見える勤労と節倹、世俗内禁欲主義の強調、二宮尊徳の「報徳」運動にあらわれる農民倫理の提唱と、資本の蓄積と利用の奨励など、初期のプロテスタンティズムに一脈通じるものがあり、(16)これらがすべて、「恩」と「報恩」の理念を基調として、労働をより高い実在、社会や家族によって要請される奉仕とする意識を通して、日本の近代化における経済的合理化を促す倫理として、ひろく受容されていった。

日本とシナは、文化の上でも宗教の上でも多くの点で共通の伝統に立つにかかわらず、両者の近代化の歩みはひどく違っている。この原因は恐らくシナと日本の社会の基本的価値体系の差に基因する、とベラはいっている。即ち日本が政治的価値の優位性を保ってきたのにたいして、シナ社会は制度維持と連帯性にかかわる統合的価値が優位を占めている。即ち親族構造を基礎とする人間関係における特殊な結合が強い。王朝そのものがすでに「家族的」なものであった。したがってこの価値は、結果的にはバランスのとれた社会組織のための相互調整、アジャストされた平衡性に向う特徴を有する。この平衡関係の維持は日本でももちろん政治的価値につぐ重要なものであったが、しかし目的達成価値を象徴する「忠」の徳と、統合的価値を象徴する「孝」の徳との関係は、シナと日本ではかなり大きな違いがあり、日本では忠は孝に優先し、これが両立し得ない悲劇的な場では、「大義親を滅す」の方向で解決されねばならぬとされる。これに対してシナでは、孝は忠に優先するのみならず、忠は決して社会全体のなかに浸透してはいない。天子に対する官吏と人民との忠の義務や観念にはいちじるしい距りがある。第一、官吏になるのは人民の自由選択であり、いわば立身と親族の利益保護のためにすぎず、辞職によって容易に「忠」の義務から解放され得た。儒教倫理の眼目はもちろん富の蓄積でも、国家権力の増大でもなく、また民衆の持つ伝統主義を合理化し、家族における「孝」の倫理をより大きな集団のための倫理へと拡大してゆくダイナミズムを欠いている。だから儒教倫理の内蔵する合理主義が、近代化に役立つためには、政治的価値がすべてに優先するような価値体系と結びつかねばならないであろう(17)。

日本の価値体系の発達からして、日本の近代化をもたらしたものは、ブルジョワ革命ではなく、尊皇、国体のイデオロギーと、武士倫理の合作になる下級武士団のイニシアティヴによって動かされた。そこには商人階級からの反政府的、民主主義的自由主義的な経済至上主義のイデオロギーは、僅かに東北の辺境に出た安藤昌益(18)の社会変革の理論を除いては起らず、新興商人階級も、日本の中心的価値体系を攻撃することなく、むしろその真の姿に帰る社会の復古をめざしていた。日本においては経済的発展は「基礎構造的」なものではなく、また政治的展開は決して「上部構造的」なものではなかった。新しい工業を導入し、意を用いて財閥を育成し、その勃興に援助を与えたのは、ほかならぬ明治新政府であり、日本の重工業はほとんどが政府出資に依存したのであるから、それは一種の政治的資本主義とも称すべきものである。また明治の新工業を起し、生産を指導したのは、おおむね武士の出身者であった。したがって武士道精神は、いぜん明治の産業主義の活動地盤を形成し、資本主義の発達に強力な要因となった。他方、この下部構造の担い手は、主として農村や小市民の間から供給されたが、彼らは封建社会を通して服従、節倹、勤勉の態度を重んずる倫理の長年月にわたる支配下にあっただけでなく、明治年代の大多数の企業形態は極めて小規模であり、家内工業の域を出なかったから、そこには資本家対労働者、事業主対雇員という対立関係よりは、むしろ家長と家族員の関係にあり、そこに家族を基盤とする農民や町人の倫理が、そのまま調和適応されていったのは不思議ではない。

日本の産業社会の勃興に果した政治体制と政治価値のあり方は、先進的なヨーロッパの経済史の常識を破るものであるが、後進地域における近代産業化には政治形態と政治的価値の強度のいかんが決定的素因をなすのである。日本はこの点で独自の地位を占めてきたが、今やこの同じ関係がソビエト・ロシアにおいて、共産党の中国において、ケマル・パシャのトルコにおいてその実例を示している。(19)

かくして、ベラは結論して、次のようにのべている。日本の政治的、経済的合理化の過程に、宗教が果した重要な役割は、その社会の中心的価値の実践を支持、増強し、政治的革新に動機を与えて、その合法性を提供し、さらに勤勉と節倹を強調する世俗内禁欲主義の倫理を補強した。中心的価値への実践は、その価値体系に窮極的意義づけを行ない、家族と民族は単に俗的な集合体ではなく、実に宗教的団体であり、両親や政治上の上位者は、常に下位者にたいして一種の神聖性を有し、いわば神の低次的階梯として存在している。上位者にたいし自己の義務を遂行することは、窮極的なる意義を有し、神々の恵みと保護をうけ、世間の苦難から救われる唯一の道とされる。他方、宗教は日本の社会構造を是認し、そのなかでの中心的価値を実在性との一致とした。個人が社会で自己の役目を忠実に果すこと、中心の価値体系にしたがって行動することが、取りも直さず窮極的実在との合一を意味した。

宗教はまた政治的実践を宗教化することによって、政治の合理化に主要な役割を演じた。この実践は、封建社会において多岐に分化した「忠」の観念を打破し、社会的義務を一点に昇華させる働きを持っていた。この運動はネティヴィスティックな、ファンダメンタリスティックな様相をとりはしたが、プロテスタンティズムが「バイブルへ帰れ」といい、イスラムの改革が「コランへ帰れ」と叫ばれたのと同じ形で、「古事記に帰れ」と提唱されたことは、宗教運動が社会を正当化しようとする際、つねに起るケースともいえよう。王政復古による社会変革を、神道復古運動がリードしたのみならず、これを正当化するのに大きな役割を果した。

日本の宗教の持つ世俗内生活における禁欲主義の倫理、即ち利己心をすてた労働義務、消費欲抑制の義務は、神聖な上位者、半神聖な目上に対する義務感と密接に結びつき、それがさらに窮極的実在との没我的合一に導くものと強調されたが、これが深く経済の合理化にかなっていたことは、つとにウェーバーの主眼とした点であり、また日本宗教の特性でもあったわけである。(20)

かくて日本の宗教は、近代日本の奇蹟的な勃興に大きく寄与したのであるが、それゆえまた一九四五年の敗北にも大きな責任ありとされる。しかしこれは何も日本の宗教だけのになう特殊の悲劇であるのではない。宗教と社会のかかわり合いにおいて免れることのできないものなのである。しかしこの悲劇は宗教の終焉を意味するのではない。宗教が窮極的価値の源泉への実践を目的とし、これを維持してゆく限り、宗教と社会との対決は今後も続き、将来ひらけゆく国家、社会、文化の構造の脈絡の中心的価値体系を推進し、その支柱となりうる可能性を有している。

しからば現代の日本宗教のいずれが、この将来の展開への主導的ないし荷負的役割をになうであろうか。現代が遭遇しているこの深刻な変革期のアノミーは、外部条件による内部権威の崩壊に起因しているのであるから、長い歴史のなかに示されてきた日本宗教の展開とは異なる適応、統合のあり方を示すかも知れない。あるいは、その歴史の教えるように、既成宗教の単純合理化による脱皮形態が、このアノミーを中和し、社会の価値体系の支柱となるか、現在の新宗教運動が相互批判と社会批判とによって一面陶汰され、他面陶冶されて、教理体系や教団組織を合理化し、過去の旧宗教の社会的役割に取って代るか、はたまた、ナショナリズムに根拠する宗教的リヴァイヴァル運動の急速な前進によって、青年層を把え、政治的社会的運動の別動的方向を辿るか、あるいは社会変革のイデオロギーが一層ファナティックな、超論理的な宗教的性格を濃くしつつ、国民をさらに別個の方向へ駆り立てる、宗教の代行的役割を果すか。これは日本宗教の直面する最大の現在的課題である。それはまた単に宗教の課題であるだけではない。実に現代日本の直面する中心的命題の一つでもなければならないだろう。

（1）Eliade, M.: Le Chamanisme, pp. 18–21.
（2）Bellah, R. N: Tokugawa Religion, The Values of Pre-industrial Japan, Glencoe Ill., The Free Perss, 1957, p. 249.
（3）Parsons, Bales and Shils: Working Papers in the Theory of Action, Glencoe, Ill., The Free Press, 1953; Bellah: Op. Cit., p. 10. Fig. I.
（4）岩井大慧『支那史書に現はれたる日本』東京、岩波書店、日本歴史第九巻、一九三五年。
（5）この間のくわしい事情の考証は、堀一郎「上代文化と仏教受容」（『我が国民間信仰史の研究』、I、七九—一四四頁）、東京、東京創元社、一九五五年。
（6）天武六年六月、「是月、東漢直等ニ詔シテ曰ク、汝ノ党族《ヤカラ》ハ本七ツノ不可《アシキ》コトヲ犯セリ、是ヲ以テ小墾田ノ御世ヨリ近江朝ニ至ルマデ、常ニ汝等ヲ謀ルヲ以テ業ト為ス、今朕ガ世ニ当リテ将サニ汝等ノ不可之状《アシキサマ》ヲ責メントシ、以テ犯セシニ随イテ罪スベシ……」（日本書紀巻二十九）
（7）家永三郎「鎌倉新仏教の成立」（日本宗教史講座、第二巻、七八—八四頁）、東京、三一書房、一九五九年。
（8）堀一郎「ヒジリの発生と初期の性格」「ヒジリの非世俗性と優婆塞性」（『我が国民間信仰史の研究』II、三—一五頁、一六—二六頁）、東京、東京創元社、一九五三年。
（9）Bellah: Op. Cit., 71–77.
（10）Bellah: Op. Cit., 178–188.
（11）Bellah: Op. Cit., 5–6.
（12）Bellah: Op. Cit., 36.
（13）Bellah: Op. Cit., 116–117.
（14）石川謙『石門心学史の研究』東京、一九三八年。

(15) 内藤莞爾「宗教と経済倫理」(社会学、第八巻、二四三―二八六頁)、東京、岩波書店、一九四一年。
(16) Bellah: Op. Cit., 133-176.
(17) Bellah: Op. Cit., 188-192.
(18) 元禄末より宝永正徳頃、秋田に生れ、享保より宝暦頃まで活躍した人といわれる。その思想は当時天災飢饉のため窮乏した農民にたいして、諸大名の苛斂誅求がはなはだしく、ことに奥羽地方にしばしば百姓一揆の起った社会情勢を反映し、社会の不正と矛盾とを激しく攻撃し、社会改造を目的としたが、これを実行手段や政治活動に移した形跡はない。彼は当時の社会の不合理の原因を古代に遡及し、原始社会にその解釈を得、しかも自然なる事実に直面して独自の世界観に到達した。すなわち互性清真で、自然は相対的に成立、活動するとし、これによる作用を自然真営道と称し、この原理に基き新しい社会改造案を樹立したものである。すなわち人間生活の基本は、自然を対象とする生産、すなわち農業であるから、一切の人を帰農せしめ、所要の商工のみを許し、徒食遊民を作らず、生産物は一旦政府に納め、代償として人民に必須の物資を支給すべし、と説いた。著書に自然真営道、統道真伝、孔子一世弁記、等。国史辞典等による。
(19) Bellah: Op. Cit., 192-193.
(20) Bellah: Op. Cit., 194-197.

あとがき

この小論は、ロックフェラー財団と、同財団の援助によるシカゴ大学の Intercultural Religious Studies の Program からの招聘による二年間の外国生活から帰国して初めて手をつけたものである。初めはもっと気軽に、民俗学的な資料などによって日本人の信仰形態といったものを書いて見たいと考えていた。しかし私は急に、従来手がけてきた民間信仰史の枠や、辛うじて自分なりに到達した日本人の信仰形態に関するハイポセシスを、この辺で一度すてて、新しい方向へ出て、日本宗教史という学問のフレームワークのなかで、日本宗教の社会的な形態を描いて見たいと思い立った。これには Dr. Bellah の "Tokugawa Religion" における問題の設定や、分析の仕方から大きな示唆をうけた。ベラのこの書物を入手した一九五七年の夏、彼はモントリオールのマッギール大学から古巣のハーバード大学へ帰ってきて、私に会いたがっているということを人伝えに聞いた。しかし私はその九月からシカゴ大学の招聘を受け、八月末にはケンブリッジを去って、遂に会うことはなかった。その後、帰国してから、東北大学および国学院大学で特に大学院を主としたセミナーでこの書物を使ったが、Dr. Bellah はそこでどのような議論や批判がなされているかを知りたがっていると、私の友人から知らせてきた。この書物を池田昭君の骨折りで翻訳の計画が進行中、米国では遂に恵まれなかった Dr. Bellah との出会いが日本において実現し、彼はフルブライト研究教授として国学院に籍を持ち、私は一九六〇―六一年にわたって、隔週月曜日に大学院の有志学生を中心に共同のセミナーを開くことができた。Dr. Bellah は現代アメリカ社会学の最高峰に位する Prof. T. Parsons の愛弟子であり、またその難解をもって鳴る理論の忠実な継承者であり発展者である。ハーバード大学で研究中に、講義に列しても理解し得なかった彼の社会理論も、始めて Dr. Bellah とのディスカッションを通してその一部を理解し得た。そしてこの出会いが、彼の Tokugawa Religion の邦訳を完成せしめたともいえる。邦訳が世に出てから読み直すと、この論文の最後の部分は、すでに色あせて見えるが、これもまた一つの小さな歴史の推移を物語るものであろう。

（一九五九・六・一五稿、『日本文化研究』6、新潮社、一九六二・四・八訂正補筆。）

二　日本人の宗教生活

一　郷土の信仰

I　ふるさとの山

ふるさとの山に向ひて言ふことなし
　ふるさとのやまはありがたきかな

という石川啄木の歌は、多くの人々に愛誦され、ふるさとにたいする無限の感懐の情をゆすぶっている。久しぶりに故郷に帰ってきた彼は、秀麗な岩手山を窓辺にながめ、そのふところにいだかれて、黙々として満ち足りた心のやすらいを得た境地が、この歌によくあらわれて、人々の共感をさそうのであろう。

望郷とか郷土愛の感情は、何も日本人だけのものではない。ホームシック、ノスタルジァ、あるいはハイマーツリーベといったことばは、外国でもしばしばすぐれた詩や歌ともなって、切々の情は人々の胸を今も打っている。まことに洋の東西古今を問わず、ひとたび故郷を離れて異郷に旅し、他国に移り住んだ者の、たれか故郷を思わざる、であるが、しかしそのなかでも、日本人はとりわけて郷土にたいする執着心の強い民族だといわれている。生活のためにひとたびは故郷を去った人々も、いつの日にかはそこに永遠の安住を得ようとし、あるいは、にしきを飾ろうという志をもつものが以前は多かったのである。「珍しとふる里人も待ちぞ見ん、花の錦をきて帰る君」という古歌もあるように、青雲の志をいだき、もしくは逆に生活の不如意や世間への不義理、人情の圧迫などに堪えかねて、やむなく村をすてて他郷に走った人々でさえ、何ほどかの社会的成功をうると、墓参とか先祖への報告に故郷に帰る。志のむなしく破れた人々にとっても、人生のいたでをいやす最後のいこい場は、やはりふるさとであった。比較的豊かな農村の子弟は、学業や職業を身につけるために故郷を出ても、往々にしてしんぼうが足らず、わずかのつまずき、不満、失敗にも、いわゆる背水の陣をしくねばりがないといわれるのは、彼らの心の底に、ふるさとが、いつも困ったら帰ってこいと誘いかけてくるからではなかろうか。

日本人は移民に出ても、近いころまで日本人同士がかたまり合って、移住地の社会に融合せず、成功者はたちまち帰心矢のごとくで、根を異郷におろすことが少なかったのは、日本人の一つの欠点とさえされていた。しかしそんなにまでして帰りたがる故郷は、必ずしも風光にめぐまれ、海山のさちの豊かな極楽ではなく、地はやせ、山はけわしい谷あいのさびしい村であり、耕して天にいたってもなお苦しい島の生活なのである。初夏初秋の快晴の日に北海道を旅する者は、雄大にしてエキゾチックな景観の美に魅せられて、長い冬の、風雪に閉ざされた暗くさびしい北海道の生活を想像することはできない。

啄木が詠嘆おくあたわなかった故郷とても、旅人の冷やかな目から見ては、決してありがたい、いって永住してみたい土地ではない。東北本線も盛岡を過ぎると、窓外には亜寒帯の荒涼たる風景が展開してくる。冬のきびしさ、わびしさを思わせる山野のなかに、点々と林を背負う村里。一族が一かたまりに寄り添い、力を合わせても、自然の恵みのとぼしさを常にかこたねばならぬ岩手農村。渋民村もそのなかにある。山は多く車窓を去来した。しかしそのさびしい村里を越してはるかにふるさとの山が見えてくる。それがふるさとの山であるという一点にこそ、啄木をして、えりを正さしめるものがあるのだ。

つまりは人の心を暖かくいだき、満ち足らわせるふるさとの山とは、それが単なる自然の山、姿美しい山というにあるのではない。旅人の行きずりに心ひかれるあれこれの山川とは全く別の、当人以外には味わうことのできない、もろもろの生活とのむすびつき、思い出を秘め、かつそれを象徴したものとして、ありがたしと感ずるのである。

日本は山水の美にめぐまれているとは、人のよくいうところである。たしかにはてしない平原や、すさまじいさばくや、密林の自然のなかに住む人々から見れば、山あり丘あり、渓流あり泉あり、森あり林あり、そして四季の変化のそれぞれに恵まれている日本の自然環境は、全般として旅人の目からはたしかに美しい。そして日本人はこの自然に深くいだかれて、そのなかに自分たちの生活を打ちたて、詩情や人生の哲学を養ってきた。

しかし他方、日本の自然風土は、はなはだけわしく、きびしい。モンスーン的風土は、季節を定めて台風をたたきつける。平野にとぼしい帯のような日本列島は、脊梁山脈を分水嶺とする大小の河川が急流をなして海に落ち込んでいる。このためしばしば洪水に見舞われる。火山帯の複雑な地殻構造は、変化のある地勢と温泉を恵んでくれるが、たびたび大地震の災害と津波の来襲をまぬがれることはできない。

地形のしからしめる所、耕地面積はとぼしく、村落は谷々にわかれ、孤立した姿をとっている。こうした日本の自然や風土が、日本人の生活様式や精神を強く律してきていることは、もう多くの人々が論じてきたところである。

II　郷土をささえるもの

一般に人間が一個の人格を作り上げていく過程には四つの成分があり、それが相互に作用し合っていくと考えられている。この四つの成分とは自然環境、遺伝、社会的遺産、および集団（社会）である。ふるさとが、山や川、家によって象徴されるのも、これらの成分が無意識のうちに作用しているということになろう。ふるさとを愛する心とは、そうした諸要素の結合によって導かれた人格の、主観のなかにいだかれる感情なのである。だからマラリアに苦しみ、飲料水にさえことかく南方の孤島にも、人々は住んでいる。その島の生活を憂しとして離れ去った人々にも、その胸中を常にその島が、ふるさととして去来している。

ふるさとの語は、もとより生れた土地を離れた人々が用い出したものであり、おそらくは「ふりいにし里」の意なのであろう。だから古くは旧りたる里、ふるび荒れたる里、旧都、古跡などをさすことにもなれば、かつてかりそめに住んだ土地、曽遊の地なども「ふるさと」と呼んだらしいが、しかしやがてそれは故郷、本居の地を呼ぶに統一されてくる。ふるさとの「ふる」は古、旧、昔などの「ふる」でもあり、また同時に経《ふ》る意でもあるから、それは時間的なものを意識したことばである。すなわち起原的、元初的でもあるとともに、歴史的、経過的なものを内包しているともいえる。だから「ふるさと」とは、出生地であるだけでなく、世代的な定住事実が必要であり、しかも本人にとって一定期間、とくに人格形成の主要な幼少年期の生活体験が織り込まれてこなければ、真の「ふるさと」の意識とはならないのである。

日本人はすでに歴史時代にはいった時、大多数の者はもはやすでに強固な定住農耕生活を樹立していた。この事実は当然のことながら、日本人が強く郷土に結びつき、それとの不可分性、一体感を深くしている理由の一つである。この点は牧畜や狩猟生活の長くつづいた民族とは、よほど違った心理を形づくっているといえよう。狩猟とか牧畜の生活では、獲物や牧草を追って自ら移動する。したがってこの自ら動くということによって、風土的な環境を変え、季節の変化を進んで調節することができる。しかし定住農耕の生活は、一定地域の占有を基調とするから、自己の意志や生活の便宜によって自然環境を変えていくことができない。いつもその与えられた環境のなかで、逆に自分たちの生活をこれに適応させ、これに順応していかなければならなかったのである。

日本の農村には、近ごろまでも、一生をその生れた村内だけで過ごしてしまう人は少なくない。こうした生活状態は植物にも似たもので、土地と切り離せない、土地とともに生きる生涯といえるであろう。自然環境とのこの密接不離の関係は、自然を客観においてながめるという意識を生じない。また自己の確立した生活形態や生活態度、意志や設計を、いろいろの手段方法によって自然のなかに打ちたて、割りこませていこうとするような方向は生れてこない。自然は命ずるものであり、生活設計はこれへの順応においてなされる。自然風土は、日本人にあっては人間生活と対立してあるものではない。生活の大前提であり、生活への至上命令として与えられたものとして受け取られている。つまり観察し鑑賞する自然、あるいは生活から遮断しうるものではない。生活としての自然であり、社会としての風土である。この意識が、日本人の自然観を特殊のものとしているとともに、その人格や態度をもいちじるしく規制してきたと考えられるのである。

定住性の特徴は、ただ空間を占有しているにとどまらず、時間の占有があり、その自覚があるという点は重要である。しかもそれが日本の農村社会のように、一つの孤立した、自給自足ふうの小世界を築いていた所では、こうした意識や感情が世代的、歴史的に伝達され、遺伝していくものと考えられる。それはただに自然や風土にたいする意識や感情、ここからつちかわれてきた生活態度や人生観といったものだけにとどまらないことは明らかであろう。久しい歴史の流れのなかに、自然の条件と風土の命令によって、おそらくは幾世代となくエラー・アンド・トライアル（試行錯誤）をくりかえした末に、ようやくにして生活の形態と秩序が発見され、樹立されてきた。この生活の型は、生活条件が持続していく限り、世代から世代へと伝達継承せられて、次第に支配的な働きを人々の上におよぼしてくる。フォークウェイズとか、慣行習俗とか、伝承と呼ばれるものがまさにこれであり、それが社会力となって人々を教育し、規制していくために、そこに生活、伝承および人間の型ができあがってくる。

かくて村人は決して個々に独立した、自由な動物的存在としてあるのではない。またあることをえない。われわれは生れ落ちる瞬間において、すでに社会のうちに存在している。母を中心にする家族集団の保護なしに、赤ん坊は生きながらえていくことはできないのである。そして社会は、その新生の赤ん坊を、その社会の一員たるべく鋳型にはめ、教育する。村に生れた人間は、その村落社会という樹木の一つの葉である。それは家族という小枝につらなり、家集団の太枝を通して全体社会の幹につらなっている。そしてその根は遠い過去の祖先たちの生物的、文化的な遺伝や遺産の中に深くおりている。だから葉である人間は、過去無数の死者の蓄積してきた経験とエネルギーによって、ここに生かされているのであり、群れを通して自らを形成しているのだといえよう。

Ｐ・サンチーブは、この事実をさらに説明して「幾世紀にもわたって、あまり変化のない環境のなかにあっては、類似した生活が営まれ、幾千年にわたって、慣行や習俗の残留と持続がある。この残留と持続とが、人間をその土地なり、その人種の過去なりに結びつけているのだ。共通したことば、共通した考え方、同じ寺院での祭や祈禱、同じ墓地での跪坐……こうした人々の精神をはげしくゆすり、心をひどく動かす神秘的で魅惑的な、また暗示的な持続性が、われわれも死者と同じ土地から造られ、先祖の骨灰をわれわれの血肉に合体し、ついでわれわれの骨灰もまた子々孫々の血肉の中に合体していくのだということを、如実に教えてくれる。さらに同様の神聖かつ神秘的な持続性が、人々の魂を結びつけているのだ」と述べている。

一言にしていえば、郷土をささえているものとは、残留と持続、すなわち伝承によってつくり上げられた「文化複合」と、これによって作り上げられた人格、心性の相関関係なのである。郷土の持つ文化複合と郷土的人格、心性とは、これを分析すれば先にあげた四つの成分になるが、それはもちろん個々別々に存在するのではない。山とか川、森や林、四季の変化、生れた家、神社、寺院、墓地といったものが、ばらばらに客観的に存在するのではなく、それらを取り巻いて生き、働き、話し合い、親しみ、争いしてきた家族、同族、親戚、マキ内、村人、あるいは彼らとともどもに行なってきた春秋の祭や、年中行事、冠婚葬祭、儀礼、組内の義理、つきあい、共同労働や共同慣行、もしくは彼らとともどもに土地に即して語り信じてきた伝説や禁忌やことわざ、そうした生活の万般が、土地と建物を中心に有機的にかかわり合い、からみ合っている、その伝承的、類型的な生活と文化そのもの、すなわちことばをかえていえば「郷土複合」とでも名づけるべきものなのである。そしてここにおい育ち、それを身につけてきた自己の人格、心性の自覚と反省の上に意識されてくる感情なのである。

しかしこうした自覚や意識は、人によって必ずしも一様ではない。通常伝承文化が生活の全面をおおい、他を知ることなく同じ土地に生涯を送る人々には、かえって郷土の意識は浮び上がってこないのである。それは疑いもなく郷土を離れるか、自分の土地柄、生活ぶり、もしくは人間の型を反省するか、他と比較するという手続きがはいっていなければならない。

Ⅲ 「われわれ」の意識

都会は人間沙漠である。われわれは隣近所に住む人々がどんな素性の、どんな職業の、どんな家族を持つかに深くかかわり合うことはない。三分おきに何千という人がひしめき合って、国電にゆられて都心へと運ばれていく。街には人の流れが帯のようにつづいている。しかし人々は見知らぬ人とめったに話しもしなければ、あいさつもしない。孤独の感は、大都市の生活においていっそう痛切である。社会は権利と義務、利害と打算によって動いているようである。職業はたがいの領分を確立している。こうした世界に身をおいて、はじめて人はふるさとの持つ親近性を感得する。一族縁者はもとより、村のたれかれの家の素性も系譜も知りつくし、ことがあればその米櫃にでも倉にでも手をつけ、道で会えばたがいにあいさつし、同じ方言を話し、同じような思考の型を持った人々の集まりである故郷。それは他人でありつつ、自己の内面に深くかかわり、自分はまた他人の内面に深く入りこんでいるという意識。これが郷土を思う心を成り立たせている。だからその心情は個人によって濃淡強弱の差がある。故郷と本籍地はここではっきり区別されてくる。

たとえば同じく父祖の地、墳墓の地といっても、はじめて郷土をはなれた第一世代と第二、第三世代とでは、郷土にたいする心持や態度は同じではない。また同じ一世代でも郷土を離れた年齢や事情によっても差異がある。二、三世代でも郷土と家族や親族のあり方によってまた同一でない。だから日本人は郷土への執着心が強いといっても、それは主観的要素やいろいろの条件差があって、一概に論ずることはできないのである。しかし概していえば、孫や曽孫の代となれば、郷土は本籍地ではありえても、もはや「ふるさと」ではなくなっている。墓が残っている以上お参りに帰省する機会はあり、遠い親類縁者との交通も保たれているとしても、そこは自身すでにまぶたにむなしく描くに過ぎぬ曽祖父母、高祖父母たちの過去の生活の場であったという、あわい感懐を残す歴史的遺跡である。主観的に郷土にすがり、唯一無上の「ありがたさ」、親しさを持って追ってはこないのである。いわば客観性が主観的情緒を上まわってしまっている。

こう考えてくると、郷土への執着心の根柢には、文化と生活を紐帯とする「われわれ」の意識がなくてはならないということになる。この意識を、とくに取り上げて考察したのは、アメリカの人類学者グレアム・サムナーである。彼は例を原始的な素朴な自然社会にとって、そこに個人をとりまく基礎的社会に二つの種類があるとした。その一つは彼の表現を用いれば Our-group, We-group, In-group, Ourselves, すなわち「仲間うち」「われわれ」集団であり、他は Out-groups すなわち「仲間そと」集団である。この「われわれ」の意識を基礎にして成立する集団は、もちろん家族とか同族といったサブ・グループスを包括した単位であり、コムミュニティとかゲマインシャフト（協同体社会）の原形と考えられるものである。そしてこれが「仲間うち」として意識されるためには、そこに血縁、隣保、協力、婚姻、有無相通などの関係が存在し、これが彼らを一つに結びつけ、他集団から隔絶するゆえんとなっている。仲間うちは常にたがいに平和と秩序を保ち、また法律、政治、経済、その他万般の文化と生活の関係において存在しているが、「仲間そと」の集団とは、一時的な協定とか条約による以外は、常に敵対、略奪の関係にあるのだとしている。

この原始的な集団意識は、すでに述べた伝承性にささえられて特有の生活型を打ち出し、それによって支持採用される文化物質を持つ生活類型と精神的類型によって維持される。生活型は象徴であり、生活体験と体験価値を持つものであって、一般に社会的遺伝と考えられ、文化物質は生活手段の用具であって、社会的遺産と呼ばれる。社会的遺伝は伝承過程であり、機能的部分として伝承する作用であって、社会をまってはじめて行なわれるものであるから、広い意味での社会的習得過程ともいえる。

この社会的習得過程は人々をその社会の一定の生活型、人間型にはめこむ作用をし、これにたいして協同社会内の人間は、その適応性すなわち模倣、暗示、同調、同化の性格によって、この社会的行動と表象のメカニズムの中に流し込まれ、その社会に適合した人間型に作り上げられていく。社会が人間行動の自由をいかに強く規制しているものかについては、C・F・フォードのおもしろい報告がある。彼は現存の二五種の異質文化をもつ未開社会について、この問題を調査したが、その結果、一〇〇パーセント自由に放任される行動は、わずかにつばを吐く、おくびをする、せきをする、顔を紅潮させる、身震いする、あくびをする、まばたきをする、など一五種類を数えうるに過ぎないとし、他の行動はすべておよそ八パーセントから一〇〇パーセント、型にはまった行動制約を受けていると述べている。

こうした行動制約のメカニズムは、地理、歴史的の制約と、体質的、言語的の制約によってさらに固有なものとされる。言語的、体質的な制約は、生活様式の上で諸観念の類似に導きやすく、地理、歴史的制約は生活様式の上で諸行動の類似に導きやすい。そしてこれらの制約年代が長く、かつ孤立して成長してきたような集団では、伝承度は強固であり、特異な文化形質を持つ社会集団と集団的人格を形づくる。これが住民相互の精神的紐帯をなすのであり、伝承事物を永続させる契機をもなすと見られる。

郷土色、郷土性というものはかくして形づくられ、その意識や自覚が、それらを「われわれ」と呼ぶにふさわしい親近感に導くのである。

Ⅳ　ふるさとの構造

われわれが旅行してしばしば経験することは、列車を本線から支線に乗り換えたとたんに、車内の雰囲気がいちじるしく違ってくることである。ほお骨とか顔の輪郭とか、骨組みやからだつき、といったものが、なんとなく似通った乗客がめっきりふえ、人々がたがいにおしゃべりをする声が高くなってくる。それがみな一様に共通した発音《プロナンシエーション》や抑揚《イントーネーション》やアクセントをもち、特有の感投詞や接尾語や、方言をまじえた話し方をしている。これらは集まって地方色をなすのであるが、それは住民の血縁的構成や風土的影響や文化的、社会的遺伝や変化が、地方的に孤立して集積されてきた結果である。したがって距離が遠くなるほど、この現象はいちじるしい差を持ってくるし、また地勢の上で孤立しやすい地域、半島、峡谷、高原、盆地といったところがことに強い特徴をもつ。

言語の同一ということは、血縁、地縁の意識にもまさって、共同感を強くするものであるが、語源的には同じ日本語でも、薩摩《さつま》（鹿児島）の人と津軽《つがる》（青森）の人とは、お国なまりで話し合ってはたがいに意志は疎通しない。沖縄の人々のことばは、ちょっと聞くと外国語のように響く。国の端と端を例にとらないでも、孤立のあり方によっては、距離は近くても同様の変化が見られる。薩南群島では、晴れた日には海岸から隣の島影をながめることができるが、しかしそれはほとんど外国である。もっと極端なのは周囲何キロという小孤島で、ほんの峠を越した隣同士の部落で、もうことばの通じにくい例さえある。そうした土地では体質の上にも若干の特徴があって、島の人が見れば、話しをしなくもあの人はどの村、この人は何部落の出身ということが一目でわかろう。

この差は言語や体質の上に象徴的な形であらわれ、人々に印象づけるのであるが、それだけの個別した現象ではなく、およそ複雑な全生活、全思考、全感情の型として、村ごとの、部落ごとの、あるいは地方ごとの差異なり、変化なりがあるのだと見てよい。これを古くはカタギと呼んでいる。それは単に気質、気風などとあらわされる以上の複雑な全体的ニュアンスを持つことばであり、村カタギ、地方カタギの存在は、ずいぶん古くから認識されてもいたのである。それは村落なり、さらにもっと小さな生活協同体が、すでにそれぞれ固有の集団的パーソナリティを備えていることを意味している。

カタギが外部にたいしてあらわれる時は、部落意識とか部落感情となって、いろいろの歴史的因縁をたどって、村落間の対立や緊張関係、あるいは融和、親近の関係を作り、それらが村の祭や年中行事のような象徴を通して発現されてくることは多い。これらの対立緊張には、水争いとか境界争いとかの、経済問題や政治問題にからむ利害から起るものもあるが、移住年代の差や事情、また生活様式や思考形態の差による、たがいの反撥に基くものも多い。

したがって部落意識は内部に向かっては強い統制力となってあらわれる。部落の構造によって一様ではないが、そこには歴史的なリーダー・シップのもとに、それが宗教的シンボルによって精神的にも権威づけられて、固有の生活型が強制される。この部落的パーソナリティに順応せず、そのリーダー・シップに服従しえない個人は、その社会の成員たる資格をはぎとられる。終戦後一時しきりにジャーナリズムに取り上げられた「村八分《むらはちぶ》」の慣習は、これである。そして原因は単に封建遺制とか、村のボスの横暴というよりは、そのリーダー・シップのもとに団結している集団的パーソナリティと統制力の強靭さが、長い歴史過程を通して変形しつつ残存し、それがくずれて、種々の弊害を生ずるにいたったと見るべきではなかろうかと思う。

すでに前項でも述べてきたように、わが国の村落社会のイン・グループ的性格は、特に近いころまで典型的な姿で保存されていた。それはおそらく、わが国の村落の立地条件がその地勢風土の関係から、いちじるしく孤立的な形をとり、自給自足的な小集団社会を形成して、日本が全体として島国であるだけでなく、その上に村がそれぞれ独立した島嶼的性格をもっていること、またきわめて古代から強固な定住農耕生活にはいったものが多く、それがほとんど家畜を使用しない集約的な手耕的な小農法を営んできた生産形態にも負うものであろう。

こうした村落にあっては、その生産過程においても、外部からの有形無形の侵入者にたいしても、台風その他の災害に際しても、できる限りの人間労力を結集し、一つの中心に集約しておかなければならなかったのである。今日の日本の村落がいくつかの血縁集団としての家族、地縁集団としてのクミやマキ、あるいは同族の集団を構成し、それらが一つ一つ共同の神社や祠、共有の墓地を有し、本家分家、親方子方、名主名子などの本末上下の関係、寄り親、名付け親、ヘコ親、宿親、烏帽子親《えぼしおや》、仲人親《なこうどおや》、カネ親、トリ親など、通過儀礼にまつわる多数の「仮親《かりおや》」の風習による義理上のオヤコ関係、年寄、若衆などの階層関係を通して、職能分掌とともに、何ほどかの政治的、心理的な組織をつくり、経済上のアウタルキーと文化上の共通意識の上に、一個の孤立、封鎖の集団の形態と性格を現在までのこしてきているのは、その一つの証拠とすることができよう。

この血縁、あるいは地縁による仲間うち集団は、それが独立して存続しうる限り、その成員にとっては、そのコムミュニティが一個の世界であり、世間のすべてでもあった。そして集団の凝集力が強く、かつ孤立性の強い所ほど、血縁的すなわち体質上、風土的すなわち文化上の、適応、遺伝の濃い影響を受け、特有のものを作り上げてきている。この農村的コムミュニティの基礎構造は、今日東北地方と西南地方および中部山間地帯などに比較的濃く残っている同族社会にあるといわれている。ここには本家を中心にして、その父系をたどる血縁分家と、非血縁の奉公人や譜代百姓などの取り立てられて一家を創立した分家、別家とからなる家の集合体であり、本家の統制と分家の帰属関係が、共同の神の奉斎、先祖講その他の信仰的結合、墓地寺院の共同などの象徴によって宗教的に維持され、実際的には分家の本家にたいする労働力の供出と義理観念、本家の分家にたいする経済上の援助と被護観念の存在によって実践的に保持されている。

この家連合の社会単位は、おそらく古代氏族制社会にまで系を引くかと思われるが、それが日本の農耕社会として、もっとも自然環境に適応し、生活様式としてもっとも必然性をもつものであったと見られる。というのは、同族集団の発達しなかった地方、またその崩壊したところには、同族的擬似形態が起っているからである。親分子分、親方子方の制度はその一つであり、それが特殊の職業集団にもち込まれてさえいるが、その場合も単なる技術上の徒弟制たるにとどまらず、そこに本家分家、親子関係という特殊の統属、奉仕保護の強い紐帯の存在が久しきにわたって存続しているのである。近世の京大阪、江戸の商家に展開したのれん分けの制度も、一種の仲間うち集団であり、決して単純な同業組合ではない。本家や親方はその経済的な負担や採算を度外視した援助を別家なり子分なりに与えて、その生活に全面的な責任と義務を負うている点は、農村的同族団型の、都市商人階級への導入と見ることができるのである。

V　郷土型の人格

明治以後の日本は、その世界史的な圧力によって、急速な近代化と資本主義機構への転換を余儀なくされてきた。その結果、農村人口の都市放出、人口増加がいちじるしくなり、多数の新興商工業都市が興った。このために、わが国の農村を中心に成立してきた伝承文化、これに養われた人間型は、社会の急転回にともなう混乱をまぬかれなかった。この変革はきわめて急激なテンポをとって推進されてきたことは、イギリスの産業革命以上であり、いたるところに新しい環境へのマル・アジャストメント（不適応）現象と、精神文化と物質文明とのあいだの「ずれ」、「おくれ」の現象とをあらわにしている。やがてはこの新しい社会環境に適応した新しい生活心意や態度が築き上げられるであろうけれども、過渡期の弊害は今日の都市の世相によくあらわれている。

つまり郷土をすてて都市に集まってきた人々は、新しい都会の生活のモラルとタイプ、モデルといったものが確立しえないままに、その味気ない人のさばくの浮草のような生活を、それぞれの郷土性を導入することによって、かろうじてささえていこうとしている。つまり農村協同体の植物性の社会構造や文化伝承や人格の型が、そのままに流動的ないわば動物性の都市機構の、権利義務の主体としての個別的人格によって構成せられるべき利益社会のなかにもち込まれてきている。そのいちじるしいものは親分子分や派閥が郷里や血縁、姻戚関係、学校その他を母胎として、あらゆる制度社会の面にもち込まれていることである。

日本では郷党、門閥は一つの実体をもつ社会である。県人会、同窓会なども単に友情をあたため、楽しい過去の思い出を語り合うだけの機会という以上の意味をもち、現に利用価値をもっている。ルース・ベネディクトが『菊と刀』のなかで論じている義理、人情の世界は、まさにこのような農村的同族団型に発し、さらに前近代的商家や特殊社会内に変形して採用されてきた擬似形態を通し、日本の初期資本主義社会のなかにまで尾を引いてきた郷土型人間の特性をついたものである。

この郷土型人間には、先にあげたように、一つの社会において、その伝承の体現者であり、集団の生活型、思考型の代弁者であり、秩序の維持者、権威の象徴であるリーダー・シップと、これに従属し、奉仕することによって自らの生活を持続し、その被護のもとに栄達を得ようとする従属型＝子分型の二つがある。そしてこれらが集まって社会機能のなかに多数のサブ・グループスを作っている。

日本人の団結力の基盤にはこうした小社会結合の要素があり、道徳意識、処世観、ないしはエチケットの根柢もここに由来している。つまりそれらは「仲間うち」の社会において形成され、伝承され、洗練されてきた。だからそれがより広い一般社会、ゲゼルシャフトにもち込まれてくると、勢いいろいろの障害を起すのである。郷党、同窓、親戚、職業仲間といったサブ・グループにおける義理、人情によって訓育され陶冶された人格は、包括社会においては党派的自己心となり、社会道徳の欠如ともなる。他人をつき飛ばして仲間の利益を計ってやる。よるべき集団や仲間から離れている時には、集団的利己心は露骨な個人的利己心に肩替りしてくる。とかくフェアプレーで物事が行なわれず、手づるとか顔とかが大きな発言権をもつのも、一つの党派的立場にあるとき全く個人が無になってしまう人格のパルタイ的変貌傾向も、日本人の近代化に逆行する大きな障害をなしてきた。自己を主体とする人格形成、責任の主体としての自己確立がいちじるしく遅れているのは、またここに原因があるといえよう。

農村型のリーダー・シップと従属性とによる社会構成の変容拡大は、多数の民衆を、他人の顔色をうかがい、群れの意見に敏感で容易に自己を主張せず、多数の動きに便乗して自分の利益を守ろうとする性格に作り上げた。ここからは往々リーダー・シップの異常昂揚、すなわち英雄主義や独裁主義が芽ばえ、全体主義と統制主義が根づきやすい。そして他方、指令や指導要綱が示されなければ、なにをしていいかわからないという多数の日本人を生んでいる。

日本が全体として島国であり、村落社会が本質的に一個の島嶼的な封鎖的性格をもって成長してきたことは、一面に日本人の内観的、保守的な、寛容性と順応性にめぐまれた、そして団結力の強い、民族性のいちじるしい国民に仕上げてきた。ここから生活文化、宗教、芸術、文学のすぐれた成果も生れてきた。しかし他面、自我を主張して郷土にいれられぬとなれば、その島嶼的性格は人々に生存の自由の天地を遮断していた。協同社会の外は海であるという宿命は、日本人を強く郷土的擬態に結びつける結果となり、同時に郷土的人格を形成させる素地ともなった。

VI　ふるさとの象徴

青雲の志に燃えた明治の青年は、好んで「骨を埋むるあにただ墳墓の地のみならんや、人生いたるところ青山あり」と吟じたものである。遊学や技術の見習いに、感受性の鋭い年ごろを、家郷を離れて、都会の他人のなかに孤独の生活を送る時の堪えがたいノスタルジァを、しいて社会的栄達の夢によって打ち消そうとする、ひそかな努力の半面がうかがわれる。

江戸時代に盛んとなったらしい「藪入《やぶいり》」の風習も、家郷を離れて都市の商家や武家に奉公する少年たちが、ふるさとを思い、ふるさとを取り巻く生活や行事をなつかしむ心情をいとおしむ主家の人々の心やりから起ってきたものといえよう。ヤブイリの語義、語源については、どの辞書を見ても、「藪は草深き義、都より草深きいなかに帰る意なり」などといった類の解釈しかなく、シナの正月一六日の走百病、放偸《ほうとう》の古事、あるいは七月一六日の伊勢のツト入、近畿地方五月五日の牛のヤブイリの風習などをもって起原とするなど、すべてこじつけの説たるをまぬかれない。しかし西鶴、太祇、其角などの作品には、しきりに藪入の語があり、近世の中ごろには京阪および江戸に、このことばと風習が一般化していたことが知られる。『近世風俗志』〔二十三〕などを見ると、この時代には江戸と京阪では多少異なり、江戸では宿下《やどさが》り、出番《でばん》などともいった。そして通常一月一六日と七月一六日がヤブイリの日であった。『世事談』〔百二十四〕によれば、昔は正月一六日に限ることで、後には七月にも暇を与え、春秋二度となったという。そして都市の藪入は、もう帰省の意義は失って、幼男婦女は芝居見物、番頭どもは花街の遊びをもっぱらとするにいたって、単純な慰労休暇とも考えられてきている。

　しかし藪入の最初の正月一六日は、畿内地方《きないちほう》では、昔は前年嫁に行った女が、次の年のこの日にその生家に帰る習わしがあり、この時必ず餅《もち》をついて祝い、一六日の餅、略して六の餅、六入とも呼んだ。また鹿児島県では正月一六日の帰省をオヤゲンゾといっている。ゲンゾは「見参《げんざん》」のなまりであり、対面というに近く、休暇という以上の、必ずなすべき対面儀式であったらしい点は注意すべきことである。そして他方では、多くの地方で、やはりこの日を「仏の年越」とか、「仏正月」「仏の口あけ」「先祖正月」「鉦起《かねおこ》し」「後生始《ごしょうはじ》め」「真言始め」「念仏の口あけ」などと名づけて、正月後はじめての墓参りの日、仏壇に仏供や餅を供える日、はじめて寺に集まって、念仏や真言を唱える日としている。沖縄では、前の年死人のあった家では、ちょうど内地の盆と同じく、正月一六日に死者のために祭を行ない、十六日灯籠というものを上げる風習があるといわれる。

　こうした諸例から考えてみると、この日は盆の一六日などとも関係があって、民間の先祖祭、魂祭《たままつり》の日であり、単に生きている両親を見舞い、ごきげんをうかがうという以上の、もっと厳粛で神秘な、宗教的の意味合いをもっていたのではなかろうか。したがって藪入がまず正月一六日に始まり、後に七月一六日が加えられたというのも、単なる偶然とか思いつきだけのものではない、もっと古い伝承から導かれたものであることが推定されるのである。

筆者はもう二〇年ちかくも前に、長野県諏訪神社の御柱祭《おんばしら》を調査にいったことがある。七年目に一度というこの御柱祭は、一五メートル余りのモミの大木を上下両社合わせて一六本も引き出し、さし立てる豪壮華麗な大祭で、戦争末期のあわただしい世相ではあったが、諏訪はにぎわい沸き立っていた。道を歩いていると、どの家も大戸をあけ放ち、障子唐紙もはずして、座敷には毛氈などを敷き、遠近の親類縁者でもあろう、着飾った娘さんたちも色とりどりに、ごちそうをかこんでなごやかに集まっているのが見られ、いかにもこの大祭にふさわしい印象を与えられたのを今に忘れ得ないでいる。お木引きの見物のなかには、この祭のために帰省していた諏訪出身の友人知己のたれかれにもめぐり合ったりした。

氏神の祭が、氏人の必ず家郷産土の地に帰り、神に見参し、先祖を拝し、親や親族との交わりを新たにする正式の儀礼であった証拠は、すでにさかのぼりうる限りの古い文献のなかにもあらわれている。奈良東大寺正倉院文書のなかにも、奈良時代末の写経生などと思われる下級官吏が、「私神祭祀」「私氏神」「氏神祭」の名の下に、二日から五日間ぐらいの帰省休暇を申請した文書数通が保存せられている。平安時代にも『続日本後紀』や『三代実録』のなかに、京都に在住していた小野氏、粟田《あわた》氏、春澄氏、山背《やましろ》氏などの官僚貴族にたいして、その氏神の春秋の祭には官符を待たずしてその本郷に往還することを許し、あるいはとくに往復の旅費を官給した記録がある。また『類聚三代格』寛平七年一二月三日の太政官符には、諸氏の氏神の、毎年二月四月および一一月の祭に際しては、畿内畿外を問わず、申請あらば直ちに官宣を下して、本居の地に帰還するを許す例のあったことが明記されている。

春秋の神社の祭、盆正月の家の祭に、遠く出かせぎにいっている者、他郷に寄寓するものが、親里や故郷の本家や一族の所へ帰ってくるとする風習は、単に歴史的なものだけでなく、また特殊な地方だけのものでなく、全国の村落社会には依然として根強いものがある。そして祭礼や盆正月に家を開放して親戚一族のたれかれを招き迎えるというのも、久しい儀礼風習として今日も残っている。このことについてはすでに柳田国男氏の『日本の祭』や

『先祖の話』のなかにも詳しく説かれている。

今はなくなったらしいが、古く「モズ精進《しょうじん》」で有名であった大阪府下百舌鳥《もず》村では、以前正月の三ヵ日は肉食を断《た》って精進し、外来者に接せず、夫婦の交わりも慎しんで、清浄にこもっている厳重な忌日の慣習が久しく守られていた。この期間には村から外に奉公に出ている者も必ず帰村して斎戒《さいかい》することになっていたので、奉公に出る時は、この三ヵ日の帰村を条件にして契約をする風習があったという。

村外に材料と得意を求めて活躍し、往々土着して一部落を形成した木地屋の集団も、彼らの祖小野宮惟喬親王《おののみやこれたかしんのう》を祖神とする由緒書により、その伝承的本拠地である滋賀県小椋村《おぐらむら》の村の鎮守から、免許状や鑑札を受けて故郷との縁を保ち、またその親王講を中心に帰村する慣行があったことは有名であるが、魚群を追って遠く沿岸を東西に出漁する人々も、祭か盆には必ず村に帰ってその祭や行事に参加し、それを機会にいろいろの取りきめや、用件の処理を行なうのが一つの折目となっている。

和歌山県雑賀崎《さいがさき》の漁民は、鯛釣漁で西は九州から東は関東地方沿岸まで遠征し、その名を知られた人々であるが、年に正月と盆と、氏神祭を中心にする組合の総会には、必ず帰村する習わしが堅く守られている。ことに氏神祭の総会には、どんなに遠くに出漁していても漁をやめて、万難を排して帰ってくる。海が荒れて船でだめな時は、船を乗りすてて陸に上がってでも、帰らねばならぬとされている。

東は岡山県牛窓《うしまど》方面から小豆島、西は九州小倉の平松浦にわたり、四県一二郡三〇ヵ村にその子孫を分村し、一時は南鮮にまで定住していた広島県幸崎町能地《のうじ》の漁民は、異郷進出の第一人者と目される勇敢な人々である。しかも彼らは、出かせぎ漁の場合は、年二度、正月と盆にはどこにいても帰村する習わしがあった。正月に一四日から二七日までの間に、「名替え」すなわち元服が行なわれるためであった。盆には一三日に帰るが、二〇日から約一ヵ月がフナドメであって、この期間は必ず郷里で過ごさねばならぬとされた。この盆正月二度の船止めのあいだに、貸借金の始末、結婚、法事、講など万般のことをすませ、新たに人の雇用なども契約された。このあいだは各戸四斗だるを据えて飲んだものだという。

また彼らは出漁中はもちろん、それぞれの浦に分村移住したのちも、死ねば必ずそのなきがらは親村の能地に運び、彼らの檀那寺である善行寺の過去帳に記載した上で、そこに葬るを例とした。むかしは三丁櫓《ろ》、四丁櫓で押して、遺体は防腐のためおしろいを塗り、黒がめに入れて塩づけにして保存してこぎ運んだ。そして葬式をすませてそのまま葬るのであるが、死人を積んだ船は旗をあげず、波戸《はと》の外に停泊して、中にはいることができなかったので、すぐそれとわかったということである。

おそらくもっとも勇敢な雑賀崎や能地の漁民たちも――いや、そうした常に故郷の地をはなれて漁に明かしくらし、あるいははるかの浦磯に船がかりし、分村移住して、家郷を見ぬことが久しいからこそ、彼らはその「ふるさと」のシンボルである祭において、いかなる困難をも排して古里に帰り、死してついに親里の土に帰ろうとするのであろうか。それは単に自己の生れ、祖先の住みついた土地という生物学的、社会的認識に基く感情のみによってそうなのではない。実にそれは魂の親里とする意識が、強くこの慣習を支持していると見られはしないであろうか。だからその親里に自己の肉体と魂を埋めることによって、さらに先祖と子孫との精神のきずなたらしめようとの、本能にも近い感情が流れているのであろう。そしてそこに肉体上の祖先から両親へ、また生れ落ちてから以後の社会の中にもった幾とおりもの仮親のなかにはぐくまれ、育てられてきた日本の村人たちが、やがては自らもそのオヤのひとりとなり、多くの子を生み、育て、保護してきた生涯を、こうしてふるさとの親元に帰り、オヤたちと一体のものとなるという心のやすらぎが、彼らの生活を根強く、安定したものとしてきたのではなかろうか。だから親里は、いわば彼らの他界であり、極楽でもあり得た。そして安心立命の根拠でもあったわけである。日本人の霊魂観、他界観の中心にある祖先崇拝、氏神信仰は、かくして郷土性のなかに芽ばえ、そこにはぐくまれて、人々の魂のふるさととなり、ふるさとのシンボルとなってきたのではあるまいか。


（『日本人』〔毎日ライブラリー〕所収、毎日新聞社、一九五四年、東京）

二　不安における確実性の探究

Ⅰ　不安と危機感

現代は不安の時代といわれる。人間存在の根本的不安の思想は哲学、文学を通して全世界の人々の心にひろがっている。それはすでに第一次世界戦争を契機としてあらわれた。戦争が世界的規模において行なわれた結果、あらゆる面に変革が余儀なくされ、現存の秩序や組織や権威にたいする信頼感、精神生活をささえてきた宗教への帰依感が失われ、この世界全般をおおう危機的性格に照応して、絶望的な不安、救いのない不安が人々の心を占領したためである。そして不安はさらに不安を呼び、世界の破局と危機をいっそう促進していくかに見える。普遍的倫理や生活態度の規準は見失われ、永遠の真理は便宜主義と利己的な政治の陰にかくれて、人間の自己喪失はいたる所に顕著である。

敗戦後の日本は、都市と産業の壊滅、衣食住にわたる不安定、政治の貧困、経済の破局、さらには原子力兵器を伴う第三次大戦への恐怖にさらされつづけてきた。われわれはこんにち、民族としても個人としても、不安の深刻さは限界点に達している。世界は両極に別れて鋭く対立し、その中間勢力はいまだ結集されず、その一顰一笑につれて国内には両極へまっしぐらに進む言動があらわであり、大衆はモラルを失って虚無的なデカダンスや安易な精神的麻痺《まひ》に逃避する傾向が強く世相に反映している。国際政治も国内政治も、経済界も精神界も、この不安解消に集中しているように見えつつ、かえって世界の不安と危機感をあおるかのようである。おそらくこんにちのわれわれほど、まじめに生きることの困難さ、苦しさを味わった時代はかつてないともいえるであろう。

世界にたいする不安、社会にたいする不安、生存にたいする不安は、ひいては自己自身にたいする絶望感をひき起こしている。それはキェルケゴールの表現を借りれば「死にいたる病」にほかならない。現代の哲学が彼を先駆としてハイデッガー、ヤスパースなどの実存哲学を展開し、「不安」をその根本概念にまで高め、生存を「死への存在」「死の不安」においてとらえようとしているのも、またバルト、ゴーガルテン、ブルトマン、ブルンナーなどのドイツに起こった危機神学も、その基底にはこのような世界的な不安に対応し、絶望的な終末論的思想を背景として生まれてきたのだともいえるのである。

しかし筆者はこの項で、日本人の現に当面している国際的不安や国内の政治経済上の不安を取り上げ、その解決の希望を述べようとするのではない。またそのような不安の根本観念を哲学や思想の面で追究し解明しようというのでもない。これらは現代の日本人にとって、いずれも直接的かつ重要な課題であるには相違ないが、それにはそれぞれその道の人があるし、この書物の主旨に合わないと思われる。筆者はここではもっぱら、日本人の精神生活において過去に不安がどのように感じとらえられてきたか。またこれをどのように処理してきたか。それが日本人の生活や文化の上に、人生観や宗教的態度の上に、どのように反映し、それらを性格づけてきたかを探ってみたいと思うのである。

不安はいうまでもなく主観において感じ取られるものであるが、それは一般に精神的、生活的な秩序と平衡関係の、突発的あるいは漸進的な破綻によって起こると考えられる。したがってそれは客観的な広さや深さの差にかかわらず、感じ取られる不安は、まさに人間的なものである。すなわちそれは現代の特産物でも、特定人種の専有物でも、また思想家や宗教家や哲学者の自覚内容にだけあるものでもない。ハイデッガーもいうように、人間のエクジステンチアール、すなわち実存（自覚存在）的なるものでなければならない。人間が自己の存在に関心をもちつつ存在するというところに、本質的な不安があり、危機感があるのだとすれば、人間が生を考え、死を発見した時、その生存の場において不安を感じ取らざるを得なかったのである。もちろん動物は一般に多少とも本能的に自己生存にたいする不安を直感するらしい。しかしそれは刹那的、衝動的であって、精神内に永続せず、咀嚼されることもない。だから絶望や罪におちいることがなく、死にいたる病とはならないのである。この点で人間だけが不安を自己のものとしている。不安は人を駆って確実性への探究、すなわち不安の原因をさぐり、より強固で確実な生活や態度を樹立しようとする。疑問と解答、不安解消への積極的な処置や身構えを求めようとする働きにおいて、科学、哲学、芸術、文学、あるいは制度や慣習を生んできている。不安はそれゆえ、人類文化の基底的な要因と見なすことができるのである。そのなかでも、不安は古来、呪術および宗教の発現と発達にとってもっとも直接的かつ重要な意義をもっているといわれる。

不安解消と確実性の探究の結果として、呪術と宗教が人類共通の行動として生み出されてきた。呪術と宗教の先後、並行の関係はフレイザー以来論じられてきたところであるが、そのいずれにせよ、人間が人間以外の、人間以上の力の存在を発見し、その超人間的力とかかわり合おうとする要素においては共通している。そしてシュライエルマッヘル以来、宗教を定義して、帰依の情とし、畏敬の情とし、無限の想とし、また宗教の起原を論じてアニミズム、ナチュリズム、プレ・アニミズム、トーテミズム、死者崇拝説など、多くの学者が種々に論じてきたのであるが、そのいずれもが、人間の存在認識における有限性、時間性、必然性、不確実性の自覚のもとに、それを苦なるもの、不安なるものとして、無限性、永遠性、自由性、確実性を追求しようとするところに、宗教の発現と神々の誕生を見ようとする傾向が支配的であるといえる。

Ⅱ　時所占有の不安と劣性感

日本においても古代人が精霊や神々を発見し、それに帰依と祈りをささげ、あるいは多くの呪術や禁忌を案出採用してきた根柢には、依然このような自己認識と評価、ここからひき起こされる不安感、危機感の先行している点は、決して例外をなすものとは考えられない。そしてこのような不安は、第一に日本人の生活形態の本源をなす時間と場所の占有という事実から導かれたものが、もっとも中心的かつ恒常的な不安であると考えられる。

本書でしばしば言及してきたように、日本人は歴史時代において、すでに強固な安定性を確立していたという事実は、日本人の生活様式の樹立において基本的条件であるばかりでなく、その精神生活の内面に決定的な素因をなしている。定住とは場の占有とともに時間の占有を意味している。この占有の意識は、すなわち自己存在についての自覚と認識をもたらし、無意識的な生活様式を、歴史的必然性と現在的モーレス的秩序性として意識せしめるにいたる。そしてこれらを通して、自己の限界性が自覚せしめられる。

場の占有が無意識的である限り、それは自己の占有する場そのものが一つのミクロコスモスであるから、そこにおける必然性は、それ自身必然なるものとして意識されることはない。しかしこのミクロコスモスが、内外の平衡関係の破綻によってくずれ、それがより広い外方の世界につらなる小社会であり、そこにおける活動や生存の場が一つの限定されたものであり、未知の、外方の強力な世界や、ある存在者の存在を知るようになれば、そこに自己の生活や能力の限界についての認識が起こってくる。また場の占有は空間的であるとともに、時間の占有を必然のものとする。無限の流れのなかに有限の時間を把握《はあく》してくるというのは、自己が明白につかまれたことを意味している。したがってそこからは歴史の開展が可能となろう。時間と場所の占有を契機として、有限性が自覚されるとともに、変化が自己においてとらえられるようになる。

この自覚は一方において生活の伝承性、系譜性を明確にし、共同社会の意識を強固にしていくとともに、劣性感《インフェリオリティ・コンプレックス》を醸成してくる。農耕社会に深く根をおろすこの劣性感は、その根柢に自己の無力さ、人間のはかなさ、世界や自然のつねなさ（変化流転）といった認識がある。この認識はいわば宗教の本質を形づくるべき性格のものである。そこからは自己以上の他者に依存しようとする態度と心理が養われてくる。超人間力への依存は、これを媒介として一方では宗教を、そして他方では呪術や禁忌を生み、それらは次第に儀礼化し伝承化して、久しく持続していくが、その間に人々は人間の罪の意識や汚れの自覚をもつようになってくる。

この他者依存の態度は、さらに他方において、より強い力、より高い文化がしばしば未知の世界から、人々のミクロコスモスのとびらをたたき、押し入ってくることによって、いっそう助長される。それはある場合は大きな災害をもたらす不可視の力の侵入であり、ある場合は幸福や知識を賦与してくれる神や異人の来訪でもあった。農耕生活が自ら動かぬ植物的な性質をもつ以上、そして農作物が常に天然の、外部条件に左右される運命をになっている以上、人事をつくしたあとは常に天命を待つという態度以上の、積極的な転換は望み得ない。したがって人々は常に受身に、外からくるものに相対している。

呪術や宗教が、農耕社会において急激に発達したのは、時所占有による有限性の自覚に伴う存在の本質的不安と変化を、自己によってとらえることからひき起こされる平衡関係の破綻に伴う危機感、およびこれらを通して養われた劣性感に負うところが多い。自ら動かずして外からくる力にすがり、あるいは外方からの脅威に対抗しようとする心理は、一面において神霊や祖霊が定期的、臨時的に村々家々を訪れ、帰ってくるとする信仰と、疫病や災害をもたらすスピリッツやデモンズが同じく往還をたどって村々家々を襲うとする信仰とを習合的に形成し、これにたいする儀礼を種々に作り上げていくとともに、実際に外方から村のなかにさすらい、訪れてくる宗教的、呪術的旅人を畏敬し、歓待し、その教説にたいして、はなはだ従順な態度をとるにいたったゆえんであろうかとも想像せられるのである。そしてこの定住農耕生活のなかにつちかわれてきた宗教的、かつ人間的文化的ホスピタリティを契機として、局地的小集団のミクロコスモス的共同社会が、はじめてより広い共通性、普遍性の発見によって外方に開放され、次第に地域社会から全体社会、すなわち民族の意識にまで展開していった有力な原因の一つと見ることができる。

そしてこの性格は、日本人の信仰生活のいちじるしい特徴をなすとともに、生活全般の態度において、ことに外来文化の受容、変容の態度において、顕著な傾向を発揮してきたことは、従来人々の注意してきたところである。

このような民族性は、一面では外部からの文化力や政治経済的な圧迫感にも影響せられて、優越した外来的、異質的、権威的、不可知的なるものにたいして、憧憬、好奇の心を活発にし、模倣追随、または謙虚な信順、依存、寛容の態度を取り、それによって民族性を豊かにし、生活と文化の足りないのを補い、独自の文化や生活の形成を行なっていったいちじるしい長所を発揮してきたのである。しかしそれと同時に、他方優者にたいする卑屈盲従、主体性の喪失、流行追随の弊や、同じ心理の裏返しである文化的、経済的、政治的劣者にたいする排他、軽侮の態度や、極端な自己独善の弊へ猪突《ちょとつ》する可能性をもまぬかれ得なかったのである。

人々の属する共同体の結合と集団意識が強ければ強いほど、この傾向は強くあらわれる。愛郷心とか愛国心といわれるものの中に、時として他を排することによって、あるいは他をさげすむことによって、いっそうそれらを強調するような傾向をまぬかれ得ないのは、それが単純な優性感《シユーペリオリテイ・コンプレックス》によってもたらされるのではなく、常に存在不安に基く劣性感がひそんでいるからにほかならない。したがってそれは防衛対抗のための優越強調であって、往々ナショナリズムのもつ宗教的性格と合体し、独裁的、全体主義的な政治形態を肯定する思想や宗教の発達を促す契機をもなすのである。

Ⅲ　不安の解消と儀礼の発達

このように農耕定住生活を媒介として獲得された自己存在についての限界性の認識と、外界および人間間、人間内部における法則的秩序的な変化、もしくは突発的偶然的変化、破壊などによってひき起される不安は、人々を駆ってその原因をさぐり、これを解消すべき方法の発見へと向かわしめる。

前者すなわち限界性の認識による不安は、人生体験において常恒的かつ心内的、本質的なものであり、これにたいして、後者すなわち変化性の認識による不安は、時間的（刹那的）かつ肉体的、現象的なものである。したがって前者からは神の存在、霊魂観、人間観、罪の意識といった民間神学が生れてくるのにたいして、後者からは変化の原因探究による科学的と呼びうる断片的な経験知が集積されるとともに、変化によって破れた平衡関係を新しい秩序にもたらそうとする儀礼様式が生れてくると考えられる。

不安にたいする確実性探究の努力は、一方では事実に関する確実な知識を拡充していくとともに、他方かくあれかしと願望する空想の下に生れる呪術を組織づける役割をも果している。この二つの範疇を異にした知識群が混同、未分化のまま、古代人の精神生活を形成している。そして呪術が常に確実性のある事実に基く知識や論理の世界を上まわり、混融未分化の状態にとどまるとき、それはホモ・ディヴィナンス、すなわち呪術人としての行動を強くしめしてくる。そこに求められる信仰は、人生における行動の哲学を作り上げ、多くの現象を非合理の学説や法則の発見によって説明しようとする。マナ観念、アニミズム的霊魂観がここから生じ、超自然力にたいする情緒、関係意識、行為、態度が起る。こうした宗教的経験の二つの手続きとして呪術と宗教がある。しかしその境目はきわめて不明確であり、ただ儀礼様式として包括しうるのである。

儀礼様式はしたがってその体験される変化の種類に応じて、三種に分類しうる。第一は外界の、日月星辰の運行や四季の変化、食用植物、ことにもっとも神聖な穀物と信じられてきた稲の播種、発芽、移植、成育、成熟、枯死の循環過程などの、いわば自然法則的な変化と見るべきものにたいする儀礼群がある。これらは多くは季節的に一定した恒例の儀礼として伝承される。第二のものは台風、霜雪、旱魃、洪水、地震、津波といった、一瞬にして生活の根柢を破壊し、生活環境を変化させる天災地変、疫病、戦争、火災、害虫発生といったものの突発、来襲による生活秩序の激変があり、これらにたいしてもそれぞれに対抗儀礼が生れてきている。この儀礼群は多くは臨時祭の形で行なわれるが、災害発生が季節的に繰り返されるもの、たとえば疫病や旱魃、害虫といったものにたいする儀礼は、一部は恒例化せられ、季節祭として繰り込まれている。

第三種のものは外界の変化にたいして内部的、人間関係的変化に伴なう不安から導かれる儀礼群である。自己自身の肉体的精神的変化、自己をとりまく人間関係の変化は、たしかに人々を不安ならしめるものである。ゆりかごから墓場までの人生行路は、何びともまぬかれることのできない変化過程であり、誕生、幼年、思春期、結婚、妊娠、出産、病気、老衰、死は、自己自身の変化であるとともに、その集団成員相互の関係をいちじるしく変化させる。このためにそれぞれの年齢や肉体変化や社会機構と個人のかかわり合いにおける儀礼群、すなわち通過儀礼と呼ばれるものが発達してくる。死者儀礼が人類の最原初的な宗教行為の一つとして、最古代民族のあいだにもその痕跡を残しているといわれ、また今日も多くの宗教の社会機能の重要な部分をなしているし、呪術のそれが主として病気治癒に向けられているのも、このような人間自身、人間関係の持つ変化、その生活および集団の平衡関係ないし秩序の破綻による不安の深刻さを物語っていると思われる。

この儀礼や行事は、ある部分は呪術的であり、ある部分は宗教的であるが、それが全般的な不安の解消とともに、より強固な生活樹立への信念を求め、積極的と消極的の、すなわち興振と防衛の呪術や儀礼を通して、永続性と自由を確保しようとする希望をリアライズしようとする意図を有している。そしてこのような呪術および宗教の社会機能の発達には、例外なく司祭者、呪者の指導的な役割が見られる。ことに農耕生活において、それは極度の発達をとげ、彼らによる宗教や呪術の組織は、家族や部族もしくは国家といった古代社会の全行動を貫いており、これを統制している。宗教的指導者は単に病気の治療や危機解消の呪術的行為や予言、託宣といったものだけにあるのではなく、民間伝承の維持、神話伝説、民族的説話の創造、記憶、保存、伝播のうえに大きな働きをしめすとともに、民衆を律する一定の行動と思考の組織を作り出し、人生観や世界観、他界観や霊魂観の型を、タブーの概念を、そして霊魂や神々との交流の儀礼や舞踊や演技を発展させる。また哲学や科学、倫理や心理にかかわる抽象的な思索が彼らを通して次第に深められ、彼らと接触する人々の精神に注入されるようになる。

こうして呪術的なものと宗教的なものとは、古代人にあってはその生産様式、生活様式とともに、このような呪術宗教的リーダーたちの性格にも左右されて、そこに独自の、しかし分化されることのない渾然たる形で、日常生活を通して活動してきているといえるのである。

以上、一般に主として古代農耕社会における基本的な生活と生命との不安と危機感に伴なって、呪術および宗教の発現、発達の過程を述べてきた。この過程は、もちろん多くの農耕民族にとって共通したものであり、したがって呪術および宗教の共通的要素をもたぶんに有している。わが国の古代の多数農民といえども、この過程をたどってその自然宗教を成立、成長させてきた点は同様であったろう。

しかし「宗教的スリル」と呼ばれる呪術宗教的経験の場は、ひとしく超自然力にたいしてある種の態度と情緒とをもってかかわりあうことであっても、その交流の仕方は、その民族のもつ生活上、文化上の環境や体質や時代差、遺産によって大きな変化をきたしていることは当然であり、それが民族的信仰としてあらわれる情緒的反応も決して単一のものではなく、きわめて複雑な様相を有している。そしてここに、その民族なり人種なりを性格づける、もっとも大きな特徴が生み出されてくるのである。そこで以下、日本人のもつ宗教的態度の特色を具体的に考えて、その精神的な性格を見いだしていきたいと思うのである。

Ⅳ　防衛・強化の希望㈠——内部的公共の信仰——

今日の日本人の中核は、農村的人格型と考えられている。そこで日本人を考えていく場合に、農村社会における宗教や呪術のあり方、それにたいする人々の態度をながめてみることは、それが人格と文化の基盤的要素であるだけに、きわめて重要な視野となるであろう。

多数常民の信仰内容には、だれも気づくように、公共的な性格のものと、私的なものとが同時に併有せられている。この信仰の二面性の存在は、一個人としては、別に異質の、二重信仰を有しているとは意識していないであろうが、しかしその差異は顕著なものであって、われわれは日本人の信仰生活を考えていく場合、一応この区別を立てておく必要があるように思われる。この二面性の特徴としては、第一の公共的信仰は村、あるいは集団、家族というような単位によって保持せられてきたものであり、ここには個人の信仰選択の自由は許されていない。これにたいして第二の私的信仰にあっては、逆にきわめて自由な選択が許されている。

具体的にいえば公共的信仰は氏神、産土神の信仰、家に伝わる宗旨、寺檀関係がこれである。すなわち氏神信仰はその神社の属する村全体、氏子全体の信仰であり、家の宗旨は信仰圏はいちじるしく狭く、その成立も近世に属し、改廃もこんにちは自由になってきたが、なお多くはその家族、一族の共同の祖先祭祀の一形式であって、個人の自由意志ではそう容易に改変しにくい性格のものになっている。もとよりその神を鎮祭し、勧請した際、また寺檀関係の成立するためには、いつの時代かに選択され、群れの承認をかち得たものではあるが、しかもひとたびこれが固定した以後は、人々は生れながらにしてその信仰の圏内に生き、その祭典に参加すべき義務と権利とを負うべきものである。

この形態はこんにちのわが国においてなお全国の村々に共通する性格と機能とを有している。いうまでもなく氏神は本来氏族共同の祖先の神化、または祖先奉斎の職能神を祭るいわゆる祖先祭祀から発生し発達したものであろうと想像せられ、その発祥はすでに人知の限界を越え、太古の靄に没するほどの長い歴史と伝統の糸をたどらねばならぬのであるが、世を経るにつれてあるいは産土神、鎮守神と呼ばれるようになっても、なお一貫して一つの組織と方式によって維持せられた信仰であった。すなわちその社に専属する氏人、氏子たちの集団、その社限りの特定の祭儀と伝承がこれであり、それは村代々、家代々の連綿たる継承によって特に厳重な資格や秩序が保たれてきたのである。そこには甚しい封鎖性、孤立性が見られ、またそれを保守しようとする種々の努力や制約が見られる。そしてこのような信仰は決して自己の理性や回心によって、すなわち宗教的手続きを経て保持せられているのではなく、村なり家なりの歴史と伝統、村や家の共同体的生活によって基礎づけられているものであって、いわゆる氏神信仰の有する社会的な意義と機能とが考えられなければならないのである。したがってそこに表白せられる信仰はすべて公共の群の利益と幸福のためのもの、共同の願望、防衛、救済のためのものでなければならなかった。個人の苦悩を解決し、もしくは福分を祈るべき筋合いのものでは本来なかったのである。

今日の農村社会のこのような公共的信仰の実態をながめてみると、その信仰の型は、その人間の社会的なかかわりあいの条件に伴なって、波紋状に幾重にも層をなして、信仰が拡大受容されていることが知られるのである。たとえば本家分家、あるいは譜代《ふだい》、名子、奉公人分家などを含めた同族集団、その形がくずれたか発達のおくれた地域集団、すなわちマキや組内やカイト（垣内）などの集団社会には、その集団の精神的シンボルとして必ず同族だけ、もしくは最小地域の神の祠をもち、その共同の祭を行なっているし、同じく墓地の共有が見られる。こうした習俗をもたない所でも、旧家を中心にして家々に屋敷神や地神の祠をもつものが多い。

そして墓地はもちろん直接の表象であるが、祠もたいていは祖先その人の霊をまつると意識されるもの、そうでなく別に神霊を勧請したものでも、祖先となんらかの関連において伝承される信仰を有している。祭の名も直截に先祖講、系図祭などと表示するものさえある。

こうした社会結合の崩壊した所でも、一般に家庭内の精神的シンボルは神棚と仏壇である。仏壇は堅い真宗門徒を除けば、おおむね本尊と位牌が同居しているか、はなはだしいのは単なる位牌棚である場合も少なくない。これは家族が土地の産土神と、祖先および系譜的な死者霊の信仰を中核として結合していることを物語っている。この事実は正月と盆を中心とする年中行事や、春秋の氏神祭や死者儀礼を通して、よくしめされる所である。

家族はより大きな家集団を作り、さらに大きな家集団の連合社会をつくっていくが、その際同じようなシンボルを共有することにより連合意識を強化していく。集団のもつ政治経済文化ないしは歴史上の諸種の条件によって、いっそう拡大した共同社会相互の連合に入る場合にも、同様のシンボルと儀礼形態が踏襲されている。もちろん信仰圏が拡大しても、最小単位から逐次的信仰の諸形態は、それぞれ封鎖的性格を持続しつつ残存していき、その拡大につれて信仰対象に関する親近観念は薄くなっていく。したがって祭に関する関与の度や分担機能も、拡大した共同体単位を中心としていくことになるのである。すなわち個人を単位とする家の信仰、家を単位とする家連合の信仰、家連合を一つの単位とする部落の信仰、部落を単位とする村氏神、村落を単位とする郷社といった、いくつかの信仰圏が描かれていく。こうした重層的信仰は、その間に濃淡親疎の意識や感情上の差はあり、信仰対象も系譜的な性格から、より広い包括的な性格のものになり、その個性や名称も区々であるが、しかしその様式から見ても、成長過程から考えても、同質的な信仰の、あるいは拡充であり、あるいは包摂である点は共通したものといえるのである。

V 防衛・強化の希望(二)——外部的受容の信仰——

このような公共的信仰を次第に積み重ねていっても、人々はこれだけによって不安を解消し、外敵を防衛し、自己を強化して安定感を獲得するにはいたらない。個人の自覚と個人生活の独立意識、さらに生活をより豊かに向上発展させる積極的願望は、必然的に個人祈願への道を求めさせるようになる。しかも固有信仰には元来この方面の欲求を満たすべき機能を有してはいなかったと見られるから、別に新たに一つの信仰を分化させ、あるいは他から受容してこなければならなかったのである。陰陽道や仏教の伝播渡来が比較的円滑に行なわれたのは、種々の原因が考えられるが、その一つとしては、氏族制社会の崩壊期に際して機能分化をとげた仏教呪術が、当時の貴族や知識人の呪術宗教的欲求に適合した点も認めなければならないと思う。

今日でも農家、漁家、地方の商家などには、門口や大黒柱、神棚の周囲などには、種々雑多の神札や祈禱札、巻《かん》数《ず》の類がはりつけてある。神棚の他に大黒棚、恵比須棚があり、台所には荒神棚もある。そしてかまどにも井戸にも便所にも、納屋、馬屋にもそれぞれそこに特殊な守護神が存在すると信じ、あるいは神仏の守札をはって保護にあずかろうとしている心持はよくあらわれている。そしてこうした祈願、守護の対象を選択していく態度というものは、いうなれば自由奔放、かつすこぶる彷徨的である。

もっとも素朴な、原初的な信仰の姿は、おそらく今日まで辺地に保存されてきた家連合の系譜的祖霊、または祖先に関連して伝承されてきた信仰であろう。この場合にはその基礎社会は、共通の一社会一神のオールマイティの信仰に統一され、系譜的死者霊がこれに合力して、精神的安定が維持されてきたと想像される。だから氏人は、家連合における氏の神としての認識はあっても、神と人との特別の契約、神とわれとの特殊の親縁関係を個別化し、機能分化せしめる必要はない。しかしこうした素朴な、原始一神教的な信仰形態は、わが国ではすでに早い時代に内と外との欲求や圧力によってくずれてしまっている。それは内においては自己の限界性の認識が、神の限界性の認識へと投射されてくるとともに、家連合の社会が政治経済文化の変化に伴って、外方意識を拡大していき、宗教的ホスピタリティを強く持つようになっていくからである。そこで自己の集団、すなわちイン・グループを強化し防衛するために、信仰は拡大しつつ孤立化するという矛盾方向をたどっている。

たとえば仏教によって輸入されたらしい講は、元来なんら氏姓的血縁的、ないしは地域的な限界性をもつものではない。そしてこれが民間に受容された場合にも、はじめはおそらくは同信者の集団という意味に用いられたに相違ないのである。しかし実際には多くの場合、講の単位をなすものは部落的同族的な集団であり、同一信仰でありながら、部落を越えた横の連合はほとんど見られない。これは浄土真宗の部落における報恩講の組織においてさえ、宿とか頭《とう》ができて、部落ごとに孤立した集団を作っていることは、何よりもその孤立性と集団の強い制約と凝集傾向を物語るものといえるであろう。

しかも他方において、外方勢力や文化の圧力を感受するにつれて、より力づよいもの、よりすぐれた文化力、呪術力を、自己集団のうちに迎え入れようとする心理作用が働いてきている。これらも信仰を外方へ拡大させ分散させるというよりは、自己の防衛と生活力の強化のために、外から受けいれようとする信仰であって、形は矛盾であるように見えるが、事実は矛盾するものではないのである。

この心理から展開した日本人の信仰表白の態度は、古い説話文学や日記類のなかにもよくあらわれている。これらのなかには、事にふれて、清水、長谷、石山の観音、鞍馬の毘沙門、愛宕の地蔵、法輪の虚空蔵、あるいは日吉、十禅師、稲荷、八幡、賀茂、祇園、住吉、北野といった霊仏霊社に祈誓する風習があり、しかもその礼拝対象にかんする知識や、その功徳機能を識別した選択手続きをふんでいないものが多い。それも単なる市民や農民だけに特有なルーズさではなく、一宗一寺の専門的な聖職者その人でさえ、たとえば『法華験記』や『今昔物語』に見える法隆寺の僧明蓮のように、一つの心中の願い事のために稲荷、長谷、金峰山、熊野、住吉、伯耆大山と遍歴参籠し、それにたいしてそれぞれの神仏が、それぞれに配慮を惜しまれなかったとする類の物語は多い。

中世に流行した起請文の形式を見ても、上は梵天帝釈四大天王、下は堅牢地神におよんで天神地祇、仏菩薩、天部神、自己の氏神などの名をつらねて、そのもとに自己の所信を披瀝し、誓約を確認強化しようとする意図がうかがわれる。同じ中世的な遍歴信仰の中心をなした三十三所の観音札所巡礼も、観世音という範疇のもとに、法華経普門品の三十三化身の教理から着想せられたものといわれている。しかしそのいちいちのものについていえば、同じ札所といっても、まつる所のもの必ずしも同一ではない。発生も機能も違い、儀軌経典を異にする聖《しょう》、十一面、千手、准胝《じゅんてい》、如意輪《にょいりん》、馬頭《ばとう》などの諸尊を持ち、かつ法相、天台、真言などの宗派を異にする寺院堂宇を配列して、ただ「南無大慈大悲観世音菩薩」の共通する呪言のままに止揚して、人それぞれの異なる願望と希求をささげてきたのである。

今日も多くの流行仏の堂前に参詣している人々のなかには、それが何宗に属するか、その仏像の教理的、機能的な知識をもって信仰礼拝していない者も多く、往々は拍手を打って仏を呼び出し、神社で念仏や心経を唱えて神に祈願する者さえ見受けられる。その同じ人々が氏神産土の祭にみこしをかつぎ、宗教的興奮を感じ、その神の恩寵を新たに身に感じつつ、さらにいくつもの仏を追い、神にすがろうとしている。

数に物をいわす信仰は、また中古以来わが国では盛んなものがある。死者の忌祭はインドでは一七日から七七日まで、周礼も三年を越えないのに、わが国ではさらに七年、一三年、一七年、二三年、二七年、三三年と累増し、今日では五〇年、一〇〇年、二〇〇年という遠忌が菩提寺から通報され、未知の先祖祭が供養法要の形でいとなまれている。「乃至十念」といわれた念仏もやがて六時念仏、不断念仏となり、ついに百万遍念仏をも発展させた。吉野や那智では千日の荒行が尊重せられ、法華千部会がもてはやされ、諸所の神社仏閣には百度石が建てられ、一つの祈願に村人が群行参詣し、集団参籠する方が個人々々の分散した一回だけの信仰表白よりも効験多しと信じられている。四国八十八ヵ所、近畿、板東、秩父その他の大小の三十三所の巡礼や、千社詣、千社札の流行から、戦争中の一つの風俗となった千人針にいたるまで、一つの特色ある性格を見せている。そして八百万《やおよろず》神《がみ》とは、もと祖神をまつる氏族の数多きによって称せられた語であろうと思われるが、いつしか信じるべき礼拝対象の数多きを示す観念を帯びてきている。

同様の意図はわが国の神社の顕著な特徴をなす祭神の合祀や勧請の形式のなかにも見られる。合祀は政策として強制された要素ももちろん多いが、素性、系譜、成立、経過を異にする神々が、あるいは主となり客となり、相殿となって同床共殿をあやしまないことは、小さな村の神社の境内に、きわめて有力な社の神々をいくつも勧請して、これを摂社、末社などとしてまつっている例や、他方で個々の家の屋敷神や同族の祠に熊野、稲荷、八坂、津島、八幡、伊勢、白山、諏訪、金毘羅、三峰、羽黒、湯殿、北野などの神々をいわいこめて、それぞれ家族や本分家の人々が寄り合い、ささやかな祭と共同飲食を行なっている事実などとを考え合わせて見ると、そこには共通した外力依存、数量的集合的なるものの尊重の傾向を看取しうるのである。寺院にあっても、その土地神を地主神として境内に勧請し、あるいは伽藍守護神として神祠を設ける例は多く、京都太秦の広隆寺のように、寺内に三八社の著名な神々を鎮守神として勧請する例さえあって、僧侶《そうりょ》もまたこのような日本人共通の信仰心理をもっていたと考えられるのである。

Ⅵ 永続性への希望(一)——霊魂と他界——

自己および自己集団を防衛するために、消極的には禁忌、謹慎、積極的には対抗、鎮送、饗応、幣賂などの目的をもつ種々の呪術を自ら案出もし、ほかから転用受容もして行事化し、祭式化してきた。そしてさらにこれを強化する希望を数量的、遍歴的ないし自由選択的な信仰態度として表白してきた。しかしながら、ここに見られるところは、個人の、あるいは村人の自由選択とはいいながらも、多くは自主的なものではなく、他人によって運ばれた信仰、示唆されたところをすなおに受容する傾向が強い。この点は自由というよりはむしろ盲従的であり、偶然的であった。この宗教的ホスピタリティは、たぶんは日本人の古い信仰形態、すなわち自ら進み求めて神を祭り祈るというよりは、神霊や祖霊の冥顕二界の来往、降臨を信じ、常世《とこよ》のマレビト神の威力に服し、疫神や御霊、怨霊の来襲を幻想した一方、自らは祭場に忌みこもり、家内に謹慎して神霊の来臨に服従し、請待するの態度をとってきたところから導きもたらされたものであろうと推定せられるのである。

マツリという日本語を、本居宣長は「マツロフ」からきたとし、谷川士清《たにがわことすが》は日待、月待などの「マチ」からきたのだと解釈しているのは、この点ですぐれた見解であるといえよう。そしてこうした信仰態度の基盤は、日本人の祖霊信仰と他界観念に存するものらしく思われる。

時所占有を前提とする農耕生活が、経済的に局地的小集団社会を形成するとともに、その限界性の認識のもとに単なるイン・グループ的シンボルとしての信仰に限界性と不安を感じ、これを強化するとともに、外方からの侵入者や不可視的災害将来者にたいする防衛の呪術宗教的態勢を整えていくのであるが、この生活にたいする防衛強化の呪術宗教的欲求とともに、限界性の認識に立つところの永続性の希望が強く起ってきたことが想像される。防衛強化というものも、それは単に現在的、刹那的な不安解消の消極的目的によってのみ、今日見るような複雑多岐な様相を伝承せしめてきたのではない。そこには必ず積極的な永続性の希求がひめられているのである。

この希望は、第一には人間生命の永続性であり、第二には家の永続性である。日本の民衆の信仰には祖先崇拝の要素が強く見られるといわれるのも、また報恩感謝の念がいちじるしい特色をなすといわれるのも、その帰着するところは、この希求によってもたらされた宗教経験から生れたのである。そして国家形成の理念や民族統一の意識の背後に、常に祖先と家が重要な要素として考えられており、それがやがて愛国心の源泉をもなしていると見られるのである。

生命の永続性は、もとより動物一般が本能的にもつ希望であり、不老長寿は、古来洋の東西を問わず、権勢者の常に希求してやまぬところのものである。しかしながら個人の生涯はつねに有限性をまぬがれることができず、人間は死すべきものであることは、すでに太古において認識せられていた。世界の哲学、宗教の起原は、多かれ少なかれ生者必滅の現実認識に立脚している。人間が存在するというのは実に「死ぬ」ことにほかならないのである。永生の希求と必死の現実の矛盾は、不安と苦の永遠の課題である。そして古代人は夢やハルシネーションの現象を媒介として、霊魂や副人格、影といった観念を育て、これによってこの不安と苦を救おうとしてきている。死者崇拝が世界の最古代の宗教現象のなかにあらわれていることは、単に生と死の画別に不可思議な神秘を感じ、親しく生活をともにした者が動かなくなり、その肉体が壊損していくことに哀惜と恐怖を感ずる心情からのみ導かれたとは考えられない。死の恐怖は肉体を汚れあるものと感ぜしめると同時に、人間を死から区別しているところの「生気」、すなわち肉体を生きさせ、働かせ、考え、物いわせている「あるもの」が、肉体を去ってどこかへ移っていくとする思惟を生んできた。そしてこの「あるもの」の永遠不滅、再生転生を信じることによって、肉体の死の恐怖と苦痛を解決しようとしてきている。

肉体と霊魂を密接なものと考える民群のあいだには、たとえばエジプトの古代人のように、飛び去った霊魂の再生のためにミイラを作って、くずれゆく肉体を永遠に保存しようとさえしている。この点に関しては、日本人はきわめて独自の、まさに古代エジプト人たちとは対蹠的な見解をその葬送墓制にあらわしている。すなわち日本人は古くから肉体と霊魂とを不離なものとは考えていなかった。霊魂は肉体を離れやすく、肉体の有限にしてくずれやすいのにたいして、霊魂ははなはだ自在な、強固なものと信じていたらしい。だから霊魂は生きているあいだも、特定の人々のものは、時として肉体を離れて思うがままに出没し、意志を伝え、復讐することもできるものと信じられている。それゆえに死後にも霊魂が地下の窮屈な世界にはいっていくとするような、煉獄や地獄の思想は元来もってはいなかったようである。

世間や人身のうつろいやすく、はかなきものとする認識は『古事記』にも見え、『万葉集』にも多数のすぐれた作品を残しているが、それは単に仏教思想の導入による新しい着想とのみ見ることはできぬのみならず、前方後円墳や円墳を築いた古代支配者階級においても、肉体尊重の確かな手段は考古学上からも講ぜられたとは考えられない。まして一般庶民にあっては「捨て墓」の名が今も時に用いられるように、遺体が丁重に保存された形跡はまったくない。そしてあたかもそれに反比例するように、死霊にたいする手厚い供養、尊崇、恐怖の感をいだいている。

日本人に特有なものに、両墓制というのがある。これは死体を埋葬する墓と、死霊を供養するものと二つの墓をもつ慣習であって、近畿地方を中心に東西に広く分布している。第一次の埋葬墓はウメバカ、三昧、イケ墓、ムショ、身墓などとよび、第二次の供養墓をマイリ墓、卵塔、カラムショ、清墓、引墓などといって区別している。そして死体埋葬地は多くは村からは小高い丘の上や林、あるいは村境や谷を隔てた特定の場所に設けられるのが多く、このほうは原則として埋葬ののち土まんじゅうを築いたり、小さな石をおいたり、簡単な喪屋を作ったりするだけで、そののちは恐れて近づかず、放置してくずれるにまかせているのにたいして、第二次のマイリ墓、清墓はその名のように空墓であって、多くは寺内または自宅付近にしつらえ、これを死者霊魂の直接の祭場として盆、正月、彼岸、年忌などの墓参や供養を行なっている。

この世界の諸民族にも類例のない墓制慣行は、日本人が古来、死者そのものと死霊とのあいだに、明確な観念上の差別と、清穢《せいわい》二種の感覚上の区別をもっていたことを、明白に物語っているように思う。仏教式火葬の風習が奈良朝に輸入され、やがて民間にも受容せられて、多くの地方に火葬慣行が浸潤したのも、肉体を軽しとし、霊魂のみを重しとする観念に基くものといえよう。しかも日本人は死霊を崇拝し、その自由な活動、来往を信じ、時としては報復的な跳梁にさえ苦しんでいる。平安時代の精神界を特色づけている生霊、死霊、怨霊、御霊の活動は、一つの時代の病とさえいわれたほどのものであり、北野天神をはじめ多くの神々をも出現させている。

Ⅶ　永続性への希望(二)――祖先崇拝と農耕儀礼――

死体は地に捨て、土に埋めても、霊魂は必ずしも地下世界に下降するものとは考えられていなかったらしいのは、亡霊は家のむねを離れぬといい、死を雲がくれ、山がくれ、天隠れなどと表現することが、『万葉集』以来多く用いられ、「死出の山」の語は、平安時代以後頻繁に文学のなかにあらわれ、それを裏づけするように、他界や冥界の図様も山中の景観をふまえて描かれている。他方、白鳥、白鵠、白鳩などの霊鳥や、山から里へ出没する特定の動物が霊獣として、神や霊の「みさき」「よりまし」と考えられてきたこと、民間の年中行事に、盆、正月の精霊や年の神（年の神の原型は祖霊もしくは祖神であろうと思われる）が、山を越え、空を飛び、盆トンボに乗ってその生家へ帰り、家々の年棚、盆棚にやってくると信じられている民間伝承からも、日本人は仏教の西方浄土や西方極楽世界の教義をうけ入れ、厭離穢土《おんりえど》、欣求浄土《ごんぐじょうど》の思想に身をまかせながら、しかも他界を身近な山中に求め、もしくは海上の常世の国に想定して、そこに隔絶され、常に現世の子孫との交流を断たなかった。この根強い信仰は、逆に仏教をさえ、これに習合し妥協させずにはおかなかったのである。だから僧侶は死者の極楽往生、疾得菩提を祈念しつつ、盆のたびごとに檀家を棚経にまわって、来訪霊に功徳をささげねばならなかったのである。

こうした神霊―祖霊と子孫との絶えざる精神的な紐帯は、年中行事や年忌法要にささえられて、日本人の永続性の希望に一つの解釈を与えてきたと見られる。三三年の「とむらいあげ」の風習は、今日も全国的に見られるところであるが、この一世代を限る死者霊魂の処理は、正常な死者の個性喪失の時期としても合理的であり、しかもそれが子孫との断絶を意味するのではなく、さらに祖霊という共通観念のなかに帰入し、漠然たる祖霊群を形成することによって、常に子孫との関係を保持すると信じられている。盆、正月の行事をことに老人が堅く行ない、いたれり尽せりの供養やサービスをするのは、こんにちも農村の一般風習であるが、そこにも死後自分もまたこのように祖霊群の一つとしてこの家を訪れ、自分のしたように子孫によって祭られるであろうとの、希望と安心立命とが、その行為からうかがい取られる。

子孫をもたぬ死者の霊が、しばしばたたりをあらわして害虫や疫病の種となるという信仰も、無縁仏の供養を説くのも、それがシナ思想の影響という以上に、永続性の断絶にたいする人々の不安を投射したものといえるであろう。祖先崇拝ということは、ただ我をしてこんにちあらしめ、生活の基盤を樹立してくれたという、系譜的親愛感や生活的創建者にたいする尊敬の念だけから生れたものとは考えられないのである。そしてそのような願望は血肉的な子孫による継承とともに、家にたいする永続性の願望をも同時に寄せている。いろりの火とその継承を特に尊重する風習は、仏教でも法灯、伝灯といい、皇室や出雲国造家でヒツギが重要視せられるところからもうかがわれるが、民間でも家庭の中心が炉であり、その火が神聖視されているのは、むしろ宗教的なものとさえ考えられる。この思考はさらに人間の生命のかてである穀物の、種子—播種—発芽—成育—成熟—結実—枯死—種子の循環過程の認識と、ここに得られる穀物霊魂の死と復活、再生の実証的知識によって、いっそう確実化されたもののようである。なんとなれば穀物はそれを食べて生活力を持続する人間の生命の重要な部分であり、したがって、穀物の生命力と人間の生活力とは不離一体の関係にあるからである。それゆえ穀物の収穫に関する種々の呪術や儀礼は、それが同時に人間の生命にかかわる呪術や儀礼とオーバーラップしている。ことに収穫から播種にいたる期間のそれは、同時に人間霊魂の更新、すなわちタマフリと、邪霊によって穀霊と人間霊がともにそこなわれないための厳重な謹慎と、対抗防衛の呪術と、生殖を模擬する繁殖豊饒を予祝する呪術とが、幾通りにも行なわれている。

米をもっとも神聖な穀物とするわが国では、収穫から播種に至る冬の祭が、ことにこうした意味で重要であり、そのなかには穀物の永続をねがうとともに、人間生命の永続を求める心が見出される。そしてこの時、新たに穀物に発芽生育の生命力を与え、人間生命を更新させるために、他界の神霊―祖霊がやってくる。新嘗の夜から小正月にかけて、神あるいは霊が、他界から祭の庭や忌みこもる子孫のところに訪れるとする信仰や、それから派生し、変形残存したかと思われるわざおぎや行事が、民間にも多く見られるのは、きわめて重要な特徴である。

J・G・フレイザーはその主著『金枝篇《ゴールデン・バウ》』のなかで、「生きることと生かしめること、すなわち食べることと子を生むこと、これは過去における人間の第一義的要求であったが、世界の続く限りは未来においても同様であろう。その他のことどもは、人間生活を豊かにし、美化するために加えられてもよいが、まずこれらの要求が満足されないなら、人間そのものが存在することをやめなければならぬ。それゆえこれら二つのもの、すなわち食物と子供とは、人間が季節の調整のための呪術儀礼の執行によって、まず主として求めたところのものなのだ」と述べているが、わが国ではこの季節祭が先祖祭と合流し、穀霊がやがて人間霊と合体し、人間霊魂と穀物霊魂の生活力が他界の神霊―祖霊の来訪によって賦与されるとする一種の民間神学を生むにいたったらしい。日本人の特に強い群落的性格と、久しきにわたった根深い定住農耕性とが、個々の人間の生命と肉体を軽いものとし、永遠の群れの生命とそれを象徴する祖霊を、ひどく重要なものと信ぜしめるにいたったのであろう。

Ⅷ　日本人の信仰態度の特色と日本文化

このような信仰態度、すなわち生命の根源が、他界の神霊―祖霊にあり、そこから季節的あるいは臨時の来訪によって、人々の生活が維持され、永続されるとする信仰、また先に述べた防衛強化のために多くの信仰を受容しようとする受け身の態度は、これを逆にいえば、日本人の心理のなかに、他人の布教や、権威あるいは権力を背景とする示唆にたいして、はなはだ誘惑されやすく、盲従しやすい性格をつちかってきたことは、否定しがたい事実である。わが国の歴史を通して、しばしば流行神や流行仏が突如として出現して都鄙を席巻し、あるいは神子や行者が一時に信徒を集め、新興教団が急激に興り、しかも久しからずして信仰が冷却し、忘却せられていく原因をもなしているように思われる。だから村と家の共同の精神的シンボルが破壊されない限り、信仰は併存さるべきものであり、ことに多種多様なるとともに、多量なるに魅力と威力を感じたらしく思われる。旅わたらいや、さすらいの信仰伝達者や呪術者が迫害を受けず、むしろ村人に歓待せられてその信仰を次第に豊富なものとし、一宗一派のすでに開拓した地盤の上を、幾度か重層的に他宗他派の信仰が伝達せられ、かつ流血の惨事を見ることなく部分的に成功していったのも、またこれに基くものといえよう。その痕跡は今日もなお歴然として村人の信仰や遺物や伝承の記念物のなかに残されている。神社における他氏他姓の氏神を奉斎して、それによって自らの神と自己集団を強化しようというのも、夭亡、戦没者、罪なき刑死者、災害の犠牲者その他の怨魂幽鬼、すなわち御霊信仰に基く種々の祭や習俗、農耕漁猟に伴う予祝行事や豊饒呪術や対抗呪術、収穫祭のあり方、地鎮防衛の手段方法、伝説、口碑、むかし話など口誦文芸および信仰、禁厭、卜占、俗信の種々相、塚や碑、石の遺物、そのほか雑多な村限り、一族限りに信奉され伝承されている個々独立の信仰現象が、採集と比較によって、一つの縞模様となって全国あるいは地方をいろどり、往々遠隔の地に偶然でない特徴の一致点が指摘されているのも、またこの日本人の信仰態度と受容形態の歴史を物語るものである。

インドに起ったという本地垂迹の思想は、仏教とともにわが国にもたらされた。この巧妙な組織力は、一面には教相判釈の教学上の組織を形成するとともに、日本人の信仰様相をある程度教理化し統一する方向をとってきている。ことにタントラの流れを汲む密教の儀軌法要と、その有する多方面の機能とは、国民の信仰表白の形態としてことに歓迎された部分も少なくはない。さらに仏教の伝播受容の過程において、寺院が神に奉仕する目的をもって神社境内や隣接地に営まれ、神社が地主鎮守神として寺院内に鎮祭せられ、神分度者を設け、社僧別当の神祭奉仕の例が一般化し、ついに山伏修験のような習合的宗教の発生を可能ならしめ、民間信仰のにない手として、神子や陰陽師や下級神人とともに村人の信仰に関与していったのである。

しかし日本人は、あらゆる神仏の信仰、解説に頭を傾けはしたが、ついにその一つをとって他をしりぞけるの態度はとり得なかった。そして信仰の伝道は、いずれも部分的に成功して、しかも一色に固定せしめることはできなかったのである。この特異な信仰態度にあらわれた性格は、国民性の基本的露呈であり、したがって日本文化の形成史における基本的な受容的性格を特色づける素地ともなったであろう。そこに日本人と日本文化の大きな長所的特徴も存したとともに、他面模倣性の強い他動的な性格を形づくる欠陥をも内蔵するに至ったと見るべきではなかろうか。

（『日本人』〔毎日ライブラリー〕所収、毎日新聞社、一九五四年、東京）

三　民衆生活と宗教

Ⅰ　現代日本の宗教的人口

戦後のわれわれの当面した社会問題の一つに新宗教の勃興がある。一時は二日に一つの割合で、新しい教団が名乗りを上げたとさえいわれた。昭和二九年一月発行の文部省編の『宗教便覧』によると、従来神祇院に統轄され、終戦によって神社本庁の所属となった全国の神社神道のほか、教派神道は一三派におさえられていたものが二〇四教団に、仏教諸宗は一三宗五六派と称していたのが包括法人二二〇、単立法人五となり、キリスト教系は三八、その他八五となっている。

この数字のほかに、調査当時において自然解散または非法人となったものが、神道系五四、仏教系四六、キリスト教系一二、その他六二、自発解散四とある。それで一応文部省に認可申請してきた宗教教団のマキシマムは左表の通りとなる。

	認証教団数	非認証教団数	計
神道系	二〇四	五四	二五八
仏教系	二二〇	四六	二六六
キリスト教系	三八	一二	五〇
その他	八五	六六	一五一
合計	五四七	一七八	七二五

となり、これに属する社寺教会布教所の数は

	包括団体所属	単立団体所属	計
神道系	一二〇、六〇八	九八四	一二一、五九二
仏教系	八二、七九八	六四五	八三、四四三
キリスト教系	三、七三七	八二	三、八一九
その他	四、九九四	七九	五、〇七三
合計	二一二、一三七	一、七九〇	二一三、九二七

となる。さらにこれに属する専門宗教家の数を見ると、

	男	女	計
神道系	一一〇、二九三	六〇、二九〇	一七〇、五八三

仏教系	一二二、五七〇	五九、九七六	一八二、五四六
キリスト教系	四、一一七	四、二一七	八、三三四
その他	九、五九六	四、三九四	一三、九九〇
合計	二四六、五七六	一二八、八七七	三七五、四五三

となる。この統計を未回答その他によって修正した予想実数は、

	施設	教師
神道系	一二二、八〇三	一七四、八四二
仏教系	八八、一六八	一八八、三三七
キリスト教系	三、九一一	八、四五二
その他	五、三四五	一四、三九五
総計	二二〇、二二七	三八六、〇二六

となっている。この数字を大雑把に日本の人口八、〇〇〇万人で割って見ると、大体教団は一一〇、三四四・八三人に一つ、社寺教会数は三六三・二六人に一つ、そして宗教家は二〇七・二四人に一人ということである。日本の家族構成は大体一戸当り五―六人であるから、六〇戸―七〇戸で一つの社寺教会、三四戸―四〇戸で一人の宗教家を維持しているわけである。もっと判り易くいうならば、町村合併以前の浦和、福井、青森、明石、佐賀といった中都市で、一つの教団をまかない、社寺教会三〇三、宗教家五三一人を、また戸数七〇―八〇戸の小寒村でも一つの社寺と二人の宗教家を包擁している勘定になるのである。

もっとも教団のなかには教祖だけで信者もほとんどなく、農協の書記などをして内職的に布教しているのもあるし、また戦前に弾圧されたものの復活や、幹部の対立抗争の結果の分派や、神社寺院のあるものが独立して一派を立てたなど、内容は雑多であり、必ずしも戦後にのみ新たに興ったものではない。しかし官庁統計は、主として報

告に基いているので、この統計面にあらわれてこない小教会や、もっと民衆生活に根づよく喰入っている行者、巫女、売卜者、自称教祖などの実数をたんねんに数えていったら、この統計数字は倍、あるいはそれをも越えることになるかもしれない。

新宗教の問題については、第一の論文ですでに多少触れたところがあるので、その内容や組織については省略するが、これらが何れも多かれ少なかれ社会的機能を持ち、民衆の精神生活にかかわり合い、檀信徒や講員を獲得して存立しているのである。だからこれらの数字を見れば、まさにわが国は宗教復興期にあり、人々の宗教心も厚いものがあるとも見えるのである。事実、ある種の教団は、成立して一〇年にも満たないのに、続々と本部の大建築が建ち、平日でも懺悔や祈禱に参集する人々の群れが絡繹としてつづき、貸切バスで乗りつける団体参詣や、貸切列車で本部奉仕に集ってくる何千という信徒がある。九州の方には、ある流行神の名をつけたバスが佐賀の平野を走っている。

Ⅱ　資本主義と呪術主義

経済界は深刻な不況に悩み、中小企業は倒産の悲劇が繰返され、勤労大衆は生活の窮乏にあえいでいる。そして神社や仏教寺院やキリスト教会などの既成宗教の老舗では、人々の宗教心の衰えを歎き、教線の延びないのに苦慮している。僧侶や神職の優秀な子弟は、宗教界に身を投ずるのをきらう風が強くて、関係者を憂えさせているのが現状である。ところが他方では、ほとんど徒手空拳をもって、「おさすり」、「おさずけ」、「御祈禱」や、護り本尊やお守りの染筆だけで、大殿堂が完成し、別荘がつくられ、骨董が買いいれられ、何億という資産が蓄積されている。彼らを富ましめた財源は、不正や投機がない限り、ほかならぬ勤労大衆や貧困と絶望の病人たちによって貢がれたものである。賃上げ闘争に血眼となり、資金の回転や売上げ金の回収、販路の拡張に狂奔している人々のポケットから、こうした巨額の金銭が流れ出している事実は、まさに資本主義経済と科学主義教育の盲点を衝いたものであり、軽く見逭すことはできないのである。

しかもほとんど飽和点に達しているかと思われる宗教施設と宗教家の数のおびただしさ、新宗教勃興にもかかわらず、国民の宗教生活は依然として低調とされ、道義の頽廃は人々の眉をひそめさせている。一つの社寺教会の分担は七、八〇戸、一人の宗教家の平均担当は三、四〇戸に過ぎないという現勢で、なぜこうした精神上の欠陥は埋められ、向上せしめられないのか。宗教の重要な機能の一つであるモラル・サンクションはなぜ樹立されないのか。ここに日本の民衆の宗教的欲求と、これに対応する宗教の質の問題があり、日本の社会、日本の現代の政治経済文化の全般にわたる、いちじるしい跛行性現象の一環としての宗教跛行があると見られるのである。

新宗教の簇生とその繁栄が民衆によってもたらされたものであることは、民衆自身のなかに一つの秩序と超自然力の援助、ないし加護をここに求めている結果にほかならない。終戦はわれわれから、国家権威とともに、生活と精神の有形無形の根拠づけとなっていた権威を奪い去った。それは一時、虚脱ということばで表現されたように、完全自己喪失であり、毎日を生き抜くための、盲目的な彷徨であった。外国権力の強圧は、久しい封建的な権威主義の下に訓練された国民を、またたく間に、柔順な植民地型へと導いたかに見えるが、そこには根強い劣性感の衝動が流れている。

自己喪失の絶望と、劣性感は人々の心を彷徨的衝動的とするが、同時にそれは宗教へ入ってゆく根本条件ともなる。そして社会の変革によって旧い秩序と権威の失われたとき、しばしば新しい宗教が、新鮮な思想が起ってきたことは、人類史の古来くり返した道筋であった。遠くは儒教、仏教の興起がまさにそれであった。氏族制社会の崩壊過程に、仏教がわが国に受容されたのも、王朝荘園制の社会が封建社会へ移行する際の鎌倉新仏教の開創や旧仏教復興運動の興起、封建社会が近代社会へと展開する胎動のなかに国学や水戸学が起って、革新の思想的推進力となったのも、みな同一の現象と見てさしつかえない。そうした思想や宗教に裏打ちせられて、国民は新たに樹立される社会を権威づけ得たのである。

しかしこれらの相関関係は、いわば内包的な革新の胎動が、外部条件を契機として発生した革新であり、そこにこんにちのわれわれの置かれている場とは、異なる条件下にあるとはいえようが、しかし、民衆生活の混雑と、秩序と権威への衝動があらわであることは、そこに新しい宗教と思想を待望している点において、異なるケースとは考えられないのである。そしてこの混迷の過渡期において、混迷した宗教界の現状はあると見てよいであろう。

全部とはいえぬまでも、多くの新宗教なるものは、名は宗教であって、実質は呪術または呪術類似のものである。それは教祖、教義、教団の組織を有し、啓示創唱宗教の範を追うものであるが、決して大宗教の塁を摩するといった革命的創唱ではなく、口には現実否定と綜合をとなえつつ、内容は諸宗教の借り着であり、民間信仰や俗信に連続した要素を多分に蔵している。そこには宗教の民衆迎合があらわであり、宗教は現世利益的呪術へ逆転している。もちろん宗教は呪術的要素を方便として、民衆の低い欲求に応じようとしてきている。しかし呪術は宗教の規制力なしに放置されるならば、管理者を失った野狐のごときものであり、ヒロポンやパチンコや競輪や宝籤と何ら選ぶところはない。宗教の本末顚倒、すなわち逆立ちした宗教が民衆に支持されていることは、精神自体の迷信化、すなわち人間崩壊をもたらすのみである。

かくて魂の救いなき民衆は、二つの面に極端な動きを見せる。一つは独裁的全体主義への動きであり、ここには新しい全体主義と旧い権威の復活による独裁とが入り乱れる。他は刹那的功利主義への傾斜である。自己喪失の自覚が、何らかの権威を自己以外に求めようとする衝動は、前者において充たされよう。そして自己喪失による不安、不如意、絶望は、生活の窮迫と相関関係をなしつつ、人間性の内奥へと深められることなく、後者によって癒やされる。この二つの傾向は決して別個のものとしてあるのではない。

宗教が形骸化し、儀礼慣習化してゆくか、もしくは呪術専門に逆立ちする時には、宗教的権威を国家的権威や独裁者のうちに見出そうとする傾向はいちじるしい。それは一見して古代の呪術的王のフォクロアとも考えられるものである。個人を越えた国家の至上性、人間の個人的存在を国家的存在の下位に置き、国家への献身と犠牲を強要する点において、批判を許さない国家的神典や聖典の制定や選定、神話や偶像の作製、記念碑や殿堂の建設、敬礼や儀式や巡礼行事の実践、他民族や他国家にたいする不寛容と偏見といった諸要素を持つ点において、ナショナリズムは実に多くの宗教的性格を持ち、常に宗教と肩代りし得る態勢を有している。この傾向は今や民主主義的全体国家においても、共産主義的独裁国家においても、いちじるしい現象となりつつある。そしてこの傾向は再びわが国の旧宗教にとっては、一つの魅力ある誘惑となりつつあるかに見えるのである。

Ⅲ　近代日本社会と文化の跛行性

宗教は教祖や教理のみによって成り立つものではない。それは教会を中心にして、信者群によって支持されなければならない。だからこんにちのわが国の宗教界のありさまは、取りも直さず民衆の生活上、精神上の要求によって存在しているのであり、もしくは生活伝承として無意識的慣習的にくり返している儀礼上の要求によって支持されているのである。それは言葉をかえていえば民衆の持つ宗教的意識度、精神度、伝承度の反映と見ることも可能であろう。

こうした日本人の信仰態度はいかにして導かれたのであろうか。現象は終戦を境とした一つの特殊事情であるかに見えるが、しかし近因は明治以来の精神文化と物質文明の進歩の間のずれと、相互不適応、これに起因する教育政策や宗教政策が取り上げられなければならず、さらにこれらの時代を通して歪曲されつつ残存してきた近世以前の日本の民衆の持つ生活と宗教のかかわり合いのうちに、その遠因は存していると見なければならないのである。

一九世紀は科学時代といわれた。西欧の自然科学の急速な進歩は、今や神秘とされた物質の根源をあばき、生命の内部にまでおよぼうとしてきている。このめざましい革命的な進展に比すれば、精神科学は多くの先人たちの努力にもかかわらず、その進展は革命的ではない。二つの科学のあゆみがスピードを異にし、相互の懸隔の度をふかめたことは、物質文明と精神文化との連関性を危殆に瀕せしめている。物質が世界を支配し、機械が人間を征服するという、いわれなき盲想、科学主義によって人間精神と人間存在を無視する一種の「宗教」が、原子雲と共に世界に立ち籠めはじめた。人間の手によって作った爆弾によって、多数の人間を一瞬にして霧消させ、人間文化を根柢から破壊することを、得々として世界に誇示して、自国の利益と安全を図ろうとするごとき政治が、ヒューマニズムの名のもとに、平然と横行している事実は、いわばその端的な象徴とも見られよう。ここに物質と精神、機械と人間との逆立ちの現象がある。人間と精神の尊厳を認めず、恐れざる者が、どうして人間のうちに感得された神を畏れることができよう。二つの文化のアンバランスと、逆転とは、今や世界に重大な危機をもたらし、それは同時に宗教権威への致命的な脅威となりつつある。

こうした情勢を惹起する世界的情勢のうちに、日本は明治維新を迎えたのである。漸くに中世的封建社会を近代社会に切りかえた発端において、予期せざる近代西欧文明の奔流と、列強の帝国主義的強圧と、資本主義経済の攻勢の前に、その全身をさらさなければならなかったことは、ある意味では悲劇であり、今日の不幸の種子はこの間に蒔かれたのである。殊に明治維新を克ち取るために努力した人々が、打倒された幕府方の要人たちよりもはるかに海外の事情にうとく、単純な復古思想が一方で根強く新政治にまつわりついたことも、日本の爾後の発達を一層特殊的、かつ跛行的なものとした。

新しく打開された事態に対処し、新しい文明を受容し、新しい社会経済機構を樹立すべき準備と、周到な設計図を欠いた日本は、近代文明の基調をなす異質の精神文化の存在を見落し、外形の絢爛豪華と利便に眩惑されて、模倣と移植をもって富国強兵の帝国主義国家再建の急務とした。そしてそこに形成されたものは、跛行資本主義機構を持つ近代化と、帝国主義を合理化するために合作された歪曲した復古国粋化という、相矛盾した要素と動向を内蔵する擬似的近代社会だったのである。

西欧の哲学、宗教、思想ももとより直訳輸入されはしたが、それは少数の知性を満足させ、政治と教育に容喙したが、国内の民衆の生活形態や生活意識、それから導かれた宗教や行事などは、旧来の陋習として、むしろ払拭することを任務とし、その心を捉え、これをふまえて起ち上る革命的な宗教家も思想家もほとんどあらわれなかった。かくて歴史の命題とする社会変革にともなう宗教復興は遂に実現せず、民衆はわずかにこの前後に発生した教派神道の二、三を支持し、神社国教化へ追随せしめられて、文明開化を自己のものとするの機会を逸した。政治、教育、思想が、民衆を置き去りにして高踏し、民衆は自己の生活と密着しない教育と思想の遊離した距離を、自己を卑下し、その伝承と生活態度を破棄することによって埋めようとした。

しかし社会は少数の指導者によって号令され得ても、これを構成するのは多数の取り残された民衆である。新しい社会をつくるための、正しい転換と順応の訓練と準備を与えられることなしに、新しい政治や経済機構のなかに導入された民衆は、いずれも農村の出身者であり、このことは近代社会機構と名のつく諸々の領域に、実に多くの前近代性をそのまま、もしくは歪めた形で、しかも善意をもって持ち込まざるを得なかったのである。近代化を謳歌したインテリゲンチャ自身が、その論説と現実生活のうちにある近代性と前近代性の矛盾に苦笑せざるを得ないように、それは生活様式、生活態度の凡ゆる面に矛盾した二面性を内包せざるを得なかったのである。

この二重三重の矛盾をふくむ存在のあり方は、他方における二つの文化のずれ、おくれの現象とも結びついて、社会と文化の跛行性を一層顕著なものとしてきた。敗戦はいわばこの欝積した矛盾と跛行の破綻とも見られよう。日本人の信仰の混迷、呪術への転落の過程も、この近代日本の生んだ必然の結果と見られぬことはない。

Ⅳ　近代化におけるマル・アジャストメント

日本の人口は明治初年からのこの百年間に二倍半以上に膨張している。この急激な人口増加は社会経済機構の変革によってもたらされたものである。これらの過剰人口は主として農村から生み出され、その大部分は新職業を求めて都市をふくらませ、数多くの新興都市を勃興せしめた。人口の移動と新都市形成は、富国強兵政策によって推進された日本経済の伸展とともに、急速なものがあった。いわば大多数の近代都市の実質的構成員は、農村子弟であったというも過言ではない。

このことは、それが急速に結成されてきただけに、久しきにわたって農村共同体の歴史のなかに培われてきた農村的人格型は、脱皮することなく都市に導入され、農村型の社会意識も、それにつれてあらゆる社会機構内に持ち込まれ、それによって近代社会内のあらゆる部分、経済機構、官僚機構、教育機構などのなかにサブ・ソサエティが幾重にも組み立てられてきたのである。かく村落型文化の残留が都市と近代社会へと移行して行ったことは、元来立脚地と構造と性格を異にするものの習合、あるいは転用である点で、相互にその性格をいちじるしく歪曲せしめ、外部機構や名目上の近代化にもかかわらず、変則農村型による前近代性の内蔵と、その一層の変化をまぬがれなかった。

このいわば近代社会へのマル・アジャストメントの現象は、宗教の分野にあっても例外をなしていない。日本人の信仰の型は、大体において農村型であり、農耕生活と農村的社会機構の維持と発展のために考案され、受容され、育成されてきたものである。都市的な信仰型はわずかに平安時代の平安京において、中世の江戸、京都、大阪の三都のほかには大封建諸侯の城下町において、近世はこれに加えて数カ所の商業都市において、多少の訓練を経たに過ぎなかった。近世末期においても住民の八割以上九割は農民であった。そして農民ならざる少数の特権階級と商工民は、何れも農村への依存においてその生活を維持していた。だから農耕の成否は都市住民にとっても、支配階級にとっても農村とひとしく重大な関心事たらざるをえなかったし、したがって農耕儀礼は、彼らもまたその生活欲求の一部として実修し、参加しえたのである。

古代農耕祭祀に淵源する神道は、古神道への純化復活と廃仏毀釈をスローガンとした国学派や水戸学派の人々によって、西欧近代文明と自然科学主義に対抗する唯一の新政府の思想とされたが、そこからは新事態に即応した新たなる展開への努力はまったく見られず、やがて当事者たちの志は、文明開化の嵐のなかに覆没し、形式的な神道官僚化と富国強兵のナショナリズムの宗教性に活路を見出したに過ぎなかった。郷土に芽生え、土地耕作の生活と相生に打ちたてられてきた信仰は、郷土を失って彷徨寄留する多数の人々にたいして、何ら新しい救いの方法を提供することなく置き去りにして、政治教育の権力に頼って崇敬を強制し、国民道徳に一役を担うに過ぎなくなった。

一方仏教は、近世、幕府の保護政策による檀家制度の上に、安逸をむさぼって自ら高踏し、却って民衆生活とのつながりを薄くしただけでなく、その宗教的機能を次第に縮小し、かついちじるしく儀礼伝承化してしまった。廃仏毀釈の暴挙に際しても、真宗地帯に二、三の抵抗があったのみで、僧侶は強権に屈してやすやすとして還俗し、本尊と殿堂を破却にまかせ、民衆もまたこれを冷淡に拱手傍観していた事実が多かったのは、いかに信仰が失われ、その生活規制力が衰え、慣習化してしまっていたかを物語るものであろう。

すでにかかる情勢に立ち到っていた神道および仏教にたいして、明治の一般教育政策は、民衆にたいして宗教に関するほとんど何らの知識を提供することなく、却って古い慣習をすら打破しようとし、ただ神社崇敬と祖先崇拝を強制するにとどまった。それは一面では科学主義への盲信に発したものであり、他面では憲法の信教自由の条項と、神仏基三教の微妙な立場にたいする政治的な考慮の結果とられた処置であったとせられるが、これによって、民衆は宗教を求める心を、いかなる宗教の選択によって充足するかの手段、規準を与えられることなく放置され、ただ儀礼伝承としてかかわり合うままに、宗教的行事に参加するに過ぎぬ状態にまかせられていた。

宗教は民衆を忘れ、教育は民衆に宗教の何たるかを示すことなく経過したとすれば、宗教が衰微し、呪術が繁栄するのは当然の帰結である。いかに科学が発達し、社会が複雑微妙に構成されようとも、常に民衆の生活には苦悩、不安、不如意はつきまとっている。社会の複雑化と職業の分化、機械化は、別に新たな不安と苦悩の種類を増大してきている。この新しい不安にたいして、旧態依然たる農耕祭祀型の宗教と、儀礼伝承に堕した宗教から、民衆は何をえてこの不安を充足しようとするであろうか。ここに高く深い教義を持ち、長く遠い伝統を持つ旧宗教が衰え、民衆の直接の苦悩を刹那的に癒やし、現世即目に利益を授ける宗教、というより呪術が栄える原因がありはしないか。その結果は、宗教が呪術を駆使して民衆をより高い救済へと導くのでなく、呪術が宗教を征服して民衆に臨み、民衆が呪術を駆使して宗教を救済するという、アイロニカルな現象が生じてきている。ここに現在の宗教界と、日本人の精神生活の貧困があるのだと見られよう。だから教団の数や教会、教師の数は乏しいとしないけれども、民衆はその生活に即した宗教的欲求を窮極的に救われぬままに、過渡期の混乱のなかに浮沈しているのである。

V　信仰構造における宗教と呪術のアンバランス

しかしこのような結果は、単に明治以後の特殊事情や、為政者や宗教当事者の失政や怠慢によってのみ引き起されたものとばかりはいえないのである。それは日本人の信仰構造とその歴史的推移のなかに、宗教と呪術のバランスを破る幾つかの要因がすでにして蔵されているといえるのである。

すでにのべたように、日本人の信仰は、その基礎を定住農耕生活に置き、ここに定型化されてきたと想像されている。この生活様式は極めて根強いものがあったから、六世紀後半から七世紀にかけて仏教を受容した際も、その支持関係によって、仏教は自らを矯めてその機能をいちじるしく農耕儀礼化せざるをえなかったのである。そして仏教的アニミズムと仏教的シャマニズムは種々に分化しつつも農村社会に強く根づいてきた。

そしてわが国の農耕社会はその地勢風土と生活環境に左右されて、大多数の住民は谷々に孤立した氏族、もしくは同族の小集団を基礎として発達したといわれているが、その基礎集団は、それぞれ一個の独立した経済的政治的文化的な生活有機体であり、したがって人々は集団内部に定住し、世代を継続する繰返しの秩序ある生活のなかにその生涯を送ってきた。人々は植物栽培および採集、加工によって生活していたごとく、人間もまた一定地域の中に根づいた植物的な人間であり、それは思考の型や生活の態度や人格の上にもあらわな特徴をなしてきている。例えば生活秩序の根拠が世代的な縦の連続に求められていることや、権威が常にこの連続の頂点に存し、その連続の系列を通して下降し示現するとする信仰のごときもその一つである。社会的な親子関係が、日本の社会にはことにいちじるしく発達し、取上げ親、名付親から、へコ親、烏帽子親にいたるまで、呪術的目的と社会経済的目的を持つ複雑な親子関係が、今日まで根強く残存し、これが選挙地盤や運動とも関連してきていることも、オヤが統率者であり、権威の主体であり、それは同時に系譜的な親であり、祖でもあったことからも知られる。『書紀』に「孝」を訓んでオヤニシタガウとしたのも、単に「父母に孝」というにはとどまらなかったのである。オヤと、「敬」をあらわす日本語のイヤとが同根の語であることも、ここに想起する必要があろう。

神にたいしても、人間霊魂にたいしても、こうした態度は同様である。神々の系譜が人間に連続し、人間霊の系譜をたどって祖霊へ、そして神へと結びつけようとする意識や、神や霊を常に高く遠い所から受け身において迎え、かつ祭ろうとする態度もここから発してくる。マツリという古語が「待ち」であり、「マツロウ」（服従）とされるのもこれを示す。

従って日本の神の発生がいかようであれ、少なくとも素朴な小集団社会にあっては、それは種々の複合的な要素を持った、唯一なる All Father として意識されている。日本には八百万神ありなどというが、氏神と氏人の関係の原初的な意識には多神教的なものが介在しえないことは、今日でも、東北地方や九州地方でいうウヂガミ、ウチガミ、関東北部のイッケウヂガミなどの観念のなかに、まだ混融未分化の状態にある一族神、同族神の孤立的な、全能的な面影が濃く残っていて、鎮守神や産土神と厳重に区別しているところからもうかがわれる。しかしそれは厳密には一神教へと発展する可能性よりは、孤立集団の規模の小ささと、政治経済文化の歴史的展開と、集団員の宗教的心理に左右されて、同一信仰形態の重層的な拡大による信仰圏への加入へと導き、さらに一族神は自身の機能分化を遂げることなく、幾つかの機能神の勧請という形で同時併存的な受容を行ない、それがやがて多神教的な様相へと展開していったのである。ここには、農民の持つ神観念が、一つの限界性を持つにいたったことを示し、他神の導入によって、神の力を補強し、集団の精神力を強めようとする動きが見られる。これはもちろん孤立集団が、他集団の存在と外部勢力の圧力によって、強く意識された、自己の限界性の認識にもとづいて、はじめて起ってくるものであり、その認識は、系譜的な神や霊魂観念とも関連して、そこに孤立社会に特有な hospitality の態度を醸成したところからも起っている。

かく民衆の生活規模に応じた信仰が農村社会において、孤立した形をとることは、例えば仏教から入った講の組織からもうかがえる。講は元来は仏教の講会の意であり、それが転じて講会に参集する講衆におよび、やがて一つの信仰の下に結集した集団の義となった。しかし村々の講組織は、伊勢講、庚申講、秋葉講、三山講などという同一信仰の同一様式の信仰集団が、相接する部落やマキにおいて、決して合同することなく、別個に孤立的に行なわれ、横の連絡を持たないのを特徴とする。浄土真宗の村々における報恩講のごときでさえ、部落毎、小字毎に、相互無関係に孤立して行なわれていることなど、その封鎖的意識の強さを如実に示すものといえよう。

この傾向は、日本の農村信仰が、稲作を中心とした呪術宗教的な農耕儀礼によって組立てられていることとともに、おしなべて自己の生活意識、生活範囲、生活欲求に応じて連続的な神を見、神の支配権と信仰圏を限定しようとする方向を辿ることになる。神は神それ自体として存在することができない。神は系譜的な、職能的な祖霊や穀霊の複合的全体として意識される。少なくともそうした意識を内に持った形として儀礼対象化されている。そこでは神は人間から隔絶することができない。人は容易に神化する。そして神は往々人間化する。もしくは人間に憑依する。

神を氏神とし、オヤガミともする考え方は、神と集団との特殊契約の意識が、あたかも親が子孫にたいして持つごとくに意識されている。A集団の神は、その集団員にたいして特に providential であるが、それは逆にB集団にたいしてはむしろ malevolent な、malicious な神として臨む可能性を示している。部族集団の闘争が神のあらそいとして表現されることや、氏相互の競争に氏神がそれぞれの冥助者となってあらわれる説話や、中世の「神は人あるによって尊し」とか「氏人によって神は栄える」といった考え方や、「神のねたみ」という俗諺などは、いずれもこうした性格を物語るものである。そして部族の統合は、神が更に強力な神への屈服という形で行なわれてきた。

こうした諸様式は、少なくとも神が人と相生いのものであり、集団もしくは集団員の生活的欲求の充足的投影体としての性格を多分に持ったことを意味し、集団意識や、集団対集団の利害の衝突や対抗意識によって、人間の側にあるエゴイズムが神意として表現される傾向をとり、集団や人間の限界性認識や劣性感が、直ちに神の限界性や劣性として投射象徴されるのである。

この性格は村落コムミュニティの拡大崩壊の過程や、都市生活の樹立においてもなお継承され、そこには仏教の影響も大いに手伝って、集団を離れた個人意識や個人霊魂の自覚が、先ず平安朝の京都を中心に起った際にも、それは集団から個人中心へと推移したにとどまって、却って神仏を自己の欲求に応じて機能化し、霊神験仏化する傾向を辿っている。自己の願望をそれぞれの願望に応じて神仏に遍歴祈請するという風や、生活欲求にたいしては、何神何仏といえども、それぞれ適当な配慮を与えらるべきものとする思想が、巫女、尸童、よりまし、験者、念仏行者などが自在に神意や霊意を憑託したり、感得したりし、また悪意ある霊を調伏退散させ、鎮祭鎮送する手段を講じてきたこととともに、中古以来、民衆の生活のなかに浸透していたことが、説話をはじめ種々の記録のなかから見出すことができるのである。

もちろん、この傾向は日本人の信仰構造の一面に過ぎないのではあるが、農耕儀礼の持つ呪術的演出と相俟って、日本人一般の信仰のなかに、呪術を通して神の恩寵を得るという思想と、呪術を通して災害を駆除するという実修が、根強く存在し、かつ集団的エゴイズムを神のエゴイズムに置きかえようとする傾向が存在していたことは、否定しえないのである。

（現代宗教講座五、所収、創文社、一九五五年）

三　日本人の霊魂観念

一　民俗学から見た日本人の霊魂観について

一

本日慶応義塾大学において、民俗学会の年次大会を開くに当って、私は多年本大学において多くの国文学、民俗学の英才を養成され、民俗学会と民俗学の発展に尽力せられた故折口信夫教授にたいして、深甚の哀悼の意を捧げたいと思う。

私は不幸にして先生に直接教えを受ける機会に恵まれなかったが、昭和一七年の春、当時の奈良女高師で、文部省主催の諸学振興委員会の国文学特別学会で、遊幸思想について始めて研究発表をした時、先生は委員として出席され、激励と庇護に預って、始めて親しく先生に接するようになり、爾後、直接間接に先生の影響を受けることが多かった。もちろん先生は古代文学、神道、芸能史など、研究は多岐にわたり、また、すぐれた歌人として、多くの作品を残されたのであり、私は狭い宗教史の領域に立て籠っているので、先生のほんの一面を知ったに過ぎない。しかし、私が先生から深い学恩に直接浴し、感銘を受けたのは、古代信仰に関する先生の鋭い考察である。ことに昭和四年に雑誌『民族』の第四巻二号に発表された「常世及び『まれびと』」は、おそらく先生の民俗学的神道、あるいは神道民俗学に一つの時期を画するものであり、日本人の信仰形態に、新しい観点から最初のメスを入れたものとして注目さるべきものであろう。正直にいって、私は先生のこの論文を祖述し、あるいはこれを出発点として民間信仰史の研究を志した面も少なくはない。今日の発表も、いわば先生の残されたすぐれた宗教史研究の、単なる祖述にしか過ぎないのである。

二

折口先生は、前述の論文において、記紀の古代伝承と、民間の現存のフォクロアを、沖縄のそれを背景に置いて論じている。先生によれば、「まれびと」とは神をさす語であって、この神が、すぐれた威力を持って、常世という他界から、季節的に来訪して、農民のために、一年の農作を祝福し、かつ稜威にみちた力足を踏んで、土地の精霊のいろいろのわざわいをもたらすものを屈服して行った。この信仰が儀礼化し、あるいは習俗化して、その過程のうちに、わが国の古代文学、古代演劇が発生し、発達して行ったと考えられたようである。

わが国の民間年中行事は、多かれ少なかれ農耕儀礼としての要素を持っていることは、改めて論ずるまでもなく、わが国のいちじるしい特徴となっている。その中で一番重要と思われるのは盆と正月であり、他界からの来訪者の実修形態は、特に収穫から播種にいたる、冬の行事の中に顕著にあらわれている。

正月と盆の行事が、こんにちは一方は仏教の管理に帰し、種々の点で一見別個の行事であるかの印象を与えるが、しかし、その底に横たわっている感覚や、二、三のおろそかならぬ条件を比較して見ると、この二つの行事の間には、同じ根に発したらしい共通点や類似点が見られるのである。そしてこの両者の変化の路筋を辿ることによって、この国の民間信仰の根元へ溯ることもできるように思う。そこでいま、話の順序として、冬の行事から考えて行きたい。

宮中の新嘗祭は、新穀収穫後の大祭であり、それがまた天皇即位の際にも、大嘗祭として同じ趣旨の祭が行なわれたことは、周知の所である。そしてこれはすでに古くから家々にも、新穀のニエ（嘗）、ニフナミ（新嘗）、ニワナエ（新嘗）、ニイノアイスル（新嘗）、などの言葉で久しく慣行されてきていたことは、記紀、万葉集などにも多くの証拠がある。

そして、この夜には、いわば神秘的な来訪者があったらしいことも、暗示深い『万葉集』巻十四の東国の歌や、『常陸風土記』の富慈、筑波の伝説にあらわれる祖神尊《みおやがみのみこと》の子孫の所へ巡遊されるとの物語以来、多くの証跡がある。

三

民間の新嘗は、長い年月の間に極端な変化を遂げて、こんにちのフォクロアと宮中の新嘗祭とが、根源が一つものだとは到底考えられないほどの変化を遂げている。しかしそこに、却って宮中の新嘗には早く儀礼化して、脱落したかと思われる神秘的な来訪者の観念と実修形式は、民間の収穫祭にはなお濃く残留している。

冬の始めの月の満月の夜を中心にする行事は、中部地方ではカガシアゲとかソメノトシトリとかいっているが、奥州の方には「田の神の年取」という所もある。関東から東北地方では、モグラボタモチとかタヌキオイ、虫供養などともいい、また「大根のトシヤ」とも呼んでそれぞれに行事があるが、これが関西地方に多い「亥の子」の行事と、関連を持つものであるらしい。どちらもワラデッポウとか、イノコスボといった、藁の棒や石などのフェチッシュを持った子供の群行来訪が見られ、特有の餅や食物、また大根などについての共通の禁忌や言い伝えがある。子供たちが藁や石で地面を打ってはやす所から、この行事は害虫や害獣を摺伏し、災わいを祓う要素を持つもののように考えられ勝ちである。そしてもし折口博士のいわれる常世のまれびとが、稜威に満ちた力足を踏んで地霊に屈服を迫ったとする推定、その実修が田楽その他の農耕的民間芸能における反閇や、三番叟の翁の舞いなどに残ったとする考察が、ここまで拡張して行くことが許されるならば、現在の亥の子行事やトウカンヤに見られる、藁鉄砲や石での「土突き」は、いわば一種の神来訪を暗示するものであり、その時に戸外ではやす子供の呪言も、こんにちではひどく頽れているが、その間に正常な生殖を祝福する意図はかすかながら消えずにいる。そしてこの夜、一部地方には、かつて広汎な性の解放が行なわれたという伝承も、収穫後における農民の歓喜という以上に、そこに迎えた神によって、穀物となって静止している稲霊を安らかにし、これが邪霊によって災らわされないようにする祓と、それが来るべき年にさらに豊かな成熟に展開することを祈る、呪術的な意図を有するものではなかろうか。一〇月一〇日から一五日の間に、浄土宗や真言宗の寺々でオジュウヤの念仏行事が行なわれ、一種の精霊供養が行なわれることは、盆行事と対比して考えて見ると、色々の意味で暗示深いものがある。それは収穫後におとずれて来る霊の性格と仏教の習合の上に、次第に農民の中に受容されてきたことを物語っているようである。

北九州地方の旧暦一一月丑の日の丑祭、「上り丑」や「大黒あげ」の行事、また最近われわれの注意を引いている能登半島の「田の神迎え」、すなわちアエノコトなども、明らかに一種の収穫祭であり、種俵を御神体とし、あるいは田の神を迎えて入浴させ、新穀と自家の農作物を調理して、この神を饗応するわざおぎを今に有している。そして田の神は正月九日に野に下り、霜月五日に天に還るとか、家に帰るとか意識されているらしい。東北地方から関東地方にかけて広く行なわれる大師講も、時期が大体において旧暦一一月二三日前後であり、これまた一種の収穫後の祭であり、冬至節に当る性質を持っている。そしてここにも神秘的な来訪霊のイリュージョンがある。しかし、ここに見られる来訪霊はすでに零落の極に達して、いわば一種の妖怪であるが、広い範囲にわたって小豆粥を供え、物忌みをする風は残っている。そして越後の南蒲原郡あたりでは、この晩にやはり子供たちが群れをなして、唱え言をして里中をまわる習俗があり、注意される。

大師講の小豆粥にたいして、大根が冬祭に重要な位置を占めているのは、トウカンヤを一に「大根の年夜」とか「大根の誕生日」と呼ぶ風習にも知られ、大師講や、佐賀県の「上り丑」の行事にも大根を供える所がある。二股大根を供え、これを神様の嫁などという所は、東北地方全般に一二月九日の「大黒の年取」、「大黒の妻迎《めむか》え」の行事に見られる。ここでも神来訪の意識や実修が、土地によりかすかながら残っている上に、自演の祝言の唱え言が附随しているのは能登のアエノコトなどとも近く、元来一つの根から分化してきた行事ではないかと推測される。冬至節を中心とする千葉県下のミカワリの神事なども、由来を日本武尊や大友皇子の故事に附会しているが、ここにも収穫後の長い物忌みと、その間における異人来訪の感覚がうかがわれる。こんにちではミカワリは三替、御狩などの字をあてているが、恐らくは「身替り」の義で、冬至節、新嘗における心身更新の物忌みの名残りではなかろうか。これは出雲の八束郡地方に濃く残っている御座替祭などとも根源を一つにするものであるらしい。同じ一一月から一二月中旬に行なわれる栃木県の二荒山神社や木幡神社のオタリヤ祭、遊行神事というものなども、神の季節的来訪の祭礼化であるらしく、この時、御旅所で田楽舞の行なわれることも、われわれには特に注意される。同じ季節には東北地方では神仏の年取日というのが多く、いずれも納めの縁日をその名で呼んでいるのであるが、青森県三戸郡地方では一二月初巳の日を、「オカノカミの年取」といい、叺餅を作って桝に入れ、土蔵や板倉に供えて、「俵藤太秀郷」と三度唱えるという珍しい風があり、岩手県江刺郡地方には一二月二〇日を「御田《おた》の神《かみ》の年越」と呼んでいる。

四

一般に収穫祭には、他界からの来訪者、来訪霊の意識や行事と、一種のわざおぎが一つの特色をなしている。これが年の暮においてはモノヨシ、セキゾロ、カマハライなどの仮装神人の来訪があり、初春には春駒、鳥追、万才、春田打、夷まわし、大黒舞などの祝言職人の各戸歴訪の習俗とも関連するものであり、それは同時に小正月のナマハゲ、スネカ、ナモミタクリ、アマミハギ、ホトホト、コトコトなどの村の青年や子供たちの来訪行事にも糸を引くものと推定される。

一二月八日の忌を、厄神祓とかコトの神送りといい、亥の子やトウカンヤに虫や害獣を追い払うという感覚があり、カマハライや針供養などといった習俗が残っているように、いずれかといえば年の暮の行事にはハライの要素が多く、新春にはホカイ、すなわち祝福、予祝の演伎口誦が顕著であるのは、一つの意味を持つもののようである。そして来訪者は素朴な信仰を持つものの間ほど、その感覚は一段と厳粛になっているのも注意すべき特色である。

琉球列島においては、海の彼方の常世、すなわちニイルスクやニライカナイから季節的にやってくる二人の青年による来訪行事は、北の方の秋田県男鹿半島に残っている正月一五日の夜の生剝《なまはげ》の行事と比較されるし、それは更に辿って南島の異人来訪の習俗に手懸りを求める有力なフォクロアとなる。品行正しく強健な村の青年が選ばれて、二色の恐ろしい面をかぶり、茅や草の葉で身体を覆うて家々を訪れる八重山の穂利祭の際のニイルピトは、近い頃までの島民の感覚では、神と人との中間の観念で見られていたようであり、石垣島の秋祭に出てくるマヤの神は、マヤすなわち猫の面をつけ、阿檀の葉の蓑をつけ、蒲葵で編んだ笠を眼ぶかくかぶり、戸毎にまわって、主として明年の豊作に関する祝言を述べて行ったという。同じく村の優良な青年が二人選ばれて、恐ろしい面を被り、ケラミノという蓑をつけ、大きな木製の刃物を右手に持ち、別に箱の中に小さなフェチッシュを入れてカラカラ鳴らしながら、家々を訪れて大声でわめき、主人の饗応を受けて、時に年占などをして行く生剝の行事が、同じ信仰行事や信仰感覚の根源から別れてきたらしいことが推測されるが、これがポリネシアおよびメラネシアに広く分布しているタブー階級の結社員による季節的な海上出現と村落歴訪の秘密行事と、どのようにかかわり合うかは、将来の問題として残されている。ただ、ここで、これらの結社、たとえばニュー・ブリテン島のデュク・デュク、ブーゲンビル島のルック・ルック結社や、モタ島その他におけるタマテ結社が、いずれも死者の意味であるデュカ、ナトマテ等の語から出た名称であり、これらの来訪が「死者の来訪」、「亡霊の再現」と言い伝え、かつ信じられているという報告は、特に注意を要するもののように思われる。ポリネシアのマルケーサス群島にあるアレオイ結社の儀礼は、火の神マウイの季節祭に関係するらしく、そのマウイの神の名はマウリ、すなわち「死者」の語から導かれたろうと考えられ、これをもって冬至節の儀礼を説明しようとした人もあった。

宇野円空博士の遺された『マライシアに於ける稲米儀礼』を見ても、そこに穀霊祭と死霊供養が非常に近い行事として行なわれる所と、初穂供養に先祖の霊や死んだ父母祖父母以下先祖の霊を勧請して行なう所と、変化の段階は種々であるが、そこに初穂供養が死者または死霊に深くつながっていることは明らかに看取できるのである。そしてこれがまた、フレイザーの有名な『金枝篇』において論じた、穀霊が北半球においては冬至節の前後において死に、その後のある時期に復活するとの観念、穀霊は一般に稚き男性神として表現され、それが往々永遠の生殖を示すと推測される大母神、または地母神を伴ってあらわれるとし、ここから農耕神話と農耕儀礼を説こうとする論証の一つともなっている。

五

金田一博士が昔、報告された盛岡市の「春田打」の行事は、近い頃までここの特殊部落民のなりわいになっていた。太夫は始め美女の面を被って種おろし、田かえし、苗植え、穂運びまで、能がかりに舞い、舞い納めに、真黒で大きく醜い面を手早くつけて終るということである。これは一般に田の神と山の神の交替を示すものと考えられている。春下る田の神が収穫が終ると帰って山の神となるとは、この国の農村信仰の顕著なフォクロアとされているが、このモチーフはニュー・ブリテン島やニュー・アイルランド島におけるデュク・デュク結社の季節祭が、母なるチュビュアンと、子と考えられる若いデュク・デュクのふたりの仮面神人によって演出される。デュク・デュクは穀霊であり、同時に死霊で、それは穀物の成熟によって穀霊が静止し、あるいは留守になっているのを悼み、これを復活させるために叢林の中に籠っている母神が季節風に乗ってあらわれて、再びデュク・デュクに生命力を賦与するのを祈祝する意味を有するといわれるのと対比して考えて見る必要がある。本田安次氏の紹介で有名になった秋田県仙北郡八沢木村の保呂羽山波宇斯別神社の霜月八日の法印神楽は、この月朔日の山上御戸閉めの祭が終ってから、山麓の神職大友家の宅神殿で、夜を徹して数十番の神楽が行なわれる。この様式は早川孝太郎氏の大著『花祭』に見られる神事能が、やはり一二月から一月にかけて三河設楽郡内二〇ヵ所の村落で次々に行なわれるのと、同一趣旨のものと考えてよいであろう。そして雪深い東北の農村にまで、花見正月、田植正月の行事や、春田打などの田楽系統の呪術的演伎が固く守られているところにも、それが単純なハライや祝言という以上に、もっと深刻な穀物と人間の生命に関する重要な呪術宗教的な目的を持つものであったことが知られるのである。

宮中の冬の祭は鎮魂に始って新嘗、神楽とつづいてゆくが、もしこれが一つづきの意義を持つ農耕儀礼から発達したものと考えるならば、そこに民間にくずれ、かつ錯綜してきた行事に、一貫した秩序を暗示するものとなろう。仄聞する所によると、新嘗の儀式は、寝台に木の枕を置き、傍に杖を横たえたものを神座として、その前で行なわれるということである。そしてこれを Corn-mother が Corn-child を産むことを象徴するものであろうかとも説かれる。そして新嘗に先立って前日の寅日に行なわれる鎮魂や、二日後に催される霜月巳の日の清暑堂の神楽の行事が意味する所を察すると、そこに一筋の信仰の糸がたぐられそうな気がする。鎮魂が天鈿女の神態を模したという古い言い伝えは、すでにして神復活の意図を蔵する如くであるが、その場でうたわれる鎮魂歌のなかに、「登り座す　豊日孁《とよひるめ》が御魂欲す　本は金矛　末は木矛」「三輪山に在り立てるちかさを　今栄えでは　いつ栄えむ」、「吾妹子が　穴師の山の山のやまもと　人も見るがに　深山縵せよ」といい、また

魂匣に　木綿とりしでて　たまちとらせよ　御魂上り　魂上りましし神は　今ぞ来ませる
御魂上り　去坐しし神は　今ぞ来ませる　魂匣持ちて　去りたる御魂　魂返しなすや

といった、ことに暗示深い歌がある。三輪山に立てる傘は、神示現のシンボルであり、深山縵した吾妹子は、魂上り、去り坐しし神の来往をしめすヨリマシとも見られる。そしてかかる魂上り、去坐しし神が、新嘗のアエのために、そして穀霊の生命力更新のために、他界から山上を通って、「さかき葉の香をかぐわしみ」、「豊岡姫の宮の杖」や、「宮のみてぐら」などの採物を手に、「安達の真弓」の引く音にさそわれて、しのびしのびに寄りきたるとする、神楽歌の神霊とかかわり合うもののごとくである。もしこの解釈が許されるとするならば、他界に神去りしミオヤ神が、新たなる生命力を持って、季節のかわり目に、現世の氏人のもとに立ち帰って、きたるべき年の稲魂と、人間霊とに、新たなる生命の息吹きを与えていくとする信仰を背景としたものではないであろうか。

尊い穀物によって人間の生命が持続するとの認識は、おそらく古代人に、もっとも尊い穀物霊と人間霊との不可分性を意識させたに違いない。そしてもっとも尊き穀霊を年ごとは息吹かせ、成熟させる力の根源である穀母は、また同時に人間生命の賦与者である。したがってのちに、これが人民の象徴的統率者の祖先神たる資性を神話のなかに獲得するにいたったのは自然である。

六

わが国の基礎社会が、同族的集団であろうということは、こんにち多くの学者に承認されているところである。その遺構は現在ほとんど崩壊してしまっているが、それでも辺陬山間の地方にはなお注目すべき形態と機能を残存し維持してきている。そこでは本家を中心とする血縁非血縁の分家の結合統属の関係、本家の分家にたいする恩恵援助と、分家の本家にたいする奉仕の関係が確立している。そしてこうした同族団の発達しなかったところには、本家にかわる親方子方の制度をはじめ、この擬似形態とも見るべきものが、多くの地方、また多くの職業集団のなかに残存し、分化してきている。同族団はいわば政治的、経済的、ないし文化的な一つのミクロコスモスであるか、この精神的な結合の中心は、共同の祠と共同の墓地の所有、これを取り巻く祭と行事に象徴されている。そしてこの祠は、祖先が奉斎した神と考える場合もあり、共同の開発祖先を祭るとする所もあるが、その意識の中心が先祖講とか系図祭といった名称に象徴されているように、常に祖先との連関においてある点は重要である。この祖先は、共同墓地を通して、各々の肉親の父母、祖父母のイメージを辿って溯っているのである。従って、この同族神は、直接血統上の系譜関係にある場合はもちろんのこと、それ以外の神霊であっても、それは決して隔絶的なものではなく、少なくとも肉親の生活と生命を通して、自己に連続的な霊格として意識されている。この限りにおいて、この基礎社会は、いわば完全に孤立的、隔絶的な性格を持っている。日本の村落の持つこうした封鎖的性格は、あの大和の環濠垣内などにもっともよく象徴される。そこには外来者、異人などを受け入れる素地は一見して全くないとも考えられる。

しかし他方、現実にはわが国の村落社会には、かつて異常なまでに hospitality が発達し、神々の遊行来臨の信仰のみならず、神人僧徒、あるいは呪術的職能的来訪者は、いずれも多く平和のうちに歓待せられ、その影響を重層的に、または習合的に受け容れつつ、より広い意識の場を展開し、共通の生活文化を築き上げてきている。そしてこれを可能にした根源の要素の一つとして、私は農民の霊魂観と他界観が横たわっていると見たい。この着想の一つの根拠は、収穫祭、暮、正月の来訪行事と来訪霊の意識を、媒介として系統づけて行くところからも導かれようが、トコヨとトコヨ神の原初的な意味を追究するところからも推察される。トコヨはすでに古典のなかに三段の変化を見せている。水陸の物産の豊かなるをもって常世とした『常陸風土記』や、海中の蓬莱に擬した『書紀』垂仁紀の常世は、沖縄本島のニライカナイを海の彼方の楽土とする感覚に等しいが、その前段に八重山群島のニイルスクが恐ろしい風の神や死者の住所であるとの感覚は、『古事記』天岩戸の条のトコヨユクという用例が、暗黒な、死の世界の感覚を持っていたのと対比される。そしてここにトコヨとトコヨ神の原初的な姿がありはしないであろうか。沖縄のニライカナイが特定の人の往くあの世であるごとく、トコヨへ旅立つものも、特にすぐれた神性を持つ英雄に限られているのも、古代人の思惟を示すものと見得る。だからトコヨが蓬莱の島と潤色されるようになっても、トコヨには他界の影があり、トコヨ神にはすぐれた死者再来の姿がある。古典におけるトコヨ神の最初の具体的な伝承である少彦名神も、天羅摩《あめのかがみ》の船に乗り、蛾《ひむし》の皮を内剝ぎにして衣服としてこの世界に寄り来った。夜出てくる蛾が死者の霊のよりましのごとく見る思想は、何もアフリカや南太平洋諸島だけに限らず、わが国のフォクロアにも実例がある。

七

トコヨが海上の他界であり、そこからトコヨ神が季節的に訪れるとする信仰は、古典以外にフォクロア化されず、却って内陸に発達した農山村を中心とする他界観念は、山や森の中に規定されてきている。柳田先生の『山宮考』は、祖霊祭祀の原型を山宮、里宮の二所祭場の問題から解明しようとされたものであり、祖霊信仰と他界観念についての暗示深い論文である。これはいわば折口先生のトコヨの論文と対照的な形で捉えたものであるが、いずれも民間伝承を基盤とした考察であり、相互に矛盾するものではない。私は最近、三重県の志摩郡と度会郡南部を旅行した際、いたる所で朝熊《あさま》詣りの慣習を耳にした。この地方では一般に死者があれば、早い所では初七日、おそくも四九日までに鳥羽の朝熊山に登って、地蔵堂に塔婆を供えるのが第一の供養とされ、また毎年六月の地蔵盆には、近親つれ立って参詣する風が広く行なわれている。また昨年の冬、私は山形県の立石寺に参詣し、銀杏の黄葉を踏んで岩をたたんだ奥の院に登った所、その向って右側の一山が、林立する卒塔婆にうずまっているのを見て、大いに心打たれた。山が死者の入って行く通路であることは、すでに『万葉集』の挽歌以来多くの証跡があり、『霊異記』以来の説話文学にも、五台山の浄土をはじめ、立山地獄、金峰山の浄土など、多くの山中他界の信仰があとづけられるのであるが、また紀州高野山、信州善光寺なども、死者に関係する山として有名である。東北地方では立石寺のほかに、国学院の戸田義雄氏がここ二、三年つづけてしらべている山形県庄内平野にある森の山も一例だが、古くから会津の八葉寺、南部の恐山はその適例である。地蔵盆に恐山が亡霊供養の場として賑ったさまは、寛政五年六月二三、四日、菅江真澄四〇歳の時の紀行、「於久能宇良宇良《おくのうらうら》」のなかに見えている。

廿三日、あけなば地蔵会なりけりとて、きのふよりかかり小家たてて、なにくれまうけたるに、午未の頃より村々里々の人あまた来集り、国々のぢきやう者、かなつつみをうち、鈴ふりませて、あみだ仏をとなへ、卒塔婆づかの前には、いかめしき棚を造り、薄刈り敷きて、高やかのいたやの木、ふたもとを左右に立てて、からほひ、なでしこ、女郎花、紫陽花、連銭、馬形に、ななのほとけの幡かけて、閼伽供えたるに、御堂より柾仏とて、そぎたに書たるをひともと、六文の銭にかへて、老たる、わかき男女、手ごとにもちいたり、この棚におきて水むすびあけ、あなはかな、わが花と見し孫子よ、かくこそなり行しか、わがはらから、つま子よと、あまたの亡き魂呼びに、泣き叫ぶ声、ねんぶちの声、山にこたへ、こたまにひびきぬ。

おやは子の子はおやのため亡き魂を　よばふ袂のいかにぬれけん

ちいさき袋の中より、打蒔きいたして水そそきたる女、あが子がさいの河原にあらば、今一目見せてと打なげきて、しぼみたる常夏を、此の棚の上に置きたる、女にかはりて

をふしたてて植えざらましを撫子を　けふの手向に折ると知りせば。

私は一昨年の七月、東大の小口氏と一緒に、太宰治の出身地、青森県北津軽郡金木町川倉の地蔵盆に調査に行き、一六〇年をへだてて、なおかつ、同じ信仰心意と形態をもって、死霊供養の行なわれているのを実見した。この地は岩木川の氾濫でできたらしい藤枝潟池に臨んだ三一・三メートルの小丘陵上にある賽の河原の地蔵堂を中心に、

旧暦六月二四日の夜から二五日の未明にかけて盆会が行なわれる。ここは未婚の男女の死霊の集る所といい、遺族はここにそれぞれ一体の地蔵を奉納する。それが三間四面程の堂内に、三体の本尊を中心に所狭いまでに安置されている。ここでは雨降りの晩には亡者の話声がするなどともいわれているが、地蔵盆の当日は、これらの地蔵尊は、顔に白い粉をぬって、それに帽子やあぶらやさんや五色の布、人形、草鞋、草履などを供え、その前には、近郷近在から重箱に粢団子を入れて背中に背負った婆さんたちが、それを一体一体に供えるので、堆い団子の山を築いている。堂内は線香の煙が立ち籠め、燈明の灯がゆらめいて、白く顔の光った地蔵の群像に異様な陰影を与えている。堂の前には川倉延命地蔵尊の幟を立て、黒い箱を前にさげた女講中や、筍子を台にのせた淡島願人や、鉦を打ち鳴らす願人坊主が立ちならんでいる。堂のうしろには莚の小屋がけができて、ここには津軽四郡から集った四〇人ばかりの、この地方独特の盲目の口寄巫女のイタコが出張して、一本の裸蠟燭を前にして、イラタカの珠数をもみ、あるいは太鼓をたたき、梓弓をたたいて、死者の口寄せをし、それを取りまいて、おかみさんや婆さんが亡き夫、亡き子の、あの世からの語りに耳をかたむけている。この夜は参詣の人々は堂の側の莚小屋の中で一夜を明かすのであるが、一方、この堂の北の斜面の下の低地では、大小いくつかの踊りの輪ができて、二四日の闇の夜を、月のでるまで踊り明かそうとする人々の、音頭の声も入り乱れて、さす手引く手の黒い影が、淡い光の下にうごめいている。この異様な雰囲気にひたって、自分ははなはだマテリアリスティックな考えかもしれないが、霊魂はこのようにして、いく世代となく存在し、かつ存続せしめられてきたのだ、と感じ取ったような気がしたのである。そして霊魂は他界から季節を定め、後には臨時の招きにも応じて、常に現世の生者の許に帰り、その意志を伝えることもできたのである。

八

わが国の農民の霊魂観形式の根柢には、広い範囲に存在している両墓制の習俗や、また一部の地方に集団的に火葬の風を採用している事実からして、かつて特定人を除いては、大多数の農民の葬法は、遺棄葬あるいは風葬の行なわれた痕跡がある。また鳥取県の東郷池や琵琶湖東岸のある村などには、死者の遺骨を水中に沈める風もあるということである。したがって、死体にたいする尊重保存の念は極めて薄く、他の民族に見られるような死者崇拝の念はほとんど見られない。肉体を穢れ多しとする観念は、仏教、ことに浄土教の穢土厭離の教説からも、さらに強化せられたことではあろうが、これとともに、他面霊魂は肉体を離れて自在の活動をするものと信ぜられた。したがって中世にはおそらく念仏行者や験者、陰陽師などの影響もうけて、死霊崇拝は極度に昂揚され、それが次第に一般庶民の中にまで解放せられてきたらしく思われる。怨霊御霊のいちじるしい跳梁もその一例である。「予聞く、人死すれば精魂天に帰す、しかして空しく冢墓を存せば、鬼物これによって遂に祟りをなす」として山上散骨を命じた淳和帝のごとき極端な実例も存するが、他面死後追善に莫大な費用を投じて、逆に時弊をなせることは、三善清行の『意見封事』の中にも見えている。肉体を穢れありとして、これを速やかに破壊させ、逆に死霊を極度に尊重する風習は、その根源に霊魂と肉体の二元的な考えが内在している。したがってこれをバックボーンとして、日本人の生活様式や生活態度が導き出されてきたとも見られよう。

民間伝承と民間習俗の指向する所を綜合すると、肉体を離れた死者の霊魂は、内陸では多く山丘森林にかくれ、海浜小島ではトコヨとかニライカナイといった海上の他界に赴くものとされたようである。そしてこの二つの世界は、白鳥白鵠といった霊鳥や、山から里へ出没する霊獣、他方では船や霊魚が、死霊来往の乗物となり、霊の意志の伝達者ともなった。死霊と生者との連続性の意識は、さらに巫女や神人の霊媒の口をかりても強化されたであろうが、これが次第に昇華して神となり、人文神となって行っても、その発生的になっている死霊の要素やニュアンスは伝承の端々に残っている。だから他界からおとずれてくるものは、いわば死者霊魂のよりましであり、その形をとった異人ということになる。そして事実、最初に封鎖的な村落共同体へ外部から入ってきた人は、死霊の意志の伝達者、他界からの再現者と認められたのであろう。

霊魂が他界と現世を往来する信仰と、この中に育くまれた農民の宗教的 hospitality は、一方封鎖的な局地村落社会において、その集団の溯りうる限りの根本の霊、すなわちミオヤガミの信仰を醸成し、他方外部からの信仰や技術の伝達者を歓待して迎え入れ、より広い、高い生活形成へと進んで、日本人の生活と日本人らしさの共通要素を築き上げてきた。穀霊と祖霊との結合の根柢にも、こうした農民の霊魂観と他界観が先行しているらしく思われるのである。すなわち穀物が播種によって生命力を展開して成長し、成熟した末、穀粒となって枯死する過程は、これによって生命を養っている人間にとっても、まぬがれることのできない一つづきの連鎖過程なのである。とすれば人間生命にとって最大の危機は、植物が穀物化した静止期間である。そしてこの静止期間に穀霊が永遠に眠ってしまわないように、また邪霊のためにかき乱されないために、多くの呪術や儀礼が行なわれ、それが直接に人間生命の更新をも意味する。重い物忌みの期間なのであった。そしてかかる霊魂を更新させる生命の根源は、自己の生命を存続せしめてきた根源のもの、すなわち近親死者の霊を通して溯りうる限りの根源の霊と考えられていたらしい。神格や霊格の機能分化の過程を辿らなかった小局地社会では、穀霊はまず死霊的な観念と結合し、穀霊を産み、これに生命力を賦与する穀母信仰は、その農耕集団のミオヤガミに次第に一元化されていったのではなかろうか。農耕儀礼を通して、常に祖霊が考えられていた形跡は、ただ盆行事のみではなかったのである。

（一九五三年一〇月、第五回日本民俗学会年会公開講演）

二　民間信仰における霊人別留の伝承

一

わが国の一般民衆が、古来どのような霊魂観念を持っていたか。またそれに基いてどのような人生観なり、宗教観なりを持ってきたであろうか。この重要な問題は、今日なお明確にはせられていないように思われる。神道の理論も、仏教の教理も、日本人の具体的な霊魂観念を説くにはなはだ曖昧であり、これを教義的に体系化しようとはしなかったといわざるを得ないのである。もちろん神道には古典にただ一回あらわれている伝説を踏まえて、古く三魂説、四魂説などが唱えられ、それぞれ理論を展開してきた。しかしその多くは言葉の解釈の上に繰りひろげたスペキュレーションであり、いわば霊魂観念の Ought to be をしめしたものであって、未だその What it was or is を基礎とした立論とは考えられないのである。

他方、仏教の側においても、極論するものは、今日の寺院の社会機能を指して「葬式仏教」と称するほどに、日本人の霊魂の管理に任じており、中世以来霊魂活動の畏怖を説き、輪廻転生をしめし、他界往生を唱えて、民衆の信仰を惹きつけてきたのではあるが、元来仏教は縁起説に基いて婆羅門教的アニミズムを否定し、神の実在、偶像崇拝を排撃して立教せられたのであるから、その根本教理は、人間を含めて、一切のものの霊魂存在を認めてはいなかったと思われる。もちろん仏教が宗教として民衆の中に受容せられ、かつ東洋の諸民族の中を遍歴して行く歴史的過程の中に、多分に印度的、西域的、シナ的、朝鮮的アニミズムを包摂し、それをば自家薬籠中のものとしてきたのであるから、そこに多くの教説が生れ、縁起観と霊魂観の調和、統合をはかろうとする教理的な試みもなされてきている。しかしそれは根本仏教の立場からすれば、恐らくは仏教のアニミズム化でしかない。したがって霊魂観はむしろ仏教本来の教理からは仏性観の方向に展開すべきものであった。そして仏教のアニミズム化は、単にそれぞれの民族なり土地なりのアニミスティックな土着思想を容認し、それに都合のよい教理的裏づけをするという、消極的な態度に止ったものと見ることができるようである。

神道、仏教においてかく消極的であるということは、しかし日本人が霊魂観念にたいして消極的であり、無関心であったと断ずべき理由にはならぬ。それどころか、わが国の民衆は古来霊魂を頗る重要視し、多くの呪術や宗教的行事を発生させてきただけでなく、中世以後はそのあまりなる跳梁にしばしば困惑したことは、史実に徴すべきものが多数あり、その経過は次第にフォクロア化し、俗信化しつつも、なおこんにちにその機能を存続していると称してもよい実情にある。したがって問題は未だ科学的にも宗教的にも整理されない状態に放置されてあるともいえよう。

霊魂に関しては、古くタマ、モノなどの語を存しているが、現在の実態調査の結果においても、この観念を適確に把握することは困難である。生霊とか死霊、あるいは精霊、蟲霊など、種々の霊魂活動についての明確な意識は、すでに民衆の間にはフォクロア化してしまっている。また霊魂の死後展開と他界との結び付きについても、おそらく一般にこれをそれと指し示すほど体系化されていないのが普通である。そこでわが国民の霊魂観念のあり方、その変遷分化を跡づけるとなれば、第一着手として、いきおい民衆がそれ自身無意識のうちに繰返し、慣習化してきた伝承、すなわちBehavioral patternとしてのいろいろの習俗、儀礼などのなかから、彼らの哲学を掘り起して行かなければならないのである。

二

私は一昨年の宗教学会の年次大会で、火葬の民間受容に関する調査の一端を報告した。それは資料数においても、調査方法においても、極めて粗雑な概観を行なったに過ぎないのであるが、かかる特異な死体処理法は、仏教葬法の移入や制度的強制が慣行化された要素も充分考慮せられねばならないにしても、民衆が集団的にかかる慣習を受容した根柢には、わが国民には元来死体尊重の観念が稀薄であったこと、霊魂と肉体が極めて分離し易く、霊魂は肉体を離れて自在なる活動をなし得るとの観念が、前提しているように考えられるのである。そしてかかる特徴ある観念が、他方では「両墓制」といった、死体埋葬墓と死霊供養墓の二つの墓を営む慣習をも誘致したものであろうし、それはおそらくは古代民間の風葬、洞窟葬などの、死体地上放置または死体遺棄の風習を前提としたか、それに近い感覚を基にして成立したものであろうと想像されるのである。

かかる民間における死者および死霊にたいする感覚や観念は、かかるものを持たない民族あるいは民群に比して、一つの特色ある性格を形づくっている。少くとも古代エジプトや、この文化を受容したとも想像されているオセアニアの一部に残っているような、死体を尊重し、保存しようとする慣行を持つ民族とは、およそ対蹠的な存在であることがうかがわれよう。そしてこの二つの相対する民族の文化の根源に横たわる人生観、人間観、生命観、世界観なども、互に対蹠的な在り方をしめすことになるであろうと思われるのである。たとえばそこでは、人間尊重ということが、一方が肉体を持つ全人であるのにたいして、他方では肉体の比重は極めて軽く、むしろ肉体を遊離した死霊にたいして過度な信仰が芽生えてきている。名や恩義のために肉体を粗末にする一種のいさぎよさ、執着のなさといったものは、むしろわが国の庶民の持ち伝えたものである。それは単純な捨鉢ではなく、おそらくその背後には肉体の存在を必ずしも条件としない霊魂の自由性、安定性を信じようとした古い信仰が横たわっていはしないであろうか。そしてこれが日本人の精神文化の一つのバックボーンをなしてきたと考えられはしないであろうか。この意味で葬送習俗というものは、単にそれが習俗たるにとどまらず、これを通して、日本文化を形成してきた基礎的な要素をなす霊魂観念の探究にせまって行く重大な手懸りと考えてよいものである。

三

死者の霊がいつ、肉体から完全に離脱して自在性を得るであろうか、の問題は、今日のフォクロアははなはだしいコンプレックスと変化、分化の状態にあるので、これのみから適確に分析して行くことは難しい。死者儀礼は、すでに仏教葬法の影響を受けて、初七日から七七日にいたる供養が行なわれ、また周忌の斎会が催されたことは、すでに奈良時代前、白鳳期の貴族の実修に溯ることができる。しかし全般的に見て、民間の習俗として今日考えられているのは初七日、三十五日、四十九日が最も重く見られているようである。

もっとも、まだ死亡しない以前に、病人の霊魂は遊離して親戚や知人、もしくは菩提寺に暇乞いにきたとか、人魂が病人の家から抜け出して、屋の棟の辺を彷徨していたとか、墓場や田や山の方などへ飛び去ったという話も、実見談や経験談として民間には多数流布しており、これが人間の霊魂の実在を示す有力なフォクロアともなっているのである。こうした伝承は、霊魂はすでに死に先立ってその肉体から遊離して行くようにも見られるのであり、中世多くの伝説や物語にも潤色せられた生霊《いきりょう》のごとき、あるいは霊魂が蜂などの飛翔小動物となって肉体から飛び出し、飛び入るとの着想なども、こうした見方と連関して考えなければならないであろう。

しかし他方、死の直後、タマヨバイやマスウチをする習俗などもあって、ここでは霊魂は呼吸が切れてもなお暫らくは肉体と不即不離の関係にあることを暗示している。事実、タマヨバイは一種の儀式となっていることは、シナ民間陰陽道の招魂とも同じく、いわば死の確認、あるいは発喪の一つの区切りと考えられたとも見られぬことはない。そして、葬儀の際に、タマシイブクロを棒に結びつけて棺側に持って行ったり、仮門を作ったり、唐臼を伏せたり、跡札を室に貼ったり、竹籠やザルをころがしたり、潰したり、茶碗を割ったり、後火を焚いたりして、死者が再び家に戻らぬようにし、また出立ちに際して、あるいは途中や墓などで葬列をぐるぐる数回廻したり、わざと不必要な迂回をして墓地へ行く習俗など、広く各地に行なわれている。これも死者というか死霊というか、後へ戻ってくるのを避けようとする呪法であるらしい。すなわち「息つき竹」や「息づき穴」の着想とともに、なお霊魂は埋葬まで死体とともにあると考えられていたのではなかろうかと思われる。

おそらく古い殯宮やモガリの行事も、またこうした霊肉の分離に関する一つの意味を持っていたのではあるまいか。『魏志倭人伝』には、

始死停喪十余日、当時不食肉、喪主哭泣、他人就歌舞飲食已葬。

とあり、『古事記』天若日子の喪屋の条に、

乃チ其処ニ喪屋ヲ作リテ、河雁《カハガリ》ヲ岐佐理持《キサリモチ》トシ、鷺《サギ》ヲ掃持《ハハキモチ》トシ、翠鳥《ソニ》ヲ御食人《ミケビト》トシ、雀ヲ碓女《ウスメ》トシ、雉ヲ哭《ナキ》女《メ》トシ、カク行イ定メテ日八日夜八夜《ヒヤカヨヤヨ》ヲ遊ビタリキ。

とあって、死後の一定期間が、死の確認への猶予期間であり、それは同時に招魂復活の可能性を有する時期でもあったらしい。そしてこれは霊魂が肉体の束縛を離れて不可視の世界において自在性を得る時期でもあった。のちには色々の理由から、天皇の殯宮などは、遺骸安置の期間はいちじるしく延長せられたらしいが、一般にはこれが三日乃至七日位と考えられていたらしい形跡がある。

四

『日本書紀』（巻十一）仁徳紀に、

時ニ大鷦鷯尊、太子薨リマシヌト聞シメシテ、驚キテ、難波ヨリ馳セテ菟道宮ニ到リマス、爰ニ太子薨レマシテ三日ニ経《ナ》リヌ、時ニ大鷦鷯尊、摽擗叫喚《ミムネウチオラビナ》キテ所如《セムスベ》知ラズ、乃チ髪ヲ解キ、屍ニ跨リテ、三タビ呼ビテ我ガ弟皇子ト曰ウ、乃チ時ニ応エテ活キタマイ、自ラ起キテ居シマス……

との注目すべき記事がある。これは『古事記』には見えず、『旧事本紀』（巻六）にはほとんど全文輯録せられている。髪を解き、屍に跨って三声その名を呼ぶというのは、これが古代招魂の作法であるのか、あるいは後にふれるつもりの尸者接霊の術であるのかは、傍証すべき資料が獲られぬために不明であるが、死後三日にして復活したという点は、この物語では偶然であるかも知れぬが、一つのポイントであることは、色々の証拠があるようだ。

死後復活を説き、冥界歴程をしるす説話は、印度、シナ、日本ともにその数極めて多く、かかる説話の着想、発生の起原をいずこに求むべきかは論のある所であろうが、わが国最古の説話集の一つである『日本霊異記』によれば、死より蘇生にいたる期間のバラエティは次表の如くである。

(1)（大伴屋栖古連公）……屍異香アリテ馚馥《カオ》ル、天皇勅シテ七日留メシメ、ソノ忠ヲ詠《シノ》バシム。三日ヲ逕テ蘇メ甦キタリ。……（巻上ノ五）

(2)（膳臣広国）……忽チニ死ニ、三日ヲ逕テ戊日ノ申時ニ、更ニ甦キテ語リテ曰ワク、……

（巻上ノ三十）

(3)　（一ノ富メル家長）……命終ル時ニ臨ミテ、妻子ニ語リテ曰ワク、「我ガ死ニシ後、九日ニ至ルマデ置キテ焼クコトナカレ」、ト。妻子置キテナオ期リシ日ヲ待ツ。タダ九日ヲ歴テ、還リ蘇《サ》メテ語ル、……（巻中ノ五）

(4)　（釈智光）……命終ル時ニ臨ミテ、弟子ヲ誡メテ曰ワク、「我死ナバ焼クコトナカレ、九日（ノ間）一日置キテ待テ」、ト。……即チ見レバ、コノゴロ唯ダ九日ヲ経タリ。蘇キテ弟子ヲ喚ブ。……（巻中ノ七）

(5)　（一ノ富人）……卜者ニ語リテ曰ワク「我が身ヲ焼クコトナカレ、七日ヲ置ケ」、ト。卜者ノ言ノマニマニ、山ヨリ荷イ出シテ外ニ置キ、タダ期リシ日ヲ待ツ。七日ニシテスナワチ蘇メ、妻子ニ語リテ曰ワク、……（巻中ノ十六）

(6)　（利刈ノ優婆夷）……病マズシテ卒爾ニシテ死ニ、閻羅王ノ所ニ到ル、……三日ヲ逕テ告グラク、「今ハ遄ク還レ」ト。……別レ還リテ纔カニ見レバ、更ニ甦メタルナリ。……（巻中ノ十九）

(7)　（布敷臣衣女）……病ヲ得、偉シク百味ヲ備ヘテ疫神ニ賂ス。（閻羅王の使の鬼これを食い、その女の身代りに同姓同名の女をとりて行く、閻羅王人違いなることを見て鬼を責め、前の女を召さしめ、後の女を生き返らしむ）……往ノソノ鵜垂郡ノ衣女ハ、家ニ帰レバ三日ノ頃ヲ経テ、鵜垂郡ノ衣女ノ身ヲ焼キ失ヘリ。……（巻中ノ二十五）

(8)　（藤原朝臣広足）……ツラツラ瞻《ミ》レバ死セリ。従者悚怖《オ》ヂ慄レテ、走リ家ニ帰リテ親属ニ告ゲ知ラス。親属聞キテ喪殯ノ物ヲ備ヘツ、三日ヲ逕テ往キテ見レバ蘇メ甦キテ起キ居タリ。……（巻下ノ九）

(9)　（鉄を取る山の役夫、落磐により、生埋めとなり七日を経て観音の念力により蘇生す）

(10)　（池田舎人蝦夷）……忽卒ニシテ死ス、妻子量リテ言ワク、「丙ノ年ノ人ノ故ニ焼キ失ワズ」、ト。地ヲ点メテ塚ヲ作リ、殯シテ置ク。死ニテ七日経テ、甦キテ告ゲテ言ワク、……（巻下ノ二十二）

(11)（大伴連忍勝）……倏ニ人々譏ヂラレテ、堂ノ檀越ニ打チ損ワレテ死ニキ。……眷属議リテ曰ワク、「人ヲ殺ス罪ニ断ラシメム」ト。故ニスナワチ焼キ失ワズシテ、地ヲ点メテ塚ヲ作リ、殯シ収メテ置ク。然シテ五日ヲ歴テスナワチ甦キテ、……（巻下ノ二十三）

(12)（田中真人広忠女）……七日ヲ逕ルマデ焼カズシテ置キ、禅師優婆塞三十二人ヲ請ジ集メ、九日ノ頃願ヲ発シテ福ヲ修ス。ソノ七日ノ夕、更ニ甦キ還リテ、棺ノ蓋自ラ開ク、……（巻下ノ二十六）

(13)（老僧観規）……逕ルコト二日、更ニ甦キ還リテ、弟子明規ヲ召シテ言ワク、……（巻下ノ三十）

すなわち明確に日時を記せる蘇生説話一三例について見るに、

二日………一例
三日………五例
五日………一例
七日………四例
九日………二例

となる。さらにこれを重複をさけて他の説話集について検索するに、まず地蔵菩薩の霊験を説く『今昔物語』巻十七においては、総数七例、

一日以内……二例（二十一、二十八）
一両日………二例（十七、十八）

三日…………二例（二十三、二十六）
六日…………一例（二十五）

となっている。他に本書震旦部の第六、第七、第九の三巻におよそ二六例あるが、この比例を参考までに挙げると、

一日以内……三例（巻六ノ十一、三十五
巻九ノ二十八）
二日…………九例（巻六ノ二十一、三十四、三十五
巻七ノ八、四十一
巻九ノ二十八、三十、三十一、三十四）
三日…………七例（巻六ノ十二、三十三、四十一
巻七ノ二、二十二、四十七
巻九ノ二十七）
四日…………一例（巻七ノ三十一）
六、七日……四例（巻六ノ十七、二十九
巻七ノ三十
巻九ノ三十二）
二四日………一例（巻六ノ二十四）
四十余日……一例（巻九ノ十四）

となっている。その他、中世にいたる重要な古説話集について、その中から日時を明確にするもの三三例について同様に考察すると、

一日以内…一二例、法華玄義巻下ノ九十（阿武大夫）、続往生伝（一条天皇）、拾遺往生伝（南院親王）、三外往生伝（大納言雅俊卿）古事談巻一（京極御息所）、古事談巻三・撰集抄巻九（安養尼）、古事談巻三（業遠）、古事談巻三（恵心僧都承仕法師）、江談抄巻三（高藤）、私聚百因縁集巻五（尼僧徹）、私聚百因縁集巻五（殺猴鹿事）、私聚百因縁集巻六（対思天皇事）。

二日………五例、法華験記巻上ノ二十八（源尊法師）、法華験記巻中ノ七十（蓮秀法師）、法華験記巻下ノ百十八（加賀前司兼隆女）、古今著聞集巻二（尊恵）、沙石集巻二ノ上（讃岐房）。

三日………四例、古事談巻三（公忠弁）、宇治拾遺物語巻六（広貴）、私聚百因縁集巻五（釈玄通）、私聚百因縁集巻六（地蔵菩薩教偈救苦之事）。

五日………三例、法華験記巻上ノ三十二（多々院持経者）、拾遺往生伝（三善清行）、私聚百因縁集巻三（阿輸沙国婆羅門）。

七日………七例、法華験記巻上ノ八（竜華寺好達和尚）、教訓抄巻四（晴遠）、吉野拾遺巻三（経朝）、私聚百因縁集巻三（活男事）、私聚百因縁集巻四（返生童子事）、私聚百因縁集巻五（僧道喩事）、続古事談巻五（能定）。

八（九？）日…一例、本朝新修往生伝（沙門円能、三月晦日に死し四月八日に甦る、九日とすべきか）。

一三（四？）日…一例、十訓抄巻五（日蔵、八月一日死し十三日蘇生す）。

となる。以上を一応通計すると、

当該説話数……七八例

一日以内………一六例　二〇・五パーセント（この数は一時失神したものの蘇生を説くものある故、厳密には本稿の目的例からは割引して考えねばならぬ）
二日……………一七例　二一・八パーセント
三日……………一八例　二三・〇パーセント
四日……………一例
五日……………四例
六日
七日｝…………一六例　二〇・五パーセント
八、九日………三例
一三、四日……一例
二四日…………一例
四十余日………一例

となる。すなわち三日以内とするもの五一例、全体の六五・四パーセント、五日より七日以内のもの二〇例、二五・六パーセントで、七日以内とするものが全体の九一・〇パーセントを占めることが知られる。仮りに一日以内を削って考えても総数六二例、三日以内は三五例で五六・四パーセント強、七日以内は五六例で九〇・三パーセント強となる。もとよりこの実数は古説話集およそ四〇種の中より、重複をさけ、属目に従って検出したに過ぎず、またシナ説話の再録、改変のものも幾つか混入しているのであり、多くは僧侶もしくは仏教信者の筆になるもので、もとより正確も期し難く、かつわが国民間心意の基準とするには、さらに幾つかの吟味を個々の資料について行なわねばならぬ。しかしかかるアトランダムな方法をもって抽出された数値は、これをもって共通なる一つの思考ラインをしめすものとすることも一応は可能ではなかろうかと思う。それは別にこれを支持すると思われるフォクロアが存するからである。

五

初七日が死後の最初の区切りであるごとく考えしめたのは、印度の古代の民間伝承を摂取した仏教の規制力に負うものかも知れぬが、少なくともこの前後をもって肉体と霊魂との分離を信じようとしたのは、自然に感得した民間哲学であり、それが死後三日の蘇生を説き、八日八夜のエラギを伝え、あるいは停喪十余日の習俗をも誘致したものであろう。同じ農耕民族としての古代の日・印農民の間に、かかる死後観念の偶合があったとしても不思議ではなく、またかかる偶合や共通観念があったればこそ、仏教的アニミズムやマジックがわが国の農耕社会にも比較的摩擦なく受容せられたのではなかろうかとも考えられるのである。そしていずれにしてもこんにちのフォクロアはこの期間の重要性をしめしている。

すでに引用した『日本霊異記』のなかに、

放生ノ人、使人ト共ニ山ニ入リテ薪ヲ拾ウ。枯レタル松ニ登リ、脱リテ落チ死ス。卜者に託イテ曰ワク、我身ヲ焼クコトナクシテ、七日置ケ、ト。（巻中ノ十六）

とあり、不慮の死者にたいして、葬儀に先立ちて卜者がその意を口寄せするの儀がすでに存したかがうかがわれ、かの『日本書紀』（巻二）、天稚彦喪屋の条割註の「鵄《ソニ》ヲ以テ尸者《マサモノ》ト為シ」といい『先代旧事本紀』（巻三）同条に「鶏ヲ以テ尸者《マサモノ》ト為シ」との記事とともに、注目すべき記録とはいえよう。

秋田県仙北郡長信田村、神代村附近では、死者あれば即夜口寄巫女を招いて死人の意を問い、それから葬儀にかかる例があると聞いたが、宮城県本吉郡一帯の海岸には葬式の夜、親戚一同の集った席に巫女が呼ばれ、まず新仏の口を寄せてから、誰彼の古仏たちを招きおろして、一夜を口寄せに泣き明かす風が今も行なわれている。この附近は葬式は死後三日目に出されるのが普通であり、この風は秋田県の生保内から田沢湖にかけても見られる。ただしこちらは明らかに儀式であり、新口をおろすだけである。同じ仙北郡でも角館町附近では初七日の儀式となっているが、岩手県紫波郡あたりのウツタテの儀式も、葬式の直後イタコを呼んで口寄せすることである。

かかる風習は、一般に死者口寄せを追善供養の重要な要素として今日に伝承している東北地方でも稀有なる例であり、すこぶる南島のマブイワカシ、マブイワカレの式を髣髴せしめる。東北地方は一般に三十五日、四十九日、一〇〇ヵ日とする所が多く、それ以前は弓に麻をつけるか、古仏を一緒に降ろさねば新口は問われぬというのが多い。この二つの区分を生じたのには、おそらくは巫女の死霊に関する禁忌感、触穢感などの差が、あるいは一つの動因をなしているのかも知れない。事実、「新仏は早いうちは出にくい」、とか、「新口は恐ろしい」という巫女があり、アイヌのツスは日本人に頼まれて口寄せをする時、あまり生々しい仏では、自分の守護霊が汚れたり、怒ったりするので、新たにイナオをかかねばならぬ、ともいっている。

南島のマブイワカシは、死後三日目に行なうものと、四十九日の忌日前後にユタを招いて「ほとけおろし」と同様の事を行なうものとあるらしいが、沖永良部島では、変死者の霊はユタがオモロを歌ううちに、列席者の女性の一人にかならず憑りつくものという。奄美大島のマブイワカシも死後三日目の夜の式であり、巫女が仏壇の前で祈禱をし、沖縄本島国頭地方でも三日の晩にマブイワカシの式を行なって、この日からいよいよ他界のものとなるとし、花米と水とをもって亡霊を招くことがある。奄美大島のマブイワカシは一にマブイワカレ、マブリハナシといわれ、一見して死霊を家から追い出すかのような儀式を存しているが、死後三日目に「三日水」と称して、親戚知人を招いて小宴を張り、霊前の食物や酒を持って主客つれ立って墓所へ行き、これを供える風もあった。宮古島では死後三日目に死人の魂が家にくるという迷信があり、親戚の者は生者の魂と死者の魂の訣別の式を行ない、巫女がきて祈禱をし、ヤナ水をまくといわれている。死後三日にして蘇生し、あるいは屍骨を失うといった伝説は、『遺老説伝』や『年中儀令』に見えるが、ここにも葬後三日、招魂通語のため巫覡を頼んだ風も知られ、葬式の翌朝、墓を開いて死人の顔をのぞくナーチャーミー（翌日見）の風も、これと関係あるものではなかろうか。

八丈島では死後三日頃、布切れで縫った三角形のものを多数つらね、あるいは紙に米を包んだ小さな球を作り、これらを糸に結びつけて供養橋へ行って「橋の糸かけ」という行事をするというが、内地でも舞鶴地方のアサマイリや対馬のアサデヤリ、青森県南部地方のノミマイの風や、九州の阿蘇地方の「三日の団子」、近江、丹後、壱岐の諸地方の「三日の洗い」、「三日の洗濯」、近畿地方東南部の「三日干し」など、今日では忌の一つの段落のごとくに考えているが、古い感覚ではこれが一つの生死画別の式の名残であったのではなかろうか。同様のことは滋賀、福井二県で葬式の翌日行なうアサミマイやオチャマイリ、もしくは神奈川北部から山梨、長野県の一部へかけての葬式翌日のザシキアライ、オトウメ、ゼンビキなどの習俗や、鹿児島県下のミッカノコト、関東地方の葬式の翌日乃至三日目の「忌中ばらい」、や「精進ばらい」、「魚ふしん」なども、次第に葬式当夜の手伝人や会葬者への慰労の感じが強くなっているが、かかる習俗発生の宗教的起原は、生者と死者と死霊の関係変化の過渡儀礼の一つと考えられはしないであろうか。

六

奄美大島の竜郷村にはミカナンカという語があり、三日と七日が死後の重要な日とされている。そして沖永良部島などでは、マブシとかユタヨセと称する口寄せは、大抵アラナンカ、すなわち初七日に行なわれる。宮古島のカンピトゥラワカリ、神人画別の儀は死後七日忌を墓で行ない、その後吉日を選んで奇数の人数が墓に一番近い叉路に行って焼香し、その帰途道の叉路ごとに三回焼香して、死霊をまよわし、これがついてこないようにするといっている。琉球列島中の津堅島や、奄美群島の徳之島にも、死後一週間、生前の遊び仲間が死骸を放置した場所に行って歌舞飲食する風があったといい、喜界島では死後六日目、すなわち初七日の夕方、墓前で盛んに火をたいて祭り、死者の魂はこの煙に乗って空へ上って行くというのは、『万葉集』の詩人が、火葬の煙に乗って亡き人の魂が、浜松の上や嶺のあたりを雲とただよい、いさようと見たのと同様の感覚である。

大森義憲氏の報告によると、山梨県の本部村では初七日の祭に墓へ花を供えて死者を迎えに行き、親類の者が家に集って馳走になるとあるが、これも一種のカンピトワカレである。八丈島では葬式を出した後、選ばれた女がただ一人、一本の灯明と線香をもって位牌をまつり精進をさせ、七日目に「精進落し」と称してその女に始めて生臭物をたべさせるという。この女が霊託をするか否かは明らかでないが、一週間は死者と死霊の分離期間として、尸を侍せしめて忌み仕える習わしの名残りかも知れない。伊豆の神津島では、出棺に際してワカレメシを食った近親の者が、七日間喪家に泊って別火の生活をし、七日目に再びナキワカレという一膳飯をくって、それぞれ自宅へ引取る。「荒火明け」を死後七日目にする所は高知県幡多郡にもあり、愛媛県北宇和郡では六日目に餅を搗き、七日目を「火明け」と称してこの餅を一本箸で食べるという。岡山地方の「仕上げ」というのも死後六日目の晩であり、長野県小県郡の村々でも、七日目に手伝人や近親者にふるまい、精進上げをし、かたみ分けや寺への布施をして、これを「つけ七日」と呼んでいる。先にあげた秋田県仙北郡角館町附近の新仏の最初の口寄せは死後初七日の儀式で、ここでは新口、古口、新口と三段に口寄せする慣しで、新仏が二度おりると、あと酒盛りをし、親戚一同集って別れをするという。遠くはなれて三重県飯南郡や阿山郡の農村では、初七日に「仏の口明け」とかミチアケをする風は古くから存するようだが、新潟県中魚沼郡では骨箱を新仏壇に安置し、七日の後にこれを取り払って骨を墓所に納め、壇、道具に遺物、布施、斎米、線香、蠟燭、野菜などを添え、近親数人で菩提寺に行き、供養して帰るのをダンビキという。石川県能美郡苗代村では一七日をハナナホシといっているが、岩手県雫石地方では葬式後六日目に念仏者一同に酒を饗するのをオダヤと称し、秋田県鹿角郡では死後一週間を「濡れ草鞋」と呼んで、死者にとって特別の時期として生者の謹慎を要求している。

社会生活の変化や忌みの観念の変化に伴って、死後霊魂をめぐるフォクロアはすでにかすかとなり、慣習は一面コンプレックスしつつ崩壊過程を辿っているごとくであるが、以上の伝承はいずれも三日と七日の両日が死者霊魂にとって、特に重要な時期であったことを暗示しているごとくであり、これらは必ずしも仏教の規制力に負うというよりは、農耕社会に芽生えた一つの民間哲学であり、これを前提として習俗化してきた面も少なくはなさそうに思われるのである。

(国学院雑誌第五四巻一号)

三　幽霊談義

一

『源氏物語』の夕顔の巻に、光源氏がさる荒れはてた古院のなかで、女君と逢引していると、夜ふけにあやしい物《もの》怪《のけ》におそわれる。宵をすぎた頃、しばらくとろとろしていると、枕上に美しい女性があらわれて、「めでたいお方よと存じ上げて、こんなにお慕いしている私を構っても下さらないで、何の見どころもないこのような人をお連れになって御寵愛なさるとは、口惜しくも腹立たしう」と、うらみ言をいいながら、女君をゆり起そうとする。あたりは灯も消えて物凄い情景で、やがて夕顔の君は絶え入ってしまい、光君も久しく患うのであるが、この物怪はそれと名指してはいないが、源氏の側室六条御息所の嫉妬する生霊のしわざと推測される。同じ物語の葵の巻では、妊娠している源氏の正室葵の上のところへ、六条御息所の生霊とあからさまに名乗ってあらわれてくる。御息所自身も、自分のどうにもならぬ心の動きをいたく嘆いている。

さて、人間の霊魂が人魂と呼ばれ、それが生死にわたって色々の形をとり、音声を持って人の世にあらわれ、意志を知らせようとするものだという信仰は、随分古くから持たれていた。それがはっきり生前、殁時の姿をとって髣髴とあらわれるものは幽霊であり、なんとなくふわふわと、光る玉のごとく浮遊するのが人魂であるといわれる。すでに『万葉集』巻十六の「怕物歌《おそろしきもののうた》」三首のなかに、

人魂《ひとだま》のさ青《を》なる君がただ独《ひとり》逢へりし雨夜は久しく念《おも》ほゆ

というのがあって、こんにちの概念と同一かどうかは確かでないが、人魂という言葉があり、それが雨夜とも関係するという伝承のあったことが知られる。『日本霊異記』巻上、第十二縁に、奈良時代の名僧道登が奈羅山を通ると、その渓路《さわみち》に一個の髑髏が落ちていて人畜にふまれているのを悲しみ、従者の万侶《まろ》に命じてこれを木の上に安置させたところ、のちその髑髏の主、来って万侶を伴い、その生家に招待して飲食せしめ、自らを殺したのは実兄であることを告げた、という物語をのせている。同じ『霊異記』にある元興寺の道場法師が、夜毎に鐘楼にあらわれた悪奴の霊たる鬼と力くらべをした話は有名だが、また『続日本紀』巻十六、天平一八年六月二八日の条に、僧正玄昉の死を伝えて「栄寵日に盛んにして稍ゝ沙門の行に乖《そむ》けり、時人これを悪《にく》む、是に至って徙所に死す、世相伝えていう、藤原広嗣が霊のために害せらる」とある。広嗣の霊祟は、のち神と祝われて松浦明神とあらわれ、この霊のために天につかみ上げられた玄昉の屍体は、バラバラになって奈良の都に落ちたとして、頭塔森、眉塚、肘塚などの伝説があり、すこぶるシナの蚩尤伝説の影響を想わせるものがある〔今昔物語巻十一、第六話〕。

特に平安時代には、日本の歴史の上でも一番、生霊や怨霊の活躍がいちじるしく、多くの民間説話にも、非業に死んだものや、妄執怨念の殊に強い人の霊魂は、この世に浮游し易く、執し思うものにまつわって、時に形をとり、声を発して人々の前にあらわれたとする物語は多い。河原院に深い執心を持った融大臣の幽霊が、その河原院で京極御息所と添臥し中の寛平（宇多）法王の腰に抱きついた〔江談抄巻三〕という話や、大納言を望んで得られず、悪霊となった朝成の霊〔江談抄巻二、続古事談巻二、十訓抄巻九、十〕、小一条院女御の争いに道長をうらんで悪霊となった顕光の霊〔十訓抄巻九〕などは有名で、いろいろの書物に書きとめられている。

この時代にはしたがって、「最後の一念」ということが重要視され、精気をその一点に凝集することが死後の世界を決定し、転生を有効にした。最後の一念によって、強悪の盗人や遊女が、弥陀の浄土に往生したという説話もあり、逆に多年念仏を修して浄土往詣を念願しつつ、最後の一念に庭の橘に愛着したり、天井裏にかくしたヘソクリをふと想い出して、死後蛇に転生してそのまわりに蟠っていたという、康仙や無空律師の話も『本朝法華験記』や『日本往生極楽記』、『今昔物語』などに見えている。

上代には病気、産の悩み、風雨雷電地震など、多くは人の霊や雑霊のうらみや、いたずらと見られ、これに対抗するために、験者《げざ》とか聖《ひじり》と呼ばれた呪験の僧がまねかれて、護摩《ごま》をたいたり、珠数を押しもみ、鈴、太鼓を打ちならして、恐ろしい声で陀羅尼や経文を唱えると、やがて専属のヨリマシや、時にはその場に居あわせた典侍などに、病人や産婦に憑いた霊がのりうつって、さまざまのうらみ言などを口走り、それがやがて修験者の呪力や念仏の力によって取り鎮められ、退散させられるのを、調伏《ちょうぶく》と呼んでいた。

二

こうした風潮は、一方ではそのような生霊や死霊の怨念とか、「たたり」とかをいい立てて、人々を畏怖せしめた験者や巫女、尸童などの責任でもあろうが、しかし他方では、人間の霊魂は生き死ににかかわらず、自由に体をはなれて浮游し、他人にとりついたり、物や場所につきまとえるものだという考え方が、古くから存在していたによるのである。そしてかかる霊の存在を幻に見たり、耳に聴いたりし得る力、つまりは超自然的なものの存在を具体的に感受する性格、暗示にかかり易い性格が強く、したがって共同幻覚や幻聴も活発であったように思われる。

もっとも幽霊談は、シナが本場かと思われるほど豊富で、日本の説話伝説のなかにも、その輸入品や換骨奪胎したものが少なからず見出される。また、魂が眠っている間に体から抜け出して、蜂、虻、蝶などに化して飛びあき、いろいろの経験をしたり、幸運をつかんだりする物語や、気絶した人の魂があの世の入口まで行ってよびもどされたとか、種々の世界を遍歴したという話や、メディシン・マン（呪霊）とかシャマン（巫俗）とよばれる接神技術者が、自らトランス（忘我接神）に入って、患者の肉体から抜け出た魂をさがしに行ったり、信者の願いと供犠を持って上天の守護神のところへ祈願に行き、また託宣を乞いに出かける、といった伝承は、多くの古代および未開発民群の間に見られる。

ここには多分にシベリアから中央アジア、極東諸地域にひろく分布するシャマニズム的要素と、仏教ことに密教系の呪術や信仰の要素とを中心に、さらに人類に共通した夢の現象の不思議さを説明したり、気絶した人を蘇生させるための呪術や、蘇生経過のなかにあらわれる異常な経験の記憶などを説明しようとする試みが、追々に伝聞され、集まって、やがて一つの共通観念や教義にまで組立てられてきたものであるらしい。

ことに日本人は霊魂と肉体の関係についての考え方が、いずれかといえば肉体を穢れたものとし、霊魂を清浄なもの、威霊あるもの、自在に活動し得るものとする二元的観念の傾向が強かったからである。このことは、こんにち民間に伝わっている埋め墓と詣り墓の二重の墓を建てる両墓制が、かなり広範に分布していることや、屍体を焼いて灰とする火葬の風が、仏教伝来とともに比較的抵抗なく貴族社会に受容せられたことや、盆・正月の魂祭の行事や、死者の霊と交流する巫女の口寄せなどの風俗からもうかがうことができるように思う。

三

日本人のこうした肉体観、霊魂観は、まるまる古来自発の思想信仰とだけ見ることはできない。しかしさればとて、幽霊や生霊・怨霊の着想や信仰を、すべて仏教やシナ民間信仰の影響とするのも当らないように思う。かりにそのある部分は輸入品であったとしても、それらを日本の民衆が好み、それを自己のものとして身につけたという事実が大切な問題であろうからだ。

それにしても日本の民衆は、なんと死霊を尊び、亡霊を愛する人々であったことか。試みに中世の文芸を繙いてみても、謡曲などは亡霊の文芸とさえいい得るほどのものである。近世の文芸にも、上田秋成の『雨月物語』はいうまでもなく、浄瑠璃、芝居、講談などの民衆芸能の世界にも、いくつかの幽霊、怪談物の当り芸がある。夏芝居に幽霊と怪談が吉例の出し物になったのは、いつごろからか詳しくしらべたことはないが、この風はこんにちの冷房のきいた劇場でさえまだ続けられている。宵の夕涼みに町内の若者が集れば、やはり怪談がはやった。凄い幽霊や怨霊の話を聞けば、ゾッとして襟元から涼しくなるという効果もあったし、第一に近世の江戸市中は、暗闇が多く、御歯黒ドブや黒い影をたれた柳の木なども多かったろうから、話を聞いているだけで、もう溝の向うからなにか出てきそうな気配が感じられたであろう。「幽霊の正体見たり枯れ尾花」の句も、電化の進みとともに作者の実感は伝えにくくなり、幽霊には住みにくい時世となってしまった。

橋の畔の柳の枝に、小雨のふる五月闇というのが、近世における幽霊出現のきまり場所であるが、これには民間信仰の上からはかなり重要な意味がある。柳田国男翁の『信州随筆』には、古代人はしだれ桜や柳のように、最初から下向きに枝のたれる性質の木や、老木になるほど枝が地に向く傾向を有する松のような木は、神霊が天降るのに最もよい足がかりになると信じた、と説かれているが、奄美大島あたりでは、枝がたれてきて根となるガジュマルの木の下には、よくマジムンやカケムンがあらわれて、通行の人を驚かすといわれるのも同型の信仰であろう。神霊と亡霊とがどこで一つとなり、どこで別れるかは、日本人の信仰史の上ではなはだ定かでない面があり、人にして神、神にして人なる神格や人格、また神の代弁者や御杖なる巫者が存在し、異常な人は死後その霊祟によって神と祭られた。とすれば、神霊の通い路、神霊示現の場所はまた同時に亡霊の通い路、亡霊出現の場ともなり得たろう。しかし幽霊が土堤の柳を最もあり得べき出現の場と決めたように、やがて幽霊の形姿も一定の型をとるようになった。これには円山応挙をはじめ、好んで幽霊や変化図を描いた画家の作品がヒントとなったことは見逃せないが、「画工のものを図するに、水火をもて難しとし、鬼神をもて易しとす」といわれて、自由な空想世界に彩管をふるうことができたとはいっても、空想にも一定の限界があり、そこにまた久しきにわたる民間伝承の潜在概念が働いているように思われる。足のない幽霊は円山応挙の着想とする説が巷間に流布されているが、これにはもちろん反対論があり、高崎正秀博士は、あの幽霊の裾細りは、一本足の退化と見、そこから雪女郎、産女を通して独眼隻脚の山の神信仰にまで、その足跡をあとづけ得るとさえ見ている。ともあれ、江戸末期頃には、幽霊は足のないものとする風が一般化したらしい。そして駒下駄を鳴らしてくる幽霊などは、見られなくなってしまった。

妖怪学の泰斗であった故井上円了は、その東京練馬の書斎哲学堂の門の左右に、「論理に棹さして物心の源に溯り」、「理想の馬に鞭って絶対の峰に登る」とのプリンシプルを掲げ、さらに両袖に一体の天狗と一体の女の幽霊像を安置し、「物質の精気凝って天狗となり」、「心性の妙用発して幽霊となる」との聯を懸けている。この像は田中良雄氏の作といわれ、応挙の幽霊図にかたどったといわれるから、多分足はないと思う。

四

現在のフォクロアでは、幽霊は内陸部ではほとんど姿を消してしまった。しかしまだ海村には船幽霊の伝承は盛んに聞かれる。これは水死人の亡霊をあらわす幻の船で、『太平記』のなかにも見えているし、近世の随筆にも、瀬戸内海の霧の夜などに、しばしばこれが経験され、平家の軍船があらわれるといった噂も長門附近の海上にあったことが、色々の書物に見えている。

漁師仲間で今もいい伝えていることは、船幽霊は多く風に逆って走り、時にはならんで競走することもあるといい、またこれを船幽霊と見破る方法などもいろいろ伝えられている。船幽霊からは、よく杓子をかしてくれといいかけることがあり、そのまま貸すと、水をどんどん船に入れて沈められることがあるので、必ず底をぬいて貸さねばならぬといったり、また握飯や団子を供養のため海に投げてやると消えるともいう。トモヨビといって、人をあの世へ誘いにくるというので、これに応対するいろいろの禁忌や作法なども全国に残っている。船幽霊の共同幻覚が海村によく保存されているのは、漁夫の生活が陸上のそれと違って危険率が高い上に、夜間の出漁が多く、天然条件が昔とあまり変化していないことにもよるのであろうと思われる。

陸上で今も時々聞くのは人魂《ひとだま》である。近畿地方ではこれをショウネンダマというらしい。おそらく正念魂か正根魂であろう。大抵は死の先駆現象として、魂が一足先に肉体を去ってゆくのがたまたま人の眼にふれるのだと考えられている。人魂は燐光のように光るし、尾を引いているとか、色も青白いとか、黄色だといわれるのが全国的である。そして人魂は火の玉とは別で、火の玉の方は高く飛んで色も赤い。狐火、狢火、夜這星、山鳥、ワタリビシャク（杓子形の火の飛びもの）などがその犯人といわれる。

人魂の方には顔があるとか、喋るとか、幽霊的要素を加味した薄気味の悪い伝承も稀にはあるが、多くはその家の軒先から飛び始め、軒先伝いに墓場の方とか、岡、藪、寺などの方へフワフワと飛んで行くというのが多い。なかには病人がうつらうつらしている間に、魂が人魂になって戸外をさまよっていたなどという話もある。また男の人魂は座敷から、女のそれは流しから出て屋根の辺を上下する。人魂ではないが、死ぬ前兆として、よく病人の霊が檀那寺を訪れる音がすると伝えられるが、このときも男のときは玄関から、女の場合は台所からくるという伝承が新潟県下にはある。

前世紀の終りに出たイギリスの坊さんで民俗採集家であったグールドの『民俗学の話』（今泉忠義氏訳）を見ると、同じような話がいくつか載せられている。これが自然現象か幻覚かは議論のあるところだが、民間心理として、これを人間の霊魂の所為と考えたところに大きな問題があると思う。日本では古く魂をタマ、タマシイといい、神への幣物をタマグシと呼んだように、霊魂は球形に近いものとする信仰は古いものと思われる。また人の死ぬ前に、親しい友人や縁者に一種のしらせがあるということもよく聞く話である。病人が訪問したとか、大きな音をさせたとか、実見談や経験談と称するものが伝えられて、霊魂実在の一つの根拠ともされている。遠方の親しい人の家や寺へひょっこり訪ねてきて、何気なく世間話などをして帰って行ってから、はッと気がつき、大病と聞いていたのにと、いぶかっているところへ、今息を引取ったという報らせがきた。あまりの不思議さに座敷へとって返してみると、その人の座った座布団の前に茶がこぼれていた、という風な話は沢山ある。

五

沖縄では、人の体にやどっている霊魂をマブイという。これには死者の持つ死《しに》マブイと、生者の生《いき》マブイとがある。古くはその個人の身分、階層によってマブイにも等級があったらしく、たとえば海の彼方の他界楽土であるニライ・カナイへ行けるマブイと、地下他界へ潜ってしまうマブイとがあったようだ。

マブイは時として身体から離れることがあり、これにはマブイオトシとマブイヌギとがある。川で溺れたり、崖や樹の上から墜ちて気絶したようなときがマブイオトシで、身体が衰弱したり、重病の際、意識が朦朧となった状態をマブイヌギという。こうした場合、マブイを再びその身体につけてやる呪法をマブイゴメといった。これには外から、浮游している魂を内へ誘導するものと、内にいて魂を招くものとの二人がいて、招魂の呪法を行なうのである。幼時には一般に引きつけなどで魂が抜けやすいというので、マブイ緒といって、着物の背縫紋所に布片や糸をつけたり、「マブヤー尾」といって鬚《ずう》の窪のところの毛を残しておく風習などもあった。

一般の俗人のマブイはめったに人にたたることもないが、嫉妬ぶかい女の生霊は、他人の持ち物についてたたりをすると信じられている。これをイチジャマという。生魂の訛りであるらしい。家筋で、母から娘へこの性格は遺伝するといわれる。つきあいがわるく、意地悪で、陰気なヒステリー型の女に多い。これに恨まれたり、羨ましがられたりすると、主人やその持っている道具、着物から家畜、作物までが、不意に病気になったり、破損したり、枯れたりする。それでこんな場合にはユタという下級巫女を頼んで祈禱をしてもらい、その憑いた霊をおとすのである。

内地でもゴンボ種とか犬神持ち、狐持ちの家筋などといわれる迷信は、こんにちもなお跡を絶つにいたらないが、その一種の原初的形態であり、始めにあげた六条御息所の生霊現象とも共通要素を持っている。そして一念が凝ると、霊魂はおのずから身体から離れて、自由な報復活動ができるという信仰は、注意すべきことである。おそらく古代にはこうした性格の人が、いわばカリスマ的人格として、呪術者、宗教者として特殊の地位を占めたことであろう。そしてかかる俗信を保存している社会は、それがフォクロア化したため、それ本来の機能や価値を失ってしまったが、民衆の心意の奥底には、なおこれを存在せしめ得る原初的な被暗示性や感受性が、かなり強く保存されていると見られはしないであろうか。

六

幽霊の実見談というものは、たいていはまた聞きのもので、四、五人もの仲介者を経ているのもあり、いわゆる噂話の域を出ないが、平戸藩主松浦静山の有名な『甲子夜話』巻二に自身の経験が語られている。誰でも知っている書物だがいちおう引用してみると、

幽霊などと云ふも、全く虚言ならず、予が侍妾の二十なるが、初夏の頃より病に染みて、臥したりしに、月を踰えて危篤に及び、その母、憂ひて下宿を請ひければ、その請ひに任せ、臥したる儘に帰家せしめしが、尋で空しくなり、予も不便に懐ひければ、有りしことども、側の者に、毎に云出したりしが、両三日を経て、寝所に寐んとせし頃、其の常々出入する所より、幻の如く、その姿来たり、弓箭を立て置く前に至り、消えうせぬ。又仲冬のことなり、常に親しく召使ひたる茶道、熱を患いて死せり、これも不便に思ふままに、その一七日に、香火の料など孤子に与へ、その前日か墓碣のことなど左右に命じ、又彼れが企て置きし園中の経営半途なりしことをも、程々に成就して、其の志を遂げたりしが、その翌夜の暁、表座舗に仮睡せしをりしも、生前の如く其の名を称して、其中上候と云ふゆゑ、何意《なにごころ》なく、応《おう》と答へたれば、この程庭造の御事、夫々に成し下され、忝く御礼申上候、これにては病歿せしも恨む所なく候、これよりは御寿命を祈り申すなりと言ひたり、この時、夢裡なりと心づきぬ、是も我が心の為す所か、抑も人魂の来る者か。

とある。幽霊はいわゆる人魂とちがって、個性がはっきりし、出現の意図を相手にわからせねば目的は達しないのであるから、もちろん狐狸や妖怪変化《へんげ》のたぐいとは類を異にするものである。しかし霊の意志もさることながら、

それと見分けて種々反応してくれる相手がいなくては成り立たない。また朦朧とした幻影も、光り物も、言葉も、相手次第では幽霊とも亡霊とも見、また何某の霊の声とも聞き分け、解釈して、その意志を知るのであって、幽霊現象は、むしろこれを感得する生者の心理に依存しており、そこにもまた宗教史の重要な問題を蔵しているのである。

一般に宗教の世界は俗から聖へ、聖から俗への二次元の世界にまたがっている。しかし俗なる生者が俗の段階にとどまっている限り、いかにしても聖の世界と交わることはできない。聖界との交流には必ず俗界を去り、一定の過渡儀礼をふんで聖界への出入を許される状態にならなければならない。祭における精進潔斎の行や、通夜参籠などは、この聖次元へのイニシエーションの手続きである。またこの手続きを一種の北極型ヒステリーと呼ばれるような精神異状の経験を通して成就するものはシャマン（巫覡）である。しかしいずれにせよ、こうした手続きなしで神界や他界や、また神霊や死霊と交わることはできないのである。単に不可能であるだけでなく、強いてこれをなせば、それは生者にとってははなはだ危険な状態に陥らなければならない。なぜなら霊界は俗界を越え、死者霊は生者と同じレベルにはいないからである。そこで幽霊を感得するといっても、それは生者が無意識的にもせよ、いちおう俗を越えた聖のレベル、もしくは霊を感じ得る非俗状態にまで昂揚されて、始めて可能となるのである。したがってそのときにおいては、一種の異常心理となっていたと見てよいのである。

他方、幽霊はまた生前における個性的社会的規制をうけている。だから誰でも非常な死に方をしたり、一念を凝らしさえすれば、妄念妄執によって幽霊に出られるというわけにはいかなかったらしい。生者の方ではあるいはと恐れたにしても、実際に幽霊となったものは極めて寥々たるものである。シナでは幽霊を尊び、幽霊になれないものを卑しめる風があったといわれるが、私には疑わしいように思う。幽霊化するにはいろいろの条件が備わらねばならないからである。

七

日本では古い世から、神が人の姿をとってあらわれ、巫女神人の口をかりて意志を伝えるという信仰は、ずいぶん広く、また根づよく行なわれている。これはいわば神人同型説《アンソロポモーフィック》とよばれる信仰に近い。この型の信仰からは、ギリシアにおけるような偶像が発達するのであるが、古神道には偶像が存在した形跡はまったくない。そして仏教の渡来以後、その相貌端厳な数々の仏菩薩像が船載され、また制作されたにかかわらず、神像彫刻、神像絵画はほとんどこれに匹敵するような傑作を生むにいたっていない。必要が発明の母だとするならば、神像制作の未発達であったことは、その必要度が少なかったにほかならぬ。おそらくは、神や霊を代弁する人のふるまいや言葉が、ことにいちじるしく、いわゆる「人神」の信仰が早くから成立し、その機能が比較的衰えることなく持続していたためではなかろうか。他方この信仰を基盤として、そこには神に扮するわざおぎも起ってくる。神聖と感じとられる樹木や、長い歴史的な約束になる物実《ものざね》を立てたり、置いて、その前に心身を潔らかにし、忌みつつしんで侍坐していると、そこに髣髴として神の来臨の姿が感得されるような、特異な宗教的訓練があった。そして神と人との境界は、キリスト教やマホメット教などとは根本的に異なり、日本でははなはだ曖昧であった。

だから怒れる神は、神の選民の口をかりて、天災や疫癘を起した神の意志を伝え得たし、逆に怒り怨む人の霊魂もまた同じく人の口をかりて、その想いを伝え、怨みをのべ、往々にして神となったことを宣告し得たのである。だからすぐれて猛き人の霊魂、異常な性格者の霊魂は、神と人との中間的存在として意識されている。この点から見れば、日本の幽霊は、「人神」信仰を媒介とする神のイリュージョンの衰退現象とも見え、また人の神化への可能性内蔵意識のフォクロア化ともいえるであろう。

死者を手厚く葬ることは、古代日本の一つの特色であり、いわゆる祖先崇拝のあきらかな証拠の一つとされる。

中国思想の影響ももちろん強いものがあって、飛鳥時代以後には、その幣多しとして、しばしば朝廷は薄葬の令を下し、天皇自らその範を垂れようと意図した場合も少なくない。しかも延喜年間において、なお三善清行の言葉をかりれば、

王臣以下庶人ニ至ルマデ、追福ノ制、餝終ノ資、皆式法ヲ立ツ、而シテ比年諸ノ喪家、其ノ七七ノ講筵、周忌ノ法会、競イテ家産ヲ傾ケ、盛ンニ斎供ヲ設ク、一机ノ饌、堆キコト方丈ニ過ギ、一僧ノ儲、費千金ヲ累ヌ。

（意見十二箇条、原漢文、群書類従本による）

という状態であり、「豈に必ずしも子孫の破産を待って父祖の得果を期せんや」と論ぜざるを得ぬほどの事例もあったらしい。他面には淳和上皇のごとく、

予聞ク、人歿スレバ精魂天ニ帰ス、而シテ冢墓アラバ、鬼物コレニ憑リテ終イニ乃チ祟リヲ為シ、長ク後累ヲ貽ス、今、宜シク骨ヲ砕イテ粉ト為シ、コレヲ山中ニ散ゼヨ。

（続日本後紀）

と遺詔して、山上に散骨を命じたごとき例と対比してみると、興味深いものがある。淳和天皇の兄、嵯峨天皇もまた当時における稀なる合理思想を持たれ、「世間のこと、物怪ある毎に祟りを先霊に寄す、是れ甚だ謂われなきこと」とせられたが、やがては「物怪有るに随って所司をして卜筮せしむるに、先霊の祟、卦兆に明らかなり、遺詔ありと雖も、卜筮の告ぐるところ信ぜざるべからず」（続日本後紀　巻十四）とし、折角芽生えた「マジックからメタフィジーク」への合理化の歩みは、逆転して呪術世界への束縛へと進み、やがて平安時代を特色づける御霊《ごりょう》信仰の隆盛を将来するにいたった。

延喜天暦の頃を一つの境として、日本人の宗教、信仰の歴史の上に、大きな転回がなされた。一方では空也や源信（恵心僧都）、慶滋保胤《よししげのやすたね》のような人々の努力によって、都鄙に念仏の信仰が、他方では浄蔵や増賀、性空、聖宝といった有験の僧が、里に山に新しい民間仏教を開拓しようとしていた。

八

この宗教界の動きの背景には、古代王朝社会から中世封建社会へとうつって行く萌芽的胎動が看取される。王朝貴族と結合した既成教団も、やがて彼等の後継者によって内部的に崩壊し、新しい宗教運動としての鎌倉仏教が開幕する。経済事情や生活形態や生活内容の変化につれて、人間性の自覚、個性の意識が次第に強まり、それにつれて霊魂観念の上にも、大きな変化が起ったように思われるのである。念仏は元来自己往生の法であったものが、一転して死者追善の有力な呪法となり、さらにそれが民間に下降して御霊信仰と結びつき、多くの念仏ヒジリを要求するようになったのも、見神得験の修行法としての山林抖擻の行が、これまた御霊信仰と結びついて、多くの験者《げざ》を必要としたのも、その変化の一つのあらわれである。そして今まではおそらく身分や地位によって段階があり、差異のあった霊魂のポテンシャル・エナージーや資性が、次第に平等化されて西方極楽への往生に統一されてゆく過程も、またその変化の一つのあらわれとして見逃すことはできないのである。

おそらく上代の古墳時代において、誰しもが前方後円墳や円墳を築き、石棺や木棺に副葬品を添えて手厚く葬られたわけではなかったと思う。こんにちのように犬猫のたぐいまで、金を払えば一本ずつの石碑を建てられる風が、もし古墳時代にもあったとしたなら、仏教によって貴族火葬の風が流行し出した白鳳末には、日本列島の大半は墳丘をもって埋ってしまっていたに相違ない。

こんにちでも未開人の間には、その個人の家柄や社会上の地位によって、神聖な階級と凡俗の階級がわかれ、それぞれに葬法、墓制を異にし、個人の内蔵する霊魂の数や比重もちがい、死後に往き住む他界も、再生転生のあり方も異なっているといわれる。こうした差別は、おそらく古代日本にも存在したと想像されるが、しかしこのような制度や慣習や考え方は、多分は氏族制社会の崩壊と、仏教の平等主義の浸透によって次第にくずれ、変って行ったものと思われる。そして他界往生と霊魂神化の特権は、次第に凡俗の民衆のなかに分譲されてきて、生前のうらみや念いを、死後において晴らす可能性が信じられてきた。

平安時代の生霊死霊の驚くべき跳梁は、いわばこの解放過程の現象と見られる。そしてここに形を変えたヒューマニズムの芽生えが見られるように思う。死者をホトケという意識も、人を神にまつる余風のあらわれであろうとすれば、中世から近世へかけて、幽霊が民衆にもてはやされた原因の一半はうなづけよう。それは恐らく、古代の死霊崇拝と祖先崇拝の、シャマニズムと仏教呪術を媒介としつつ生きながらえてきた、一つのフォクロアであろう。

（一九五四年稿、一九六二年改稿）

四　日本人の信仰習俗

一　村落における宗教的緊張

一

わが国の農村社会は、封建的遺制と共に、多分に古代的要素をも残存し、かつその社会的生活には、伝承性の支配を受けることがいちじるしい。したがって村人の心性は、その構成世代および生活様式にしたがって、変化は見られるのであるが、なお一面には旧来の伝承を持続しようとする傾向があり、慣習の破壊、伝統の改変にたいしては、強い抵抗を示している。しかし他面、彼らは古来の宗教的性格に根ざす顕著な hospitality を有しており、異郷人を尊敬し、歓待する習性が強かった。これは文化受容における日本人の一般的性格を形成する一つの要素となったかとも思われるが、このために村落外よりする宗教的、信仰的な布教伝道が、その村の慣行習俗ないし信仰と習合調和する限り、そこには極端な迫害や拒否抵抗は起こらなかったように思われる。伝道者の側においても、彼らが自己の奉ずる宗教なり信仰なりを村人に伝えるに当って、いわゆる十字軍的な態度をもって臨んだと想像せられる事例はかつて極めて稀れであった。

かくして一般的傾向としては、わが国の村落民が、宗教上信仰上の差異を直接の動機として、村落内に、あるいは村落相互間に、久しい対立緊張を持続した証跡は乏しいのである。このことは、わが国の農村社会が、近世にいたるまで孤立的、封鎖的なアウタルキーをなすと共に、その信仰のあり方が、常に重層的であり、かつ多種併存的であり、しからざれば、いちじるしいアッカルチュレーションをしめしている事実によって証明し得られよう。

二

しかし、かかる日本人の信仰形成の過程の中には、また決して常に自由奔放な模倣と受容が行なわれたとのみ断ずることはできない。民衆の信仰受容の中には、必然的に彼らの生活様式と生活意識にもとづく選択作用があらゆる場合に働いており、そこに一種の社会的緊張関係があって、宗教なり文化なりを自己のものとしてきている。これを歴史的に溯って見よう。上代における仏教渡来に際して、この新宗教が、自然宗教に育くまれてきた古代農村社会に浸透して行った過程の中には、おそらくはかなり激しいテンションが起こったことが想像せられる。その過程は史料の上からは明らかにし得ないが、少なくともその痕跡は神仏習合思想、本地垂迹説の興起によって窺い知られるであろう。かくのごとき思想に裏付けられた種々の実修が、歴史の上に累積せられてきたところに、信仰受容に際して、少なからぬ精神的テンションがあり、その調和習合を必要としたことをしめすものであろう。

宗教の質は異なり、伝道の方法も、民衆の宗教的意識も変化しているのであるから、その間に現象のいちじるしい差異はあるであろうが、同じようなテンションとその解決が、切支丹の伝道に際しても、個々の村落内に起こり得たであろう。しかしその結果は、周知のごとく、政治的迫害によって中絶せられ、したがってそのテンションは島原の乱のごとき大規模なる叛乱としてあらわれたほか、九州各藩に見られる殉教者の形で近世初頭の宗教史を彩っており、その詳細は姉崎博士の『切支丹宗門の迫害と潜伏』の中に論じられている。そしてこの迫害を免れて潜伏した集団は、いわゆる「隠れ切支丹」として秘密結社化し、その信仰は極端なアッカルチュレーションをなしつつ、生月、平戸、五島その他において、その信仰を持続し、周囲の村民および復活キリスト教徒から孤立して今日におよんでいる。

切支丹の叛乱と形の上において似ているのは政治経済上の動因によって、中世封建社会に勃発した土一揆、一向一揆がある。純粋な宗教プロパーに発したものではないといえようが、一種の大規模な宗教的テンションの歴史的なあらわれに数えることもできよう。また西の「隠れ切支丹」にたいして、東北地方東部に分布している「隠し念仏」や「秘事法門」は、それぞれの間にはいちじるしい差があるが、総括して中世末から近世にかけて成立した真言念仏と浄土真宗系念仏の合体したものであり、近世警察行政の圧迫を蒙ってしだいに部落内に潜行し、小集団的な秘密結社となっている。

同じ宗教内においても、あらたに興った宗派が旧い宗派地盤を持つ村落社会に布教伝道する際、あるいは神社信仰と仏教信仰によって統一されている村落に基督教や新興教団が布教され、若干の改宗者を出す場合、歴史的にも村人と改宗者の間、布教者と村人の間に種々のテンションを起こす事例は多く、また村によっては後期の移住者が先住村民と信仰や生活様式を異にするために、特に差別感をもって迎えられ、あるいは特殊職能民が同様の理由によって婚姻、交際、行事、儀礼の際に排斥拒否され、激しいテンションを起こす契機となる場合がある。少数同胞における社会的緊張が、宗教上の差異に象徴され、対立感情の一つのファクターをなす例は少なくないのである。

三

正常なる農村社会においては、多くの宗教的緊張は、むしろ政治経済ないし文化上の理由から起こってきたテンションが、宗教信仰あるいは行事において意識され、またそれを契機として突発する形をとるものが多いように思われる。

たとえば同族団とか旧家の集団を基礎として成立してきた宮座とか檀家組織が、その基盤とする社会の変動、構成家族の社会的経済的地位の変化に応じて、対立抗争の一つの目標とせられてきた。祭祀権や座株の解放委譲をめぐって、本家分家、座衆と座外村民、同族団と他村民との間に、近世中期頃から各地にかなり激しい争いが起こって、これが宮座の崩壊、株座から村座への移行、あるいは氏子圏の分裂等を促している。寺院檀家の関係も、それぞれの檀家の経済力の急変と、従来の権威や格式の観念が崩壊し、こうした事情の上にテンションを起こしている例もある。

わが国の村落は、孤立した島嶼的性格を持つものの多いことは、すでに指摘した所であるが、そのため、村落相互の交渉は、通婚圏、通商圏として友好的に開かれる以外に、利害の不一致をもって互いに意識し合うことが、歴史が溯る程ずっと多かったように思われる。その一つに灌漑用水を挟んで相対する部落間の水争いなどに象徴されるように、そこには部落を単位とする集団的エゴイズムが濃く見られる。疫神送りとか虫送りなどの行事に、隣村の境に送りすてるという例の多いのなども、隣村が自己の生活共同意識の中にないことをしめしている。近接した部落相互の間で婚姻しないという所は意外に多く、これにはいろいろ隠れた理由があって、単純にテンションの痕跡とは断定し得ないようであるが、少なくともテンションを起こし得る一つの要素とはなり得るものである。そしてこれが極端な対立に導かれる場合、隣村の氏神が天神社であるところから、自分の村の鎮守の中に藤原時平の霊を勧請したという所も栃木県下都賀郡にある。（小野寺村小野寺、村檜神社境内社時平神社。）

これほどの対立意識はなくとも、部落連合の祭や行事において、こうした潜在的テンションがフォクロア化され、あるいは行事化されて、神輿の先棒争いとか、石合戦とか、水かけ祭、押合祭、けんか祭、笑い祭、綱引、角力などの中に残留し、今日では一種のゲームや卜占の形式と見られているものもある。村内で特に普段から他の村民からとかく評判のある家などに、祭の時に神輿が暴れ込んだり、いろいろの形で一種の慊がらせをする例は、多くの村で経験せられているが、ここにも農民の持つ世論とも憤懣ともいうべきものが、宗教的契機において集団制裁、報復として爆発するものと考えてよかろう。

四

終戦後の急激な社会変動、国民の意識や感情の変化にともなって、特に顕著となったものに神社をめぐる種々のテンションが起こり、一時ジャーナリズムの問題ともなった。しかしその実情は、農村社会においては都市におけるほど顕著でない。都市周辺の村落において、疎開者が神社への寄付とか祭の費用を分担することを拒否して、村の顔役、村民等と小規模なテンションを起こしているが、結局多数者の社会的圧力によって、渋々ながら屈服してテンションが解消したというのが大部分である。

そしてなんといっても一番深刻なのは、農地法にもとづく社寺境内地、所有地の開放、利用、もしくは樹木の伐採、地下資源の採掘等をめぐる社寺対村民の対立であり、その事例は頻発している。ここには経済的問題が主たる動因をなしてはいるが、根源には宗教的権威観やタブー観念の喪失が先行している。徳島県のある村の例では、神社境内の樹木の伐採をめぐる宮司と村長との対立が裁判に持ち込まれ、神社側の勝ちとなったが、このため村長はその神社の隣接地に同名同祭神の神社を新たに建てて、宮司に対抗してあらたに宗教的な色彩を濃くしたものもある。

昭和二十三年頃京都府何鹿《イカルガ》郡佐賀村及び島根県簸川郡久村にあらわれた全村集団受洗事件は、一時ジャーナリズムにも取り上げられ、多少のセンセーションを起こしたものであった。しかしこれらの原因は宗教的改宗運動というには、あまりにも経済的な、功利的な動機から始まっており、その後の経過は当初の宣言などからは遙かに遠い、竜頭蛇尾なものとなっている。

五

以上は今日わが国の農村社会における宗教的緊張の、歴史的、現在的なケースのいくつかを抽出して見たのである。そこで感じられることは、現在の農民に関する限り、その宗教的緊張と考えられるものは、多かれ少なかれ他の社会的要因によってもたらされたものであり、宗教とか、特定の信仰がそれ自身主導力となって、他の社会的関係を対立緊張に導いている例は極めて乏しいといえるようである。このために緊張は多くは村落内部、もしくはたかだか隣接村落相互間に見られるに過ぎず、これがより広地域の宗教的緊張に発達する可能性は見られない。そこでつぎに、比較的広地域に分布し、類似現象が多くの村落内に見られ、しかもその基盤を純然たる俗信に持っている稀有なる例として、憑物現象を取り上げて見たい。

「憑物」というのは、ある家族に特殊の動物霊、主として狐、蛇、狸等が依り憑き、中には実在する一種の動物を飼育しているともいい、それが特定家族の意志や命令によって、相手方に危害、疾病、損害を与えるとする俗信から出発している。

動物または動物霊と人間との精神的交渉は、すでに前史時代に始まっており、動物を使者、護法として自在に駆使する呪術者のあったことは、平安朝の文献にあらわれている。そして一般に possession の現象は未開社会に広く分布しており、ヨーロッパにも霊媒術として民間に残留しているが、わが国の近世以降現在におよんでいる憑物は、かかる呪術者を媒介としつつ、それを離れて、あらたに possessed families が増加しつつある点、それが一部に大きな社会力を持ち、相互にいちじるしい緊張関係を形成しつつある点で、生々しい現実であり、単に古代の自然信仰に発したものの迂余曲折した俗信化、残留物として片づけるには、あまりに複雑かつ深刻なものである。それは独り宗教史学の問題である以上に、社会心理学的、精神病理学的問題としても重要視すべきものであるようだ。

すでに近世以降この害は特に中国・四国地方に顕著であり、殊に出雲はこんにち、なおその蔓延度の甚しい地方であるが、早く一七八六年（天明六年）に『出雲国内人狐物語』、一八一八年（文政元年）に『人狐弁惑談』等が出て、当時すでに大きな社会問題となったことが知られる。その他に『古今妖魅考』、『賤者考』、『嬉遊笑覧』、『類聚名物考』以下、江戸時代の随筆類にも多くこの事実が注目されて、弊害のいちじるしかったことが知られる。そして土佐藩および出雲支藩の広瀬藩においては、これが根絶を期して、憑物の村といわれるものを襲い、火を放って村民悉くを殺戮するという悲惨なる事実さえもあった（伽婢子十一、紫芝園漫筆六、賤者考六八九）。単なる風聞であり、単なる俗信に胚胎した無根の事実によって、かかる惨澹たる事が行なわれたのは、極めて遺憾といわなければならない。しかもなおこの現象は現在においてその跡をたたず、実害もまた以前のままであるのみか、島根県の一部においては、現在増加蔓延の徴候をしめし、いたるところに抗争、絶交等の悲劇をもたらしつつある。これらの点はすでに柳田国男氏の「巫女考」（郷土研究第一巻）、「おとら狐の話」（炉辺叢書第二集）、喜田貞吉博士主宰の『民族と歴史』第八巻第一号の「憑物特輯号」等に詳しく、近くは岩田正俊博士が主として医学上から取り扱った『人狐』、出雲民俗学会編の『出雲民俗』第八号、狐憑特輯等がある。

六

今これらの諸研究、および筆者の調査にもとづいてその概略を述べれば、まず憑物は地方によって名称を異にし、憑霊の種類を区々にしている。東北地方の東半から新潟県を経て長野県の一部にわたり、広くイヅナと称する狐が憑霊とせられるが、関東北部から西部、一部山梨県にわたってはオサキ狐、長野県の一部から静岡県愛知県岐阜県の一部など中部地方にはクダ狐、飛驒地方にゴンボ種がある。関西地方では近畿、北陸は調査が十分でないが、中国四国地方は種類も分布もかなり複雑である。最も分布度の広いのは四国南部から九州一円を経て遠く種子島から琉球列島に達している犬神、インガメであり、他に蛇を守護霊とするというトウビョウ、トンボ、土瓶、スイカヅラ、蛇神、道通《どうつう》などがある。山陰地方から山陽地方の一部にかけては「狐憑き」、「人狐《にんこ》」、ゲタモノ、ゲドウ、デンスケ、ヨツがあり、四国の一部に「稲荷筋」というのがあるが、いずれも狐である。このほか但馬から鳥取県東部に「狸憑き」、対馬から西九州の一部、五島等にガータロ、ガーラッパすなわち河童憑きがある（第1図参照）。

さてクダ、オサキ、イヅナ、人狐等々、いずれも一種実在の動物が空想され、また想定されている。極端な空想説としては、米粒程の大きさのもので、竹の管の中に入って飼われているともいうが、多くの伝承の一致するところでは、大体鼠か栗鼠ほどの大きさで、尾が太く、脚が短かく、褐色の毛を持ち、冬になると純白になるともいわれる。これらは時に「飯縄使い」とか「狐下ろし」、「口寄巫女」が駆使して術をすると信じられるものであるが、この後の説は実見にもとづいたものであり、多分齧歯類のヤマネ科（Gliridae Lydekker）、あるいは食肉類のイタチ科（Mustelidae）に属するもので、俗にコエゾイタチ、リスネズミ、イイヅナイタチ、オコジョ、クダギツネ、クシビキネズミ、キブスマ、浄土狐などと称される小動物である。それが果たして古来の呪術者の持ったり、駆使したりした guardians であるか否かは確かめるべくもないが、農民たちはこれらを見かけると甚しい恐怖の情を抱くのである。蛇憑きの方は、現実に小さな蛇を土瓶の中に飼っているといわれ、それに纏わるいろいろの伝説も残しているし、トウビョウ、トンボ、土瓶の名の起こりもこれに由来するという。犬神も、巫女の guardian fetiche と同様に、赤犬や白犬の髑髏の干し固めたものを持っているなどといわれるが、他方では、その飼育しているというのは犬ではなく、鼠に似た一種の獣とも、米粒程の大きさの小動物ともいうのは、クダやイヅナと同じく、さらには蛇を壺の中に飼っているというのは蛇神憑きに似ている。四国には狐が棲息していないので、特に犬をいうのだとの説もある。

これにたいしてゴンボ種は、少し系統を異にし、動物や動物霊をいわず、その家系に特別の祟咎性が賦与されていて、その感情のままに、相手に作用する。すなわちゴンボ種の家の女性が、なにか羨しい、ねたましいなどと感

第　1　図

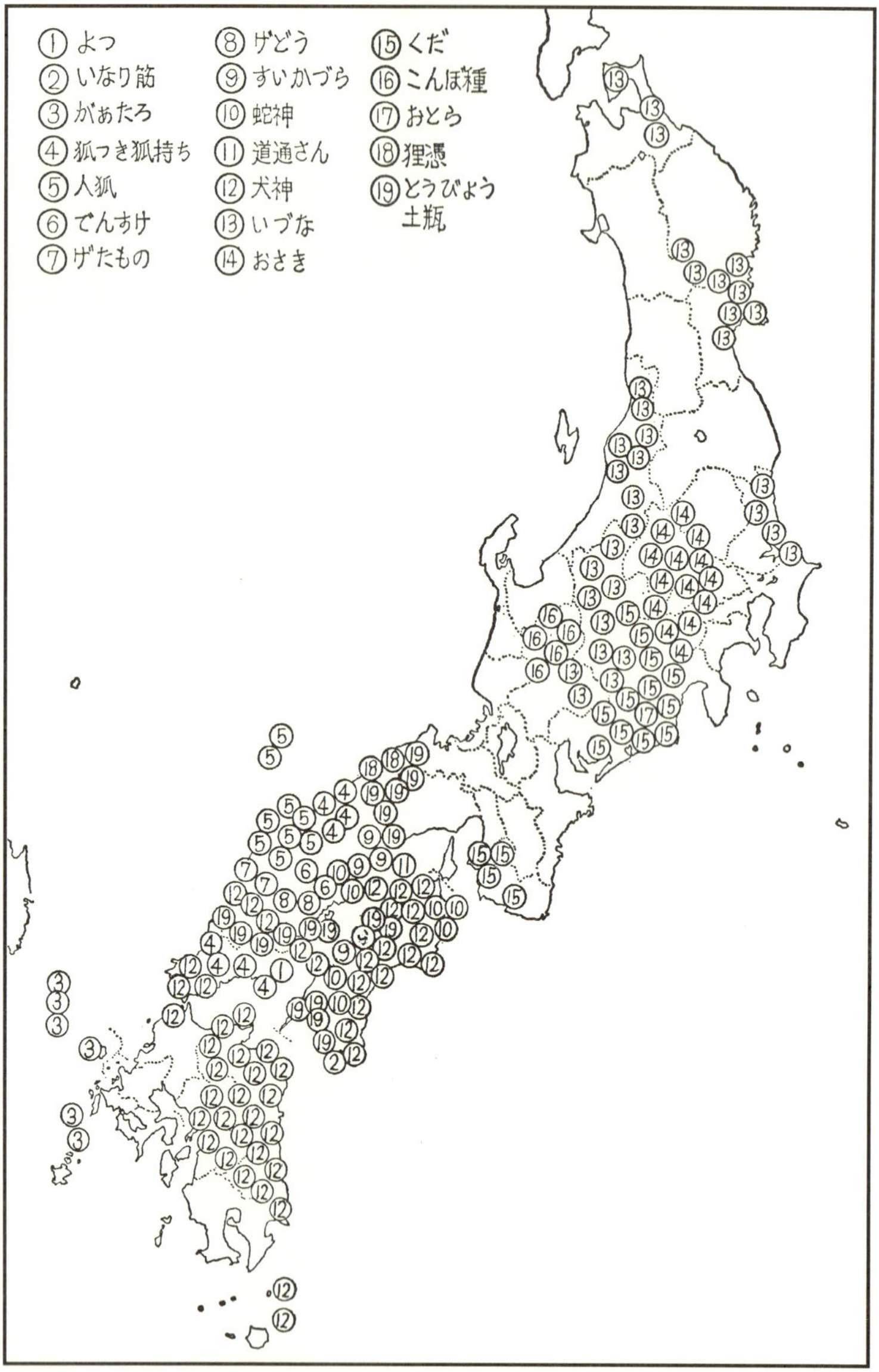

訂正：⑯こんぼ種はごんぼ種の誤り

じると、直ちにその相手が病気になったり、栽培している稲や麦が枯れたり、蚕が腐ってしまうなどと信じられる。

七

一般に憑き物の家が人々に知られるのは、その憑かれた病人が、憑霊状態において口走る言葉の中に名乗り出されるのであり、これには病気祈禱に招かれる地方の行者などの示唆暗示が大きく作用する。そして病人をその名乗った家の門口につれて行ったり、その家の者を無理矢理につれてきて看病させると、霊がおちるなどといわれる。

この形はいずれの地方の憑物にもほぼ共通したものであるが、ここにいたって俗信上における加害者は、一転して社会的な被害者になり、長く村において孤立し、親類縁者から絶交され、種々の精神的圧迫を受けなければならなくなる。憑物は多くは女性に専属するもののように信じられ、娘一人について七五匹ずつの眷属が殖える。それが縁組によって婚家について行き、ここにまた一軒の possessed family ができ、かくして憑物の家は増加して行く。したがって憑物信仰の盛んな地方では、嫁取りの第一の問題は家系の詮索であり、そして万一その筋の家から嫁を迎えたことがわかると、嫁を離縁するか、親戚兄弟と絶交するかの悲劇に耐えねばならない。

ある場合には憑物はこうした手続をふまず、急速に財産を作った家などが、その漠然とした村民の嫉妬心から、憑物の家筋だと決められる場合がある。これはかかる家系が、旧家や、新しい有力な移住者とされるものと共に、古い家々の持つ guardian spirits の信仰の名残りを留めている。群馬県あたりでは「オサキ大尽」という言葉があって、オサキ持ちは通常村で何番といわれる金持ちが多い。

八

　このように憑物は全国を通じて濃淡の差はあるが、いずれにも共通性があり、孤立した要素に乏しいのである。かく現象がティピカルに現われているところに、この社会現象が、根源を一にし、その社会の共通の条件と変化過程にともなって進展してきたことを物語っている。そしてこれが地方限りの特殊な民衆の心理や、体質にもとづくものとばかりは考えられないのである。おそらくはこの現象は、かなり深い根を古代宗教の中におろしているのであろう。この詳しい探究は、おそらくは本学会の直接の目的でない故に、今日は省略するが、ただ中古、神意を問い、霊祟を知ろうとするのに二つの形式のあったことは注意しておく必要がある。第一の形は呪術者自らが「よりまし」となり、超人間性を獲て言動する単純にシャマニスティックな形であり、第二の形は平安朝の験者に始まり、後には山伏行者たちに踏襲せられた「憑祈禱《よりきとう》」である。ここでは呪術者は第三者として背後に活動し、別に病人との間に尸童、稚児、よりわらわ、ものつく人、などの特定人を立てて、これに病人に憑いた霊をふりかえるのである。この第二の場合、主体的な呪術者はあくまで人間として活動する。そして「もの」とか霊とかを駆使して、自在に暗示せしめる点で、これは第一のものと同じ形式から派生したにしても、呪術力が神や霊を駆使する点で、呪術者の優位性をしめし、ここに験者とか行者と称する呪術者の社会宗教的機能と組織が、一段と強化されているのを見逓すことはできないのである。かくて「憑く」という現象は分化して「憑くもの」と「憑かれる人」と「憑かせる人」の三つとなる。このうち「憑くもの」としては、ゴンボ種の如く直接その家系の人間霊とする例もあるが、多くはその家に特別の関係ある動物霊である。それがさらに二つに分れて、憑くものの生存し飼育される家系が社会的に排斥せられるところに、この俗信の持つ実害がある。しかもこの「憑くもの」は一見それぞれの意志を持つごとくであって、なんら自律性を持たないことは、「憑かれる人」と同様である。「憑かれる人」は多くの場合、神経質な精神薄弱者で、暗示にかかりやすい異常体質者や異常心理の持ち主であり、心因性精神病の一種である祈禱性精神病といわれる。したがって血統を引く場合も少なくない。「憑く人」も「憑かれる人」も大体において女性の多いのも注意すべき点であり、古来憑物が女性によって増加していくとする俗信もおそらくはこの経験を基礎としており、かつ「憑かれる人」が、ある期間自己喪失をして、非人間的なパーソナリティに転化する点では、女性の持ったシャマニスティックな要素の衰退発現と見られぬことはない。かくして「憑物」において、背後にあって主体的に活動するのは「憑かせる人」すなわち呪術者である。彼らは「憑かれた人」に暗示をかけて、「憑くもの」とその所属する家筋を発見し、指摘し、解説し、かつこれを解除する役割を担っている。したがって憑物をもって彼らの詐術に帰する論者は古来多いのである。おそらく彼らが久しく農民の精神生活に関与してきた歴史が、この問題を解く一つの鍵であるにちがいない。それと共に、「憑くもの」がさらに分化して家系にうつり、呪術者の手を離れて一個の社会現象化して行く基礎には、わが国の農村社会における家を中心とした社会構造と信仰構造がある。すなわち家系における守護神、守護霊信仰が、一方では上昇して氏神信仰や祖霊信仰に向うと共に、他方では衰退して妖怪や動物形となり、シャマニスティックな家系の呪術力ともいうべきものが、フォクロア化し俗信化して、遂にかかる特異な憑物の現象を形づくるにいたったと考えられはしないであろうか。

したがってこの現象は単に宗教学の問題であるばかりでなく、精神医学の問題であり、社会心理学の問題となってくる。一つ一つは個人の詐術であり作為であろうとも、また精神病の症状であろうとも、それが社会化し、社会的緊張に導かれるためには、久しい歴史の変遷と慣習をともなうsuggestionとsuggestibilityの相互作用が強く民衆の上におよんでいるのである。

九

こんにち各地の憑物は、概ね一部落に一戸二戸、多くて数戸を数える程度に留まっており、その後増加の傾向はなく、むしろ減少傾向を辿っている。しかしここにも不幸なる家系をとりまく社会的緊張はなお依然として存続している。しかも島根県の一部においては、驚くべきことには、これがいまなお上昇線を辿って増加しつつある。別表にしめすごとく（第2図）、一村内において possessed families の占めるパーセンテージは極めて高い。そしてここには絶えず名誉毀損の訴訟や、暴力行為、絶縁離婚等の対立抗争の悲劇が絶えないのである。村の占める地理的条件や、村の生業により多少のパーセントの差が見られ、一村内においても奥の部落と街道や平野に近い部落とでもまた多少の分布が異なり、資産関係にも若干の差があるが、現在までの調査資料だけから、なお全般を見通し、法則化するまでにはいたっていない。これらは今後の調査研究に俟つ。ただこの資料を通覧して明らかなように、すでに五〇パーセント以上、甚しいのは一〇〇パーセント、すなわち一部落の構成家族が、全部または半分以上狐憑きの家とされるほどの濃密度を持っている点からして、これが passive な個々の被害現象であるためと、被害者が宗教的、文化的、経済的な集団特殊化の道を辿っていないために、現在の状態にとどまっているが、もしこれらの条件が active に働いたならば、当然一個の特殊部落、あるいは秘密結社化する可能性を十分に持っているものといえよう。

現在この憑物がいかに急速に増加しつつあるかの一例として隠岐島をとって見よう。この島に狐憑きのできたのは文献のしめすところでは寛政年間より文化文政年間（一七八九―一八二九）において、漸くその弊害を見せてきたらしい〔狐無之儀御触書その他、島根史学第二号〕。また一説に明治になって島の有力な知識人某氏が、一方ではこの俗信に対抗する善意もあって、本土における人狐持ちと噂のある某家と縁組したことが、島に憑物の家が俄かに増

第２図　出雲地方における憑物の現状

Ⅰ　村落における Possessed Families の比率（出雲民俗の会調査）

能義郡	A 村	平地農村	24戸	18
	B 〃	〃	35	3
八束郡	A 〃	〃	70	6
	B 〃	稍山地農村	32	12
仁多郡	A 〃	山間農村	66	29
	B 〃	〃	23	5
	C 〃	〃	30	6
	D 〃	〃	83	12
簸川郡	A 〃	平地農村	37	9
	B 〃	〃	42	10
	C 〃	〃	16	6
	D 〃	〃	25	16
	E 〃	〃	71	17
	F 〃	〃	43	20
	G 〃	〃	43	11
	H 〃	〃	43	28
	I 〃	稍山地農村	85	61
	J 〃	山間農村	30	26
	K 〃	〃	280	274
	L 〃	平地農村	42	18
	M 〃	商農村	32	6
	N 〃	〃	30	3
	O 〃	〃	34	2
安濃郡	A 〃	〃	80	2
	B 〃	近郊農村	58	3
	C 〃	平地農村	43	7
	A 〃	〃	32	2
	B 〃	漁村	39	2
	C 〃	〃	33	1
迩摩郡	A 〃	山間農村	80	6
	B 〃	〃	50	2

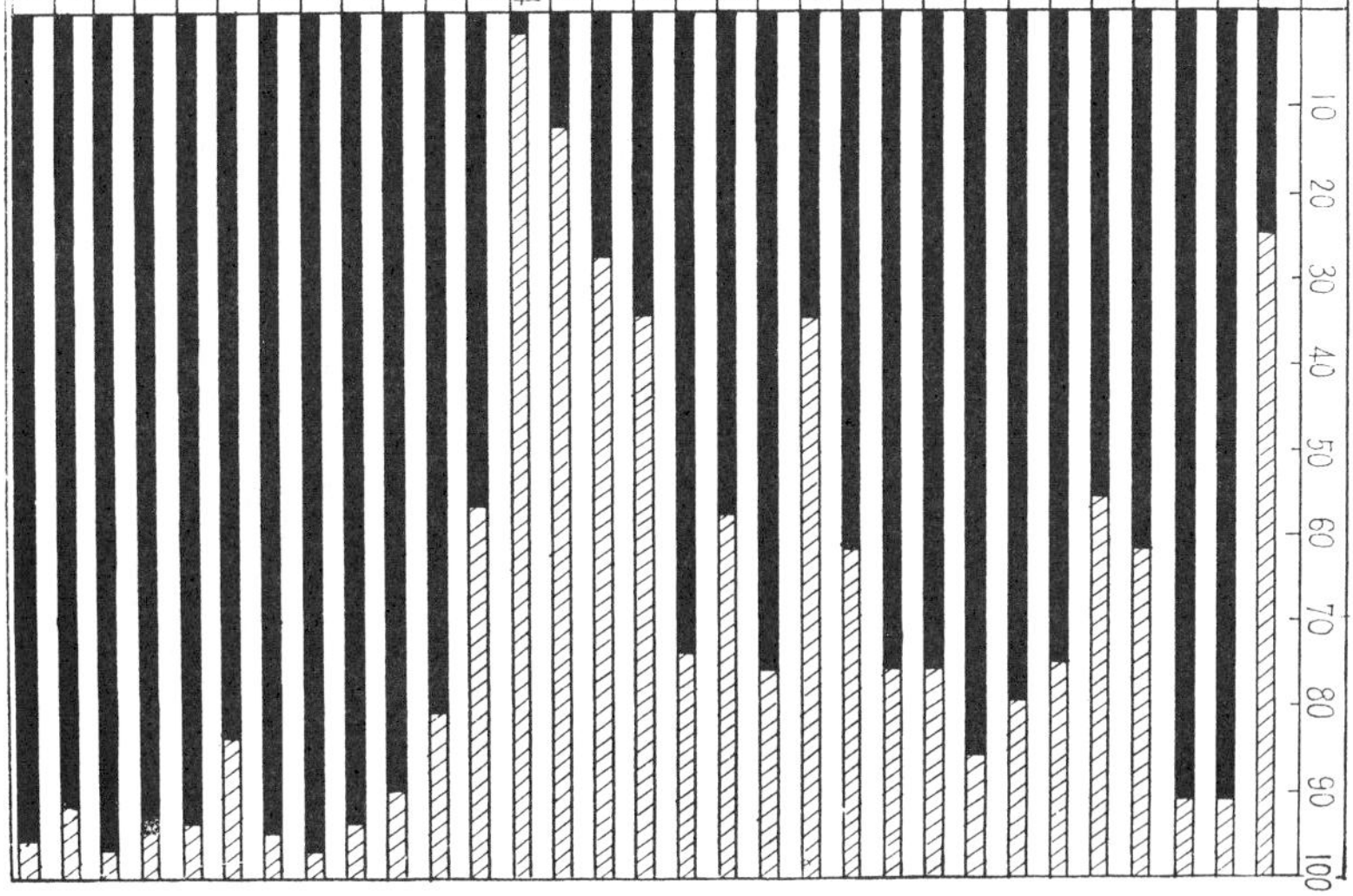

加するようになった一つの契機をなしたともいう。かくして婚姻を通して七五匹ずつの眷属が繁殖して、今日では島前島後にわたって、島根県中でも屈指の憑物の多い地方となってしまった。

II　簸川郡K村における実態

部落	生活基盤	総戸数	Possessed Families	Un-Possessed Families	Percentage Possessed	Un-Possessed	組	
A	農業	85	61	24	72	29	I	15
							II	18
							III	26
							IV	26
B	半農半商	43	28	15	65	35	I	24
							II	19
C	農業	25	16	9	64	36		25
D	農業	43	20	23	47	53		43
E	農業	43	11	32	26	74	I	34
							II	9
F	半農半商	71	17	54	24	76	I	43
							II	28
G	農業	42	10	32	24	76		42
H	農業	16	6	10	38	62		16
計		368	169	199	46	54		平均
	階層							
	地主及自作階級	49	25	24	51	49		
	自作を主とした自小作	98	47	51	48	52		
	小作を主とした自小作	221	97	124	44	56		
	計	368	169	199	46	54		

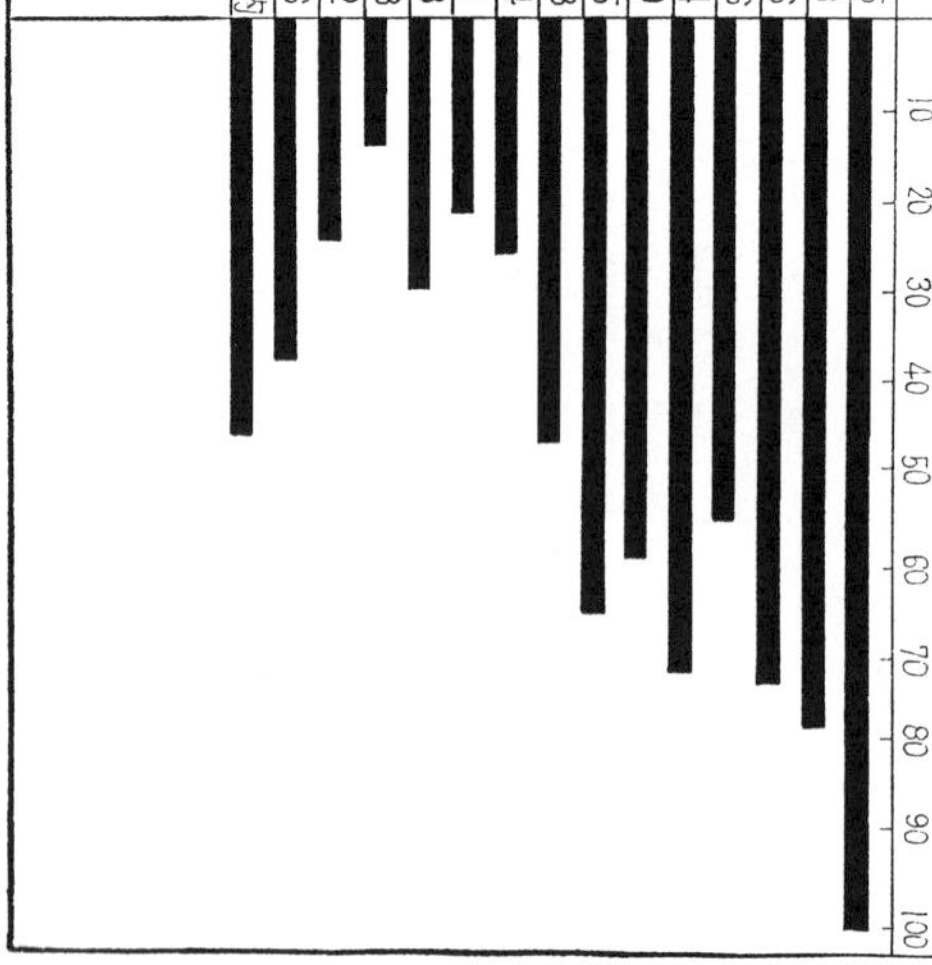

今隠岐のK村大字T部落の終戦後の婚姻届を通計すると

	部落内結婚	本土との通婚	島内他部落通婚	計
二一年度	二	〇	一	三
二二年度	二	二	〇	四
二三年度	四	五	二	一一
二四年度	一	六	〇	七
二五年度	〇	一	〇	一
計	九	一四	三	二六

となっている。すなわち総計二六件のうち、部落内婚は九、本土との通婚一四で、島内他部落との結婚は僅か三件にすぎない。この部落は戸数四〇戸、その三五戸までが「狐持ち」といわれるので、結局部落内婚は全部狐持ちといわれる家同志で、島内他部落の三件もいずれも狐持ちの家である。したがってこれを避けるためには、直接本土と通婚しなければならぬことになるわけである。こうした事情は隠岐のみならず、大原、仁多、簸川郡地方に殊に多く見られるようである。

私はこの機会に特にソーシャル・テンションの問題としてこの憑物を取り上げ、でき得ればこの諸学のグレンツ・ゲビートに横たわる現象に科学的なメスを入れ、同胞の不幸な、いわれなき圧迫を匡正する基本的な資料を整備すると共に、一日も早くその対策を樹てられんことを希望してやまない次第である。

（一九五二・一・一三、文部省人文科学委員会「社会的緊張の研究」討論会）

二　奥能登の農耕儀礼について

一

この調査は昭和二八年一二月初旬、金沢市の民俗学者である長岡博男、輪島市高等学校の四柳嘉孝、珠洲市高等学校の和島誠一、その他の諸氏の協力を得て行なったものの一部である。

奥能登の農耕儀礼、特にその収穫時、および年初の予祝行事としての田の神の祭がアエノコトの名で行なわれ、他の地方に類例の少ない、民間新嘗祭としての宗教的特色をもつものであることは、すでに古く昭和一三年に小寺廉吉富山大学教授の「奥能登の田の神の行事」(『ひだびと』第六年第一号―二号)があり、現在の民俗学研究所の前身である郷土生活研究所の山村調査(その成果は昭和一二年、岩波書店刊『山村生活の研究』)の一つとして、石川県珠洲郡若山村で調査された際の報告がしるされている。氏は昭和九年、若山村広栗、同洲巻、同白滝、同吉ヶ池の古老から、および同出田《しゅった》、西海村(字名不明)、正院村飯塚の出身者や、滞在中の教員からの聞き書を列記されている。

さらに昭和二五年、二六年には、輪島高等学校の四柳嘉孝氏が『奥能登のアエノコト』第一輯・第二輯を謄写印刷し、主として鳳至郡内の諸村、特に柳田村を中心にした調査を発表し、その一部を昭和二六年一〇月の民俗学会第三回年次大会において発表した。(「奥能登におけるアエノコト行事の分布とその形態。」)

これらの報告によって、奥能登には旧暦一一月五日(現在一二月五日)に、ほぼ共通の要素と目的とを持った田の神の祭、すなわち収穫祭が家々に行なわれていることが知られ、民俗学関係者の注意をひいていた。筆者はたまたま、昨年度の九学会連合の能登調査委員会のメンバーに加えられたのを機会に、かねて念願していたこの祭の実際を観察し、これを記録化することを計画し、珠洲郡松波町、すなわち旧木郎村字不動寺の新出吉次郎家のアエノコト行事を写真と録音におさめ、行事について種々採集したあと、飯田町、直村岩坂、若山村火宮、西海村馬繋などの諸部落の旧家を訪ねて、行事の次第、供物、暮と春のアエノコトの関係、田植の行事などを中心に、この地方の農耕儀礼と年中行事の大要を調査することができた。これには前記諸氏の協力のほか、ＮＨＫ金沢放送局の好意ある援助を得たことを附記して感謝の意をあらわす次第である。以下その採集資料を中心として、奥能登の農耕儀礼の大要をしるして行く。

二

先ず順序として、アエノコト行事の次第をのべることにする。この行事は今日では新暦一二月五日と翌年の二月九日（旧暦時代は一月九日）の二度、ほぼ同一の行事が、家ごとに行なわれる。

一二月の方は田にあって、稲の成熟を守護してくれていたと信じられる田の神を、各自その家に迎えて、家族が鎌鍬でつくった収穫の初物を供えてまつる純粋の収穫祭であり、二月の方は、いったん田から上って種俵、倉、あるいは地神の祠のなかに休息している田の神を、農耕作業の開始に先立って、再び田の中へ入ってもらうための送りの行事である。それで同じアエノコトながら、前のを「田の神迎え」、のちのを「田の神送り」とも呼びならわしている。

この行事は家々のまつりであって、部落単位のものと違い、外部強制力がない上に、能登地方の特殊な宗教事情によって、浄土真宗系の家や部落、禅宗や真言宗の部落あるいは家によって、田の神にたいするまつりの鄭重さや、意識度には格段の差が見られるし、家人殊にゴテ（主人）の信心深さの度によっても、そのゴテの性格によっても、部落や家の伝承によっても、多くのヴァラエティが認められるのであるが、しかしそこに部落と家を通じた幾つかの約束は保存せられておる。そしてアエノコトの名称は大体において鳳至・珠洲二郡では広く用いられ、この行事を行なわなくなった家の人でも、この言葉は今日でも理解されている。

このまつりを行なうのは、大体例外なくゴテ、すなわち老主人が万事を取りしきり、まれに長男などが一部分補佐することがあるが、女房、嫁などは台所で料理をつくるだけで、行事には関係しないのが原則のようである。当主の幼ない家などでは、祖母や母がつきそって、神迎えなどの唱え言をさせてでも、必ずゴテのするものだといわれている。

さて松波町字不動寺の部落は、鳳至郡字宇出津町から松波町へ抜ける山間の小部落で、街道に点在する三〇戸でなり立っている。街道にそって小川が流れ、それをはさんで、南北から丘陵が迫っている。川水および溜池を水源として相当の傾斜度を持つ水田一三町歩がひらかれている。単作で反当り三石位、最も大きい家で一町歩、小さい家は一一歩位を所有している。三〇戸（戦争前は二六戸）の全部は農家で、副業は縄ない、薪つくりのほか、ノトトージとして出かせぎに出る。このうち五戸は真宗西本願寺に属し、松波町松岡寺の檀家であるが、他の二五戸は、字の名となった真言宗不動寺の檀徒である。寺は鐘楼を山門にした古い祈禱寺で、山門に接して台輪四脚の両部鳥居があり、日吉神社が寺の境内に隣って祀られている。中に数個の神像がある。おそらくは、もと山の神と称したものではなかろうかと思われる。

この部落はもと七軒百姓とて、信次、平野、小蔵、畠中、馬道、大門、山下の七家により開発されたといわれる。うち馬道家は五戸分家を出したが本家は絶え、大門家も絶家した。信次家は一番の旧家であり、中谷、末次の二戸を出し、平野家からは和田、畠中家からは奥名、新出、藪下（二戸）、山口の五戸、山下家からも分家一戸を出している。これにつぐ旧家として和田家があり、本家は転出したがこの系統のうちに枝谷、松井、川端などの家を出している。今回のアエノコトの調査を行なったのはこの畠中の新出で、当主は新出吉次郎（77歳）である。シンデはシンヤ、シンタク、アヅチなどと共に分家のことであり、もと畠中新出、彦三新出、新田などの家があった。新出吉次郎家は真言宗不動寺の檀家である。

アエノコトに入る前に、新出家の年中行事を項目別に列記しておくと、

正月（新二月）一日、ゴテは氏神詣、帰って新木の火箸を使い、豆木で火を起こし、神棚、仏壇、便所、ミンジャ（水屋）、井戸、土蔵、竈の七ヵ所をまわり拝をする。ここにはそれぞれ榊、松、シダ、餅を供えてある。次に若水汲み、雑煮、寺への年頭礼。

同　二日、仕事始め、年男（ゴテ）は今年の種俵をしばる新縄をなう。妻（ジャーマ）は春福ととなえ、袋の口のぬいぞめ。これをセンタクという。年取男は「年取り大ナデ」（箒）で掃きぞめ。新縄と種俵用縄は二日、三日のうちになわねばならぬ。

同　四日—六日、嫁の正月。

同　六日、年越。神棚仏壇のススハライ。

同　七日、七草。寺で祈禱、七草の唱言。

同　九日、若木迎え。榊とカンジョウ松（年取り松）、栗、「ゆわしばり」の木二束にたばねて、大木の根に寄せ、鎌を添え、焼餅を供えてまつる。この二束の若木を門口の両側に立てる。栗で田の神の箸を作る。カンジョウ松は種俵の大きいのに挿す。春のアエノコト（田の神送り）

同　一〇日、一升桝に赤飯を入れ種俵をまつる。

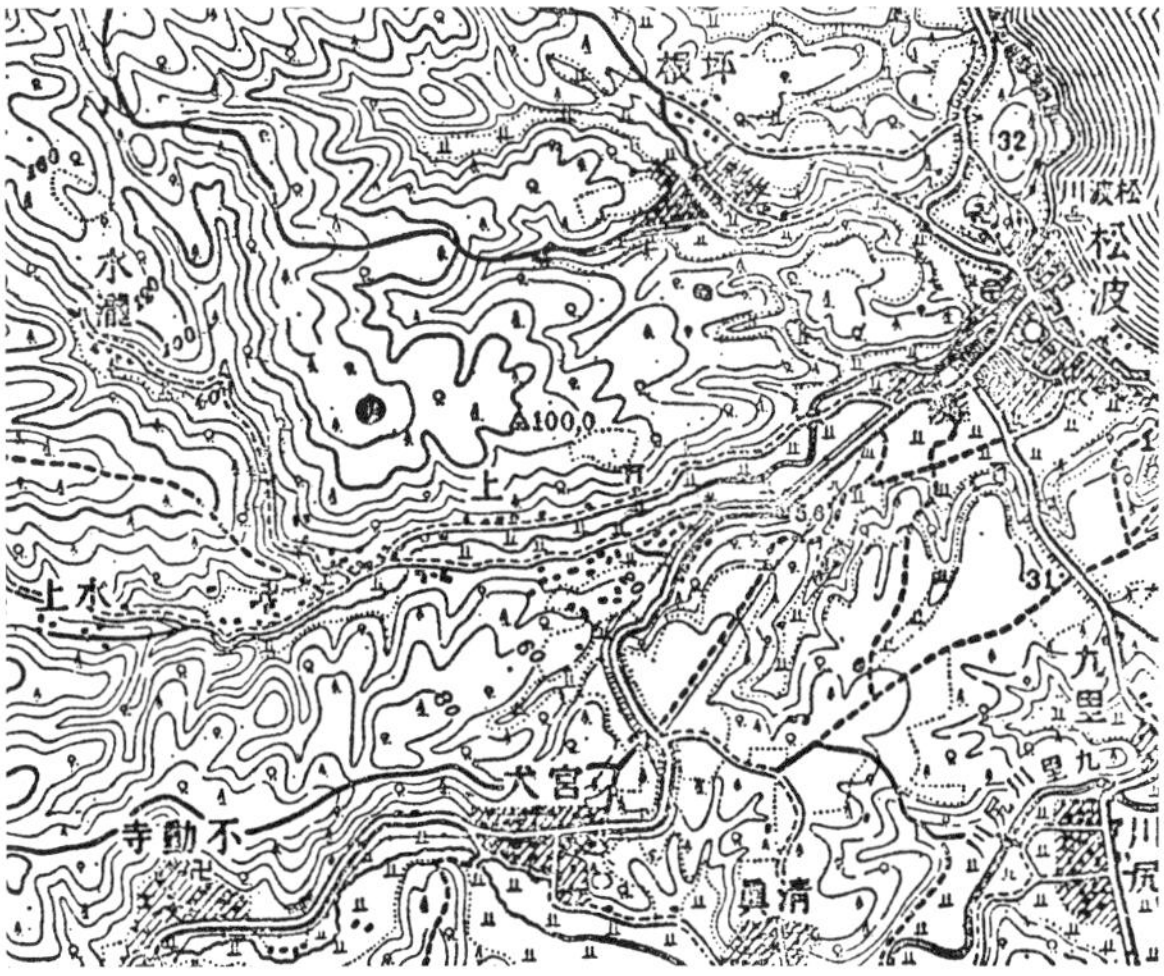

第３図　石川県珠洲郡松波町附近

同　一一日、キシュウイワイ。田打始め。
同　一四日、サンギチョウ。「早稲の田植」とも年越しともいう。
同　一五日、「中稲《なかて》のお田植」。鳥追いの行事。また「柿の木の正月」（柿の木に鉈で傷をつけて小餅をかませ、唱言をする）。「ほとけ様の日」（小豆かけ汁の雑煮餅を仏壇に供える）。
同　一六日、「晩稲《おくて》のお田植」。休み日。
同　二〇日、ダブの正月。ダブとは、この地方で特殊民、乞食をいう。
同　二五日、神明講。初天神。
同　二九日、ツゴモリという。猫柳の花を神仏に供え、農作の占いをする。タメシゴトをいう。

第４図　石川県珠洲郡松波町字不動寺全景

第５図　同上　不動寺

二月一日（新三月一日）、重ね朔日、餅雑煮。
同　九日、山祭、土切りともいう。山の神が木の苗を作る日とて、山に入らぬ。堆肥のきりかえ。
同　節分、この夜アマメハギが来る。一四、五歳から一七、八歳まで。昔は籠に紙を張って左手に持ち、右手に出刃包丁を持って来訪する。またマーミノという榛や櫸の皮をはいで作った蓑を着た。今は手拭で覆面するだけ。鬼の面などかぶるのもある。

同　一五日、涅槃団子。

三月三日（新四月三日）雛祭。

同　六日、不動寺の山王祭。本地薬師。疱瘡除け。

同　二一日、弘法大師の命日。

同　二四日、春山祭、高山祭、お山祭ともいう。苗代田に白辛夷の花を立て、田苗米《たなえこめ》を水門口《みとぐち》に供える。この花によって風雨を占う。

八十八夜、別れのしもや。棒にさんだわらを立て、水門口に立てる。

四月（新五月）八日、花祭。

五月（新六月）五日、節供、ショクという。菖蒲と蓬。菖蒲湯に女は必ず入る。蛇との婚姻伝説あり。

五月一六日、野休餅。

六月（新七月）一日、鬼のキバ。田苗米で炒餅。

同　一五日、田の水門口に行かぬ。稲の花を咲かす日。悪神が田にありという。

同　三〇日、二八、九日頃から蟲送祭。隣村から送って来る。竹に短冊をはさみ、鉦・太鼓・松明で送る。竹に茗荷の葉を挿み、蟲送札をつけて、田のなかをふってあるき、水門口に立てる。

七月（新八月）七日、七夕祭。七日盆、墓掃除。

同　九日、盆花とり。

同　一三日、夕方迎え団子、墓参り。

同　一四日、一五日、夕方墓参り。

同　一六日、送り団子、精霊を墓へ送る。供物は川へ流す。

同　二六日、諏訪祭、三光月をおがむ。風の神の祭。
八月（新九月）一日、八朔の祝。
同　一四日、一五日、八幡神社秋祭。
九月（新一〇月）九日、甘酒、女の節供。
同　二五日、天神神送り。
同　二九日（小）、三〇日（大）、他所氏神の神送り。天神は二五日、宝立町の宿神社に一泊する。不動寺の神は鍵取りとて一〇月八日に立つ。（神々は一〇月二九日、三〇日に帰る。不動寺の神は一一月八日に帰る。小豆飯をたく）。
一〇月（新一一月）八日、不動寺氏神の神送り、三八《さんぱち》ととなえ、来年の占をする。一〇月八日が晴天なら早稲、一八日が晴天なら中稲、二八日が晴天なら晩稲よし。「大黒の嫁取り」といい、大根畑へ行かぬ。
一一月（新一二月）五日、あえのこと。
同　一三日、鞴祭、鍛冶屋で祭る。
同　二三日、大師講。挽臼を目を出して置き、団子に指で穴を一つずつあけて供える。杖のあとという。ダイシコダンゴ、アトガクシの伝説あり。
一二月（新一月）、一日オト朔日。
同　八日、針千本。
同　九日、山の神の木苗を拾い集める日、山へ行かぬ。
同　一三日、宮寺のすすはらい。
同　二〇日、二三日、家々のすすはらい。大ナデ二本、小ナデ三本をつくり、小ナデで神棚仏壇、ネカギ、種籾のすすはらい。大ナデで家の中のすすはらい。この時のすすは苗代田のこやしにする。

同　二五日、宮、寺の餅搗き。
同　二六、七、八日、各家の餅搗き。
同　三〇日、大歳。三本のナデを作り、神棚、仏壇、ネカギを掃く。横座の蓆をたたく。オハナは松、柳、歯朶、ユズリ葉を神棚、仏壇に供える。
同　三一日、年越飯とて赤飯を供える。門松を立て竹に七五三の注連縄を張る。
他に、
二十三夜の月待。正月二十三日の晩、宮か寺へ籠った。今は薪の多い家が宿となる。二十三夜の月が上ってから帰る。「目をふさいでも横寝をするな」という。
庚申。一月と一二月の庚申。村中を二つの組に分ける。「横にねても眼をつぶるな」という。

三

一二月五日、アエノコト。この日早朝、家人は松波町か宇出津町へ神饌用の「めばる」（ハチメのオザシ）を買い出しに行く。ゴテは山に上って榊と栗の枝を伐ってくる。この榊は御神体となる種俵に、依り代として挿し立て、栗の枝は一つは粢餅をつくる杵に削り、一つは田の神に供える箸二膳をつくる。それから蔵か納戸の籾俵の上に安置してある種俵を運び出して、床の間か神棚の下に新藁でなったヘットリか机の上に、ならべたり、積上げたりして、これを御神体とする。まれには穂つきのままの稲二束を神体とし、これを神棚の下の新蓆の上に互違いに置く場合もある（西海村馬繋、南家）。この穂付きの稲束はカゾエワラと呼び、稲刈りの時に一二把一つぶりとし、一つぶりから一本ずつ穂を抜いて、これを一くくりにして、神棚の横につるし、毎日作業のたびに一束から一本ずつ選り出して加えてゆく。そしてアエノコトの日の朝、それをおろして、二括りにして御神体とする。

種俵を神体とする家では作田の多少によって俵の数も違うわけであるが、これを左右に二つ積むところ、山形に一つに積上げるところ、横に立て並べる所、一俵だけ中央に置く所など、まちまちである。

新出家では奥座敷の床の上に六俵の種俵を壁にたてかけて一列にならべ、その中央の一番大きな俵に榊を挿すのである。

俵は種籾の種類と作り高に応じて大小がある。この附近は大体一反について四升の種籾を必要とするといわれ、新出家では今年の種俵には早稲一俵（七升入り）、中稲二俵（四升、四升）、晩稲三俵（六升、六升、四升）であるから、この家は約七反七、八畝の水田を所有している勘定になるわけである。

この種籾にするのは、稲をハザに干してから、稲こきをする時に穀粒のよいのを選び出し、汚れのないように清らかに取りわけて置くが、俵は前年の刈上げのあと新藁で作る家が多いようであり、縄は正月の仕事始めにゴテ、年取男がなうことになっている。

種俵の特徴は横縄三所を縛って竪縄はかけぬのが普通で（新出家のは一ヵ所だけ竪縄をかけてある）、全般に籾俵は竪縄はかけぬという。それは種籾は雷鳴を恐ろしがるからだと伝えているが、その理

第６図　種俵
（石川県珠洲郡松波町字不動寺　新出家）

第７図　種俵の飾り方
（石川県鳳至郡田村柳田　野本吉太郎家）

由は説明されていない。また種俵には前後をつつみ込んでしまって、サンダワラをかぶせないものだとしている。これも俵が小さいからという以外に特に理由はないといっている。

田の神は片目の神とも座頭神とも一般に信じられている。それは米粒には稲の芽――これをキビス（踵）と呼んでいる――が一つしかないから片目だといったり、久しく田の中に入っているので眼がくらい、あるいは苗葉で眼をつかれたのだとも説明する。それでこの祭の全体のもてなし方には、眼の悪い神にたいする配慮が強く見られる。たとえば風呂へ神を案内する場合、「こちらでございます、こちらへお出で下さい」と、紙燭で足許を照らしながらしきりにいうし、御膳をそなえたあと、その品目を一々口に出して言上するならわしがある。

また特に注意すべきは、田の神はすべてオガン、メガンすなわち男女二体の神と考えられている。それで俵や稲束を二組に並べるのが多く、そうでなくても供え物は必ず二組の同じ御膳を作って供えるのである。

第８図　種俵の飾り方
（石川県珠洲郡直村字岩坂）

第９図　種俵の飾り方
（石川県珠洲郡若山村火宮　田中家）

さて午後二時になるとゴテは種俵に榊を立てたあと、風呂に水を張ってたきつける。そして座敷で栗の枝を削った竪杵で、水に浸した米で粢餅をつくる。この杵の音を聞いて田の神はそろそろ田から上る準備をするのだといって、

なるべく早く杵の音をさせると喜ばれるという。（春の田の神送りの時は逆におそい程よいという。）この粢は手でこねて、お重ね餅一重ね作る。粢餅ができ、風呂もわいた頃には夕方になる。田の神は早く田から上りたがっておられるというので、寺の鐘の鳴らない前に、苗代田か、田の神田といわれる田へ、ゴテが肩ぎぬをかけて（扇子を手にするひともある）、田の神を迎えに行く。田の前で拍手を打ち「ハイ田の神様、お寒うございましたやろ、長々ハヤ御苦労さまでございました、どうかお迎えに上りましたさかい、お出で下さいまし」と、声高に唱え、それから神を先導する心で玄関へやってくる。

玄関へくると、土間の入口で、「田の神様ござったぞ、さァみんなお迎えに出えや」というと、妻、息子、嫁などが奥から出て来て、「ハイハイ、アーどうも田の神様、長の年中どうも御苦労様でございました、暑いにつけ寒いにつけ、どうも御苦労様でございます。寒かったでござんしょう、さァどうかおはいり下さいまし」と挨拶する。それから茶の間の囲炉裏端へ神様を案内する。普段ゴテの座っているヨコザの所に、新しいヘットリか新藁の蓆をしいて神の座とし、ゴテはカカ座に下って、栗の木の枝の残りや、特別に用意した薪を炉にふんだんにくべて、神をあたらせる。ここでも神をもてなす唱え言がある。

第10図　新出家の間取り

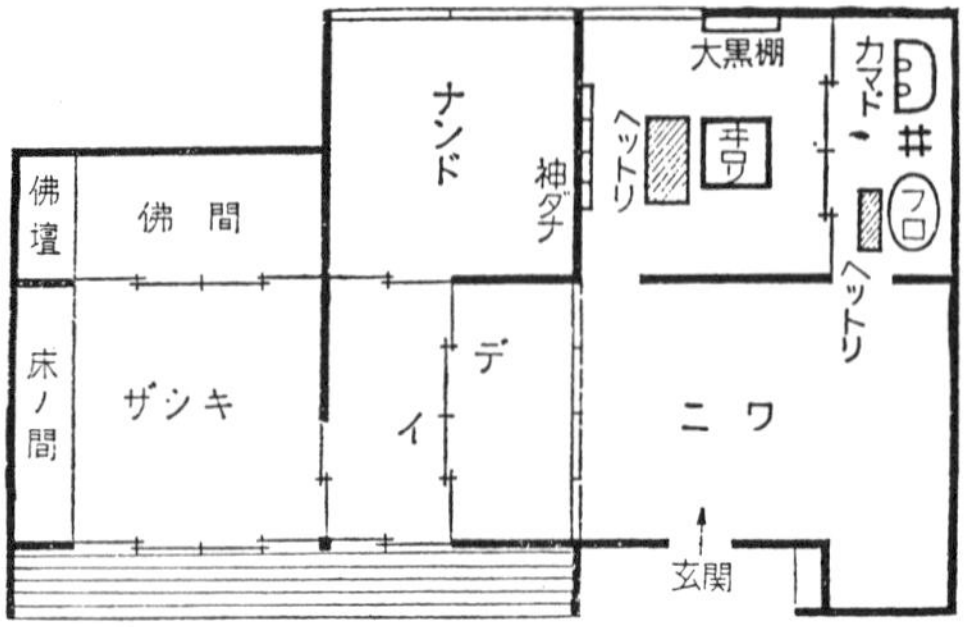

田の神が十分暖まったと思う頃を見はからって、ゴテは「お休みになったら風呂へ入って下さいませ、ハアこちらへ案内します」といって、紙燭か燭台、燈明皿などを持ち、（手に榊の枝を持つ家もある）、先導する気持で風呂場へ行く。「こちらへお出で下さいまし、はァこちらでございます」といいつつ、風呂桶に近づき、蓋をとって「あつございますか、ぬるうございますか」といいつつ、手を湯に入れて湯加減をする。そして、丁度自分の入り頃

まで水をうめたしてから、「はァよい頃でございますさかい、お入り下さいまし」、といい風呂桶の前に藁ゴザを敷いてある横に立ち、時々「ごゆっくりお入り下さいまし」と声をかける。風呂桶には新しい藁ゴザとともに、桶に新しい手拭をかける家もあり、その手拭で人の背中を流すような格好をしたりする老人もあるという。新出家では暮のアエノコトでは湯加減をするだけであるが、春の田の神送りの時には、床間から神体の種俵二俵を両脇にかかえて風呂場へ案内し、風呂桶の前に敷いたヘットリの上に置き、湯加減をしたあと、丁度人間を抱くような格好をして静かに湯の中におろし、また田の神の背中を手拭で洗い流す格好をするということである。

一〇分か一五分して、ゴテは、「さァお上り下さいまし」といって、それから床の間の方へ案内し、種俵に神をよりつけた心で「お疲れでございましたやろうが、さァどうかゆっくら休んで下さいまし」といって、しばらく茶の間へ引き下がる。

それからこの種俵の前へ二膳の御馳走を出すのである。新出家の例でいうと、本膳にはオヒラ（大根、小芋、長芋、豆腐、蕗、昆布）、ハチメのオザシ、汁（豆腐の蕪汁）、ナマス（鰤の頭と大根）、赤飯の天狗盛りの五皿であり、オザシを除いてはすべて熟饌である。この膳を二つ左右に供えてから、ゴテは蓋をとって供物を扇子で指しながら、「さァおあがり下さいまし、なにもかも鎌

第11図　神体の種俵に榊をさす（新出家）

第12図　粢餅をつくる（新出家）

第13図　田の神を苗代田に迎える（新出家）

第14図　田の神を迎えて玄関にかかる（新出家）

第15図　新しいヘットリをしいて田の神をいろりにあたらせる（新出家）

鍬で作ったものは沢山ござっまっさかい、ゆっくりなとおあがり下さい、これは御飯でございます、これはお汁でございます、豆腐も入っておりますし、蕪も入っております、……」と一々神に申し上げる。これは男女二神に二回くりかえす。種俵に向って右の方の膳から唱え出すところから見ると、向って右側を男神とするらしく思われる。これは前述のように、田の神は目が悪いので、品目を申すのだといっている。

それがすむと、ゴテは再び茶の間に引き返し、甘酒を大椀に入れて持ち出し、二つの膳の中央に置き、「お酒もおあがり下さいまし、これはなかなかようできた、甘い酒でございます。ごゆっくりおあがり下さいまし」という。つぎにまた茶の間から一斗箕に二股大根を二本、白紙の上に枹の葉をしき、先に作った粢餅のお重ねを置き、その上に橙（実は柚子）を載せて、本膳の中央手前に据えてから、「代々世の中がよろしうございます、千秋万年も続いたみかがみでございます、おあがり下さいまし」といって拍手を打って拝む。

これはすべて肩衣をかけたゴテ一人で行なわれ、この間家族は茶の間にいるが、座敷の方へは出てこないのである。老人によっては、このあと祝詞をあげたりする家もある。

暮の方のアエノコトは、これで終り、あと家内一同の直会となるのであるが、正月の田の神送りの時は、田の神が右の御馳走をたべておられると思われる中途で、ゴテはおじぎをして、「われわれもお相伴いたします」といって、一膳分の小豆飯と栗の木の箸をお下げして茶の間へ戻り、家族一同ならんだところで、各人の飯椀にこれを一箸二箸三箸四箸五箸……と神の箸で分け与え、一箸を一升とつもって、一箸わける毎に一升、

第16図　いろりにあたっている田の神を風呂に案内する（新出家）

第17図　田の神を風呂に入れる（新出家）

第18図　田の神に御膳を供える（新出家）

第19図　御膳の品を一々神に言上する（新出家）

第20図　甘酒を供えて唱え言をする（新出家）

二升……と口ずさんで、「ああ今年も延命息災に五穀豊穣、どうかどうか一束に五升上りますように、お願いいたします」、と口に出して祈り、皆に分ち与えてから、また田の神の小豆飯の椀を持ってもとのお膳に返しに行く。そして「どうか今年も一束に五升あがりますようにお願いいたします」という。田の神が御飯を終えられると、いよいよ本膳を引く。しかし箕の方は一晩俵の前へ供えておく。そして家内一同が同じ料理を食べて、大体午後八時すぎ頃に祭が終るのである。

この祭において特に重要なのは、風呂、二股大根、甘酒、赤飯の四つである。この行事は村の祭や共同儀礼と違って、家単位のファミリー・フェスティヴァルであるから、家々の伝承により、その経済事情により、さらにはゴテの考え次第で、比較的自由な改変が可能であるから、行事の細かい部分には相当に変化が見られる。しかしこの四つの要素は、ほとんどの家のアエノコトにも必ずついていて、浄土真宗の家で、どちらかといえばこの行事に冷淡な家でも、大体において風呂をわかし、赤飯を炊き、二股大根と大根の料理、甘酒を作ることだけは、この日必ず行なっている。

就中、赤飯と粢餅の原料となる米には、最も重要な要素が認められるのである。というのは、これはすでに田植の時から準備されているからである。この地方では、春の彼岸すぎから田植の準備にかかるが、まず種俵を種池（溜池）につけて発芽をうながし、苗代を作る。この種を漬けるのは以前は一ヵ月もつけたが、今は土用に入ると酉の日と寅の日を避けて種お

第21図　神体と供膳の全部――箕の中には二股大根二本と粢餅と橙を入れる（新出家）

第22図　アエノコトの直会（新出家）

第23図　苗三把（石川県珠洲郡若山村）

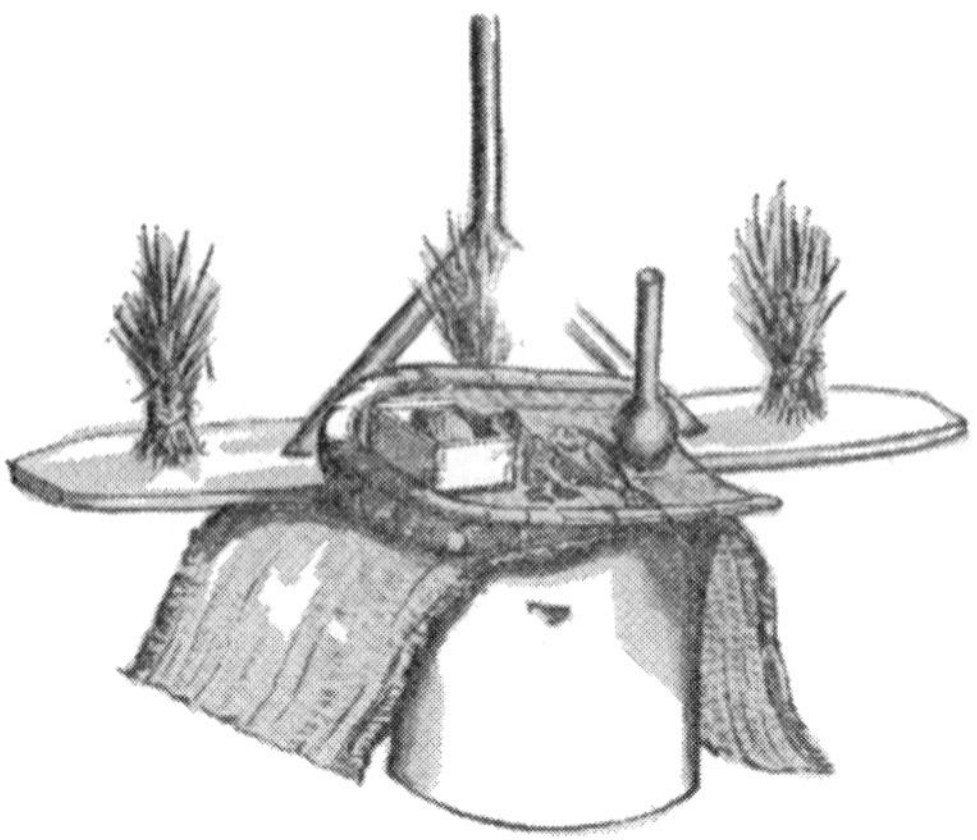

ろしをする。酉の日はとられるから、寅の日は浮き上ってよくないといわれる。また高山祭の前後から村の仕事始めで、道つくり、堰堀をあける作業をし、一戸一人ずつ出て仕事をする。高山祭の時には苗代に白辛夷の花を立て、種籾のあまったのを干して、炒って臼でついて皮をとり、白くしたタナエコメを水門口に供え、八十八夜には棒にさんだわらを立てて同じく水門口に立てる。八十八夜には苗は針だけのびるという。

種をまいたあと三三日目を苗厄といい、これがすまねば田植にはかかれない。今でも田植はイイ（ユイ）でし、親類と近いものと寄りあわせ、烏帽子子のあるものはこれも集まってくる。大正末年頃までは大田植があったが、今はなくなっている。若山村火宮では、田植のことをタナカミといい、日を選んで、近所の人がナベカケズで集まってきて仕事をする。大田植の時代には赤襷をかけ、三間程の竿を持って、田植歌をうたいながら指揮したコナイビキを先頭に（これを立人《たちうど》ともいい、オカドガシラ、すなわち年季の作男の頭のする役であるという）、イブリサシ、苗シキ、早乙女らが働くが、これが終るとサノボリとなる。この田植の昼、家ではニワ、すなわち玄関を入ったすぐの土間になっている作業場の中央の大黒柱に、家のカシラに向って搗き臼を上向きにして据え、その上に新蓆を敷き、さらにそれにイブリを把手を上にして飾り、晩稲の一番成長のよい苗を三把選んで持ってきて、イブリの上三所に置き、前に一斗箕の中に辛酒のオミキスズ、枹の葉を敷いてその上に生のままのオザシ二尾、一升桝のなかに枹の葉三枚を敷いてその上に黄粉をかけた白飯を山盛りに積んだもの、とを載せて供える。そしてゴテは肩衣をかけ、手に扇子を持ってこれに礼拝する。この行事を「苗三把」といい、この三把の苗を午後に、その家のタナカミ田に植える。タナカミ田は、たいてい耕作地の一番水の上手にある田である。ある家では最後に苗代田の水門口に植えるともいう。

この苗三把の祭に用いた苗は、その後も注意して育て、刈上げの時に最後まで残し、一番あとで刈るが、刈上げが終ったあと、この稲束を御神体として刈上祭を行なうのである。この稲を刈る時は、大きな株に刈取って、六つかみの束を一束に結び、これを二束作ってアエノコト同様に男神様、女神様とよび、神棚の真下に蓆をしいて、穂つきのまま左右に立て、根元の所を縛って（これをニソというのは注意すべき呼称であるらしいが、意味はよくわからぬ）、そこに刈入れに使用しただけの鎌を全部さし立て、この前に一斗箕に一升桝を載せ、桝のなかに小豆飯を山盛りにし、甘酒を添えて供える。そしてゴテは肩衣をきてこれに拝礼する。

第24図　刈上祭（石川県珠洲郡若山村）

この稲だけは昔風の稲こきで脱穀し、これを保存しておく。平年で大体籾で一升二、三合のものであるが、これを心《しん》にして、他の米もまぜて、これを一二月五日のアエノコトの赤飯、粢の原料とするわけである。そして家内一同、奉公人にも一箸ずつ食べさせる。年季奉公のオカド（作男）は、このアエノコトの赤飯を食って、それぞれ宿に下って正月をするのが、古いしきたりであった。この米はまた、元日にかざるヒラキボンの白米にも用いる。ヒラキボンは神にも供え、年始客にもいただかせるもので、盆の上に白米を盛り上げて、これに黒豆に米の粉をころがしたものと、栗、干柿を添えたものである。このヒラキボンは二月九日（旧正月）の田の神送りの

時に、これに鏡餅、松、ゆずり葉を添えて、種籾の前に供えるのであるが、さらに同一一日のキシュウイワイの日の夕食に、このヒラキボンの米を豆とともに炊き、これを神仏に供える。そして同じ米を春のアエノコトの赤飯にもするのである。この二つの飯はキシュウイワイの時に、家族と共に、その年の年季奉公をするヤトイド(また、オカタ)が、この日主家にきて、この飯を共々に食うことによって、新しい契約に入るのである。

キシュウイワイは、もと正月一一日、現在二月一一日に行なわれる。もとはこの日一番鶏が鳴くと共に、ゴテは起き出し、九日に山から取って来た「勧請松」(一に年取松ともいい、松笠を俵にたとえるので、なるべく松笠の多くついた枝を伐ってくる。家によっては、この松を春のアエノコトの俵に挿す)と榊とを神棚の下に左右に立て、正面に鍬と鎌とを一丁ずつ奥に寄せかけて神体とし、その前にお鏡餅と神酒を供え、ゴテは肩衣で「今年も作のよいように」と礼拝する。午前四時頃になると、ゴテは裃または肩衣で鍬をかつぎ、勧請松に梅、豆穀、笹、ゆずり葉を縛りつけたもの、および甘酒を持って、苗代田か田の神田に出てゆき、雪を取り除いて黒土を出し、松を立て鍬を前に寄せかけ、その前に甘酒を置いて拝をし、酒を三度勧請松に注ぎかけて、「今年も相変らず作りを取らしてやって下さい」といって、鍬を取って三回土を打つ。そして拍手を打って帰ってくる。この鍬を座敷の床にかざり、一斗箕の新しいものの上に載せ、その横に鍬形の餅を置き、その前にヒラキボン(正月元旦に用いた)を供える。

今年も雇われたいオカタは早朝から主家へ挨拶にくるが、くるとすぐこのヒラキボンを拝ませ、焼餅を食べさせる。そのあと女は紵をつむぎ、男は馬につける綱をなう。これが仕事始めで、規定の分量ができると主家から雑煮を出し、ヒラキボンにのせてあるのと同じ黒豆をずっと全部にくばり、春のアエノコトの御馳走が、この時はじめて家族から奉公人に出されるのである。(以上、若山村火宮)

この行事は家によって多少違い、初田打にオカドが集まって、オカドガシラが勧請松と鍬を持ち、作男作女が供をして、オカドガシラとスズクリ(作女)の二人が、「めでためでたの若松様よ……」をうたいながら、茶の間から出て田の神田まで行く。歌は出はじめから田へつくまでにちょうど唄いおわらねばならぬという（西海村馬繋）。オカドはこのあと御馳走をよばれて家に帰る。ほんとうの住み込みは三月の節供頃からで、種つけの始まるまで、主家で薪つくりや縄ないなどをした。

五

以上の所見によってこの地方の農耕儀礼は、苗三把、刈上祭、田の神迎え、正月行事、田の神送り、キショウイワイと、田の神を象徴すると見られる物実《ものざね》が一貫して用いられていることが知られ、これらの行事が一貫した意識のもとに執り行なわれていることは注意すべきことである。

第25図　キシュウイワイの飾り方（模擬）
（石川県珠洲郡西海村字馬繋　南家）

第26図　田の神田（南家）

おなじリチュアル・シンボルズの一つである二股大根は、これが一方山形県あたりの「大黒のミミアケ」とか「大黒のメムカエ」などとよばれる行事の主要な象徴物とされ、また鳥取県あたりで二月に春の亥子を祝う土地があり、春の亥日に田におりた田の神が、十月亥日に仕事を終って家へ帰ってくるという着想があり、亥子餅や

第27図　南家の裏山にある地神
（上方タブの木）

第28図　南家の地神

牡丹餅をつくって神を迎えるが、この時二股大根を供える家もあるといわれ、さらには長野県あたりの旧一二月二〇日頃の農村の「えびす講」に、蕎麦、とろろ、小豆飯と共に二股大根をそなえる風があり、九州地方では霜月丑の日祭に二股大根をあげるところがある。えびす、大黒は農村においては多く田の神の異名とされ、亥子も収穫儀礼に関係あるものとされるところから、これらの収穫、または収穫後の田の神祭に、かなり広く二股大根の用いられることが知られる。

二股大根は明らかに人形《ひとがた》をあらわしたものであろうから、この祭の中心に新穀収穫の感謝と共に、田の神の婚姻、新生を暗示する呪術的意図がこれに象徴されているらしく思われるが、この点は農耕儀礼の中心問題をなす仮説であり、将来の宿題とすべきであろう。ただ同じような行事を「大黒のメムカエ」、すなわち神の婚姻をあからさまに意識している行事が存在しており、それが二股大根に象徴されるらしいことは注意する必要があろう。

珠洲郡松波町附近には、山形県を中心に分布しているアマミハギの慣習を残しており、この地方と東北地方との文化交流を想わせるものがある。

また奥能登の田の神は、冬の期間はそれぞれの家の種俵によりついて、納戸や蔵のなかで休息し、越年するものと一般に考えられているが、西海村馬繋の例では、一二月のアエノコトの際、田の神田から田の神を座敷に迎えて御馳走をしたあと、ゴテがその料理と甘酒を持ち、供人一人をつれ、提灯をつけて無言で、あとをふりむかず、家中の燈火を消して座敷を出、家の裏山の中腹にあるタブの木（犬樟）の下の地神（稲荷といっている）のところへ持って行き、ここで神饌を少しずつ笹の葉に盛って供え、甘酒をその神体としている三つの石に注ぎかけて、無言、後を見ずに帰ってくる。これは春のアエノコトの時にも、ここへ神を迎えに行くのであり、このケースはこの地方ではやや稀れな例であるらしいが、田の神と山の神の交替事例がこの地方に全くなくはないことを付記しておきたい。

追記　本稿は昭和二九年五月、九学会連合、能登調査委員会の報告を拡充したものである。

三　職業の神

Ⅰ　総　論

マルセル・モースMarcel Maussが、その『呪術論』（Théorie de la magie）で結論しているように、呪術は一方で宗教と、他方で技術と科学と親族関係にあり、呪術的見地からはopus operatumであり、技術的見地からはopus inoperausである。呪術は最も幼稚な技術であって、おそらく古代技術というべきであろう。事実、技術の歴史は、技術と呪術の間に系譜的紐帯が存することをしめしている。呪術の技術形態への結びつきは、その神秘的性格によるのであって、呪術は技術に保護を与えてこれを展開せしめた。ことに薬剤、医療、外科、冶金、七宝焼といったような複雑な対象、不安定な作用、微妙な方法を持つ技術は、呪術の支持なしには生き長らえることはできなかったろうといっている(1)。

こうした点で注目されるのはカルチュア・ヒーロー（Culture hero）の伝説である。多くの古代伝承や未開社会の伝説には、太古にすぐれた英雄や異人が天上界から、あるいは海のかなたからやってきて、生活方法や生産技術や、ないしは食料植物の栽培法や漁業の法などを教えたと説くものがある。わが国の古代伝承にあらわれる大国主、小彦名の二神の活動はまさにこのカルチュア・ヒーローの典型的なものと見ることができる。すなわち、この二柱の神は、国土の修理経営を行なっただけでなく、力を戮《あ》わせ心を一にして、顕見蒼生《うつしきあおひとぐさ》、また畜産《けだもの》のために、その療病の方《のり》を定め、また鳥獣・昆虫の災異を攘うために禁厭の法を定めた、と伝えられ〔書紀一書・古語拾遺〕、またわが秋津洲《あきつしま》の民の夭折《ようせつ》するを哀れみ、はじめて禁薬《くすり》と温泉《ゆあみ》の術《みち》を定めた〔伊豆風土記逸文〕とも、あるいは「このみきはわがみきならず　くしのかみ　とこよにいます　いはたたす　すくなみかみの　かむほぎ《とよほぎ》　ほぎくるほし《ほぎもとほし》〔書紀巻七〕……」〔古事記巻中〕とうたわれて造酒神ともあおがれていた。そして斉衡三年（八五六年）、この二神が茨城県の大洗磯前に奇石について出現した際には、朝廷はこの神の社に薬師菩薩神社の号を奉っている。この二神のカルチュア・ヒーロー的性格が長く国民の間に信仰せられていたことがわかる。医薬の神としては、たとえば、のちには医家は漢方の影響をうけて呂洞賓を祖とし、神農を祭るにいたったから、こうした古代の神話的カルチュア・ヒーローと、これから述べる職能守護神、もしくは技術祖神との関係や、脈絡は必ずしも明らかではない。

特殊な技術が特殊な家系に伝承され、それが神秘的な感覚と呪術的意識をもって独占化せられてきた古代社会では、職能集団はそれ自身特殊の信仰を持つ呪術集団でもあったと想像される。すでに神代伝説のなかに鏡作、鍛冶、玉作、木綿作のような神格が見え、羽鞴、蹈鞴、研石、量、刀、斧、梭、綜麻、杵などが、神の名や物語のなかにあらわれ、これらの道具によって、銅鐸、鏡、玉、瓮、盃、陶棺、甂甌、机、琴、木鉏、臼、竹製品、布縄袋笠のごとき繊維製品、皮革類の利用や、紋様彩色なども行なわれたことであろう。そしてたとえば鏡作部、玉作部、土師部、陶部、酒部といった特殊技術集団が、それぞれ職能祖神、あるいは技術守護神を、たとえば鏡作部は石凝姥命、玉作部は玉祖命、金工鍛冶は天目一箇神、工匠守護は手置帆負命、彦狭知命、木綿作は天日鷲命、宮中造酒司に酒弥豆男神、酒弥豆女神といったふうに、その名のもとに技術をモノポライズし、伝承してきたことがうかがわれる。

応神・仁徳朝、雄略朝をピークとする半島および南支からの帰化工人の来朝によって、技術集団はさらに数を増し、分化した。かれらによって古代日本には大幅な産業の技術的、生産的改革がもたらされたと想像され、それがやがては蕃別氏族の擡頭と、古代氏姓制社会の終末をもたらすにいたった。かくて大化改新を経て奈良朝におよんで、技術はしだいに呪術の領域から独立してきたが、しかし社会経済は未分化の状態にあり、技術集団が独立して、その技術のみによって生活してゆくことを困難とする事情にあったから、いくつかの特殊技術は、皇室、貴族、もしくは大社、大寺の庇護のもとに保存育成されてきた。そして民衆の感覚は久しくこれらの技術集団を非常民として、一種の「聖」的存在と見る傾向が強く、さらにそれが転化して、「聖」を背景に持つ「賤」視傾向をも持つにいたっている。そして技術者自身も、またみずからを常民にあらざる特殊民とする自覚があり、それを支持する種々の特殊的信仰や慣習を保存してきた。中世はこれらの技術者はおしなべて「職人」、もしくは「みちのもの」とよばれたらしく、有名な建保二年（一二一七年）の『東北院職人歌合』(2)に、「建保第二の秋の比、東北院の念仏に、九重の人々、男女、たかきもいやしきもこぞり侍りしに、みちみちのものども、人なみなみに参りて、聴聞し侍けるに……」、「道々の者ども、心をすまして遊びけるに」（一本）としるされている。この歌合に職人として挙げられているのは、一二番二四職であり、医師・陰陽師・仏師・経師・鍛冶・番匠・刀磨・鋳物師・巫女・盲目・深草・壁塗・紺掻・筵打・塗師・檜物師・博打・船人・針磨・数珠引・桂女・大原女・商人・海人がえらび出されている。ちなみに職人歌合は『鶴岡放生会職人歌合』『三十二番職人歌合』『七十一番歌合』（職人尽歌合七十一番）などがあり、そこには番匠、鍛冶、壁塗、檜皮葺などの、後世いわゆる「職人」とばれる範疇に入るもの、帯売、白粉売、蛤売、魚売などの商賈、琵琶法師、女盲、白拍子、曲舞々、放下、田楽、猿楽、舞人などの芸能民、仏師、経師、絵師、蒔絵師、貝磨などの美術工芸師、山伏、陰陽師、いたか、暮露、鉦扣、持者、禰宜、巫、仏教諸宗などの呪術宗教者、文者、通詞、連歌師、「早歌うたひ」などの文学関係者、競馬組、相撲取などの神事に発した競技者、穢多、「皮かはふ」「弦売」などの特殊民、その他医師、弓取、山人、浦人、木樵、草刈、立君、辻君など、すべて一四二の職業者が数えられる。職能の分化は近世にいたって急速に展開し、階層社会の固定化に伴なって、職業意識も確立され、また「職人」と呼ばれる階級と気質もしだいに明確になってきた。江戸時代、いわゆる三都とよばれた江戸、京、大阪のほか、地方の城下町や、堺、長崎などの商業都市の勃興によって、技術者や商人は土着してそれぞれ生活基盤を形成し、そしてそれぞれに商業道徳や技術習練の規範、規律、あるいは伝授、免許などの特殊の伝承をつくり上げてきた。それと同時に、多くの技術者は、その古代伝承のままに職能守護神や技術祖神を祭り、あるいはあらたにそれらを選定して、特殊の祭祀集団を構成したり、講組織をつくったり、氏神、産土神のほかに邸内祠を設けたりして、その職業に専属する祭りを営んできている。

特殊職業に固定した守護神としては、造酒家が京都の松尾神社や奈良県の大神神社の祭神を特に造酒神として尊崇し、香川県の金刀比羅宮や宮城県塩釜神社、大阪府の住吉神社などは広く船乗りや漁業者の崇敬を集めている。同じ塩釜神社は広島県下の瀬戸内海岸や島で製塩業者が塩田の守護神とし(3)、長野県下の紙漉《かみす》きの村などでは釜守三宝大荒神を正月に祭っている。(4)さらに古くは傀儡女《くぐつめ》が百神を祭り賽神を信じ、遊女が百大夫を信仰し、猿まわしが猿田彦、座頭が守瞽（十宮、司宮）神、西宮の夷願人が百大夫を、それぞれ守護神として伝承していたといわれている。(5)これらは特定の神が特定職業者の共通の信仰対象となっている例とされようが、さらに特殊の職業集団によって営まれる講組織がある。たとえば『山村生活の研究』（九一—九三頁）によれば、炭焼、猟師、樵夫など山稼ぎの者だけの山神講がある。東北や関東北部では十二まつり、十二様などといい、二月、一二月の一二日などに、山の神の像などをかけ、頭付きの魚や酒、オコゼなどを供えて祭る講で、日は地方によって区々だが、この講日には山稼ぎの人は必ず休業することは共通である。つぎには大工、左官、屋根屋、鍛冶屋、桶屋、樵夫、杣《そま》その他、職人とよばれる人が集まってする日待ちに太子講がある。一月、八月の二一日、または一月、八月の一六日で、聖徳太子を本尊として、同業が会食しつつ賃金の協定の申し合わせなどをした。これは元来は材木に関係ある職人のみの講であったらしく、滋賀県愛知郡東小椋村（現・神崎郡永源寺町）の太子講は、講親が講員全部を招いて御馳走するが、木材に関係する職人はすべてこれに加入しなければ、いっさいの仕事を運ぶことができなかったし、関東北部山村の太子講は、職人のみならず、広く山稼ぎ者の講であった。大工には別に正月二日にドンバコサマという神を祭るところが長崎県五島にあるが、これは道具箱の意であろう[6]。また関東北部山村の鉄砲打ちは、一〇月一日に適宜の宿で諏訪の神像を掲げて諏訪講を行なう。また馬を扱う人たちだけで結ぶ観音講もある。やはり賃銭の取りきめ、馬の供養、馬無尽などの、宗教的と経済的の両面の機能を有している。この観音は馬頭観音で、餅や飴をその縁日に馬にたべさせたりする。縁日は茨城では霜月一九日、群馬では旧正月一七、一八日、長野では三月一七日である。馬頭観音にたいして、東北地方にはいまも蒼前《そうぜん》様と呼ぶ馬の守護神が祭られ、猿丸太夫という厩祈禱師が正月中にきて祈禱を行ない、馬の売買の時には博労衆がこの神に神酒を供えた。猿屋の持ちあるいた神で、勝善経

第29図　太子講の掛軸
聖徳太子の持っているのは曲尺、大工の講で使用したものである。

などもあり、こんにちでもソウゼン講といって馬持ちだけの講を作るところも多い。馬方にたいして長野県で牛方だけの大日講があり、四月八日に大日如来に講員が参詣するという。また滋賀県愛知郡東小椋村の木地屋の本源地には親王講があり、諸方に散在する木地屋によって組織されている。都市の商人によって行なわれる夷《えびす》講は江戸時代以来有名だが、座頭の当道派には毎年二月一六日に積塔会《しゃくとう》、六月一九日に「座頭の涼み」という守護神を中心にする講があり、地神派のほうには年三回の妙音講が催された。近世床屋は一銭剃りと称したが、その元祖は禁裡北面の武士藤原采女正晴基といい、ゆえあって西国に下り、民間にかくれて一銭剃りを始めたとして、これを神に祝い、同業者の講が催されている。

しかし他方に、こうした特定の職業にたいする特定神が固定せず、一つの神の機能がいくつかに分化し、あるいは転用されて、職業守護神としていろいろの職業集団によって信仰され、祭られる場合も生じてきた。たとえば山の神は、木地屋、マタギ、金掘り、炭焼きなど山村民の代表的な信仰対象であるが、しかしそれは平地農村において信じられている山の神とは、名は同じでもいちじるしく異なる性格を持っている。また、異人、寄り神を意味するらしいエビス神は、もとインドの天部神で、のち仏教に吸収され、寺院の厨屋や庫のなかに祭られていた大黒、すなわちマハーカーラ（Mahākāla 摩訶迦羅）が、のち神仏習合の結果、大国主神と附会して台所の守護神から福神へと変化したのと並び立って、東日本の田の神ともなり（四国・九州の田の神は大黒）、漁村においては漁をもたらす神として浦エビスなどに祭られ、都会地では商業の守護神ともなった。これには中世以後近世にわたって、京、大阪、江戸などの特殊民がもっぱらたずさわった大黒舞や、西宮に本拠を置くと伝える夷願人や夷舞わしなどの季節的な祝言乞丐のわざおぎが、この神の信仰の普及伝播に大きな役割を演じたらしいが、同じようなことは、たとえば元来は田の神としての性格の強かった稲荷神が、狐を神使とする信仰と稲荷下げの巫女を媒介として、全国に分布し、やがては都会地のデパートの屋上にも祭られ、商家の邸内にも祭られるようになったし、また長野県の諏訪神社を中心とする諏訪明神は、しだいに機能が分化して狩猟の神としてあがめられたが、中世には武神となり、さらには漁民の間にもしだいに信仰されて、長崎や鹿児島にまで分霊が勧請されるようになった。神を奉ずる下級神人が、社会の職能分化につれて、主神の性格をその土地がらや、信者層にあわせて変更していったことは、たとえば鹿島言触《かしまのことぶれ》が、農村地帯では「是やこなたへごめんなろ、まず来年の恵方は申酉の間」云々とうたいはじめて、月の大小、種まきの時節をおり込んでいるのにたいして、江戸市中に入ると一変して、「これやこなたへ御免なりましょ、鹿島大明神様の御託宣に、人の身袋はゆるぐとも、よもやぬけじの要石、商神《あきないがみ》のあらん限りは、との御詠歌の心は、惣じて産業の道、稼ぐに追付く貧乏なし」〈松の落葉巻三、永代蔵巻五〉と歌いかえていたと伝えられることからも知られよう。つまりは職業の分化に伴なって、信者の側から職能神を選択し、固定化せしめてきた場合と、神のほうから職業に合わせて新しい機能を付加し、信者獲得に向かった場合と、二つのケースがあったらしい。ことに職業分化が比較的新しく、職業や意識があまり強くなかったり、特殊技術をあまり必要としないような職業の場合、第二のケースは受容されやすかったと思われる。また信者の側で、同じ神霊を、その職業や年齢階層に合わせ、また講仲間の願望の最大公約数によって、無断で性格づけている場合も多いのである。たとえば夙（宿）神は、元来は境を守る神の義から、のち境に土着した夙部落の共通的神格と考えられるが、夙部落の職能分化に伴なって、宿猿楽の守護神として春日大明神に擬せられ、また座頭は十宮神、守宮神、守瞽神などとしるしてみずからの職能守護神として、愛媛県下ではかつて穢多部落の産土神として奉斎せられたらしい形跡がある。(7) また長野県東筑摩郡の庚申信仰は、その内容は種々雑多で、土地により、また講によって異なっている。最も一般的

第30図　一銭職の祖藤原采女正の墓、東京都文京区大塚上町西信寺、墓石に〈理髪業祖北小路采女助累世墓〉、台石に〈采女講〉とある。

なのは農作神、厄除神、福神、土地神と考えられているが、なかには諸芸の神、馬の守護神、縁結びの神、子供の守護神などともせられているという。(8) 逆に東北地方などのミコの守護神というものは、ほとんど一人一人が違うかと思うほどバラエティに富んでいる。この辺に教義体系を確立していない民間神道信仰の一つの特色があらわれ、これが日本人の信仰の社会的性格を形づくっているともいえよう。つまり神は人と隔絶したものではなくて、人間と連続する神であり、神の機能は神みずからの意志にもとづいて人の上に働きかけるというよりは、人間の個人的・社会的願望の投影として性格づけられる面がいちじるしい。それゆえ職業神というものも、あるいは産業守護神も、その土地により、また職業集団によって必ずしも同一ではなく、その性格や伝承もすこぶる区々たるをまぬがれない。ある場合には新職能集団が新たに神名を創造することさえあった。戦争前、松岡譲氏の話に、テニス協会が一時「天速玉命《あめのはやだまのみこと》」という神名を案出してこれを祭ろうという計画のあったのなどは、単なる思いつきとか、機智ではかたづけられない一種のフォクロア現象といえよう。

元来氏神の原初形態はいわば未分化的、統合的な性格をもって氏人に臨んでいたのであろうが、その氏人の持つ特殊な技術や性格が、その神に反映して、いわゆる技術祖神もしくは職能守護神が発生している。しかし、これはたとえば仏教において、薬師如来が医薬の神として崇拝され、馬頭観音が各地で馬の守護神として、文殊菩薩が子供の知能の増進のため信仰され、講組織が作られ、あるいは真宗地帯で報恩講が行なわれるといったケースと一部は交錯し、一部は異なるのである。その差異の大きなものは、その信仰対象の持つ儀軌と、その儀礼に専門家を必要とするのを原則とする点にある。それゆえ仏教の仏菩薩にはそれぞれ本来有する機能があり、これを逸脱することはできない。もしさらにその本来の機能を拡張する必要がある場合、往々子育地蔵とか、子安観音といったふうに分化していく。あるいは霊験記などにその例の見られるように、特定の寺院の特定の仏像が、特定の事象に効験あり、というふうに性格づけられる。この傾向はのちには神社神道にも影響して、同じ神を奉じていながら、特定の神社の神だけが特定の職能や事象の守護神と仰がれるようにもなっている。

第31図　馬頭観音（茨城県真壁郡明野町中上野）

井之口章次撮影

一般に技術伝承が複雑で、かつ他の模倣を許さぬようなエクスクルーシヴな技術集団ほど、その祖神または守護神信仰とその儀礼は強固である。また一般の農民や漁民から差別され、あるいは畏怖、あるいは卑賤視された職能集団も、集団の個別意義に応じて、祖神や集団樹立者への信仰は強く伝承されている。また危険の多い職業、不可抗力、たとえば天候とか気象、そのほかの条件に左右され易いものも、守護神の意識や信仰は強いように思われる。江戸時代に多くできた商家の家訓や店則の類は、主として中世武家のそれを模倣したものであるが、そのなかには例外なく神仏に信心深くあるべきことを教えているが、特に何神、何の仏、菩薩と規定したものが少ないことは、商家が、同族団的な、ギルド的組織を持ち、聖徳太子に附会して恵比須信仰をしだいに専有化したとはいえ、特に商家祖神や商業技術祖神の伝承や信仰を強調する必要のなかったことを示している。

職能集団の分化は、まず支配者の周辺に起こり、貴族や社寺の庇護のもとに育成された面が大きく、さらには都市や城下町においていちじるしく発達したものである。他方、民俗学の従来の中心課題は、農村を中心とする村落常民であり、都市民俗学の領域はいまだ未熟なものがあって、職業守護神の問題なども、江戸好事家の考証などを除いては、資料として見るべきものもまだ採集されていない。筆者はかつて呪術宗教的な職能民や、漂泊民の信仰について、こうした文献資料や、僅少の部落伝承を使って考証したことがあるが(9)、本稿ではできるだけ民俗学の従来の領域内で採集された資料にもとづいて、その範囲内に浮かび上がってきた職能神の性格を解説してみたいと思う。また農業は、今日では職業の一種として取り扱われるし、さきにあげた三十二番歌合などには、庭掃と番《つが》えて農人が一職として選ばれているが、七十一番の職人尽しをはじめ、他の歌合には省略されているのを見ても、古来久しく国民の全体的な「なりわい」、すなわち産業なのであり、そこに特に農民の職業意識というものを指摘することはできないのである。わが国の年中行事にしても、またいろいろの神社の祭にしても、さらには種々の呪術や芸能にしても、農耕にたいするものが圧倒的に多い。そして農耕守護神の問題は、ほとんど日本民俗学の全領域にわたるものであり、ここではふれないことにする。

(1) Mauss, M.: Sociologie et Anthropologie, Paris, Presses Universitaires de France, 1950, pp. 134-135.
(2) 『新校群書類従』巻五〇二、雑部五七(第二二巻、雑部四、二八—三三頁)。
(3) 『綜合日本民俗語彙』Ⅱ、昭和三〇年、六七二頁。
(4) 金子総平「信州坪野の釜神その他」(『民間伝承』八ノ一二、二二—二三頁)。
(5) 堀一郎『我が国民間信仰史の研究』Ⅱ、昭和二八年。
(6) 『綜合日本民俗語彙』Ⅲ、一〇八一頁。
(7) 堀一郎「夙(宿)と宿神」(『我が国民間信仰史の研究』Ⅱ、四九六—五〇一頁)。
(8) 『農村信仰史』(庚申念仏篇)。
(9) 堀一郎『我が国民間信仰史の研究』Ⅱ。

Ⅱ　航海・漁業の神

イ　船の守護神

船の守護神として、漁師や船乗りが信仰するのは船霊《ふなだま》様と呼ばれるものが最も広く分布している。ただ局地的にオフナサマ(ネ)(三宅島)、舟神様(熊本県天草附近・伊豆大島・千葉県安房郡地方)、ヒナダマガナシ(沖永良部島)、ジンパチサマ（愛知県日間賀島）ともよばれる。船霊信仰、航海安全の守護神の信仰は、もちろん古いものであり、古代伝承のなかにも船神の名はいくつか見え、『日本書紀』神功皇后の巻に見える住吉大神の出現などもこの信仰と関係があって、『延喜式神名帳』には、摂津住吉郡船玉神社の名が記載されている。また『続日本紀』天平宝字七年（七六三年）の記にも、高麗派遣の「能登」という官船が、帰国に際して風波の難に遭い、海中に漂蕩した際、人々祈って、「幸に船霊に頼りて平安に国に到らば、必ず朝廷に訓うて錦冠を酬いん」と誓ったとある。けだし船霊の名の初見であろう。航海はかつては最も危険の多いものであり、『魏志倭人伝』には、倭人が海を渡るときには、「特衰」という特殊の呪者を船に乗せ、これに精進と忌みを命じて海神を刺戟せず、風波の難を免れようとしたことが見え、円仁の『入唐求法巡礼行記』を見ても、遣唐使船のなかで僧侶が読経祈禱を捧げて、航海の安全をはかっている。他方、また漁業は、その技術もさることながら、種々の外部条件に支配されて、漁獲量が大きく左右されるために、いろいろの俗信や呪術行為を現在まで残存している。

現存の漁民の船霊信仰は、全国に共通した点が多く、かつその造船儀式とも伴なって、その作製、船への奉安など、船大工の管掌する部分が多く、特殊技術者であるとともに呪術的要素をたぶんに残しているのは注意してよい。漁民の信仰については、すでに『海村生活の研究』、『海の民俗学』、『漁村民俗誌』をはじめ、多くの民俗学者のすぐれた採訪、分類が行なわれているが、いまこれらを要約して解説するならば、この船霊のゴシンである神体としては、女の毛髪、人形、賽《さいころ》二個、銭十二文、五穀などが一般的で、ほかに紅・白粉や、鼠の糞などを加えるところもある。これらは船大工の伝承や漁民の知識にもとづいて、地方によって多少の差が見られる。佐藤光民氏の分類によると、(1)初めの四つ、すなわち女の毛髪、男女一対の人形、銭十二文、双六《すごろく》の賽二個を入れるところは主として九州と関東地方に多く分布し、女の髪の毛、賽、銭の三つで人形がないとする例は岩手県、伊豆大島、伊豆南崎、広島県のほか日本海の南部沿岸地方、隠岐、対馬、佐渡などから採集されている。また人形、賽、銭の三つで毛髪を欠く例は岩手、宮城の海岸地方のほか、近畿、瀬戸内海、九州東海岸に多いという。さらに五穀を加える例は宮

第32図　船霊（静岡県賀茂郡南伊豆町）

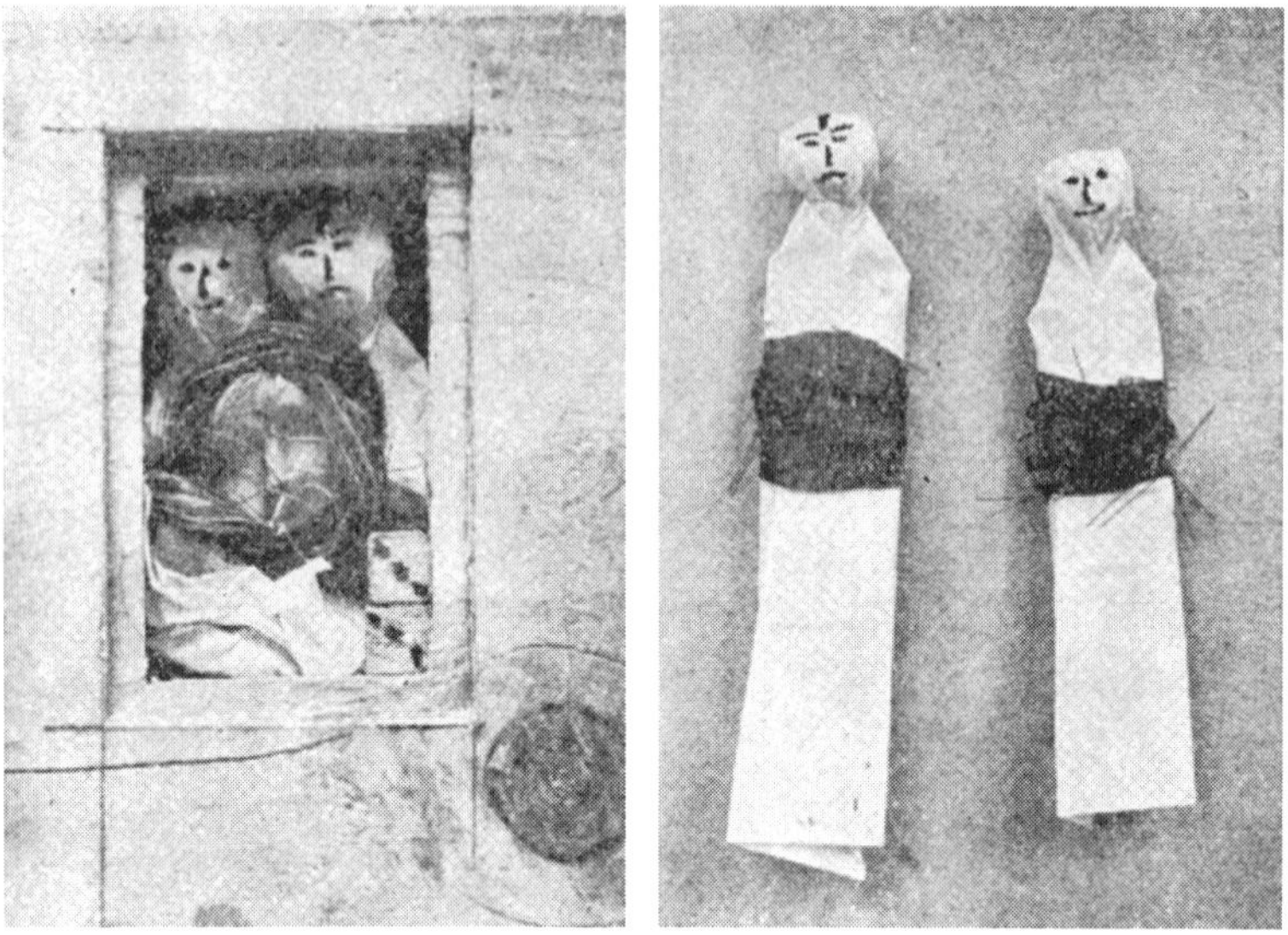

芳賀日出男撮影

城県大島、三宅島、鵜来島（高知県）、魚島（愛媛県——米のみ）にあり、佐久島（愛知県）や鵜来島ではさらに白粉・紅を加えるといい、八丈島や三宅島ではこれらに鼠の糞を入れる。船の走りをよくするためといわれる。船の大小によって神体とする品数に繁簡の差があったり省略する地方もあるが、佐藤氏によれば概して日本海北部沿岸地方には神体を入れないことが多いとのことである。また特殊の神体を作って船に祭り込めず、船室や艫《とも》か舳《へさき》に金毘羅、住吉、稲荷などの神札を貼ったり、奉安したりして、これを船霊と信じている例もあるといわれている。これはこの地方だけのものではなく、たとえば和歌山県の雑賀崎では、他の地方で船霊を安置する場所をフナバリサマと呼ぶだけで、特に船霊をまつりこめることはしないし、九州地方にもゴシンを持たぬところが多い。また宮本常一氏の報告では、福井県の日向では船霊は十六善神といい、寺谷の法心寺の坊さんの売りにくる神札を艫か舳に貼って、毎日飯をこれに供えるといい(2)、淡路島では祠をつくって、神体にエビス、住吉神社のお札や、なかに天理教のお札を納めて船霊といっているものもあり(3)、新潟県では金毘羅の御札を輪木のところへ貼りつけて守神とするとある(4)。折口信夫氏の採集された壱岐島の例では、船霊は船室内の船玉棚に祭られ、新造の時には船霊を旧い船から迎えることがあるが、板一枚でも持ってきて、それに船霊様が乗ってくるという(5)。

船霊をまつりこめる場所は、多くは船の帆柱を立てる部分にツツ、モリ、船霊座などと呼ばれる堅木があり、ここに穴をあけて神体をおさめ、そのあとを塡め木するのである。多くは船おろし、すなわち進水式に先立って、船大工によって船霊の神体を揃え、新造船に祝いこめる式が行なわれる。これを「ゴシンを入れる」とか、「おショウネを入れる」とかと呼ぶ。まれにウツツイレというところもある(6)。一つの具体的な例をあげてみると、大分県北海部郡四浦村（現・津久見市）では、御神体は半紙で作った男女二柱の神で、目鼻をつけ、これを抱き合わせにし、それと四分角の柳のサイコロ二つ、穴あき銭十二文、米・麦・粟・稗・大豆の五穀を納める。この十二文は墓場で拾ったものが最もよいといわれ、船大工はふだんから心掛けて手に入れる。御神体は船の中央の帆柱を立てるところのモリに一寸二分角の穴をあけて入れる。御神体は進水式の日に大工の棟梁が身を清め、神前に端座して作る。「ゴシンを入れる」時には、餅を月の数の餅と、船霊様の餅一重ねと二種類つき、それに魚二尾、米八合、槌、のみ、墨つぎ、金さし、鋸、手斧などの大工道具を飾る。サイコロはオモテ三合わせ、トモ四合わせ、天一、地六、二つ中で五は脇と置く。船霊を納めるとき、「ちはやぶる神代も昔天下る、十二舟玉これにあり、すなわち、だらとばんぢ沖に舟を乗り出す、おきくろれつくや、打ならす槌これにあり、すなわち、唐でかめき、天竺でがく、日本では住吉大神宮」と唱え、拍手を三度打って、飾った米を東西南北にまき、お神酒を供え、穴を埋め、槌で三度叩いて式を終わる、という(7)。神体を納め、船大工や船頭が唱え言をしたり、拝んだりしてから槌で三度たたくという伝承は、賽の並べ方とともに、ほとんど全国的なもので、神体を入れないところでも、大工道具を飾ったり、御供えや御神酒を供えて、祝詞を上げたり、唱え言をするところがあり、かつノミと金槌でモリに印をつけ、また三度たたいて、「ゴシンを入れる」といっている例が多い。この「たたく」形式は船霊儀礼の一つの特色とも見られ、不漁のつづいたあとのマンナオシの舟タデの時にも、タデ棒で船底を三度たたいて船霊迎えをするという。[8]

賽や十二文銭とともに女の髪の毛を納めることも船霊信仰の一つの特色と見てよかろう。船霊は多くの地方で十二フナダマとよばれ、これは山の神を十二山の神、十二様、十二社と呼ぶのと相対比される問題とされ、また熊野十二社の船魂をいうのであろうとは、早く折口信夫氏の推定されたところである。[9] 山の神との対比としては、岩手県釜石地方の報告に、船下ろしの際には、まず大工棟梁が前日から一弟子とともに船中にこもって潔斎し、つぎに神職を迎えて、棟梁と神官のみが舳屋形の中に入って着座修祓を行ない、船霊を封祀し、白米、クルミ、ガラ（干鰯）、昆布、豆、鯣、鮮魚などの供物を奉奠し、船主、船頭とも屋形の内に入って、船霊を鎮め祭り、海上安全、大漁の祈禱を一つづきに行ない、夜明けの満潮を見はからってから船下ろしをする。この時初めて餅を舳、船霊、艫の三ヵ所に供えるのであるが、舳には金神、艫は山の神といい、金神と船霊には三階一重の鏡餅を、山神には四寸ほどの円餅一二個を供える。さらにこのほかに二寸くらいの撒き餅をたくさん飾って、これをあとで人々にまき与える、といい、また四国の徳島県の牟岐地方では円餅に星をつけたもの一二組を船霊に供えるともいわれている。[10] これはおそらくは建築儀礼と関連するものであり、建てまえの際に、人形、かもじ、鏡などが用いられることと思い合わすべきものであろうが、[11] 別に船そのものを女性とする信仰は古代諸民族の間に見られ、船霊を女神とする信仰はわが国でも強く、かつ広く分布している。それで女性が一人で船に乗るのを忌みながら、女性の髪の毛とか、櫛、こうがい、かんざし、鏡など、女性の持ち物を神体として納める例も多く、特に三宅島は一定の女性、たとえば船主の妻とか娘、あるいは船頭の妻とかが、その髪を船霊の神体として捧げ、これを三宅島ではカミイレ、もしくはエビス様とよぶ。[12] 八丈島では幼女をあてる例が多く、これを「船霊ササギ」とか、「オフナサマ」と呼んでいる。[13] 彼女らは船霊と特殊関係を持つ女性として、船出や帰船の際、また船祝いの時などに、特別の伝承儀礼を行ないうし、その船で獲れた漁の一定の分け前を受けるのである。八丈あたりでは大漁の時は船霊ササギの家で船霊祝いをするという。[14] その他の地方ではこうした特別の呼び名はなく、なかには本人の気のつかぬうちにとった髪の毛を使うところさえあるが[15]、船おろしの日には、この女性を船にのせて浜まで引いて行ったり、船頭の妻や船主の娘などを新造船に儀礼的に乗せる場合も多い。女性の髪の毛を神体とすることは、姉妹を兄弟の守り神とする沖縄の古い「オナリ神」信仰に関係があると解説されているが、元来船そのものが女性であり、船の守護神が女性であって、それによりましであり、祭り手である女性を選んだこととも関係があろう。十二船霊とか十二文銭の習俗から、かつて船霊信仰は修験や巫女が管掌したという推測も行なわれている。確かにこの信仰には全国的な類似が多く、一つの中心からの伝播が予想されるのであるが、こんにち、その痕跡はきわめてかすかなものとなっていて、的確に証明することはむずかしいと思われる。

また船霊信仰の一つの特色に、「船霊がいさむ」、「船霊がしげる」という伝承がある。これはともに漁民に特有な前兆予知のテクニークで、海上にいる時、船で異様な音のするのを、船霊のお告げとする。この知らせの音は船ごとに癖があり、また地方によって種々の伝承差がある。たとえば大分県の一尺屋では、船霊のいさむ場所は二、三ヵ所あって、風模様の険悪な時、そこへ行くといさむ音が聞こえるといい[16]、長崎県佐世保附近では、船首か左舷に二、三回この声を聞くと、前途に障害のあるしらせ、右舷に聞くは風強くなる知らせ、船尾に数多く聞くは凪のなぐ知らせ、などという[17]。また島根県八束郡河波村（現・島根村）の採集では、船霊がいさむと、ジィーンジィーンと虫の鳴く声のように一同に聞こえる。これは時化《しけ》の知らせだといい、北浜では時化の前、風が南に変わる時などに、船霊が「しげ」て、あちこちでその音がするなどという[18]。また佐渡の外海府では、船霊は凶事ばかりでなく、吉事にも「サエヅル」といわれる[19]。

ロ　漁業の守護神とその祭り

関敬吾氏は、漁業に関係のある代表的な神の性格を三種類にわけ、一つは漁の神でエビス、第二は海の神で竜王、第三は船の神で船霊であるとしている。その他、地方によって特殊な魚を漁の神の依り代、もしくは使者とする信仰があり、これらについてのタブーもいろいろある。[20] しかし多くの漁民によって広く信仰されているのは上記の三神であり、これらはそれぞれ、その管掌する機能を異にしているが、おしなべて漁業者の守護神としてまつられている。竜宮あるいは竜王は、現在までの採集では、主として近畿以西で信仰されており、往々農村の雨乞いの神としても習合されている。祭日も所によってまちまちだが、六月に行なうところが山口、福岡両県下の漁村にはある。[21] 竜王は海そのものを支配し、魚族の支配者でもあるから、祭の日には沖止《おきど》めをし、また金物その他を海に落とした時は、神酒を供えたりする風もある。

これにたいしてエビス神は、漁そのものの守護神であり、ほとんど全国的に漁村で祭られ、あつく信仰されている。エビスはその語源から見ても異郷からの来訪神、漂着神の意であり、鯨、鮫、いるかをエビスと呼ぶ地方のあるところからも知られているように、魚群の季節的な、あるいは臨時的な近海への出現が、この神の霊力と考えられ、結びついたのであろう。『海村生活の研究』には、出漁祝い、初漁祝い、大漁祈願、マンナオシなどに、船霊とともにエビス神をまつる伝承が多数報告されている。[22] エビスの神体は海中から選んで拾い上げる例が多く、たとえば島根県簸川郡北浜村（現・平田市）では竜ゴン講の頭屋が好きな石を海から四つ拾い上げて、二体結んで注連《しめ》御幣《ごへい》で飾り、部落の境でヨコヤ（神主）に拝んでもらって、エビス祠にまつるといい、[23] 鹿児島県大隅半島の内之浦では、網場でエビス様の神体を定めるのに、アミコが目隠しして海中にもぐり、つかんだ石を持ってきてこれにあてるという。[24] 大分県速見郡杵築町（現・杵築市）納屋部落のエビス神社の神体は、昔漁師が手繰網で引いていると、まるい先の尖った石が三度も同じように引掛ったので奇瑞として祭った。[25] 折口信夫氏の壱岐島の採訪報告によると、ここの鯨組の人々のまつるエビスには、ただのエビス神祠のほかに、リョウエビスというセミ鯨の胎児や、水死人の遺骨や死骸をエビスとして祭るという。[26] 海難者の屍体をエビスと呼ぶところはあちこちにある。また漁網の中央にある浮標もエビスと呼ぶ例も多く、海女が海にもぐるとき、漁夫が釣糸を垂れるときに「エビス」と唱え言をいう地方もある。いずれも豊漁をもたらす霊としての信仰にもとづくものであろう。中世の七福神の一つとしてのエビス神は都会地ではしだいに商業守護神となっていったが、この神像が烏帽子をかぶり、鯛をつり上げている姿を持っているのも、この神が元来は漁民の間の信仰から成長してきたことを物語っている。この神の都会地や農村への普及には西宮の夷神社の下級神人のわざおぎに始まったらしい「夷舞わし」の神事芸能が、預って力あったものと思われる。これは「大黒舞」と並び称されたが、大黒舞のほうが、みずから大黒に扮装して舞ったのにたいして、エビスマワシのほうは、人形を舞わせるのが対照的である。のちには江戸周辺のものは神事舞太夫田村八太夫の配下に属し、西国のものは西宮の支配を受けたらしいが、各地に分散して「エビス」という特殊部落を形成したり、あるいは舞々などの系譜に属する民間陰陽師や夙《しゅく》（宿）の者の呪術的芸能として、変貌しつつ伝承されていった。エビス信仰が漁民の信仰から、しだいに内陸や都市へ伝播したことはまちがいないようだが、エビス願人の源流が海部の民の呪術に発したかいなかは、南島に一、二の暗示的なわざおぎが残ってはいるが(27)、なお考証の余地があろう。エビス神の祭日は、都市の商家が中心となっているのは、正月、一〇月の二〇日であり、いわゆる「戎講」である。他方漁村でもこの両月を「エビス様の出稼ぎ」、「稼ぎ戻り」として講を開くところは伊豆の三宅島などにも見られるが、他では毎月一〇日、正月、一一月の一〇日などの十日戎（壱岐郷の浦、愛媛県越智郡魚島村、大隅内之浦、和歌山県西牟婁郡田並村、現・串本町）あるいは三月、一一月の三日の三日戎（壱岐武生水、鹿児島県甑島）などと一定しない。また不漁の時、「潮祭り」、「浦直し」などといってエビス神を臨時に祭るところ(28)、エビス神を怒らす（タタス）ところ(29)、豊漁の部落のエビスの神体を盗んでくるところなどもある(30)。

エビスのほかに特に千葉、茨城、福島、宮城、岩手などの太平洋岸の漁村で信仰されるアンバと呼ばれる神がある。女神で、船霊の親神というところもあり、常陸の阿波《あば》村（現・稲敷郡桜川村）大杉大明神ともいわれる。漁網の浮子《あば》と関係があるという説もあるが、たしかではない。船乗りの若者たちが、休みを要求したり、不漁のマンナオシをしようとするとき、漁具をとりはずして一所に集め、その上にアンバ様を飾ると、船主も出漁を強要することができないといわれている。千葉県の御宿町では、この神の神体は漂着した石を白木の神輿《みこし》に安置してあり、漁

第33図　エビスとダイコク（銀座の料亭の神棚に祭られているもの）

山田広次撮影

のない時はこの神輿を担ぎ出して海に入れてはやすという[31]。

また地方的な漁業守護神もあり、不漁の際、氏神をはじめ、いろいろの神仏を動員して祈願するところもある。たとえば和歌山県田辺地方では、エビスを祭る浦安神社で浦直しの祭りを行なうほか、観音、妙見、稲荷に祈る風があり[32]、渥美半島の赤羽根では、八大竜王と豊川稲荷[33]を、愛媛県伊予郡松前町では稲荷[34]、伊豆の三宅島では「二十三日様[35]」などをまつる。珍しいのは、島根県穏地郡都方村の由良姫様という神は、両手に烏賊《いか》を握り、枡形に乗って海中から出現する烏賊神と考えられ、祭の時の神札を船に貼って出漁する風がある[36]。能登半島の鵜川の菅沢《すがそう》神社は、もと菅沢一族の守護神であったのが、大漁祈願の神となり、通常網を海に入れる司幸《しこう》とよぶ専門家が、夜ひそかに御神酒を持参して祈願に参詣する。また不漁の時は明千寺の観音の神鬮を引き、住職に占ってもらうという[37]。宮城県の気仙沼市附近では、本家にまつる「おしらさま」が、その生業によって漁業の神となっている例もある[38]。

なお注目すべきは漁民の山の神信仰である。佐賀県東松浦郡の加部島、加唐島で、島の中心の山の神[39]や、また岡山県小田郡の真鍋島の山の中の瓦厨子にまつられる山の神など、いずれも島の漁民から漁業神として尊崇され、真鍋島の山の神にはオコゼが供えられるという[40]。『近畿民俗』によると、熊野の山岳地帯に出る霊芝を山の神の杓子とよび、魔除けとして軒先などへつるされるが、海浜の漁師はこれを海の幸を招く呪物として用いることがあるという。山の神を漁や船の守護神とする信仰は、さらに南島にも見られ、宮古本島では広瀬または別瀬御岳にまつられるマツサビとよぶ女神が、また竹富島ではミサシ御岳の神が、航海安全の神として信仰され、旅に出る前、この御岳の香炉の灰を巫女からうけるならわしがある[41]。

（1）『日本民俗学』四ノ二、昭和三一年、三一五頁。
（2）「若狭漁村民俗」（『民間伝承』三ノ三、六頁）。
（3）『近畿民俗』一三、一七頁。
（4）『日本民俗学』二ノ一、一〇六頁。
（5）折口信夫「壱岐の水」（『民俗学』一ノ二、三七―三九頁）。
（6）牧田茂「船霊様」（『民間伝承』三ノ二、二頁）。
（7）関敬吾「舟霊様」（『民間伝承』一四ノ八、三二―三三頁）。
（8）『綜合日本民俗語彙』Ⅲ、一三七〇頁。
（9）折口信夫「壱岐の水」（『民俗学』一ノ二、三九頁）。
（10）山本鹿洲「お船霊様」（『郷土研究』五ノ五、三七頁）。
（11）佐藤光民「庄内に於ける漁民の信仰」（『日本民俗学』四ノ二一、一八―二〇頁）。
（12）柳田国男編『海村生活の研究』昭和二四年、三〇七―三〇八頁。
（13）『民俗採訪』昭和三〇年度、三二―三三頁。
（14）『海村生活の研究』三〇七頁。
（15）新潟県岩船地方の例、佐藤光民、前掲論文、一四頁。
（16）『海村生活の研究』二九六頁。
（17）「綜合日本民俗語彙」Ⅲ、一〇六八―一〇六九頁。
（18）『海村生活の研究』二九七頁。
（19）『海村生活の研究』二九七頁。
（20）関敬吾「漁撈と祝祭」（『海村生活の研究』二九九頁）。
（21）『綜合日本民俗語彙』Ⅳ、一七二二―一七二三頁。
（22）「漁撈と祝祭」（『海村生活の研究』二九九―三一一頁）。
（23）「漁撈と祝祭」（『海村生活の研究』三〇一頁）。
（24）高橋文太郎「大隅国内之浦採訪記」（『民俗学』五ノ六、六八頁）。
（25）藤原正教「納屋部落の漁撈組織と信仰形態」（『民間伝承』一三ノ五、三〇頁）。

(26) 折口信夫「壱岐の水」(『民俗学』一ノ二、四〇―四四頁)。
(27) 桜田勝徳「漁村に於けるエビス神の神体」(『国学院雑誌』四七ノ一〇)。「エビス」(『民俗学辞典』昭和二六年、六九頁)。
(28) 『民俗採訪』昭和三〇年度、一九頁。
(29) 雑賀貞治郎「漁夫の忌む事ども」(『民俗学』二ノ八、三三頁)。
(30) 高橋文太郎「大隅国内之浦採訪記」(『民俗学』五ノ六、六八頁)。
(31) 『綜合日本民俗語彙』I、六五頁。『民俗学辞典』一六頁。
(32) 雑賀貞治郎「漁夫の忌む事ども」(『民俗学』二ノ八、三三頁)。
(33) 竹田旦「赤羽根の村組織と漁業」(『民間伝承』一三ノ九、二六頁)。
(34) 『海村生活の研究』三一〇頁。
(35) 『民俗採訪』昭和三〇年度、五九頁。
(36) 『海村生活の研究』二六九頁。
(37) 『加能民俗』三ノ四、二―三頁。
(38) 竹内利美「おしらさまの祭」I(『社会と伝承』三ノ一、一頁)。
(39) 『日本民俗学』二ノ二、四一頁。
(40) 嶋村知章「備中小田郡の嶋々」(『民俗学』二ノ四、四五―四六頁)。
(41) 『日本民俗学』二ノ四、五三―五四頁、三ノ一、七六―七七頁。

III 山の神

わが国の民間伝承で「山の神」とよばれるものは、多種多様な性格と機能を持っている。古典には周知のごとく、山神としては大山祇神《おおやまつみのかみ》の名が見え、また高山、霊山には富士山の木花開耶姫、比叡山の大山咋神《おおやまくいのかみ》、三輪山の大物主神をはじめ、それぞれ固有の神々が社にまつられているが、民間には、よりプリミチーブな、未分化的な山の神が信仰されている。これを大別すれば、農民の信仰する山の神と、山稼ぎをする人びとのそれとがある。前者は田の神が収穫後、山に還ってつぎの播種期まで冬籠りする姿として考えられ、交代する神を送迎する種々の儀礼や伝承がのこっている。また、収穫後の田の神祭や案山子《かかし》上《あ》げの祭を、「山の神祭」とか「山の講」と呼んでいるところもあり、なかには田植えの際に山の神が早乙女の姿になって、手伝いにこられたなどという伝説を持つところもある。こうした田の神と山の神の交代信仰は、おそらくは山を他界とする観念を媒介として発想されたものであるらしく、したがって山の神には生殖神としての地母神、もしくは穀母神的性格がかなり濃く残存している。山の神が女性で、一年に十二の子神を産む、として、十二様とか十二山神とよぶ地方が上越地方にあるのも、また山の神は安産の守護神で、難産の時には馬に鞍《くら》を置いて山のほうに向かって神を迎えに行き、その馬が立ちどまったり、身震いをしたところで神が乗り移られたとして索《ひ》いてもどるという慣習や、山の神の枕や掛図を借りてきたり、杓子を子育ての守りとして受けてくるところがあるなど、山の神が生殖出産に深くかかわり合っていることは、この推定を可能とするものであろう(1)。

これにたいして、狩人、炭焼き、木樵《きこ》り、木地屋などの信仰する山の神は、名は同じでもいちじるしく特殊化され、山の獣類を支配し、樹木を管掌する神としての機能が強く意識され、したがって、そのイメージも異なり、祭の方式などにも独特のものが多い。倉田一郎氏が『山村生活の研究』のなかで、山の神の性格として、およそ二三ヵ所の報告を列挙している。このなかにはいわゆる農民の山の神もいくつか含まれているが、その内訳は、

女性神とするもの	一〇
男性神とするもの	三
男女両神とするもの	一
荒神、荒い神とするもの	三

天狗とするもの　一
石を祭るとするもの　二
その他　二
不明　一

となっている。男神とはっきり報告されているのは、いずれも大山祇神とするもので、近世神社神道の知識が入っており、全般的に女性神とする傾向は農村のみならず、山民の間にも強い。

狩猟の起源説話と狩猟民の山の神信仰については、つとに柳田国男氏の『後狩詞記』『神を助けた話』『山の人生』があり、また氏の研究に刺戟された佐々木喜善、早川孝太郎氏らの重要な資料報告があった(2)。柳田氏は『山村生活の研究』のなかに「山立と山臥」の一論を寄せ、狩猟起源説話を三種に分類している。第一は日光派、つぎは高野派、第三は何と名づけられていないが、『後狩詞記』ではじめて世にあらわれたゆえ、仮りに「椎葉型」とでも呼ぼうか。のちの論述のつごうから、高野派の所伝から解説すれば、これは明らかに真言系修験の影響下に成立したもので、弘法大師の高野山開創にまつわる天野の丹生津媛神と、この神の子と称して大師をこの山に導いた狩人の姿をし、二頭の猟犬を従えた異人との出会いにその権輿を求めたものである。この説話は柳田氏のいわれるように、「僅かな変更をもって東北地方にもなお分布しているが、われわれの知る限りのマタギの家々には、是を信じまた主張する者はまだ見当らぬ」ものであり、つぎの日光派の所伝より一段と新しいか、影響力の微弱なものと推定される(3)。

日光派所伝の一つ、岩手県上閉伊郡の阿部家に伝える『山立由来記』には、清和天皇の世、下野国日光山麓に住む弘名天皇九三代の末という万三郎、弓箭の上手で狩りをして世をすごすうち、日光権現に見込まれ、赤城明神との神戦に、百足《むかで》と化して攻めて来た赤城の神を打ち負かした手がらによって、山々岳々の知行を許され、みずからまた山麓に神と祭られ、その子孫長くその特権を継承享受したと説くもので、同種の物語は秋田側のマタギも、会津山間の狩人も伝えていた。本家の日光山でも林羅山の『二荒山神伝』として文書化しているが、会津、日光のものは、主人公は都から下った貴人が土地の朝日の長者の娘と契り、その間に生まれた馬頭御前とか馬頭中納言と呼ばれる者の子、小野猿丸太夫になっている。また山形県立石寺に伝える『山立根元之巻』には、猿丸太夫は猿王となっている。猿王は二荒の神を助けた功により、山々をつかさどり、狩りする権利をえた。猿王は山姫と婚し、その間に磐司、磐三郎の兄弟の子をえた。ともに猟師として栄えていたが、貞観年間（八五九―八七六年）慈覚大師の山寺を開く時、その感化を受けて猟の業を断つにいたったとして、この地に祠を立ててその霊を祭り、かつ鹿子《しし》踊りの起源を説く。この山寺系の説話は、いわば二荒山神伝系と陸中系との折衷型とも見られる作為があり、この派は総体に関東天台、天台系修験の介入が見られる。

第三の椎葉派は、これらといちじるしく趣きを異にし、山の神母、一神の君が、産後産腹を暖めることができず難渋しているのに、大摩・小摩という二人の猟師が行き逢い、大摩は血の穢《けが》れを恐れて立ち去り、小摩は穢れをいとわず神の所望のままに割籠を供養した。一神の君大いによろこび、その子孫長く猟を栄えしめんと誓った、とするものである。この『狩之巻』の「山神祭文」のなかにも、すでにして密教修験の影響がうかがわれ、狩猟と殺生戒とを並立させようとする特殊の呪法などもしるされているが、しかし説話の骨子は、古くは『常陸風土記』の富士・筑波の物語や、『備後風土記』逸文の武塔神と蘇民将来、巨旦将来の物語と同じ発想構造を持つものであり、古い信仰の型を伝えるものといえよう。ただし富士・筑波の伝説は、新嘗の夜、諸神の所に巡り出でましし祖神尊《みおやがみのみこと》であり、武塔神すなわち速須佐能雄神は、北海より南海の女子をよばいに出でまし途次のできごととして語られているのに対して、この山神は山中で産をする女神である点に注目すべき変化がある。しかもこの系統の説話はすこぶる分布が広く、特にその狩人の名が愛知県北設楽郡の山村、栃木県安蘇郡の山村などで大ナンジ、小ナンジとし、岩手・秋田のマタギでは万治、磐司、また磐次、磐三郎などの名になっているのは興味がある。大摩・小摩の名が何を暗示するかはいまだ明らかでないが、中部から東北地方へかけてのバンジ、マンジ、ナンジは

第34図　山の神（熊本県上益城郡内大臣山）

いずれも磐神、すなわち岩の神の信仰に由来するものと考えられ、峠《とうげ》や山頂の巨石を通して山の神を祭ったことを反映するものと推定されている(4)。山の神の産を助けた話は、秋田県北秋田郡の山村で六人組のスギのレッチュウ（連中）、七人組のコダマのレッチュウ（連中）の物語ともなって残っているが(5)、岩手県閉伊郡附馬牛附近では、磐司は一二人の子を産んだ山の神を助けたのみならず、また二面独眼一本脚の二面大黒という山の主を助けて、三面独眼一本脚の主を平らげた話を伝えている(6)。

日光派の所伝と東北地方にひろく見られる磐司磐三郎型（椎葉形）の説話との関係については、柳田国男氏の『神を助けた話』に詳細な考証がある。氏は猿丸太夫、小野、朝日長者の伝承に注目し、かつ勇士が蛇体の神を助けて、敵の蜈蚣《むかで》を打ち退けたとする加賀、近江、下野の三国の伝説を比較考察して、猿丸と小野の名は猿女と小野氏、近江小椋から東北に分布した木地屋が、小野宮惟喬親王を職能守護神とする縁起との結合にかかわるものであり、二荒の小野神主の祖神が猿麻呂であったのは、近世の猿屋がことごとく小山氏を祖とし、巴の紋を付け、下野から出たなどということと関係あり、……少なくとも下野の小野氏が近江からきたことは疑いがあるまいとして(7)、さかのぼって陸中の『山立由来記』を説いて、「万三郎兄弟を信ずる人々が、日光山彙を往来する間に、近江文明の影響を受けたこの辺の狩人と、話が合ってからの変化」と推定している(8)。

こうして一見山里からさえ孤立し、相互の連絡もなさそうに見える狩猟民の間にも、眼に見えぬ信仰の脈絡があり、またかれらの信仰にかかわり合い、これと妥協しつつ、かれらの生業をジャスティファイしようとした習合的宗教のあったことを、これらの説話は物語っている。佐々木喜善氏の採集した磐司の所伝に、山神は一二人の子を産み、山から与えられた山幸に謝して、月の一二日を休んで女神の祝日とし、後世では狩人は年に一度一二月一二日だけを祭日とするようになり、またそれが後世に移って一二月一二日にはいっさい山入りできぬ日、この日、山へ行けば禍《わざわい》ありとして狩人ばかりでなく、農家一般の山にたいする忌日となった、とする説は、狩猟民と山村農民との信仰の連関をしめすものとして注意される。秋田のマタギも、旧一二月一二日に家に祭った山の神に御神酒をそなえ、山の神の掛図をかけるし、同日山中におけるマタギは、居合わせた人々で御幣を切り、山小屋に山神をまつる。かれらはまた旧二月九日を山の神から木を借りて鳥が巣をつくる日、旧二月二二日は山の神の弓を射る日として山神祭をする。(9) 山の神の産を中に置いて考えると、この狩りの山立、マタギの伝える山神説話が、山から里へ下って農民の山神信仰の中に安産の要素を加えたのか、里から山へ移動したのか、あるいは両者は別個に発生成長したかは、なお考証を要しようが、説話の形態から推測するかぎりでは、東奥の『山立由来記』や椎葉の「狩之巻」は古い原型を保存しているごとくであるが、他方農耕儀礼における地母神・穀母神信仰の広範な分布と残留を考え合わせて見ると、必ずしもこの説話も山中の独立発生とは見られぬようにも思われるのである。そしてまた事実、山と里との文化史的、精神史的距離は案外に近かったと見なければならぬふしもあるのである。磐司の助けた山の女神は一二人の子を産むとしているが、一二という数は一年の月の数と関

第35図　山神（さんじん）様
秋田県北秋田郡阿仁町根子
狩に出かけるとき必ず拝む。

戸川幸夫撮影

第36図　山神様（秋田県北秋田郡阿仁町根子）

戸川幸夫撮影

係があるらしく、東北から関東北部山村、新潟にかけて、一二日を山の神の祭日・忌日とするところが多く、山の神を一に十二様とか十二山神と称し、[10]その講を「十二講」と呼んでいるところのあることや、青森県の津軽の山間部の炭焼きも、焼子が一二人組んで炭をやくのを忌み、たまたま一二人で組みをつくるときは、木で人形をつくってこれに酒をそなえて一人と見なす風が、一二月一二日の山の神の祭と伝説にもとづくこと、[11]また、東北地方の正月行事のミタマノメシを一二個作り、箸を一本ずつ挿す習俗をも考え合わすべきものではなかろうか。

狩猟民の信仰には、正月二日の狩り初め、猪祭、矢びらき、二日狩りなどの、狩りの予祝祭があり、出猟に際しても山の神祭を行なうが、ことに山中に狩り小屋を結ぶ場合には、木彫りの人形の山の神像や、河原の美しい石を拾ってきて依り代として祭り、またノラコトバを用いずに山ことばを使い、もしいい誤ったりすると、ただちに水《みず》垢離《ごり》を取らすほどで、その他きわめて厳重な忌みに服するので、禁忌も多い。群行動をする東北のマタギは、マタギ山の神、あるいは山の神講を組み、組ごとに一つずつ山の神のお姿を持っていて、一〇月末か一一月に、まわり宿のトウ屋に集まって祭をする。[12]こうした組の漁師はヤマサキ、シカリなどの命令と統制に服する。[13]狩猟の獲物の分配法にも独特のものがあるが、[14]狩猟のあとで山の神をまつる毛祭（ケボカイ）は、東日本にほぼ共通に見られるものである。これは山の神に感謝すると同時に獣の霊をなごめ、のちの猟のさらに豊かならんことを祈るもので、それぞれの地方で独特の唱え詞などがある。愛知県の北設楽郡の山村で、大ナンジ・小ナンジにまつわる山の女神の名は、シャチナンジとよばれているが、このシャチは狩猟の霊力ともいうべきもので、ここでは毛祭に当たるものをシャチマツリといっている。(15) 他の地方で狩猟の山の神をサガミサマ、オサトサマなどとよぶ。狩猟の守護神をシャチガミと呼ぶところは、木曽山中、宮城・福島県境の山中などにあり、社地神、社司森などの字をあてるものもある。(16) ともにサチ（幸）の義であろうといわれている。また毛祭についで獲物の内臓を供えて祭るコウザキ祭、ヤツワリ、ホドマツリなどとよばれる儀礼があり、それぞれに唱え詞がある。これらの唱え詞には「アビラウンケンソワカ」とか、南無阿弥陀仏、また「諏訪のカンモン」（神呪）として「業尽有情《ごしんむしょう》、雖済不生《うんすいすいの》、故宿人倫《ごしゅくにんりん》、同証《どうし》仏果《ぶっか》、なむ、あびらおんけんそわか」(17) とか、「迷故《めいご》の文」、すなわち「迷故三界苦、悟故十方空、本来無東西、何処有南北」と復元されるような、「メイコサンガイジョ、ゴクウシッポウカイ、ムトウザイナンポク、アビラオンケン」(18) などがある。『後狩詞記』の「狩之巻」にも、「なむめいごのもん」を三遍となえる「熊の紐ときの伝」「紐文」「月の輪二つに割るとなえ」「紐とく間のきやうもん」「引導」など、種々の唱え詞を伝えている。(19) 総じて密教修験の影響が強くうかがわれ、しかもそれがはなはだしく訛伝されている。こうした神呪を「スワのモン」と証しているところには、やはり、狩猟神としての諏訪明神の影響も見られる。福島県南会津郡檜枝岐村の猟師は、特に二荒山と成田山を信仰し、二荒山へは毎年七月一日から七日まで猟師仲間から代参を立て、昔は頂上の大石に用意の刀で「赤城権現真二つ」と叫んで切りつけたなどという。(20)

　山の神の姿は、すでに一部ふれたように、年若い美しい女性神とするものから、山姥、天狗、一本脚の怪物など種々であり、これらについては柳田国男氏『山の人生』にくわしい考証があるが、ことに一眼一脚とする説は注意を要する特徴であり、他の伝説とも比較して考証する必要がある。(21) 山神がオコゼを好むというのは、ほとんど例外なく、西は九州南部から青森にかけて多くの狩猟民に信じられ、かつ供えられる。これにも柳田氏の『山の神とヲコゼ』[22]の一文がある。しかしその信仰の起源はまだ明らかにされてはいない。オコゼは山の神の嫁だという所もあるが（奈良県山村）、山の神が醜いので醜いオコゼを供えられるのをよろこぶなどという。全体にこれを少し出して見せたり、獲物を得させてくれればさしあげるなどと、ユーモラスなトリックを弄《もてあそ》ぶふうも広い。椎葉村の狩人はこれを一子相伝とし、何枚も紙で重ね巻いて秘蔵しているという。オコゼは必ずしも一種の魚に限らず、海オコゼ・山オコゼなどともいい、いろいろの種類のものをオコゼと呼んでいる。山の神の好物というものには、ほかに相撲、歌、謡などあり、これらは山でのタブーとされる。

人口の増加と、農民の山や森への進出、山民の討伐殺戮《さつりく》、鉄砲の輸入普及などによって、山野の動物とともに、山立の徒も急激に減少したらしく、他方では、狩人と里人との接触が密になるにつれて、狩猟民の農民化をもたらし、しだいに狩りは副業化し、杣人（木樵《こ》り）、炭焼きなどもちょうど両方の入会地のようになってしまった。そして双方の山の神がここでも歩み寄って、山の神の性格をいよいよ複雑なものにしている。たとえば秋田県仙北郡檜木内村（現・西木町）の炭焼きは、同村字寺村のマタギ部落から出かけて、一一月から翌年四月八日頃まで炭焼小屋に滞在するが、小屋の山の神祭はマタギと同じ日で、すなわち、旧一二月一二日、旧二月九日、二二日に行なうということである。[23]『日向民俗』第一号の狩猟資料に報告された宮崎県椎葉の猟師の山の神祭は、旧正月二〇日が予祝で、三月と九月の一六日が山の神の山調べの日として休み、一〇月亥の日を「猟だめし」といって、たいせつな日とされ、いろいろ縁起をかつぐといわれるが、狩猟以外の林業者は旧正・五・九月の一六日、製炭業者は三、九月の一六日を祭日とする。この事例は宮崎、鹿児島から遠く奄美大島にわたって、正・五・九月の一六日を山の神の祭日とすることとともに、狩林両業の習合を物語っている。[24]熊本県下の農村では山の神祭は一〇、一一月、または一二月一五日で、かなりはっきり区別され、同じ村内でも職業によって二つの山の神祭が並行して行なわれる。山師たちは山神は一年中、山に鎮座すると考え、山中に神の宿り木、遊び木と呼ぶものがある。山の神の絵像は髪を長く垂らした女性で、古木の洞のなかに坐っている形に描かれているという。神は煙に乗って降りてくるといい、仕事はじめには夏でも火を焚く。新しい仕事場でウチコミ（仕事始め）をする際には近くの山の神のところで神酒をあげ、それを丁場に持ち帰ってみなで飲み、またはじめて伐る木にふりかけて呪文を唱えるという。おもしろいのは、年三回の山の神祭に、正月は親方が杣頭と山子を招き、五月には杣頭が山子を、九月には山子が杣頭を招いて祝宴を催すという(25)。

第37図　オコゼの絵馬

高知県土佐郡土佐山村では、正・五・九月の二〇日が山の神の日で、異例として一〇、一二月の二〇日にも山仕事を休む(26)。これは主として親方の主催する祭であるが、幡多郡山村の炭焼きも、正・五・九月の二〇日を窯鎮めの日として、番小屋にお札を張って仕事を休む。二〇日《はつか》正月は「山の口開け」で、窯にミヤマ榊を立てて神酒を散らすという(27)。また正月一四日に炭焼道具をカナミコサマと呼んで祭るところもあり(28)、ここではことによるとタタラ師の信仰の影響がさらに混在しているらしい。同じく吾川郡の山村では毎月の旧一九日が山の神の日で、木挽き、石割の者がこれを祭る。掘立小屋にした山小屋を作り、竹の簀の上に祭り、オコゼを一匹、竹に挿して焼くというのは興味がある(29)。和歌山県の日置川流域の山稼ぎも、毎年旧一一月七日に山祭を行ない、一団となって作業しているときは、小屋の附近に榊《さかき》を二本立てて注連《しめ》を張り、神酒とボタ餅を供え、その所の部落全体へボタ餅をくばるのだという。この例は西牟婁郡の山村でも見られるが、その日は旧一一月九日とされている。この地方ではまた、霜月初申の日は山の神の木改めの日として山入りしない(30)。部落ではその返礼に大根その他の副食物を贈る例である(31)。石川県能

登の灘五郷地方では、一二月と三月の九日に、山持ちや木挽き連中が山祭を行ない、一日仕事を休んで神棚に赤飯、酒など供えて祝うが、三月を山始め、一二月を山納めといっている。(32) 岐阜県益田郡の山村では、山の神祭は一一月の初寅の日と三月七日で、山の神にガンドという伐木用の大鋸、鉈、斧などの形を木片で作り、山の神は一二人ゆえ一二膳の小豆飯をいっしょに供える。(33) 同じ県には林魁一氏の郡上郡の「山の講《やまこ》」祭の報告もあるが、このほうは日も名も同じだが、純粋に農村的要素が多く、亥の子や道祖神祭に近い形をとっているのは注意すべき変化といえよう。(34)

(1) たとえば「山の神」(柳田国男編『山村生活の研究』昭和一二年、四一四頁)。柳田国男編『産育習俗語彙』昭和一一年、三八頁。山口弥一郎「難産には山の神」(『民間伝承』一〇ノ二、一四頁)。小玉暁村「山の神様」(『民間伝承』三ノ七、三頁)。
(2) 柳田国男『山の人生』大正一五年。「山立と山臥」(『山村生活の研究』五三八—五四七頁)。柳田国男『神を助けた話』(『柳田国男著作集』一〇巻。昭和二五年再版)。佐々木喜善「磐司磐三郎の話」(『東奥異聞』大正一五年、一五—六五頁)。
(3) 『山村生活の研究』五四四頁。
(4) 柳田国男『神を助けた話』三六—三八頁。『民俗学辞典』四八四頁。
(5) 佐々木喜善「嫁子鼠の話」(『東奥異聞』八六—九〇頁)。
(6) 佐々木喜善「磐司磐三郎の話」(同前、五六—五八頁)。
(7) 柳田国男『神を助けた話』同前、八二頁。
(8) 同前、七四頁。
(9) 佐々木喜善『東奥異聞』五四—五五頁。高橋文太郎「秋田マタギ資料」(『アチック・ミューゼアム・ノート』第一二、一二頁)。
(10) 「山の神」(『山村生活の研究』四一六—四一七頁)。武田静澄「十二様その他」(『民間伝承』一四ノ二、二六頁)。
(11) 中市謙三「山の神資料」(『民間伝承』六ノ一、四頁)。
(12) 大島正隆「マタギ組」(『民間伝承』三ノ三、九頁)。

(13) 倉田一郎「山小屋」(『山村生活の研究』一四八―一四九頁)。
(14) 倉田一郎「狩猟の獲物の分配法」(『山村生活の研究』一四一―一四七頁)。
(15) 早川孝太郎「参遠山村手記」(『民俗』三ノ一、一四六頁)。
(16) 『綜合日本民俗語彙』Ⅱ、七二二頁。
(17) 『綜合日本民俗語彙』Ⅱ、七九三―七九四頁。
(18) 『綜合日本民俗語彙』Ⅳ、一五六八頁。
(19) 『後狩詞記』明治四二年、六六―六八頁。
(20) 野口長義「南会津の民俗」Ⅰ(『旅と伝説』一一ノ二、五七頁)。
(21) 柳田国男「一つ目小僧」「目一つ五郎考」(『一目小僧その他』昭和九年、二―一四一頁)。
(22) 柳田国男『山の神とヲコゼ』(もと『学生文芸』一ノ二、『人類学雑誌』二七)。
(23) 高橋文太郎「秋田マタギ資料」(『アチック・ミューゼアム・ノート』第一二、一二頁)。
(24) 倉田一郎「山の神」(『山村生活の研究』四二二―四二三頁)。
(25) 『日本民俗学』一ノ三、一一二―一一三頁。
(26) 桂井和雄「山の神に関する民俗」(『民間伝承』八ノ五、三〇頁)。
(27) 同前。
(28) 『綜合日本民俗語彙』Ⅰ、三七九頁。
(29) 橋詰延寿「山の神とヲコゼ」(『民間伝承』二ノ八、八頁)。
(30) 『日本民俗学』一ノ一、一一六頁。
(31) 雑賀貞次郎「紀州の置川の出稼ぎとヒョウの話」(『民俗学』四ノ一、三九頁)。
(32) 中村浩「能登灘五郷地方採訪」(『民俗学』二ノ一、六四頁)。
(33) 伊藤兵三「飛騨の山の講」(『郷土研究』七ノ三、三二頁)。
(34) 林魁一「美濃国に於ける山の講祭の数例」(『民俗学』二ノ一〇、四六―四七頁)。

Ⅳ　鍛冶鋳物師の神、木地屋の神

鍛人、すなわちカヌチの祖神、またはこれに関係ありと見られる神名は、すでに古典や古史に数種現われてくる。この第一は『古事記』のなかの天石屋ごもりの条に、天堅石《かたしは》を取り、天金山の鉄を取って、鍛人天津麻羅《あまつまら》を求ぎて、伊斯許理度売命《いしこりどめ》（石凝姥）に科せて鏡を作らしめたとの伝承で、前者は鍛工の祖、後者は鏡作部の職能祖神とされている。この天津麻羅は「鍛人」とあるばかりで、命とも神とも称されていないのは注意すべきであり、また綏靖紀や『旧事記』には倭鍛部の祖天津真浦などと見え、宣長は『古事記伝』（巻八ノ二四）で、麻羅は一神の名ではなくて鍛人の通名であろうと述べている。麻羅の名称やこれと中国の鍛師との関係についても、あるいは蒙古語説、生殖器説など、いろいろの臆説があるが、いまは触れまい(1)。

ところで『古語拾遺』には、同じ天石屋の条に出てくる鍛人神は天目一箇神《あまのまひとつ》となっている。この神は刀斧、鉄鐸《さなぎ》などの作金者《かねつくり》として、筑紫、伊勢の忌部の祖神ということになっている。『古語拾遺』は忌部広成の筆になるものであり、しかもその一族の祖神の一つであるから、この所伝は拠るところがあったろうが、両神の関係は一神か別神かも明らかではない。しかしこの神名については、柳田国男氏の「片目の魚」「一目小僧」「目一つ五郎考」のすぐれた研究がある(2)。氏は一目小僧の伝説から隻眼一脚の怪物談、片目の魚、片眼の神の伝説などに及び、祭を主宰するよりまし、あるいは犠牲《いけにえ》に、シンボルとして、一脚一眼で奪うような旧習がかつて存在したのではないかと推定し、ついで伊勢の多度神宮の摂社一目連社に注目し、さらに片目の勇士鎌倉権五郎の伝説をたずね、五郎と名のつく勇士の縁起を持つ社や塚は、もと御霊《ごりょう》信仰から派出したものとして、「一目小僧は……本拠を離れ系統を失った昔の小さい神である。……大昔いつの代にか、神様の眷属にするつもりで、神様の祭の日に人を殺す風習があった。恐らくは最初は逃げてもすぐ捉まるように、その候補者の片目を潰し、足を一本折って置いた」のであろうと推論している。氏は「目一つ五郎考」では問題をさらに展開させ、伊勢多度神社の一目連神が雨乞いの霊験高き神であり、その形は大蛇で、かつて山くずれの際、熊手のさきが当たったと称して一目竜といわれ、時に大いなる火の玉となって遊行し、暴風を起こす荒神として畏敬された伝説や、『播磨風土記』の託賀郡荒田村の条に見える道主日女命、父なくして子を生む、盟酒《うけいざけ》をかもして諸神を集《つど》え、その子をして酒を捧げて養《みあ》えせしめたのに、その子天目一神に向きて奉り、すなわちその父なるを知る、との賀茂別雷神話と同型の伝説をふまえて、神蛇一眼の由来をたずね、また特に水の神が、魚のみならず、人の片目なるものを愛し選んだ証拠をさぐり、「眇をカンチといふのは鍛冶の義であって、元此職の者が一眼を閉ぢて刀の曲直をためす習ひから出たといふことは、古来の説であるが、自分には疑はしくなった。秋田県の北部では、カヂといふのは跛者のことである。恐らく足の不具なる者の此業に携はった結果であって、別に作業のためにそんな形を真似たからではあるまい。作金者天目一箇の名から判ずれば、事実片目の者のみが鍛冶であった故に、眇者を金打《かぬち》と名づけたと解するのが自然である。本来鍛冶は火の効用を人類の間に顕はすべき最貴重の工芸であった。同時にまた水の徳を仰ぐべき職業でもあった。日本では火の根源を天つ日と想像し、雷をその運搬者と見たが故に、乃ち別雷系の神話は存するのである。これを語り継ぎ述べ伝へた忌部の一派が、代々目一つであったとしても怪しむに足らぬ(3)」とし、転じて宇佐八幡の伝承に論じ及している(4)。

宇佐八幡の出現に関しては、『扶桑略記』所収の縁起文に、豊前国宇佐郡厩峯菱潟池の間に、鍛冶翁あり、はなはだ奇異なり、これによりて大神比義、穀を絶ちて三年籠居す。すなわち御幣を捧げて祈み言さく、若し汝神ならば、我が前に顕るべし、と。すなわち三歳の小児と現じ、託宣して誉田天皇広幡八幡麿也と宣言された、とある(5)。この神の御正体なるものが黄金であること、また東大寺大仏の建立に異常な情熱を吐露され、「天神地祇を誘ない、銅《あかがね》の湯を水となし、わが身を草木土に交えて」これが完成を願い、更には巫女大神《おおみわ》杜女に託宣して東上、すなわち東大寺境域に手向山八幡として鎮座するにいたった事情から見ても(6)、この神が九州地方の鋳工冶金の技術に深い関係を有したことが推測せられる。この神は『延喜式』神名帳では宇佐郡三座、八幡大菩薩宇佐宮、比売神社、大帯姫廟神社とされている。大帯姫、すなわち神功皇后が祭神の列に入ってきたのは、主神を応神天皇とする説が確立して以後のことで、元来は母なる比咩神と聖子神を基礎とするものであるらしいことは、同じ八幡神を祭る鹿児島神宮、すなわち大隅八幡の社伝に、祭神を大比留女とその王子神としているところからも察せられる。宇佐の神主家が大神氏であることも、神《みわ》（鴨）・鴨《かも》（賀茂）二氏の信仰形態と祭祀形態の類似を推察することができるであろう。柳田氏は、「景清伝説」で流布した生目八幡をも考察した後で、「一方には天神寄胎の神話の一つに天目一神の御名があり、それと同名の忌部氏の神は作金者であった。即ち太古以来の信仰の中に、既に目一つを要件とする場合があったのである。宇佐の大神もその最初には鍛冶の翁として出現なされたと伝へられる。而して御神実は神秘なる金属であった。誉田別天皇を祭り奉るといふ説が本社に於て既に確定して後まで、近国の支社には竜女婚姻の物語、又は日の光の金箭を以て幼女を娶った物語を存して居た。さうして近代まで用ゐられた宇佐の細男舞の歌には、『播磨風土記』と同系の神話を暗示するような詞が残って居た……」として、

いやああ、ていでい、いそぎ行き、浜のひろせで身を浄めばや
いや身を清め、ひとめの神にいく、いやつかつかまりせぬはや

の詞から、この社にももとは天の目一つの信仰があったかに考えている(7)。

鋳工冶金の神としては、さらにむしろ鉱山をうしはぐと見られる金山彦、金山姫の男女神が記・紀に見え、金山を主宰し、荒金を掘り採り、剣鏡、刀仗、鋤鍬の類を作製した神と伝えられていた。この金山の金は鉄のことであろうと推定されているが(8)、この系統と思われる神は、いまも中国地方山地の鍛冶屋や鉱山のタタラ師の祭るカナヤゴさんである。この地方は種々の文献に徴して、日本最古の鉱業地帯であったことは、「まがねふく吉備の中山」

と歌われ、王朝時代にも絹糸を停めて鋤鍬を輸せしめた例にも知られ、外国鉄の輸入によって衰退期に入った明治上期において、なお砂鉄採取許可区域は三〇〇ヵ所の多きに達していた。(9)そしてこの地方の各地には島根県能義郡西比田村（現・広瀬町）の桂山に鎮座する金屋子神社を中心として、多くの金屋神社が祭られている。山田新一郎氏が同社の記録によって、その支社の分布を検出した結果は、出雲に三社、伯耆日野郡に三社、備後双三郡に七社、甲努郡一社、比婆郡四社、石見邑智郡四社の二二社で、他に金神社、金ノ神社などがある。(10)石塚尊俊氏が『雲陽誌』から抜萃した出雲地方の享保年間（一七一六―一七三五年）における金屋子神社は、八束、能義、仁多、飯石、簸川の五郡にわたって一七社を数え、(11)また牛尾三千夫氏は、石見邑智郡地方の「大元神社神名帳」などに、一村必ず三社ないし五社の金屋子神の鎮座を見るとも報告している。(12)このような一種の統一事業は、もちろんかなり後世にはじまったものであろうが、これには比田の神主阿部氏の影響力が大きいように思われる。さてこの金屋子神は注目すべきいくつかの伝承を持っている。『金屋子縁起抄』には、その主神の母神は山神主と海竜王を父母として生まれ、父母のせつなる要請によって金山彦と結婚、やがて金屋子神を生んだ、として、記・紀の神名との妥協をはかろうとしているが、根本に母子神の信仰のあったことは、母神が「我先ヨリ夫ヲ求ムル事ヲ不好」として、たびたび結婚を拒んだとする点にもうかがわれる。また天明四年（一七八四年）の『鉄山秘書』という書物のなかに、「金屋子神祭文」なるものがあり、それによると、金屋子神は播磨志相郡岩鍋にまず降臨したが、ついで白鷺に乗って西方出雲国野義郡黒田の奥の非田の山林について、桂の木に休んでいたところ、土地の神主安部正重というもの、狩りの途次に行き会い、神託をえていつき祭った。神はみずから村下《むらげ》となり、朝日長者の長田兵部が炭と粉鉄とを集めて鉄を吹くに、鉄の湧《わ》くこと限りなし、とある。そして父神・母神とも金工の道にさとしとされるが、この天上の技術を民間に伝えたのは金屋子神であるとされる点は注意を要する。この神は各タタラ場に分祀されているが、それをモトヤマと呼び、古くは四本柱の奥に土でまるい山を築き、この山全体を御神体としたこともある。(13)この神はまた鉄穴や炭焼場、鍛冶場でも祭られ、一貫した作業の統一神としての性格を持っている。

第38図　金屋子神社

小滝遙撮影

金屋子神の性格としては見のがすべからざる伝承がいくつかある。その一つは犬をきらうこと、第二に死の穢《けが》れを忌まぬこと、第三に月の穢れを極度に忌むことである(14)。第一の犬を嫌忌することについては、この神は天より召し連れた村下七ヵ所の神鑪を立てた。あるとき、鑪より鑪へ巡行の途次犬にほえられ、逃げて麻苧の乱れに足をすくわれて死なれた。時に神託あって、村下の死骸を葬らず、そのまま高殿の内に入れて元山の柱に立てよ、とあり、教えのままにしたのに鉄がよく湧き出たとある〔鉄山秘書、巻二〕。これは一に昔は村下の死骸を、そのまま高殿に入れて金屋子神の神体としたという「金屋子神御神体之事」の条のいい伝えや、また牛尾三千夫氏の採集した比婆郡の伝説に、昔、金屋子神が天から下った時、日暮れて宿を乞うたのに、一軒の家は産の忌みがあるとて断り、そこでもう一件の家へ行かれたところ、ここは死人があったが、死の忌みをきらわれずばと申し、神は承知して泊まられた。それで、この神は死の忌みは少しもきらわず、血の忌みを大いにいとわれる、とある。ここには富士・筑波、蘇民将来、山神とマタギにおけるような、神の報復と殊寵という因縁談はもう見られないが、金屋子が死穢を忌まぬことともに、おそらく死穢あって、なお、神を宿した家に、何かの報償談がついていたのが脱落したのではなかろうか。そしてこれはさらに別個の『金屋子縁起抄』に見える金屋子命の子孫阿部連御神が七十余の時、その子に鑪吹きの秘法を授けたのに、二日教えてその夕方父神は相果てられた。途方にくれているところに神託あって、わが死骸を掘鑪本柱に立て置けば、鉄湧き出るようになろうとの告げがあり、これによって、いまにこの柱を押立てというのだとある。この伝説の犬をきらう条については、石塚氏は出雲地方の金屋子の神像が、女体の神が白狐に乗っているところからきたかと推測している。鍛冶の守護神に稲荷の神が祭られたのは、京都三条小鍛冶の伝説に、稲荷山の埴土を採り、この縁によって来往の度に神を拝したのによるとの説が『神社啓蒙』『牛馬問』などに見えているが、この両者の関係は自分にはまだ明らかでない。金屋子神は一般には女神とするものが多く、月の忌みを極端に重んずることは、鑪の火の信仰に関係するが、石塚氏はこれを鉱山の神というよりは火の女神とし、生殖器崇拝のなごりを止めると見ているし、(15)死穢を忌まざる点にまつわる伝承から、牛尾氏はこの神の祭りに人身供犠があったのではないかとして、柳田説に近づこうとしている。(16)

牛尾氏の報告において最も重要なのは、タタラ場および鍛冶場における金屋子神信仰の祭式とその司役が、大田植えの方法とその精神をひとしうしているという点である。氏は大田植えの方法が田の神さんばいを中心とした信仰をもって、一方、音楽と労働による三つの要素から成立していたと全く同じ構成が、タタラ場および鍛冶場・カンナ場でも見られるとし、金屋神を奉じて田主にたいするものを火主《ほぬし》と称し、サゲ（あるいは哥大工、胴頭）や先牛かきに対して、ムラゲや鍛冶大工がおり、また鍛冶場においては田植えのサゲなる語でよんでいるのは、常に鉄を赤く灼《や》いて鍛冶大工の鐨《かなとこ》の上にさし出す者の役である。田植えのエブリサシ、大足踏み、クワドリ、近苗、水アンバイ、肥カツギに対しては、炭サカ、フキサシ（のちの番子）、向こう槌、小鉄洗い、山配のごとき司役の人たちがいる。ただ田植えと異なる点は、はなやかな大勢の早乙女のいないことである。ただ金屋子神は女神であり、女性をきらう神とされているが、タタラ師の所持している絵図のなかに、火処を中心にムラゲ、炭佐加、フイゴサシなどの男性のなかに、ただ一人清い乙女が神へ

第39図　タタラ（出雲市知井宮本郷町）八雲鑪

供物を捧げている姿が描かれ、これをタタラオナリと呼んでいた伝承がかすかに残っており、田植えの日のオナリと同じ女性がタタラ場にもあった、として、両者の関係の深いことを考えている。さらにタタラ唄の呪歌的性格や、鋼製作の三日三夜、四日四夜の行程を、すべて一夜《ひとよ》とよんでいることも、田植えは一日にして植え了るべしとする信仰と関係があろうとも論じている。[17]

鋳工冶金の動力源は火であり、したがってその神の性格が火の神の要素をたぶんに有していることはすでにのべた。そしてこの火はもっぱらタタラ炭に依存していたのである。したがって製鉄練鉄の業は必然的に大規模な炭焼きを専属せしめなければならなかったのである。火桶、すびつの類はすでに古く文献にも見え、宮廷や貴族、都市の商家などで木炭は暖房用としても用いられた歴史は久しい。しかし、火鉢や炬燵《こたつ》が民間の小家庭にまで普及したのは比較的近世のことで、このほうの需要の増大によって都市周辺の山林に小規模な炭焼きが山村民や狩猟民の副業として成立するようになった。これとは別にタタラ炭は、専属の炭焼きが大勢の山子たちを使って炭焼小屋で製炭に従事した。『東大寺要録』巻二によると、天平年間（七二九—七四八年）に結跏趺坐の五丈三尺五寸の大金銅仏を鋳造するのに要した木炭の総量は、実に一万六千六百五十六斛であったとしるされている。[18] これはもちろん例外的なものだが、鋳工冶金にいかに莫大な炭が消費されるかを推測せしめるものであり、産業としての炭焼きはむしろこうした、今日の電気、ガス、重油、石炭などに匹敵する基礎産業なのであった。

豊後大野郡三重村（現・三重町）の内山蓮城寺の観音堂縁起にまつわる有名な真野長者、すなわち炭焼小五郎の伝説は、中世の文献にも現われ、文学としてももてはやされたものだが、これが遠く青森県津軽の山村にまで炭焼藤太の名で土着し、さらには芋掘長者藤五郎、米原長者孫三郎などの名でほぼ全国に分布しているだけでなく、南は沖縄、宮古の島にまで炭焼太良となって伝播している。伝説の骨子は例外なく正直で貧しい炭焼きが、神仏の霊示をうけた神女とも推定される押しかけ女房の福分にあずかって、一躍して黄金の山を手に入れ、あっけなく長者となって栄えたとするもので、東北地方のものには例外なく金売吉次の伝説が割り込んできており、炭焼きと黄金、すなわち製錬術との密接なつながりを物語っている。この伝説の全国的な分布は、もと三日ダタラなどと称して諸方を転々し、便宜の土地に仮り住みして鋳工業を営み、あるいは簡便な道具を携えて村から村を訪れて、農具その他の修理や作製にあたったいわゆるイモジ（鋳物師）、鍛冶によって運ばれたことを示すものであるという[19]。柳田国男氏はこの伝説をふまえ、かつ大分県宇佐郡などで炭をイモジということから、炭を焼くことはもと製鉄産金などの神異の技術に属し、これが宇佐八幡の信仰のきわめて神秘な部分、すなわち鷹の御験と黄金の御正体の由来を解く端緒としようとの意図から、炭焼長者の伝説研究を行なった[20]。氏はその結論として、「他日もし幸ひに機会があつたら、宇佐の根源が男性の日の神であり、その最初の王子神が、賀茂大神同系の別雷であり、次の代の若宮が火の御子であり、炭の神であつて、所謂鍛冶の翁は其神徳の顕露であつたといふことの、果して証明し得べきや否やを究めて見ようと思ふ。……託宣集や愚童訓別本を見ると、宇佐の山上には最も神霊視させられた巨大なる三石があつた。火の神とは伝へて居らぬが、寒雪の中にも暖昧ありといひ、又は金色の光を放つて王城の方をさすとも謂つて居る。しかうして三箇の石は竈の最初の形であり、従つて火神の象徴であることは既に認められて居る。之に由つて所謂三宝荒神の思想も起つた。沖縄諸島に於ても御三物と称して三石を火の神に祀つている。只未だ其起源に関しての説を聴かぬが、三箇の略同じ大さと形の石が、引続いて海からゆり揚がる時は、之を奇瑞として拝したやうである。この二つの信仰には恐くは脈絡があるであろう。即ち南島の従兄弟たちは、未だ石凝姥、天目一箇の恩沢に浴さざる以前から我々とよく似た方式を以て、根所の火に仕へて居たのである。炭焼長者の話がいと容易に受入れられた所以である[21]」と結んでいる。

炭焼きの技術のポイントは煙出しの穴で、ここから出る煙の色の判別が特に重要であったから、この技術は弘法大師から学んだとして、これをダイシアナと呼んでいる地方は特に東日本に多い。柳田国男氏をはじめ多くの民俗学者は、これを木樵《きこり》たちの信仰に山の神の子をオオイゴと呼び、それが古く太子、大子の字をあて、やがてタイシ、ダイシとよまれ、聖徳太子や弘法大師、あるいは元三大師、智者大師などに附会せられたと説明している。特殊な技術が神から授けられたとするのは、すでにのべたように、それが呪術として久しく伝承されたことを物語るが、それが特に久しく移動生活をつづけてきたものほど、そうした伝承を強調持続する必要があり、またそれを農民に納得せしめるために、歴史化し合理化する種々の工夫をも重ねてきている。この事実は、一方では日本の伝説を解く主要な鍵であるのみならず、一般の定住農民は常にかれらを異常人と見、その伝承や信仰を尊重したし、またその広い旅の知識を吸収しようとした。また巫女《みこ》やヒジリたちもこれを利用し、しばしば文芸化をさえ試みた点で、日本の民間信仰、民間文芸の成立を考える上に重要な要素をなすものと見ることができよう。木地屋が一方で山の神の信仰を持つ他方に、その職能始祖として小野宮惟喬親王を伝えたことも、座頭の仲間における光孝天皇第四の宮雨夜尊、蝉丸伝説などとともに、このよい例の一つとなろう。

木地屋というのは轆轤《ろくろ》を用いて椀、盆その他の木地をつくる特殊の工人で、ほとんど全国に木地屋敷、木地畑、木地小屋などの地名を残しているごとく、古くは良材を求めて各地の山間を漂泊しつづけ、やがて藩主の招聘保護などもあって、諸地に土着して部落を形成し、特殊の工芸や民芸を発達せしめ、漆器の特産地もかれらによって開拓されたものが多いといわれている。会津塗りのごときはその一つである。木地屋はその技術祖神として小野宮惟喬親王を推戴し、その本拠と伝える滋賀県愛知郡東小椋村（現・神崎郡永源寺町）には親王をまつる神社、墓、および宮寺があり、近世には全国の木地屋に強い統制力を持ち、氏子制度と人別改制度の上に特殊な信仰組織を明治維新まで維持してきた。かれらは神社発行の『木地屋文書』を保存し、これをもって渡世の権威ともし、また保証書ともしていた。轆轤《ろくろ》は惟喬親王の発明にかかるもので、その技術を隠棲の地であった小椋庄の住民となった従臣小椋秀実に教えたのが本源である。爾来木地屋は小椋、小倉、大蔵などを姓として、宮廷にも仕え、その由緒によって、長く諸国を自由に旅して木地職を立てる権威を獲得した、と説く偽文書である。これに特権賦与の綸旨《りんし》、諸国往来の関所手形などを含めて『木地屋文書』と称した。この文書下付の免許は、神社の専管するところで、これによって諸国に散在する木地屋を統御した。もとはまず故郷の村に帰って神社に奉仕、神前で烏帽子《えぼし》着の式をあげてこの免許をえたが、のちには神社の事務員が毎年各地をまわり、木地区の連絡を保つのを「氏子狩り」と称し、神役代銭を徴収し、神像、神札をくばり、また烏帽子着料を取って免許の文書を与えるようになった。いつのころからか小椋庄の蛭谷の筒井八幡と帰雲庵、同君ガ畑の大皇《おおぎみ》大明神社と金竜寺の二派の対立を起こし、白川・吉田の両神道家をバックに久しく抗争をつづけた。

木地屋の始祖に小野宮惟喬親王が現われてくるのは、近江湖西の小野郷を本貫とした小野氏で、この一族は猿女の系統に出て、特殊な信仰をもって日本の神道に少なからぬ足跡を印したが、この小野氏の信仰残留と木地屋の始祖信仰との結合として、平安文学の上でも有名な、清和帝と皇位を争って不遇に終わった小野宮惟喬親王を附会したものであろうといわれる[22]。木地屋は近世地元村民の圧迫をうけ、明治以後は山林所有権の樹立によって、しだいに定住生活に入ったが、全般に山奥に隔絶して生活したために、一般の村人からは異質的なものと見られ、通婚なども同職間に限られたようである[23]。こうした差別感は、たとえば尾鷲市付近で正月に神棚、甑、農具、若水の水源に榊、ゆずり葉、えせば、松の小枝を束ねて飾るが、この辺で「木地屋」の屋号を持つ家だけは、榊のかわりに樒《しきみ》を使う習わしだといったところにも見られよう[24]。一般に木地屋は惟喬親王とともに山の神の信仰を重複させて持っている。たとえば滋賀県高島郡朽木村木地山では、モリサンと呼ぶ聖地がいくつかあり、その一つは惟喬親王が轆轤のわざを伝えに来住した遺跡、他はいずれも山の神といわれ、いずれもタブーとされている[25]。高橋文太郎氏の『会津の木地屋部落』の調査報告によると、一ノ木村藤巻の木地屋部落は戸数一五、平家の落人《おちうど》といっている。氏神は大山祇神で、旧八月一日が祭日、山の神が鶏に追いかけられ、柿の木に上ったが、落ちて胡麻《ごま》で眼をつかれたといって、鶏を飼わず、柿・胡麻を植えないタブーを守っているという[26]。また奥川村弥平四郎は戸数三六戸くらい、氏神は大山祇と神明親王（惟喬）とを合祀、祭は旧四月二八日。ここも平家の落人といい、惟喬親王が栂の実を見て椀の作製を思いつき、木地が発明されたと伝え、往々二つの神が混同されているという[27]。橘文策氏の宮城県遠刈田地方の「木地屋の生活」の報告では、昔は毎年旧二月と一〇月の二五日が山神講であったが、明治中期一時中止、いまは年一回旧一〇月一五日に行なっている。まわり番の宿があり、大山祇命の掛軸をかけ、神酒、強飯をつくり、酒一升、餅米一斗、小豆一升、白砂糖その他で餅をつき、膳部をととのえ、全戸から戸主が宿に集まって祭を行なっている。また毎月八日は山の凶日とし、ことに二月八日、一二月八日は山神の立木調べの日として、特に山入りを厳禁していた[28]。同じく刈田郡福岡村（現・白石市）では、旧霜月一一日を惟喬様の祭日とし、木地の器械に神酒と赤飯を供えて祭るが、また三月と九月の一九日は山の神の日で、水分神社の祭もいっしょに行なう。彼岸の中日とその前後は社日で、山の神の休日とし、春秋とも仕事を休む。八聖山の山神の神体は柳で作られているので、この部落では柳を伐《き》らず、轆轤場に信心棚が設けてあって、霜月九日の木地挽きの日に赤飯を供える。惟喬様の社がないので、家々で祭っている[29]。近江あたりの木地屋部落には、コードノ（督殿・神殿）という一年神主の家に惟喬親王の絵像を保管し、烏帽子着の時など、これを床の間にかけてコウドノがその式を行なうことになっていた。これは小椋村の神主がまわってこなくなってからのふうといわれる[30]。

（1）山田新一郎「神代史と中国鉄山」（『歴史地理』二九ノ三・五・六）。
（2）柳田国男『一目小僧その他』昭和九年。同「片目の魚」（『郷土研究』四ノ一一、六四一—六五七頁）。
（3）柳田国男『一目小僧その他』一一九—一二〇頁。
（4）同前、一三八頁。
（5）『扶桑略記』巻三、欽明天皇三十二年の条。
（6）『続日本紀』巻一七、天平勝宝元年十二月二十七日の宣命による。
（7）「目一つ五郎考」（『一目小僧その他』一三八頁）。
（8）山田新一郎「神代史と中国鉄山」（『歴史地理』二九ノ六、六三二—六三三頁）。
（9）同前、二九ノ三、二四九頁。
（10）同前、三五九頁。

（11）石塚尊俊「金屋子神の研究」（『国学院雑誌』四七ノ一〇、八四―八五頁）。
（12）牛尾三千夫「金屋神の信仰――伯備線以西の地方をその資料として――」（『国学院雑誌』四七ノ一〇、七八頁）。
（13）石塚尊俊「金屋子神の研究」（同前、八七頁）。
（14）同前、八八―八九頁。
（15）同前、九〇頁。
（16）牛尾三千夫「金屋神の信仰」（同前、八二頁）。
（17）同前、八二―八三頁。
（18）筒井英俊校訂『東大寺要録』巻二、三四頁。
（19）柳田国男「炭焼小五郎が事」（『海南小記』昭和一五年。一七九―二四一頁）。
（20）同前、一八一頁。
（21）同前、二三九―二四〇頁。
（22）柳田国男「史料としての伝説」（『史学』四ノ二）。「猿丸と小野氏」（『神を助けた話』七五―八三頁）。
（23）竹内利美「きじや」（『世界大百科事典』七、昭和三一年、一〇九頁）。
（24）東一郎「紀北地方の木地屋」（『伊勢民俗』四ノ一、五頁）。
（25）『日本民俗学会報』三、二頁。
（26）高橋文太郎「会津の木地屋部落」（『旅と伝説』一一ノ二、六九―七〇頁）。
（27）同前、六六―六九頁。
（28）橘文策「木地屋の生活」（『旅と伝説』一二ノ五、三〇―三六頁）。
（29）今野岳艸「木地屋聞書」（『民族文化』二ノ五、九頁）。
（30）『日本民俗学会報』三、二頁。

V　市神《いちがみ》、商業の神、その他

市《いち》の起原はすこぶる古く、すでに『魏志倭人伝』のなかに、耶馬台国の女王治下の諸国に市があり、互いに交易が行なわれ、大倭これを監す、との記事が見える。上代の文献に現われるものとしては、軽ノ市、餌香ノ市、海柘榴市、阿斗桑市などは著名な市場であり、藤原京以後は唐制にならって左右両京に東西の両市が設けられ、それぞれ市司の管理のもとに運営せられた。京師の市は時代とともに衰え、街路の立売り、市街地に店舗をかまえる店(見世)売りへと移行、しだいに類をもって集まって商業区が成立し、地方では社寺の祭礼や法会にちなんで市の立つふうが起こり、酉の市、辰の市など、十二支の一つに当たる日を市日と定める例が多くなった。荘園制度の発達とともに、平安末ころからは、一から一〇の数を冠する、いわゆる日切市がはじまり、月三度の定期市が一般化するようになり、座すなわち場の権利が樹立され、魚座、塩座、鋳物師座などの名が見えるようになる。(1)

こうした市に、市場守護神が古くから祭られていたかどうかは明らかでない。延暦一四年(七九八年)藤原冬嗣によって東西の市に宗像の三女神(市杵島姫《いちきしま》、瀛津島姫《おきつしま》、湍津島姫《たぎつしま》)を祭ったのが文献の上では最も早く、また市の神を女性神として市姫《いちひめ》とも称したことは、古歌に「市姫の神の忌垣のいかなれや、商物に千よを積むらん」と詠まれたのからも察せられる。(2)『類聚名物考』巻一に、「京都江戸などの府内にはなき事なるが、田舎には必ず交易の事をなすに、市日を立て、毎月に六度、あるは三度などと定めてなす事つねの習ひなり、その所には必ず市神といふを崇め敬ひてまつります事なり、しかるに古へ神代に、市杵島姫おはしませば、その本縁もあるによって、この神をいはひ奉るべきなり」とし、往々住吉の神や道祖神などを市神として祭るは僻事であると論じている。また『月堂見聞録』には享保年間(一七一六―一七三五年)京都五条の市姫社の開帳のことをしるし、その神像は丈二尺五、六寸の座像で、老女が左のふところに小児を抱く姿であったとしるしてある。(3)

市神祭祀の報告は山形、長野、山梨辺に集中している。長井政太郎氏の『市神と市神祭』や『山梨県の市の研究』などによると、山形県内には実に六八ヵ所に市神が祭られ、その大部分は城下町であるが、数ヵ所は船場や宿場でないところにも発見されるという。多くは楕円形の自然石が多く、表に市神と彫ってあるのは比較的新しいものという。また傘石を載せた六角柱のものや、繭形、木像をそのまま立てたものなどがある。左沢《あてらざわ》や大石田の市神は丸い玉石で、正月に若者が持ち歩き、置かれた場所で米価の上り下りを占ったともいう。祭神は市神地蔵と呼んでいるところもあるが、市杵島姫を祭るのが多いとあるから、すでに神道神学の影響をうけている。市神祭は多くは正月の初市に行なわれ、山形では十日町の道中に半埋めになっていた市神に一月一〇日、遊女が賽銭を投げつけ、参詣者が争って拾う行事が古くから行なわれた。明治になってこれを湯殿山境内へ移したが、のち別に道の傍に市神を新たにしつらえたという。また上ノ山でも初市に投銭行事が行なわれ、縁起物として蕪《かぶ》と白髭大根が売られた。尾花沢では初市に市神前の道路に子供が縄を張って通行人から、谷地の大町では正月の年始に帰る嫁たちから、市神賽銭をねだる風習があった。また正月一三日小屋掛けして市神の木像を開帳し、翌日は家ごとに持ちまわることになっていたところもあり（宮内）、また組立式の祭壇を設け、側の家で甘酒の接待をするところもあった（谷地北口）。清水では軻遇突智命ときざまれた石臼《いしうす》と四角い石を重ねた市神の前で、初市に奉納舞が行なわれたものだという。(4) 西置賜郡小国町では正月の市開きと歳末とに市神の祭を行なうが、市神は大国主命だといわれ、菅江真澄が寛政四年（一七九二年）の一一月に見たのは三丈ばかりの木の押し立てたのを市神といっていた、とある。(5) なお長井氏の報告には長野県の松本市内の市神数例、武蔵、羽後、会津などの例があげてある。松本市のは自然石か木像の市神で、初市に塩を入れた小袋を撒《ま》いて市民が拾って帰るふうがあり、初市を塩の市ともよんだことがしるされている。豊科の市神は小正月に青少年によって担ぎまわられ、これを飴市と呼ぶとある。山梨県の十日市場、四日市場、八日市場、中巨摩の若神子宿の二日市の街道などの市神は、多く玉石や自然石で、中に道祖神とならび祭られているのがあるのは注意される。(6)

市神が地方の定期市に祭られたのに対して、都会地ではエビス神が商売守護の神として商人たちに信仰され、旧一〇月二〇日の夷講は、江戸時代三都を中心に盛んに行なわれた。『和漢三才図会』巻七に、摂津西宮広田神社に伝えるという恵比須伝文にもとづくらしい、推古九年（六〇一年）聖徳太子が市を始め、商賈《しょうこ》をして売買の術を知らしめ、蛭子神をもって商売鎮護の神とした。後世恵美須ととなえ、もって福徳神となすとの説を挙げ、諸書いず

第40図　市神（山形市船町）

れもこの説を踏襲して夷講、誓文払いの起原とするが、もとより一種の附会にすぎない。エビス神はすでに見たように元来異人、漂着人の意で、漁撈の神であったのが、やがて商業守護神へと変貌した。この変化の中心に、西宮の夷願人や、夷三郎殿の信仰が存在したらしい。江戸では、夷講、その前日の旅籠町のベッタラ市は年中行事の一つであり、大阪の誓文払いは、「年中の誓文を十月廿日のえびすかうにさらりとしまふ」〔西鶴「日本永代蔵」〕ものとされていた。この祭りには、講宿ができて、同業者や、一定地域のものが集まって祭をし、商売繁昌を祈る形式のものもあり、同業者の結合、懇親、相談、規約の取りきめなども行なわれた。こうした同業者のエビス講中の結成は中世末から現われてくるが、のちにはその普及と派手な商業祭に刺戟されて、しだいに各家庭でも年中行事としてエビス神を祭り、食物を用意して来客を饗応し、家内の繁昌を祈るようになった。江戸中期以後の資本の蓄積と、商人階級の実質上の擡頭に伴ない、京阪の誓文払い、江戸の戎講は、呉服商を中心に大売出しを行なうふうが起こり、これはこんにちまで商店街や百貨店の年中行事となってきている。一〇月の講に対して、一月の一〇日、もしくは二〇日に、「十日戎」、「初戎」、あるいは「若戎《わかえびす》」とし、一〇日は西宮や今宮のエビス神社が賑わい、二〇日の若戎は、家ごとに台所で大黒とならべてエビス神をまつる例であった。桜田氏は正月一〇日の初戎は、農村の田打ち祝い、または全国的な鏡開きや武家・町家の具足開き、蔵びらき、帳祝いなどが多く一一日に行なわれるところから、前日の一〇日戎をこれらとの関連において考えるべきものと見ている。(7)

エビス講は大都市の商人の専用の祭として発達したが、地方の商人階級のなかにもしだいに浸透し、また農民の

第41図　商家のえびす講（東都歳時記より）

間にも模倣するふうも生じている。秋田県鹿角郡あたりでも、旧一〇月二〇日はエビス講で、鍋餅（オハギ）を俵のように積んで神棚に供えるといい(8)、岩手県下閉伊郡あたりでは一二月五日をエビス講といい、必ず魚を食べる日になっている(9)。一二月五日はまた秋田の男鹿半島で、畑の神の年取りの前日をいい、小豆粥《あずきがゆ》を作って祝うともいう。茨城県新治郡地方では、商人エビスコと百姓エビスコの二つがあり、前者は一〇月二〇日、後者は一二月八日の納め八日をこの祭にあてている。エビスとともに大黒も祭り、肴、御飯、銭を供える。二柱の神が出雲に出稼ぎに行き金を持って帰るとて、屋外に竿を立て、籠をつるして屋根に立てかけておく。翌朝子供たちがこの籠をゆすって、前夜家人の入れておいた小銭を、「大黒様が落した」といって拾うのが楽しみであったという(10)。百姓エビスコにもこれと同様の行事があった。大和の宇陀郡地方では農家・商家とも霜月二三日をサンヤと称してエビス神に生魚二尾を藁で向いあわせにしばり、エビス・大黒の神前にかけ、小豆飯をたき、生魚の焼き物で夕食を食う(11)。このエビス講の日に生魚を食うというふうは広い。ここでは正月の六、七、八、九、一〇のいずれかの一日を初戎、初市といい、戎社のある土地を中心に老若男女が集まり、賽銭を奉納して、

第42図　キッキョロ（東京都）

山田広治撮影

生きた鮒子を買って、祠前に立ててある竹の枝にかけ、幸福と福徳を祈る。帰りは初買いと称して、キッキョロという米俵、恵比須、大黒の像、小判、打出の小槌などの形を米の粉で作り、紅黄色に染めたものや、紙、繭などで模造して竹枝にむすびつけたものを買って帰り、自宅のエビス・大黒を祭る。[12] 矢頭和一氏の「恵比須講の話」によると、西三河の挙母町では、今から六〇年前くらいまで、一〇月二〇日のエビス講には、商売繁昌を願って各商家では子供たちに無制限に蜜柑を与え、もらい手の多いほど店が繁昌すると考えていた。一般にはこの蜜柑を与えることがエビスコで、これをもらうことをエベスコをもらうといった。[13] この町を中心に三里内外の農村から、一〇歳から一二、三歳までの子供が袋網を首につるし、朝早くから群れをなして商店の軒下に集まり、大戸が開くや否や、「エベスコおくれ」と呼んで、片手をのばせるだけのばし、店のほうでは神棚に燈明や神酒を捧げ、蜜柑をじゅうぶん用意して、一人に一個、二個ずつ与える。これを袋網に入れて、つぎの店へと移っていく。商店のほうでは、用意した蜜柑が残ると不吉、用意したただけでは不足という時は商売繁昌とて大よろこびをするということである。これと逆に、名古屋地方では、早朝からたくさんの商品を売りさばき、売り上げ金を一室に積み上げるという考えで、値段を引き、品物の量をふやして大売り出しをする。[14]

『歳時習俗語彙』には八日待ちのことをしるして、「十二月八日は……或は又商家だけで客に酒を出し〔阿哲郡誌〕もしくは親類取引先を招待して蒟蒻《こんにゃく》田楽を馳走する日としてゐる〔沼隈郡誌〕。伯耆西伯郡でも此日をヤカマツと謂つて、商人の祭日としてゐるのは八日待の訛音であらう〔因伯民談二ノ一〕。日頃うそをいふ者だけの祝ふ日など、いふことは、京都の誓文祓ひとも同じである。京都では商人が祇園の冠者殿社に詣でて、懸値の罪を祓ふ日といひ、其日は十月の二十日であつたが〔日次記事〕、中国地方ではそれも亦十二月の八日待のことで、毘沙門天を祭り、蒟蒻を食べて祝ふ。或は聖門開きなどの字を用ゐて居る者がある〔浅口郡誌〕。伊予の宇和島地方でも七日の晩が誓文払ひで、町家では田楽を食し、夜は子供が栄螺《さざえ》の殻に縄を通したものを曳いて、囃しごとをして町を曳いてあるく〔郷土研究二巻一〇号〕、……壱岐島の誓文払ひは京都と同様に十二月二十日である。商人は一年中の掛引の罪滅しにすべて商品の値を安くし、又取引の人々を款待すると、謂つて居ることが亦広告になつて居る。五島の久賀島の誓文払ひは又ツンバラヒとも謂つて、爰では八月十五日と十二月二十日がその日であり、又大晦日にもセイモンバラといふ麺類を食べるといふ」[15]とある。この日をウソツキイワイ、ホウベンダンゴを作る日などの伝承が、伯耆、美作、備前、佐渡あたりにあるのもこれと関係があるかもしれない。また一〇月五日に秋田県で酒屋や紺屋が夷講を営み、これを定エビスと呼んだことが『秋田風俗問状答』のなかに見え注意される[16]。

(1) 豊田武「市」(『世界大百科事典』Ⅱ、二四二―二四三頁)。
(2) たとえば、『国史大辞典』Ⅰ、昭和一五年、四二〇頁。
(3) 『綜合日本民俗語彙』Ⅰ、九三頁。
(4) 長井政太郎「市神と市神祭」(『民間伝承』一一ノ六・七、一五頁)。
(5) 『綜合日本民俗語彙』Ⅰ、九〇頁。
(6) 長井政太郎、同前。
(7) 桜田勝徳「えびす講」(『世界大百科事典』Ⅳ、四四三頁)。
(8) 内田武志「秋田県鹿角郡宮川村地方」(『民俗学』二ノ一一、四一頁)。
(9) 『綜合日本民俗語彙』Ⅰ、一八六頁。
(10) 中川さだ子「茨城県新治郡上大津村神立地方の年中行事」(『民俗学』三ノ三、四一頁)。
(11) 伊達市太郎「大和国宇陀郡地方の年中雑祭行事について」(『民俗学』三ノ一二、五三頁)。

(12) 同前、四九頁。
(13) 矢頭和一「恵比須講の話」(『民俗学』一ノ四、四五―四六頁)。
(14) 同前、四七頁。
(15) 柳田国男編『歳時習俗語彙』昭和一四年、六四七―六四八頁。
(16) 『綜合日本民俗語彙』Ⅳ、一五六七頁。

宗教・習俗の生活規制

日本宗教史研究Ⅱ

まえがき

本書には既発表九、未発表一の一〇篇の論文を収めた。

このうち第一の「社会変革と仏教」、第二の「諸宗教のうけとられ方」の二篇は、比較的新しく執筆したもので、前著における「日本宗教の社会的役割」の論述をうけて、それと相補う意図の下に、前者は宗教社会史の立場から日本仏教の果たした役割の一面を、後者は宗教民族学をふまえて外来宗教の伝播と受容の問題を論説したものである。

第三、第四、第五の三篇は、万葉集、釈教歌、平家物語といった古典文学を素材にして、それを宗教史的観点から分析してみた議論である。第六の「神仏習合に関する一考察」と第七「我が国の学僧教育について」の二篇は、ともに前大戦中にまとめ、終戦直後に発表した旧稿である。主として文献史料を基とした考察であるが、学僧教育の問題は、文部省の研究補助を得て、昭和一九年秋、奈良に半月ほども滞在し、興福寺の板橋前管長、興福寺の橋本凝胤師、法隆寺の佐伯定胤師、東大寺の橋本聖準師らの碩学の高僧たちを訪ねて、それぞれの寺に伝わる貴重な資料や伝承についての示教を得た。板橋師が「こんなものが見付かった」といって、多聞院英俊の和讃を持ち出されたときの喜びや、佐伯老師がみずから堂塔をくまなく案内しつつ往時の修行の苦しい想い出を語られたことなど、今もあざやかに私の脳裡に蘇ってくる。螢光燈に美しく照らし出されていたありし日の金堂壁画も、今はむなしいものとなった。

第八、第九、第十の三篇は、主として実地調査の結果をまとめたものである。中尊寺金色堂の報告は、東北大学を中心に行なわれた平泉綜合調査に参加したときの発見資料にかかわるものであり、湯殿山系即身仏関係のものは、毎日新聞社後援の「日本ミイラ研究グループ」の調査団に参加して獲たものである。第十篇は相馬高校の岩崎敏夫氏が調査された「相馬藩に於ける真宗移民」の問題に大きな興味と関心をそそられ、同氏の協力と、東北大学宗教学研究室の諸君の助力を得て、昭和二九年秋に行なった実態調査の結果報告である。この報告は久しく筐底に蔵していたが、今回岩崎氏がその著『本邦小祠の研究』のなかに同氏の調査結果を発表されることになったので、私もここで始めて公けにすることにした。本篇の二と三の部分は、おおむね岩崎氏の調査資料に、私たちの現地調査を加味して成ったものであり、四と五の部分は、特に私たちが計画し、実施した調査報告と資料分析である。

私ははじめ本書を、「社会変革と仏教その他」という題で出したいと考えていた。しかし出版元の西谷能雄さんの希望で、「宗教・習俗の生活規制」にきめた。これは本書の全体を覆う題としては不適当であり、この題の下に出版するならば第十篇をトップにすえるべきであろうが、私にはそうするほどの自信はない。というのはこの調査にはなお未熟不備な点が多く、吟味もなお行き届いていないことを恐れるからである。しかし一〇篇中では一番長いものであり、且つ未発表論文であるという点から、なお躊躇しつつも、あえてこの題で出版することにした。最後にあまり需要があろうとも思えぬ私の仕事を、次々と出版してくれられる西谷さん、校正その他何かと世話になっている小箕俊介さんに厚く謝意を表する。

一九六二年五月八日

仙台の寓居にて　著　者

一　社会変革と仏教

一　宗教におけるエリートとマッスの問題

この小論は宗教社会史の立場から、日本仏教のになって来た社会機能を考え、仏教が日本の社会において、どのような過程をたどって、そのいく変転した歴史に適応して来たかを、極めて概括的にトレースしてみたい。

私は昨年、新潮社の『日本文化研究』第六輯に「日本宗教の社会的役割」を論じた際、私の立場を規定して、「日本人が発想感得し、あるいは他から受容しつつ展開せしめた宗教の形態と、これらの宗教を通して表白している信仰もしくは宗教意識の形態を、日本の文化、社会との歴史的関係においてとらえることを目的とする」とした。この立場は、特定宗教をふまえて宗教一般を論じ、あるいは仏教の Ought to be を導き出そうとする意図を有していない。いわば社会史的な論評とでも称すべきものである。護教的神学的態度は、教祖や高僧の側に立って宗教的意識や信仰形態のあり方を考察しようとする。あるいは哲学者は、自己の自内証や理想型宗教者を教祖や高僧のうちに見出し、自己の理想的イメージをもって彼等を荘厳しようとする。しかし社会史的立場は、つねに宗教を集団現象として、社会や文化との連関におけるムーブメントとしてとらえようとする。従って宗教的エリート（Elite）はつねにマッス（Mass）との連関において考察されねばならない。ここに宗教と哲学、思想史などとの大きな差異があるように思う。哲学や思想史においては、いわばエリートとしての個人の思想の展開に大きな意義がある。哲学者は他人の歯痛を癒す必要もなく、一人の共鳴者が得られなくても、自ら哲学者と名乗ることが出来る。しかし宗教者はエリートの世界に高踏して自慰することは許されない。一人の精神的慰安をも与え得ないような宗教者は、宗教者ではあり得ない。一人の信者なき宗教は、宗教と名乗ることは出来ぬ。

ところで宗教史の従来の大きな欠陥は、エリートを追求するに急であって、マッスの存在を甚しく軽んじ、且つ侮って来たことにある。軽んじ侮るというよりは無視したといった方がよい。ここからエリートとマッスの混同という誤謬が往々犯される。かつての日本精神論もそうであったように、理想的エリートとエリート的理想が日本精神、日本宗教のすべてであって、それがあたかも日本人全体の姿であるかの如き錯覚に陥るのである。例えば日本のエリートたちの共通の性格として、よく静寂主義（Quietism）がとりあげられる。宗教的神秘主義に裏打ちされた東洋的静寂主義の理想は、たしかにわが国のエリートたちの心をとらえ、この土壌にすぐれた哲学、思想、芸術の華を咲かせたことは事実である。これのみを強調するならば、日本人の精神の特性は静寂主義にあるとも説かれよう。ところで現実の日本に果して静寂主義なるものが存在するのか。朝夕の国電ラッシュ、繁華街の人の波、怒号する政治指導者の群れ、国会デモ、泥沼スト、そして人々はせかせかと道をあるき、他人の噂に興味を持ち、口うるさく批判し、社会は人々の行動に監視と圧力をかけている。この現象は単に近代資本主義とマス・メディア（Mass Media）の責任ないし罪悪に帰すべきものとは思われない。東洋的静寂主義を吹き込まれ、静寂な日本に多少のあこがれを持って日本に来て大いにとまどっている外人を、私は何人か知っている。彼等はどこかに Quietism はないかと永平寺に、南禅寺に、伊勢神宮に、桂離宮へと出かけてゆく。たしかにある種の Quietism はあった、と彼等はいう。しかしあれはエリート的静寂でしかない。大衆は伊勢神宮の神域にまで携帯ラジオを持ち込んでいる。エリートと大衆の離反はことさらに甚しい。この責任は一体宗教者にあるのか、大衆にあるのか。

およそ社会の文化はつねにこの二つの極の間のギャップを免れることの出来ないのは、何も日本だけの現象ではない。即ちエリート的理想型または理想的エリート型文化とマッスによる現実型文化で、この二つの型は或る点で相尅し、或る点で相つらなる。エリート型はいわばマッス型のアンチテーゼ、もしくはマッス型文化における相尅のジンテーゼとして出発する。従って一面では現実型文化を欲しない、もしくは現実型文化を是認し得ない人々の、いわば反社会的、マイノリティ（Minority）として存在し、そこに存在意義を持つ。ところがエリートはエリートによって発見支持されている限り、その初期の理想型を維持し得るが、エリートが次第に膨脹してマッスとかかわり合うことになると、そこに一つのディレンマ的現象を起すのである。エリートによって創唱された宗教は実にこの二つの文化型のかね合いにおいて存在しなければならない宿命をになっている。宗教がエリート型をのみ目標とし、ここに定住するならば、それは宗教の貴族化高踏化であり、知性人の愛玩品に堕す。逆に宗教が現実型マッス文化にのみ耽溺するならば、それは民衆をいよいよ愚昧の淵に陥しいれ、阿片化する。宗教がマッスから遊離高踏することを許されぬ運命を持つこと、いかなる宗教も衆生済度の使命を有することは、宗教の社会におけるあり方として他の分野に比して極めて困難な立場にあることを示している。教団はエリートを包摂しこれによって高揚されつつも、大衆に連繋し、これに支持されなければならないからだ。そこで一般的に文化内に存在するエリートとマッスのギャップ、反社会性と世俗性のギャップが、どのように乗り越えられるかが、宗教の場においては極めて深刻な、また興味ある問題となる。そしてそこに宗教教理よりも宗教運営者、ないし宗教者そのものの責任が社会史的に追求されなければならないのである。

二　社会的危機における宗教の発現

いったい宗教は社会制度や文化価値体系の安定力として働くか、それとも破壊力、分裂力、あるいは再建力として働くか、という問題は、宗教社会学者や文化人類学者の間で議論されている。太古の小集団社会、あるいはいわゆる未開社会のあるものについて、デュルケームたちのいうように社会そのものが一つの宗教集団と見なし得るものはかつて存在した。そこでは宗教は例外なくその社会の最も強力な統合的役割を演じている。しかしその社会が拡大し、文化が複雑となり、外来文化や宗教の伝播受容が始まると、同一社会内に二つ以上の宗教集団員が併存し、あるいはその社会を越えた特殊宗教集団が成立し、ある場合には社会を分裂に導くのである。

但し、高度で複雑な文化を持つ社会でも、その社会と宗教のかかわり合いの度によって、あるいはその社会の性格によって必ずしも一様ではない。例えばインドのように、社会の安定度と伝承的性格の強い社会では、宗教と僧侶階級は、その社会に君臨し、従って制度維持的な保守的な力として作用する。同様に偉大な文化を創造したギリシア社会では、伝統的僧侶階級はインドに比して著しく社会的勢力が弱かった。これがインド文明とギリシア文明の展開の上にも大きな影響を与えている（例えば、マックス・ウェーバー「宗教社会学概論」）。

ヒンドゥ教、ユダヤ教、神道といった民族宗教と、仏教、キリスト教、回教といった普遍的宗教もしくは創唱的宗教を、その社会史的展開の上からごく大雑把に捉えてみるならば、民族的宗教は元来その発生した社会の制度や文化価値の維持を建前とし、その社会の統合的役割を果すが、その社会が外方権力や外方権威との接触、侵入によって緊張関係に入ったときは、ネティヴィスティック（Nativistic）な愛国運動、メシアニック（Messianic）な宗教運動として展開復活する動向を持つ。これに対して普遍的宗教とよばれるものは、その発生においてはエリート的な反社会的マイノリティとして出発し、当時の社会の世俗的宗教的権力や権威に反抗もしくは逃避する傾向を有し、現世的地上的なものを懐疑否定する性格が濃い。ところがその伝道がその社会で逐次成功し、さらにその社会外にあふれ出るにつれて、教会や僧侶は地上的権威を獲得するようになり、支配者と結托し、あるいはその地位にとって代って地上的権威や権力、社会の制度と文化価値の維持に重要な挺子の役を演ずるに至る。そして歴史の過程において内部から再びマイノリティのエリートたちの反制度的宗教の運動が宗教改革の形をとってあらわれ、これがその時代の社会変革の指導的役割もしくは新時代社会の精神的バックボーンの役割を果たす。前者の例には神道やペイヨティズム（Peyotism）、もしくはアフリカや米国黒人間におけるネティヴィズム運動などがあり、後者の例としてカトリシズムや仏教が挙げられよう。本稿では前者の例については触れない。後者における二大宗教の社会史的な比較は極めて興味がふかい。

一体、宗教は人間あるいは社会集団の危機と緊張の場において、しかも従来の政治、経済、倫理などの規範によって処理し得られない窮極的不安を解消すべく強く要求されるのであって、従ってその反応は伝承的な場におけるよりも、むしろ創造的な、再生的契機となる面が重要である。それゆえ宗教における創造性は必然的にその現実における混乱、不安、規範喪失などと混り合う。すなわち宗教の発展の最も創造的な時期は、安定した平和な時代よりもむしろ、不幸なる社会の不安混乱期である。マックス・ウェーバー、ウェールズを始め多くの学者の指摘しているように、西紀前第七世紀から第五世紀にわたる人間精神の異常な飛躍期、即ちそののちの二〇〇〇年にわたる偉大な文明の流れを基礎づけた創造的宗教運動は、いずれも急速な社会と文化の動揺期、変革期であったことは注意すべきことである。

シナに儒教の起こったのは、相争う封建諸侯が春秋戦国の動乱期を経て次第に秦・漢帝国の統一へと進む過程のなかにおいてであった。インドに仏教、ジャイナ教、ウパニシャッド哲学などの興起したのは、幾多のインド社会の内部抗争の時代、即ちアーリア人と土着人との間の複雑な問題、小国に分立した封建的諸国家間の争闘、バラモン階級に対するクシャトリア（武士）階級の社会的優位を目指す争い、といった動揺期であった。のちのキリスト教、さらにおくれて出現したイスラム教の源泉をなすユダヤの預言者たちの新しい動きは、イスラエル王国がすでに全盛をすぎ、メソポタミアの新興勢力によって深刻な脅威にさらされていた時に始まっている。ギリシアにおける古典文明の発端もまた、小都市国家間の関係において、さらには東方からするペルシアの強大な圧力によって、不安定な社会状態のなかに芽生えた。即ちひろく宗教的源泉から、以後の文明を指導した偉大なる文化体系が形成されたのは、実にかかる全古代文明社会を通じての混乱期であったのは偶然ではない。儒教、仏教、ヒンドゥ教は東洋の巨大な精神文明の主要なフレームワークを形成し、他方ヘブライの預言者たちは世界で最初の普遍的倫理的一神教を創造し、ギリシア人は西欧文明の分析的思弁的知性を建設した。これより数世紀後にあらわれたキリスト教は、いわばヘブライ的とギリシア的伝統の総合体として取り扱うことが出来る。預言者的ユダヤ教の背景なしに普遍的倫理的一神教はあり得なかったろうし、ギリシア哲学の背景なしにキリスト教的な合理的神学はあり得なかったに違いない。そしてキリスト教そのものが、また社会と人間価値のいちじるしく動揺していた状態のもとに生まれた。当時、ユダヤ人はいくたの外国支配の長く苦しい経験ののちローマ帝国に吸収され、新しい状態への適応の苦しい試練に耐えつつあった。この適応が極めて困難なものであったことは、イエスの十字架から僅か一世紀にしてユダヤ戦争が勃発した事実からも知られる。キリスト教徒の運動がユダヤ人社会に吸収されず、聖パウロによってローマに伝えられたことは、西欧文明史の最も決定的な出来事であった。このキリスト教の西欧文明に対する偉大な定礎事業は、その歴史を通して流れている二つの基本的プリンシプル、即ち「普遍主義」（Universalism）と「能動主義」（Activism）とに帰すべきであり、これがまた東洋文明と異なる文明発達の途をあゆましめた所以と見られる。即ち西欧文明の基調をなすところの、ギリシア精神による能動主義的探究態度は、科学と宗教の闘争の顕著な事実にもかかわらず、科学者は、神のわざを探究することによって神を知るとする立場において、西欧にのみ高度に発展した科学を生み、またローマ精神に根ざす法の普遍性精神を教会法として生かし、それに基く中世ヨーロッパを支配した普遍主義的宗教が、中世文明の大きな発達に根幹的な役割を果たした。また普遍的個人主義は各人が不滅の霊魂を持ち、すべて同等の宗教上の価値を担うとする点で、また近代ヨーロッパ文明の平等主義の主張に深く寄与したことは疑いを容れない。個人の尊厳と独立の観念もまたキリスト教精神から派生した特製物と見られる。

三　仏教の東洋文明に対する定礎的役割

ところで、東洋文明の礎石となった仏教は、インドの民族宗教としてのバラモン教（ヒンドゥ教）の伝統とその社会の文化を継承しつつも、三法印、もしくは四諦・八正道・十二縁起に象徴される「法の普遍性」と「合理主義」的態度を強調し、根強いカースト制社会のなかに四姓平等の教団、即ち和合衆（Saṃgha）の結成によって法の前に個人の平等性、独立性を主張した。和合衆は「法」の前に平等な個人によって結成された、世俗社会を離れた共同体であり、出世間とか出家の語に象徴されるように世俗のもろもろの繋縛を捨て去ること、即ち入信入団のイニシエーションによって新しい人間関係と価値体系の社会へ入るのである。従って初期の仏教教団の主要なる目的は、あくまで個人の解脱であり、解脱の場としての教団であって、それは直接に社会改革を目指すものでなかったことはキリスト教とも等しかった。

仏教の主張した普遍主義、平等主義は、個別的分離と階級的差異のうちに存在した多くの古代東洋社会のなかに、深刻な影響を与えている。東洋社会は西欧社会のようなまとまりのある文化的宗教的共同体を形成し得なかったから、仏教の及ぼした影響も、そのうけ取り方も一律ではないし、仏教はユダヤ的一神教といちじるしく異なる教理を持ち、異なる寛容度、習合度をもって異民族の異教徒に対したのであって、その変化の様相は極めて複雑である。しかし少なくとも東洋的ヒューマニズムの根底に仏教精神の存在を否定することは出来ないし、哲学・文学・芸術から人間の思考、感情の全域にわたって、仏教受容の以前と以後における截然たる差異は、東洋の高文化民族社会には例外なく認められる。この意味で仏教は、古代との絶縁、中世から近代への開幕の契機をなしたというも過言ではないであろう。

シナにおける秦・漢の大帝国の出現が、ふかく儒教の持つ宗教倫理的プリンシプルに思想的バックボーンを負うと認め得るならば、インドにおける史上空前の大王国を建設したアソカ王の仏教帰依と仏教国教化の事実は、コンスタンチヌス帝によるキリスト教国教化の史実とともに、新しい国家社会の建設に対する宗教的倫理的基盤として、創造的建設の役割を果たしたものといえるであろう。シナにおける隋・唐帝国の興起には、しかく明確なる先行的宗教や思想運動を指摘し得ないかの如くであるが、世界の文明史上にも比類のない初唐の活気に溢れた国際的文化と政治の高揚の背景には、西域の東トルキスタンを越え、南海の波濤を凌いでインドにのびた二大東洋文明国の連繫に負うところが多いし、唐帝国の西方文明への異常な熱意は、玄奘や義浄に象徴される仏法求法の積極的意欲と、これをバックアップする政策にも強くあらわれている。そして長安の京は多くの西域、インドの高僧が止住し、西域の胡楽胡服が流行し、さながら国際的文化の中心たるの観があった。中唐以後には朝廷は時にいちじるしく道教に傾斜し、武宗廃仏のことなどもあったが、ここに登場した道教は、老荘の哲学に根基するとはいえ、すでにして不老長生的な呪術宗教に顚落しており、衰亡しゆく老帝国を再生せしめる動力となり得ず、むしろ老衰の苦悩を象徴するに過ぎなかった。

日本の仏教は、その時間的、地域的、従ってその質的変化を経て、シナ、朝鮮を経由して渡来し、受容されたのであるが、しかしそのになう創造的革新性は、古代日本社会においても顕著なものがある。それは仏教の持つ革新的理想が日本社会の変革を誘発したというよりは、変革しゆく社会不安と動揺のなかに、仏教がその収拾的役割をになって登場し、期待されたということになるのかも知れぬ。もちろん朝鮮仏教を受容した最初期の仏教なるものは、個々的には恣意的な形で信仰され始めたものにちがいない。しかしその受容過程が古墳末期の氏族制度社会の崩壊期であったことは重要である。仏教導入の直接の契機は隋帝国の圧力による朝鮮半島南端の任那日本府の滅亡という国際的危機の場においてであるが、国内的な社会不安はすでに雄略朝に胚胎している。雄略帝は、「天皇心を以て師とする」と評されるほどの個性の強い独裁君主であったらしく、秦氏《はたうじ》、漢氏《あや》などの応神朝以来の帰化韓人部族を優遇して族長を側近に侍らせ、しきりに使いを大陸に派遣して先進技術の吸収、技術部族の帰化に積極的政策を遂行したと伝えられている。かくて、のちに起こった種々の政争をも利用して、蕃別《ばんべつ》と呼ばれる帰化人部族は古代社会の指導的階層へと漸次進出して行った。彼らの持つ知識と経済力は政治の領域にも発言力を増大して来ている。そして古代社会はこの新興勢力の異常な膨張によって、社会構造及びこれを支えている宗教的倫理的文化的規範が次第に維持され難くなって行くのは当然の経路である。新興勢力の必然の過程として、彼らは実力を有しつつも、社会的、神話的ないし宗教的権威の前に、つねに劣者としての立場に立たされざるを得なかった。当時の古代社会には、神々の子孫という神話的権威を誇る諸豪族群に対して、皇子たちを祖先とする皇別氏族が天皇氏の統一主権の樹立過程に発生し、さらには国際関係の国内政治に対する比重の増加にともなって、仲哀・応神朝の新しい政策転換の指導者と伝える武内宿禰の子孫家、平群・紀・巨勢・蘇我の諸氏が政治上に擡頭した。そしてやがてその職能上、帰化部族との連合の最も緊密であった蘇我氏の上に最後の覇権が落ちた。こうした国内における力のバランスの破綻、社会構造と文化や価値体系の大きな変動、新技術の導入による経済や産業の変化、そして外方からの新興隋帝国の積極外征政策による国際間の力の均衡の破綻という情勢のなかで、仏教が雄略朝渡来の新漢《いまきのあや》と呼ばれた新帰化部族のなかに先ず受容され、ついでその主導力によって逐次蘇我氏及び蘇我氏関係の宮廷貴族の間に浸透していったことは偶然ではない。この場合の仏教は、いわば古い社会体制を分裂させ、新しく興るべき社会に対する精神的文化的価値の賦与者としての役割をになっていた、と見られよう。

四 分裂と調和、反俗と世俗化
――宗教の運命的ディレンマ――

こうした社会変革期における非伝統的な進歩的部族の役割と、その精神的基盤となりつつある仏教の役割とを、よくみつめていたのは聖徳太子であった。日本の歴史上の人物で、古来太子ほど毀誉の差のはなはだしい人はない。歴史はやり直しのきかぬ貴重な実験場であり、逆回転を許されぬものであるが、これほど大きな評価の差は、太子が同時に政治家であり宗教導入者であったという悲劇的運命に負うところが大きいと思われるし、それが爾後の日本の歴史の重要な転回点に立ったという事実を物語るものであろう。

「帰心聖徳宮、師教令無窮」とする最澄的認識や、「和国の教主聖徳皇」の親鸞的認識は、儒者国学者神道家の執拗な太子の政治的宗教的責任追及の論評とともに、日本宗教史のなかに太子が長い尾を引いていることを示す。純粋の宗教者でなく、困難な政治情勢のなかに立ってその政治的責任と権力の中心にあった聖徳太子によって仏教が日本に根づかせられたことは、他方で日本社会が古くから垂直的な政治的体系につらぬかれ、政治的価値の優位性を持ち、上下の身分、間柄の社会構造を持つ点とあわせて、日本における社会と仏教のかかわり合いを決定する一つの鍵となろう。即ち日本仏教は社会の最もめだたぬ、とるにたらぬ反俗的マイノリティから出発したのではなく、すでにアソカ王以後の、政治的権力と結びついた仏教であり、為政者によって上から下へ流された仏教であった。

聖徳太子は「和を以て貴し」とする一個の理想社会の実現を要請し、その宗教的バックボーンとして四姓の終帰、万国の極宗たる仏教を篤く敬うことを命ずる。それは「人皆党《たむら》あ」るによって分裂抗争する社会の、「枉《まが》れるを直く」する役割を期待するものであり、儒教の「礼」の倫理とともに、理想社会の秩序の源泉と信じられた。太子の三経義疏にみられる「一大乗」、「常住一体の三宝」、「万善同帰」といった思想は、仏教がその成長過程に一貫した普遍主義的統一理念であり、これを個別的日本社会における革新的な、高次的統合のプリンシプルとして採り上げ、且つ共鳴したものと見られよう。即ち太子が調和的統一の理念を仏教と儒教に求めつつ、そこに「詔を承りては必ず謹め」とする天皇の最高権威の強い主張がなされていることは注意してよい。太子は純粋な、自由なカリスマ的、メシア的存在ではなく、自ら世俗的権威の象徴たるの地位にあって、その権威体制のもとに調和的平和社会へと改造せられることを念願する。

この点で初期の日本仏教は、キリスト教やインドにおける初期仏教の形態といちじるしく異なる。比較は当を得ないことかも知れないが、太子が「和」を強調し、「詔を承りては必ず謹め」と要請するのに対して、イエスは、「あなた方は、わたしが平和をこの地上にもたらすために来たと思っているのか、あなた方に言っておく、そうではない、むしろ分裂である」といい、「カイザーのものはカイザーに、神のものは神に返しなさい」とのべたこといちじるしい対照をなすものであろう。そしてたしかに初期のキリスト教団は、世俗の世界からは極めて目立たぬ、取るに足らぬ人々の集まりにすぎなかった。しかし彼等は少なくとも自己の信ずる宗教以外の宗教的倫理的体系に対して、またカイザーに象徴されるローマ帝国の制度や組織に対して、つねに相離反する立場をとるマイノリティとして発足したのである。当時のキリスト者の運動は主として差しせまったキリストの再臨への期待にあって、その社会との連関性の問題はほとんど念頭には浮んで来なかったようである。キリスト者と俗社会とのつながりは、悪なる世界からの汚れを防ぎ、主の福音をひろめるという関心に止まっている。しかし幾多の紆余曲折を経て、コンスタンチヌス帝がキリスト教をローマの国教として受けいれた時、キリスト教自身に根本的な変化が起こった。一つはキリスト者の社会の統合体としての制度的教会の観念が芽生え発達したこと、第二は「わが王国は地上のものではない」という成句に象徴される地上のものに対する冷淡さ、あるいは嫌悪の態度であり、制度的教会やキリスト教王国の制度にも強く反撥しようとする立場との相剋が始まる。

アソカ王以前の初期仏教がどのような対世俗社会の態度をとったか、どの点でまじわり、つながっていたかを、私はつまびらかにしないが、少なくともアソカが仏教を国教とし、王の命令によって僧侶が四方に派遣され、仏教精神に立つ法勅詰文が各地に建てられたとき、仏教教団のなかにも根本的な変化が起こったろうことは想像に難くない。釈迦自身がすでにいくつかの有力な小領主や富豪の外護や喜捨によって精舎を建て、教団を維持拡大して行ったのであるから、理念的にはとにかく、実際的に反社会的な要素は稀薄であったかと思われるが、しかし少なくともその理想は地上の栄華ではなく、出世間の語に標榜されるように反世俗的な性格を強く持っていたにちがいない。しかしここに新しく開けて来た環境に対して、聖俗合弁の制度的教団が国家権力との結合の上に芽生え、発達したことはあきらかである。

こうした推移はタルコット・パースンズも論じているように、何も宗教の堕落、変質と呼ぶべきものではない。宗教の発達過程において、いかなる宗教も、その社会とまじわり合うことなしに、具体的な社会の制度的宗教たり得ないことは明らかである。キリスト教にせよ、仏教にせよ、それが漸次その社会の精神界に君臨し、高い地位をその社会内に築いてゆくにつれて、精神界における優越性と、日常的世俗的生活面における行動の優越性とが判然と区別されなくなってくる。精神界を支配することは、同時に世俗的権力を持つことになる。かくして権威（Authority）と権力（Power）との二重のからみ合いのうちに、教団は成長し発展してゆく。いかなる宗教もその歴史的展開の過程において、この深刻なディレンマをまぬがれる方法はないのである。単に権力の問題だけではない。富の問題もまた同様のディレンマ的様相を示している。観念的理想論は別として、教団と権力、富との関係は、それを獲得し、それに結合することの当否よりも、それがいかに行使されコントロールされるかに社会史的な問題がある。

要するに宗教の制度化の問題は、二重のあり方で俗社会の構造にまきこまれるということになる。即ち初期の段階における宗教運動は、その時代の社会の制度化された価値に対して否定、離反、拒否の態度で出発する。人々のこの世における生活上の不如意、不満を捉え、その人間関係や慣行的倫理行為における不適合、不調和を処理するものとして人々にアッピールする。しかしその宗教がその社会で優越した地位を占める直接の結果として、宗教運動とともにラディカルな政治活動という二足の草鞋をはくようになり、しかもその活動が、教団の優越する地位をさらに強化し、社会的地位を安定させようとする場合には、既存の秩序や権威を維持する保守的な安定勢力として働くことになる。ここにおいて宗教は人々を現世から救済することを念願しつつ、みずから地上にその権威を樹立し、且つそれを継続せしめてゆくことにより、それ自身一つの地上的存在と化する。従って人々は宗教を通して窮極的な安らぎや永遠の生命を求めようとするのだが、一度び人間界の制度となった宗教そのものは、もはや窮極的な安定は保ち得ず、つねにその社会とともに流転してゆく運命を辿るのである。

五　日本仏教における反世俗と世俗性のディレンマ

聖徳太子によって受容された仏教が、アソカ王やカニシカ王による国教化の洗礼をうけた仏教であったこと、そして太子がすでにのべたように俗社会の政治的権力の象徴の座にあったことは、これを宗教社会史的に見るならば――他の立場からは多くの異論はあろうが――、日本仏教は反世俗と世俗という対立のプロセスを通すことなしに、地上的な存在として発足したことになるのである。これについてはさらに別の角度から、すなわち日本社会の特殊構造にも負うところが大きいと思われる。すでに多くの学者の指摘しているように、インド社会が横にホリゾンタールに切られたカースト制社会であり、シナ社会が、古来「孝」の倫理が「忠」に優先するファミリー社会であるのに対して、日本は前にものべたように縦にハイアラーキカルに上下の間柄において連続した社会である。従ってインドやシナのように、「出家」ということがそのまま非世俗世界に入ることを意味しない。なぜなら「家」は日本では世俗世界の象徴的単位ではないからだ。家は政治体系の外にある独立体ではなく、家長は家族員に対して政治的優位を占めるとともに、更に広汎な家集団の長の政治的下位者として服従の義務を負う。日本では指導者はつねに上位に対する服従者の負い目を持っている。家の存続と名誉が家長や嫡子そのものより優先する。個人の背後にはつねに家につながる社会の政治的義務がつきまとっている。従って「出家」は社会の世俗的義務から全く解放されるというわけにはいかなかった。もちろん寺院にはアジール的性格がつよく保持されたし、仏門に入ることが政治的責任を免れる唯一の逃避の門であったことも事実であるが、他方では出家した皇太子が天皇方を打倒して政権の座に上り、出家した上皇が事実上の政治を執り、「氏寺」の形態が氏人の出家によって運営され、家のため主君や天皇のために出家し、すぐれた僧侶の褒賞がその家に及ぶといった事実は、別段に突発的異常な状態とは考えられないのである。

聖徳太子の天皇主権の神話的権威の樹立を前提とする新しい国家体制の意図は、大化改新において一応の展開を見せた。大化改新の指導理念が儒教に裏打ちされた中央集権的神聖王朝の樹立であり、唐制による国家制度の変革にあったのは事実であるが、その実際の立案施行者のなかに、蕃別出身の留学僧のあったことは、見のがすことの出来ない点であり、大化新政府の仏教政策が天皇の発願として、「凡そ天皇より伴造《とものみやつこ》に至るまで造るところの寺、造る能わざるは朕皆助け造らん」との宣言の発せられたところにも、寺院が反社会的な出世間的修行の道場たる性格は、始めから持たれていなかったことを示す。これは推古二年、日本仏教の公的開幕をつげる三宝興隆の詔を発する際、「臣連おのおの君と親との恩のために競いて仏舎を造った」とする記録とも照応するものであり、天武朝以後における金光明（最勝王）経、仁王（護国般若波羅蜜）経の尊重とともに、部族的仏教からいわゆる国家仏教への進展とも呼応するものである。千葉一千仏の大釈迦世界の統合的報身として顕現する大盧舎那仏に象徴される奈良朝仏教は、聖武帝がその東大寺の寺額に「金光明四天王護国之寺」と親書し、「この寺衰亡せば国家も衰亡せん」との誓願を籠めたように、仏法は国家即ち王法と融合不可分の運命共同を強調するものであり、これは他方における神仏習合思想やその実際上の神宮寺や寺院鎮守神の発生とともに、仏教が社会の安定力として期待されたことを物語るものである。

天武帝によって確立された仏教の帝権との結合は、「三宝の奴」と自覚した沙弥勝満、即ち聖武帝によって強いソリダリティ意識にもたらされたが、そののち僧侶の政権意欲は法王道鏡の出現によって宗教的権威が地上的権力を併合するかの観を呈した。しかしこれは必ずしも宗教的価値が政治的価値に取って代わったというものではなく、極めて個人的閨房的なつながりに由来するものであり、それゆえ称徳帝の崩御にまつわるクーデターによって一挙にして覆滅し去った。そして桓武帝による平安遷都と、政教分離をめざす僧尼寺院に対する手きびしい統制によって、教権は完全に帝権のもとに屈服してしまった。平安新政府の宗教政策のよき協力者として、旧仏教に対抗するエースとして抜擢された最澄（伝教大師）と空海（弘法大師）は、奈良初期の法相宗の船載者道昭、中期の三論の巨匠道慈、法相の義淵、後期の民衆仏教者行基とならんで、その真摯な求道精神、すぐれた仏教理解、またその社会的実践において、真に日本仏教史上の白眉と目し得る。けれども最澄が自ら伝受将来した天台法華宗をつねに先帝（桓武）の御願としてジャスティファイし、空海が真言密教を伝えて事相の面で鎮護国家、攘災招福の斬新な呪術祈禱の形態を提供し、その文学芸術的才能のゆえに嵯峨・淳和の二帝と親交を重ねた点で、いずれも仏法をして地上的権力と結合させ、その社会組織と価値体系の維持強化の役割をになわせるに至ったことは否定さるべくもない。しかも各宗祖の歿後には、天台・真言の二宗はその社会における精神的優位性の確立にともなって、教団自身は却っていちじるしく世俗化し、膨大な寺領荘園を擁し、武装軍団化する大衆を備えるに至った。三善清行をして天下の富の大半は寺院に集まり、人民の三分の二はこれ禿首、と嘆息させ、白河法皇をして朕が意の如くならざるの嘆を発せしめた事態は、単に後継者の「過度の逸脱」の責任だけではない。

六　世俗から反世俗へ、安定力から分裂へ

このような日本仏教の性格は、つぎに来るべき社会変革において、どのような形態へと変転して行ったであろうか。第一〇世紀中葉から徐々に破綻のきざしを見せて来た平安朝政権と、その社会、文化の価値体系と密接にからみ合い、その安定勢力として、自らの地上的教権の樹立に向った仏教に対して、幾つかの新しい動きが、特に政治の中心である京都を根拠地とする天台宗僧侶の間から起こって来たことは興味がある。恐らく彼等が最も敏感に社会の推移を見つめ、これとからみ合って没落しゆく政権と結びつき、その制度と価値体系の維持安定の勢力として世俗化しゆく宗教の運命を、直覚的に感じ取る地位にあったからではなかろうか。私はここで擡頭して来た新しい宗教運動ないしは思想動向として、次の三点を指摘したい。これらはいずれも別個の動きである如くであって、結局において社会に「剣を投げ」、分裂の重要な役割を果たしたもののように思われるのである。

その第一は「御霊信仰」の流行である。この信仰は要約すれば仏教とシャマニズムの合弁による一種の俗信と見てもよい。しかし怨恨の念は凝って死後に報復し得るとする信仰は、勝利者優越者をしてつねに敗者劣弱者の影におびえ、その勝利と優位を永遠不動のものとなし得ない恐怖感に陥しいれ、逆に敗者劣者に有力な精神的慰安を与えることになり、逆説的にヒューマニズムの高揚に大きな役割を果たしただけでなく、霊魂の自在な活躍が約束された結果、身分階級を越えた人間意志力と霊魂平等化の自覚を人々に与え植えた。理論ではなくて俗信であったゆえに、この信仰は多くの齷齪すべき弊害を及ぼしたが、権力の座を不可視の力によって脅かし、不安を醸成せしめた点で、見のがすことの出来ない現象といえよう。

第二は、空也、源信、寂心、寂昭、増賀、性空などを中心とする反制度的教団の「ひじり（聖）・グループ」の運動である。この反教団的態度は二つの方向に流れ、一つの流れは「再出家」というべき形で教団を脱出し、真の

宗教的求道の生活を完了しようとする道心型と、第二の流れは反教団即ち制度的宗教に反撥し、離反し、拒否することによって、かえって自らの信仰を民衆のなかに樹立しようとする民衆型とに分けられる。前者は狂気をよそおって叡山を脱出して多武峰にかくれた増賀が代表し、後者は「山中物さわがし」として市井にかくれて念仏をすすめた市聖《いちのひじり》空也に代表されよう。これらは一見して恣意的、隠遁的な外見をとりつつ、強いレジスタンス精神を秘めており、その反骨性と、宗教を特権者の自慰的独占からひろく民衆の救済のために開放しようとする意図とは、後世に大きな感化を及ぼしたことは否定出来ないのである。人々は鎌倉の新仏教の祖師たちの、後世からする護教的神学に粉飾され、且つ神話化された影像に眩惑されて、その形態や思想の独創性を重く視る傾きがあるが、しかし源空（法然上人）にせよ、親鸞（見真大師）にせよ、智真（一遍上人）にせよ、日蓮（立正大師）にせよ、あるいは道元（承陽大師）にせよ、その生活態度や信仰形式、実践方法などを仔細に検討してゆけば、初期的な未熟さや不徹底さは免れ得ないにしても、彼等の先駆的な運動がなかったら、鎌倉の新仏教が、あのような形で展開したかどうかは疑わしい。

以上の二つの運動についてては、私は以前かなり詳細に論考したことがあり、今はこれ以上はふれまい。

第三の点は、「末法思想」の浸透があげられよう。この問題についてもすでに多くの専門家の研究があるから、その内容を詳しくのべる必要もあるまい。この思想の日本における源流の一つといわれる『末法灯明記』は、古来最澄の親撰偽撰の論議が盛んであり、今日では偽撰の疑いが濃いようであるが、このような詮議は今の私にはどうでもよいことである。またこの思想がいつごろ成立し、シナ仏教史の上でどのように受け取られ、処理されたか、また宗派によって正像末の算定の仕方がどうあり、またどのように変化したかといった点も、今は問題にする必要はあるまい。寺崎、田村、井上氏らの考証によれば、一般に永承七年（一〇五二）をもって末法第一年とする説がひろく流布されたらしいが、鎌倉新仏教の祖師たち、源空、栄西、親鸞、日蓮などが、『末法灯明記』にふかく影響されて、末世濁悪の世に頑愚にして罪業深重の衆生を済度する最良の仏法を探求し、新しい宗教形態を樹立しただけでなく、この思想が平安末期の貴族をはじめ地方民衆の間にも浸透し、深刻な不安を醸成して行ったということは、すこぶる重要な意義を有するように思われる。末法思想は貴族と貴族社会に寄生して来た仏教者にとっては、いわば救いなき不安と恐怖を生み、それが現実の政治体制の不安動揺、社会不安と相俟って、一層肉体的にまで浸みとおった点で、キリスト教における終末観（Eschatology）とは全く同じではないが、前にのべた御霊信仰や「ひじり」の運動とともに、新しい社会体系と価値体系の成立への大きな跳躍台の役割を果したことは否定出来ない。

かくてこれらの運動と思想動向をうけて、王朝的支配体系から封建制社会へと移行する社会変革の不安動乱の決定的時期に、浄土、禅、日蓮の諸宗が、単なる宗教改革の歴史的意義をになうだけでなく、来るべき新時代の精神的支柱の役割をになって登場して来る。日蓮のメシア的リヴァイヴァル運動は、一見して深い政治的関心を示しつつ、既成教団を批判し、法華経の釈迦に復って仏教を統一し、従って精神界の統合を意図したものであり、「それ国は法によって栄え、法は人によって貴し」として、最澄以来の国家と仏法の関連性を意識しつつも、「僅かの小島の主」といった法の普遍的権威を高しとする意識は強い。しかもかかる主張が却って民衆や地方の下級武士の間に次第に受容されて行ったことは興味がある。法然や親鸞、智真の浄土教運動は、深い人間自覚に立ちつつ、阿弥陀一仏への純一無雑の信仰こそ、末法の世の混迷せる不安絶望の社会の罪業の衆生を救済する道として、シャマニズムと結合してすこぶる民間信仰的様相を呈するに至った民間念仏の行を純化し体系化しようと試みつつ、「あとを一廟にしむれば遺法あまねからず」（源空）としていわゆる制度的寺院形態を否定し、「親鸞は弟子一人も持ちて候わず」とし、「愚禿」として教団師資の形態、戒律形態を否定し、俗聖的形態を実践している。智真もまた「法師のあとは跡なきを跡とす」としてその半生を一所不住の勧進遊行に送り、熊野信仰との結合、踊躍念仏の再興等、多くの民間信仰的要素を合糅しつつ、主として庶民教化の第一線に活躍した。道元は浄土教系の祖師たちに比すれば甚しい精鋭主義をとり、厳重な清規《しんぎ》による新しい宗教的共同体の樹立をはかり、天童如浄を媒介として釈迦・迦葉直伝の禅を伝えんとしたが、自ら貴族の出身でありながら、エリートを権勢の間に求めず、遠く永平の山にかくれて孤高の宗教生活を全うしようとした。

彼等はいずれも、既成の世俗的宗教的権力や権威に対して離反、拒否の態度をとり、新しい秩序と価値体系を提唱している点で、またそれが当時の社会において、名もなき取るに足らぬ人々によるマイノリティとして出発した点で、キリストのいう「分裂」ないしは「剣を投げ」に来たものといえるであろう。鎌倉の祖師たちはいわばキリスト教におけるパウロ的役割をになったのであり、それは宗教改革というよりは実質上の日本仏教の開幕といってよい。

七　マイノリティよりマジョリティへ、反権威主義から権威主義へ

鎌倉の新仏教運動は封建社会の機構のなかに、次第にアダプトしつつ拡大し発展して行った。マイノリティに出発した反俗的反権威主義的主張は、自らがマジョリティとなり、精神的権威化するにつれて、それぞれの特色は残しつつも、かつて祖師たちによって強く否定された制度的教団化への道をたどり、既成の世俗的権力や権威と結合し、自らもまた地上的権力と富の蓄積過程をたどるに至った。

封建社会から近代社会への大きな社会変革の場に、多くの倫理宗教的な思想運動が起こり、幕末に至っては、その異常な社会不安のなかにいわゆる民衆的宗教運動が、やはり反俗的、反権威主義的な主張を持つ、社会のとるに足らぬマイノリティとして芽生えて来た。こうした状況の下で仏教がどのような役割を果たしたかについては、もはや与えられた枚数を大幅に超過しているので詳しくは論じられない。浄土真宗、禅宗、日蓮宗などの具体的な民

衆教化活動のなかに、江戸中期以後の国学、水戸学、心学、報徳運動などの倫理宗教的運動に立ちまじって、来るべき近代日本の開幕への基礎工事に重要な役割を演じてきたもののあることは、例えばベラの『徳川時代の宗教』や拙稿「日本宗教の社会的役割」に譲りたい。しかし全般的に見て、江戸時代の仏教が徳川の幕藩体制とその価値体系の維持のために果たした役割は一層顕著であり、それはやがて国学や水戸学の社会変革の指導理念のもとに、尊皇倒幕とならべて廃仏毀釈の運動をもり上がらせる原因ともなっている。廃仏毀釈はもとより一種の暴挙であり、時の勢とも見るべきであるが、しかしこれに対して民衆の間から、また僧侶の間からいちじるしい反撃や防禦の動きが見られなかったことは、注目すべき事実といわなければならない。単に防禦反撃の動きだけでなく、仏教内からの革進的分派活動も、反教団的、反権威的運動もほとんど結実せずに終った。そしてむしろ新政府への妥協と協力の上に請願による教団維持の動きが強く見られる。明治仏教の復興なるものは、宗教的であるよりは哲学的、思想的ないし歴史研究的なものであり、西欧におけるインド研究の趨勢に追随するところから出発した。エリートの学問的知性の満足感に終始した姿は、あたかも社会と民衆の存在を無視して、エリート的貴族の知性のなかに根づいた南都六宗の宗教形態に逆転している。それゆえ僧侶がサンスクリット、パーリ、チベットの原典を読解し、東西哲学の思考表現をもって教理を解説し、多くの文献やモニュメンツを駆使して詳細精緻な歴史的考証を行ない、その広汎な知識を身につけた点では教祖、宗祖の何人をも凌駕するに至ったにかかわらず、一文不知の愚鈍の身になした源空以上の新しい宗教運動は展開しなかった。むしろ一方において急速に近代工業化に驀進した資本主義体制と、天皇主権の名の下に擡頭した全体主義的体制と、反資本主義的共産体制との挟撃のなかに、その権力の行方を追って押し流されて来たとも見られよう。仏教が心ならずも第二次世界大戦における日本敗北の道義的責任を負わねばならなかったのは、明治以後の仏教が社会に対する権威を失ない、民衆と絶縁した指導者にも一端の責任があある。

明治維新の社会変革において、大正末の資本主義体制確立への経済機構の変革期において、また終戦直後の虚脱的アノミーの状態において、民衆の間からは多くのメシア的カリスマ的人格があらわれて、新しい宗教運動を展開し、多くの知性の低い層の混迷した民衆に、精神的救済の役割を果たし、ある種の希望をそれぞれに与えて来た。こうした新宗教運動は、いくたの批判すべき問題を残してはいるが、その教祖たちの教理、信仰対象には仏教の要素を借用し、あるいは換骨奪胎したものも少なくはない。旧くて長い伝統を誇り、深遠な教理体系、信仰対象をいよいよ複雑、神秘、難解なものに築き上げて来た仏教が、こんにち葬式仏教などと罵られる儀礼的機能にのみ跼蹐し、すぐれた学僧たちが眉をひそめて慨嘆し、あるいは軽侮する新興宗教が生きた信者を急ピッチで獲得し、近代的な殿堂や教団組織を築きつつあるということは、考えさせられる問題である。これを民衆の教養度の低さとして片づけることは出来ない。なぜなら一四〇〇年以上にわたって衆生済度を念願として来た仏教者自身も、またその責任を分担しなければならないからである。（一九六〇・九・一〇）

（法蔵館刊、『近代仏教』、第二巻所収）

参考文献

Max Weber: Gesammelte Aufsätze zur Religionssoziologie, Tübingen, 1920.

Talcott Parsons: Religious Perspectives of College Teaching in Sociology and Social Psychology, New Haven, 1952.

Joachim Wach: Sociology of Religion, Chicago, 1944.

J. M. Yinger: Religion, Society and the Individual, New York, 1957.

Emile Durkheim: Les formes é'lé'mentaires de la vie religieuse, Paris, 1912.

Robert N. Bellah: Tokugawa Religion, Glencoe, 1957.（堀・池田訳『日本近代化と宗教倫理』東京、一九六二年）

拙稿『我が国民間信仰史の研究』序編―宗教史編、東京、一九五三年、五五年。「日本宗教の社会的役割」（新潮社日本文化研究第六輯）一九五九年。「諸宗教のうけとられ方」（日本民俗学大系、第八巻）一九五九年

小口・家永・佐木・川崎編『日本宗教史講座』東京、一九五九年

辻善之助『日本仏教史』上世編、中世編、近世編、東京、一九四四―五五年

井上光貞『日本浄土教成立史の研究』東京、一九五六年

二　諸宗教のうけとられ方
——宗教民俗学的研究への予備的考察——

一

日本は世界宗教の生きた博物館だといわれる。これには二つの評価がふくまれている。いろいろの異質の諸宗教が一つの社会のなかに併存し、雑居していることが博物館的であるという意味と、もう一つは諸宗教が博物館的に生きているという意味とである。後者の見解は、日本ではいろいろの宗教が現存するが、そのオリジナルな宗教的生命はすでに失われ、単に形骸化し、伝承化してしまったとするもので、主として日本人の宗教意識の問題にかかわるものである。前者の見解は、日本の社会と歴史の問題にかかわるもので、民俗学の領域に属する。そしてこの見解はいずれも条件つきで一面の真を物語っている。われわれの民俗信仰、民間哲学や倫理のなかには、あきらかに古代社会に芽生えたと思われるアニミズム的な思考や実践がある。北方アジアにその特有の祖型を成長させたらしい、長い生命力を保っているシャマニズム的な宗教形態がある。自然的な未組織の古代信仰が、縄文式文化から農耕生活を主流とする弥生式文化への移行を契機とし、さらに古墳時代にわたって、しだいに形を整えて来たらしい、いわゆる神社神道がある。周末春秋の中国社会に発生した儒教倫理や老荘思想、さらにシャマニズムや仏教の影響下に漸次成立したらしい道教や陰陽道の思想的、実修的な残存がある。西紀前第六—五世紀ごろのインド社会に反バラモン的、反社会的な新興宗教として誕生し、時代とともに種々の展開を遂げつつ、逐次中国に流れ、朝鮮に渡ってわが国に到着した大乗仏教の哲学、思考、実践があり、別派のタントリズムと習合した密教呪術の船載流行がある。幕府の徹底した禁圧により、多くの殉教者を生みつつも、離島のはてに隠れて生きながらえた切支丹宗門がある。明治以後、カソリシズムの再布教があり、プロテスタンティズムの新たなる流入があった。しかも歴史的な切支丹はいぜんとして「隠れ」・「離れ」として独自の生存をつづけている。

ヨーロッパやアメリカにまで進出したイスラム教やヒンドゥ教、あるいはテーラヴァーダ仏教（南方仏教）の盛んなリヴァイヴァル運動、もしくはアフリカや東南アジアに近来勃興してきたナショナリズムを背景にするファナティックな固有・民族宗教の復古運動は、日本ではほとんど無関心、無影響に見のがされているが、しかし歴史的には近世末から明治期にかけて、まさに比較されうべき尖鋭な神道のリヴァイヴァル運動があり、社会変革に伴う多くの民衆宗教運動がおこり、そのうちのいくつかは発展して教派を形成した。また大正末・昭和初期と、終戦後に、それぞれ新宗教運動が、既成宗教の沈滞をよそに多くの熱烈な信徒を動員し、数の上でもいちじるしい展開を示している。

それはたしかに、名目の多様性において、その諸要素の併存性において、宗教の生きた博物館というにふさわしい。しかしこの A living museum of religions の語を、儒教、道教、仏教、キリスト教などが、それぞれそのオリジナルな形質を保存しつつ生きているかどうかということに焦点を向けるならば、それは全く絶望であり、無残なる幻滅でしかないだろう。実際に日本には「日本宗教」というべきものしかない。そこでの宗教の差、宗派の差はもちろんそれぞれの存在の理由を持っているし、それぞれの発生地盤における特殊性も形態的に残存してはいるが、宗教相互間の歴史的に複雑な貸借関係や、何にもまして諸宗教をその社会内に存在せしめてきた社会的・心理的な構造や欲求による、受け取られ方の差というべきものに帰着してしまう部分が多いからである。

これをよりよく理解するために、同じ現象を全く逆の立場から追求した渡辺照宏氏の『日本の仏教』を採り上げてみよう。(1) 氏はこの書物のなかで、仏教の教説の基本的体系として、戒律・禅定・智慧の三学、社会的関係における布施行、そして僧侶自身に要請される上求菩提、下化衆生の理念をあげ、「時代が移り、環境が変われば、仏教の形態が変わるのも当然である。しかしこの根本原則だけは動かせない。たとえどのように上手な理窟をこねても、上求菩提、下化衆生というのでなければ仏教ではない」とし、この立場から「日本の仏教を築いた人々」を分類し、「日本仏教の実態」を考察批判している。渡辺氏は日本の僧侶の仏教受容の態度を四つの類型に分け、第一にはどこまでも仏教の本格的形態を追求しようとの意図をもって真実を求めた人々、第二は釈迦の教団の伝統を生かして無我を極端なまでに実践した桃水雲渓や良寛のような人々、第三類は危機意識の立場に立って、自己の観念的安心感を第一義とし、数ある仏教の傾向のなかから、今の時機にもっとも適当と思われるものを選びとった法然、親鸞、日蓮など。第四には歴史的教理的知識は二の次にして、ひたすらに民衆の幸福のために努力した行基や良観のような人々とする。

このうち第三類型の代表的な三人の祖師たちは、渡辺氏にいわせれば、「だいたい主観的客観的遊戯にふけっていただけで、歴史的客観的根拠が乏しいとともに、実質的には何ら民衆の生活を助けることなく、むしろ信者の仕送りによって生活を支えていたに過ぎない」し、こうした仏教のあり方は、「それはもはや過度の逸脱というべき状態に達し、逐には本格的仏教とはかなり隔たりのある宗派が出現するに至った」と見ている(2)。

渡辺氏の、仏教の日本におけるうけとられ方の分析と評価は、インド社会に西紀前六・五世紀の間に発生した釈迦の教理とその宗教運動、またそのもとに組織された原始仏教教団をオーソドックスなものとし、オリジナルへ返るという形でアイデアル・パターン化し、ここから歴史の流れをその忠実な継承者と極端な逸脱者の両極にはさまる種々のヴァライアブルスとしてとらえたものである。このとらえ方は仏教神学の立場からすれば正しい。しかし現実の歴史は、皮肉にも氏が最も鋭く批判した「過度の逸脱」に属する法然、親鸞、日蓮などの創唱した教団が、鎌倉時代から室町時代にわたって、その社会変動の過渡的な不安と混乱になやむ一般大衆のなかにしだいに支持信仰され、日本仏教の中核的な宗派にのし上ってきた。インド式の仏教がインド本国やインド文化圏諸国でさして逸脱せず、シナ・日本において大きく逸脱した仏教が栄え、支持されたということは、宗教史や宗教民族学・民俗学・宗教社会学などの面で取り扱わねばならない問題である。仏教を逸脱させたということは日本化した仏教の興起を意味する。それは二、三の祖師たちの創意というよりは、日本人の宗教意識、宗教に対する欲求、またそれを生みだしてきた日本社会の構造や生活文化の構造と、それを支持する価値体系にもとづいて発生し、展開したと見なければならないからである。他の諸条件をしばらく措いて、根づよいカスト制度によってホリゾンタルに横断されたインド社会と、政治的価値の優位性によってハイアラーキカルに堅割りにされた日本社会とに、同じ農耕文化社会であり、同じモンスーン風土圏に属するといっても、そこに同一の型の逸脱なき宗教が根づき栄えねばならぬとすること自体が、いわば思惟の逸脱ではなかろうか。日本とシナ社会とは、日本とインドの間の差異にくらべれば、その人間的、文化的、社会的関係においてずっと近い、また共通の要素をたくさん持っている。しかし儒教や道教・陰陽道も、これをそのオリジナルなアイデアル・パターンを設定して、その日本における受容と変化のあとをたどるならば、いずれもいちじるしい逸脱をとげて土着し、発展したものである。第一六世紀半ばに渡来し、幕府の弾圧と鎖国政策のもとに潜伏した日本切支丹の今日の残存形態は、オーソドックスなるものの指導と支配のそとに置かれた場合、文化はいかに変貌してゆくかの好個の実例を示している。すなわち、「伝播」・「受容」は文化の向上の不可欠の条件であり、「逸脱」とは土着のための決定的条件なのである。

二

この問題について、アメリカの人類学者リントン Ralph Linton は次のように論じている。(3) もし個々の人間集団が、それ自身の力だけで、全く他の発明、発見の助けをかりずにいたとしたら、その進歩は実に遅々たるもので、おそらくどの社会も、現在なお古石器時代の水準を多く越ええたかどうかは疑わしい。およそ二万年以前に他の人類社会から隔絶したと推定されるタスマニア人が、第一八世紀において、なおヨーロッパの中期新石器文化に比較されるような段階にとどまっていた事実はその一つの証拠となろう。人類文化の全般としての比較的急速な成長はすべての社会が所有しているところの、他文化から諸要素を「借用」し、これをそれみずからの文化のなかに「統合」する能力に帰さねばならない。この一つの社会から他へ文化要素の運ばれることを「伝播」(Diffusion) とよぶが、この文化伝播は人類文化に二重の寄与をするのである。それは全体として文化の成長を刺激し、同時に社会を前進、向上させて、そこに生まれた個人の文化内容を豊かにするからである。したがって文化の借用の機会が多ければ多いほど、その社会はより速やかに文化の進展をとげる。伝播が個人の文化内容を豊かにするに重要な役割をになっていることは、現存社会で、その社会のメンバーによって発明、発見された文化要素は、その全生活要素の一〇パーセントを上まわるものはほとんどないといわれることからも知られよう。そこでこの伝播のメカニズムはきわめて重要であり、従来のように単に分布を跡づける行き方ではなく、文化伝播のダイナミックスを明らかにしてゆかなければならない。そこで新しい文化要素の現在的なひろがり、このひろがりの原因となった諸条件、新しい文化要素が異なる社会にひきおこしたリアクション、種々の社会内で新しい文化要素が受容されるに至った必然的適応の問題、などが追求されなければならないであろう。伝播には必ずその文化の贈与者と受容者が存在するが、重要なのは受容者の役割なのである。

マリノフスキー Bronislaw Malinowski(4) は、文化変化はそのコムミュニティ内に自発する要因や力、また異なる文化との接触をとおして起こる。前者の例は独立した発明の形で、後者では人類学で通常「伝播」と称する過程をたどる、といっているが、リントンはさらにこの「伝播」には三つの別個のプロセスが存在するとする。すなわち第一は新しい文化要素の特定社会への提供の過程、第二はその社会による受容の過程、第三は受容された要素の先在文化への統合過程である。

この第一のプロセスで重要なのは「接触」であり、この文化接触（Culture Contact）の仕方や条件によって、文化は種々の変化過程をたどるが、このプロセスをアメリカの人類学者はアッカルチュレーション Acculturation と呼んでいる。この用語は初めアメリカの移民集団や白人社会と接触したアメリカ・インディアンの文化変化の研究に用いられた。その中心的関心は伝承者の「記憶文化の再構成」（Reconstruction of "Memory Culture"）のみを目的とする従来の研究方法に対する反動として、一九二〇年代から起こってきたものである。[5] 一九三六年、レッドフィールド Robert Redfield、リントンおよびハースコヴィッツ Melville Herskovits の三者によって本格的に提唱され、「アッカルチュレーションとは、違った文化を持つ人間集団が恒常的な直接的接触に入ったときに起こる現象と、その結果として、一方あるいは双方の集団の本来的文化型に及ぼされる諸変化を伴なう現象を包含する」もの、と定義された。[6] この定義はのち多くの批判や修正が加えられつつも、今日なお一般的に使用されている。それでは集団間の文化接触の過程として起こる文化変化をあらわすのに、なぜ Diffusion の語のほかに、別に Acculturation という術語を用いるのか。この点についてハースコヴィッツは、[7]「伝播」は、「既に完了した文化伝達」をさし、アッカルチュレーションは、「過程における文化伝達」をさす、として区別している。つまり、アッカルチュレーションとはプロセスであって個々のできごとではなく、このプロセスとは、新しい条件への生活の適応過程なのである。[8] ビールス Ralph Beals[9] はこの過程にあらわれる諸現象の基本的カテゴリーを適応（Adaptation）、混淆（Syncretism）および反動（Reaction）としている。そしてリントンによれば、[10] 最も典型的なアッカルチュレーションを引きおこす接触の型は、征服や征服者の被征服集団域内への定住といったものだが、この場合でも、従来単純に理解されていたような劣勢社会がみずからの前文化を完全に放棄忘却して、他文化をすっかり受容するなどということはありえず、種々の条件において新しい文化形態の立場は、両者がある種のバランスをとり、文化の混合は機械的物理的でなく、化学的な融合の形をとることになる。すなわち双方の祖型文化から引き出された特色に加えて、そのいずれとも異なる第三の性格を有することになる。[11] このような見地から特にユカタン半島における部族《フォーク》社会《ソサエティ》や村落社会《ルーラル・ソサエティ》におよびつつある都市の影響《アーバン・インフルエンス》の問題をとりあげて、すぐれた研究を行なったのが、昨年逝去したシカゴのレッドフィールドである(12)。

アッカルチュレーション・セオリーに立って、日本の諸宗教のあり方を考えていくと、そこにいくつかの興味あるプロセスを発見することができよう。ただし、この場合、前提として考えておかなければならないことは、切支丹以外の諸宗教の伝播における接触の仕方は、つねに媒介者を国内に持つ、二段のアッカルチュレーションを経ているということである。インドの仏教はファースト・ハンドの接触はシナ文化との間に行われ、シナ文化のなかでアッカルチュレートされて、さらに朝鮮半島を経由して日本に伝わっている。仏教の日本伝来以前にシナ的変容をうけた期間は、およそ五〇〇年、朝鮮的変容をうけた期間はおよそ一五〇年である。しかもインドからの直接の伝道は婆羅門僧正菩提僊那（Bodhisena）のほか、一、二の伝説的な人物をのぞいては全くなく、シナ仏教でさえ、唐招提寺に律宗をひらいた鑑真がやや組織的なミッションとして渡来した以外は、ほとんど個人的な船載にしかすぎなかった。聖明王の献仏というものも、それが日本仏教の公けの伝来の開幕のモメントをなしたとはいえ、決して仏教的ミッションと呼ばるべきものではない。それゆえ、日本の古代仏教は、まずシナ、朝鮮において変容した仏教を、その船載者をモデルとし、また入唐求法《にっとうぐほう》によって知りえたシナ仏教教派と教団のあり方をモデルとして、自国内に自国人による教団が成立している。しかもこれらは分派的、教団的独立性を持ったものではなく、氏姓制社会の少数の貴族たちや帰化部族の庇護のもとに、その部族的信仰として受容され、ついで大化改新を経て天武朝の帝権確立期においては、ほとんど全面的な国家的仏教へと展開し、教権は奈良末期の一時期を除いて、全く政権下に屈服を余儀なくされてきている。わが国では政治的価値が常に宗教的価値を上まわっていただけでなく、宗教的価値が世俗的価値のなかに組み込まれた部分の多かったことは、寺院が仏と法とのためにあるのではなく、実に国のため、部族のため、家のために存立していた例がきわめて多い点からもうかがわれよう。南都七大寺の三面僧坊制や、比叡山延暦寺、高野山金剛峯寺などは、一面では国家や貴族権力と結びつきつつ、他方いわゆるセミナリーの様式も兼ね備えていた。それゆえこれらの中からは、いわゆる学僧といわれる教学の専門家や世俗を越えた求道者も輩出している。そして南都の仏教が衰え、高野山が理相をすてて事相にのみ傾斜したのちは、東・西・横川の三塔分立のこともあって、比叡山のみがひとり中世日本仏教教学の淵叢ともなり、日本仏教展開の母胎ともなるに至ったのである。しかしそれもやがては世俗性が「出世間性」を覆うに至り、ついに世俗的勢力争奪の渦中に滅び去った。

こうした仏教そのものの日本的なうけ取られ方の質的変容のつぎに、そのようにして存立した日本的仏教すなわち専門宗教者による仏教理解と、一般民衆との第二次の接触がある。そしてこの間にさらに仏教と前仏教的民衆信仰とのアッカルチュレーションのプロセスが展開してくる。はじめ仏教と民衆との接触過程には、僧侶による社会福祉事業の展開と、神仏習合の思想的・実践的な展開と、罪福因果説といった宗教的背景を持つ倫理思想の展開という三つの過程をたどっている。この場合注意を要するのは、仏教がそれ本来の教理体系によって在来の宗教的・信仰的諸要素を分解させ、自己のうちに統合した部分よりは、仏教が在来の民衆的信仰へ自己を傾斜させ、そのなかに再解釈、再装飾を施した部分の方が大きいように思えることである。

三

ここで、宗教を中心に、もう一度文化受容の条件といったものを考えてみよう。インド文化、シナ文化といった巨大なひろがりと深さを持つ文化統合体のシンボルとしての仏教、儒教、道教といった諸宗教、またイスラエルに生まれつつも、その民族的宗教の性格を脱皮して、西欧文化の統合体のシンボルとなったキリスト教が、異質の文化を持つ異なる社会にどのようなあり方で伝達されるであろうか、ということである。この点についてたとえばリントン[13]はCommunicability（伝達の可能性）という概念を提出している。一般にそれぞれの文化要素にはそれぞれ固有の伝達可能性というべきものを持っている。文化は一つの有機体（Organism）ではなく、社会・心理的現象なのであるが、われわれが観察し記録化しうるのは、ただその眼に見える顕在的表現にすぎないのであるから、技術とか物質文化は比較的高度の伝達可能性を持つが、それ以外の複雑な文化要素となると、しだいに困難となってくる。たとえば結婚について、人びとはその社会でのアイデアル・パターンを記録化することはできるが、そのパターンにまつわりつき、また全体の文化形態内で意義と持続性を持つ連合条件や、その生みだす情緒的反応までを伝えることはおぼつかない。まして個人の意識下にひろく横たわり、社会の正常な成員がほとんどことばに出してはいいあらわそうとしないような、しかも重要な態度、すなわち宗教的、哲学的な態度とか倫理感とかは、他の社会へ移植することはきわめて困難なのである。もちろん読書をとおして、宗教や哲学の概念を伝達することはできるし、また宗教的な社会行動のパターンも、不確実ながら借用することができるだろう。しかしその宗教的態度なり、倫理感なりを正しく機能させる真の連合態までを伝え、借りることはできない。そこで借り手は外形を模倣して、正しくは伝わらぬ部分を他の要素によって代行させ補おうとするのが常である。

だから文化の受容には、常に受容社会の自由意志が働いている。どのような優勢社会が、その宗教を強制的に押しつけようとしても、表面的信奉態度はともかく、その内面的信仰そのものを奪うことも、ましてその宗教に付属する情緒的反射連合までをも強制することはできないのである。こうした強制が過度に行なわれ、土着宗教を禁遏したりすると、逆にこれがリヴァイヴァル運動の形で反抗へのシンボルとさえなることは、多くの実例が未開社会にある。もちろん異質の優勢の宗教との強制的接触が、民衆に何ほどかの影響や慣習、情緒反応を与えるには相違ないが、多くは表面の従順のヴェールの下で、新しい宗教を修正し、再解釈して、固有の理想と価値とを幾世代も維持しつづけることになるのである。したがって社会が自己の文化内に組み入れるいかなる新しい文化要素も、その社会の自由意志によって受容されるのであり、要因はむしろその社会内に存するものである。そこで社会は、常に他社会の文化の複合的全体《トータル・コンプレックス》の当該部分だけを理解するにすぎず、直接的な効用の範囲を多く越えるものではない。それゆえ文化要素は、有用性と適用性の二つの基礎の上に受容される。ここでは集団の判断、その保守性の度、既存習慣の上に起こるべき変化の予測、といった諸点にかかわるであろう。文化の受容には、常に全体文化の形態に何ほどかの変化をもたらすことは避けがたいし、またその社会のある部分の人々には望ましく、他には望ましくないという事情がつきまとうから、集団生活を支配する特殊関心や、文化要素を受容しようとする相手集団に対する評価や、それを橋渡しする個人とか小集団の声望、評価が大きく働くことになるのである(14)。

この見地は、仏教が朝鮮半島や中国からの帰化人を通じて早く日本に入ったにかかわらず、蘇我氏や聖徳太子の信仰を克ちうることによって、初めて独立した宗教団体として受容されたこと、仏教の受容によって「神道」という自覚が新たに生じたらしいこと、また老荘思想が貴族や文人の趣味的な教養のなかに採用されながら、唐代あれほど隆盛を誇った道教が、志貴山朝護孫子寺という寺号に、何か一抹の影響を見せている以外に、かつて一個の道観も建立されず、また一人の道士も公式にオーソライズされなかったこと、陰陽道がこれまた技術的呪術、呪術的技術として早く宮中に入ったにかかわらず、宗教教団としての独立はついになされず、かえって神道や仏教のなかに混在して、民衆の信仰にかかわり合ったことなども、いわゆる歴史とは別の角度から解明することができるのではあるまいか。シナ文化との接触といっても、仏教受容といっても、それは単純に水が高きより低きにつくごとき、流入ではけっしてなかったのである。儒教の治国平天下の政治思想や、その基盤とした斉家経世の五倫五常の倫理徳目も、古代シナ社会と日本社会の類似性と相違性のギャップの上に、またその社会的体系を基礎づけ、機能あらしめている文化と価値の体系の相違の上に、日本社会の要求するところを、その理解において借用したということになろう。逆にいえば原文化要素の逸脱であり、変容なのである。これを仏教の各教派についていうならば、奈良時代に比較的直線的に舶載された三論・法相・華厳・律といった諸宗派は、教学史の面では見るべきものがないわけではないが、それらが社会から要求されたのは鎮護国家的な祈禱性にすぎず、また行基その他の人々による社会事業と倫理性の強調であり、この二つの要素は東大寺大仏に結集象徴化されたが、その中心基盤である政権所在地の推移につれて衰え、これに代って天台・真言の二宗が、まさに鎌倉仏教へのマージナル・アッカルチュレーションのプロセスとして登場してきている。そして浄土教、禅、日蓮といった鎌倉期の仏教が、いわば仏教受容の第三期のインテグレーションとしてあらわれ、やがて日本仏教の主流へとのし上ってくるのである。この場合でもすべての祖師たちの獲得したところは、その時代、社会をふまえつつ、これこそが仏陀の教説の真髄を理解し、それを仏教のアイデアル・パターンとして信奉するにあった。しかしこれらの諸教派も、それがさらに民衆の中に社会化するにあたっては、さらに大きな変貌をとげ、その社会性を具体化しなければならなかったのである。

こうした仏教教派の歴史的な受容におけるアッカルチュレーションを可能にする、さらに別個のインテグレーションのプロセスがマージナルな形態から鎌倉的なものへの過程のなかに動いている。一つは神仏習合から本地垂迹への歩みであり、二つには前仏教的なアニミスティックな信仰を基調とする氏神型と人神型＝シャマニスティックな宗教形態と、仏教とのアッカルチュレーションによるジンテーゼ的第三形態の発生である。

神仏交渉は、多くの人びとの論じているように、すでに仏教渡来の当初に始まったといえようが、しかしすでにのべたように、宗教といった複雑にして多くの情緒的反射連合を伴なうような文化の受容は、その真正の伝播は事実上不可能と考えられるから、神道と仏教の対決は、宗教の中核において衝突や相剋が起こったと見るのはあたらない。むしろ眼に見える顕在的な行動に関する文化型の差異にもとづく相剋から始まったと見られる。しかし文化型と社会のメンバーの現実の行動型の間には、かなりの差異があり、行動の持つ柔軟性は、文化のパターンと現実の場との間を調整しつつ、振幅しうるし、個人は同時に一つのことを考えたり、信じたりしながら、全く他のことを行ないうる能力を持つので、相剋する二つの文化型に直面しても、この一つを拒否することなく、行動の理論的なモデルとして役立てつつ、行動そのもので直接に文化型を修正するという過程をたどる。つまり行動の文化型への反応によるパターンの修正と相互調整の過程である。このプロセスのなかに初期の神宮寺・別当寺の建立、寺院鎮守神祠の勧請、神への法楽、あるいは一つの目的、例えば雨乞い、治療、悪疫退散などの儀礼に二つの宗教が同時に参与するといったことが行なわれ、それがやがて神仏の本迹思想へと展開していった。神仏習合は行動であり、本地垂迹はその両パターンの相互調整の試みといえるであろう。もちろん、このようなプロセスは直線的にスムースに行なわれたというのではない。そこに仏神は互いに触れ合わぬもの、神事に仏事はさくべきものとする感情は久しく持続している(15)。しかしそれはやがてある点では解消し、ある点では機能分担という形で解決されてくる。また山王一実神道とか両部習合神道といった教理体系がこのプロセスのなかから芽生えてきたと見ることもできよう。反本地垂迹といわれる神本仏迹の主張や伊勢神道などの中世における興起も、それは直線的なインテグレーションとしてあらわれたものではなく、ディスインテグレーション Disintegration の面における修正的統合とも見られよう。

シャマニズムと仏教、アニミズムと仏教のアッカルチュレーションは、多くの人びとの同意がえられるかどうかはわからないが、私は奈良末平安初頭以来、しだいに猖獗し、ついに世の病いとまで嘆ぜられるに至った御霊信仰と、これに呼応して擡頭してきた空也にはじまるという日本念仏、聖宝《しょうほう》を組織者と伝説する修験道、賀茂・阿倍二氏を中心とした日本的陰陽道の急激な同時的擡頭をもって、そのジンテーゼ的第三形態の発生と見るのである。この形態はいわば久しく日本人の信仰を支配してきた前仏教的民間宗教の主要なる要素が仏教に影響され、仏教が逆に傾斜し、そこに本来的な仏教から逸脱しつつ、かえって前仏教的な諸要素を包含しようとするインテグレーションをとげたものであって、その教義的な貧困や荒唐無稽さにもかかわず、久しく民俗信仰としての生命を持続しえたゆえんが存するのである。源空や親鸞の浄土教は、「偏依善導《へんねぜんどう》」のプリンシプルによって、空也以来の日本念仏を否定しつつ、中国の祖師のオーソドキシーに帰ろうとする意図を示している。しかしその形態はむしろ浄土教祖の反既成教団的、反戒律的な性格を濃くしており、かえって最も中世日本的な特色を備えるに至っている。空也念仏と親鸞の浄土教との間のマージナルな場に立ったものは智真を祖とする時衆教団であるが、少なくとも蓮如の出現にいたるまで、時衆の活躍とその民間へのひろいひろがりを無視することはできない。これらの諸経過についてはすでにくわしく論じたこともあるので、今はこの程度にとどめておこう。(16)

四

アッカルチュレーション・セオリーの見地から見て、別個のプロセスをあゆんだものは、「隠れ切支丹」である。フランシスコ・ザビエルをはじめとするジェスイット派宣教師によって伝えられたキリスト教が、どのような形で封建領主や武士たち、また農村の民衆に受容されたかは、すでに詳細に知ることはできないが、想像に絶するまでのきびしい禁遏のため、熱烈な信徒たちは五島、生月などの離島にのがれ、かろうじてその信仰を秘密結社化しつつ明治の開国まで保ちつづけた。しかし二五〇年におよぶ長い鎖国と、教団の中央的統制からの断絶によって、いちじるしい変貌をとげ、明治におけるカソリック教の再布教に際しては、あるものは復活して教団に再加入したが、多くのものはすでに正統キリスト教に復帰することをよろこばず、教会側もいくたの試みの末、これを断念するに至るまでの心理的隔絶を示し、ついにキリスト教伝道一〇〇年を経過した今日まで、なお「隠れ」としての秘儀集団を持続してきている。その具体的な姿は、古くは姉崎、近くは田北・古野の諸氏によって全貌が明らかにされつつあるが、(17)そのプロセスは一言にしていえばドイツの民族学者のいうKulturfallと称すべきものである。すなわち、かれらは聖フランシスコ・ザビエルの正系を維持保存しつつあるとかたく信じつつ、その内容は世代を経るとともに大きく変化し、ほとんど完全に民俗化してカソリック的特性を喪失している。しかも縦の連絡のみならず、部落内に孤立して横の相互関連性をさえ欠いているので、修正の機会に恵まれない上に、社会環境的再解釈を重ねてきたのであるから、表面上かれらの所属している神社神道や仏教との関係は、相互に異端的なものとする意識が強いようであり、またその社会意識の上でも、宗教的な集団性の意識が濃く支配しているように思われるのである。

これと似てやや異なるのは、東北日本の岩手県下を中心に残存する「隠し念仏」であろう。それも一種の秘儀集団ではあるが、「隠れ」と「隠し」の差あるごとく、積極的な本山的中心の統制があり、部落内に個々に孤立するというよりも、横に切った集団意識が強く働いているように思われる。すなわち「隠れ切支丹」においては、部落内のさらに小さな宗教秘儀集団が成立しているのに対して、部落を越えた仲間意識が見られるようである。そしてこの秘儀の中心部分が、お取り上げと称するイニシエーションの儀礼に存することは、「隠れ切支丹」の洗礼とも似ているし、また村ごとに知識・脇役・世話人の制度のあることも、後者の看防方・水役・取次などによって「張」の組織が作られているのと対比して、興味ある類似を示している。しかし、「隠し念仏」は Kulturfall の現象ではなく、その成立は別個の社会的宗教的原因によるもののようである。[18]

宗教のアッカルチュレーション、あるいは Kulturfall の問題についてはさらに、アイヌ人の持つ宗教が和人との接触以後に起こった変化の問題がある。これは今なお世代ごとの変化を跡づけうる時期にあり、特に今後急速な調査研究が望まれるし、[19]また、道教の渡来によって日本に根づいたらしい庚申信仰が、農村に土着するに至って、道教学者である窪教授と民俗学者、たとえば桜井徳太郎氏との間にその見解に相対立する意見が提出されるまでの変容をとげてきたことも、[20]宗教民俗学の上で重要な問題を包含しているものといえよう。

かくて、われわれは日本における諸宗教のうけとられ方、その相互変化の過程をたどることによって、そこに、一面では日本文化の一部としての日本人の宗教意識や宗教体験の進歩をあとづけるとともに、そのような変容を可能にしている日本人の宗教の受けとり方のなかから、その共通的基本的な要素を抽出することによって、日本人の宗教的欲求の型を見出すことができ、そのようなパターンがいかなる風土的・歴史的・社会的・心理的、ないし政治経済的事情のもとに形成されてきたかをあきらかにしうるであろう。宗教の民俗学的研究は、現在的変化の諸形態のなかから、そのプロセスを遡行しつつ、単に変化の起原的 Ur-typus の発見に止まることなく、その変化過程の意義の闡明にも寄与するところがなければならないと思われるのである。

（1）渡辺照宏『日本の仏教』昭和三三年。
（2）同前、六四、六六―七頁。
（3）Linton, R: The Study of Man, An Introduction, Appleton-Century-Crofts Co., New York, 1936. pp. 324-346.
（4）Malinowski, B.: The Dynamics of Culture Change: An Inquiry into Race Relations in Africa. Yale University Press, New Haven, 1945, p. 1.
（5）Beals, Ralph: "Acculturation"（Anthropology Today, prepared under the Chairmanship of A. L. Kroeber). The University of Chicago Press, Chicago, 1953, pp. 621-622.
（6）"Memorandum on the Study of Acculturation"（American Anthropologist, xxxviii, 1936.）pp. 149-52.
（7）Herskovits, M.: Man and His Works. A. A. Knopf, New York, 1948, p. 523.
（8）Thurnwald, Richard: "The Psychology of Acculturation"（American Anthropologist, xxxiv, 1932）pp. 557-69.
（9）Beals, R.: Op. cit., 1953, pp. 627-628; Cf. "Acculturation"（An Appraisal of Anthropology Today, edited by Sol Tax, and others). The University of Chicago Press, Chicago, 1953.
（10）Linton, R.: Op. cit., p. 335.
（11）Linton, R.: Op. cit., p. 336.
（12）Redfield, R.: The Folk Culture of Yucatan. The University of Chicago Press, Chicago, fifth Imp. 1950; The Primitive World and Its Transformations. Cornell University Press, Ithaca, 1953; Peasant Society and Civilized Culture. University of Chicago Press, Chicago, 1956.
（13）Linton, R.: Op. cit., pp. 337-340.
（14）Linton, R.: Op. cit., pp. 341-346.
（15）堀一郎「神仏習合に関する一考察」（本書三八四頁）。その他、辻善之助『日本仏教史之研究』昭和六年、四九一―一九四頁。村山修一『神仏習合と日本文化』（教養文庫）昭和一七年。原田敏明『日本宗教交渉史論』昭和二四年。

(16) 堀一郎『我が国民間信仰史の研究』(I序説篇、II宗教史篇)昭和二八年、三〇年。「日本宗教の社会的役割」(『日本宗教の社会的役割』未來社)昭和三七年。
(17) 姉崎正治『切支丹の迫害と潜伏』昭和二四年。田北耕也『昭和時代の潜伏キリシタン』昭和二九年。古野清人『隠れ切支丹』昭和三四年。
(18) 高橋梵仙『隠し念仏考』(一)昭和三一年。
(19) 堀一郎「文化の伝播と変容」(『民族学研究』一七巻二号、昭和二八年)一五六—六〇頁。
(20) 窪徳忠『庚申信仰』昭和三一年。桜井徳太郎「庚申信仰研究の課題——窪徳忠氏の『庚申信仰』によせて——」(『日本民間信仰論』昭和三三年)三七〇—四頁。

(平凡社刊、『日本民俗学大系』、第八巻所収)

三　万葉集にあらわれた葬制と、他界観、霊魂観について

一　万葉集の挽歌について

万葉集はわが国の古代文学の貴重な遺産であるとともに、ナイーヴな民族感情の吐露であることは、今さら私などが喋々するまでもない。そしてここからは、組織だてられてはいないけれども、古事記、日本書紀、古語拾遺、風土記などとならんで、現在さかのぼり得る限りの、最古の日本人の信仰生活や、信仰観念をさぐる、最も有力な手がかりとすることが出来るのである。

契冲阿闍梨の『万葉代匠記』が、近世国学の勃興に先駆した事実も、この歌集がたんなる文学という以上の価値を持ち、すぐれた精神史の宝庫であることを物語るものであろう。かつてフレイザー J. G. Frazer は旧約聖書にあらわれた民間信仰や伝承の比較研究を行ない、有名な *Folklore in Old Testament*, 1918, London という書物を出している。このテーマはヨーロッパではなかなか人気があると見え、フランスやドイツでもその後同じ題名の本が出版されたし、わが国にも聖書民俗学という題の書物をあらわした人がいる。しかし寡聞にして古事記民俗学とか万葉民俗学という標題で纏った本はまだないように思う。もっとも折口信夫博士やその門下の西角井、高崎両博士などは、つとにこの方面の研究に新分野を開拓され、すぐれた業績をあげて来ておられる。自分は万葉集の訓話註釈について勉強したこともなく、またその民俗学的研究を志したこともない。ただかなり以前、日本宗教史の出発点として、万葉集から素材を得て、二、三の問題を論じたことがある〔『日本上代文化と仏教』法蔵館、昭和一五

年〕。今、『万葉集大成』民俗篇に執筆するに当って、私は専攻である日本宗教史、特に民間信仰史の立場から、万葉集中の挽歌を中心に、古代日本人の葬制と、これを通して表白されている死者の行方、死後霊魂の問題を中心に、一、二の考察を進めてみたいと思う。

万葉集に収められている挽歌は、竹内金治郎氏の「挽歌論」〔万葉集講座Ⅵ、一二七―六〇頁、春陽堂、昭和八年〕によると、この目を有するのは、巻二、巻三、巻七、巻九、巻一三、巻一四の六巻で、ここに長歌四三首、短歌一七一首、計二一四首があり、他に目は立てないが、挽歌体とみなされるもの、左註に挽歌としるしたものが巻五、巻一五、巻一七、巻一九、巻二〇の各巻にわたって凡そ四九首、内長歌一一首、短歌三八首を算えることが出来る。すなわち全体としては長歌五四首、短歌二〇九首で、総計二六三首。これは万葉集総歌数四五一六首のおよそ五・八二パーセントにあたるという〔同上、一三二頁〕。

挽歌の作製年代は、巻三の四一五歌を聖徳太子またはその周辺の人の作と仮定すれば、これが最も古く、最も新しいのは天平勝宝二年〔七五〇〕五月二七日、大伴家持の作品〔巻一九、四二一四―一六〕か、天平勝宝八年〔七五六〕に円方女王が智努女王の歿後に悲傷して作れる歌〔巻二〇、四四七七〕とされている。すなわち西紀六一三年頃から七五六年にいたる一四三年間ほどで、なかでも白鳳期と天平期に集中して多くの作品が収められている。そのうち柿本人麿の作歌三七首、大伴家持と山上憶良の作品がいずれも二六首、大伴旅人が一二首、田辺福麿が七首あり、この五人の作品ですでに一〇八首、全挽歌の四一・〇パーセントを占めている。これ以下の作家でも、笠金村、金明軍、高橋蟲麻呂、調使首が各五首、倭姫皇后、大来皇女、丹比真人の各四首、高市皇子、持統天皇、置始東人、手持女王、丹生王、山前王、山部赤人、大伴三中、高橋朝臣、葛井子老、六鯖の各三首、有馬皇子、長意吉麻呂、額田王、依羅娘子、河辺宮人、大伴坂上郎女、麻田陽春各二首、舎人吉年、石川夫人、檜隈女王、穂積皇子、聖徳太子、大津皇子、刑部垂麻呂、倉橋部女王、県犬養人上、大伴書持、円方女王の各一首、計一九八首、ほかに巻二に日並皇子の宮の舎人らが慟傷して作った歌二三首を加えると、二二一首が作者のあきらかな歌である。

万葉集以外の文献における挽歌の初見は、記紀の倭建命（日本武尊）の死後復活の伝説にともなってしるされている四首の御葬歌《みはふりうた》であろう。この歌はのち長く天皇の大葬に際して儀礼としてうたわれたと附註されている。これについでは武烈天皇紀に、平群鮪が太子のために誅戮されたとき、その妻の影媛が夫の殺された所に逐い行き、その死骸を見て、「驚惶失レ所、悲涙盈レ目、遂作レ歌曰」として、一首の長歌、及び収埋すでに畢って家に帰らんとするに臨み、悲硬纏心して詠った短歌がのせられている〔紀巻一六〕。また継体天皇紀には、毛野臣が逆旅対馬に病みて死に、帰郷葬送のとき、その妻のうたったという一首があり〔紀巻一七〕、孝徳天皇紀には、皇太子妃造媛の逝去を聞き、野中川原史満が奉った哀悼歌や〔紀巻二五〕、斉明天皇紀に、皇孫建王の薨去に際して祖母天皇、傷慟極めてはなはだしく、三首の歌をつくり、時々自ら唱して悲哭された。また紀国の温泉に幸して故王をしのび「山こえて海わたるともおもしろき　いまきのうちは忘らゆまじに」等三首の歌をよまれたと伝えている〔紀巻二六〕。これらは挽歌本来の意味での柩を挽くときにうたった歌ではないが、万葉集の挽歌の概念は、葬送時の詠歌とともに、のちの哀傷歌というべきものを含んでいるから、万葉風にいう挽歌の類目に入るものである。

もっとも人の死するに当たり、その殯宮において八日八夜の歌舞遊宴の行なわれたことは、古事記巻上の天若日子の喪屋葬送の段にも見え、死者の魂を祭るに、花時花をもってまつり、鼓吹幡旗もて歌い舞うて祭る土俗の存したことは、早く伊弉冉尊の熊野有馬村の山陵についての書紀の一書にしるされている。西暦三世紀といわれる魏志倭人伝のなかに「始めて死するや停喪十余日、時に当りて肉を食わず、喪主哭泣し、他人就いて歌舞飲食す」とあるのも、一連の習俗と見られよう。空想をめぐらすならば、かの古事記の天窟戸の条に、天宇豆売命の憑神歌舞の俳優のわざも、これについて何かの歌がうたわれたに相違ないとも考えられる。

万葉集の挽歌のなかには、後世の辞世の如く、死に先立ってよまれたもの〔巻二、一二三、一二六。巻三、四一六。巻五、八八四―八九一〕、伝説をふまえ空想をまじえて詠嘆したもの〔巻二、四三一―四三三。巻九、一八〇一―一八〇三。

一八〇七—一八一一。巻一九、四二一一—四二一二)、さらには行路に遺棄せられたらしい死人を見て悲慟してうたったもの(巻二、二二〇—二二二、二二八—二二九。巻三、四一五、四二六。巻九、一八〇〇。巻一三、三三三五—三三四三)などがあり、挽歌に準擬して収載されたもの(巻二、一四一—一四六。巻九、一七九五)もある。そしてこれら長短四八首を除いた、のこりの二一二首はすべて近親死者、または相知れる特定人のために、切々の哀惜悲嘆の情を吐き、もしくはその遺族に対して弔慰の意を蔵するものである。そのうちわけは、

巻二、	長歌	一五首、	短歌	六六首。
巻三、	長歌	八首、	短歌	五一首。
巻五、	長歌	二首、	短歌	七首。
巻七、	長歌	ナシ、	短歌	一三首。
巻九、	長歌	一首、	短歌	六首。
巻一三、	長歌	一〇首、	短歌	五首。
巻一四、	長歌	ナシ、	短歌	一首。
巻一五、	長歌	四首、	短歌	七首。
巻一六、	長歌	ナシ、	短歌	一〇首。
巻一七、	長歌	一首、	短歌	二首。
巻一九、	長歌	一首、	短歌	一首。
巻二〇、	長歌	ナシ、	短歌	一首。
計	長歌	四二首、	短歌	一七〇首。

となる。これらのなかには、天皇、皇子などのために、特に儀礼的に捧げられ、喪儀に際して詠誦されたかと思われる、いわゆる宮廷吟誦詩人の、一種のフォームと約束を持ったらしい作品もいくつか見られるし、文学上の技巧

や情緒の切実さにおいて優れたものが多いのであるが、これらはその道の専門家にお委せするとして、ここでは専らおしなべて歌の陰にひそんでいる当時の葬送習俗や、それを通して見られる思想や観念の一面を考えてゆくことにしたい。

二　葬送の場と死者の行くえ

巻二、一六五歌、「大津皇子の屍を葛城の二上山に移葬りし時、大来皇女哀傷して御作歌二首」のうちに、

現身《うつそみ》の人なる吾や明日よりは　二上山を兄弟《いろせ》と吾が見む

の歌がある。作品としてはさしてすぐれたものとは思えぬが、山に屍を葬り、その山を兄弟と見ようとの着想は、われわれにはいろいろの点で興味ふかいものである。

現実に屍体を山丘に葬埋し、或いは埋蔵地について墳丘を築き、墳墓を称して「山」としたことは、すでに古く歴世の陵墓について、これを如山如陵の語を採って山陵とし、坂上、岡上、山上の陵の名を存してきたことからもうかがわれ、この習俗は長く尾を引いて、平安時代にも陵墓をさして山といい、その司を山作司ともよんだ記録は多い。沖縄中部の沖にある津堅島《つけん》では、屍体を安置して風葬する藪を「後生山《ごしょうやま》」とよんでおり、内地でも古くは京都の鳥辺山、船形山などが有名な葬場であったごとく、現在のフォクロアにも、葬場や墓地をヤマといい、埋葬作業を「山ギメ」、「山仕事」、「山拵え」、「山じまい」、その仕事をする人をヤマシ、ヤマンヒト、ヤマユキノ人、ヤマジマイ役などと呼ぶところがある。死人を入れる桶をヤマオケ、死体をつつむ莫蓙をヤマゴザといい、葬送を

「山行き」というところもある〔拙著『民間信仰』第八章「祖霊及び死霊信仰と他界観念」二一三―七頁、岩波全書〕。

またこれを年中行事の側から見ても、盆道つくり、盆花、盆火など、死者霊魂に関係ある祭には、山丘、または峠など、高みについた行事のいちじるしいことも、これと関連するものであろう〔同上、二〇七―一二頁〕。こうした習俗を前提として、万葉集の挽歌のなかから、死者の行方を詠じたもの、死者葬場についてよんだもの、死者について連想している自然現象や物などについて、触目に従って列挙してみると、

1　青旗の木旗の上を通ふとは〔巻二、一四八〕
2　山吹の立ちよそひたる山清水〔巻二、一五八〕
3　北山につらなる雲の〔巻二、一六一〕
4　二上山を兄弟と吾が見む〔巻二、一六五〕
5　天の原　岩戸を開き　神上り　上り坐《いま》しぬ　〔一に云ふ、神登りいましにしかば〕〔巻二、一六七〕
6　君玉垂のをち野過ぎ去《ゆ》く〔一に云ふ、をち野に過ぎぬ〕〔巻二、一九五〕
7　神さぶと　磐隠ります……麻裳よし　城上の宮を　常宮《とこみや》と　定めまつりて　神ながら　鎮りましぬ
〔巻二、一九九〕
8　吉隠《よなばり》の猪養《ゐがひ》の岡の寒からまくに〔巻二、二〇三〕
9　王は神にしませば天雲の　五百重が下に隠りたまひぬ〔巻二、二〇五〕
10　秋山の黄葉を茂み迷ひぬる妹を求めむ〔巻二、二〇八〕
11　衾道《ふすまぢ》を引出の山に妹を置きて〔巻二、二一二〕
12　奥つ波来よる荒磯を敷妙の　枕と纏きて寝《な》せる君かも〔巻二、二二二〕
13　鴨山の磐根し纏ける吾をかも〔巻二、二二三〕

14　今日今日と吾が待つ君は石川の貝 一に云ふ、谷 に交りて在りといはずやも〔巻二、二二四〕

15　天離る夷の荒野に君を置きて〔巻二、二二七〕

16　難波潟潮干なありそね沈みにし　妹が光儀《すがた》を見まく苦しも〔巻二、二二九〕

17　高円山《たかまどやま》に　春野焼く　野火と見るまで　燎《も》ゆる火を　いかにと問へば……天皇の　神の御子の　御駕《いでまし》の
手火《たび》の光ぞ〔巻二、二三〇〕

18　高円の野辺の秋萩〔巻二、二三一、二三三〕

19　三笠山野辺行く道〔巻二、二三二、二三四〕

20　今日のみ見てや雲隠りなむ〔巻三、四一六〕

21　豊国の鏡の山を宮と定むる〔巻三、四一七〕

22　豊国の鏡の山の石戸立て隠りにけらし〔巻三、四一八〕

23　吾大王は　隠国《こもりく》の　泊瀬の山に　神さびに　斎き坐すと……高山の　巌の上に　坐せつるかも
〔巻三、四二〇〕

24　高山の巌の上に君が臥せる〔巻三、四二一〕

25　石上《いそのかみ》布留《ふる》の山なる杉群の〔巻三、四二二〕

26　隠国《こもりく》の泊瀬をとめが〔巻三、四二四〕

27　河風の寒き長谷を歎きつつ〔巻三、四二五〕

28　百足らず八十《やそ》隈坂《くまさか》に手向せば〔巻三、四二七〕

29　隠口の泊瀬の山の山の際に　いさよふ雲は妹にかもあらむ〔巻三、四二八〕

30　山《やま》の際《ま》ゆ出雲の児等は霧なれや　吉野の山の嶺に棚引く〔巻三、四二九〕

31　八雲刺す出雲の子等が黒髪は　吉野の川の奥《おき》になづさふ〔巻三、四三〇〕

32 葛飾の真間の入江にうち靡く玉藻〔巻三、四三三〕

33 風速《かざはや》の美保の浦廻の白躑躅〔巻三、四三四〕

34 磯の草根の枯れまく惜しも〔巻三、四三五〕

35 妹も吾も清《きよみ》の河の河岸の〔巻三、四三七〕

36 大殯《おほあらき》の時にはあらねど雲がくります〔巻三、四四一〕

37 昨日こそ君は在りしか思はぬに　浜松の上に雲と棚引く〔巻三、四四四〕

38 吾妹子が見し鞆の浦の室の木〔巻三、四四六〕

39 鞆の浦の磯の室の木見む毎に〔巻三、四四七〕

40 磯の上《うへ》に根蔓《ねば》ふ室の木見し人を〔巻三、四四八〕

41 妹と来し敏馬《みぬめ》の埼を〔巻三、四四九〕

42 往くさには二人吾が見しこの埼を〔巻三、四五〇〕

43 あしひきの　山辺を指して　晩闇と　隠れましぬれ〔巻三、四六〇〕

44 敷妙の家ゆは出でて雲隠りにき〔巻三、四六一〕

45 あしひきの　山道を指して　入日なす　隠りにしかば〔巻三、四六六〕

46 家離《さか》り坐《いま》す吾妹《わぎも》を停めかね　山隠りつれ〔巻三、四七一〕

47 佐保山に棚引く霞見るごとに　妹を思ひ出泣かぬ日はなし〔巻三、四七三〕

48 吾妹子が奥津城と思《も》へば愛《は》しき佐保山〔巻三、四七四〕

49 和豆香《わづか》山　御輿立たして　ひさかたの　天知らしぬれ〔巻三、四七五〕

50 吾大王天知らさむと思はねば　凡《おそ》にぞ見ける和豆香《わづか》杣山《そまやま》〔巻三、四七六〕

51 あしひきの山さへ光り咲く花の　散りぬる如き吾王かも〔巻三、四七七〕

52　朝霧の　髣髴《おほ》になりつつ　山城の　相楽山《さがらかやま》の　山の際《ま》を　往き過ぎぬれば〔巻三、四八一〕

53　外に見し山をや今は所縁《よすが》と思はむ〔巻三、四八二〕

54　国遠き道の長路《ながて》を鬱《おほほ》しく今日や過ぎなむ〔巻五、八八四〕

55　常知らぬ道の長路をくれぐれと〔巻五、八八八〕

56　黄泉《したべ》の使負ひて通らせ〔巻五、九〇五〕

57　布施置きて吾は乞ひ禱《の》む欺かず　直《ただ》に率去《ゐゆ》きて天路知らしめ〔巻五、九〇六〕

58　隠口の泊瀬の山に霞立ち　棚引く雲は妹にかもあらむ〔巻七、一四〇七〕

59　こもりくの泊瀬の山に廬すといふ〔巻七、一四〇八〕

60　秋山の黄葉《もみぢ》あはれとうらぶれて　入りにし妹は待てど来まさず〔巻七、一四〇九〕

61　玉梓《たまづさ》の妹は珠かもあしひきの　清き山辺に蒔けば散りぬる〔巻七、一四一五〕

62　玉梓の妹は花かもあしひきの　この山かげに蒔けば失せぬる〔巻七、一四一六〕

63　妹ら許《がり》今木の嶺に茂り立つ　嬬松《つままつ》の木は古人見けむ〔巻九、一七九五〕

64　子等と携はり遊びし磯〔巻九、一七九六〕

65　荒磯にはあれど行く水の過ぎにし妹が形見〔巻九、一七九七〕

66　黒牛潟をみればさぶしも〔巻九、一七九八〕

67　玉津島磯の浦廻《うらみ》の真砂にも　染《にほ》ひて行かな妹が触りけむ〔巻九、一七九九〕

68　黄泉《よみ》の界に　蔓ふ蔦の　各が向向　天雲の　別れし行けば〔巻九、一八〇四〕

69　あしひきの荒山中に送り置きて　還らふ見れば情《こころ》苦しも〔巻九、一八〇六〕

70　浪の音《と》の　騒ぐ湊の　奥津城に　妹が臥せる〔巻九、一八〇七〕

71　しじくしろ　黄泉に待たむと　隠沼《こもりぬ》の　下延《は》へ置きて　うち嘆き〔巻九、一八〇九〕

72　神葬《はふ》り　葬り奉れば……御袖の　行き触りし松を　言問はぬ　木にはあれども　あらたまの
立つ月ごとに　天の原　ふり放け見つつ　玉だすき　かけて偲《しぬ》ばな〔巻一三、三三二四〕

73　つぬさはふ石村《いはれ》の山に白妙に　懸れる雲は吾大王かも〔巻一三、三三二五〕

74　剱刀《つるぎたち》　磨《と》ぎし心を　天雲に　念ひ散《はふ》らし〔巻一三、三三二六〕

75　隠口の　長谷の山　青幡の忍坂の山は〔巻一三、三三三一〕

76　筑紫の山の　黄葉《もみぢは》の　散り過ぎにきと　君の正香《ただか》を〔巻一三、三三三三〕

77　あしひきの山道は行かむ風吹けば　浪の塞《ささ》ふる海道は行かじ〔巻一三、三三三八〕

78　つれもなき荒磯を纒きて偃《ふ》せる公かも〔巻一三、三三四一〕

79　汭潭《うらぶち》に偃《こや》せる公〔巻一三、三三四二〕

80　汭浪《うらなみ》の来寄する浜につれもなく偃《ふ》したる公〔巻一三、三三四三〕

81　大地を　炎と踏み……何所にか　君が坐さむと　天雲の　行きのまにまに〔巻一三、三三四四〕

82　見が欲《ほ》れば　雲井に見ゆる　愛《うつく》しき　十羽《とば》の松原〔巻一三、三三四六〕

83　大和をも　遠く離りて　石が根の　荒き島根に　宿する君〔巻一五、三六八八〕

84　初尾花　仮廬《かりほ》に葺きて　雲離れ　遠き国辺の　露霜の　寒き山辺に　やどりせるらむ〔巻一五、三六九一〕

85　待つらむ君や島隠れぬる〔巻一五、三六九二〕

86　黄葉の散りなむ山に宿りぬる〔巻一五、三六九三〕

87　行きし荒雄ら沖に袖ふる〔巻一六、三八六〇〕

88　志賀の山いたくな伐りそ荒雄らが所縁《よすが》の山と〔巻一六、三八六二〕

89　行きし荒雄ら波に袖ふる〔巻一六、三八六四〕

90　あしひきの　山の木末《こぬれ》に　白雲に　立ち棚引くと　吾に告げつる〔巻一七、三九五七〕

91　白雲に立ち棚引くと聞けば悲しも〔巻一七、三九五八〕

92　海辺に立ち　朝暮《あさよひ》に　満ち来る潮の　八重浪に　靡く珠藻の　節の間も　惜しき命を　露霜の
過ぎましにけれ〔巻一九、四二一一〕

93　纏きて寝し　妹が袂は　雲にたなびく〔巻一九、四二三六〕

94　佐保道をば荒らしやしてむ〔巻二〇、四四七七〕

以上は脱漏もあり、解釈の上での誤解もあろうから、必ずしも正確に全部を抽出し得たかどうかは疑わしいが、この九四例をかりに分類してみると（＊は二項目にわたるもの）、

Ⅰ　山丘に隠れる、山隠る、磐かくる、山によって故人を偲ぶ……四七例、五〇・〇〇パーセント（三八・五二パーセント）

2　3＊　4　7　8　10＊　11　13　17　18＊　19＊　21　22　23　24　25＊　26＊　27＊　28　29＊　30＊　43　45　46　47＊　48　49　50　51　52＊　53

58＊　59　60　61　62　63　69　73＊　75　76　77　84＊　86　88　90＊　94＊

Ⅱ　雲霧に乗って天に昇る、天隠る、雲隠る、高きに通う、雲霧によって故人を偲ぶ……二三例、二四・四七パーセント（一八・八五パーセント）

1　3＊　5　9　20　29＊　30＊　36　37　44　47＊　52＊　57　58＊　68　72＊　73＊　74　81　82＊　90＊　91　93

Ⅲ　海辺にしずまる、島にしずまる、島隠る、海島について故人を偲ぶ……二三例、二四・四七パーセント（一八・八五パーセント）

12　16　32　33　34　38＊　39＊　40＊　41　42　64　65　66　67　70　78　79　80　83　85　87　89　92

Ⅳ　樹木について故人を偲ぶ……一三例、一三・八三パーセント（一〇・六五パーセント）

18＊　25＊　33＊　34＊　37＊　38＊　39＊　40＊　63＊　68＊　72＊　82＊　90＊

Ⅴ　野にしずまる、野を過ぎてゆく……五例、五・三二パーセント（四・〇九パーセント）
6　15　18＊　19＊　94＊

Ⅵ　川、谷にしずまる……四例、四・二五パーセント（三・二七パーセント）
14　27　31　35

Ⅶ　冥道、黄泉、地下、はるかなる所へ行く……七例、七・四四パーセント（五・七三パーセント）
54　55　56　68　71　83＊　84＊

合計　一二九・七八パーセント（九九・九六パーセント）となる。

右のうち、Ⅲの海浜、島にしずまるとする例のうち、12狭岑島の石中の死人、16姫島松原の屍、32と70真間手児名伝説、33—35姫島松原の美人の屍（この歌は挽歌かどうかについて古来疑問とされている）、38—42大宰帥大伴旅人の上京の際に触目哀傷せるもの、64—67柿本人麿の紀国にて作りし歌、78—80神島の浜の屍によせた歌、壱岐島にて死去せる人に関するもの、87—89は志賀の白水郎の歌、92は恋のために入水せし処女墓への歌の追同であって、現実に海辺や島に屍があり、伝説の存したもの、或いは作者がその海浜にあって詠じたものである。

Ⅳの谷や川にしずまるとするものでは、14の歌は「石川の貝」とあるが、一本には「石川の谷」ともあって、山谷川と見得るし、27は「河風の寒き長谷」とあって、必ずしも川そのものについたものではなく、31は現実に吉野川に溺死した女について詠じたものである。

Ⅴの野にしずまる、野を過ぎゆくとする例は、後世、鳥辺野、三昧野、蓮台野などの地名や、野辺の送りの語なども出来て、葬送観念としては重要なものと思われ、その意味ではもっと多くの例があって然るべきであるが、僅かに五例しか見出せないのは、後来、仏教思想などの影響で、観念の変化が起こったのではないかと疑われる。しかも五例中で純粋に野辺に葬り、死者が野辺にありとしたのは僅かに15のみで、他は野を過ぎて何処へか往くとするもので、当時原野に屍を葬ることが少なく、また葬場を野辺とは言わなかったのであろうと思われる。

かく見てくると、当時の一般の観念として、人の死するに当っては、死者の霊魂が高きにつくとした着想がいちじるしい。もしⅠの「山隠る」とⅡの「雲隠る」とを同一思想類型と見るならば、その合計は七〇首、七四・四七パーセント（五七・三七パーセント）を占めることになる。そしてⅠは主として葬場、埋葬地についてよまれた例が多く、Ⅱはむしろ観念的に死者霊魂の行方を詠じたものと見ることも出来よう。これに山、丘、雲霧、煙などがこの連想を助ける媒体ともなっている。

山丘については、抽象的に山としたものに、2山清水、10秋山、24高山、43山辺、45山道、46山隠り、51山さへ、53外に見し山、60秋山、61清き山辺、62この山かげ、69荒山中、77山道、84寒き山辺、86黄葉の散りなむ山、90山の木末などの表現があり、特定の山丘を指したものには、3北山、4二上山、7城上宮、8猪養岡、11引出山、13鴨山、17 18高円山、19三笠山、21 22鏡山、23 26 27 29 58 59 75泊瀬山（泊瀬、長谷山）、25布留山、29八十隈坂、30吉野山、47 48佐保山、49 50和豆香山、52相楽山、63今木嶺、73石村山、76筑紫の山、88志賀の山などが数えられる。

特定の山を指したなかで泊瀬（長谷）山が頻繁にあらわれることは注意すべきことである。この山は近くに火葬墳の群落もあり、「隠口」という枕詞も単に地形について言い出されただけではなく、古く一種の他界霊地と考えられたのではなかろうか。この山が僧侶によって最も早く仏教霊地として開拓されたのも、何かこのことと関係がありはしないかと思われる。後世、高野山、信州善光寺、越中立山、南部恐山、羽前立石寺などが死者の山と信じられ、他方仏教の霊地となってきたことと同じ類型に属するものであろう。

そしてすでにのべたように、単に精霊のみならず、わが国の山々は殆んどが神々のうしはぐ山、地上世界に降臨する楷梯と見られた着想の背後には、かかる死者昇天、入山の観念が根づよく横たわっており、またそれにふさわしい葬送習俗が存したのではなかったかと考えられる。そしてこれは地下埋葬に基く地下他界観や、天空―地上―地下の階層的な世界観を持つ民群とは、やや異なる文化類型に属するともいえるであろう。もっとも万葉集に収められた挽歌は天皇、皇子に捧げられたもの、貴族に対する詠歌が多く、この資料だけから一般庶民の持つ霊魂観念までを類推するのは軽率のそしりを免れない。というのは、未開社会や古代文明社会では、部族の首長や支配階級、タブー階級に属するものと、一般平民、奴隷等の間には、身分階層に応じてその霊魂の質や力や、量さえも異にし、従って死後の世界についても、死後霊魂の活動についても、差別して考えられる例が多いからである。そしてわが国古代にもかかる差別意識の存した痕跡らしいものは、墳墓形式や葬送形式のなかにもうかがい知られる。しかし万葉集を分析した限りでは、死者霊魂が山丘にのぼり、そこにかくれ、もしくは天上の世界に雲隠れると表現した例が圧倒的に多いことは事実であり、注目すべきことといわなければならない。

三　消え易き身と短き命

挽歌の作製年代は先にのべたように、推古朝に始って奈良時代に至り、仏教文化の舶載輸入によって、宗教に芸術に、仏教の薫り高い時代とされ、数々のすぐれた遺品を今日にとどめている。そして仏教信仰の深まりは、貴族の間だけにしろ、相当程度に進んできている。聖徳太子が仏教にすぐれた信仰と理解を有したことは、今さらここに説き立てるまでもないが、例えば大化改新後に、讒に遇って氏寺の山田寺に退いて自殺した蘇我倉山田石川麻呂の言葉として伝えるものに、「聊か黄泉に臨み、尚お忠を懐《いだ》いて退《まか》らむ、寺に来つる所以は、終りの時を安からしめんがためなり」〔紀巻二五〕とある如き、また聖徳太子の薨後、橘大郎女らが、天寿国繡帳を作って太子往生の状を具象化し、或いは等身釈迦仏を鋳造せしめて早く妙果に昇らんことを祈念したのを始め、推古、白鳳、天平の諸期を通じて、起塔造像写経の銘文や奥書願文のなかには、あきらかに自己往生とともに死者追薦を目的としたものが多い〔拙著『上代日本仏教文化史』上巻。竹内理三『寧楽遺文』宗教篇〕。また僧尼が貴族の葬儀に携わった初見としては、沙門皇子として吉野に修道をねがわれた天武天皇の殯宮に、僧尼が参入して発哭の儀を行なった例がある

〔紀巻三〇〕。

万葉集の歌人のなかにも、山上憶良、大伴旅人、大伴家持をはじめとして、仏教思想を教養としても信仰としても身につけた人は多く、仏を詠じ経をよみ、寺塔を題材とした作品も、沙弥満誓以下僧侶自身の作品も散見する。しかるに彼等によって作製せられた挽歌のなかに、死者の行方や他界について、仏の引接来摂を祈願し期待する風の表現が全く見られないのは、一つの問題である。これは仏教が当時の知識人に浸透していなかったということではなく、当時の仏教が比較的理論にすぐれて、一般に死後霊魂や他界観に干与していなかったことを示すものかと思われる。そして仏教教理は、当時の学派の主流をなす三論、華厳、法相等、理論的哲学的のいわば学説が中軸をなして、情緒に訴える面が乏しく、詩の世界との調和が出来にくかった面も見のがせない。だから、死後を仏にたのむにしても、死者の安寧を冀うにしても、そこには在来の霊魂観、他界観がその底に強くひそんでいる。

聖徳太子の死後世界を天寿国とよんだのもその一つであろうし、法隆寺金堂釈迦三尊仏光背の銘文に「若是定業以背ㇾ世者、往登二浄土一、早昇二妙果一」としたのも、浄土は往詣するところというよりは登昇するものとされている。上宮王家滅亡の際の書紀の記載は、紫雲立ち、幡蓋垂れ、伎楽空中に起こって〔紀巻二四〕、あたかも平安時代浄土教における弥陀来迎の思想に先駆する如き表現であるが、それは仏教教理と素朴な死者昇天の思想とが合流しているとの感が深い。『日本霊異記』においても、聖徳太子の他界は西方五台山上黄金浄土とされ、そこに太子と行基菩薩が並び立っていた〔巻上ノ五〕。同書にはまた地獄の閻羅王がしばしばあらわれるが、その記述は必ずしも地下世界ではない。そして地獄極楽は必ずしも隔絶した地平のものではなく、智光は地獄の鬼に率いられて赤熱に往く路すがら、行基の死後来り住むべき黄金の宮殿を観ている〔巻中ノ七〕。

山上憶良の挽歌のなかの、42「黄泉《したべ》の使」の語は、一見して仏教思想によった如くであるが、次の43「布施置きて」の一首には、「直《ただ》に率去《ゐゆ》きて天路知らしめ」とあって、天上他界の観念が見えている。大伴坂上郎女が新羅から帰化した尼理願の死に悲嘆して作った歌のなかにおいてさえ、44「留め得ぬ寿《いのち》にしあれば敷妙の　家ゆは出でて雲隠れにき」とうたい出している。「雲隠れ」は単に「死」をあらわす形容動詞として、当時軽く用いられたのかも知れないが、しかしそうだとしても、そのように慣用されるに至った動因、それを流通せしめた国民の感覚は重要視されなければならないと思う。少し時代は降るが、淳和上皇の遺詔のなかにも、「予聞く、人歿すれば精魂天に帰す」〔『日本後紀』巻九〕の語が見え、この思想が連綿として続いていたことを確認することが出来る。

こうした思想は、必然的に、肉体と霊魂を二元的に見、価値の上で両者に差等をつける傾向を誘致するものと考えられる。身体、生命、世間を「うつせみ」、と観じ、「借りの身」とする思想は、仏教の無常観に通ずるものであり、従来多くの人々はこれを仏教の直接の影響の結果と見ている。たしかに、大伴家持の「病に臥して無常を悲しみ、修道を欲して作れる歌」〔巻二〇、四四六八—六九〕、「世間《よのなか》を倦《う》しと思ひて家出せし」〔巻一三、三二六五〕、或いは「河原寺の仏堂の裡に、倭琴の面に」しるされてあったという「世間の無常を厭ふ歌」二首〔巻一六、三八四九—五〇〕などは、歴然、仏道修行を期待し、或いは仏教の四諦三法印の説をふまえたものであろう。山上憶良の作品中には、

1 伝聞、仮合之身易レ滅、泡沫之命難レ駐〔巻五、八八六〕。

2 蓋聞、四生起滅、方二夢皆空一、三界漂流、喩二環不一レ息、所以維摩大士在二乎方丈一、有レ懐二染疾之患一、釈迦能仁坐二於雙林一、無レ免二泥洹之苦一、故知二聖至極不レ能レ払二力負之尋至一、三千世界誰能逃二黒闇之捜来一、二鼠競争、而度レ目之鳥旦飛、四蛇争侵、而過レ隙之駒夕走、嗟乎痛哉、紅顔共二三従一長逝、素質与二四徳一永滅、何図偕老違二於要期一、独飛生二於半路一、蘭室屏風徒張、断腸之哀弥痛、枕頭明鏡空懸、染筠之涙逾落、泉門一掩、無レ由二再見一、嗚呼哀哉、

　愛河波浪已先滅　苦海煩悩亦無レ結
従来厭二離此穢土一　本願託二生彼浄刹一〔巻五、七九四〕

3易レ集難レ排八大辛苦、難レ遂易レ尽百年賞楽、古人所レ歎、今亦及レ之……〔巻五、八〇四〕
4惟以人無二賢愚一、世無二古今一、咸悉嗟歎、歳月競流、昼夜不レ息、老疾相催、朝夕侵動、一代歓楽未レ尽二席前一、千年愁苦更継二坐後一、若夫群生品類、莫レ不下皆以二有尽之身一並求中無窮之命上〔巻五、沈レ痾自哀文〕。
5但以世无二恒質一、所以陵谷更変、人无二定期一、所以寿夭不レ同、撃目之間百齢已尽、申臂之頃千代亦空、旦作二席上之主一、夕為二泉下之客一、白馬走来、黄泉何及、……

俗道変化猶二撃目一　人事経紀如二申臂一
空与二浮雲一行二大虚一　心力共尽無レ所レ寄〔巻五、悲歎俗道仮合即離易レ去難レ留詩一首并序〕

の如きものには、深い仏教の人生観、生命観の教養がにじみ出ている。しかしまたひるがえって思うに、

1　うつせみの　よは常なしと〔巻三、四六五〕
2　うつせみの　借れる身なれば〔巻三、四六六〕
3　うつせみの　世の事なれば〔巻三、四八二〕
4　うつせみの　世の人なれば〔巻四、七二九。巻九、一七八五。巻一七、三九六二〕
5　うつせみの　代《よ》やも二《ふた》行く〔巻四、七三三〕
6　うつせみの　常無き見れば〔巻一九、四一六二〕
7　うつせみも　常無くありけり〔巻一九、四二一四〕
8　うつせみは　かずなき身なり〔巻二〇、四四六八〕

といい、また、

1 栲縄《たくなは》の　長き命を　露こそは　朝に置きて　夕は　消ゆと言へ……時ならず　過ぎてし子らが
朝露のごと　夕霧のごと〔巻二、二一七〕
2 もののふの八十氏河の網代木に　いさよふ波の行方知らずも〔巻三、二六四〕
3 住みける人ぞ常なかりける〔巻三、三〇八〕
4 わが命も常にあらぬか〔巻三、三三二〕
5 世間《よのなか》を何に譬へむ朝びらき　榜《こ》ぎ去《い》にし船の跡なきごとし〔巻三、三五一〕
6 世の中は空しきものとあらむとぞ〔巻三、四四二〕
7 室の木は常世にあれど見し人ぞ亡き〔巻三、四四六〕
8 生ける者　死ぬとふことに　免《のが》ろえぬ　ものにしあれば〔巻三、四六〇〕
9 世間《よのなか》し常かくのみとかつ知れど〔巻三、四七二〕
10 しづたまき数にもあらぬ寿《いのち》もち〔巻四、六七二〕
11 よのなかは空しきものと知る時し〔巻五、七九三〕
12 世間《よのなか》の　術《すべ》なきものは　年月は　流るるごとし〔巻五、八〇四〕
13 常磐《ときは》なす斯しくもがもと思へども〔巻五、八〇五〕
14 朝露の消やすき我身〔巻五、八八五〕
15 水沫《みなは》なす微《もろ》き命も〔巻五、九〇二〕
16 倭文《しづ》手纒《たまき》数にもあらぬ身〔巻五、九〇三〕
17 たまきはる短き命〔巻六、九七五〕
18 世間《よのなか》を常無きものと今ぞ知る〔巻六、一〇四五〕
19 常ならぬ人国山の秋津野の〔巻七、一三四五〕

20 朝露の消《け》やすき命〔巻七、一三七五〕
21 世間《よのなか》も常にしあらねば〔巻八、一四五九〕
22 朝露の消やすき吾身〔巻一一、二六八九〕
23 朝露の吾身一つは〔巻一一、二六九一〕
24 月草のかりなる命なる人を〔巻一一、二七五六〕
25 いつまでに生かむ命ぞ〔巻一二、二九一三〕
26 終《し》なむ命ここは念はず〔巻一二、二九二〇〕
27 おのがじし人死にすらし〔巻一二、二九二八〕
28 世間《よのなか》をうしと思ひて〔巻一三、三二六五〕
29 たまきはる　短き命も〔巻一五、三七四四〕
30 生死の二つの海を厭はしみ〔巻一六、三八四九〕
31 世間《よのなか》の繁き借廬《かりほ》に住み住みて〔巻一六、三八五〇〕
32 鯨魚《いさな》取り海や死にする山や死にする　死ぬれこそ海は潮干て山は枯れすれ〔巻一六、三八五二〕
33 家にてもたゆたふ命〔巻一七、三八九六〕
34 露の命もつぎつつわたれ〔巻一七、三九三三〕
35 世間《よのなか》はかずなきものか〔巻一七、三九六三〕
36 天地の　遠き始よ　俗中《よのなか》は　常なきものと　語り続ぎ……現身も　斯くのみならし〔巻一九、四一六〇〕
37 世間《よのなか》の常無き事は知るらむと〔巻一九、四二一六〕
38 泡沫《みなは》なす仮れる身ぞとは知れれども〔巻二〇、四四七〇〕
39 移り行く時見る毎《ごと》に心いたく〔巻二〇、四四八三〕

の如き、生命の無常、世間のむなしさ、肉体のはかなさを詠じた多くの作品が、すべて仏教思想の導入をまって、始めて日本人の精神史のなかにもたらされたものであるかどうかには、いささかの疑問なきを得ない。「天地の遠き始よ俗中は常なきものと語り続」いだという表現は、諾冉二尊の絶妻の誓や、木花咲耶媛にまつわる人の命の、木の花のあまないの如くであるとの讖言が予想されているであろう。長久の寿を象徴する磐長媛を、すがた美わしからずとして斥けたところに、天皇をふくめて人間の生命のうつろい易き運命を甘受せざるを得なかったことを示している。「常無し」という表現が、「諸行無常」の仏教用語から出たという国文学者の説は、たしかに肯綮に値するものであり、またこれが仏教思想の中心的な命題であることもあきらかではあるが、万葉集の他の作歌、特に挽歌のなかに、仏教教理や思想と思われるものが、殆んど導入されていないのを見ると、この思想はかりに仏教的表現と見られるところがあったにしても、それは元来、日本人の生命観、肉体観、人生観の根柢にひそんでいたものであり、それが仏教思想とマッチし、これを受容し、表現借用をなす有力な契機となったのだと見られぬこともなさそうである。

万葉時代人は一般に楽天的な、おおらかな、「咲く花の　匂ふが如し」などとする現実肯定的、耽美的な性格と見られがちである。しかしこれらの歌に重点を置いてみると、そこに特殊の作家群に限られるとはいえ、またやや観念的な表現が多いとはいえ、内にするどい無常観を秘めて現象世界を凝視していた人々も少なからずあったと考えられる。当代の信仰生活が、現世利益を強調する史料や、攘災治病の祈禱呪術が盛行した証跡が多いために、比較的かかる内面的な深刻な面が見落とされているが、しかし平安時代から中世を通しての浄土教の勃興と普及を見、民間の信仰、芸能、哲学のなかにあらわれている死者霊魂との交流を考え、中古以来の御霊信仰などを前提として行くと、奈良時代の日本人のみが、ひとりこの風潮の埒外にあったとは、とうてい想像することが出来ないのである。そして万葉集作歌者の自然人事に対する、あの鋭い観察力や情緒的反応を理解するためには、その内面にひそむ深刻な無常観を見のがすわけにはゆかないと思う。

この現実認識に出発して、始めて霊魂の清澄性、永遠性、自在性を信じ、現実の苦悩、不満、憤怒、悲歎を、肉体を離れたのちの霊魂活動に委ねようとしたゆえんも理解されよう。少なくとも奈良末平安初頭以来の信仰史にしきりに死霊、生霊の活躍が、験者、よりまし、念仏聖などの擡頭と相俟って、大きく浮び上っている事実からして、日本人が比較的肉体を軽視して、生命への執着が淡い反面、いちじるしく霊魂を重視し、尊重畏怖する二元的な観念を有するに至ったのではなかろうか。こうした観念は、他の民族に見られる肉体と霊魂の不可分性を信じ、屍体を木乃伊にして保存するような慣行を保存しているものと、凡そ対蹠的なものと見ることが出来る。そしてかかる観念は、その文化や生活の背柱をなして、民族文化を今日まで特色づけて来たと見られはしないであろうか。

肉体を去った霊魂が、ひとり高きについて天空に昇り、雲霧に乗じ、白雲とたなびき、或いは山丘に登りかくれると観じたのも、その一つのあらわれであり、屍体を最も無価値とする火葬の風を受容したのも、またこれに基くものといえる。

四　火葬と手火
——火の宗教性——

万葉集巻三に、

土形娘子を泊瀬山に火葬せし時、柿本朝臣人麻呂の作れる歌一首〔四二八、前出三一九頁29〕

溺れ死にし出雲娘子を吉野に火葬せし時、柿本朝臣人麻呂の作れる歌二首〔四二九—三〇、前出三一九頁30、31〕

の三首があり、巻一七には大伴家持の「長逝せる弟を哀傷する歌幷に短歌」〔三九五七―五九、前出三三三頁91〕のなかに割註して、

佐保山に火葬せり、故に佐保の内の里を行き過ぎ、といへり。

としている。このほかに古来火葬をよめりと解せられるものに、巻三、四四四歌の「天平元年（七二二）己巳、摂津国班田史生丈部竜麿が自ら経き死にし時、判官大伴宿禰三中の作れる歌一首幷短歌」〔前出三三〇頁37〕をはじめ、同巻四七三歌の「悲緒未だ息まず、更作れる歌」五首のうちの47〔前出三三〇頁〕、巻七、一四〇四―七歌

鏡なす吾が見し君を阿婆《あば》の野《ぬ》の　花橘の珠に拾ひつ
秋津野を人の懸くれば麻（朝）蒔きし　君が思ほえて嘆は止まず
秋津野に朝ゐる雲の失せゆけば　昨日も今日も亡き人念《おも》ほゆ
隠口の泊瀬の山に霞立ち　棚引く雲は妹にかもあらむ〔前出三三二頁58〕

同じ巻の一四一五―六歌〔前出三三二頁61、62〕

玉梓の妹は珠（花）或本かもあしひきの　清き山辺（この山かげ）或本に蒔けば散り（失せ）或本ぬる

（略解に云ふ、宣長云、マケバは上の朝蒔キシと同じくて、火葬にて其灰を撒散らす事なり、清キ山べと云へるも此故なり、さて火葬して骨を撒散らす事は、続後紀巻九、承和七年（八四〇）五月辛巳、後太上天皇顧命二皇太子一曰云云、予聞人没精魂帰レ天、而有二冢墓一、鬼物憑レ焉、終乃為レ祟、長貽二後累一、今宜三砕レ骨為レ

粉散二之山中一、於是中納言藤原朝臣吉野奏言、昔宇治稚彦皇子者我朝之賢明也、此皇子遺教自使レ散レ骨、後世效レ之、〔然〕是親王之事而非二帝王之迹一云云、是れ火葬に有らずしては、骨を散らすべき由無し、然るに、宇治皇子の頃火葬は無き事なり、されば、宇治稚郎子云云は世の誤り伝へなり、然れども斯く言ひ伝ふる事は、世の中に洽く火葬することのひろまりて、骨を散らす習はしの有るに依りて、古へ宇治皇子の遺命より始まれる事ぞと言ひ伝へたるなるべし、然れば、後世效レ之と言ふにて、骨を散らすことの有りしを知るべきなり。）

〔古典全集本、第三ノ二二一頁〕

の諸歌があり、古来論議のあるものに、巻二、二一三歌（或本の歌に曰く）がある。このなかの、「現身と念ひし妹が灰にて坐せば」（「宇都曽臣・念之妹我・灰而坐者」）の句を、二一〇歌の本歌にはこの部分が、「現身と念ひし妹が　玉かぎる　ほのかにだにも　見えぬ思へば」（「打蟬跡　念之妹之　珠蜻　髣髴谷裳　不見思者」）とあるところから、契冲は、「灰にて坐せば」とよんで、灰となりていませば、にて火葬のこととし、万葉考の著者真淵は、このところ乱脱ありて、「仄谷毛見而不在者《ほのかにだにもみえてまさずば》」とあるべきで、灰は仄の誤りとした。略解の加藤千蔭も真淵説に従って、灰は仄の誤にて、その外文字落ちたるかとしている。また巻一三、三三二五歌の、「つぬさはふ石村《いはれ》の山に白妙に　懸れる雲は吾大王かも」も、古来火葬の煙を詠ずとし、然らずとして論議がある。

ところで火葬は、続日本紀巻一、文武天皇四年（七〇〇）三月己未、僧道昭死去の条に、

弟子等奉二遺教一、火二葬於栗原一、天下火葬従レ此而始也、世伝云、火葬畢、親族与二弟子一相争、欲下取二和上骨一斂上レ之、飄風忽起、吹二颺灰骨一、終不レ知二其処一、時人異焉。

とあり、わが国の仏式火葬の濫觴とせられている。爾後数年にして、大宝三年（七〇三）一二月には持統太上天皇を飛鳥岡に火葬し〔続紀巻二〕、慶雲四年（七〇七）六月には文武天皇崩じ、一一月にいたってまた飛鳥岡に火葬した〔続紀巻三〕、養老五年（七二一）一〇月には元明太上天皇遺詔して大和添上郡蔵宝《さほ》山雍良《よら》峯に火葬し〔続紀巻八〕、天平二〇年（七四八）四月にも元正太上天皇を佐保山陵に火葬した〔続紀巻一七〕。

令の喪葬令のなかに、

凡三位以上、及別祖氏宗、並得レ営レ墓、以外不レ合、雖レ得レ営レ墓、若欲二大蔵一者聴。

とあり、令集解には右の「大蔵」に註して、「古記云、若欲二大蔵一者聴、謂全以レ骨除散也、若以レ骨置二墓所一任二其意一也」とある。すなわち大蔵は火蔵の誤りにて、すなわち火葬のことなりとの解釈も行なわれている〔安斎随筆一六〕。また賦役令には、「凡丁匠赴レ役身死者、給レ棺、在レ道亡者、所在国司、以二官物一作給、並於二路次一埋殯、立レ牌、並告二本貫一、若無二家人来取一者焼之、有二人迎接一者、分明付領」とあり、軍防令には、「凡行軍、兵士以上、若有二身病及死一者、行軍具録二随身資財一、付二本郷人一将還、其屍者当処焼埋」とあり、火葬はすでに宗教的、自発的なものとともに、上代に於て制度としても公然採用されていたことが知られるのである。

万葉集にのせられた火葬についてよまれた挽歌は、いずれも自発的なものと思われるが、これを詠じた詩人たちが、火葬の煙の冉々として高く昇り、浜松の上を雲と棚引き、山の峯を白雲となってたゆとうさまに、深い感動を示しているのは、火葬の風を伝承する農村で、煙の行方によって死者霊魂の行方を案じ、死者の意志を忖度しようとする風のあるのとかかわり合うものでもあろうか。当時の火葬の風習がいかようであったかはあきらかではない。元明太上天皇の遺詔には特に「竈を造って火葬せよ」とあり、臨時に竈が築かれたらしい。はるか後世の記録ではあるが、後一条院の埋葬は長元九年（一〇三六）五月一九日の深夜に行なわれた。山作所行事等筵道を供え、次に御輿長等御棺を舁いて貴所に遷し、棺を北枕にし、路間行障もて御棺を蔽い、遷御の後中鳥居を左右垣外に立て亘し、兼房朝臣等御棺の蓋を挙げて薪を挿し、各また所持の火を取合せて御棺に挿付して荼毘した。火は始め艮《うしとら》より始めて乾《いぬい》に至って次第に之を付け、北方には渡さず。事漸く畢らんとする間、行事蔵人をして御櫛机等の御物を焼かせ、辰刻に及んで貴所の板敷壁等を破却せしめ、酒を以て火を滅し、僧侶土砂を呪して御葬所の上に散じ、後、骨を茶垸壺に納め、呪砂を加え、真言書一巻を壺上に結付け、左中弁これを頸に懸けて浄土寺に渡し奉った、とある〔類聚雑例〕。

平安時代には、淳和天皇の遺詔にも、「葬トハ蔵ナリ、人観ザラムト欲ス、送葬ノ辰、宜シク夜漏ヲ用ウベシ」〔続後紀巻九〕とし、嵯峨上皇の承和九年七月の遺詔にも、

夜刻須レ向二葬地一……挽レ柩者十二人、秉燭者十二人、並衣以二麁布一、……〔続後紀巻一二〕

とあって、以来、葬送は夜半行なわれる例であった。奈良時代にも、一方に霊亀元年（七一五）九月の志貴皇子の葬送に際して作られた歌に、

高円山に　春野焼く　野火と見るまで　燎《も》ゆる火を　いかにと問へば……天皇の　神の御子の　御駕《いでまし》の　手火の光ぞ　幾許《ここだ》照りたる〔万葉集巻二、二三〇〕

とあり、手火の光が葬送をあざやかに印象づけているのは、それが夜間に行なわれたからであろう。しかし奈良朝の火葬は、その歌の表面的な意味からすれば、必ずしも夜間のみとは限らなかったようである。そして平安時代以後、葬儀は多く夜間行なわれるようになり、手火、すなわち炬火、秉燭、続松が葬列に欠くべからざるものとなっ

て来ている。平安時代から中世に及ぶ皇族や貴族の葬送に関する日記や行事次第を見ても、多くの例を抽出することが出来るが〔例えば古事類苑、礼式部一九—三六を見よ〕、中世の絵巻物にも、例えば清水寺縁起の宇治郡栗栖村における坂上田村麻呂葬送図〔弘仁二年（八一一）、五月二七日〕、二条院船岡山葬送図〔永万元（一一六五）年一〇月〕などに、松明を手にせる白丁の姿がえがかれ、太子伝絵巻の「厩戸皇子及妃御葬送図」にも、巨勢弘高筆の「十界図」のなかの葬儀の図にも、葬列の先頭に松明を捧持する人物が見えている。古くは仲哀天皇紀にも、天皇を豊浦宮に殯し、「無火殯斂」としるし、これをば「褒那之阿餓利《ほなしあがり》」と訓じている。このことはすでに万葉集古義の著者も指摘せる如く、尋常の殯葬には火を点ずる風が古く存せるゆえに、特に無火が異常なこととして、かかる表現が用いられたのであろう。

火や煙が霊魂にかかわる象徴物とされたのは、もちろん古代社会の習俗に始まっている。火は魔物に対する防禦物であるだけではなく、精霊や神霊を導き、汚れを清める重要な宗教的道具であることは、いずれの民族にも共通したものである。葬列の火は、単に行列の先導という以上に、デーモンが生々しい死者の霊魂を奪うのを防ぎ、うつせみとなった屍体にまぎれこむのを禦ぐとともに、死霊を埋葬地へ導く意味をも含んでいるのであろう。

民間の葬送習俗にも「先松明」とか「前火」の風はひろく今日も行なわれ、これを特に左肩にかつぐとか、持ち役の資格など、いろいろのフォクロアが残っている〔葬送習俗語彙九一—三頁、九六—七頁〕。

火葬の習俗も、またかかる火の宗教性を背景として発生し、且つ受容されたものであろう。先に引用した淳和上皇の遺詔のなかに、空しく屍を墓冢に置くときは、鬼物これに憑って終に祟りをなし、長く後累を貽《のこ》す、とし、遂に火葬の灰骨を山中に散ぜしめたのであるが、これは仏教の強い影響下に発想されたのではあろうが、そこには屍体、ひいては肉体と霊魂の二元観が存し、特に肉体を汚れあるもの、不浄のものとする思想が根柢に存している。

五　屍体遺置（風葬）と火葬

同じ思想のあらわれとして、万葉集挽歌のなかで注意されるのは、放置された屍体を見て悲慟して詠じた歌である。例えば、

(1) 巻二、二二〇―二二二歌、「讃岐狭岑島に石中の死人を観て、柿本朝臣人麻呂の作れる歌一首並に短歌」。

(2) 巻二、二二八―二二九歌、「和銅四年（七一一）歳次辛亥、河辺の宮人、姫島の松原に嬢子の屍を見て悲歎して作れる歌二首」。（巻三、四三四―四三七の詞書も右に同じ）。

(3) 巻三、四一五歌、「上宮聖徳皇子、竹原井に出遊《いでま》しし時、竜田山の死れる人を見て悲傷みて御作歌一首」。

(4) 巻三、四二六歌、「柿本朝臣人麻呂、香具山の屍を見て、悲慟みて作れる歌一首」。

(5) 巻九、一八〇〇歌、「足柄の坂を過ぎて、死人を見て作れる歌一首」。

(6) 巻一三、三三三六―三三四三歌、「海の浜辺に　うらもなく　宿《い》ねたる人は　母父《おもちち》に　愛子《まなご》にかあらむ　若草の妻かありけむ」、云々。（或本の歌、備後国神島の浜にて、調使首、屍を見て作れる歌一首幷短歌）。

の如きがある。これらが触目作詩せられたのは、その異常な情景に打たれたためであろうけれども、現実に海辺の洞窟や、山中の一地点に、屍体が地上に遺棄、もしくは放置せられていたことを物語っている。

蓋し、葬は古語「ハウブリ」、「ハウムリ」であり、「ハフリ」から出て、「棄之義」なることは、保井春海谷、重遠以来の説である。しかし大陸文化の浸透も手伝って、すでに文献時代には貴族厚葬の風もようやく馴致され、種々の慣行がこれに伴って弊害を生じていたらしいことは、大化二（六四六）年三月甲申の詔において、葬法薄に従うべきを令し（紀巻二五）、ついで令制において葬法を法制化したが、延暦一一（七九二）年七月二七日にも両京の富民の喪儀僭奢を禁ずべきを令し（類聚三代格巻一二）、延喜式（巻四一、弾正式）においても盛飾奢僭を禁弾せしめて

いる。

他方、薄葬を遺詔せるは推古天皇に始まり〔紀巻二二〕、斉明〔同二七〕、持統〔続紀巻二〕、元明〔続紀巻八〕以後、淳和〔続後紀巻九〕、嵯峨〔同巻一二〕、清和〔三代実録巻三八〕の諸帝に及んでいる。しかも他面、死屍を路傍、原野、河原などに遺棄するの風も民間には久しく続いていた。延暦の厚葬禁止の官符が出てから一五、六年後の大同三（八〇八）年正月乙未、及び二月丙辰に勅して、この頃疫癘ありて死する者稍く多く、屍骸斂むる無く、露に路傍に委すること、甚だ掩骼埋胔の義に乖くゆえに、一に先格によって巡検看養せしめ、有る所の骸は皆悉く収斂せしめた〔類聚国史、巻一七三〕。また弘仁四（八一三）年六月一日の太政官符には、京畿の百姓が病人を路傍に出し、遂に餓死せしめるの弊をあげてこれを禁断し〔三代格巻一九〕、貞観九（八六七）年三月七日の官符には、京中の諸人、小児を道路にすてて犬鳥のために害い喫わるることを挙げている〔三代実録巻一〇〕。これによって先には承和二（八三五）年一二月三日には、太宰府南郭に続命院を設けて九国二島において旅に病み路に伏すものを救恤せしめ〔続後紀巻四〕、嘉祥三（八五〇）年一一月にも出羽国の防辺の民、崩墻毀屋の下にある残屍露骸を収埋せしめ〔文徳実録巻二〕、元慶七（八八三）年正月にも渤海の客入京するに当って、山城、近江、越前、加賀等の国に令して路辺の死骸を埋瘞せしめている〔三代実録巻四三〕。寛平八（八九六）年閏正月一七日には左右看督、近衛等をして旬ごとに施薬院ならびに東西悲田の病者孤児の多少有無安否等を巡撿せしめ、あわせて京中を巡撿して路辺の病人孤児を見れば便に随って院ならびに東西の悲田に収送せしめんことを令した〔三代格巻一二〕。

延喜式にもかかる救恤のことは法文化されているが、疫癘飢饉の際にはことに甚だしく、大同の勅以後にも、承和九（八四二）年一〇月一四日及び二三日の続日本後紀〔巻一二〕には、勅して左右京職、東西の悲田に、ならびに料分を給して、嶋田及び鴨河等の髑髏を焼き斂めしむること、すべて五、五〇〇余頭とあり、貞観一一（八六九）年六月二二日にも早魃により左右京職に命じて道殣〔餓死者のこと〕を収葬し、骼を掩い胔を埋めしめ〔三代実録巻一六〕、本朝世紀、正暦五（九九四）年五月七日の条には、二月以来疫癘によって病死する輩幾千なるを知らず、種々の祈禱ありといえどもその応なきに似たり、路頭の死人、伏体連々たり、といい、同一〇日の太宰府解文にも大疫によって遠近の路辺、死人満塞す、としている。

日本紀略、長保三（一〇〇一）年閏一二月二九日の条にも、天下の疫死大いに盛んにして道路の死骸その数を知らずと見え、この年、二月九日の『権記』にも、すでにして「病死の輩京中に遍満す」と見えている。平安後期に及んでも、長治二（一一〇五）年四月二四日及び翌嘉承元（一一〇六）年六月二五日の『中右記』に、「路頭の病人勝げて計るべからず、河原の辺、死人充満す」といい、「凡そ夭亡の者勝計すべからず、京中路頭河原の辺、近日骸骨を積む、大疫と謂うべし」としるしている。

かく一面に貴族は特に厚葬の風があり、富者の死者追善の資に千金を積むという（意見封事十二箇条）状態の反面に、一般庶民の屍体に対するかなり冷淡な態度が見られることは、御霊信仰や鬼餒・餓鬼に対する恐怖心の旺盛であった平安時代としては、一見奇異の感を懐かしめるものである。ここにはもちろん社会階層や部族内の個人の地位によって、生前の人格に附属せるマナも、死後霊魂の持つ霊力にも差異が考えられていたことは、前掲の喪葬令中にも、三位以上と別祖氏宗に限って墓を営むことが出来るとした規定からもうかがわれよう。京都五三昧の一つといわれる鳥辺山、蓮台野に葬られた死屍が野犬や鳥などに喰い荒され、もしくは肉ただれて白骨と化してゆく様は、多くの物語に見え、ここにその情景を凝視して、無常観、不浄観を観想するいわゆる九想（脹想・青瘀想・壊想・血塗想・膿爛想・噉想・散想・骨想・焼想）観練の行を修する天台僧も少なくなかった。そしてわざわざかかる観練の行を求めずとも、一般庶民はつねに九想観を現実に体験することによって、その霊魂観なり、生命観なりが大いに影響されてきたことは十分に想像せられる。

わが国の葬法は、古来土葬（墳丘式、竪穴埋葬式）が主要なものとされ、古代史の一部を古墳時代という呼び方さえ行なわれている。しかし古墳を築き得たのは、極めて限られた階層の人々であったことは銘記する必要がある。

従って地域上、年代上の差異も甚だしい。しかも古墳築造の上限推定年代から、貴族火葬の風が輸入せられて、近畿地方から次第に古墳が姿を消しかける奈良時代初期にわたって、全国で恐らく億の単位をもって数えられる一般庶民の遺体はどのようにして葬られてきたであろうか。われわれは古代古墳文化に眩惑せられて、ときとして一般民衆も前方後円墳や円墳に葬られ、そこに発見される如き絢爛たる副葬品を日用品としていたかの如き錯覚に陥りがちである。しかし上来述べて来た万葉集歌中の死者及び葬法に関する感覚や観念、またその実際の在り方を考えてみると、庶民の葬法の大部分が遺棄葬もしくは洞窟葬——風葬——ではなかったかと推定されるのである。おそらく生活の劃一性が、人格や霊魂観の劃一性を導き出し、さらには同一葬法、同一墓制がまた一つの類型的な霊魂観を養い育てたとするならば、かくも截然たる霊肉分離の観念が確立するためには、いかなる葬法が採用されなければならなかったかは、おのずから明らかとなろう。仏教の強い影響力とその浸透力に負うところが多いとはいえ、火葬の風がすでに明治以前において、相当に一部農村地帯にまで採用され、種々の習俗や伝承が生まれてきている事実からも、また珍しい両墓制という二重構造の墓制の広範囲な分布からも、古墳文化の支配下に、或いはそれ以前に、庶民の遺棄葬や洞窟葬が支持され、久しく慣行されていたと推定して大いなる誤りなしと考えられる。

実際にわが国には、現在のフォクロアとしては風葬の痕跡はほとんど見られない。僅かにオキツスタへ、ハフリの古語がその実存を明示しているに過ぎぬ。しかし隣接する薩南群島の一部、奄美、琉球の諸列島には、近年まで洞窟、叢林における風葬は残存していた。また沖縄本島には貴族を中心に洗骨を伴う双墓制洞窟墳様式を持っている例もある。一定期間ののち、また次の死者の生じた際に、台上に安置した屍体を洗骨する風は奄美大島の諸島にも伝承せられている。さらにひるがえって北方では、蒙古及び満洲の一部は、こんにちもなお強固な風葬地帯といわれている。この二つの地域の間にはさまる日本列島に、古来風葬が全くなかったとは考えられないし、また現に風葬以前ともいうべき屍体遺棄の風が中世にまでそのあとを垂れていた事実もすでに指摘した通りである。先にのべた両墓制の如きも、少なくとも私にはこの推定を強める有力なフォクロアのように思われるのである。

両墓制とは、屍体を実際に埋葬する場所と、年忌法要や盆正月などの際に参拝し、祭を営むための石塔などを配する第二次の墓との二重構造を持つ、わが国の民間にかなりひろく伝承されている墓制である。埋葬墓を一般にウメバカ（埋め墓）、後者をマイリバカ（詣り墓）などとよぶ。こんにち判明しているこの慣行の分布は、北は新潟県、福島県南部から――これら、以北でも一二カ所新しい発見があるが、その数に乏しく、さらに考慮を要する――関東、中部、中国地方にわたり、ことに近畿地方とその周辺に濃密である。そしてこれが土葬単墓制と入りまじって存在しており、火葬地帯といわれる広島、山口の両県、北陸地方などにはもちろん両墓制は存在しない。そして東北地方の大部分と九州一帯、四国西部にはまだ適確に両墓制の存在が発見されていないことは何か理由があろうが、不明である。総体的にいって両墓制の特徴は、イケ墓（埋け墓）、ミバカ（身墓）、ウメバカ（埋墓）と称する屍体埋葬地は、村からはやや距った高所にあって、山墓などと呼ばれる例もあるが、さらに遠く村境や、境を越した隣村地区の叢林、谷間や崖、海岸、川の岸などの特定の共同墓地である場合が多い。ここには原則として、単に屍体を埋めるだけで、爾後は近づかず、放置して荒れるにまかせている。墓穴も比較的浅く、上にもちょっとした丸石か木牌、塔婆を立てるくらいである。これに対してマイリ墓の方は、一にキヨバカ（清墓）、カラバカ（空墓）、ラントウ（卵塔）とも称せられるように、寺の境内や所有地の一角、または別の共同墓地に設けられ、石碑、卵塔を建て、その名の如く、なかには何も納めず、ただ死霊の祭場として清掃してある。盆の精霊迎えの際などの墓参も、こちらの墓だけに詣るのである。

この風習はあきらかに死者と死霊とをはっきりと区別して考えている一つの証跡であり、これを一方に琉球や奄美群島の風葬洞窟葬を考え、他方に火葬の民間受容の事実を置いてながめると、両墓制とは風葬と土葬との合体形式であり、火葬は風葬を人工的に短時間に行なう手段とも見られるから、いずれもその前段階に風葬慣行の存在したことを予想せしめるものである。すなわち両墓制における「埋め墓」は、ステバカ（捨墓）、すなわち屍体遺棄葬場であることは、ちょうど沖縄本島に近い津堅島のグショヤマ（後生山）の如くであったと推定される。こうした霊魂観念のもとに、いかなる死者儀礼が生まれ、祖霊信仰が誘出せしめられてきたかは、私は嘗て『民間信仰』〔岩波全書、昭和二六年刊〕のなかで、やや詳細に論じたこともあるので、ここでは重ねて述べることを差しひかえたい。

日本文化のバックボーンの一つを形成する古代日本人の霊魂観、生命観について、万葉集のしめる資料的価値は高い。門外漢の私があえてこの講座に筆をとったのも、その価値高きがゆえである。しかし論証がやや簡略に失した部分があり、論旨が十分に徹底し得なかったかと思われる部分もある。顧みて慚愧に堪えない次第である。

〔平凡社・『万葉集大成』8民俗篇、昭和二八年〕

四　釈教歌成立の過程について

和歌の世界と仏教の世界との交流は、『後拾遺和歌集』（一〇七八―八六撰出）に至って、始めて「釈教」の目を立てたところに、一つのポイントが置かれると思われる。これは万葉集の後期作家の代表者と目される大伴家持（―七八五）の歿後およそ三〇〇年、中期の山上憶良の推定歿年七三三年からおよそ三五〇年、前期の柿本人麿の推定歿年七一〇年から約三七〇年を経過している。

一方仏教は、聖徳太子の努力によって推古朝仏教芸術を船載建立し、六四五年には大化改新成って、唐制を模した日本の天皇制は確立し、留学僧の政治への発言権は増大した。「仏法を尊んで神道を軽んず」と称された孝徳天皇は、改新の詔勅のなかで欽明、敏達、推古三朝の崇仏の事実を追想し、

朕更ニ復タ正教ヲ崇メテ大猷ヲ光啓セムコトヲ思ウ、……凡ソ天皇ヨリ伴造ニ至ルマデ造ル所ノ寺、営ルコト能ワザルモノ、朕ミナ助ケ作ラム。（紀二五）

として十師の制を布き、ついで沙門皇子となって吉野に出家修道を願われた天武天皇は、諸国に詔して金光明、仁王等の護国経典の読誦書写を命じ、親王諸王及び群臣に詔して、人毎に出家一人を賜い、また諸国の家毎に仏舎をつくり、仏像及び経を置いて礼拝供養せしめられた（紀二九）。持統天皇もこれを継承して屢〻詔して崇仏をすすめ、仏事を興し、さらに西南大隅、阿多、東北蝦夷の地に沙門を派して仏法の伝道につとめ（紀三〇）、天平時代の仏教

隆盛の端を開いた。

『万葉集』はまさにこの間において、人麿を生み、而して憶良を生んだ。しかしながら和歌の世界と仏教のそれとは、なおしばらく平行線を描いて歩んでいる。もちろん万葉集作家のなかにも何人かの僧侶がいる。例えば恵俊（還俗名、吉田連宜）、弁基（同、春日蔵首老）、三方沙弥（山田史御方）、沙弥満誓をはじめ、博通法師、通観僧、元興寺之僧、縁達師、僧玄勝、僧平栄、僧恵行、故郷豊浦寺之尼などの名が見える。このうち恵俊、弁基、三方沙弥の三者は続日本紀にその名が見え、また漢詩集たる『懐風藻』（七五一撰）にそれぞれ作品を遺している。沙弥満誓は大伴旅人と交遊があり、筑紫観世音寺別当をつとめた人であるが、それ以下の八名の僧尼については所伝全く知る所がない。この点は懐風藻における作者が前記三人のほかに智蔵、弁正、道慈、道融などの知名の留学僧が参加しているのと著しい対照をなしている。しかもまた懐風藻には神仙、讖諱、儒教などの思想の影響は濃くあらわれているのに、僧侶の作詩にあっても、桑門、三宝、素緇、僧などの二、三の仏教的用語を除いては仏教思想はあまり表に出ない。

このことは『万葉集』においても見られるところで、僧侶の作歌のうち、僅かに沙弥満誓の

世間《よのなか》を何に譬へむあさびらき　滂《こ》ぎ去《い》にし船の跡なきごとし（万三、三五一）

と、他に「よみ人知らず」の

世間《よのなか》を倦《う》しと思ひて出家《いへで》せし　我や何にか還りてならむ（万一三、三二六五）

の二首を除いては、他はすべて叙景か相聞、乃至は由縁《よしある》歌であるのと同じ傾向にあるものといえる。即ち当時の高

僧たちは和歌よりも漢詩の方を好み且つ巧みであったこと、しかも漢詩をあやつった僧も和歌を嗜んだ僧も、それはあくまで純文学的ジャンルにおいて作製したので、まだ仏教思想を詩歌のジャンルに持ち込もうとはしていない。しかし他方では神を詠じ、神に祈り、神木や神祭をうたい、霊魂や他界について、また世間のうつろい易く、人の身のはかなきことは数多く詠まれているのであって、宗教と和歌の世界の交流は既に早くから始まっていたのである。だから仏教と和歌の交流はそこに本質的な障碍のあるべき筈はなく、要はその交流に至る思想上の理解が遊離していたか、言語上の技巧の点にあったと見なくてはならない。

天平の仏教を代表する東大寺大仏は七五二年に開眼供養を遂げ、それは画期的な知識寺の形式を採用し、当時の民衆に菩薩と美称され、仏教の民衆教化に八〇年の生涯を捧げた行基とその一門の献身的な協力を得たと伝えられ、民間には優婆塞禅師や、持経乞食の下級私度の僧らが徘徊して罪福の因果と仏教式呪術を施して漸く人々の信頼を得つつあったことは、『続日本紀』の記録や、これと相照応する『日本霊異記』などの説話の背景からうかがえる。『常陸風土記』には既に記載に堪える程の大寺が数ケ寺見え、鰐淵寺を始め当代の遺品を残しているし、『出雲風土記』にも仏浜に観世音の磨崖仏が刻まれている。かくして少なくとも仏教は次第に特権者の宗教から地方民衆の宗教へと拡散する傾向を濃くして来ているのである。従って仏教に対する関心は相当に強くなっており、僧侶の服装や挙動、寺院の構造、仏菩薩像、経典道具など、いずれもエキゾチックな印象を見る人々に与えたことであろう。法麻呂、禅師、阿弥陀、釈迦などとわが名をつける人々も出ているように、そうしたモダニズムに対する好奇心は万葉の一般歌人にも持たれた、「法師」、「檀越」〔万一六、三八四六―七〕、「餓鬼」〔万一六、三八四〇〕、「仏造る真朱《まそほ》」〔万一六、三八四一〕、「大寺の餓鬼」〔万四、六〇八〕、「香」、「塔」〔万一六、三八二八〕、「布施」〔万五、九〇六〕、「婆羅門」〔万一六、三八五六〕、「生死の二つの海《うみ》」〔万一六、三八四九〕、「寺の長屋」〔万一六、三八二二〕、「来生《こむよ》」〔万三、三四八〕などの用語が作歌のなかによみ込まれているところに、この片鱗をうかがうことが出来るのである。

しかしそうした形象上の関心にもかかわらず、万葉集における僧侶は、全く自己の信仰や教理を和歌の形式をもって表現しようとはしていない。むしろその胎動は専門の僧侶以外の、例えば山上憶良の「太宰帥大伴卿凶問に報ふる歌」、「惑情《まどえるこころ》を反さしむる歌」、「子等を思う歌」、「世間の住《とどま》り難きを哀しめる歌」、「痾に沈みて自ら哀ぶ文」、「俗道の仮合即ち離れて去り易く留り難きを悲嘆する詩」、「男子名は古日を恋ふる歌」（以上万葉巻五）などの諸作や、大伴家持の「忽ち尫疾に沈みて殆んと泉路に臨み仍りて歌詞を作って以て悲緒を申ぶる」歌（三九六二）、「世界の無常を悲しむ歌」（四一六〇—二）、「病に臥して無常を悲しみ道を修せんと欲して作れる歌」（四四六八—九）などに看取されるように思われる。しかしそこにも、憶良にあっては漢文体詞書や漢詩において自在に述べられた仏教思想が、和歌においては著しく萎縮し、形式化して、単に世間のうつろい易く、人の身はかなきを詠嘆するにとどまり、或いは却って実生活への執着が強く歌われている。家持においても出家修道が、「山川のさやけき見つつ道をたづね」るといった抽象的表現に終っている。このことは彼等の文才をもってしても、仏教がなお漢文的、外国的教養のなかにあって、思想的にも言語的にも日本人の日常生活のなかに融け込んでいなかったため、表現の限界を持っていたことを示しているようである。このハンディキャップは同じ無常観や世間の推移転変のさまをうたっても、人麿以前には明らかな表現法がなく、憶良以後になって始めて「世間は空しきものと」、「現身は常無き」といった空、無常が国語としての表現をとって来ている点からも、三〇年の時間の距りに、外来思想を日本語のなかへ泌み込ませて来た過程がうかがわれよう。そしてこうした努力が、当時の文人たちや詩才ある僧侶の間に不断に払われて来たと想像されるのである。

その注目すべき習作として、われわれは河原寺の仏堂の裡にある倭琴の面にしるされていたという

生死の二つの海を厭はしみ　潮干の山をしぬびつるかも
世間《よのなか》の繁き借廬《かりほ》に住み住みて　至らぬ国のたづき知らずも（巻一六、三八四九—五〇）

の歌や、『東大寺要録』巻二にのせる、同寺開眼供養の翌日元興寺の献上した

ひむがしの山びを清み新鋳《にひゐ》せる　盧遮那《るさな》仏に花奉る
法《のり》のもと花さきにたり今日よりは　仏のみのり栄えたまはむ
みなもとの法の興りし飛ぶや鳥　あすかの寺のうた奉る

の三首の和歌や、薬師寺仏足堂にある一七首の「恭仏足歌」、四首の「呵嘖生死歌」を考えて見なければならない。

この仏足石歌のうちの

三十《みそじ》余り二つの相八《すがたや》十種《そぐさ》と　具《そだ》れる人の履みし跡所　希にもあるかも
四つの蛇五つの物の蘊《あつ》まれる　穢き身をば厭ひ捨つべし　離れ棄つべし

の如きは、歌体必ずしも秀逸と称し得ず、異様な語法や生硬な直訳仏語が用いられて、十分にその思想教理を文学としてこなし切っていないけれども、この習作努力は仏教受容史の上からは高く評価されなければならないと思う。

そしてその努力がやがては最澄の

阿耨多羅《あのくたら》三藐《みやく》三菩薩の仏たち　わが立つ杣に冥加あらせたまへ　〔古来風躰抄・新古今集〕
あきらけき後の仏のみ世までも　光つたへよ法のともし火　〔新拾遺和歌集〕

以下のすぐれた仏教和歌を生み、次第に釈教歌を展開して行ったと見られはしないであろうか。仏足石の製作推定

年代を七五二年とすれば、最澄歿年八二二年の間には約七〇年の差がある。そしてこの間には一方で神琴生（宝亀四 七七三）、神笛生（延暦一八 七九九）を置いて、神前神楽の曲調を整え、これを明文化せられるに至ったが〔格四〕、仏教の法要行事や開眼落慶の供養会などに必ず音楽を奏し、舞曲を行なったことは記録に見える。その一つと覚しき皇后宮の維摩講に、市原王、忍坂王の弾琴に合せて、田口家守《やかもり》、河辺東人、置始長谷《はつせ》ら十数人によって合唱された仏前唱歌一首〔一五九四〕が残っている。この歌の収められた巻八は、神亀養老から天平一五年（七三九―七四三）の作歌を多く集めているので、或は天平宝字三（七五九）年の仲麿再興以前の維摩会のものかと考えられるが、歌は、

時雨の雨間《ま》無くな零《ふ》りそ紅に　にほへる山の散らまく惜しも

といった風のもので、これをのちの法華八講の「薪の行道」として名高い、行基作という

法華経をわが得しことは薪こり　菜つみ水くみつかへてぞえし

や、また

百草にやそくさそえて給へりし《ひてし（一本）》　乳房のむくい今日ぞわがする

といったものに比べると、その間にはまた一段のあゆみ、仏教と和歌との交流の進みを看取することが出来るであろう。

薪の行道の歌は『拾遺和歌集』哀傷部〔巻二〇〕に収められているのであるが、この歌集は後拾遺和歌集に先立

つおよそ八〇年の撰述で、その哀傷部の後半一三三七歌、女院御八講の捧物について斎院のよまれた

業つくす御手洗川の亀なれば　法《のり》の浮木《うきぎ》はあはぬなりけり

以下、道綱の母、実方、和泉式部、仙慶、空也、光明皇后、行基、婆羅門僧正など十数首の歌は、哀傷というよりはむしろ純然たる釈教歌に属するものであり、讃嘆教化の意を含んでいて、同じ目を立てる古今集の「哀傷」、あるいは万葉集の「挽歌」とはいちじるしく趣きを異にした作品を採用している。このことはほぼ同時に成った選子内親王の『発心和歌集』が、全篇法華経を中心とした釈教歌をもって貫いていることと相照応するものと言えるであろう。発心和歌集の成ったのは内親王四九歳、一〇一三年のことといわれ、古今集の撰述後約一〇〇年である。この一〇〇年間には藤原公任、赤染衛門、伊勢大輔などの歌集にも、法華経その他の経典の要文を諷詠した作品や、八講を始めとして懺法、菩提講、涅槃講、薬師講などに説経聴聞に集り、そのさまを詠じた作品が散見することによって、釈教歌の基礎がほぼこの時代に成立し、且つ世の流行となって来たことを知り得るのである。

従って釈教歌の成立には古今集以後、拾遺集、発心集に至る期間が特に重要な過程となるのである。この一世紀の間には、文学の上では竹取物語（—八六〇推定）のあとをうけて、伊勢、宇津保、落窪、源氏などの物語文学の全盛期を迎えており、他方、仏教の方面では円仁（—八六四）の寂後、良源が比叡山の教学上、世俗上の地位を興隆し、空也出て山中の仏教を民間市井の徒に宣布し、源信、源為憲、慶滋保胤、千観などの人々が相ついで専門的な教義のほかに、俗人の間に仏教による教化を企図して活躍した。仏寺もまたこの頃から従来の閉鎖的な性格を一変して門戸開放に向い、法会が公開され、仏前唱歌、教化、讃嘆、声明、和讃が法会に附随して行なわれ、その影響をうけたかと言われる今様が流行し、朗詠や音楽が盛んとなった。保胤の発案になるという勧学会は、学僧と文学者の交流をはかったものであり、こうした所から句題和歌の流れを汲む、いわゆる釈教歌、釈和歌が興隆して来

たのであろう。このように見て来ると、釈教歌成立への過程は、単に文学史の問題としてよりも、むしろ仏教史の問題として大きな意義を持って来はしないであろうかと考えるのである。

（『印度学仏教学研究』、第三巻第二号所収、昭和三〇年）

五　平家物語にあらわれた宗教史的要素

一　はしがき

私は国文学の専攻者ではなく、またこの物語について特別の関心なり見解なりを持っているわけではない。したがってこの作品が一人の作者の筆になるものか、多くの人々の潤色補筆になるのか、或いは幾通りかに地方地方に割拠して語られていた「語り物」が、次第に集成せられて成立したものかという問題にしても、なんらの確信ある見解を持ってはいない。また三〇種一七類にも分けられるという異本についても、かくべつ弁別考証の興味も能力もなく、定本成立の年代についても、深く考えたことはなかった。こうのべ立てれば、いかにも無知無学で、平家を語る資格はなく、いたずらに国文学者の憫笑を買うに過ぎないのかも知れぬが、平素いささか日本宗教史、とくに民間宗教史に関心を有するものとして、この物語がどのような宗教史的背景と、いかなる信仰要素を内蔵しているかを、与えられた機会に、自分なりにふり返ってみることにして、その責をふさぎたいと思う。それでここでは便宜上、この物語を西暦第一三世紀において、ほぼ今日の流布本の原型が成立したものと見、その構成は大正一五年一〇月刊行の古典全集本収載「下村時房本」上下二冊によって、考察を進めることとしたい。

二　平家物語における宗教史的要素の頻出度について

平家物語のもつ宗教史的背景、信仰的要素についての考察は、この物語の成立研究にもかかわり合うものであろうし、他方これを吟誦して民間に流布せしめてきた琵琶法師、盲目座頭の宗教史上の統属、系譜の関係をあきらかにし、またこれを賞玩し、受容した中世以後の一般民衆の信仰をさぐる上にも、一つの手がかりを与えるものであろう。

従来もこのような宗教文学としての平家物語の研究は、私の寡聞をもってしても、多くの人々によってなされて来ている。また「物語」と「語り物」との関係を、特に伝説、説話の側面から追求して、平家成立の基盤を明らかにしようとした民俗学者のすぐれた考察も少なくない。殊に、「祇園精舎」にはじまって全篇を深く貫いている仏教的無常観はいわずもがな、「妓王」〔巻一〕、「医師問答」〔巻三〕、「燈籠」〔巻三〕、「忠度最後」〔巻九〕、「敦盛」〔巻九〕、「小宰相」〔巻九〕、「戒文」〔巻一〇〕、「千手」〔巻一〇〕、「維盛入水」〔巻一〇〕、「先帝身投」〔巻一一〕、「大臣被斬」〔巻一一〕、「重衡被斬」〔巻一一〕をはじめとして、「女院出家」より「往生」にいたる「灌頂巻」の全編などに、くり返し濃くしみ透っている浄土教信仰や往生思想などは、すでに一般に定説となっていて、平家を論じてこれに及ばざるものは少ない。もちろん、この物語の宗教性を云々する立場からして、これを度外視することは出来ないが、私は与えられた僅かのスペースで、多くの先人によって論じ尽くされたかの感のあるこの問題を再びとりあげて論ずることを避け、それ以外の角度に焦点をあてて、一、二の現象に注意して行きたい。

本書を通して第一に感じられることは、この時代における生活の全般にわたる呪術及び宗教の占めるプレドミナントな地位である。それは一方では現実に社寺の持つ政治経済力の優位性を示すとともに、他方神仏の啓示やイリュージョンや幻聴に対して、極めて敬虔で鋭敏な人々の心理や態度も見のがすことはできず、またこれらを助長し、これらを利用して呪術宗教の権威をほしいままにしてきた多数の呪術者や巫女の活動もめざましい。そしてこの現象に呼応して、多くの社寺や神仏が、あるいは事件の主要な役割をにない、あるいはエピソードに、あるいは信仰対象に取り扱われている。今、これらを極めて機械的に一瞥してみると、

(1)　熊野三所権現……「鱸」〔上ノ一〇頁〕。「康頼祝」〔上ノ九八—九九頁〕。「卒塔婆流」〔上ノ一〇〇—一〇一頁〕。「医師問答」〔上ノ一三五頁〕。「文覚強行」〔上ノ三二五—三二六頁〕。「高野巻」〔下ノ二七三頁〕。「熊野参詣」〔下ノ一七六—七頁〕。「維盛入水」〔下ノ一七九—一八一頁〕。「六代被斬」〔下ノ一七一—一七三頁〕、において主要なる信仰対象として描かれており、さらに現実の熊野別当及び衆徒の活躍は、「源氏揃」〔上ノ一六八—一六九頁〕、「飛脚到来」〔上ノ二六七頁〕、「横田河原合戦」〔上ノ二八四頁〕、「鶏合」〔下ノ二二四頁〕などに記事がある。

(2)　八幡大菩薩……「鹿谷」〔上ノ三五頁〕、「御産巻」〔上ノ一一五頁〕、「法皇被流」〔上ノ一五二頁〕、「物怪」〔上ノ二二六頁〕、「廻文」〔上ノ二六四頁〕、「洲股合戦」〔上ノ二七八頁〕、「一門部落」〔下ノ四三頁〕、「遠矢」〔下ノ二一九頁〕は主として石清水八幡または一般に八幡神信仰に関する記事であり、石清水神宮についてのものに、「横田河原合戦」〔上ノ二八四頁〕がある。他に砥浪山猿の馬場八幡社〔木曽願書、下ノ一三頁〕、宇佐八幡宮〔緒環、下ノ五九頁〕、筥崎・香椎両八幡宮〔太宰府落、下ノ六三頁〕、鶴岡八幡宮〔征夷大将軍院宣、下ノ六五—六六頁〕がある。しかし頻出度の割に、記事全体の上に占める重要度は低いものが多い。

(3)　天照大神（伊勢神宮）……「我身栄花」〔上ノ一三頁〕、「御産巻」〔上ノ一一五頁〕、「法皇被流」〔上ノ一五二頁〕、「玄昉」〔下ノ二二頁〕、「先帝身投」〔下ノ二三一頁〕。伊勢神宮の態度について「横田河原合戦」〔上ノ二八四頁〕。

(4)　厳島明神……「徳大寺厳島詣」〔上ノ九二頁〕、「卒塔婆流」〔上ノ一〇〇—一〇一頁〕。

(5)　山王権現（十禅師、客人、八王子を含む）……「願立」〔上ノ四三頁〕、「御輿振」〔上ノ四五頁〕、「内裏炎上」〔上ノ五〇頁〕、「一行」〔上ノ五六—五七頁〕、「西光被斬」〔上ノ五九—六〇頁〕、「法皇被流」〔上ノ一五二頁〕、「横田河原合戦」〔上ノ二八二頁〕、「平家山門連署」〔下ノ二七—二八頁〕。

(6) 春日明神……「無文」〔上ノ二三八―二三九頁〕、「物怪」〔上ノ二二六頁〕、「主上都落」〔下ノ三二―三三頁〕。
(7) 白山権現……「鵜川合戦」・「願立」〔上ノ三九―四五頁〕、「文覚強行」〔上ノ三二六頁〕。
(8) 住吉明神……㈠九州のもの〔太宰府落、下ノ六三頁〕、㈡摂津のもの〔鶏合、下ノ二二三―二二四頁〕。
(9) このほかにただ一回だけあらわれてくるものに、賀茂上社〔鹿谷、上ノ三五―三六頁〕、平野、大原野社〔御産巻、上ノ一一五頁〕、熱田明神〔大臣流罪、上ノ一四七頁〕、竹生島明神〔竹生島詣、下ノ七頁〕、高知尾明神〔緒環、下ノ六一頁〕、宗像明神〔太宰府落、下ノ六三頁〕、日光権現、宇都宮、那須温泉明神〔扇的、下ノ二〇八頁〕、諏訪明神〔鶏合、下ノ二二四頁〕、等があり、また吒幾爾天《だきに》〔鹿谷、上ノ三六頁〕、泰山府君〔知章最後、下ノ一三五頁〕、など特殊な信仰もしるされている。

つぎに寺院関係では、何といっても主要な舞台が近畿地方を中心としており、有力な政治勢力をも掌握していた関係から、南都北嶺の諸寺院が頻繁に登場している。

(1) 延暦寺及び山門衆徒……「額打論」〔上ノ一七頁〕、「清水炎上」〔上ノ一八頁以下〕、「御輿振」〔上ノ四五頁〕、「内裏炎上」〔上ノ四八頁〕、「座主流付一行」〔上ノ五六―五七頁〕、「山門滅亡」〔上ノ九六頁〕、「競」〔上ノ一七四頁以下〕、「横田河原合戦」〔上ノ二八四頁〕、「三井寺炎上」〔上ノ二〇三頁〕、「木曽山門牒状」〔下ノ二四―二五頁〕、「山門返牒」〔下ノ二五―二六頁〕、「平家山門連署」〔下ノ二七―二八頁〕、「山門御幸」〔下ノ五一頁〕、「鼓判官」〔下ノ七八頁〕
(2) 園城寺……「山門滅亡」〔上ノ九六頁〕、「競」〔上ノ一七四頁〕、「三井寺炎上」〔上ノ二〇三頁〕、「鼓判官」〔下ノ七八頁〕。
(3) 東大寺、興福寺及び南都僧綱……「額打論」〔上ノ一七頁〕、「御産巻」〔上ノ一一五頁〕、「奈良炎上」〔上ノ二四三頁以下〕、「新院崩御」〔上ノ二五一頁〕、「洲股合戦、付嗚涸声」〔上ノ二八〇頁〕、「横田河原合戦」〔上ノ二八四頁〕。
(4) 高野山……「少将乞請」〔上ノ七四頁〕、「僧都死去」〔上ノ一三三―一三四頁〕、「城南離宮」〔上ノ一五四頁〕、「大塔建立」〔上ノ二二〇—二二一頁〕、「文覚強行」〔上ノ二二六頁〕、「横笛」〔下ノ一六九—一七〇頁〕、「高野巻」〔下ノ一七一—一七三頁〕、「六代」〔下ノ二六八—二六九頁〕、「六代被斬」〔下ノ二七三頁〕。

(5) 大原……「城南離宮」〔上ノ一五四頁〕、「大臣殿被斬」〔下ノ二三九—二四一頁〕、「大原入」・「大原御幸」・「六道」・「往生」〔下ノ二七九—二九二頁〕。

(6) 善光寺……「善光寺炎上」〔上ノ九七—九八頁〕、「千手」〔下ノ一六八頁〕。

(7) 粉川寺……「少将乞請」〔上ノ七四頁〕、「文覚強行」〔上ノ二二六頁〕。

(8) 長谷寺……「六代」〔下ノ二六四頁、二六七頁〕、「泊瀬六代」〔下ノ二七二頁〕。

(9) 神護寺……「文覚勧進帳」〔上ノ二二一頁〕、「泊瀬六代」〔下ノ二七二頁〕。

(10) 金峰山……「文覚強行」〔上ノ二二六頁〕、「横田河原合戦」〔上ノ二八四頁〕。

(11) 法花寺……「僧都死去」〔上の一三三—一三四頁〕、「横笛」〔下ノ一六九—一七〇頁〕。

(12) 清水寺……「清水炎上」〔上ノ一八頁〕、「文覚勧進帳」〔上ノ二二一頁〕。

(13) そのほかに、得長寿院〔殿上闇討、上ノ六頁〕、鵜川山寺〔鵜川合戦、上ノ四〇頁〕、東山四十八間の精舎〔燈籠、上ノ一四〇頁〕、支那育王山〔金渡、上ノ一四〇—一四一頁〕、平等院〔競、上ノ一七四頁以下〕、大峯、立山、富士、伊豆、箱根、戸隠、羽黒〔以上、文覚強行、上ノ二二六頁〕、摂津清澄山〔慈心房、上ノ二七三—二七四頁〕、平泉寺〔火燧合戦、下ノ九—一〇頁〕、黒谷〔戒文、下ノ一五九—一六〇頁〕、長楽寺〔女院出家、下ノ二七七頁〕などが取り扱われている。

三　高野と熊野の信仰

以上は触目に従って便宜上、神社及び寺院を中心として機械的に抽出した一覧表である。もとより脱漏なきを保し難いのであるが、一応は平家物語を構成している宗教史的要素の頻度数を示し、従ってその信仰、及び世俗的勢力や権威の所在を測定する一つの規準とすることは出来ようと思う。

ただここで注意すべきは、この素材はすべて等価値において取り扱われているものではなく、そこには明瞭に歴史的事実をふまえた叙述と、作者もしくは語り手が自らの信仰、あるいは当時の民衆の一般的信仰を背景に、フィクションとして挿入潤色した記事があり、物語の中心として扱われたものと、いわば口拍子に名を連ねたものなどもあり、物語における重要度や、信仰の濃淡度などもそれぞれ異なるのであって、これらの諸条件を十分考慮しなければならぬことはいうまでもない。

例えば、巻一を例にとって見ると、平忠盛の得長寿院造進のことや〔殿上闇討上ノ六頁〕、二条院の大葬の夜、延暦・興福二寺の間に「額打論」が起こり、その余波は山門大衆による「清水寺炎上」の事件に発展したこと〔上ノ一七―二〇頁〕、白山末鵜川山寺に対する加賀国司師高と目代師経の争いに端を発した白山大衆の比叡山への神輿移動〔鵜川合戦、上ノ三九―四〇頁〕、それにつづく山門大衆の十禅師・客人・八王子三社の神輿を奉じての入洛狼藉〔御輿振、上ノ四五―四七頁〕、それと前後して起こった京都大火〔内裏炎上、上ノ五〇頁〕の如きは、史実を背景としたものと見得るし、またそれが平氏と院の権威、政略に利用せられた点で重要なものといえる。

これに対して、同じ巻の「鱸」に見える熊野権現の利生談〔上ノ一〇頁〕、桜町中納言のことについての大神宮〔我身栄花、上ノ一三頁〕、妓王・妓女・仏のエピソード〔妓王、上ノ二一―三一頁〕、大納言成親の八幡社起請、賀茂上社参籠、吒幾爾《だきに》天修法〔鹿谷、上ノ三四―三六頁〕、後二条関白に対する山王権現の祟咎や、その母の起請参籠、山王託宣などの伝説〔願立、上ノ四二―四五頁〕は、史実そのものよりも、エピソードであり、伝説的なフィクションの要素がかなり強いように考えられる。

宗教史の観点からすると、史実そのものも重要であるが、史実ならざるフィクションも大きな価値を持っている。とくに民間信仰史の素材としては、この後者の部分にこそ、いろいろの問題が秘められているのである。すなわち、それらは作者なり語り手なりの信仰、あるいは価値判断によって挿入せられたものであり、しかもそれらが聴き手を納得させ、その信仰に共鳴し、影響する計画と約束を含んでいなければならぬ、と見られるからである。どのように立派な構想も、新機軸も、それが語り物として一般民衆の需要に応じて存立し得るためには、彼等に理解されるものでなければならず、同情をもって感銘させる共通基盤を持っていなければならない。従ってフィクションの部分にこそ、当時の一般的な信仰態度や、共通した信仰上の慣習や、評価、社寺の持つ社会性といったものが反映していると見られるのである。国史史料としての価値の乏しいものが、かえって宗教史の資料として重要なものが少なくないことになるのである。

この観点に立って平家物語の宗教史的要素をつぶさに検討してみると、第一に気づくことは、この物語の語り手は、総体に日吉山王、十禅師の神威霊祟を説き、それに深く尊敬畏服している反面に、この神威のもとに政治に介入し、武士団とも拮抗した山門寺門の衆徒たちについては、どちらかというと批判的であり、また天台の教学そのものについても、あまり深い理解と信仰を持っていないように思われるのである。また春日明神が藤原氏に対して、しきりに霊応擁護ありしことを説くのに対して、興福、東大の両寺については、「奈良炎上」〔上ノ二四三―二四七頁〕の大事件に、感傷にあふれた文を綴ってはいるが、現実の奈良衆徒に対してはほとんど同情はなく、「中宮、一院、上皇も悪僧をこそほろぼさすとも、伽藍を破滅すべしやとぞ御歎ありける」〔上ノ二四七頁〕とさえしるしている。従って南都北嶺の諸寺院については、登場頻度数は多いけれども、多くは歴史上の大事件であるによって、源平隆替の経過の叙述のなかに必然的にとり上げられたものであり、フィクションとしての要素を見出すことが少ないのは注意されてよい。

これに反して本書における高野山、大原、善光寺、粉川、法花寺などの地位は重要である。特に高野については、ごくかりそめに述べられたものでも、

○是程にうしろめたくおもはれまゐらせては、世に有ても何にかはし候べきなれば、身のいとま給て、出家入道仕り、高野、粉川にもこもりゐて、一すぢに後世菩提のつとめをいとなみ侍らん。〔少将乞請、上ノ七四頁〕

○有王は俊寛僧都の遺骨を頸にかけ、高野へのぼり、奥の院に納りつ、蓮華谷にて法師になり、諸国七道修行して主の後世をぞとぶらひける。〔僧都死去、上ノ一三三—一三四頁〕

○いまださかんなりし人々の、家を出、世を遁れ、民部卿入道親範は大原の霜にともなひ、宰相入道成頼は高野の霧にまじはつて、一向後世菩提の外は他事なし。〔城南離宮、上ノ一五四頁〕

の如きをはじめ、滝口入道の高野隠遁、維盛主従の「高野巻」、六代の登山に及んで、高野はつねに後世菩提を願い、死者追禱を志す人々の集い、かくれる、浄土信仰の中心霊場として表出されている。

この点では大原が高野につぐ信仰の中心地であり、善光寺が同じ信仰のもとにこの時代にクローズ・アップされていたことは、物語の本筋とあまり関係がないのに、わざわざ「善光寺炎上」の一章を設けているところからもうかがわれる。これは他方で、長谷観音、日吉山王、八幡大菩薩、春日明神、厳島明神などが、主として現世利益、現世擁護のすぐれた霊験をしるすものと、まさに対蹠的な特色と見るべきであり、しかも歴史的事実というよりはフィクション的要素の強い部分に説かれているところに、中世以来の高野山の浄土教が、この物語の成立に大きく関与している事実を明示するものかと思う。

同じような意味で、さらに熊野の占める地位も特殊なもので、注目すべきものである。平家が熊野権現の利生によって栄え、而して熊野別当の変心によって檀の浦の敗戦を決定的なものとした。現世における平氏の運命はまさに熊野の向背に左右されたとも言える。歴史的にも叡山の武力とともに、その誇るべき水軍によって、源平の覇権の帰趨に一つのキャスティング・ヴォートを握っていた熊野は、三種の神器を奉じ、伊勢神宮の擁護をたのんだ安徳天皇の平氏を打倒したことによって、いわば信仰的にも優越者の地位を獲得したことを示しているが、前表に見られるように、「鱸」の瑞祥にはじまり、鬼界島の康頼、成経の信仰、平重盛の起請、文覚の荒行、平維盛の参籠、入水、六代の参籠とつづいて、現世のみならず、当来の二世にわたる信仰の中心として、この物語に大きな地歩を有している。そしてその当来世の信仰が、また高野とならんで阿弥陀浄土の引接来迎の信仰を強く打ち出していることは注意すべきである。

本宮證誠殿の御前にて静に法施まゐらせて、御山の様を拝み給ふに、心もことばも及ばれず、大悲擁護の霞は熊野山《ゆや》にたなびき、霊験無双の神明は音無川に跡を垂る、一乗修行の岸には感応の月隈もなく、六根懺悔の庭に妄想の露も結ばず、いづれもいづれも憑もしからずといふ事なし、夜更人しづまりて後、啓白せられけるは、父の大臣の此御前にて、命を召て後世を助けさせ給へと祈り申させ給ひし御事などまでも思召出て哀なり、中にも当山権現は本地阿弥陀如来にておはします、摂取不捨の本願あやまたず、浄土へ導給へと申されける。
〔熊野参詣、下ノ一七六―一七七頁〕

といい、

其上当山権現は本地阿弥陀如来にて在まさば《せ》、始め無三悪趣の願より、終り得三宝忍の願に至るまで、一一の

誓願衆生化度の願ならずと云事なし。〔維盛入水、下ノ一七九—一八一頁〕

と、くりかえし説いているところからも、この信仰の中心的意図をうかがうことが出来よう。

すでに指摘したように、平家が山王、春日の神威霊験を説いて、しかも天台、法相、華厳の教理を説くことの少ないのに対して、かの妓王、仏の問答〔妓王、上ノ二八—三二頁〕、重衡に対する黒谷法然房の説法〔戒文、下ノ一五八—一六一頁〕、「灌頂巻」〔下ノ二七七—二九二頁〕全編をつらぬく浄土教についての教理的理解の深さと熱情とはこれを同日に談じ得ぬほどの差を持っている。この事実は、この物語の語り手が、主として隠遁的な、すなわち遁世遊行の俗聖の系統に属し、それは高野の蓮華谷と熊野の證誠殿の信仰を枢軸とし、熊野修験の語り部を中心に、大原、法花寺、粉川寺、善光寺などの地方的信仰中心を経緯として、修験と念仏の合体形式をもってこれを伝播しようとする人々の支持のもとに成立してきたことを物語っている如くである。

四　法勝寺と黒髪山

熊野の信仰が陸路を山伏行者、御師先達の手によって流伝した地方に、その特有の航海技術をもって、海路を遠く東西の各地に漂泊土着せしめたらしいことは、かつて九学会連合の年次大会において、千葉県安房郡、高知県下、鹿児島県下の熊野神社の分布を基盤として報告したことがある〔九学会連合編『人類科学の諸問題』、「交通」、昭和二八年三月刊。拙著『我が国民間信仰史の研究』Ⅱ、「宗教史編」一二三四—一五二頁及び附図参看、昭和二八年一一月刊、東京創元社〕。而して熊野信仰の地方的小中心地に、平家物語や義経記のある部分の原型とも覚しきものが、地方の語り部の手によって運搬され、栄え、且つ伝説として土着している事実は、柳田国男氏の『物語と語り物』〔角川書店刊〕、

『雪国の春』〔創元選書〕、その他に暗示ぶかく示されている。

柳田氏は前著〔一一七—一四四頁〕に「有王と俊寛僧都」の一文を載せ、諸国に数多い俊寛終焉伝説地を問題にして、平家物語の成立を説こうとしている。すなわち平家の俊寛僧都の終焉のさまを刻明に物語り得るのは、成経、康頼去ったのち、鬼界ケ島に渡った有王以外にはなく、しかも有王は平家流布本では僧都の遺骨を高野山奥の院に納め、ついで蓮華谷に入って法師となり、諸国七道を修行して主の後世を弔ったとする伝説をふまえて、熊野信仰を後楯とする時衆念仏団と蓮華谷の聖たちの活躍を想定し、また有王とは東北のアリマサ、陰陽道名家の人々の名乗にアリの多いことなどから推して、「有王」は一種の語り部であり、伝説の運搬者でもあったろうと推定されている。この俊寛、有王伝説の一つの根拠地と見られるものが肥前嘉瀬庄であり、そこの法勝寺の俊寛僧都の墓と、同寺所蔵文書、また俊寛をこの地に迎えて懇ろに介抱したという荒木乗観なるものが、領主教盛からの免許を得て子孫に伝えてこの地の船人問屋の権利を保有していたことを『遊嚢賸記』〔巻一四〕によってしるし、「とにかくに此家には鎌倉北条家以来の数々の文書を伝え、子孫も連綿して居たといふことだから、是を見たならば由緒も確かめられることであった。どこかに其写しなどの保存せられたものは無いことか。又その荒木氏は現在どうなって居るか。今後の佐賀の学者に気をつけて居て貰ひたいものである」〔一二八頁〕とむすんでいる。さらに、

肥前は平家文学を研究するといふ人々の、もう少し注意を払はねばならぬ土地のやうである。九州は概して盲僧のよく活躍して居た地域であるが、そういふ中でも肥前は一つの中心があつた。黒髪山の熊野権現を背景とした所謂梅野座頭は、古い特権を言ひ立て、刀を帯び、平家を語る代りに鎮西八郎為朝の勇武をたたへて居た。壇ノ浦の哀史が水陸の形勝を制して、今のやうな大きな結集を遂げる以前にも、なほ盲法師が琵琶を弾じて、人の世のあはれを説く風は盛んだつたのである。それが稀々にしか孤塁を守り得ずに次々に今ある源平文学の中に吸収されて行つたことだけは、多くの異本を比べて見るまでもなく、単にその題材の多元性を知つただけ

でも、之を認めない者は無い筈である。……高野山の蓮華谷が、一つの供給源であつたことは、題材の方面から大よそ想像し得られるやうに私は思つて居るが、ここではまだ目の見える旅法師と、座頭との聯絡を模索することが出来ない。之に反して肥前は盲僧の古い根拠地で、又同業者の多かつた赤間関とも近い。……嘉瀬の法勝寺の伝説が……笑ふべき誤謬を演じて居ようとも、ともかくもこゝが一つの有王物語の産地であつて、しかも其起原は今ある平家の始めて本になつた時よりも、古いといふことだけは言へるのである。わざ〳〵俊寛が肥前嘉瀬庄に落ち延び隠れて居る必要が無かつたと同じに、昔とても門脇宰相の所領を、特に此辺に持つて来る便宜などは有り得なかつた。つまりはたゞそこにさういふ遠つ島の事を語る者が、古くから住んで居たのであり、更に推察を進めるならば、後の法勝寺と名のつたこの天台宗の寺は盲僧の道場であり、荒木はその世襲の氏の名であらうと思ふ。願はくは私の此仮定の当否を究めることを、今後の調査の目標として貰ひたいものである。〔一二九―一三一頁〕

と論じておられる。

この佐賀県下の俊寛、有王伝説と、この伝説の背後に存する梅野座頭と黒髪山信仰について、筆者は昭和二九年の正月、九州大学出講後の寸暇を利用して調査したことがある。しかしその結果はすでに時機を失したという外はない。法勝寺は辛うじて存在していたが、黒髪山東方三里のところ、東梅野村に住んでいた、いわゆる梅野座頭はむなしく数個の石碑を残すのみで明治中葉ことごとく退転してしまっていた。しかし黒髪山はいぜんかなりの信仰圏を保持しており、法勝寺古文書も一見したので、ここにその調査の概要と所見をしるしておく。

嘉瀬村法勝寺は、俊寛僧都の開基と伝え、境内にはその墓と伝える宝篋印塔があり、附近には有王塚が存し、また俊寛護持と称する熊野権現の神像と大黒天像を本尊としている。佐賀市附近に流布する俊寛伝説は、彼の流された鬼界ケ島は実は硫黄島で、それは薩南群島のそれではなくて、長崎湾外に横わる伊王島であったとする。そして有王は俊寛を奉じてひそかにこの島を脱出し、平家物語にもわざわざしるされている平中納言教盛の荘園の地嘉瀬津に来り、京都の法勝寺に摸して一宇の堂宇を建立し、これを法勝寺と名づけ、治承四年三月二三日この地に歿したことになっている。現在この寺はすでに早く天台宗を離れて臨済宗南禅寺派の托鉢寺院となり、それも久しく無住のままに、今は附近の自得庵の兼務寺院となり、しかも日蓮宗の隠居がひとり留守番をしているという零落ぶりで、前述の宝篋印塔の横に「俊寛僧都塔」としるした笠付石塔婆が境内に、堂内に数通の古文書を蔵しているのみで、すでに一切の伝承は失なわれてしまった。

しかし所蔵文書中には、文治二（一一八六）年六月二日付、右大将頼朝の下文（法勝寺所領安堵状）、正応元（一二八八）年八月一〇日付、北条貞時、同宣時連判の下知状（藤原季高領地譲状に関するもの）とともに、平中納言が鬼界ケ島流人に対する嘉瀬津の荒木乗観の奔走に報いて安元二（一一七六）年八月に書き与えたという、

就今度上下之」辛労従相坂西」三十三ケ国之船」可為嘉世津問」状如件

安元弐年八月廿二日

平中納言　教盛（花押）

荒木乗観入道

なる有名な文書と、この文書が荒木家の衰運によって放失あらんことを憂慮して、これを召し上げて法勝寺に保管秘蔵すべきことを命じた藩主鍋島勝茂の、慶安三（一六五〇）年五月二三日付の仰渡書が保存されている。これによれば荒木氏は一七世紀にはいちじるしく衰亡していたことが察知され、やがて退転、廃絶に帰したのではなかろうか。

嘉瀬津のことは、平家物語にも、「丹羽の少将のしうと平宰相教盛の領肥前国鹿瀬の庄より衣食を常に送られた

り」〔康頼祝、上ノ九八頁〕、といい、「去程に二人の人々（少将と康頼）は、鬼界島を出て、肥前国鹿瀬庄にぞ着給、宰相京より人を下して、年のうちは波風もはげしう、道の間もおぼつかなう候へば、春に成てのぼられ候へとありしかば、少将鹿瀬庄にて年をくらす」〔御産巻、上ノ一一五頁〕、とのべ、また、「同正月下旬、丹波少将成経、平判官康頼入道二人の人々は、肥前国嘉瀬庄を立て都へとはいそがれけれども」〔少将都還、上ノ一二四頁〕などとあって、鬼界ケ島と本土の中継地として嘉瀬庄は大きく取り扱われ、またこれに因縁を求めて、この地が西国の交通交易の上に、一つの特権を有して繁栄した時代のあったことがうかがわれる。慶安の文書以外は、もとより真偽あきらかではないが、偽文書としても、自分の見るところではその成立はかなり古く近世初頭・中世末に溯り得るもののように思われる。そしてこれが古い成立の偽文書であったとすれば、それは少なくとも平家物語のこの部分をふまえた伝承を背景として成立したものであり、そこにかかる伝承を最も身近く語り伝えていた梅野座頭の存在を傍証しているもののように思う。宝篋印塔と俊寛僧都塔の存在もまたこれと密接に関連するものであろう。ただこの地が流布本平家物語とからみ合いながらも、平家では俊寛はひとり熊野の霊験を信ぜず、赦免の選に洩れて島中に憤死し、嘉瀬津の伝承は熊野を頼んで有王にめぐり合い、ともにこの地に生還、仮寓、そして死去したことを伝えている。この両者の伝説がどのような関係に立つものかは、なお筆者には適確にし得ないのを遺憾とする。

梅野座頭と最も直接の関係に立つ黒髪山は、明治以後黒髪神社と称するに至ったが、延宝三（一六七五）年八月建立の華表銘には、権僧正覚遍の文として、「黒髪山下宮者是熊野神也」と明記せられており、法勝寺とともに熊野信仰の一根拠地であったことがあきらかである。神社に伝える文書のなかに、いにしえ梅野座頭がこの山に棲む大蛇を退治せる功によって、帯刀を許されたという伝説をしるすものがある。しかし肝心の別当大智院はすでに退転して、語り部の伝承は尋ねるよしもなく、梅野村にはその末寺の一つ福生院が残っており、僅かにその檀家の一人が、宝性院という盲目山伏が代々盲目の弟子によって相続され、明治中期頃まではまだ琵琶をひいて祈禱など行なっていたことを、かすかに記憶していた。この宝性院は隣村武内村東古賀の地にあり、その址はすでに農家となっていた。ただ背後の丘上に、文化、天保以後の代々の宝性院の墓石があり、最後のものと覚しき墓碑には「明治二十六年二月二日権律師宝性院妙心、水上海正行年五十四歳」と刻まれている。附近の老人のいうところでは、宝性院はこの人を最後に退転してしまい、遺族は小城の方へ移ったという。また別に赤穂山にも円生院という座頭山伏寺があったといわれ、このとき八四歳になる老人が、かろうじてその最後の人の姿を知っていたが、すでに語り物は失なっていたらしい。

他方、黒髪神社所蔵、旧大智院所蔵の、「大智院末寺調」によると、その分析は次のようになっている。

1　佐賀市大財町（佐嘉郡大財村）　清　心　院
2　唐津市東寺町（城下）　聖　持　院
3　唐津市西寺町（同右）　大　聖　院
4　小城郡多久村（多久）　聖　光　寺（大聖寺末寺六ケ寺の内）
5　西松浦郡山代村西今（大成木村）　天　福　寺
6　同　郡東山代村脇野（脇野村）　宝　積　院
7　同　郡大山村（大木村）　竜　泉　寺
8　同　郡大川内村（同大川内村）　報　身　寺
9　杵島郡大町町（福母村）　神　宮　寺
10　同　郡北方村（杉岡村）　大　聖　寺
11　同　郡北方村（北方町）　聖　恩　寺（大聖寺末）
12　同　郡北方村（宮裾村）　天　徳　寺（大聖寺末）
13　同　郡北方村（志久村）　高　野　寺
14　同　郡橋下村（大渡村）　勇　猛　寺

15 同　郡橘村（上野村）　観応院
16 同　郡朝日村（上滝村）　光明寺
17 同　郡武内村（梅野村）　福生寺
18 同　郡住吉村（宮野村）　定林院
19 同　郡住吉村（立野川内村）　悉地院
20 同　郡住吉村（下黒髪村）　無動院
21 同　郡中通村（武雄内、三間坂村）　東光寺
22 藤津郡吉田村（嬉野下村）　大定寺
23 東彼杵郡下波佐見村　東前寺

があり、寛政元（一七八九）年の藩庁への差出文書には、

一、御領中末寺二十一ケ寺
館山寺（宮野村）、岩泉寺（湯ノ町）、妙福寺（川上村）、長福寺（彼杵郡伊王嶋）
二、唐津領末寺六ケ寺
総持院（唐津城下）、観音寺（同）、無怨寺（唐津大村）、大智院（同）、西出坊（同）、文珠院（彼杵郡長崎）。
三、大智院末寺六ケ寺
長照寺（杉岡村）、威光院（神辺村）、天徳寺、智恩寺、智光寺
四、清心院末寺一ケ寺
常喜院（高木町）

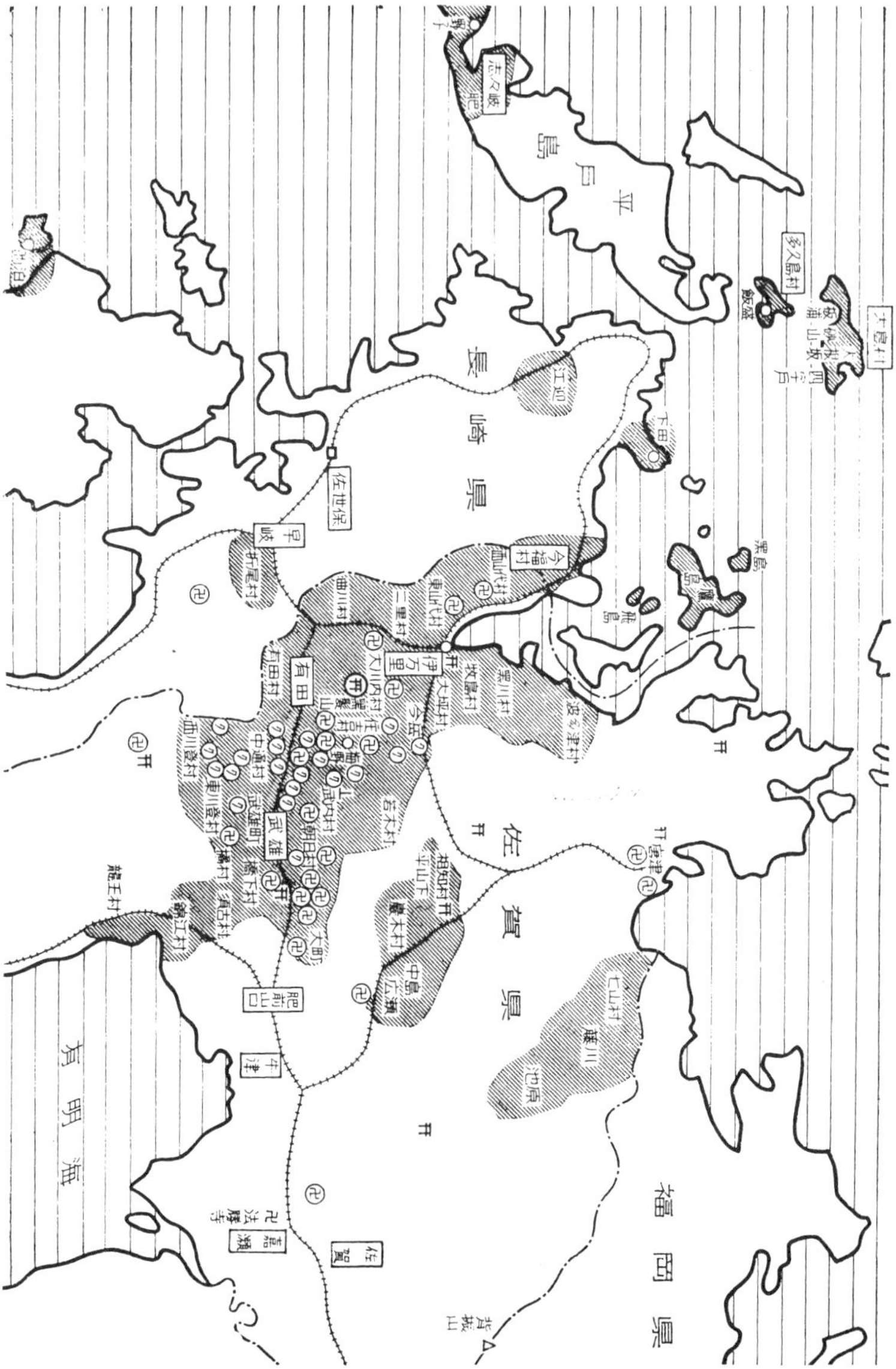
平戸島
長崎県
佐賀県
福岡県
有明海
佐世保
伊万里
有田
武雄
佐賀
肥前山口
牛津
早岐
今福村
多久島村

とある。

また黒髪神社の末社掛宮と称するものは、武雄の三間坂、船原、永尾、立野川内、犬走、踊瀬、矢筈、下黒髪、多々良、今山、梅野、柚木原、真手野、高瀬、内田、川上、本郡、川古、上滝、下西山、下黒髪、宮野、上野、杵島郡福母村、松浦郡山代里、日尾、川内、武川内、大成木、脇野、大里、山谷、大木、曲川、新大川内の諸村に亘って四二社を算えることが出来る。さらにこの神社の信仰はこんにち、なお杵島、南北松浦郡を中心に佐賀、長崎二県の諸郡諸島に及んで、点々として多くの黒髪講を存立せしめてきている。この講は、代参講でもあるが、他面、神職が毎年各地の講社の地を巡歴する風を伝えている。そして作占や年占を行なうのであるが、これはもちろん、明治以前の熊野権現時代の山伏修験の檀廻りの風を残していると見るべきであろう（附図参照）。

かかる広い地域にわたる信仰の分布は、大智院を中心とした別当修験と、梅野座頭法印の開拓したものであり、ここにも平家物語における熊野系伝承と信仰の、別系統の一中心が存したことがうかがわれる。ちなみに、佐賀県下における熊野神社の分布は、伊万里町香橘神社の加志田宮司をわずらわした結果、神社台帳所載の無格社以上の社に左の九社がある。

(1) 唐津市大字唐津
(2) 小城郡南山村八反原
(3) 東松浦郡相知町相知
(4) 同　郡打上村打上
(5) 西松浦郡大川村駒鳴
(6) 杵島郡橋下村芦原
(7) 藤津郡嬉野町岩屋川内　（以上、村社）
(8) 伊万里町脇田

(9)　西松浦郡松浦村中ノ原　　（以上、無格社）

もっとも熊野神社の地方分布は無格社以下の小祠が多く、また王子社として勧請されているものも少なくないから、詳密な調査をすればこの数はさらに増加するであろう。これらの熊野社と黒髪山神社及び大智院との関係はまだあきらかにすることが出来ずにいる。

ともかく、以上の考察によって、梅野座頭を輩下にもつ黒髪山熊野信仰の意外に広汎な分布を跡づけることが出来た。そして肥後の地神盲僧派の琵琶法師が、荒神祓などのあと、菊地軍記を語った如く、ここにもまたこの地方に即した一種の平家を語っていたらしいこともほぼ推測される。ただ筆者の駆け足調査と、座頭の退転によって、さらに確実な証拠を獲ることの出来なかったことは遺憾であり、今後この地方の篤学者の新発見に俟つほかはない。

五　夢想、託宣その他

なお民間信仰史の側面から平家物語を見てゆくと、そこには多くの中世説話文学にもとり上げられている託宣、夢想の物語をはじめ、いくつかの信仰習俗や俗信がのべられている。

夢想、託宣の物語では、特に和歌の形式をとるものが多い。例えば、「鹿谷」〔上ノ三五頁〕では賀茂上社、「卒都婆流」〔上ノ一〇一頁〕では熊野権現の梛の葉上の神詠、「平家山門連署」〔下ノ二八頁〕では日吉山王の連署願書の上巻にあらわれた神歌、「主上都落」〔下ノ三二頁〕の春日明神の示詠、「緒環」〔下ノ五九頁〕の宇佐八幡の託宣歌の如き、いずれも文学的にさしてすぐれたものではないが、当時の巫女や覡の教養にもとづく「わざうた」の一般的ケースとして、興味ある資料といえよう。

また、神仏は時に使者やシンボルを用いて人の前にあらわれ、信者のイリュージョンを通して幻影を示す例もある。使者やシンボルを用いてあらわれる例には、八幡神は、鳩〔「鹿谷」、上ノ三五頁、「木曽願書」、下ノ一三頁〕、白旗〔「遠矢」、下ノ二一九頁〕、笏〔「洲股合戦」、上ノ二七八頁〕に神意を託し、日吉山王権現は猿〔「内裏炎上」、上ノ五〇頁〕、熊野権現は梛の葉〔「卒塔婆流」、上ノ一〇〇頁〕、厳島明神は銀の蛭巻の小長刀〔「大塔建立」、上ノ一二一頁、「物怪」、上ノ二一七頁〕、日向高知尾神は大蛇〔「緒環」、下ノ六一頁〕、住吉明神は鏑矢〔「鶏合」、下ノ二一三頁〕、などがある。「文覚強行」を助けた童子たち〔上ノ三二四—三二七頁〕、八幡神の童子〔「洲股合戦」、上ノ二七八頁〕、春日の神の童子〔「主上都落」、下ノ三一頁〕などは神が童子をつかわして神意を伝えたり、行者を助けた例である。神の冥感には、宝殿大いに震動した物語〔「大臣流罪」、上ノ一四七頁〕や、「虚空に大なる声のしはがれたるをもつて」冥意を示した例が見える〔「喘涸声」、上ノ二八〇頁〕。高野大師は白髪にして眉に霜をたれ、額に浪をたたみ、かせ杖のふたまたなるにすがって示現し〔「大塔建立」、上ノ一二〇頁〕、束帯ただしき上﨟や、けだかげなる御宿老の姿として、神の影向を夢みた例も見える〔「物怪」、上ノ二一六頁〕。

神託が単に夢想や幻覚のみならず、現実のヨリマシの口をかりてあらわれ、これがさらに民間にくずれて病者祈禱の際、亡霊や生霊《いきりょう》が病人自身、または呪術者の専属の巫女、その場に居合わす侍女などに憑《の》りついて、その怨みや祟咎の原因をあかすケースは、平安時代の日記や文学に例外なく見られるものであるが、平家物語のなかに、日吉山王権現がはるばる陸奥国から出てきた童神子にのりうつって託宣し〔「願立」、上ノ四三頁〕、また無動寺の「乗円津師の童鶴丸、十八歳なるに乗りゐさせ給へり」〔「一行」、上ノ五六頁〕などとあり、中宮御悩の際には、「こはき物の気どもあまたとり入り、神子《よりまし》、明王の縛にかけて霊あらはれ」、中には讃岐院、宇治悪左府、新大納言成親、西光法師などの数々の死霊、鬼界ケ島の流人どもの生霊《いきりょう》などと名乗ったという例〔「許文」、上ノ一一〇頁〕や、後白河法皇の千手経の誦経に、「さしもをどりくるひける御神子《おんよりまし》どもが縛もしばらく打しづめけり」〔「御産巻」、上ノ一一七頁〕などとあるのも、当時の験者、神子の活躍を反映した普遍的な宗教事情とみることが出来よう。

そのほか注目すべき信仰習俗としては、一種の秘密の呪願には吒幾爾天《だきに》の法が行なわれ〔「鹿谷」、上ノ三六頁〕、名馬のため毎月朔日ごとに泰山府君の奠をし（「知章最後」、下ノ一三五頁）、あるいは皇子の誕生の際、枕上に九九文の銭を置き、「天を以ては父とし、地を以ては母とさだめ給ふべし、御命は方士東方朔が齢を保ち、御こころには天照大神入かわらせ給へ」とて、桑の弓、蓬の矢をもって天地四方を射る儀式や（「御産巻」、上ノ一一八頁）、御殿の棟から甑をまろばかす慣例（「公卿揃」、上ノ一一八頁）が見える。神子に神託の真偽を証明させるために、「誠に十禅師権現の御託宣にてましませば、我ら験をまゐらせん、一一に本の主に返したべとて、老僧四五百人、手手に持たる数珠どもを、十禅師権現の大床の上へぞなげ上たる」物語（「一行」、上ノ五六―五七頁）や、熊野別当湛増が、神意を得て進退を決せんとして、七日参籠し、神楽を奏し、白と赤の鶏を七羽ずつ勝負させて、その結果によって源氏に味方する決意を定めた例（「鶏合」、下ノ二一四頁）も見える。

これらは、何れも一見して奇なる慣習の如くであって、しかも孤立したものではなく、必ず類例や先蹤を求め得る現象であり、この点で、物語はフィクションであっても、これらの個々の現象描写そのものは、いわば当時の民衆に親しい日常的な慣習儀礼、もしくは理解の限界内のものであったと見られる。これについての考証も、本論文の一つのテーマであるべきだが、すでに与えられた枚数を超過しているので、これらはただ問題の所在を指摘するに止めたい。

（一九五三・七・二二稿、『平家物語講座』第一巻所収、昭和二九年二月創元社刊、一九六二・五・六改訂）

六　神仏習合に関する一考察

一　問題の所在

神仏習合の歴史的経過については、既に辻善之助博士が『日本仏教史之研究』(四九―一九四頁) の中で、上世の国史史料を中心として、この思想が奈良時代に萌芽し、漸次発展して中世本地垂迹説を生み、神道理論を展開するに至った過程を詳細に論証せられ、昭和一七年には村山修一氏が『神仏習合と日本文化』(弘文堂刊、教養文庫) を発表して、「仏教の日本渡来は習合的な条件により当初から運命的な制約をうけていた、我国に入った仏教は、仏教であってももはやそれは印度の仏教でもなく支那の仏教でもない。日本の仏教は結局日本的な地盤に於てしか成立しないとすれば、そこにはすでにある種の習合的な過程が想像されてくる」(三頁) として、本地垂迹の理論に先行し、これを導いた歴史の実際を、伝説、表白、美術、行事等の多岐なる実践的領域における文化現象として捉えようとした。

両者は夫々別個の角度と資料によって、同一問題を追求したものであり、するどい考察と巧みな資料処置を行なったものとして注目すべき論著である。しかしこの両書の着眼は、主として習合面に重点が注がれているため、神仏信仰間に存したテンション或いはレジスタンスの面が比較的閑却されている憾みがある。二つの異なる精神文化、宗教信仰が一つの民族の精神生活のなかに受容され、併存せしめられてゆく過程のなかには、一筋の直線コースを辿り得ないのは当然であり、そこには理論において納得せしめられるというよりは、内面的な感情の面で、なお久しい期間一種の緊張抵抗を免れ得なかったように思われる。そこで本論では主としてかかる点に着眼して、二、三の資料を処理してみたい。

二　神仏の判然対立の感情

仏教伝来当初の崇仏、排仏両派の抗争は、信仰的というよりは多分に政治的、氏族的な背景を有しているから、現在の考察から一応除外すべきものであろうが、仏教が公然皇室信仰を獲得した後においても、古くは寺の用材を獲るために神の社の樹木を伐採したために、震怒の兆託をあらわした子部社の神や〔大安寺伽藍縁起〕、稲荷の神〔類聚国史三十四、天長四年正月辛巳〕があり、中世に及んでも例えば伊勢や賀茂の斎宮斎王の卜定禊祓、或いは賀茂、石清水などの祭の際に、斎宮・斎王、乃至祭主・勅使に当った公卿の門口には、物忌みの間簡を立てて、「僧尼重軽服不浄之輩不可参入」と標示する例は久しく慣行され〔一例、元亨三年具注暦裏書〕、神斎札は中世から近世に及んで特定の社の祭の際などに用いられていた。

中世に及んでも、僧は出家に際して自らの生家の氏神に詣で、産土神に参じて暇乞を申す例は多くの日記物語〔一例、春日権現験記巻四、竹林院左府記、梁塵秘抄口伝集十〕の類に見える。僧正慈円出家の際にも、童装束をつけ、南面して先ず氏神を拝し、次に公家を拝して暇乞を申し、次に師を拝して装束を改め、脇息に向って剃髪せしめた旨が『玉海』仁安二年（一一六七）一〇月一五日の条に見えている。そして一度び出家の後は、諸社奉幣の儀を行ない得ざりしことは、例えば『小右記』長元四年（一〇三一）九月二五日の条に、女院が八幡、住吉、天王寺に参詣せらるることのついでに、

先於石清水被供養経、次天王寺云々、抑御出家後、無賀茂春日奉幣事云々、而持御幣之作法、如賀茂祭日。

とのべているところからも察せられる。

世を挙げて仏教の隆盛と僧侶の権威を誇ったかに見られる奈良朝末において、沙弥尼として菩薩戒をうけし天皇の大嘗会に僧侶の参加なかるべからずとして、新例を開くに当っても、「神等をば三宝《ほとけ》よりさけて、触れぬものぞとなも人の念いてある、然れども経を見まつれば、仏の御法《みのり》を護りまつり、尊びまつるは、諸の神たちにいましけり」〔続日本紀二十六、天平神護元年一一月〕との宣命を出されなければならなかった。このことは、当時一方には陸続として諸社に神宮寺が建ち、神前に読経法楽が捧げられ、宇佐八幡を先駆とする巫女尼形や大仏礼拝などの神仏習合への思想上、形態上の進展が濃くなりつつある反面に、なほ神仏は判然と区別して混淆なからしめんとする感情が、一般に根強く懐かれていたことを示している。

既に古く白鳳末において大神宮寺の創建を見たらしい伊勢神宮では、その宮域に近きを忌んで、文武二年（六九八）にはこれを度合（会）郡にうつし〔続日本紀巻一〕、更に天平神護年間逢鹿瀬寺をもって大神宮寺たるべき宣旨ありたる後も、神祟なお月読神に発せる故に、これを飯高郡度瀬山旁に徙している〔続日本紀巻三十二、宝亀三年八月〕。しかも宝亀一一年二月神祇官言うして、「伊勢大神宮寺は先に祟あるがために他処に遷し建つ、而れども今神郡に近くして其の祟末だ止まず、飯野郡を除くの外、便地に移し造らん」とあり〔続日本紀巻三十六〕、これを許して更に神宮領外遠く移建せしめられたらしい。この間に神宮神人と逢鹿瀬寺僧との間に数次にわたる激しい抗争のあったことは、『大神宮諸雑事記』〔巻二〕に詳らかである。

かく神宮は一面に当時の政教一致の風潮に乗じて、仏教側から積極的に神宮寺を媒介とする近接が企てられたが、他面社家神人の間にはこれに対する反撥抵抗は鋭く、久しく僧尼を神域内に立ち入らしめず、特に忌詞を設けて、仏を中子《なかご》、経を染紙《そめがみ》、塔を阿良々岐《あららぎ》、寺を瓦葺、僧を髪長、尼を女髪長、斎を片膳、堂を香焚《こりたき》、優婆塞を角筈《つのはず》と称し〔延喜式巻五〕、当代の蕩々たる崇仏の外に、神の権威を維持せんとした。しかも時代の流行は、この神に仕える神官のなかにも崇仏者を出し、先に弘仁七年（八一六）六月仏事を神宮に行ないて神祇官の卜崇にあらわれ、大祓を科して見任を解かれた宮司大中臣清持あり〔類聚国史巻十九〕、後に応和二年（九六二）八月二二日、御厨案主秦茂興、三宝を修して豊受神宮の祟あり、即ち下祓を科せられた例もあった〔類聚符宣抄巻一〕。

神仏混淆を喜ばなかった神の例は、単に神宮のみではなかった。『鞍馬蓋寺縁起』によると、賀茂明神も託宣あって、賀茂河上流に不浄の事多しとして、市原野より鞍馬に至る堂舎四十九院を焼き払ったとの伝説があり、『古今著聞集』〔巻一〕にも、「仁安三年（一一六八）四月二十一日、吉田祭にて侍りけるに、伊予守信隆、氏人ながら神事もせで仁王講をおこなひけるに、御あかしの火障子にもえ付て、その夜やけにけり、……そのとなりは民部卿光忠卿の家也、神事にて侍りければ、火うつらざりけり」といった解釈も行なわれていた。また実際にも、『台記』天養二年（一一四五）三月七日の記に、左大将雅定、伊勢勅使精進の間、仏経等を家中に置かず、外に出してあったのに、俄かに寝殿に煙あり、放火の由を存じて驚きて天井を放ちて見るに、その裏には絵像の仏五躰、色旗などがあり、いそいで件の物を門外に取出すに、煙は自ら散尽したといふ奇瑞があった。

三　神祭の日は僧尼参らざるの例

『小右記』〔巻三〕万寿五年（一〇二八）八月一日の条に、五日の北野祭に年来内蔵寮の使を立てらるるについて、服者は参内すべからざるや否やを関白より消息にて問われたのに対して、

被立内蔵寮使之祭日、重軽服人幷僧等不候内裏、遠祭日亦被発遣使者之日者、服者僧等不参之例也。

と答報している。また『殿暦』康和二年（一一〇〇）二月一〇日の条に、春日祭によって物忌したついでに、

凡自春日祭以前者、雖服不相会僧尼、凡諸社祭日者、雖服潔斎如例、凡二月、四月、六月、十一月者神事月也、二月者春日祭、四月者賀茂祭、六月十一月者神今食、此日マテハ不対面僧尼、服者任《(妊)カ》者又同。

としるしている。なお同書には、「神事間也、仍僧不来、彼公卿勅使来十六日参宮、仍其間服者僧尼を忌也」（康和三・一〇・一四、伊勢奉幣使立つ）、「今日神事也、……僧尼幷服者不来、不念珠」（康和四・二・一二）、「従今日依神事、不会僧尼」（同五・四・九）、「依神事僧不参」（同五・九・二、及一二）、「今日毎日《(月)カ》乃春日奉幣立、……服者僧尼不来」（同五・一二・二八）、「寅時許向五条、依神事忩出也、僧尼妊者多故也」（天仁元・六・一）、「今日臨時祭也、……明日使還参まで神事也、雖然予不潔斎、只服者僧許を忌也」（天仁二・三・一四）、などの記事が散見している。同様のことは『後二条師通記』、『中右記』などにも見える。例えば康和元年（一〇九九）五月六日、二十二社奉幣について、「神事日当時許不能念誦」（後二条師通記）とあり、承徳元年（一〇九七）九月一五日、豊受大神宮の正遷宮について、一三日の仏事について僧侶参内のことを論じており（中右記）、更に嘉保元年（一〇九四）二月二三日の条には、次の如き記事も見える。

早旦参内、終日祗候御前、入夜権左中弁基綱朝臣参仕、被奏云、今日園韓神祭分配也、仍向宮内省処、上卿幷掌侍不参来、仍為相尋所参内也者、被仰云、式日已延引、其後不知何日、仍今朝山座主《(仁覚)》参御前、重服、妊者、月水女房済々候御前、行事弁幷蔵人宗佐、于今不尋奏、奇恠第一也、頗有勘責、依道理無所陳申。云々……

四　神事に預る者は仏寺に入らず、法会に参らず、仏事を行なう者は社前を通らざるの例

同様の趣旨からして、神事に預る者は仏事に列し得ざるは勿論、寺門に入ることも憚られ、逆に仏事を行う者が祭の前にその社前を通ることは奇怪の振舞とされたようである。『小右記』長和元年（一〇一二）四月四日の条に道長の叡山詣でを評して、

今朝資平云、左府明日登山云々、触穢中并祭前登山如何、不快事也。
六日癸卯、資平云、昨日左相府騎馬、従昏谿（黒谷）路登山、……拾遺納言（行成）云、一上騎馬、祭以前度（渡）賀茂御社前登山可奇之事也、相合愚案。

としている。また『為房卿記』寛治元年（一〇八七）六月二日の条に、

今日黎明上皇遷幸法勝寺、依可被行御懺法也、大納言以下、衣冠前駈如例、殿下令扈従給、不入御大門之内令還給了、依為神事之斎也、大嘗祭并初斎宮行事、上卿弁等、同不入門内被帰洛了。

とあり、神事の斎のためには上皇の仏事と雖も門内に入るを憚ったことが知られる。同五年一〇月二二日の条にも、法勝寺の例講なるも、為房は五節を献ずべきによって参入しなかった。『中右記』にも寛治七年（一〇九三）二月八日は大原野の祭にして法勝寺の修二月会あり、常行堂にて行なわれ、人々催しありと雖も大原野の祭あるに依り、

氏公卿は参らず。翌嘉保元年（一〇九四）九月二二日は中宮賢子の国忌であり、法勝寺に念仏始行せられたが、宗忠は神事に奉仕せるにより彼の寺に参入しなかった。嘉保二年九月一八日の条にも、「今日僧参御前、奉祈玉体、日者依神事、不参内也」とあり、天仁元年（一一〇八）九月二二日にも、法勝寺常行堂御念仏に、自分は大嘗会御禊装束司上卿たるに依り、御念仏に参らず、「件上卿先々不用神事、雖然猶入堂舎、頗可有用心歟」とある。

同書にて注意すべき記事としては、永長元年（一〇九六）一一月三〇日、豊受大神宮遷宮を前にして、「大神事に奉行する人は、法皇の御所に参る条は頗る其の憚りあり」としている。しかし法皇が政治の実権を掌握する時勢となれば、神事についての忌みの感覚も、理論によって幾分退却をまぬがれず、上卿江中納言命じて、「君を忌み奉る可きに非ず、旬日斎月の潔斎を除くの外、何ぞ参り仕らざるべき」として参入することとなったとある。しかし一般に神事を前にして寺堂に入ることは、感情や心理の上で憚られたらしい。康和四年（一一〇四）一二月二日の条には、

参殿下、仰云、欲参御堂之処、内府（雅実）民部卿（俊明）伝送云、神今食以前、執柄之人入大伽藍之条不快、宇治殿（頼通）、前二条殿（教通）、依為父忌日、不憚之令参給也、故大殿（師実）依為孫、猶為近親令参給也、後二条殿令参給条不吉也。……

とあり、天仁元年（一一〇八）二月一六日、二五日の条に

未剋許参入鳥羽殿、依可有御幸也、摂政（忠実）殿令参給、人々参集之後、申剋御出、右大将（家忠）以下公卿十余人前駈、直衣、殿上人衣冠布衣、殿中将（忠通）殿令前駈給、布衣、秉燭以前、御于法勝寺阿弥陀堂、入御従西面小門、寄御車於廊東間、殿下以御車令扈従給、但依奉幣後斎、不令入御寺中給、則令退給、（下略）

廿五日（中略）

□□《(或人)カ》後日来談云、俊覚被成法眼之条、世人不思云々、大嘗会年其以前被行僧事、未有如此例、誠以可然、末代
之事何為哉。

としるしている。『殿暦』にも長治二年（一一〇五）二月一日に太宮寛子、北政所麗子が宇治へ赴き、二日頼通の命日によって平等院に参詣せんとした際も、「春日祭以前に入堂候、人々不承引、仍不参也、凡自一日、春日祭まてハ如神今食也」としている。また寛治元年（一〇八七）七月一五日、法皇の法成寺の盂蘭盆供に大中納言参仕せざりしは、神事行事に当れる故であり、諸大夫のうち大嘗会の宰《(寄)イ》人等の雑役に奉仕する者は、民部卿の奏言によって特に堂内に入らしめなかった例もある〔為房卿記〕。

五　神事に当るをもって仏事を廃し、或いは短縮する例

かかる感覚は、宮中に行なわれる仏事が、卜定などの結果、神事や祭日に相当するか、その前斎にあたる時は、特に仏事を中止し、或いは期間を短縮し、神事月に越えずして結願せしめる等の処置が採られて来ている。平安朝の史料を検索すると、その最も頻繁なのは神事月たる四月に行なわれる灌仏会で、大神祭、山科祭、梅宮祭、平野祭、斎院禊前などに当って屢ゝ中止されているし、その他では荷前の使立によって暮の御仏名が三夜のところを一夜に短縮され、伊勢神宮斎によって盂蘭盆の御拝を行なわず、或いは月例一八日の観音供を園・韓神その他の神事によって中止した例などが、多くの史料からうかがえる。例えば、

A　灌仏会中止の例

(1) 延喜二年〔九〇二〕、松尾平野の祭により〔北山抄裏書年中要抄上〕。
(2) 応和三年〔九六三〕、大神祭使立により〔日本紀略〕。
(3) 長徳三年〔九九七〕、大神祭使立により〔年中行事秘抄〕。
(4) 寛弘二年〔一〇〇五〕、神事により〔小右記、権記〕。
(5) 同七年〔一〇一〇〕、山科祭により〔御堂関白記〕。
(6) 長和元年〔一〇一二〕、山科祭により〔小右記〕。
(7) 長和二年、山科祭により〔小右記〕。
(8) 寛治元年〔一〇八七〕、大神祭使立により〔中右記、師遠年中行事〕。
(9) 寛治二年、神事により〔後二条師通記〕。
(10) 寛治三年、神事により〔後二条師通記〕。
(11) 寛治四年、斎院禊前日なるにより〔中右記、年中行事秘抄によれば長暦元年にも先例あり〕。
(12) 寛治五年、梅宮祭により〔後二条師通記〕。
(13) 寛治六年、石清水、日吉二社に怪異あり、臨時奉幣の儀、また当日は平野祭により〔中右記〕。
(14) 承徳元年〔一〇九七〕、大神祭により〔中右記〕。
(15) 天仁二年〔一一〇九〕、神事により〔殿暦〕。

B　法会を短縮変更せる例

(1) 延長二年〔九二四〕十二月廿八日、有御仏名、依神事一夜被修天長二年例〔西宮記、十二月。政治要略二十八〕。
(2) 長元五年〔一〇二八〕十二月十六日、季御読経結願、依明日大神祭、被縮行事〔小右記目録四〕。
(3) 康和四年〔一一〇二〕四月七日、大神祭也、……令奏昨日定申季御読経僧名、遠社祭日以使立日為神事之故也〔本朝世記〕。

C　観音供を廃せる例

(1)　応和二年（九六二）十一月十八日、以神事以前也〔延喜天暦御記抄〕。

(2)　康保二年（九六五）四月十八日、以神事近〔同上〕。

(3)　同年十一月十八日、依神事近〔同上〕。

(4)　同三年二月十八日、園、韓神祭也〔同上〕。

(5)　同年四月十八日、依神事〔同上〕。

D　盂蘭盆不拝の例

(1)　邑上応和三年（九六三）七月十四日御記云、此日盂蘭瓫不拝、自内蔵寮送醍醐、法性両寺、以明日可奉幣伊勢大神宮斎也〔小右記、長和二・七・三条〕。

(2)　若相当神事者、自寮直送寺、応和三年例〔江次第八〕。

E　神事月に越えず法会を結願した例

(1)　応和三年（九六八）三月廿三日、於仁寿殿、令権僧正寛空、修孔雀経法。……卅日。此日修理《(法)》了、依来月有神事、今日之内結願〔延喜天暦御記抄〕。

の如きものがある。

六　神事により仏事を殿外に出だすの例

更に他のケースとしては、神事と法会の性格によっては、これを中止せしめず、殿外に出し、別処において引続き修法せしめられる場合もあった。例えば寛治二年（一〇八八）一〇月八日宇佐使立あり、一四日、宇佐使立の間も猶お御読経あって僧侶参内せるも、三〇日には日来御殿において修せらるる所の大般若幷に薬師御読経等を外に出した。これは明日宇佐勅使参宮日に当る故である（中右記）。永長元年（一〇九六）八月一四日には今夕御前御読経あるも陣外に出された。これは明日石清水八幡宮の放生会に当る故である。本会は元来「寺家に付せらるといえども、禁中猶ほ神事の儀たるべき」故である（中右記）。『時範記』によると、承徳二年（一〇九八）四月一八日の観音供は神事たるによって、真言院に移して之を修しているし（元亨三年具注暦裏書）、康和三年（一一〇一）六月一日、午時中宮に参りて御修法の事等を申し行なったが、神事の間たりと雖も陣外において行なわるべしと決定している（修法要抄、雑例）。『長秋記』によると、康和元年（一〇九九）八月一日、内御風気あり、二日、六十口の僧をもって御殿御読経が行なわれるべきであったが、あたかも北野祭に相当るをもって、御読経を殿外に出された。

康和三年（一一〇一）九月一日の『殿暦』には、

寅剋許退出、是神事也、今夜中宮依御悩、渡御国明家、故何者、依神事、不参僧禁中、仍不能加持者、令出御云々、酉剋許余相共女房渡重仲家、前駈業房、仲兼、盛雅、説兼、酉剋許時範朝臣持来日時勘文、則退出、依神事不参彼宮、仍為候近辺所渡也、此間雨盛降、彼宮雖参僧、不参服者。

とあり、神事によって禁中に僧を参入せしめず、従って加持することが出来ないので、御悩中の中宮がわざわざ宮中を出て、国明の家に渡御し、ここで加持が行なわれた旨が見える。また『阿娑縛抄』（九十九末、熾盛光法日記集）によると、康和四年（一一〇二）一〇月一九日仁寿殿において熾盛光法を始められ、御物忌の外は初夜毎に臨幸ありしも、同月三〇日には神事あるによって壇所を里亭に遷され、御加持のため、蔵人が御衣をここに持参して、毎時加持したと記されている。

七　神事月に修法読経を開くの例

しかるに他方においては、かかる截然たる神事と仏事の区別意識も、屢〻緊急重要な目的を持つ法要祈禱の際には、神事といえども、仏事に譲ってその併立を認めざるを得なくなって来ている。既に天慶四年（九四一）一一月五日、仁寿殿に七箇日息災の御修法ありし時、蔵人頭に勅ありて、六・九・一一・一二の神事月に修法読経の例ありやを勘え申さしめている。この時、外記三統公忠奏上して、天長三年（八二六）、承和三年（八三六）、延喜一〇年（九一〇）の各六月、元慶元年（八七七）、承平元年（九三一）、同七年の九月、承和五年（八三八）、同九年、同一四年の一二月、承和三年（八三六）、嘉祥二年（八四九）、元慶六年（八八二）の一二月、等にその前例あることを指摘している〔本朝世紀〕。このうち延喜一〇年六月一五日に祈雨、御読経始めあり、廿日結願、この日幣使の儀ありしことは『貞信公記抄』にも見える。また『北山抄』〔巻二、六月、十一日神今食事〕によれば、天暦二年（九四八）六月一一日以前、即ち神今食の直前に仏事の行なわれたことが知られ、天慶六年（九四三）には春日、園・韓神の祭以前に臨時御読経の修せられた例があげられている〔同巻六、備忘略記〕。『後二条師通記』及び『北院御室日次記』〔巻二〕によれば、嘉保三（一〇九六）（永長元）年六月一一日の月次神今食を前にして、八日祈雨御祈を神泉苑において孔雀御読経あるべく僧名を定め、九日には、来る一三日に竜穴御読経あるべき由を経尋（軽尊）原本の許に遣し仰せられている。同じく『日次記』によれば、

寿永元年十一月廿六日癸巳、助教師直勘申斎月仏事例、先日頼業注申之上、予文勘出、然而為広見重問師直、斎月被行

仏事例

一、二月四日祈年祭以前仏事例

長治元年（一一〇四）二月一日乙巳、日蝕、於御殿有御読経事、卅口、依蝕御祈也、先被定日時。

と見える。

八　神事と仏事が同時に執行せられし例

しかもこの傾向は更に進んで、神事と仏事が同日に併行して執行せられる新例をさえ開くに至っている。例えば『西宮記』（七月八日文殊会）によれば、早く天暦六年（九五二）、同八年等に、文殊会日に伊勢幣のことあり、応和三年（九六三）七月九日、七大寺僧をして東大寺大仏殿に仁王経を転読して雨を祈らしめ、権律師救世をして神泉苑に請雨経法を修せしめたが、救世は始め五日を限れるを七日間修法すべきよしを仏に啓白し了れる故、日を縮むべからずと主張し、この時神事に当る故に、日を延ばすべからずとの意見があったが、祈雨の時は神事仏事相並んで行なわるる例ありや、また日を延べて修すべきかにつき勘え申さしむることあり。しかし事の旨を尋ぬるに、神事仏事ともに祈雨のことであり、しかも修する所は宮外なる故に日を延べて修せしむべしと決定した（祈雨記、祈雨日記）。この時は一六日に至って目出度く雨降り、日を延べた目的を達している。

『小右記』万寿二年（一〇二五）一一月五日の条には春日奉幣使発遣の後、直ちに念誦読経常の如く行なわれたとあり、『後二条師通記』には康和元年（一〇九九）二月八日の条に、「来十日春日幣日也、立使之後可有御念誦、祈申之後可候之条、何難有乎」とある。一方には例えば『小右記』長和元年（一〇一二）九月二日の条に、

弁朝臣云、作物所預内蔵允宇治良明、主基方御物事預仕者也、而被召御斎会行事所進御周忌仏具勘文、神事仏

事相並奉仕如何。

といい、『中右記』嘉保二年（一〇九五）一二月一六日の条に、

治部卿通俊卿留定申円宗寺法花会僧名、付左少弁有信内覧後、俄被申上、今日大和祭使立日、思失定申僧名奇恠第一也、其旨又以左少弁被殿下、仰云、後日可被奏者。

といった感覚も残っている一方、初斎院御禊年は、神事に当らずと雖も灌仏を停止して来た久しい慣例も、早くも延喜九（九〇九）、一〇年及び天慶二年（九三九）、更に飛んで康和三年（一一〇一）には破れている。即ち『北山抄』裏書に、

天慶二年四月八日乙卯、……今日大神祭也、……仮令雖有大神祭事、猶可有殿上灌仏事之由、先日所司被定畢、是依去延喜九十両年例也〔又、年中要抄上〕。

とあり、『年中行事秘抄』、『年中行事抄』に、

初斎院御禊年、雖不当神事停之、……近代又如此、或不停、康和三年四月八日灌沸、同十二〔三〕日初斎院入御紫野。

とある。なお『夕郎故実』に、「一春宮御同宿相当大神祭日灌仏道場事」に、

延慶三年（一三一〇）四月一日記云、法皇《後宇多》御方灌仏道場事、雖御同宿之儀、此御方各別之上、大神祭御禊可為六日々歟《ママ》、然者於万里小路殿可被行之条、不可有子細哉、但猶可引勘先例之由被仰下之、仍重申入云、……長治元年（一一〇四）十二月十五日為房卿記云、東宮大神使小属義保進発、御禊如恒、同十六日、今日大神祭也、然而遠祭者使立日為神事、仍可有御祈之由有院宣、即以廿口僧於昼御座転読法花経、管見之所覃、且注進之、……

とある。また嘉承元年（一一〇六）四月六日の『中右記』には、

抑無灌仏年、従朔日神事也、而不《忠実》例御坐之間、依御祈大切、被尋先例之処、故大殿《師実》去承暦二年（一〇七八）六月上旬、依不例、籠法性寺五大堂給、又大殿承暦四年六月上旬、依御瘧病、被行種々御読経也、雖神今食間、猶有此事、況乎於他神事哉、仍今度付諸例、〔不例〕御坐之間、無神事日被始御読経也。

とあり、神今食の如き重き神事の際も、個人の病のために祈禱読経を強行して憚らなかった。神事に対する観念の変化と、信仰が公共なるものより漸次個人的なものへと重点が推移しつつあるを推察し得るであろう。

更に同様の例として、康和四年（一一〇二）五月二〇日には、最勝講の結願と共に、諸卿仗座に着いて伊勢大神宮心柱紛失の事を定めている〔上卿故実、四十六、於内裏被行仏事時、行神事事〕。翌五年一月二四日の『中右記』には、

若宮御祈今日従公家被行也、七瀬御祓一所従今日七ケ日、如意輪法、僧正増誉、併僧八口、図絵新仏云々、是神事仏事共被始行也、当今〔降〕誕之時、承暦例従公家、不動法、仁王講、七瀬御祓被行云々、尋件例可被行之由被申也。

の如き記録もある。また『後二条師通記』寛治六年（一〇九二）一〇月一二日に、伊勢遷宮に当り仏事を行なわれる事について、「所憚思也」との意見あることをのべているが、朱書して「被定伊勢事日被行仏事例」として、

　裏書、大外記定俊真人許先例被尋之処、伊勢事被定之日、件日被行仏事云々。
　長保二年（一〇〇〇）九月十七日、伊勢大神宮遷宮也、被定内裏造畢由《（日）カ》仁王会事、
　承暦四年（一〇八〇）五月廿日、最勝講発願以前、被定伊勢大神宮御鞍可被調進之日時也。

とある。中右記には嘉保元年（一〇九四）閏三月二〇日に、「神祇官人於本官祈申甘雨之事、已依有炎旱也、但依不為別神事、御読経不被出也」とある。

九　神事に代る仏事を始めるの例

『日本紀略』天徳四年（九六〇）一〇月二八日冷泉院において六十僧を請じて読経し、三〇日に結願しているが、これは『新儀式』（巻四、臨時上、天皇遷御事）によれば、

　天皇暫避本宮、欲遷御於他、先定其便所、（中略）天徳四年、従職曹司遷御冷泉院等是也、又若可御後院、前十八日、修御読経、行鎮謝事、天徳四年、御冷泉院例也。

とあり、また応和元年（九六一）一〇月二四日夜、律師喜慶は伴僧二〇口を率いて、承香殿において始めて安鎮家

国不動法を修した〔天台座主記〕。『阿婆縛抄』によれば、この時尋真をして番僧六口を率いて同殿に七十天供をも併せ修せしめているが、供に新宮を鎮めんためであり、三〇日に加持せる七宝を内裏に埋めている〔巻六四、安鎮法日記集〕。同書〔巻九九〕の「緒法要略抄」によれば、安鎮法は「爾来毎新造御所、往々被修之」とあって、古く推古朝に一時行なわれた宮殿の鎮祭としての安宅、土側の転経〔日本書紀巻二十二〕、或いは八幡神の東大寺を拝せんとして入京せる際の行宮梨原宮における請僧悔過の先蹤〔続日本紀巻十八〕につづいて、一種の大殿祭として、仏事が代行せらるるに至ったことを示している。

十　寺の災怪・仏事によって神事に影響を及ぼし、神事に僧侶の参加せし例

更に承平五年〔九三五〕三月六日、比叡山寺に火あり、根本中堂以下十余宇、悉く焼失したるをもって、この年の賀茂、平野、松尾三社の祭が停止せられ〔東大寺雑集録巻一、興福寺本僧綱補任巻二〕、天慶六年〔九四三〕八月二日、太宰府四王寺の仏像堂舎鳴響するの怪異あるによって、伊勢神宮に奉幣使を派遣された〔日本紀略〕。更に寛治六年〔一〇九二〕一月一八日、関白師実が興福寺北円堂を供養するに先立って、奉幣使を春日、大原、吉田の三社に立てられている〔後二条師通記、為房卿記〕。これらの史料は、寺院の災異によって、或いは神祭を停止し、或いは奉幣し、寺院の落慶に当って、そのゆかりの氏神に奉幣する等の例と見られる。

嘉承元年一一月二七日の『殿暦』には、

今日春日、大原野、吉田三社奉幣、是春日詣頻延引、仍為祈申也、辰時許奉幣使三人一度捧幣立庭、祓了先取春日幣、拝如常、次第了、今日権僧正（覚信）来給、山階寺別当也、仍雖神事不憚也。

とあり、使立の重要な神事に、神社の縁故によって特に僧侶がその儀式に立ち会ったらしいことも知られる。天慶三年（九四〇）七月二一日の『九記』裏書に、六月中宮御薬事あって今に平らぎ給わず、仍つて修善断つべからざるにより、祈年穀十八社の奉幣使を、特に左衛門陣より発向せしめ（西宮記、臨時一）、長元五年（一〇三二）五月一一日の『小右記』には、炎旱によって御占ありしことを述べしついでに、

大外記文義云、去夕忽有召、即参入、宮中被行仏事之間、有神祇〔官〕御卜哉、令申云、無所見、於□(本)カ官有御卜例、亦陰陽寮一官於陣腋有占申之例者、仍陰陽占申、無神祇官御卜、㝡勝講始日可有御卜哉否事、関白被問下官、答云、霖雨旱魃之時、有神祇官陰陽寮卜、但宮中触穢仏事等之時、神祇官於本□(官)カ卜申歟。

との判定をしるしている。また『中右記』嘉保二年（一〇九五）二月一日の条に日蝕あるべきよし暦道奏聞ありし文中に、

今日大原野祭幷釈奠、依可有日蝕、皆以延引、大僧正良真為日蝕不正現、従兼日於私房七仏薬師法所修也、而已天陰雨下不正見其実、誠雖末代、仏力之霊験、自以顕然者歟。

としている。これらの史料は、遂に仏事あるによって神事を変更し、或いは日蝕の如きに祭を延して仏事を修した例であり、仏事が更に神事の威力を覆おうとする傾向の一つのあらわれとも見得るであろう。

十一　むすび

以上、主として一〇、一一世紀を中心とする史料に基づいて、神事と仏事における相互関係のあり方を考察してみた。神事が持っていた忌みの観念や祭の権威を、神祇官人及び陰陽寮官人を中心として、或いは地方大社の社家神人たちが維持して行こうとする努力と、これを支持する信仰心意が人々の胸中に多分に存在している事実が見られはするが、一方では仏教の験力や権威力の増昂により、他方では一般信者の、殊に貴族階級の人々の信仰心理の漸次的変化によって、次第に後退して、仏教の儀礼や呪力がこれを上廻り、いわゆる本地垂迹説や仏教的神道理論の発生へと進んでゆく過程が、これだけの史料の陳列によっても、ほぼうかがうことが出来るように思う。しかもそれが、ただ一筋の過程を辿っているのではなく、相反し相矛盾する史料が、時代を同じうして併存し、互にオーヴァーラップしている所に、こうした大筋の流れは一つの方向を辿っておりながらも、個々のケース、個々の祭、個々の社、個々人の信仰心理、個々の事件などによって、このコースが常にゆきつ戻りつのジグザグを描いていることは注意すべきである。文化現象の流れは、常にかかるヴァイブレーションを起こしつつ、しかも一定の歴史的方向を辿るものであり、そこに顕在的テンションが次第に潜在的なものとなって、次の時代へと受けつがれて行くことの、これは一つの例証とすることも出来るであろう。日本宗教史の問題としては、今後こうした現象の分析と追求が、残された領域として開拓されねばならぬように考えている。本論はそれへの一つの前提として、史料の分類を試みたに過ぎない。

（宮本正尊博士還暦記念論文集『印度学仏教学論集』所収一九五三・一〇・二〇）

七　我が国の学僧教育について

一

本稿は我が国の寺院における学僧の教育、特に南都に行なわれたもののうち、制度としての竪義を中心に、簡単な概観を行なおうとするものである。

周知の如く、南都の仏教は、聖徳太子が法隆寺に対して与えた「学問寺」の性格が濃く継承せられて、いわゆる八宗兼学を標榜した学解、学派の仏教を形成したと言われている。東大寺においては、南大門に「大華厳寺」の額を、国分寺門に「金光明四天王護国之寺」の額を懸け、聖宝以来、東南院をもって三輪の本処とし、安寛、標瓊以後は法相を兼学し、戒壇院を律の本処とし、東南・西南二院を因明・倶舎の本処とした如き、また薬師寺が法相・倶舎・因明を習学する寺院として立ちつつ、その東院は華厳を専攻し、西院は真言を標示せる如き、よく南都仏教の特色を示すものと言えよう。即ちそれは宗教と言うよりは学派と呼ぶにふさわしく、宗僧寺僧と称するよりは「学僧」と記すのが、最も適確にその内容なり概念なりを伝えるのではなかろうかと考えられる。

元来僧侶たる者は、正常の原則として必ず三師七証を請じて戒壇に登り、仏前に戒を受けて大僧たる資格を獲るとともに、人師たらんがためには、必ず寺門に入り師に就き、経論章疏の法門を受学し、読誦行儀の伝授を受くべきものである。平安時代から鎌倉時代初頭にかけて、特に信仰と行との面に、新たなる宗教性の復活を念願し、努力した良忍、源空、親鸞、智真等の念仏門の諸祖、禅における栄西、道元、また日蓮の如き人々も、その修業時代には多くは叡山の三塔に止住し、或いは南都に遊学して教学の研鑽に従事し、仏教の基礎理論を体得するとともに、自己の教学をここから撰択し導出して、開祖たるの素地を作ったのである。歴史を通じて久しく、比叡と南都が、東寺、高野の事相仏教に対して、長く教相、教学をもって宗派なり寺院なりの特色として来た。

空海や真如等によって開拓せられた南都の密教は、かなり濃厚に浸潤したと考えられるが、更に聖宝留錫の以後にはいわゆる後世の修験道に発達すべき験者的要素も、少なからず導入せられたようである。しかしながら法相・三論・華厳を中心として南都の教学は因明を基礎学として、殊更らに哲学的思弁や論理的解釈に特色を持つ論宗に立脚したものであり、その初期に性格づけられた学問寺風、学派風の特質を強固に持続して来た。もとよりかの行基を始めとして、善珠、護命、仲算、高弁、叡尊、覚盛、円晴等の伝記にもうかがわれるように、籠山抖擻の行的分野、対社会教化の事業が、その宗教性の重要な部門として尊重せられ、且つ強調された面も見遁すことは出来ないにしても、南都仏教の盛衰は一にかかって優れた学者が輩出するか否かにあり、社会に対する宗教的活動の門戸は案外に狭く、いわば第二義的な地位を占めたに過ぎぬのである。

富貴原章信氏の研究によると(1)、法相教学が天台、真言両宗の攻勢の前に全く萎微沈滞したと考えられる平安時代中期、即ち明詮の入滅した貞観一〇年（八六六）から、隆禅の示寂した康和二年（一一〇〇）に至るおよそ二三四年間に、専門の仏学及び戒律の試業に応じ、更に僧の師たるに堪うる修練を経た五つの学階を有する学僧をもって任命せられる諸国講師二三二人の内訳について考察すると、その約九五パーセントを占める二二〇人が実に南都の各宗から選出せられたのである。

即ち、

法相宗	一六八人	七二パーセント
三論宗	三四人	一五パーセント
華厳宗	一八人	八パーセント

天台宗　一二人　五パーセント

計　二三二人　一〇〇パーセント

とある。これを寺院別に見ると、

興福寺	法相宗……一三二人		一三二人
東大寺	法相宗……八人		
	華厳宗……一七人		四五人
	三論宗……二〇人		
元興寺	法相宗……七人		一五人
	三論宗……八人		
薬師寺	法相宗……九人		
	華厳宗……一人		一四人
	三論宗……四人		
西大寺	法相宗……二人		二人
延暦寺	天台宗……一二人		一二人

となる。学問寺の称を冠して南都教学の濫觴たるの栄誉を担う法隆寺から、この期間に一人の講師をも出し得なかったのは、学問の中心が東方三笠山麓に移り去ったことを意味し、また歴史の上では事相秘密の仏教、祈禱験者の圧倒的な流行にも拘らず、真言宗系各寺院からこれまた一人の講師職をも選出せられ得なかった事は、学問教学の分野において、いかに無視されて来たかを物語るものである。この事実からして、「学僧」について論ずるには、先ずもって南都に注目すべきであることが知られよう。そしてこれはまた南都に発した研学の方法や施設、制度が、次第に各宗各派の学問修得の教育制度の上に一つのモデルケースともなり、ノルムともなった事実とも相応ずるも

のである。

（1） 富貴原章信、日本唯識思想史、四六八頁。

二

「学僧」なる熟字が公けに用いられた初見は、管見の及ぶ所、延暦二一年（八〇二）正月一三日の太政官符に、「応正月御斎会及維摩等会均請六宗学僧事」（三代格巻二）と見えるものである。ここには既に従来は一様に考えられていた南都六宗の中に、特に「学僧」なる概念をもって区別せらるべき一群の僧侶が成立しつつあったことを示すものであろうかと思われる。即ち『日本霊異記』等に散見し、『続日本記』等に傍証せられる持経頭陀、祈禱呪願の機能を持つ僧侶群に対して、特に教義を研鑽する学僧の意であり、一般に僧侶たる以上に特に研学の厳重な訓練を経、幾つかの試業制度の関門を通過する資格を必要とする如き、一つの階級をなしたと考えられるのである。

古くこれに該当すべき用語例としては、「学問僧」即ちモノナラウホウシと呼ばれたものがあった。『書紀』推古天皇一六年（六〇八）九月に入隋した僧旻《（日文）》、請安、恵隠、広斉の四沙門が、他の高向玄理以下の四人の「学生」即ちフムヤワラワ、モノナラウヒトに対して特にかく呼ばれたのである。後、この語は大唐学問僧、高麗学問僧等とも用いられ、彼等は総じて道人、オコナイヒト、乃至は僧・法師、ノリノシ、沙門、特に外国に赴いて教相を伝習し、経論文物の舶載を事とした僧侶に対する特殊の名称として用いられたようである。この事は当時の仏教学が主として彼等の手によって伝来せられ、それを中心として初期の教学が移植樹立せられたことを物語り、これが南都仏教の基本的性格を形成したのである。

しかるに我国における仏教の受容に伴い、その機能は多角的な方面に発揮せられて来た。このためには深遠な教義の研鑽に専念する僧侶の他に、種々の特色を有する僧侶が輩出するに至った。殊に天武天皇以後、国家仏教の確立と共に、その需要は屢〻多数の優婆塞が別勅度者の沙汰を得て僧となった。ここにおいて学問僧の系統に属するいわゆる「学僧」なる概念なり用語なりを必要とするに至ったかと思われる。

延暦の官符に見える「学僧」と相前後して、大学寮在籍の生徒を呼ぶ「学生」の語が、学僧候補者に転用せられ、延暦二一年最澄の入唐に際して、特に名称を「天台法華宗入唐請益還学生」とせられ、延暦二三年正月七日の詔勅には、「聞くならく、諸寺の学生、三論に就く者少く、法相に趣く者多し」〔類聚国史巻一七九〕と見えている。最澄は帰朝ののちその称を継承して延暦二五年正月、上表して新たに天台法華宗年分学生二人を置かんことを請い〔天台法華宗年分縁起〕、ついで三種の『学生式』を制して、止観・遮那両業の学生一二年在山修学の法を実施したことは、人のよく知る所である。永観元年（九八三）九月の官符に、東寺においてもこれに倣って金剛業学生、胎蔵業学生、声明業学生の制を設け〔東宝記〕、この語は次第に一般化して専門に学業研鑽に従事する僧を指し、かの『枕草子』や『今昔物語』に現われる「比叡の学生」、「やんごとなき学生」とも、或いは『歎異鈔』に名高い「南都北嶺にもゆゆしき学生たち多く座せられ」という風に用いられるようになった。

学生は一に学匠とも記し、南都では学侶の語を用いた。ところが社会に対する宗教の機能はいよいよ分化し、別に学をもって業とせざる多くの僧侶の必要度もまた増加し、これらは次第に一つの勢力となって来た。叡山では円仁以後、殊に密教事相の隆盛、持経修験者への信頼感が強くなると共に、僧侶は多く学を捨てて事相に走る風潮を助長し、雑業を主とする下級僧侶は、寺院経営の実権を把握して強固なる団結をなすに至った。中古以来発生した南都の「堂方」(1)、高野の「行人」(2)、叡山の「夏衆」(3)等はこれである。彼等は一方に武力を持ち、他方に寺院経済の実際事務を掌握し、且つ民衆と接触することによって、遂に一山一寺の枢機にも干渉し、屢〻衆を恃んで学生僧侶に対抗するようになり、学生たちもまた一つの「分」なる階級的集団を形成して、これと闘争を繰返えし、或いは互に利用して、その政治力を強化するに至った。

（1） 南都堂方の起原は明らかでない。興福寺においては西金堂の堂守役で、「苦行ト弓箭ト兼帯ノ輩也」〔大乗院寺社雑事記〕と称せられ、東大寺においては大仏殿、二月堂、三月堂に分属し、また大湯屋の湯那職を勤む。法隆寺では峯薬師にあり、薬師寺にも存していた。

（2） 高野の行人は始め叡山に倣って堂衆とも称せられたが、伝説によれば元永元年（一一一八）八月、高野山奥院拝殿に始めて三口の山蔵僧を置きて長日不断の勤行を修せしめ、更に三口を増員して常燈明を挑げ、一昼夜結番して承仕せしめたのに起こり、後に別れて行人、堂衆、夏衆、床衆となり、総括して行人方となった。

（3） 夏衆は三十五代の座主覚尋の時に始まるという。元来は夏安居を為す僧の意であったらしいが、転じて、始め三塔に結番して仏に香花を供せる低い身分の役僧を呼んだものである。

三

我が国に僧綱制の採用せられたのは古く推古天皇三二年（六二四）四月に溯るのであるが〔紀二二〕、更に大化元年（六四五）八月に、僧尼統領の十師を任命し〔紀二五〕、天武天皇一二年（六八四）三月には僧綱中に律師を加え〔紀二九〕、僧侶の生活、修道の監督と誘導に当らしめた。次いで大宝を経て養老律令の制定となり、養老四年（七二〇）正月に至り、始めて僧尼に「公験《くげん》」、即ち証書授与の制を定め、八月学業を成ぜるもの一五人にこれを下賜した〔続日本紀八〕。これがいわゆる「年分度者」の端初である。蓋し当代の国家仏教にあっては、僧侶は一方に学問技術の担当者であると共に、他方鎮護国家の呪術師でもあった。而してかかる呪力は専ら僧侶その人の智力と戒力の円満なる成就によって、始めて優れた効果が齎らされ得ると信じられたことは、当代の屢次にわたる僧尼に対する勅令官符の類が明示している。この目的のために天平六年（七三四）一一月、学業を審かにせざる者が、嘱請によって出家となれる弊害を指摘して、法華経または最勝王経一部を闇誦し、兼ねて礼仏の法を解し、浄行三年以上にわたる者を取って得度を聴すこととし〔続日本紀一二〕、超えて延暦一二年（七九三）四月には度者の資格に漢音習得の項目を加え〔類聚国史一八七〕、同一七年四月一五日、更に改正を施して年三五以上にして操履已に定まり、智行崇む可く、兼ねて正音を習いて僧たるに堪うる者を推挙し、僧綱所は毎年一二月以前に候補者につき相対簡試し、習える所の経論のうち、惣じて大義十条を試み、その五以上に及第せる者を官に上申し、更に受戒当日同様の審査を行ない、その八以上に合格せる者を年分度者たらしめる規定を設けた〔類聚国史一八七〕。この制は間もなく厳に失するとして改められ、年二〇以上、試業は一回とし〔同上〕、同二一年正月には定員を増して三論法相各五人と定め〔同上一七九〕、二三年正月には更に制して、定員は必ずしも数を充たすを目的とせずその人を得ざれば闕員とすべく、法花・最勝は旧例により同業とし、華厳・涅槃を各一業とすべき事、経論通熟を建て前として経を読誦し得ざるものは得度せしめず、また広く経論に渉って義を習うこと殊に高き者は特に漢音を習得せざるも得度を聴すこととし〔同上一七九〕、かくてこの制度は幾度か改訂を経て延暦二五年（大同元年、八〇六）正月二六日最後の決定を見たのである。これによると、年分度者の定員は一二名、華厳業二人、五教指帰綱目を読ましめ、天台業二人、一人は大毗盧舎那経を、一人は摩訶止観を読ましめ、律業二人、並びに梵網経若しくは瑜伽声聞地を読ましめ、三論業三人、二人は三論、一人は成実論を読ましめ、法相業三人、内二人は唯識論を、一人は倶舎論を読ましめる。而して選抜方法としては、各本業の疏によって法華・金光明二部の経の漢音及び訓を読ませ、更に経論のうち大義十条を問うて五以上に通ずる者に得度を聴し、受戒の後は一同必ず二部の戒本、諳案一巻、羯磨四分律鈔を読誦せしめ、更に本業十条、戒律二条の計一二条の試問を行ない、戒律一条を必ず加えてその七以上に及第した者は、次によって立義複講及び諸国講師に任命せられる資格を得るとせられた〔日本後紀一三、三代格二〕。

以上で明らかにせられた点は天台を交えた南都四業の大僧の資格には、戒律と共に学業の成就がいかに重んぜられたかであり、当代の僧侶達がこの点に並々ならぬ努力を払っていたらしい事は今日正倉院に伝わる断簡取りまぜ

て約五〇通に及ぶ『優婆塞貢進解』が最も具体的にこれを物語っている。(1)

右の年分度者たる者は、次《ついで》によって立義複講および諸国講師に任命されるのであるが、右の「立義」というのは、天長七年（八三〇）九月一四日の太政官符に、「夫れ立義とは其の優劣を議して便ち諸国講読師の試と為す」〔三代格二〕と規定せられるものであり、また複講とは、一に「複師」とも呼ばれ、宝亀一一年（七八〇）の詔の中には「講複」とも熟して用いられている〔続日本紀三六〕。即ち後の『三国仏法伝通縁起』に、「講師とは経論の文を読みて初めに義途を開き、理を立て旨を顧みて綱目を窮め尽す、複師と言うは講師初めて義理を開くの後、別時に前の如く文を講じ義を立てて講師の所説を顕揚荘厳するを云う」〔巻中、華厳宗〕とあるものである。即ち立義は問答試業であり、複講とは講会の席での講師代理とも称すべきものであった。

斉衡二年（八五五）八月二三日の官符には、諸国講読師に任命すべき者の資格を改めて、講師五階、読師三階の制を立てている〔三代格三〕。ここに三階とは、試業、複、維摩立義の三試を終了したる者を指し、五階とは三階の上に夏講、供講の二講師を勤仕した者を云うのである。夏講とは天平二〇年に始まり、延暦一七年に恒例とせられた十大寺乃至十五大寺の夏安居の講師を指し、(2)供講とは『政治要略』によると、元興寺法華供の講師の類であると見えている。

「国師」の任命は既に大宝二年（七〇二）二月丁巳の紀に見え〔続日本紀二〕、のち国分寺の制成るに及んでこれに住し、六年を任限として国内僧尼の統制、地方僧侶の教学指導に当ったのである。延暦二年（七八三）一〇月これを増員して大上国には大小の二国師、中下国には国師一人を任ずることとし〔続日本紀三七〕、延暦一四年八月には国師を「講師」と改称し、その才能講説に堪えて衆の推譲する者を挙げて国司・僧綱これを任命し、別にその下に「読師」を設け、国分寺僧を﨟次をもって任ずることとし、伝燈大法師または伝燈法師位に叙せられるのである〔日本逸史、延暦一六年八月勅〕。これ最澄のいわゆる国師、国用である。

（1）　竹内理三、寧楽遺文、「優婆塞貢進解」（宗教篇）。
（2）　貞観二年一〇月二五日、同一〇年一〇月四日等の官符により、法隆寺は官安居の他に太子以来の三経講演のいわゆる功徳安居をも夏講業に転用することを許され、また維摩会に限らず、薬師寺最勝会の立義得第僧も諸寺安居の講師に請用し得べき規定が設けられた。

四

さて登壇受戒後の最初の試業を経、複講を終った者の第三の関門たる「維摩会立義」は、一に「竪義」に作り、既に延暦二五年以前に定置せられた学業審試の一形式であって、後世永く存続発展し、各宗各寺院も多くこれを踏襲して今日に至っている。元来は七大寺の僧中より毎年一人を請用したので、貞観三年（八六一）四月の紀には、「七大寺僧毎年一人、維摩・最勝両会の聴衆一人を請用して竪義に預らしむ、但し年分度者は居山七年にして竪義に預り、十三年にして聴衆に預る」（三代実録五）と示され、のち維摩会には竪義者聴衆合せて三一人を請用し、内一〇僧は興福寺分とした。

維摩会と並んで竪義の行なわれた薬師寺最勝会は、貞観一〇年の官符により平等にその遂業者を安居講師に請用するの途を開いた。その人員は二一名、内五僧は薬師寺分とし、他は七大寺から輪次請用することとなった。尋いで貞観一八年九月二三日の官符により、興福寺維摩会の竪義者九人は、もと聴衆三一人中に含まれていたのを聴衆定員外とし、新たに天台宗から一人、諸宗から八人の智者名僧を択び加えることとし、合して四〇人とした（三代格二）。更に仁和元年（八八五）九月五日の官符により、維摩・最勝二会の竪義に各一人を加えて、安祥・本元興・法隆・新薬師・崇福・海印・円成・浄福等の諸寺の竪義聴衆の加請の要求に応えた（三代格）。即ちこの二会竪義の学的権威が如何に高かったかがうかがわれる。

この制度は後長く遵行せられたものと見えて、東大寺図書館所蔵の室町時代写本『尋尊秘記』の中にも、応永年間（一三九四—一四一二）の維摩会竪義について右の古制を載せ、聴衆四一人とし、内、僧綱七人、聴衆一〇人、綱所三人、東大寺一〇人、薬師寺一人、この外成業等一〇人と記している。と共に、竪義の形式は他の諸寺にも追々と採用せられ、いずれも学僧の学業考査の重要な制度となった。

延暦寺においては、安和元年（九六八）、良源奏請して北嶺探題を置き、六月会に始めて竪義を執行して恒例とし、これを「広学竪義」と称した（扶桑略記二六）。爾後、天台宗においては諸寺にこれが採用せられ、園城寺では寛仁元年（一〇一七）に十月会に竪義を行ない、これを三井竪義とも碩学竪義ともいい、長元七年（一〇三四）一二月、藤原道長の忌辰に当って法成寺に法華八講を開き、これを勧学竪義と呼んだ。また南都に例を取って延久四年（一〇七二）一〇月円宗寺法華会、承応二年一〇月法勝寺大乗会、永保二年（一〇八二）二月円宗寺最勝会に夫々竪義を始め行なうに至った。また文永一〇年（一二七三）正月、良源の忌辰に当って比叡山に千手堂竪義が起こり、応永一四年（一四〇七）五月には、従来伝法会において行なわれて来た学僧教学の法会を切りかえて、南都の風を摸して高野山に山王院竪義を始行して竪精《りっせい》と称し、江戸時代に入って長谷寺にも伝法会立義を始行して、学僧得第の学会たらしめた。(1)

南都においては、興福、薬師両寺の勅定の竪義のほかに、大安寺に法華会竪義、興福・薬師・東大の諸寺に唯識三十講、倶舎三十講、世親講、慈恩会、方広会等の竪義が起こり、現在、法相宗の三本山たる興福・薬師・法隆の三寺では、慈恩会竪義をもって、東大寺においては方広会をもって、夫々学階授与の第一関門としている。

竪義には竪義者、竪者（立者）と称する始業受験者と、これを試問する探題、問者、精義、注記、会始、会行事等の諸役がある。探題は題者、博士とも称し、論題を選定して往復論議させ、その得否を判定する職であり、一流譜代、稽古抜群の秀才をもって充てられるもので、元来は興福寺維摩会に限り勅補せられたものである。即ち竪義最高の職であった。竪義には予め論題の内明・因明（或いは業義《ごうぎ》・副義《そえぎ》）合十条を選定して算木に書し、短冊櫃に納める。当日堂童子これを持出して論場に至り、竪義者はその許可を得て箱を開き、問題を一見、後これを問者五人に配賦し、ついで問者問を発し、竪者答えて次第に問答論議せしめ、終ってその得略を批判するのである。維摩会探題は、古く一人であったが、後に専寺他寺各一人の二探題を置き、更に三人に増し、別に加任、仮探題等が出来て次第にその権威を失なうに至った。しかし天台宗では今もこれを学僧最高の階位にしている。

問者は一に難者とも呼ばれ、竪義者に対して問を発し、難を加えるもので、已に講師を勤め上げた学僧がこれに当るのである。しかし竪義が次第に形式化して、問答も型の如く行なわれるようになり、中古に見られた重難を加え、論議を自由に発展させる余地が無くなったため、近世以後はさして重要な役ではなくなった。精義または証義は問答の可否を判定する役で、『釈家官班記』などに詳しく記され、中世流行した論議にもこの職が置かれていた。注記は問答の次第を記録する役で、主に将来竪義に預ろうとする学僧達が進んでこれに当り、見学参考としたようである。また会行事は行事の次第雑務等を掌るものである。これらの諸役はすべて勅会にあっては宣旨をもって定められ、竪義終了の後、新たに明年の諸役を定めて官に申し、勅使は問答の得否及び明年の竪義解文等を一々に奏上したのである。

（1）　初例抄、扶桑略記、元亨釈書、一代要記、百練抄等による。また栂尾祥雲、密教学道史。

五

かくしてこの竪義を遂業したいわゆる「三階満了者」は伝燈満位に叙せられ（延喜式二一、玄審）、南都においては三大勅会たる興福寺維摩会、同法華会、薬師寺最勝会の竪義を遂業したものを「得業」と称した（釈家官班記下）。

それ故この三会は「南京遂業の三会」と呼び、得業は学僧の資格を示す階級名となったのである。寛平二年（八九〇）一一月二三日の官符に、五階を有する僧を得業と称し（三代格四）、即ち竪義の後さらに夏講及び本元興寺法華供を満了せるを得業僧と呼んだ例（三代実録六）から転用せられたらしく、延暦寺では山家の学業修得者を呼ぶことになっている（三代格四、貞観元年八月二八日、同八年閏三月一六日官符）。南都では更に嘉応元年（一一六九）、薬師寺弘雅が最勝会竪義を遂げただけで、興福寺の方広・法華二会の次第業を遂げざるも特に「准得業」の宣に預り（三会定一記）、この前例により三会のうち一会でも竪義未遂の者は「准得業」、或いは「擬得業」と称することになったが（同上四、寺記類集）、のち崩れて一種の学階名となるに至った。

かくて伝燈満位から次第に昇進して伝燈法師位、大法師位にのぼり、諸会の講師、諸国講師職に推請補任せられるのであるが、承和元年（八三四）の宣旨によって、今年の興福寺維摩会の講師は明年の御斎会の講師に請じ、更に薬師寺最勝会講師を勤仕し、この三会講師の労をもって僧綱に任ぜらるる例が開かれて以来、この三会を特に「南京遂講の三会」と称し、遂業が学僧の登竜門的資格であるのに対して、最高の栄誉として特に重要視せられたのである。これに対して延暦・園城二寺は別に独立して「北京三会」を設けたが、それが学問研鑽、学僧養成の上に及ぼした効果と権威とは遠く及ばず、暫時にして断絶して制度化するに至らなかった。かくてこの三会講師を満了した者を已講と称する。『釈家官班記』（巻下）に、「講師講者南北各別之勅会也、受請以後勤仕已前前称擬講、勤仕以後号已講也」（顕宗名僧昇進次第）とあり、『僧綱令』にもこの文ありと『僧侶官位志』には見えている。この得業、擬得業、已講、擬講の称は平安時代、三階・五階と並んで学僧の栄誉とする学階名となったのである。興福寺の『尋尊秘記』を始め、中世の記録の多くに、法中官位の名の下に「已講（非職准僧綱）、准已講（同、大法師位）、擬講（同、大法師位）、得業（非職、大法師位）、擬得業（同、大法師位）」の五階級が見られる。この五階は法相・華厳の二宗には現に学階として用いられており、近世の天台宗、現在の浄土宗、浄土真宗諸派、古義真言宗等の学階制度の基準となった事は、『諸宗階級』等の詳しく物語る所である。

六

興福寺所蔵の『興福寺住侶寺役宗神擁護和讃』なるものがある。天正一七年（一五八九）一一月、連歌師紹巴の質問に答えて、かの『多聞院日記』の作者英俊が製作したもので、原本自筆のまま伝えられている。全文は次の如く、中世興福寺の学侶一生の生立ちが手際よく綴られている。

興福寺寺僧の　始終の出生尋ぬれば
氏種姓を蕑びて　児そたちにて入室し
般若心経三十頌　唯識論を習ひつゝ
論義利鈍に随ひて　覚るこそ術なけれ
十三四五に成ぬれは　頭をそりて戒を受け
衣衣装そ造作なる　二三﨟に成ぬれば
利鈍によりて無重也　声聞講に出仕して
探《たん》を取と問講や　法用に当りぬれは
布施を取るこそ嬉しけれ　さて又二月の末より
初年問者の引声を　習ふこそはくるしけれ
三十講に出仕して　外様の問者勤るを
寺役はしめ目出と　近所知音を呼あつめ
一献酒をすすめつつ　(1)淄撲両講番論義《ばんろんぎ》

新入帳をひらけば
足もと種姓糺され
方広会の竪義に
水無月下旬三ケ日
問者勤る切声に
七年目の五月に
町廻りする嬉しさよ
観菩(2)の加行四目《しめ》の内
明暮論議覚へて
寺内入堂をこたらす
七度ひの後夜入堂
やう〳〵卯月に成しかは
一宗はなす論議に
加行の講師祝ひにて
寺僧もてなし大義なれ
白ししう色の袈裟
著てありくこそ嬉しけれ
催の時は菩提院
十五ケ日の間に
程無き二年の加行に

横入《おうにゅう》叶はぬ寺にして
下臈分の衆に入り
越度せぬとそ申ける
下臈分三十講
雑紙一束の布施ぞかし
犬狩に出仕して
其年の冬の暮
当座不眠《ねむらぬ》術(ママ)さよ
毎日講をつとめつゝ
五日に一度大廻り
翌の日のねふたさよ
観禅院の登高座《とうこうざ》
利鈍の稽古顕るゝ
一献かまゐ酒をもり
結願の後より
ねり衣の白きを
興西院の三十講
三十講の済次第
問講勤る出世なれ
年の暮に入りつゝ

こその如に加行し
唯識興善両講の
十四五臈に成ぬれは
悦酒こそは大義なれ
三日の営み物入は
御寺家より中臈の
是より下臈の衆ならず
南円堂法花会
竪義の論議覚る
西金堂の着座は
御八講や維摩会
勤めて六方成り上り
諸屋(4)の参籠数多し
論議決択談義して
万の祈禱をこたらず
寄進の粁所数多し
寺役の便とするなり
両門(5)江めされつつ
諸供納所拝領し
一寺の奉行諸目代(6)

二年するする成就して
講問度〳〵参りつゝ
三十講の論匠の
一献飲酒結構に
人によりて多少そ
放請とるそ目出き
猶六方(3)の衆そかし
加行百日勤めて
稽古は智恵の勝劣よ
秘所の祝義成けり
慈恩会の番論義
学侶衆に入りつゝ
毎日講問勤行し
天下国家寺社以下の
貴賤の聖霊とむらいの
布施物をとりをきて
学問器用の仁躰は
御同学に成ぬれは
寺の読師に定る
位にいたり悦酒とて

三日一献飯酒こそ　亦一段の大儀なれ
次年過て得業の　蕑定給り成り上り
季行事田楽頭役は　此位より勤るそ
大会の竪義遂けは　已講の官に住しつヽ
法会の導師に定る　竪義遂ぬ得業も
年よれは権律師　成り上るそ嬉しき
遂業の律師は　権大僧都に成るこそは
寺に希なる名誉なれ　竪義とけぬ律師は
年よろ〳〵と成りぬれと　僧都ではつるあはれさよ
季田両頭勤めて　法印に成りつヽ
一﨟極る目出さよ　先の近はあわれなる
以上は交衆の次第なり
（下略）

（1）　淄州講と撲揚講のこと。即ち法相第二祖淄州大師慧沼の忌日、及び第三祖撲揚大師智周の忌日に、報恩のため講学論義を行った。
（2）　観は興福寺内観禅院、菩は同菩提院。
（3）　六方とは軌式に「非両門跡被官之類多之、学非学相交者也」とあり、六方衆とも方衆とも称せられる。いわゆる堂衆に対するもので、寺中寺外の諸院坊の所属を六方の方角に分け、それに住する僧徒のうち老衆学侶を除いた若衆を云う。教学に携るべき学侶候補者も、これに携わらぬものも、混合して之を構成し、その中には門跡の北面衆を兼ねる者もあった。六方の内訳は戌亥方、丑寅方、辰巳方、未申方の四方に、龍花院方、菩提院方を追加して六方とし、国中の末寺もまた六分して配属された。その職分は学・非学によって区別があるが、学侶と共に国中の検断を行ない、有事に際しては郡使を以て国中の衆徒国民《くにたみ》を動員するものである〔永島福太郎「奈良文化の伝流」第一篇四三頁〕。

（4）屋は春日神社附属の研究室兼修行所のことで、その成立起原は明らかでない。経論章疏を具備しており、学侶は一夏九旬の参籠、三七日乃至一七日の参籠を行なって研究と精進に従事した。設備の最も完備したものは「本談義屋」であり、その他に「西屋」、「新造屋」、「因明屋」、「瓦屋」（又、上屋）、「般若屋」、「中院屋」などのあったことが興福寺所蔵文書に散見し得る。しかしその一々の機能その他については、現存史料に乏しく、詳細に知ることが出来ない。

（5）一乗院門跡と大乗院門跡を指す。

（6）『尋尊秘記』によると、当時の寺役として次の如きものがある。

修理目代寺社在々所々橋并諸法会式仮屋以下作事方一切致奉行之新所杣以下自国他国在之、第一目代也。

会所目代維摩会以下諸会式莚畳以下断供所新等諸下行致奉行之新所自国他国及一二百ケ所。

公文目代一切検断方并諸書下廻文等致奉行之新所自国他国在之、

通目代七堂等并諸会式仏供灯明方悉皆致奉行之新所同大略在和州

以上目代者康和大僧正当職時以寺務領之内令配分被定目代畢、仍有寺務自専職之修理外者三綱之内以器用補之、

大供目代鯰江庄大供新方致奉行号供目代、併寺務代官寺門集儀等趣下知成敗。

七

この和讃の作られた時代は、戦国の余波をうけて寺院経済は窮迫し、その社会的権威も衰退したと想像せられるのであるが、南都においてはなお形式的にもせよ学侶の権威が保たれ、その研学修業が鎌倉初頭、南都仏教復興の機運のうちに確立した学僧教育を類型化しつつも伝承していたことを知るのである。

右の和讃に物語られているように、南都学僧の教育は、いわゆる稚児《ちご》時代に始る。経論の素読諳誦がその中心であり、これに各宗概論とも云うべき名目類、綱要類の口授、行儀作法等の修練が課せられた。平安・鎌倉時代を通

じて、学僧の伝記を通覧すると、彼等は多く七、八歳にて仏門に入り、一三、四歳で剃髪して沙弥となり、既に一七、八歳で安居講や勧学院の講義談義の類を聴講して、経論の義理に通ずると共に、論講の席に出仕していわゆる論匠たるの稽古を積んだのであるから、それは暗記、諳誦を型の如く行なって、後にその義理内容を理解せしめ、更にこの型を出でて個性の振張を図ろうとするものであり、いわば中世から近世に及ぶ我が国の教育の基本的な型をなすものと考えられる。

稚児教育については、仁和寺守覚法親王の『右記』や『後宇多院御遺告』などに、かなり具体的にその内容が示されているが、また論議の流盛に伴って「稚児論義」なども行なわれた。剃髪受戒後の沙弥時代、更に下﨟分、中﨟分における学僧教育の上に、大きな意義を有したものは竪義と共に「論義」があった。少なくとも中古中世を通じて、南都の学僧はその目標をこの論義に置いていたことは、先の和讃からも知られる。最初は注記役や問者役となって様式を見学し、その準備として古論草の暗記、予行訓練である内論義や毎日講への出仕、その論義に対する学的素地の涵養を目的とする学問研鑽の常設機関たる勧学院の講談聴講や安居講などへの参会、複講研討、一夏九旬乃至一七日の諸屋参籠等、すべてこのための刻苦精励がその生活の中心であり、更には竪義論義の前行為としての加行、即ち精進別火の行を積んで春日明神、慈恩大師の画像を安置せる一室に籠って、一定期間横臥を禁じ、昼夜端坐して論義の答案を練る行を積まねばならなかった。

かの南都教学の復興に先駆した笠置の貞慶は、その著『勧学記』の中で、学僧たる者の実践戒心すべき諸項を記して、昼夜六時を空しくすべからざる事、修学の二門を怠る可からざること、常に修学の仁に親近して不用の輩に睨むべからざる事、世路の営みは修学の妨なる事、貴所の近習は疎学の根元なる事、決択の庭聴聞の砌には万事を抛って差出ずべき事、窮屈徒然の折に他人の修学を妨げざる事、婬事酒宴を好む可からざる事、修学を嗜まずして威勢を立つ可からざる事、等を説いている。彼が掲げた学僧一日の時間表には、「辰巳学問、午勤行、未学問、申外典世事等、酉勤行念誦、戌亥学問、子丑休息睡眠、寅卯学問」とあり、睡眠休息は僅かに午前〇時から四時までの四時間、学問に一四時間、勧行念誦に四時間、外典の研究と世事に二時間を割り当てている。これは或いは一つの理想案であるかも知れないが、少なくとも著者貞慶はこれに近い生活を送っていたに違いない。当代の学僧達がいかに刻苦して学問を研究していたかを物語るものである。

貞慶の法孫に当る良遍もまたかかる態度を継承して『護持正法章』を著し、像末に及んで修学衰微して、学業増進せざるを歎じ、学匠中﨟の者数人毎月会合して祈請し、仏道増進の至要を目録して修学の違縁を遮止し、修道の捷径を示して当時の教界を警醒せしめんとした。即ち対治すべき遮止門と興隆すべき表彰門に分ち、表彰門を凡夫、良家、総持の三項について、夫々戒飭と奨励を加え、凡夫を更に三分して中﨟、論匠、非論匠について、その心得を示し、主として稽古不退にして講問論義の出仕を怠らず、その師承を正し学道専一に努め、器量人を求めて勤学せしむべき事等を懇切に提示した。是等の主張によって、興福寺の学道は振興され、かの東大寺の円照、宗性、凝然等のすぐれた学僧の輩出と相俟って、南都教学の目覚ましい復興時代を現出したのである。

八

これらの学僧達の主張なり生涯なりを見ると、学僧教育における重要なポイントとしての論義について注目させられる。事実中古中世を通じて論義とその試業形式としての竪義とが、いかに重んぜられたかは、かの『沙石集』に南都春日野の学匠の房に近く住んでいた蟻と螨とが、自然に感化せられて寄合うて互いに論義した説話や、『古今集』の「年の内に春は来にけり」の歌をも論義の問難かと興がったという三井教月房の挿話からも知られる。僧慈円の「比叡の山論義や近くなりぬらん　谷に響ける問答の声」の一首もある。

我国に論義の行なわれたのは白雉三年（六五二）四月、入唐学問僧恵隠が勅を奏じて内裏に参入し、無量寿経を講じた際、恵資を論議者として行なったのが始めである〔紀二五〕。降って延暦年間には論義の試業形式たる興福寺維摩会竪義が恒例となり、やがて宮中御斎会に「内論義」が加えられ〔弘仁四年、八一三〕、維摩会番論義〔承平七年、九三七〕、仙洞最勝講番論義〔永久元年、一一一三〕等が始行せられ、平安中期以後、南北両京の諸大寺の勅会には皆論義を設けて、法会に研学的要素を加味したのである。かの応和宗論として聞えた宮中の法華八講の論義において、延暦寺の良源対興福寺の浄蔵、叡山の寿肇と聖救対南都の仲算の衆正成仏義についての問難の如き、誠に一宗の権威を担う論義として、そのためには一山の鎮守日吉、春日の両明神も形を隠して、その席に影響し、応援せられたと伝説せられる程、白熱的且つ真劔なものであった。

論義の一般形式は竪義と同じく講師・問者以下の諸役入堂の後、型の如き法会を行ない、畢って問答に移り、問者初問を三重に問い、講師これを三重に答え、第二問以下はただ一重に問答し、教理、文証、扱、所詮と次第して問難往復するのが通例であるが、この形式は必ずしも通則とはならず、初問を五重に問答する「五重論義」、規定の問答から更に問題を派生せしめて論義を重ねる「重難論義」、講師・問者が各一人一雙となって論義する「番論義」、講問互に交替して論議する「向論義」、その他「謂立」、「譬喩」、「放題」、「逐次」、「並列」、「定判」、「附」、「問題」、等の論義形式があり、これらの具体的な実例は、高野山に行なわれたものは栂尾祥雲師の『密教学道史』に詳しく説かれている。またその目的や場所に応じて「法楽論義」、「勧学論義」、「内論義」、「殿上論義」、「仙洞論義」、「幕府論義」等があった。

南都に行なわれた論義は主として内明《ないみょう》と因明《いんみょう》の二種であり、叡山ではこれを業義《ごうぎ》と副義《そえぎ》と称し、副義には多く声明《しょうみょう》を採用した。内明とか業義というのは夫々その宗派や寺院、または論義の目指す教学の本業経論疏を指すのである。中世論義の盛行に伴って、それに用いる論草の整理と研究が起こり、因明学に関しては蔵俊の『因明大疏抄』、貞慶の『明要抄』、『明本抄』或いは唯識学に関する同じく『同学抄』、『本文抄』、倶舎論に関して『本義鈔』、さては華厳学について宗性の『香薫抄』、審乗の『問答抄』などが製作せられ、問題は多く其等の論草中から採用せられた。今日も南都の諸大寺には、中世以来学僧達が自己の心覚えとし、或いは暗記のため筆記したらしい論義関係の文書が堆高く保存せられており、東大寺図書館蔵の宗性、凝然、実弘三師自筆本の大半もまたこの種のものである。三四、五歳で入寂した実弘の『学道日記』〔東大寺図書館蔵〕などを見ても、当時の学僧が論義をもって学道の中心と考えたことが判り、その出仕論義の種類の多種多様なること、また一人で多くの自宗他宗他寺の論義に出仕して砌磋琢磨したことが窺われ、『尋尊秘記』、『大乗院寺社雑事記』、『多聞院日記』を始め、東大寺や法隆寺の『年中行事記』等によっても、一寺院が年々多くの講問論義を執行していたことが知られる。

九

しかしいかなる制度も、時代の経過と共に次第にその本来の意義は忘れられ、目的から逸脱して行くものである。幾度か革新が叫ばれ、幾多の優れた学僧達を生み、且つ彼等によって誘導せられたこの制度も、時代の移りと共に中世以後次第に形骸化して、初期に見られた生命をかけた研学成果の発表、論難、一宗の運命を担う教義問答は、いつしか一種の惰性的な儀式となってしまった。教義が専門化し、解釈の上に精緻の度を加えるにつれて、幾多の異説が門戸を立て、分派分流したことも、その原因の一つであったが、殊に真言密教の流伝と共に、その神秘主義は一種の秘密主義に転換せられ、学問の世界にも門戸閉鎖の、いわゆる口伝秘授、口決双紙の授受相承の風潮が次第に一般学界に強くなった。更に当時の社会事情に煩わされて、次第に門閥勢家の良家子弟の寺院進出が甚しくなり、門跡寺院の貴種良家の独占、子院寺坊における種姓的割拠が顕著となり、従来一般国民の前に開放せられていた唯一の門戸は、他方における封建制社会の確立と共に、排他的な孤立化に赴いたことも、教学を萎微沈退させ、学問研鑽を形式化せしめた最大の原因であったかと思われる。

論義においても、嘗ては最も神聖なるべき論義前の加行中にも、「夢見式《ゆめみ》」と称して、問題の内見を許し、或いは問答に行き詰まった際、古人が真劔に悲泣したのを形式化して「泣き節」が案出せられ、総じて挙措進退、引声切声などの発声や抑揚のみに力瘤を入れることとなり、肝心の論義は一種の台詞の遺り取りに終った。かくて南都の仏教は、その宗教的生命と権威を喪失し、教学は人生社会から遊離し、儀礼技巧の末節にのみ拘泥して全般の展開を失い、徒らに行人堂衆の跳梁に法燈の衰微を嘆かざるを得なくなったのである。

（一九五二・二・一）

○本稿は一九四五年七月、文部省主催の長野市における教育学特別学会において発表した要旨に訂正加筆したものである。

（『印度学仏教学研究』第一巻、第一号所収）

八　中尊寺金色堂長押内発見の火葬人骨、納骨器及び笹塔婆について

一

一九五九年一一月三〇日、東北大学文学部を中心とする平泉文化綜合調査の際、金色堂内において、中尊寺佐々木実高執事長、石田一良教授および筆者が、北面中ノ間の長押内を捜索したところ、笹塔婆一二本（内残欠一本）、磨竹製納骨器三個、火葬人骨、人歯骨多数、その他を発見した。

笹塔婆は最大四五・四センチ、最小一九センチほどのへギ板状塔婆で、その表面、裏面に左の如き種子・文言、及び年号などが書きしるされている。

1―3　𑖪𑖽《バン（大日）》　𑖏《キャ》𑖮《カ》𑖨《ラ》𑖪《バ》𑖀《ア》

4　𑖪𑖽　𑖏𑖮𑖨𑖪𑖀　為志也

5　𑖪𑖽　𑖏𑖮𑖨𑖪𑖀　為閑宗也

6―8　𑖪𑖽　願以此功徳普及於一切 我等与衆生皆共成仏道　延文五年　敬白

9　（表）□《(願)カ》仏祖□□夫以為月州郎公 心安本公也　敬白

（裏）七月廿四日

人骨、服飾品断片、植物種子等一部

仏具残欠

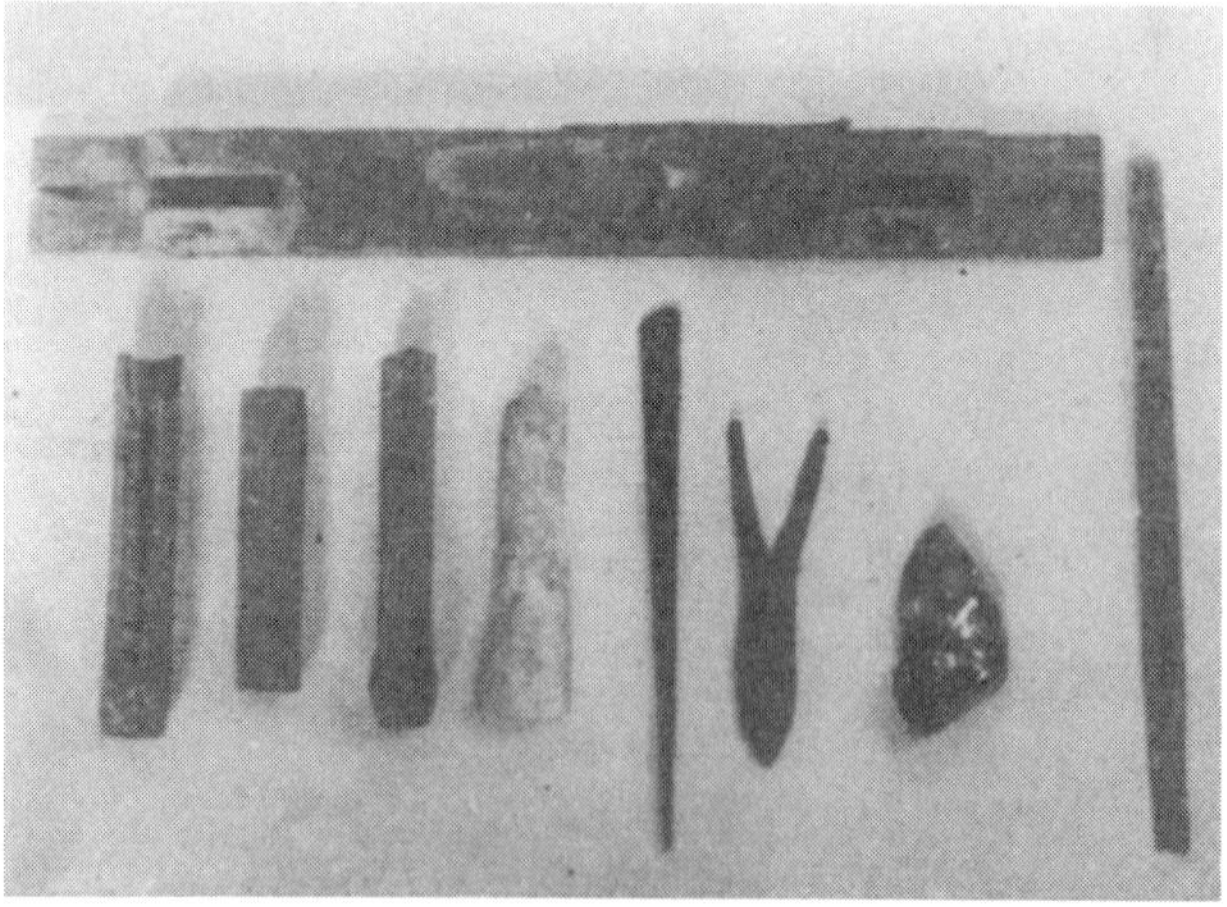

笹塔婆　仏具残欠　鏃様鉄製品　漆ヘラ　人骨　竹製納骨品

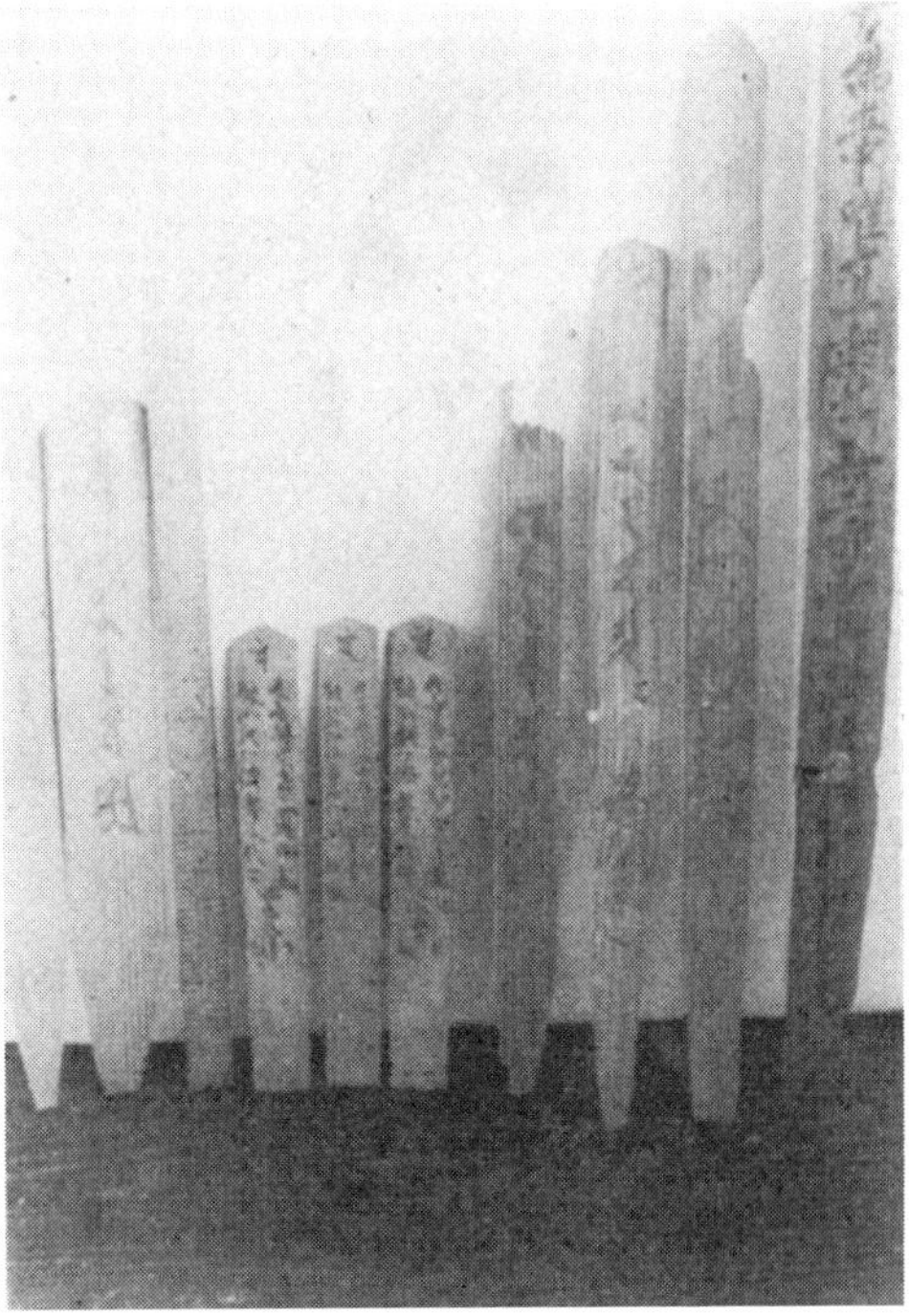

笹　塔　婆

10　(表)願皆為悪魔一一悪魔各有爾時魔軍眷属
(裏)菩薩摩訶薩於此六種波羅蜜値一現行

11　𑖥𑖾《バク》(釈迦)　十方仏土中唯有一乗法無二亦無三除仏方便説　右為志也

12　(残欠)(表)力所住於
(裏)雚□□□

この笹塔婆は元禄の修理、明治の大修理の際にも多数発見されたもので、そのうちの二十数本は現に同寺宝蔵に

既出宝篋印塔型納骨器

保存されている。なお一九六〇年一一月一八日の再度の調査の際、東面の長押内から縦二三・五センチ、幅約一・五センチの笹塔婆一本が出てきた。

13　南無阿弥陀仏

とあるもので、大日の種子に南無阿弥陀仏を配したのは、すこぶる興味ふかく且つ暗示に富むものである。

次に竹製納骨器は、

1　長さ八・一八センチ、径約一・七センチ、遺骨無し。

2　長さ一〇・〇センチ、径約一・〇六センチ、上方に▽形の穴がうがたれている。火葬によると推定される炭化した人歯骨二個、小骨片灰少々。

3　長さ一〇・一五センチ、径一・三九センチ、首部に《アー》または《アク》とよまれる梵字を有し、火葬せる小骨片一三個及び骨粉少々。

なお一九六〇年の第二次調査の際に発見したものは

4　長さ五・五センチ、径約二・〇センチ、火葬人骨片若干。

納骨器は竹節を底として、表面を僅かに磨き、上部に紙その他簡単な詰めをした粗末なもので、作製年代は不明である。なおゴミ、ワラ屑などを丹念にふるったところ、火葬人骨片多数（うち頭蓋骨片と思われるもの一個）、長さ八・八センチに及ぶ脛骨風の人骨一個が発見された。

また別に長さ一四・四センチ、先端最長幅一・二一センチの木製漆へラ一本。長さ二九・七センチ、幅〇・四五五センチ、金砂子漆塗り、螺鈿一部残存、鍍金金具付き木製仏具残欠一。長さ九・〇一センチの鏃型鉄製品一個。長さ約六・〇センチの木製金箔、裏漆かための仏具残欠一。長さ一五・一センチ、先端を少し削った使途不明のヘラ状木製品一。須弥壇下の三つの金棺内より鼠によって持ち運ばれたと覚しき麻布、紐その他の服飾品の残片多数がワラ屑とともに発見され、また栗、稲、カヤ、その他の植物の実九片、箸三本が出て来た。

二

以上の大部分は三間四面の金色堂の四辺長押のうちの僅か一間、北面中の間から、それもカンナを用いず、チョウナをもって掘り曲めた屈曲した狭い内部を細い鞭様の竹などでさぐり、辛うじてこれに触れて釣上げたものである。一九六〇年の調査の際も佐々木師をわずらわして、同様の方法で奥の二つの壇側を除く長押内を簡単に捜査したが僅かに納骨器一、笹塔婆一、火葬人骨片若干及び服飾品の残片などを得たにとどまった。ただ遺品の存在を確認しながら、どうしても釣上げられぬものが相当あり、天井裏及び奥の五面の長押は今後の解体修理をまって調査することとしたから、まだどのようなものが出現するかは大いに期待してよいが、とりあえず今まで判明した資料について、以下簡単にふれてゆくことにする。もっともこれらの資料は多く私の専門外のことに属し、従って素朴な誤謬を犯したり、すでに専門領域で常識となっていることを事々しく論じたりする愚を犯す危険が多いが、一応所見をしるして読者の叱正を仰ぐこととする。

先ず前回藤原四代の遺体調査の行なわれた際の発見資料と比較してみると、金色堂須弥壇内部床上、三代の金棺底、遺体内部、忠衡首桶などから出たゴミのなかから、オニグルミ、桃、梅、カヤ、栗、シラカシ、アブラチャン、エゾノウワミズザクラ、漆、稲、稗などの植物の種子が相当多数採取された〔大賀一郎「中尊寺のミイラとともにあった植物のタネ」、中尊寺と藤原四代、一〇三―一一七頁〕。そしてこれらはいずれも鼠によって運びこまれたものと推定されている。さてこうした植物の種子のみならず、種々のものが運びこまれていた。長谷部言人博士の報告には、「三つの金棺内には鼠などのくわえこんだ種子、草茎の類が多量にあるほか、天蓋、仏像などの垂飾、らでんの貝片、笹塔婆や焼けた人の歯などが多々あった。これらも元禄の修理の際、或いは以前に仏壇の中から拾い上げて投入されたか、或いは直接落ちこんだものらしい。別に明治三〇年修理の際仏壇内から掃き集められたゴミの中にもこれらの異物が多量にあった。元禄の修理が仏壇の内部にまでおよばなかったことを想像させる〔「遺体に関する諸問題」、同上一〇頁〕としるしてある。単に棺内のみではない。足沢三之介氏は「レントゲン学的にみた藤原四代〔同上八一頁〕のなかで、「基衡の胸腔には多数の数珠玉、金属塊、金属輪、金属箔、数個の人歯骨を認め、……秀衡の胸腔、腹腔及び骨盤内には多数の人歯骨、古銭を見出した。……頭蓋内に人歯骨を認めた」と報告している。これら異物運搬の犯人と目される鼠族の跳梁について、森八郎氏は、遺体がいずれも甚しい鼠害を蒙り、体腔内に営巣した事実を指摘し、殊に清衡の遺体には猫が鼠を追って侵入し、清衡の胸部を喰い破って体腔内の鼠の巣を襲撃したため、骨骼を散乱せしめるに至った、としている〔「鼠害と虫害について」、同上一二〇頁〕。

さて、金棺内及び遺体腔内に多数の焼けた人歯骨の発見されたことについて、長谷部博士は、「ただ注意しておきたい一事がある。それは三個の金棺内および明治三〇年の修理の際各仏壇の中から集められたゴミの中に多数の焼けた歯があったことである。これらは恐らく寛永の修理以前、殊に鎌倉時代に阿弥陀如来を目がけて投入されたもので、飛鳥・奈良時代から行なわれた信仰の余風が、殊に同時代この地方において高潮に達したことを推測させる、歯の主も、これを投入したのも、平泉を中心とした地方民衆、即ち蝦夷の後裔であったことは疑いない」〔同、前掲一二頁〕とし、足沢氏は「体内に発見された人歯骨は殉死者のものか親族のものか分明しないが……」〔同上八一頁〕として人為的投入説を採っている。

殉死、または故意に遺体内に納骨したとの説はあまりに突飛であり、殊に今回の長押内から出た納骨器に、最初に納められたと覚しき人歯骨や骨片が原状のまま存在している事実からしても、否定さるべきものと考えられるが、阿弥陀如来をめがけて投入されたとする長谷部説も、また吟味を要するであろう。

明治の大修理の際にも多数の竹製納骨器及び金箔付き宝篋印塔型納骨器、ならびに笹塔婆が、須弥壇、長押の上及び内部から発見されたらしいが、笹塔婆二十数本と三個の宝篋印塔型納骨器を除いて、他はすべて不用意にも破棄されたかと思われるふしがある〔佐々木実高師談〕。元来、笹塔婆は多く長押内に挿し、また納骨器は須弥壇や長押上に安置されていたものではなかろうかと推測される。それが鼠や風、地震などによって、あるいは営巣のため喰い破られ、遺体内や棺内に運びこまれ、あるいは棺内、床上に顚落し、あるものは長押内の底部に落ち込んだ。この推測が可能ならば、納骨器や笹塔婆は無関係のものもあろうが、また結びついたものもあったと見てよいのではあるまいか。

この仮説には今一つ反論が予想される。それは前の何回かの修理、殊に明治三三年の大修理の際、そのいくつかを長押内に投入したという推測である。これは現に長押内から修理の際に切除したか、附近に散乱していたらしい仏具の残欠が出て来たことによって、十分想像され得る仮説であるが、前回の遺体調査の際、今回出たような磨竹製納骨器の所在を指摘した人のいないところを見ると、人骨及び歯はすべて散乱した状態にあったと考えられる。ところが今回はあきらかに二個の焼けた人歯骨を納めたものと、火葬人骨片十数個の入ったままの納骨器が発見されたので、まれに阿弥陀仏めがけて死者の歯を投入したものもあったかは知らぬが、多くは納骨器に入れ、塔婆を附して菩提供養のため堂内に納められたものが、鼠によって運搬散乱させられたと推測するのがより妥当なように思われる。即ち幸運にも長押上から底部へ顚落したものの一部が原形のまま今回採取されたと考えられるからである。しかし同じ長押の底から出て来たゴミのなかに、多量のワラ屑とともに多数の植物の種子や服飾品の断片が発見されたことは、鼠どもが多くの異物を外部から金棺や遺体内に運び込んだとともに、また逆にいろいろの遺体関係の品物を長押のなかに運び落していることが知られる。そこで問題になるのは、既述の長さ八・八センチの人骨(？)である。金棺内からは鳥の骨骼も出ているが、他の火葬人骨片と比してすば抜けて大きいこの骨は一体何であり、いかなる経路でここへ運び込まれたかは、素人の私にはいろいろの臆測が逞しう出来るが、これは他日専門家の調査の結果をまたねばならぬ問題であるから、今は差し控えておこう。

つぎに、堂内、金棺内、遺体腔内より発見された人骨、人歯がすべて焼かれたものであることは注意してよい。これは不慮の火災、戦乱によって焼死した遺骸の一部でなければ、火葬されたものである。こうした粗末な納骨器や笹塔婆を奉納してあるのは、長谷部博士の指摘されるように「平泉を中心とした地方民衆」の浄土信仰を物語るものであるかに見られるが、私はこれにもなお疑問を存している。それは今回の調査で、私は特に平泉周辺の農村についてその葬送習俗をさぐったのであるが、葬送の際、六地蔵の木版一枚刷りの絵像を棺内に入れ、また六本の蠟燭を葬列の通る岐路の辻ごとに立てて六地蔵に供養する風はあるが――これは後に論ずるところがある――火葬の風を伝えるところはなく、尽く土葬を行なっている事実からして、これらの火葬骨らしきものは、中尊寺周辺の農村のものではなく、山伏、六部、巡礼、念仏聖、ないしは親族縁者の手によって、高野山の例の如く、遠国からわざわざ持参して納入されたか、あるいは中尊寺山内院坊の僧俗の遺骨と考えなければならないと思われる。ただこのような信仰や慣習がどのような教理に基づき、何をきっかけにして起こり、且つ流行し、遂に廃絶するにいたったかについては、なお今後慎重に考えてみる必要があろう。

三

つぎに、今回出て来た笹塔婆について考えてみたい。この笹塔婆一四本のうち仏菩薩の種子をしるすもの一〇本、うち一本は釈迦（番号11）で、他の九本はすべて《バン》、即ち金剛界大日の種子である。中尊寺既出の笹塔婆についても、大日の種子が多く見られる。またこれらの塔婆はすべて死者追福のために作られたらしいことも注意を要する。番号1から5の金剛界大日に空・風・火・水・地の五輪種子を配するものは、多く死者の十三回忌のために書かれるもののようであるが、単に「為志也」とあるのは中世の板碑、他寺の笹塔婆にも多く見えて古躰を存するものと思われる。5及び9に見える「閑宗」及び「月州郎公、心安本公」なる人名は、いかなる身分、いかなる関係の人かは目下不明である。

また6—8の三本の同文笹塔婆にそれぞれ延文五年（一三六〇）の年号を有するのは珍重すべきものである。中尊寺蔵の既出笹塔婆のなかに、

《キリーク》（阿弥陀）　一念弥陀仏即滅無量罪乃至法界
現受無比楽後生清浄土草木利益　右意趣
応永六年二月十四日　敬白

及び

《バク》（釈迦）　願以此功徳普及於一切
我等与衆生皆共成仏道　右志者　施主敬白
応永二年二月日　敬白

またやや時代が降って、

（表）

キリーク（阿弥陀）　一念弥陀仏即滅無量罪　　過去性善□□□□

右意趣者　　応仁二年戊子五月　日

現受無比楽後生清浄土
乃至法界平等利益　　奉造立木□□□

（裏）

バン（大日）　妙本禅尼

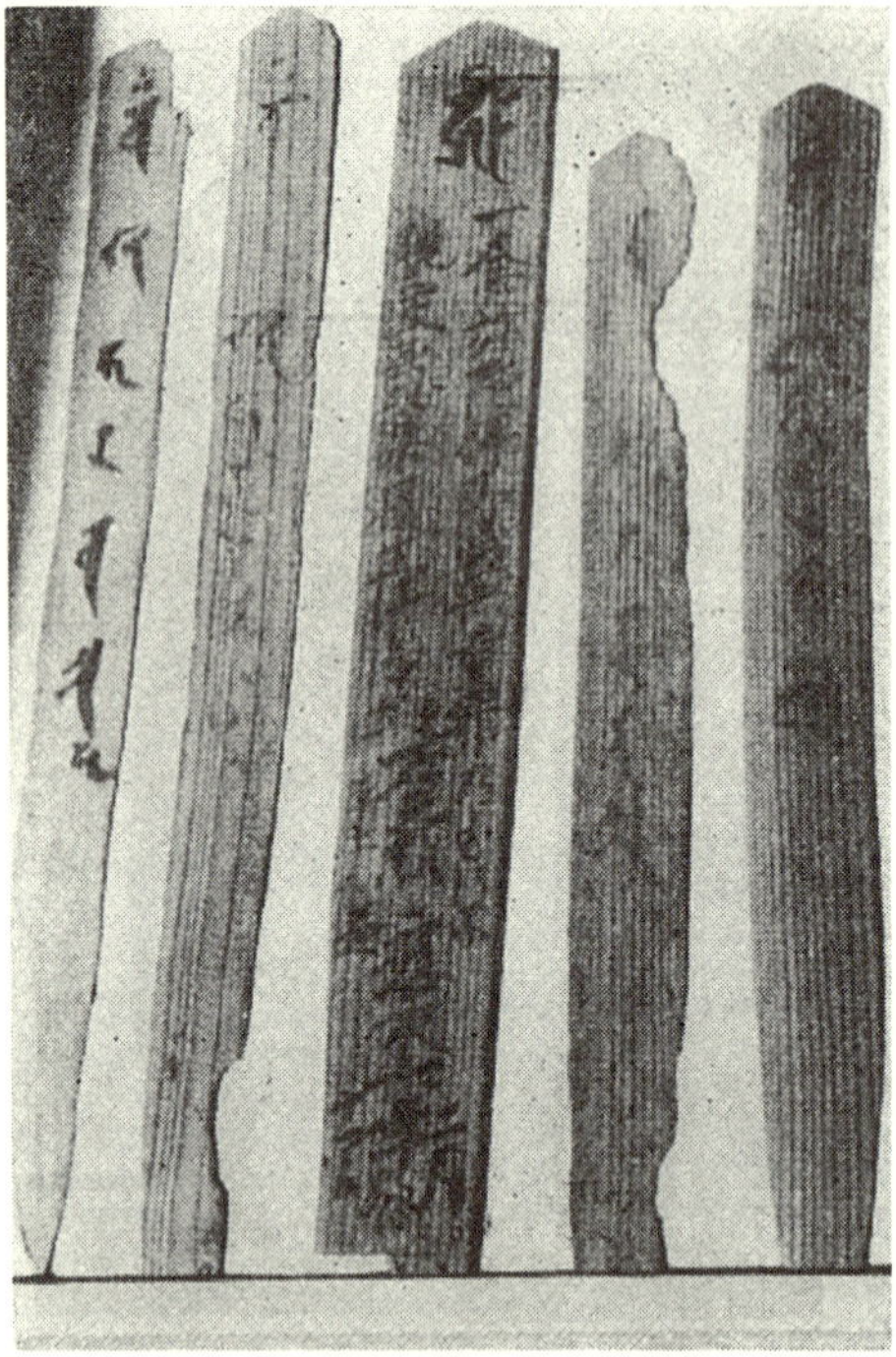

とあるものの三本が存している。応永二年（一三九五）は今回発見の延文五年より三五年後、応仁二年（一四六八）は一〇八年を距てている。なお寺僧の談によれば無量光院址より観応二年（一三五一）の板碑が出土し、またほぼ同時代の板碑残欠が現在の讃衡蔵附近からも出土しているところからして、これらの笹塔婆は板碑の流行との関連性も考えられ、あるいはその簡略形式とも見られる。いずれも一四世紀後半から一五世紀にわたる時期であり、日本の宗教史の上で注目すべき時期といわれよう。

四

一体、天治元年（一一二四）八月二〇日、「大檀散位藤原清衡、女檀安倍氏清原氏平氏」〔金色堂天井裏隅木下墨書銘〕によって建立された金色堂は、のち清衡、基衡、秀衡の三代の遺体を三壇の下に安置して、いわゆる葬堂としての機能を持つにいたったのであるが、当初の計画は当時京都の貴族間に流行した阿弥陀堂、極楽堂の形態であったことは、これが清衡（一〇五六―一一二八）の逝去前四年の建立であることから明らかである。ただ周知のように『吾妻鏡』文治五年（一一八九）九月一七日条に、「金色堂上下四壁内殿皆金色也、堂内構二三壇一、悉螺鈿也、阿弥陀三尊、二天、六地蔵、定朝造之」とあり、これは現在の三壇上の仏像配置と一致しており、当初以来のものと思われるが、阿弥陀三尊と六地蔵の組み合わせはいかなる教理や儀軌に基づき、何を象徴しているのか、またその先蹤は何かという問題については、いくつかの仮説が出されているようであるが、私はこの方面の知識を欠くので、今はただ一つの臆説をのべておくに止めよう。

秀衡建立の無量光院が宇治平等院を模したものであることは、すでに『吾妻鏡』文治五年九月一七日及び二三日条に、「悉以所レ摸二宇治平等院一也」、「是摸二宇治平等院地形一之所也」と見えるが、中尊寺と金色堂についてはかかる伝承は記されていない。ところで中尊寺本願の清衡は、『吾妻鏡』によれば「在世三十三年の間、吾朝延暦、園城、東大、興福等の寺より、震旦の天台山に至るまで、寺毎に千僧を供養す。入滅の年に臨みて、俄かに始めて逆善を修す。百ヵ日結願の時に当って一病無くして合掌して仏号を唱えて眠るが如く閉眼し訖んぬ」〔巻九、岩波文庫本訓〕と伝えられ、すこぶる上世往生人の風格があり、金色堂をもって死後往生の所願を籠めたものと見てよいであろう。且つ彼がしきりに京都の藤原家と交通し、遂にその姓をさえ冒すに至った事実からして、彼が藤原道長の行跡にあこがれたことは推測に難くなく、従って法成寺阿弥陀堂及び道長の室による同寺西北院、同娘の上東門院による東北院の前蹤は特に重要であるように思われる。

『栄華物語』（巻一六）の「本のしづく」、治安元年（一〇二一）の条に、法成寺阿弥陀堂のことをしるして、「月ごろ御堂のいぬゐのかたにへだてて、うへの御堂たてさせ給へり、みなついぢをしこめて三間四面のひはだぶきの御堂、いとささやかにおかしげにつくらせ給て、……十二月十よ日のほどに御堂供養あり、御だうのありさま仏いとおかしげにて、三尺ばかりの阿弥陀仏観音勢至おはします、……その事はててなおやがて三日三夜不断の御念仏せさせ給、山の念仏のさまをうつしおこなはせ給なりけり……」（巻一六）とあり、これより九年後、長元三年（一〇三〇）八月二一日、上東門院が母倫子の西北院にならって、東北院を建立した願文には、

弟子忝号二帝王之母儀一、十善之宿因雖レ貴、倩観二婦女之身業一、五障之余罪有レ慙、厭二長楽一兮慕二常楽之境一、抛二綺羅一而著二尸羅之衣一、……染レ心者上品蓮台之暁露、因レ茲聊捨二信心之浄財一、将レ構二方丈之梵宇一、鳳城東面、鴨水西頭、有二一伽藍一、則是我先考所二建立一也、……斯中弟子建二立常行堂一宇一、奉レ造二金色阿弥陀如来像、観音、勢至、地蔵、竜樹菩薩像等各一躰。（下略）

（扶桑略記巻二八）

として、康保五年（九六八）良源による比叡山横川の常行堂の規矩に習った。

前者の三間四面の堂に三尺ばかりの阿弥陀三尊という設計、後者の横川常行堂にならって阿弥陀三尊と地蔵――六地蔵ではないが――を併置した例は、金色堂が清衡と三人の女檀によって作られたという事実とともに、十分考慮されてしかるべき先例と見ることが出来る。果してしからば、金色堂においては、常行三昧の不断念仏が行なわれたであろうし、清衡歿後には東北院や法勝寺阿弥陀堂における如く死者追薦の不断念仏も行なわれたのではあるまいか。

阿弥陀仏と地蔵菩薩との結合は、殊に平安朝の民間仏教信仰の特色をあらわしていて興味がある。周知の如く地

蔵信仰は平安時代において殊に隆盛を極め、一般の信仰としては、六道能化の主であり、特に地獄に入って極苦の衆生を救済するものとされ、往々閻羅王十王の本地とされるようになっている。平安末期に考案され、次第に流行したらしい六地蔵は、まさにその六道輪廻の衆生の苦患を救うを目的とするものであり、やがてのちには多く墓地の入口、十字路などにも奉安されるようになった。初期の地蔵信仰には愛宕、清水を始めとする勝軍地蔵があり、また壬生寺の本尊を始め多くの延命地蔵の信仰もある。

六地蔵でさえ、伝説によれば大納言経実の室家、除病延命のため六地蔵を造立した〔拾遺往生伝巻下〕ともあって、必ずしも死後救済のためのもののみではなかったが、他方例えば源信の妹の安養尼が地蔵菩薩を本尊と仰いで修行したとの伝説〔撰集抄巻七〕にもうかがえるように、共に死後世界にふかくかかわり合う地蔵と阿弥陀の信仰は特に結合し易かったのではなかろうか。現に中尊寺周辺の村落では、葬儀の際に、特に六地蔵の絵像を棺内に入れる風のあることは前に述べた。衣川に接する部落には「六道」という字名が今に残り、そこには地蔵堂が祠られている。これらはもちろん金色堂の六地蔵と直接の関係を持つものではないが、中尊寺参道入口の月見坂の上り口左側には、近世のものらしい六地蔵の石像があるほか、山内に多くの地蔵石像を有していること、また現弁慶堂が以前は十王堂であったと伝え、その境内の小祠には閻魔王と覚しき破損仏頭が安置されていることなど、いずれも中尊寺を中心に地蔵十王信仰が根強く存していた事実を裏書きするもののようである。

五

中尊寺は、藤原氏の滅亡後も「泰衡誅戮せらるると雖も、堂舎の事に於ては故《もと》の如く沙汰有るべきの由、兼ねて仰せ定めらるる所なり、凡そ興法の御志、前代未聞云々」〔吾妻鏡、建久六・九・三条〕として寺領を安堵し、寺塔を

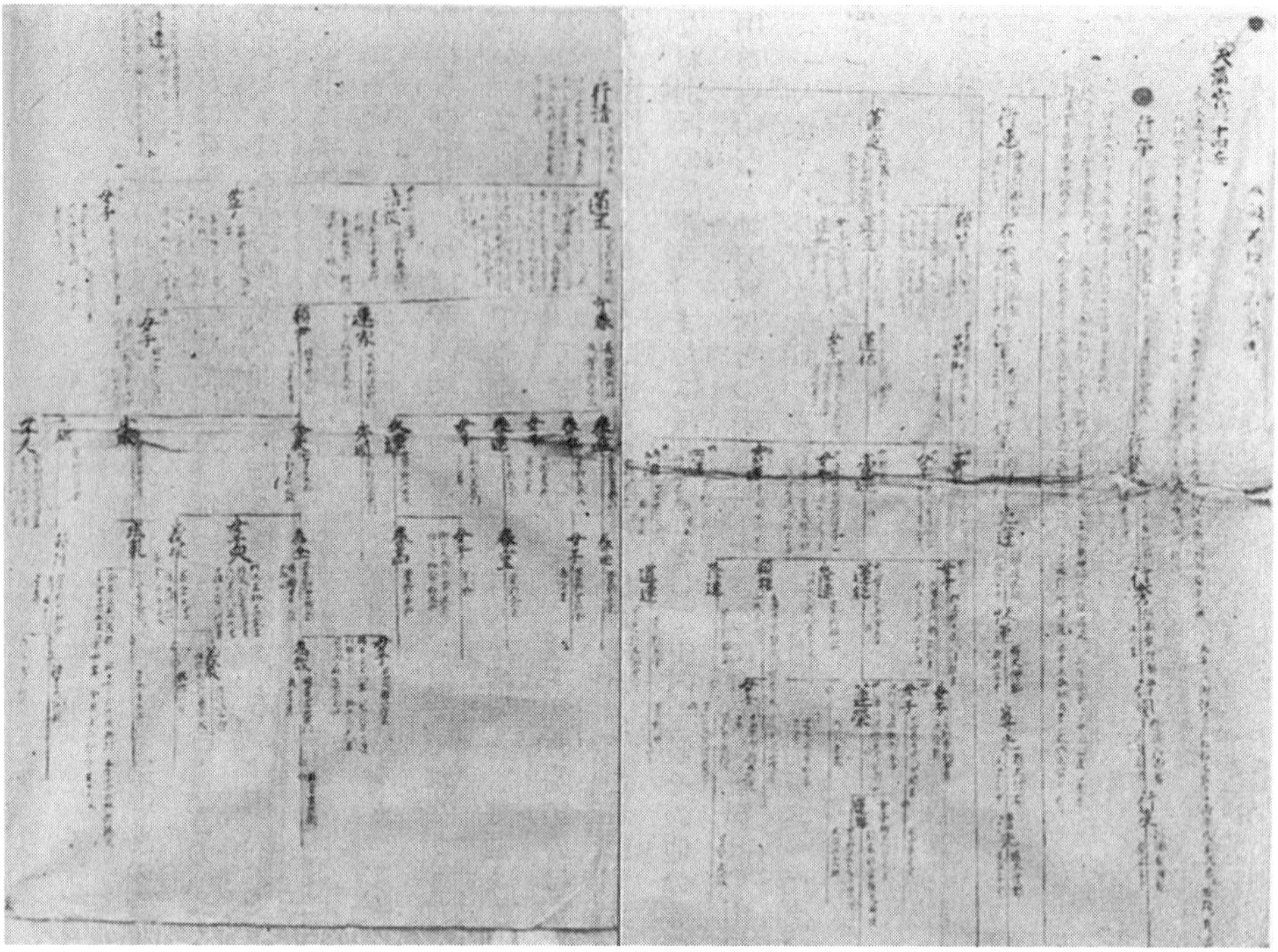

従来大長寿院系図としては後出の別当次第のみが知られていたが、この竪系図は1960年調査の際、同院預りの佐々木亮徳師の好意により披見するを得たものである。別当次第と異なり、それぞれの世代の係累、姻戚関係などをかなりくわしく記した部分があり、中世から近世にいたる中尊寺院家の地位階層を知る好個の資料である。系図冒頭の行栄が天満宮より十四世、五条大納言為親の子息、平泉に出生とするのは、この地方の菅原氏との関係が古くから伝えられ、現実に菅原姓も多いことと考え合わすべきものである。

修復せしめ、また泰衡、義経を私の宿意をもって誅亡したるを悔い、それらの怨霊を宥めるため永福寺の建立さえ行なわれたのであるが〔吾妻鏡、建久三・一〇・二九及び宝治二・三・五条〕、もとより藤原氏一門の外護を失ったのであるから、中尊寺の性格はかなり大きく変化したろうことは想像に難くない。ところで藤原氏滅後の中尊寺の構造について、面白い記事が『吾妻鏡』建久四年（一一九三）七月三日の条に見える。それはこの年鹿島神宮の造営を担当していた小栗十郎重成なるものが、所労重って物狂いとなり、神託と称して無窮の詞を吐くに至った、との郎党の注進をしるすなかに、「去る文治五年、奥州に於て泰衡の庫倉を開かるるの時、重宝等の中を見て、玉幡を申し請け、氏寺に餝るの処、毎夜夢中に山臥数十人、重成の枕上に群集し、件の幡を乞う、この夢想十ケ夜、弥よ相続くの後、心神違例すと云々」とあるものである。もとより伝言である上に夢物語ではあるが、すこぶる暗示に富む記録である。当時中尊寺にはすでに多数の「山臥」が寄住していたらしいことを推測せしめるものではなかろうか。

東北における天台、真言系統の大寺院には、羽黒、湯殿のごとく、純粋に修験道を標榜しないものでも、例えば宮城県の箆峰寺（箆岳）、山形県の立石寺、慈恩寺、岩手県の毛越寺、中尊寺など、徳川時代の寺院統制政策によって、表面は天台、真言の何れかの宗派に属し、総別当、あるいは貫主一人、もしくは何人かの清僧によって支配される形をとりつつも、実際には妻帯世襲の山内院坊が各堂の別当職をつぎ、寺領寺務の管掌、氏神鎮守の祭礼などを執行し、実際上は全山の経営は彼等の手に帰していた。従って表面は天台・真言のいずれかの派に属し、本末関係を保ち、伝統を誇り、事あるときは本寺の庇護を仰ぐ形態を採ってはいるが、事実上では個々寺院の独立性は強いものがあり、山伏等をその下に寄住せしめ、寺塔の守護、祭典の警備、寺領の保護に当らせていたらしい形跡がうかがわれる。従って山上院家はいわば山下の村方に対して小領主的権威をもって臨んでおり、その余風は今日もなお残っている。すなわち村方はいわば寺領民であって、檀家、信徒ではなかった。従ってこれは寺僧の寺堂であって村人の寺ではなかったのである。中尊寺がようやく村人を檀家として迎え入れるに至ったのは、明治以降の新現象である。このことは毛越寺についても言える。そこには正統の院坊のほかに、特に滅罪院と名づくる、葬儀や死者儀礼を行なう別格の院、もしくは別寺を附属せしめている。これは東大寺、薬師寺など旧い勅願寺形式の寺院において、今なお別派の滅罪寺、または滅罪の院をして山内寺僧その他の葬儀を執行せしめているのと揆を一にしている。

中尊寺山内と地方郷村との隔絶を示すさらに有力な資料は、山内院の系譜である。例えば毛越寺蔵、寛文一〇年（一六七〇）の別当頼與の署名になる「白山別当相伝系」には、

豪円　幼名頼俊、母深田坊玄英女

頼鑑　長祐ト改、母宮崎坊澄賢女

唯峯　常州光徳院

女　黒沢豊之助信成女

受覚　幼名頼徳、母源豊前憲綱女

覚玄　頼與ト改、母宮城軍記保定女

信覚　弟子、実寺崎信恭子、平泉ノ幽谷ニ住居ス

連宗　母祇園頼徳女

国光　早世

頼覚　母柳下坊秀誉女

女　楢葉皆人妻

とある。また経蔵別当であった大長寿院蔵、「中尊寺経蔵別当代々続書」と題する竪系図にも、

行栄　阿闍梨大僧都経蔵別当大長寿院別当職成　童子乙王丸、乾元年中（一三〇二）

行賢　後闍梨大僧都　嘉暦年中（一三二六 一三二八）

行秀　阿闍梨僧都　嘉暦年中（一三二六 一三二八）

行円　信濃阿闍梨　延文年中（一三五六 一三六〇）

行慶　阿闍梨僧都　応安年中（一三六八 一三七四）

行恵　備後阿闍梨　永和中（一三七五 一三七八）

有栄　山城阿闍梨　永享年中（一四二九 一四四〇）

行蓮　権大僧都　文安年中（一四四四 一四四八）

行意　阿闍梨　文明年中（一四六九 一四八六）

光蓮　讃岐法眼　明応年中（一四九二 一五〇〇）

快蓮　権大僧都　永正年中（一五〇四 一五二〇）

尊光　権大僧都　天文年中（一五三二 一五五四）

清光　権大僧都　天正年中（一五七三 一五九一）

蓮慶　経蔵別当　大長寿院西谷　慶長年中（一五九六 一六一四）

行清　菅野下総　伊沢郡関村之城主天正十八年葛西清信公之没落之時浪士成中尊寺ニ隠居ル

（下　略）

- **頼賢**　金光堂別当　金色院竹下　西岩井鬼死骸村城主小野寺大蔵子小野寺佐藤衛門関岸城主家之仍爪紋天正十八年之乱ニ浪士ト成光堂別当譲得ル
  - **勇仙**　実蓮祐嫡子　阿闍梨　光堂別当　此代ニ清僧寺ト成
    - （下　略）
- **蓮意**　実畠山某男　経蔵別当　正保年中（一六四四〜一六四七）
  - **蓮祐**　実佐々木平左衛門安常次男　同
    - **勇仙**　母ハ同、光堂別当ト成ル
    - **女子**　母ハ同、達谷岩屋別当、西光寺豪珊妻
    - **豪蓮**　母ハ頼賢女　同
      - **女子**　母ハ同、村上権左衛門清胤妻、佐瀬五郎兵衛能起妻　村上正兵衛清長等之母
      - **蓮能**　母ハ稗貫左太郎全義女、同
      - **隆蓮**　菅野梅安　同苗六左衛門養子ト成ル
        - **○○**　芳賀栄阿弥　芳賀友阿弥養子ト成ル
          - **芳賀武蔵**
      - **頼雄**　毛越等普賢院山繞房ト成ル　山繞房ニ成ル（原本ママ）
        - **○○**　達谷岩屋別当西光寺　普賢院山繞房
    - **女子**　母ハ飯坂内遊殿同大内清衛門女　渡辺助七連清妻　渡辺九兵衛基大越平助　近治女渡辺源助等之母
    - **実蓮**　母ハ同　菅野水源　早世
    - **共蓮**　母ハ同　菅野六左兵衛　後ニ湯水　此代ニ被召出ル　（原本ママ）
      - **道蓮**　菅野長兵衛　実只野九八郎男子
        - **菅野弥門**
  - **女子**　実光同別当頼賢娘　蓮意養女ニテ蓮祐妻トス
- **女子**　蓮意女　菅野主馬
- **蓮如**　早世

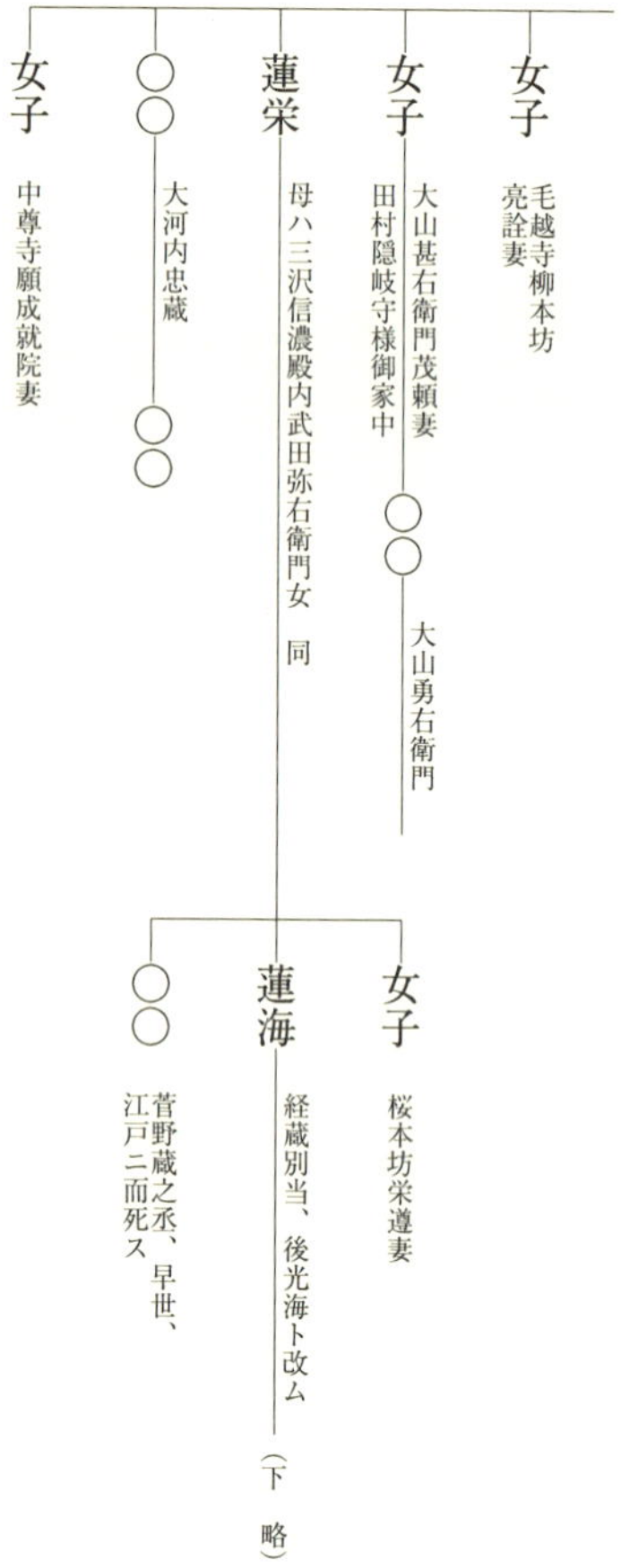

と見える。今、これらの系図の真偽についてはしばらく問わぬこととする。というのは、この系図がある程度の真実を伝えているならばもとより、仮りに全くの虚構になる偽系図であったとしても、かかる系図を作製した寺僧の意図、そこにうかがえる身分意識は十分にうかがうことができるからである。

例えば右系図に見える蓮能は第二六世経蔵別当であるが、その母は稗貫左太郎全義の女である。彼は正徳四年（一七一四）別当職を襲い、妻に三沢信濃家中の武田弥右衛門の女を娉り、その間に二男三女をあげた。一男は第二七世蓮栄となり、女子の一人は毛越寺柳本坊亮詮の妻となり、一人は田村隠岐守家中の大山甚右衛門茂頼の妻、一人は中尊寺願成就院の妻となった。一男は出て大河内家を継いだものと思われる。またこの系図中には伊沢、西磐井地方の小領主が天正一八年葛西氏の乱に山内に遁入して、山内院家に寄住し、別当職に就いた例も見え、山内院家が決して山下郷村民の血を混えなかったこと、あるいは血を混うべからずとの意識の存したことは、この系図からも証明され得よう。

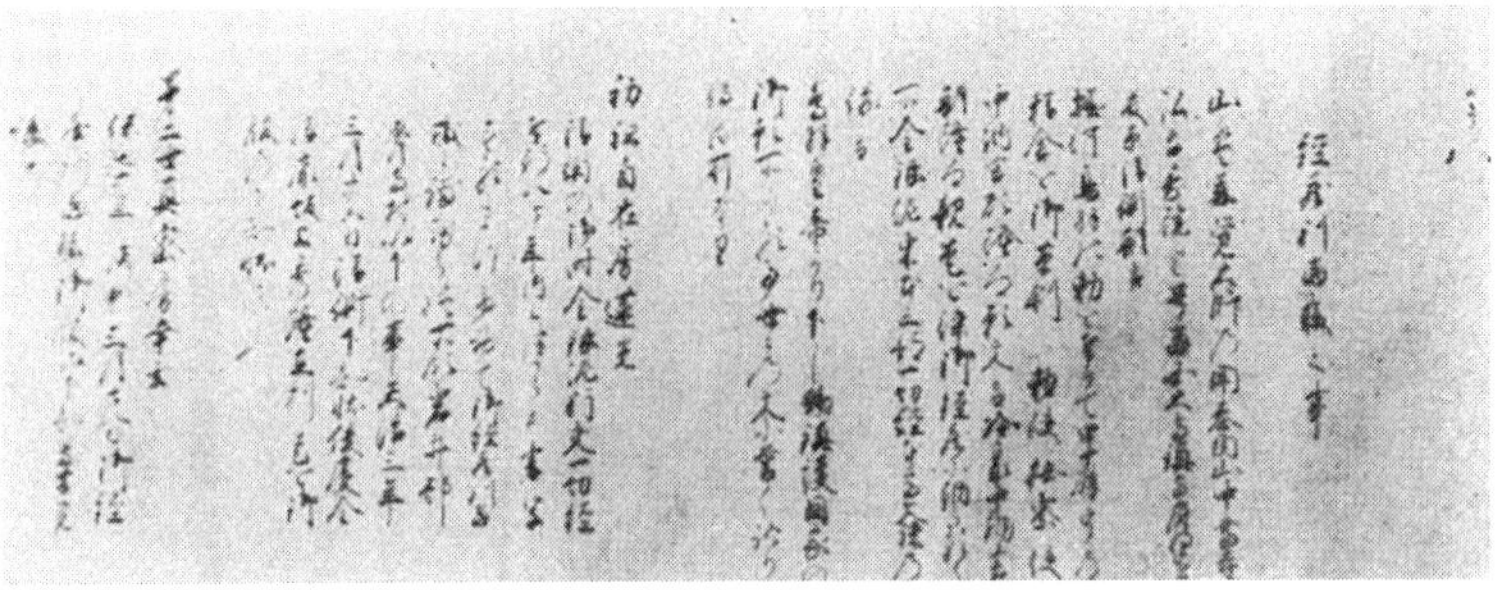

従って中尊寺の名は周辺の農民にとっては領主的な権威をもって響いており、畏敬近づき難き聖地であったろう。中尊寺信仰はむしろ遠国からする巡礼や廻国のヒジリ、もしくは哀史をしたう文人たちの間にひろく受け容れられていたのではなかったろうか。しかも寺僧の信仰や行事に深く干渉すべき大檀那はすでに滅び去って久しい。かくて中尊寺の形態は、妻帯世襲、地方の小領主階層、同身分階層との婚姻という極めて安定した変化に乏しい生活圏のなかに固定してきた。それゆえ、一方では鎌倉の新仏教の影響をあまり受けない、平安末期の密教式浄土信仰をある程度残存せしめ、しかも他方、東北型修験寺院の形態を早くから採用してきたと想像されるのである。

もっとも、古く浄土宗開祖源空の徒弟であった阿波之介が、金色堂に参籠し、この地に命終ったとする伝説があり、これにちなんで延宝六年（一六七八）一〇月一七日、僧西念なるものが、左の如き高さ七〇センチ、幅四〇センチの「阿波之介舎利塔」を金色堂東南の土壇上に築いている。

願以此功徳普施（ママ）一切　百日大願□□（成就）カ
南無阿弥陀仏
同発菩提心往生安楽国　□□国住西念
延宝戊午十月一七日

また建武二年（一三三七）の中尊寺の炎上後、四七年目に行なわれた金色堂の屋根の葺替えの際の棟札には、上半面に、

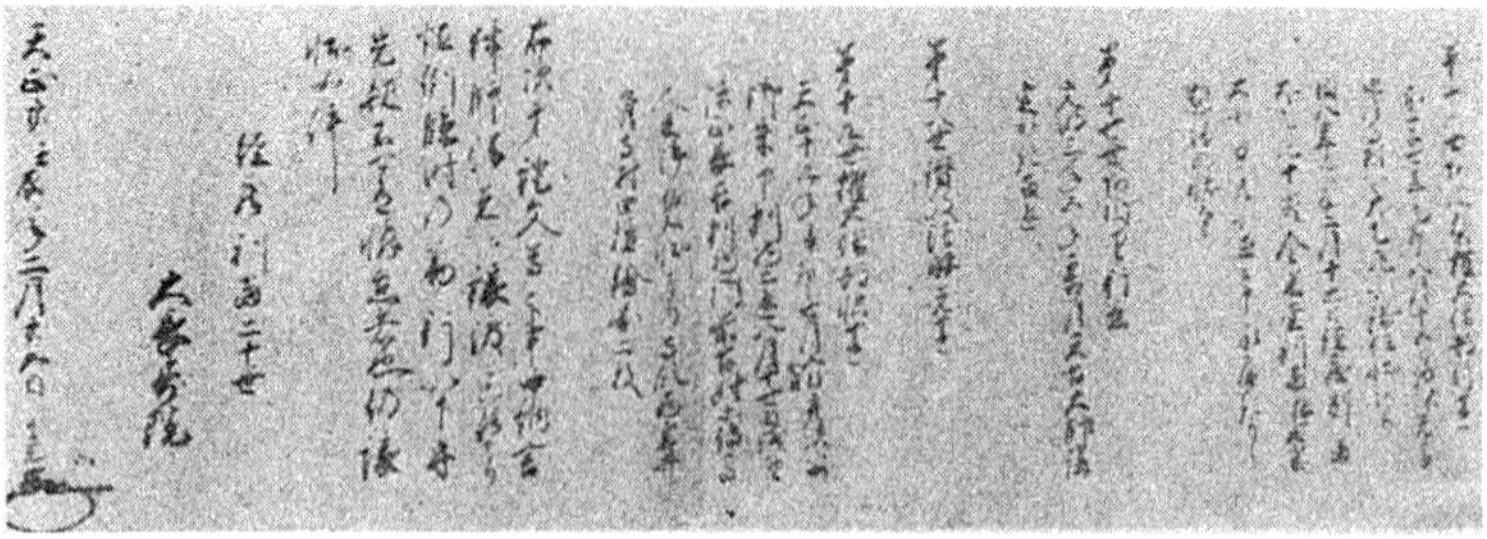

奉葺替金色堂一宇事　藤原憚悟
奉改修造永徳(一三八四)第四甲子二月廿一日　聖人厳阿弥陀仏
大檀那平伊豆守沙弥光清平妙宗女

としるし、下半面には、

右願者為自清衡基衡秀衡三代之草創此方送歳霜及三百余歳然間梁棟傾斜朽破仏像損依之雖修造少分也殊致精誠信心末代重持定必大施主幷女大施主現世者寿福久持当来生安泰上刹也　願主敬白

とある。ここに見える平伊豆守沙弥光清と、平妙宗女との大施主と女大施主とは、恐らく夫妻か母子の関係にある人と思われるが、金色堂が特に創建において清衡と阿倍、清原、平三氏の女檀によったとされるものとならべて、偶然かも知れないが、興味ある一致である。ことによると、金色堂はとくに女檀を必要とする、何かの約束か教理的な制約があったかとも疑いたくなる。また聖人厳阿弥陀仏とあるのは、勧進聖人であり願主であったろう。これらの伝説や遺品は、何ほどか中世浄土宗系の信仰の流入を示すものであるかのように見える。しかし阿波之介伝説はともかくとして、金色堂に純粋な浄土宗系信仰の浸透した形跡をうかがうことはむづかしい。勧進聖人なるものは、その祖俊乗坊重源（南無阿弥陀仏）以来、必ずしも一宗一派の教理や信仰を固守するものではなく、いずれかといえば、寺々から勧進を委託されることが多かったのである。また阿波之介伝説の鼓吹者であったらしい西念の場合も、当時は江戸初期以来、廻国、六部、遊行念仏のヒジリたちが、しきりに参詣参籠したのであって、必ずしもこれをもって浄土

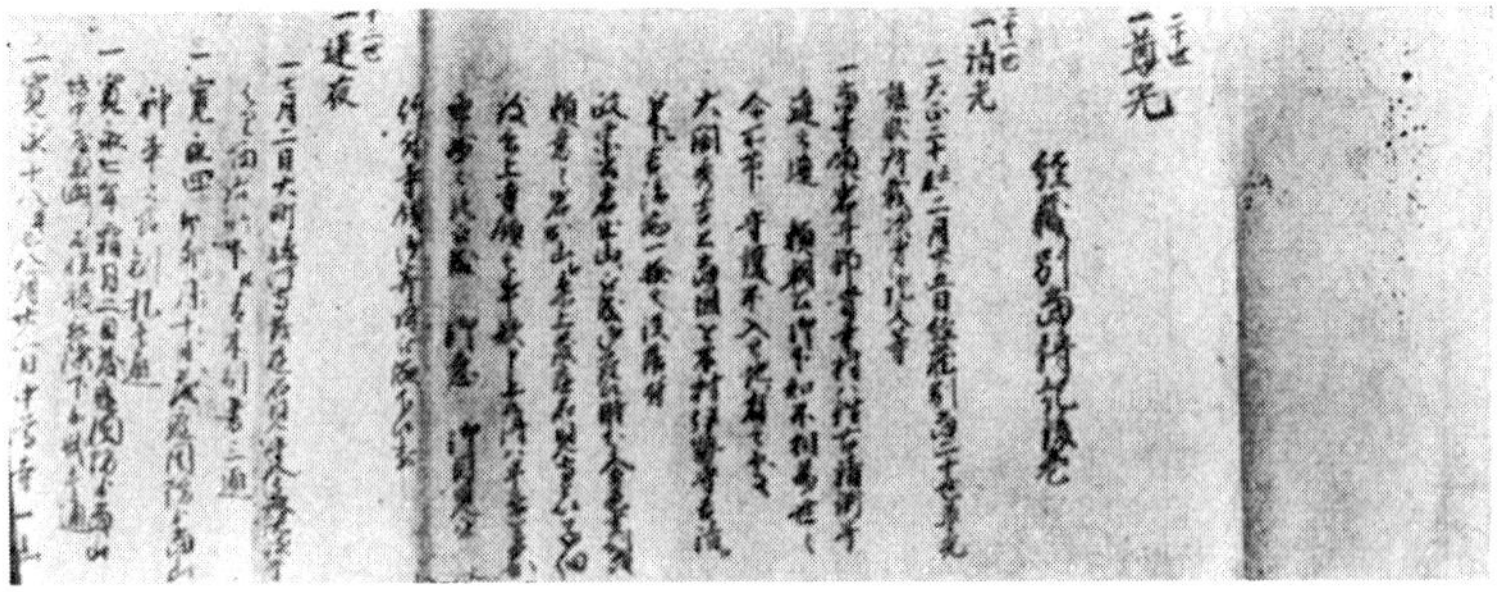

教信仰流入の証跡とすることはできないのである。

むしろ金色堂の信仰は、創建以来、密教念仏の道場であったらしいことは、前掲の新旧発見の笹塔婆からも推測され得よう。この笹塔婆のうち、延文五年の年紀を有する三本は、建武二年に中尊寺が僅かに金色堂と、経蔵の第一層を残して全山灰燼に帰したのち二三年目、永徳の修覆前二四年のものであり、応永二年のものは、修覆成ってのち一一年目のものである。すなわち、中尊寺が衰亡の極に達して、未だ復興の萌しの見えぬ、最も悲惨な時期に当っていることは注意してよい。しかもこの時代、金色堂が山内唯一の創建当時を偲ぶ遺構となってからも、この本尊の阿弥陀三尊が、一山の信仰の中心となった形跡はない。はるか後のものであるが、金色堂背後西南隅の小丘陵斜面にある旧金色堂別当家（金色院竹下坊）の墓地を検索してみても、例えば宝暦一一年（一七六二）二月一五日入寂の「権大僧都法印亮実大和尚」の墓碑上段に、中央金剛界大日の種子、右側胎蔵界大日真言のアビラウンケン、左側に破地獄真言を配して、周囲をまるく光明真言をもってかこんだものが刻まれている。

こうした傾向は山内の旧院家の墓地についてしらべた限りでも、まれに阿弥陀の種子を配するものがあるが、多くは金剛界大日の種子𑖤𑖽《バン》を配する墓碑であること、あたかも笹塔婆の例と符合するのである。一九五九年発見の「13　𑖤𑖽　南無阿弥陀仏」とせるもの、また既出、応仁二年の、表に𑖮𑖿𑖨𑖱𑖾《キリーク》を配して「一念弥陀仏即滅無量罪、現受無比楽後生清浄土云々」を祈り、裏面に𑖤𑖽を配してある例などから推して、大日と弥陀の密接な結合が察知され得るのである。すなわち金色堂の阿弥陀三尊は、恐らくは中世、金界五仏の弥陀として、阿閦・宝生・不空成就とともに、大日如来を中尊

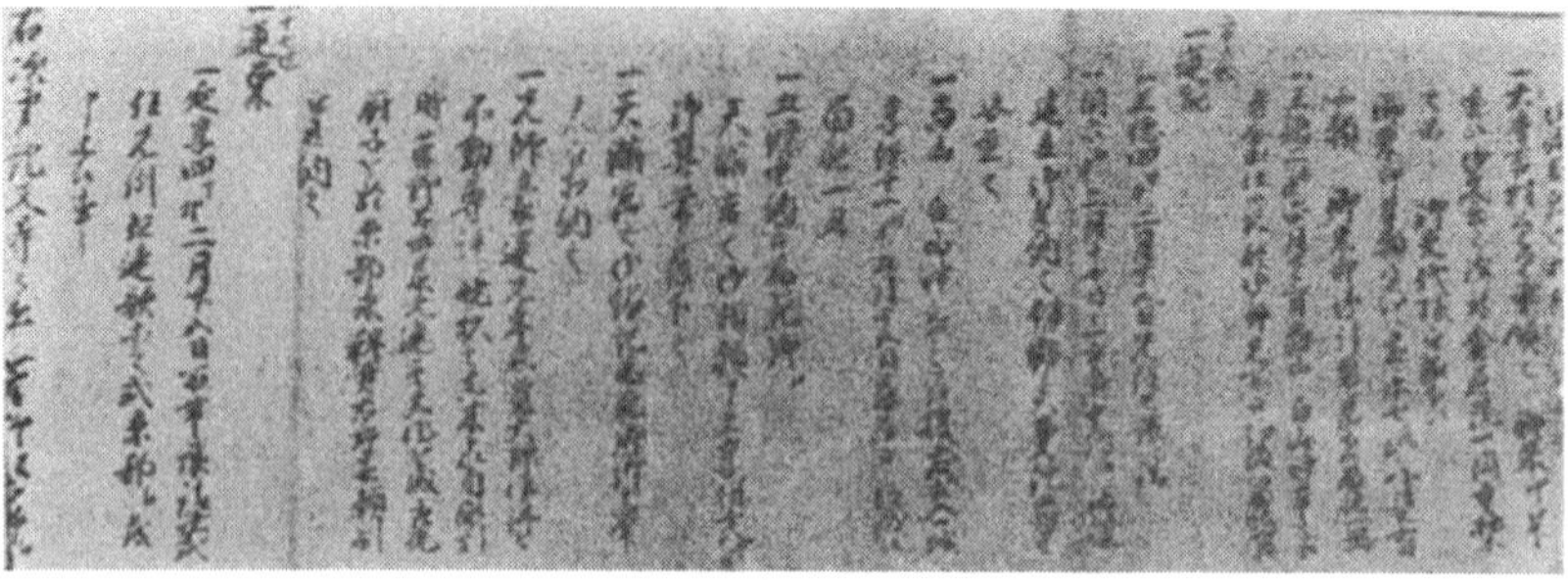

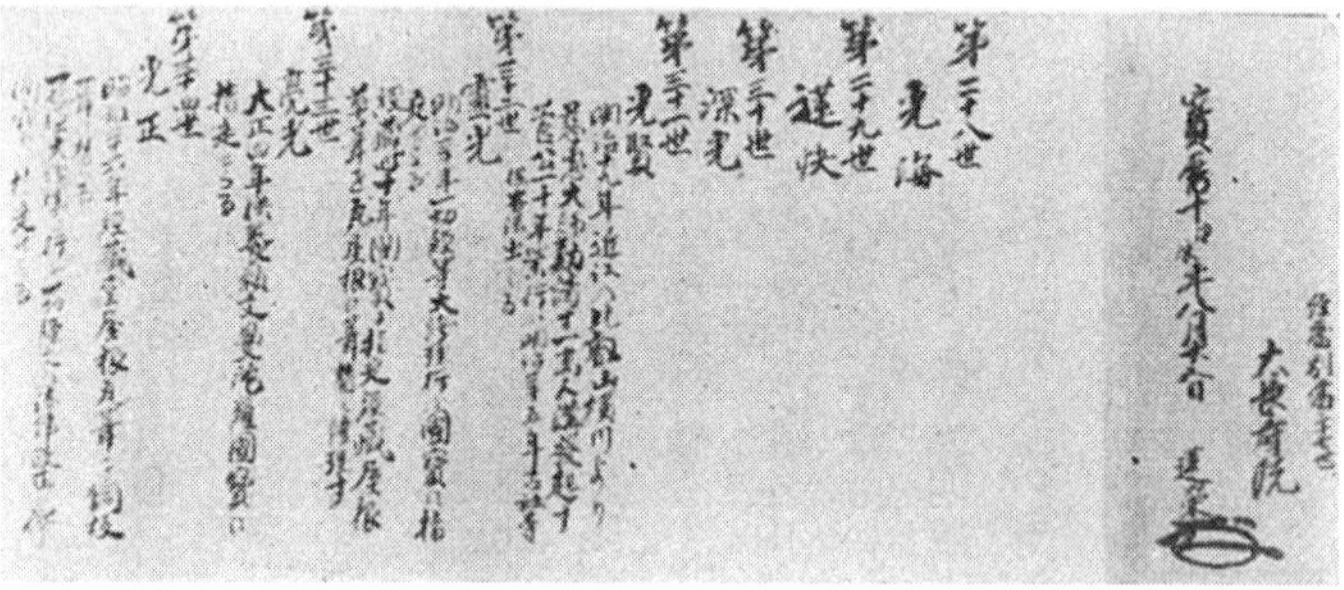

とする西方の一仏といった、密教系教主の信仰思想が一貫していたのではないかと思われる。いいかえれば、この堂はあくまで中尊寺の西北院、もしくは西院としての位地にあったと推定されるのである。

このように考えると、金色堂の中尊寺における位置は、むしろ一山の開基である清衡を始めとする藤原三代の遺体奉案の葬堂として、山内の人々より尊崇され、且つ守護されて来たもののようである。従ってこの堂の性格は、遺体を通しての阿弥陀・六地蔵であり、阿弥陀・六地蔵を背景とする遺体尊崇であった。この特異な堂の信仰的性格が、全山を焼きつくした業火のなかに、ひとり金色堂が奇跡的に焼け残ったという事実も手伝って、一山の人々の胸に、この堂と本尊阿弥陀・地蔵と遺体を通して、ここに窮極的な霊魂の安定と、窮極的な極楽の実在を托し望もうとする別様の極楽堂信仰が芽生えたのではあるまいか。

火葬骨を納入することと、笹塔婆奉納が互に脈絡ありとするならば、建武の焼亡以後の延文—応永—応仁、すなわち一四世紀後半から一五世紀前半において、かかる一種の浄土信仰が、一時的に山内僧侶衆徒の間に澎湃として起こったことは興味ふかいことである。なお遺骨や笹塔婆を阿弥陀堂内に納入する例は古来その例に乏しくないが、近時奈良元興寺極楽堂から発見された万をもって算うるものは、その年代の近接している点、竹製納骨器の存する点で、中尊寺の発見資料と比較検討すべきことが将来の問題として残されている。

――本稿は昭和三四・三五年度文部省科学研究費による「平泉文化の総合調査」の宗教班担当者としての調査報告の一部である。なお宗教班には筆者のほか東北大学の月光善弘、川端純四郎、佐藤正順の三君が協力した。長押内調査には特に中尊寺執事長佐々木実高師の特別の配慮を煩わしたことを記して謝意を表する。

（一九六一年一月二五日、『印度学仏教学研究』第九巻第一号八―一五頁。一九六二年六月その後の発見資料を加えて訂正加筆）。

九　湯殿山系の即身仏（ミイラ）とその背景

一

自然ミイラである死臓を除いて、わが国には現在二四、五躰のミイラが発見されている。最も有名なのは平泉中尊寺金色堂内に安置されている藤原氏四代のミイラであるが、これとは別系統と思われるものに、出羽三山の一つ、湯殿山系修験道に発生した、いわゆる即身仏系のミイラがある。この系統の現存する最古のものは、すでに『北越雪譜』のなかにしるされている新潟県三島郡野積《のぞみ》村の西生寺の弘智法印のミイラで、貞治二年（一三六三）みずから遺言して即身仏となったとある。また『東奥紀行』には、北越七奇として、寛永年中（一六二四―四四）の入定と伝える津川玉泉寺の淳海上人のミイラのことを報告している。これらはすでに文献的に有名であり、このうち弘智法印のものはこんにちも西生寺に現存している。ところで一九六〇年、比較的年代の新しい、しかもその伝記の確められる六躰のミイラが、山形県酒田市から鶴岡を経て湯殿山に至る路線上の寺院に即身仏または即仏様として奉安されていることがわかった。いわゆる入定ミイラである。この六躰の即身仏の出自、入定動機などを年代順にしるすと、

(1)　本明海上人〔朝日村東岩本、本明寺〕。もと庄内藩士富樫吉兵衛。藩主の病気平癒のため湯殿山に参籠し、一世行人たらんことを発願、そのまま帰藩せず、木食行者となり五穀を断つ。延宝元年（一六七三）より仙人沢において四〇〇〇日の苦行をなす。藩主よりその徳を嘉賞して本明寺を寄進され、第一世となる。天和三年

酒田市　海向寺即仏堂

（一六八三）、発願して同寺裏の丘上石室内において入定。特に眼病救済の願を立て、霊験ありという。

(2)　忠海上人〔酒田市、海向寺〕。鶴岡市鳥居河原、富樫条右衛門の二男。本明海の甥にあたり、上人の徳を慕って帰依し一世行人となる。木食行者となり、仙人沢において一〇〇〇日の苦行、湯殿宝前日参を修す。海向寺中興。宝暦五年（一七五五）、五八歳にて土中入定し即身仏となる。入定地不明。

(3)　真如海上人〔朝日村大網、大日坊〕。東田川郡東村越中山、農、進藤仁左衛門の末弟。鶴岡城下にて武士と争論の末これを殺害、大日坊に遁れ入って一世行人、木食行者となる。仙人沢にて三〇〇〇日の苦行日参を修す。天明三年（一七八三）、大日坊より一キロの月山堂附近において土中入定。九三歳という。

(4)　円明海上人〔酒田市、海向寺〕。東田川郡栄村家根合、農、佐藤六兵衛の子。はじめ羽黒行人であったが、次に紹介する鉄門海の徳を慕って湯殿山一世行人、木食行者となり、仙人沢において荒行と日参を修す。文政五年（一八二二）、師に先立って土中入定した。五五歳。入定地不明。

上は即身仏（忠海上人　海向寺）
左は鉄門海上人自画像（海向寺）

(5)　鉄門海上人〔朝日村大網、注連寺〕。鶴岡市大宝寺の木流し人夫。本名砂田鉄。大雨のとき治水掛りの武士と争い二人を殺して、湯殿山に遁れ、注連寺にて修行ののち、一世行人、木食上人となって仙人沢に籠り、二〇〇〇日の苦修練行を実修。酒田海向寺を復興し、別に六ケ寺の行人寺を建立。江戸に出て飢饉と眼病流行を見て、発願して万民の病苦を救わんとし一眼を湯殿権現に献じて、恵眼院と号し、社会事業、医療救済につとめ、即身仏中最も著名な活躍をした。その顕彰碑は庄内地方を中心に南は新潟県、北は岩手県にまで散在している。深く空海に帰依し、六二歳のとき大師の先蹤を追うて、注連寺本堂の椅子に身体を縛り、座禅断食して入定。文政一二年（一八二九）。弟子で即身仏となるものに既出の円明海、次の鉄竜海あり。

(6)　鉄竜海上人〔鶴岡市、南岳寺〕。秋田県仙北郡の出身。鉄門海に従って一世行人、木食行者となる。文

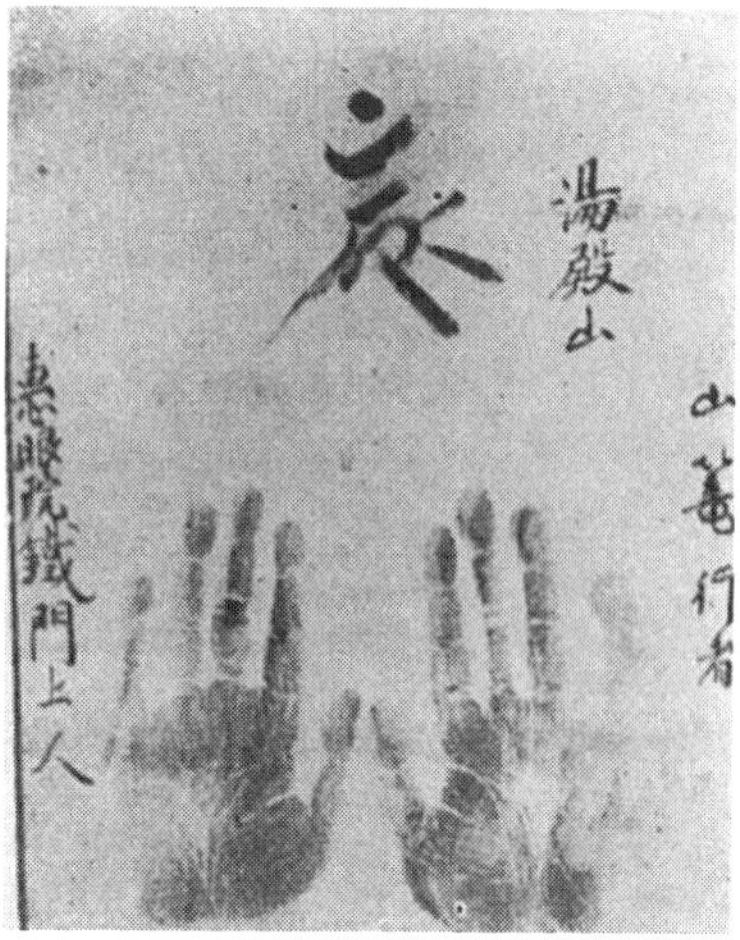

鉄門海上人手形（海向寺）

久二年（一八六二）まで仙人沢において修行。のち南岳寺に住す。明治元年（一八六八）（また一四年とも？）南岳寺境内において土中入定。この即身仏のみ内臓を剔出、頸部まで腹腔内に石灰を詰めてある。

二

以上の所見によって、このミイラ、即ち即身仏は、古代エジプトに始まり、今日なおいくつかの未開発文化民群のなかに残存している死者儀礼としてのミイラ作製とは全く別個の類型に属し、したがって同じく遺体の保存されている平泉中尊寺の藤原四代のミイラとも無関係のものであることがわかる。ここで考えられるのは、以上の湯殿山系の即身仏は、同じ密教の系統に属するチベットのラマ教において、ダライ・ラマを観音の化身とし、パンチェン・ラマを阿弥陀の化身として、生前生身のまま崇拝されるのみならず、死後もその遺骸に加工して、仏像として安置礼拝すると伝えられているものと、即身仏の思想上の、いくぶんの脈絡は辿り得るようである。即ち同じ出羽三山といいながら、天宥以後天台宗を称した羽黒修験からは未だ一人の即身仏の出なかった事実が、密教教理、特に即身成仏思想とミイラとの深い関係を物語っている。

周知のように、出羽三山は一六三〇年に羽黒別当となった天宥が、江戸寛永寺の天海と結んで従来の真言系修験を改めて天台宗寛永寺末とし、三山を統一しようとの運動を起こした。その結果、羽黒、湯殿の争論は寛永一八年（一六四一）、寛文五年（一六六五）、寛政三年（一七九一）の三回にわたって、それぞれ数年間に及ぶ訴訟がくり返されたが、つねに湯殿山系の反撃をうけ、ついに所期の目的は達せられず、二派に分裂したまま統一することはなかっ

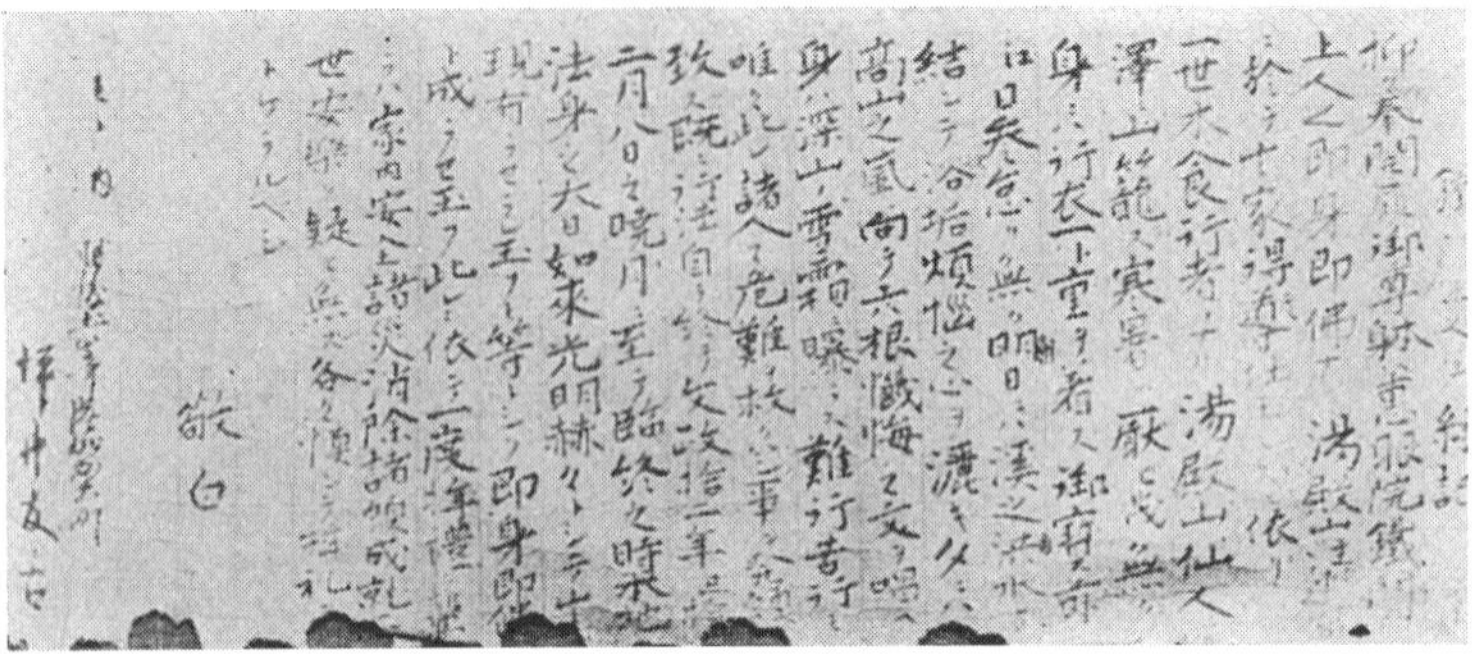

鉄門海上人即身仏海開扉啓白文（七五三　注連寺蔵）

た。かくて月山登拝の七口のうち、湯殿山を中心とする注連寺《ちゅうれんじ》、大日坊、大日寺、本道寺の四ケ寺は、七五三掛《しめかけ》、大網《おおあみ》、大井沢《おおいさわ》、保土打《ほどうち》の四つの登拝口を擁して、当山派（真言宗）としてとどまり、羽黒の本山派に対する対立感情からも強い真言宗意識を持続した。そして月山を阿弥陀仏の浄土、湯殿山を胎蔵界大日如来の修行成就、即身成仏の山と称し、羽黒がむしろ娑婆有縁の化主を称したのに対して、いちじるしく真言系浄土信仰へ傾斜したことは見逃せない事実である。

従ってこの湯殿系の即身仏は、いずれも土中入定といった自発的意志的な実践の結果として、大願成就したものである点に特徴がある。即ち生前の木食行、仙人沢における水行その他の荒行と、一日三度の宝前参拝の苦修練行の結果と、死後永くその遺体を存して万民救済の願望を果たそうとする、いわゆる即身成仏を死後に実証しようとする試みであり、他人によって「作成される」ものではなく、自ら「成る」ことを本来の趣旨とする。この点はむしろ中世以前の念仏修行者のなかに見られた焚身・焼身の往生とか、入水往生といった形態(1)、もしくは中世に熊野を中心に起こった補陀落渡海(2)といった、いわば自ら設計し計画した浄土往生手段と、多少の関連を有するもののように思われるのである。ただこれらの諸実修と、湯殿山系即身仏との間には、西生寺の弘智法印を除いては、年代的なつながりはなく、前掲六躰の即身仏は、恐らく一六八三年入定の本明海の発願及びその感化影響に負うところが多いように思われる。本明海がいかなる動機によって入定を決意したかは、

本明海上人即仏堂（本明寺境内）

本明海上人入定塚（本明寺境内裏山）

鉄門海の碑（本明寺境内）

記録と伝承を欠くゆえに想像の域にとどまらざるを得ないのであるが、この六人の上人たちがすべて湯殿山系の行人派の「一世行人」であること、すべてがその法名に「海」の字を有すること（海号）、すべて仙人沢にこもり「木食行」を修したこと、などの点からして、彼等の直接のモデルは弘法大師空海の入定伝説であることが知られる。『今昔物語集』（巻一一ノ二五）にいう、

（前略）亦入定ノ所ヲ造テ、承和二年ト云フ年ノ三月廿一日ノ寅ノ時ニ、結跏趺坐シテ大日ノ定印ヲ結デ、内ニシテ入定ス。年六十二。御弟子等遺言ニ依テ弥勒宝号ヲ唱フ。其後久ク有テ、此ノ入定ノ峒ヲ開テ、御髪剃リ御衣ヲ着セ替奉ケルヲ、其事絶テ久ク无カリケルヲ、般若寺ノ観賢僧正ト云フ人権《カリ》ノ長者ニテ有ケル時、大師ニハ曽孫弟子ニゾ当ケル。彼ノ山ニ詣テ入定ノ峒ヲ開タリケレバ、霧立テ暗夜ノ如クニテ露不レ見リケレバ、暫ク有テ霧ノ閑マルヲ見レバ、早ク御衣ノ朽タルガ風ノ入テ吹ケバ、塵ニ成テ被二吹立一テ見ユル也ケリ、塵閑マリケレバ、大師ハ見エ給ケル、御髪ハ一尺許生テ在マシケレバ、僧正自ラ水ヲ浴ビ浄キ衣ヲ着テ入テゾ、新キ剃刀ヲ以テ御髪ヲ剃奉ケル。水精ノ御念珠ノ緒ノ朽ニケレバ、御前ニ落散タルヲ拾ヒ集メテ、緒ヲ直ク揷テ御手ニ懸奉テケリ、御衣清浄ニ調ヘ儲テ着《キセ》奉テ出ヌ。僧正自ラ室ヲ出ヅトテ、今始テ別レ奉ラム様ニ、不レ覚ズ泣キ悲レヌ。其後ハ恐レ奉テ室ヲ開ク人无シ。……（新校国史大系本 XVII 四九頁）

とあるものが最も早く、この伝説は長く人口に膾炙されたと見えて、『平家物語』（巻一七、維盛高野熊野参詣、同投身事）にも、「中将差よりて、大師御入定は、いくら程経て渡らせおはすらんと問れければ、老僧申けるは、御入定は仁明天皇の御宇、六十二年と申、承和二年三月廿一日寅の一点の事なれば、既に三百余歳に成侍り、釈尊御入滅の後、五十六億七千万歳を経て、都卒陀天より、弥勒慈尊下生しおはしまさんずる、三会の暁を待給ふ御誓ひありと申ければ、御入定ののち、御たいを拝みまいらせたる人や候らんと、中将のたまひければ、老僧又申けるは、

延喜の比にて侍けるにや、般若寺のくわんけん僧正と申ける人、御廟たうに参りて石室を開きて……」と同様の伝説がしるされている。また『古事談』〔第五〕には道長、高野奥院に詣でしとき、「大師開二御戸一令レ差二出御袖一給云々」とあり、空海が入定のまま、今なおひそかに諸国を遍歴して衆生済度のことに当っているとの信仰は、高野の一部に現にあり、また全国に分布する大師井戸、弘法清水の伝説、「食わず芋」、「食わず梨」の説話とも相俟って、久しく民間に伝えられている。

（1）焼身往生については、「法華験記」〔巻上〕に応照をもって最初としてあるが、さらに薩摩国の一沙門、藍婆取上人のことが見え、「拾遺往生伝」には慶寛の夢に来迎の証を見せた阿弥陀峯の焼身入滅の一聖人〔巻中〕をはじめ、円観〔巻上〕、久任〔巻中〕、源因〔同〕、長命〔巻下〕のことがしるされ、「三外往生伝」には永助、念覚、金剛定寺上人及びこれに追随した一児童、近江国の一俗人などの事蹟をかかげ、その他には東尾上人と名聞を争って焼身した西尾上人、焼身し且つ入水した丹後国狐浜の行人の物語などもある〔発心集巻六〕。入水投身往生としては天王寺の西門は極楽の東門に正当するとの信仰が古く在し、この寺に詣でて一心に念仏しつつ西へ入日に向って進み、そのまま海中に没して往生を遂げた永快や行範のことが「拾遺往生伝」〔巻下〕にあり、娘を失って悲歎にくれた女房が天王寺に至って入水往生したことは「発心集」〔巻三〕に、誓源が同じくこの地に投身したことは「続古事談」〔巻四〕にある。「法華験記」〔巻下〕に筑前国の人、悪業をなさざらんことを欲し、池に投じて往生し、そのあとに蓮華生ずるの奇瑞を伝え、「拾遺往生伝」には薩摩国の旅僧が海に投じて往生し、多くの瑞相があらわれたと記している。その池にも江州の一上人、明安尼、山寺上人、岩間寺の叡效、熊野の優婆塞の物語などが「三外往生伝」、「閑居の友」〔巻上〕、「沙石集」〔巻四ノ下〕、「続古事談」〔巻四〕、「今昔物語集」〔巻一二〕などに見える。「発心集」〔巻三〕には讃岐三位の乳母の男往生を願って身証を得、ついで補陀落山に詣づとて大海に乗出した話がある〔参照、拙著『我が国民間信仰史の研究』Ⅱ、三〇八―九頁〕。

（2）補陀落渡海は、天王寺西門が西方極楽浄土の東門と相対するとの信仰に対して、熊野信仰のなかに那智山を観音浄土に擬し、これを補陀落山浄土の東門とする信仰が起こった。古く下河辺行秀、事によって発心し、熊野に入って智定坊と号し、日夜法華経を誦し、一日屋形船を作ってこれを釘し、三〇日分の食料と油を備えてこの浦から補陀落山へ渡った〔吾妻鏡二九、天福元年五月〕。また「続史愚抄」〔巻四〇〕引く「公卿補任」文明七年（一四七五）一一月二二日、入道儀同三司冬房、熊野浦より出船して補陀落山に渡るとの記録があり、「台記」康治元年（一一四二）八月一八日、舟上に十観音の像を立てて櫂を持たせ奉り、祈禱（登）三年、遂に好風を得て即身補陀落山に至った僧のあったことをしるしている。貞慶の「観音講式」の裏書には阿波国の賀東上人、長保二年（一〇〇〇）八月一八日、弟子一人をつれて土佐室戸崎より南方補陀落に向って去ったとの伝説をのせる。「熊野年代記」によると、その最初は貞観一〇年（八六八）一一月三日、慶竜、延喜一九年（九一九）二月補陀落寺祐真と奥州の人一三人の「同行渡海」から、享保七年（一七二二）六月宥照に至る一九回の渡海事実を列挙してある（詳しくは拙著『民間信仰』二四四—二四七頁参照）。

三

さて即身仏が、この空海伝説の影響を強く蒙ったことは、その「海号」にも見られる。寛文六年（一六六六）三月九日付、本道寺より寺社奉行所に提出した「再返答之条之覚事三月十二日於御評定所」（白幡文書）のなかに、

一世行人者何れも海号と申候而、或は尊海行人、或は信海行人等と名を付、海之字を案じ申事、是又空海和尚之諱之方字を取申と承候、……総しては戒師之源見を報せんため、兼て師跡之法命を思慕するの意を以て、諱の方字を採り、海の字を案じ申と伝申御事。

とあり、文化一二年（一八一五）九月の注連寺文書の「記録取調書」（酒田光丘図書館蔵）には、

（前略）末流行人共湯殿山法流相続之節、海号免許之義者（ママ）、開祖弘法大師之血脈相承之義ニ而空海之海之字之諱之字を相用、天海又ハ林海与一字名に付ケ候も御座候、或ハ又、天浄海、又は林照海与二字名に付ケ候茂御座候、是を海号と申候、右海号願の節ハ其所之触頭願、又は師匠等願、村役人願之添状無之候而者右海号相許不

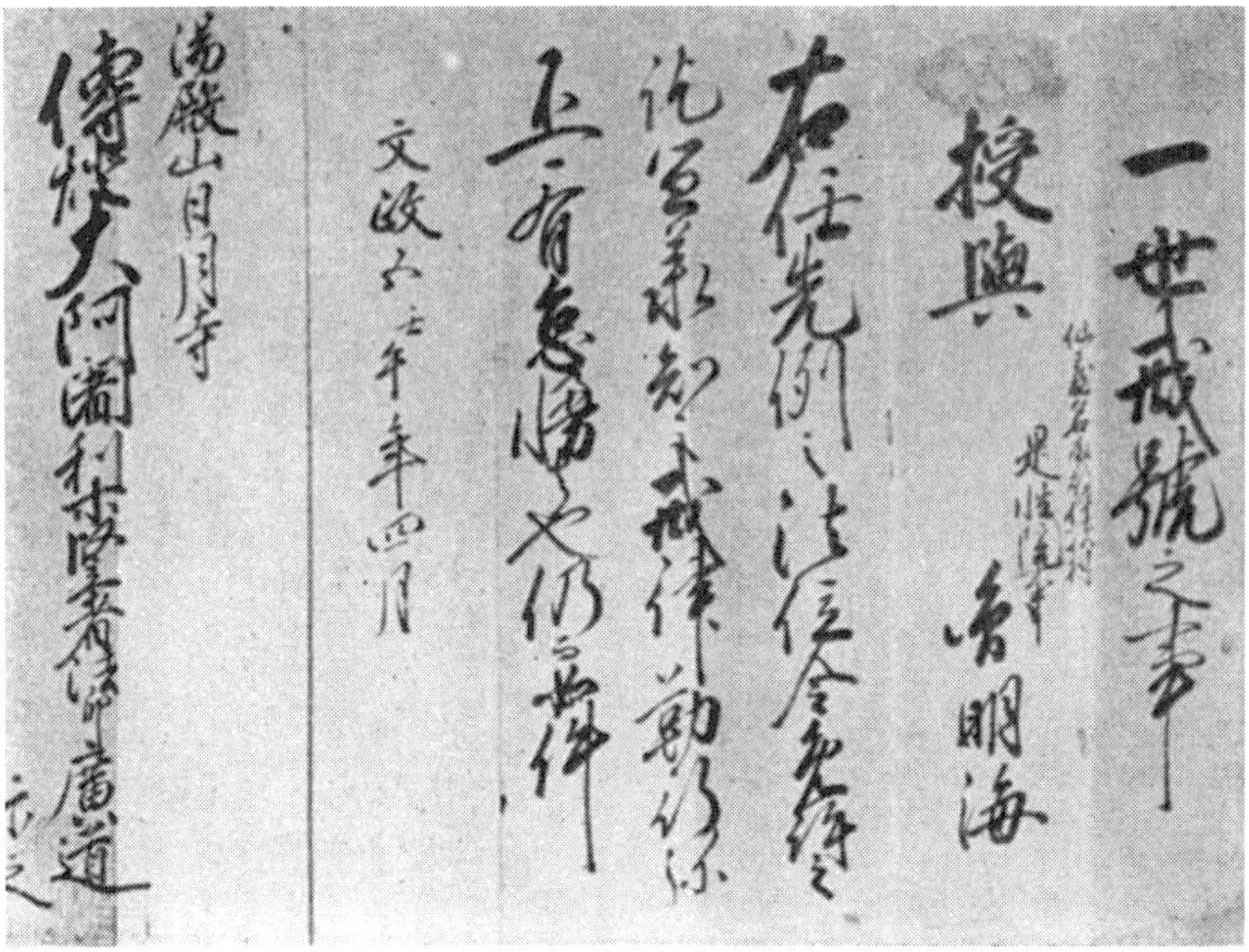
一世戒號之事
授與
明海
文政六癸未年四月
湯殿山日月寺

申候、則元禄拾六年（一七〇三）ニ、上野国勢多郡之内
前橋領奥津村西蓮寺弟子円長ト申者、湯殿山一世海号之
免許相願候節、則願書を以拙寺江相願申候、其願書之文
面左之通

奉願口上書之事

一、上野国勢多郡之内前橋領奥津村西蓮寺弟子円長今度
一世海号申請度奉願候　右之通ニ被仰付被下候ハヽ、難有
仕合奉存候、為後日仍如件

元禄拾六年（一七〇三）未六月十一日

名　主　市郎兵衛㊞
組　頭　喜左ヱ門㊞
旦中惣代　孫右ヱ門㊞

湯殿山御別当
注連寺　御役人衆中

右之通願書を以、元禄拾六年未六月十一日願来候ニ付、
海号免許仕候、其文面左之通

海　号　円　長　海

任旧例令免許者也

湯殿山別当
注　連　寺　㊞

元禄十六年（一七〇三）未六月　住持名判
上野国勢多郡之内前橋領
奥津村　西蓮寺弟子
円　長　行　人

とある。この海号は湯殿の真言四ケ寺を通じて免許されたものであるが、これが行人派においていかに重要視されていたかは、文化一二年（一八一五）九月差出しの『大日坊文書』に、

次ニ拙寺名代役与して御府内江差出置候福性院ハ御府内并関八州之行人触頭ニ差出置申候、則寛文年中左之通之名前之者ニ触頭申付置候

一、下野国那須庄芦野左近領　願　海印
一、同国浅野郡佐野領上野村　林　海印
一、同　林海弟子　清　海印
一、上野国勢多郡桐生四間在家　清　海印
一、同　国桐生町屋村　善　海印
一、同国同郡前橋領月田村　円　海印
一、同国同郡前橋領日川村　南　海印
一、同国同郡前橋領応護村　宝　海印
一、同国□□《（片岡）》郡高崎領岡村　滝　海印
一、同国臼《（ママ）》井郡安中領松井田村　本　海印

一、同国鹿林（甘楽）之郡小幡領富岡村　行　海印
一、同国同郡小幡領菅原村　玄　海印
一、同国碓井郡安中領上秋間村　岩戸山　三光院　清　海印
一、同国車摩（群馬）郡前橋領朝野村　光　海印
一、同国臼（ママ）井郡前橋領手ノ嶋村　宗　海印
一、同国車摩郡前橋領戸屋村　惣　海印
一、同国同郡白井領白井村　三　海印
一、北上野戸根郡沼田領発地村　大円寺　法　海印
一、同国同郡同領同村　滝宝寺　泉　海印
一、同国同郡同領小保村　順　海印

右之外数多御座候得共、恐繁略之申候、右行人条目等ハ注連寺、大日寺ゟ差上候通ニ御座候。

とある。いわゆる湯殿山行人派の勢力は関八州から越後、甲斐にまで及んでいたことは四ケ寺の「末寺行屋覚」などに明らかである。例えば『注連寺文書』のそれには、甲州巨摩郡小淵沢村の正福院をもって宝永五年（一七〇八）六月「川西之行人触頭」を仰付けている。元禄年間（一六八八―一七〇三）における越後の行人触頭には香海、忠海、越秀海、円海、常海、長海、三海、陽海、光海、竜海、林海、寿真海、南海の名が見えるが、海号は江戸期を通じて、一世行人に特許されてきただけでなく、明治になって、修験宗の廃止後も多くの海号を有する行人が湯殿山を中心に存在していたことは、一世行人によって専修行場となった仙人沢に建っている明和から明治にわたる行人碑にも例外なく見出されるところであるが、渡部留治氏発見の田麦俣《たむぎまた》にある明治三七年（一九〇四）、宮沢清雲海の仙人沢五〇〇〇日参籠記念の碑には、高井竜雲海以下弟子筋にあたると思われる二〇人の一世行人の名が刻まれてお

り、宝海、竜海等の二字海号四名、鉄雲海、鶴雲海等三字海号一六名が見られる。

四

しからば以上の諸資料に散見する「一世行人」とは何か。ここで一応、湯殿山系の寺院構造をあきらかにしておく必要がある。酒田市光丘図書館蔵、文化元年（一八〇四）八月、『大日坊文書』の「湯殿山由来並別当四□□（蟲喰）」に、

覚

湯殿山開闢者、人王五拾三代淳和天皇之御宇天長年中、弘法大師之開基ニ御座候、右別当ハ新義真言宗ニテ、裏口ニ本道寺、大日寺、表口ニ注連寺、大日坊、此ノ四ヶ寺ニ御座候、諸国より湯殿山へ参詣仕候ニハ、此四ヶ寺の内へ着不仕候てハ参詣相成不申候事、開基已来仕来ニ御座候、譬近村之者ニテも、別当より案内先達差添無之候ては、参詣相成不申候作法ニ御座候、依之案内先達之者、別当四箇寺分ニ御座候、則四ヶ寺振合左之通

　裏口別当
　御朱印地　　本道寺
　清僧之塔中六ヶ寺御座候
　　但本道寺境内也

右之塔中ハ湯殿山参詣案内先達ハ不仕候、尚又表口同様の伝馬役、並ニ村役等更ニ相勤不申候

　湯殿山案内先達之者
　　七拾人　御座候
　　　但諸国不残先達仕候

此内御朱印門前寺領百姓茂御座候、是ハ惣髪之者ハ掛衣ト申ヲ着用仕候、又此内御料百姓茂御座候、是ハ不残惣髪ニ御座候

外ニ慈恩寺派御朱印地

修験之末寺少々御座候。

○

裏口別当　大日寺
御朱印地
清僧之塔中　六ケ寺御座候

但、大日寺境内地

右之塔中者、湯殿山参詣案内ノ先達ハ不仕候、尚又表口同様之伝馬並村役等更相勤不申候

湯殿山案内先達之者

七拾人　御座候

但諸国不残先達仕候

此内御朱印門前寺領百姓茂御座候、是ハ惣髪之者も御座候、又無髪之者も御座候、但無髪之者ハ掛衣と申候を着用仕候、又此内御料百姓茂御座候、是ハ不残惣髪ニ御座候。

○

表口別当　注連寺
領主免地

修験之衆徒

拾ケ院御座候、内同村ニ八ヶ院、郷方ニ弐ヶ院、

但、百姓地也

右之修験之衆徒ハ奥州一ヶ国之外ハ不残先達仕候、但百姓並之御伝馬役並村役等、村役人より相

達相勤申候
湯殿山案内先達之者
拾五人　御座候
但奥州一ヶ国斗先達仕候
是ハ不残領主之百姓ニ御座候、此内年中惣髪之者も御座候、又者道者最中之節斗前髪相立候者も御座候。

○　大日坊
表口別当
領主免地
修験之衆徒　拾弐ヶ院御座候
内同村ニ八ヶ院、郷方ニ四ヶ院、
但百姓地也、
右之修験之衆徒ハ奥羽一ヶ国之外ハ不残先達仕候、但百姓並之伝馬役並村役等、村役人ゟ相達相勤申候
湯殿山案内先達之者
拾五人　御座候
但奥州一ヶ国斗先達仕候
是ハ不残領主之百姓ニ御座候、此内年中惣髪之者も御座候、又ハ道者最中之節斗前髪相立候者も御座候。

一、裏口別当本道寺、大日寺にて天下安全・五穀成就之御祈禱相勤候ニハ、朱印地山内ニ清僧之塔中六ケ寺宛御座候ニ付、右之者本坊ニ相詰メ、其外本坊之弟子共も多分御座候ニ付、是等茂右衆僧ニ相成、同様御祈禱

相勤申候。

一、表口別当注連寺、大日坊にて天下泰平・五穀成就・領主安全・君臣和合之御祈禱相勤候には、裏口別当同様之清僧之塔中無御座候ニ付、寛永年中前後之頃ゟ困窮之百姓茂(?)、最上出羽守没落の後御家中浪党之者等、両寺之為寺用湯殿山参詣之山役銭ヲ与へ、追〻取立、剃髪之上、僧衣着用為仕、右浪党之分も百姓地に住居仕候、元来百姓之分ハ元通之地所ニ住居仕候、両寺共ニ是ヲ清僧之替ニ相用、注連寺之分ハ注連寺江相詰メ、大日坊之分ハ大日坊江相詰メ、其外弟子之僧御座候得者、同様御祈禱相勤申候。

一、裏口別当本道寺、大日寺ヲ信仰ニて、諸国ゟ湯殿山江参詣仕候ニハ、先ツ塔中六ケ寺ノ内江着仕候、夫より其旦那場先達之者、右参詣之道者江出会、山法通之落物を以本坊江参リ、本坊之奏者取持にて一飯之賄請之候、又但塔中に帰、一夜止宿仕、翌日先達差添、湯殿山参詣仕候、右塔中之清僧ニハ参詣之者一宿宛仕候、其宿銭ヲ以所務ニ仕候、右先達之所務ハ参詣之道者湯殿山中にて御祈禱有之候、此分申請、先達之所務ニ仕候。

一、表口別当注連寺、大日坊ヲ信仰にて、諸国より湯殿山へ参詣仕候ニハ、直ニ注連寺、大日坊江着仕候、奏者役相勤候衆徒出会、山法通之落物ヲ請取、此内落物と山役銭との差訳ケ、落物之分ハ住持江納、山役銭之分ハ衆徒之所務ニ差遣し申候、夫より右之道者賄ニ付一夜止宿為仕、翌日衆徒之者案内先達ニ罷成、湯殿山参詣仕候、右参詣之道者湯殿山中にて初穂御座候、此分案内先達之所務と仕候。（中略）

一、裏口本道寺、大日寺之塔中ハ、本坊之住持無住、或ハ他出之節ハ院代相勤申候、其外本坊之境内院中台所等ニ至迄之掃除、芝萱薪・料理番・飯料番・酒杜司之下働、並本坊ニて道者賄之役割等、是等勤方都て相勤不申候。

一、表口別当注連寺、大日坊之衆徒ハ、本坊之住持無住歟、又ハ他出之節、院代職ハ不相成候、其外之勤方ハ境内寺中台所ニ至迄之掃除、芝萱薪・料理番・酒杜司之下働等、其外領主表、尚近国之諸侯方江、年頭・歳暮御札進上之使僧為相勤申候、且又、国元寺社御役所御用向、住持直参とて司相勤筈之所役僧並衆徒共ニ而已為相勤、住持ハ一向相勤不申候、此儀ハ寺社御役所江届置御聞済ニて相済候、住持直参不仕不叶儀ハ、領主江年頭之御祝儀、其外領主之御代行御請ニ参上仕、尚又結願届ニ直参仕候、此ニ用より外は住持直々御用向相勤候儀無御座候、皆此役僧衆徒ニ而已為相勤申候、此外本坊ニて道者賄役割之通、是等之勤方不残相勤申候。

則大日坊の役割左之通

役　定

一　奏者　普門院
　附夜具番　正法院
　賢量院
　貫山坊

一　表役所　役僧　高善院
　但山役銭請取候也　大和院

一　上役所　役僧　大聖院
　但落物受取候也

一　札売智演院　貫山坊
　附、上火弁注連　正法院
　塔婆

一　札書　亀慶院

一　大日堂番　多門院

一　道場番　　　　　　宝蔵院
一　関所手形番　　　　智教坊
一　菜屋調菜人　　　　福本院
　　　　　　　　　　　南泉院
　　　　　　　　　　　万蔵院
一　行燈　　　　　　　秀言坊
一　酒番
一　菓子番
一　給仕人
右之通役定如件
　月　日　　　　　方丈役所

注連寺役配左之通
役　配
一　役所　　本役　成就坊
　　　　　　加役　清音坊
　　　　　　同　　清蔵院
一　奏者　　　　　清教院
　　　　　　　　　観照院
　　　　　　　　　順清院

順良坊
義湛坊
泰山坊
典養坊
宝泉院
清教院
法勤院
法勤院
清教院
和光院
常法院
外雇人
成就院

一　道場番
一　札　書并
　関所手形書
一　酒番
一　調菜人
諸役検見
　右所定如件
　　月　日
方丈役所
（下略）

と見える。以上の記録によって、表口と裏口とでは、清僧の塔中の有無があり、清僧塔中は御朱印地境内に存し、先達はせず、伝馬や村役などの勤務は免除されている。これに対して表口の修験の衆徒は百姓地にあって、百姓並みの扱いをうけているが、奥州以外の諸国道者の先達を勤めねばならぬといった、細部において多少の差異は認められるが、表裏の四ケ寺は大体において同じ構造を有していることが知られる。即ち、本坊の下に清僧塔中またはこれに類する衆徒院があり、この下に先達が夫々附属し、その間に役柄の分担、参詣道者の落し物、山役銭、祈禱料などの分配規定が確立している。そしてこの衆徒、先達は妻帯世襲をもって相続して来ている。上掲の文献では大日坊衆徒一二ケ院、注連寺衆徒一〇ケ院としるされているが、役配に見られるところは、大日坊には普門院、正法院、賢量院、高善院、大和院、大聖院、智演院、亀慶院、多門院、宝蔵院、福本院、南泉院、萬蔵院の一三院と貫山坊、智教坊、秀言坊の三坊が見られ、注連寺は、清蔵院、清教院、観照院、順清院、宝泉院、法勤院、和光院、常法院、成就院の九院と、成就坊、清音坊、順良坊、義湛坊、泰山坊、典養坊の六坊がそれぞれの役をうけ持っている。この院と坊とがどのような身分上、役職上の差異があるかは明らかにし得ない。中世の天台、真言系寺院の構成からいえば、院号は坊号所有のものより上位にあり、院は学僧所住、坊は衆徒所住とするのが常識であるが、湯殿山系では一世行人の寺にも院号を許しているし、中尊寺や毛越寺などでは金色院竹下坊、大乗院柳下坊といった使い方がされている。明治初期にはこの山内修験衆徒は注連寺一六ケ院、大日坊一八ケ院、と称せられたというが、朝日文庫所収、大網村役場所蔵の明治九（一八七六）年二月一七日付、「帰俗之儀ニ付願」、同月二五日付、「院号廃絶願」、同年三月二七日付、「旅籠屋職願」によると、大和院遠藤円量、大護院関本秀静、喜福院前田良慶、亀慶院遠藤宥貞、普門院斎藤長養、福本院本多秀全、萬蔵院渡野辺左善、春光院佐藤隆道、観証院伊藤宥繁、清蔵院本多宥善、竜伝院本多亮慶、芳勲院渡部則和、清教院松田宥昌、成就院本多宥栄、清蔵院本多宥善、本覚院遠藤宥浄、大聖院渡野辺覚宥、宝蔵院松田甚清、多門院岡部宥盈の一九院のほか院号不明大網精周らの名が見える。これらの帰俗廃院の衆徒は先の文化元年の文書から推して注連寺、大日坊両寺配下のものであることがわかる。また明治四〇年、内務大臣原敬に提出した「国幣小社湯殿山神社独立別祭請願書」には注連寺、大日坊、本道寺の三登拝口の旧修験衆徒の署名が見えるが、注連寺口では渡部則和、本多則精、本多豊玩、伊藤法賢、伊藤智竜、杉田確恵、橘常吉、本多多蔵、佐藤清岳の九名、大日坊口からは斎藤清順、関本智祥、佐竹正善、吉田頼雲、志田正二、大原左近、渡部義運、渡部高山、武石多門、大泉賢明、渡部良智、渡部智賢、本多覚善、遠藤松寿、遠藤長善、遠藤秀祥、遠藤甚清の一七名が請願者となって署名捺印している（他に元本道寺口から五名）。これらの請願者は明治五年の修験宗廃止真言宗帰入の布告によって帰俗、廃院、旅館転業など甚しい動揺を示したのであるが、これら二六名の大部分はその姓名から推して、注連寺、大日坊所属の衆徒の後であり、湯殿山参詣道者の上に、修験的機能をなお持続継承していたことが推察される。

五

以上のように、湯殿山をとりまく四ケ寺の山内構造は、本坊、これに直属する清僧寺院または修験衆徒寺院、さらにこれに附属する案内先達坊から成り、修験衆徒、先達はいずれも妻帯世襲である。この人々は「海号」を持たず、木食行を修せず、従って土中入定、即身仏となった者は古来一人もこの階層から出なかったことは注意してよい。

これに対して、各地に分散していわゆる海号を有し、行人寺を建立して師資相承の形態をとったものが一世行人であり、山内修験とは別個の階層を形成している。従って同じ注連寺に在住するものでも、例えば光丘図書館蔵「文化十二年（一八一五）大網村注連寺弟子一世行人新庄領真室新町喜兵衛事順由海御領主戸沢組ゟ召補ニ参候一件」文書に、注連寺よりその年五月、寒河江善右衛門宛に提出した弟子名簿にも、

覚

一、生国最上天地村　　弟子　盛純

一、同　　檜波村　　〃　自舜

一、同　　柴橋村　　　　　　　　〃　　本孔
一、同　　寒河江町　　　　　　〃　　更智
右者、拙僧最上慈恩寺之宝蔵院住職之弟子契約仕、其後召連参、当御役所江御届申上置候
一、生国当国大宝寺村　　　　弟子行人　鉄門海
一、同　　山屋村　　　　　　〃　　弘隆海
一、同　　大山町　　　　　　〃　　鉄杖海
一、同　　東渡前村　　　　　〃　　浄念海
一、同　　大山町　　　　　　〃　　石杖海
一、同　　西野山村　　　　　〃　　帰本海
一、生国最上谷沢村　　　　　　　　無明
右者、先達而奉願随身、指置申候
一、同　　天地村　　　　　　　　　清門
　右同断
一、出生当村　大網村　　　召仕男　三人
一、同　　本郷村　　　　　同　　壱人

とあって、注連寺本坊においては、「弟子」と「弟子行人」、「先達」は確然と区別されている。

寛政元年（一七八七）以後、再び羽黒、湯殿両山の確執訴訟事件、即ち「両造法論」の発端となった、天明六年（一七八六）七月本道寺、大日寺、注連寺、大日坊四ケ寺別当の名によって、本道寺登山口の浄土口と、湯殿山境内装束場に立てられた『湯殿山法則』には、

一、湯殿山権現本地者法身之大日如来之事
一、鎮座幽窟開基之人師者弘法大師たる事
一、弘法大師遺跡たるに依而別当真言宗たる事
一、天下泰平御願之霊場たる事
一、最極秘密口授相伝たるによって御正躰等江別当四ケ寺の外手入無用之事
一、湯殿山一世行人於宝前誓約之以後別当四ヶ寺之内其身之思寄ニ仍而免許状請一世行人と名乗事
一、上り下り之行人出家在家共別行上火鑽火注連宝冠ニ至迄別当四ヶ寺之法流たる事
一、禅定之間呪誦念仏等之外雑談無用之事
一、親子兄弟等者勿論貴人之仰に候といへども神窟之景色等言語に咄申間敷之旨宝前金打堅可相守事
右の件々条々、開祖以来別当不共之法則、心得違之輩も有之、猥ケ間鋪他之法流を以、別行相勤令参詣之族間々相聞候、湯殿山法流之儀者、可為別当真言宗四ケ寺旨所被仰出也、自今以後諸国諸参詣之貴賤可相守者也。

〔大日坊文書、朝日文庫所収〕

とあり、湯殿山一世行人は、まず湯殿宝前において誓約を立て、ついで別当四ケ寺のいずれかにおいて修行の上、免許状を請いうけて一世行人と名乗るべきことが指示されている。またその組織については、朝日文庫所収『大泉院文書』〔羽黒山出入一件中、寛政三年亥極月朔日御呼出之節三山雅集へ不審書之押紙急ニ差上候様被仰付同三日迄相認差上候扣、大聖院有覚〕に、

法則由緒之事
一、湯殿山派行人

寛文九年之法則書ニ申上候通り、右行人之中に、一世行人と、上り下りの行人と、差異有之候、既に一世行人と申候ハ、別当四ヶ寺の内へ入門仕、法躰の上、権現宝前において誓誡之作法有之、或は信海、尊海と為名乗申候、是を海号と申候、右一世行人之勤行と申候ハ、一生之間、四ヶ寺法流之上火鑽火を以勤行仕、常の平火を相用不申候、右之行人諸国に散在仕候間、往古より御当地之四ヶ寺下行人触頭役院相立置候、尤本道寺、彼院は田所口町宝乗院、大日寺ハ八丁堀福本院、注連寺は日本橋青物町蓮珠院、大日坊は金杉札之辻福性院ニ御座候て、御府内近国之行人支配為致候、又上り下りの行人と申候は、出家在家に相通候得共、多分は在俗之輩に御座候、当山へ一ト度参詣候者は、一生の内毎年別行勤行仕候処之軌持法則、皆以四ヶ寺法流之上火鑽火ニ御座候而、他之法流を以勤行仕候事無之候、是を以於諸国一世行寺、或ハ行屋有之候而右行人を支配仕候、尤一世行人無之所ハ、其所之出家修験等四ヶ寺之法流相続仕候而別行之作法相勤申候。

とあり、『注連寺文書』「文化十二年（一八一五）亥九月記録取調書」には、

湯殿山は、人王五十二代淳和天皇之御宇、天長年中弘法大師開基ニ御座候、右開祖ゟ被永置候上火鑽火之法流者、真言一流野沢両流之法流ニ者無御座候、湯殿山行人一派不共之真言法流ニ御座候、開祖以来別当四ヶ寺相承仕候而末流行人江相示、湯殿山行人一派本末系譜之法流御座候。

とし、

湯殿山一世行人法度条々之事

一、御　公儀様御法度之旨難有、一ヶ条不可令違越、就中切支丹等之宗門、御禁制之通堅可相守事

一、天下安全之為御祈願、毎年極月八日、江戸并所々行人等於名代院致集会、護摩無怠慢可執行事
一、真言之行人他宗之海号院号之儀不及申従其本寺可致拝受事
一、無朋友行人受長病、及渇命之輩有之候ハヽ、不見放之可有養保事
一、行人病死、或ハ横死之時ハ、於菩提院可致葬礼、尤□□附属之人、忌日廻向相応之追善可相勤候事
一、江戸并国々之行人、就世出世之作法諸事梵天頭之随意見、年始置書之礼儀可致事
右条々旨趣ハ、江戸名代寺之者共ら、寛文三年（一六六三）癸卯二月九日、御寄合井上河内守様、加賀爪甲斐守様、寺社御奉行之時、入照覧候処、先例之通諸事仕置可申触之由、被仰付候法度条々御座候。

とある。同様の法度は元禄五年（一六九二）一一月六日、大日寺名代福本院より触頭光海あての『湯殿山笈沢大日寺行人支配之事』の中にも、「院号海号上火切火補任望之者此方へ相断役者を以添状頂戴可致」、また「俗縁之者為法類共師弟之契約仕望於有之ハ此方へ行契約可申事」などの条項が見える。海号免許のことはすでに資料をあげて説明したが、院号山号もまた同様の手続きを要したもので、文化一二年（一八一五）の『大日坊文書』「記録取調書」に、

一、一世行人補任、并上火切火之証文等之文面、則第二番之書付ニ仕間差上申候、次寺山号院号免許左之通

院号之事

金蔵院

右可令免許不可在子細者也、仍執達如件

湯殿山別当大日坊

授与越後村上

明海

延宝三乙卯年（一六七五）三月八日

権大僧都法印　宥憲　判

山号之事

湯殿山　　行法之寺

定　常光山法音寺

右所令免許不可在子細者也

表口別当滝水寺

延宝三乙卯年六月十日　明海

権大僧都法印　宥憲　判

の古文書をのせている。

行人寺がどのような系統の人々によって住持されたか。正確な系譜は欠くが、酒田市海向寺における墓碑と過去帳によって歴代住持を死歿年代順に示せば

住持	忌日
中興開山　権大僧都忠海上人	宝暦五年（一七五五）五月二一日、五八歳（即身仏）
権大僧都法印清繁	明和八年（一七七一）七月八日
伝燈大阿闍梨法印融智大和尚	不明
権律師長栄	天明二年（一七八二）七月一一日

権大僧都法印慶隆	不明
天竜海上人	文化二年（一八〇五）二月一三日
権大僧都円明海上人	文政五年（一八二二）五月八日　（即身仏）
恵眼院鉄門海上人	文政一二年（一八二九）二月八日　（即身仏）
権大僧都南海法印	文政一二年六月二四日
権大僧都清海法印	天保一三年（一八四二）頃？
輪海法印	嘉永六年（一八五三）一月三〇日
円融院称豊善海上人	明治四年（一八七一）五月九日
教運海律師	明治二五年（一八九二）二月二六日
光台院権律師精海上人	明治二七年（一八九四）一〇月二四日
行者祐海上人	明治三〇年（一八九七）九月一日
実相院権律師広運海上人	明治三五年（一九〇二）四月一五日
自証院権少僧都霊運海上人	大正五年（一九一六）四月三日
法印徳竜海上人	大正六年（一九一七）四月二日
少僧都広海上人	大正九年（一九二〇）一二月二九日
善海上人	昭和三年（一九二八）六月一五日
伝燈大阿闍梨中僧都法印弘基	昭和一二年（一九三七）一月一二日
伝燈大阿闍梨権少僧都法印永豊	昭和二七年（一九五二）一一月二〇日

となる。この寺は近年、新義真言宗智積院末であるとともに、真言宗湯殿派注連寺末という二重関係にたっている

が、忠海によって中興せられ、行人寺として、忠海、円明海、鉄門海の三即身仏も住持した寺である。このうち二番目の清繁、四番目の長栄、五番目の慶隆は一世行人とは認め難いが、贈位階級から判断すれば、注連寺本坊所属の弟子修験と思われ、二番目融智大和尚は恐らく清僧学侶であったらしいが、なぜこの寺を董したのかは不明である。しかし六番目の天竜海以後、昭和三年に死歿した善海にいたる一五人はすべて海号を有する一世行人であり、およそ一三〇年間は、純粋な一世行人相続の寺となっている。因みに弘基以後は智積院と注連寺の両寺において修業得度したものが相続しているが、昭和二七年歿の永豊は、七五三掛注連寺配下の山内修験であった本多清蔵院の出身であった。

以上の所見によって、湯殿山の寺院構造は、本坊に直属し、代々霊山を守り、信徒のお山参詣の世話先達に任ずる山内修験衆徒、先達と、自ら発願して湯殿山宝前に誓約し、本坊において得度修業ののち、一生肉食妻帯をたって、一世限りの修験行者となる一世行人、及びそれによって開拓された諸国行人寺の二重構造となり、行人寺に対しては各本坊より各地に触頭、梵天頭の役院を依嘱して、行人統制に当る仕組みとなっている。その構造及び機能をかりに図示すれば次頁の表の如くなろう。

既出、寛文六年三月九日本道寺提出の「再返答之条之覚事 三月十二日於御評定所」（白幡文書）に、

一世行人と申事者、真言宗之一生即身成仏と申之異名にて御座候と申伝候事、其故は余教の遠劫成仏ニ異して真言宗は即身成仏之法門を立て申事、空海和尚不ニ私成一、昔弘仁之帝之依ニ勅許一十住心論等被ニ編置一候事、他師之表録、釈書等ニ見江候事。

湯殿山四ヵ寺の寺院構造

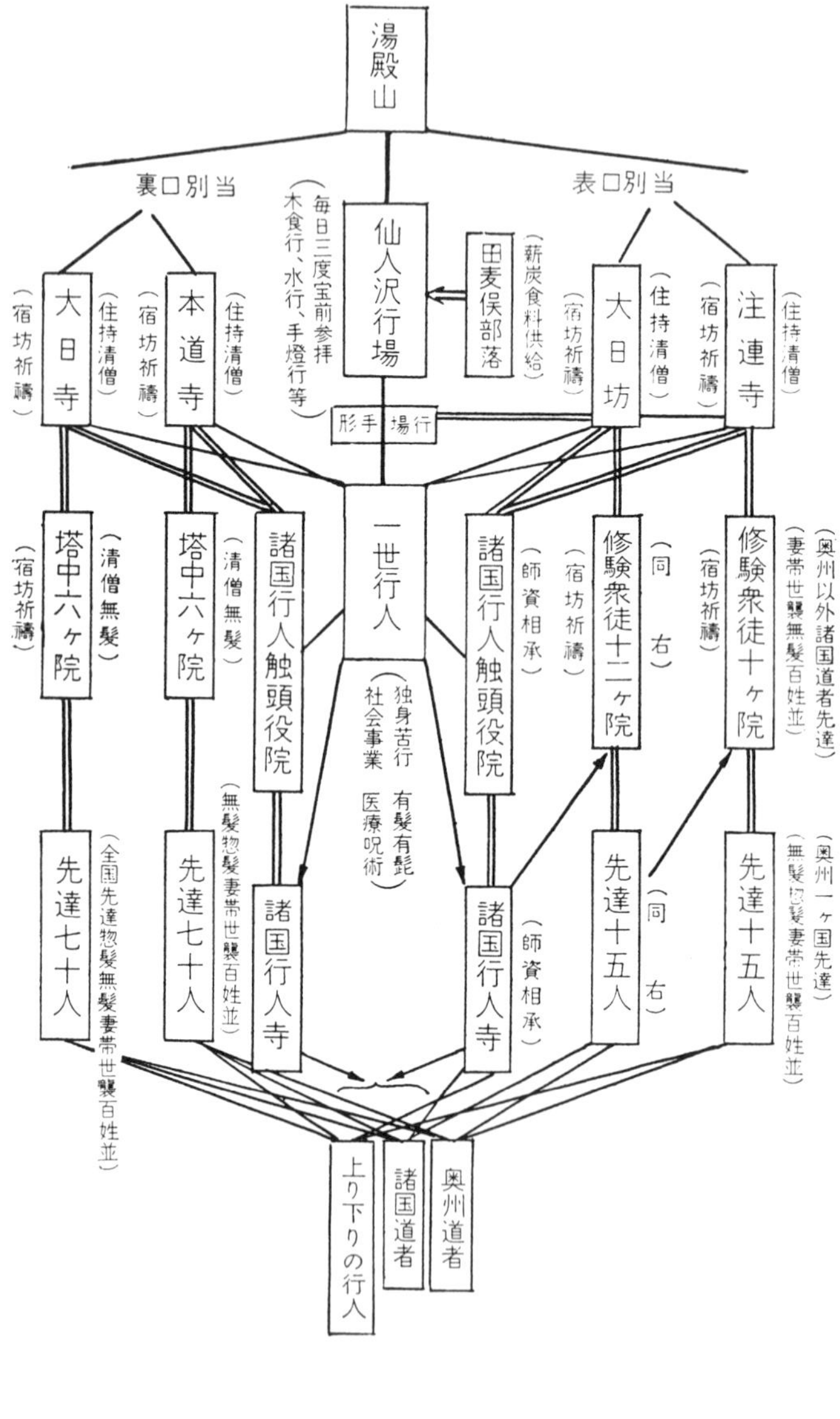
湯殿山
裏口別当
表口別当
（毎日三度宝前参拝 木食行、水行、手燈行等）
仙人沢行場
田麦俣部落
（薪炭食料供給）
大日寺
（宿坊祈禱）
（住持清僧）
本道寺
（宿坊祈禱）
（住持清僧）
大日坊
（宿坊祈禱）
（住持清僧）
注連寺
（宿坊祈禱）
（住持清僧）
形手場行
一世行人
（独身苦行 有髪有髭 社会事業 医療呪術）
塔中十六ヶ院
（宿坊祈禱）
（清僧無髪）
塔中六ヶ院
（清僧無髪）
諸国行人触頭役院
諸国行人触頭役院
（師資相承）
修験衆徒十二ヶ院
（宿坊祈禱）
（同右）
修験衆徒十ヶ院
（宿坊祈禱）
（奥州以外諸国道者先達）
（妻帯世襲無髪百姓並）
先達七十人
（全国先達惣髪無髪妻帯世襲百姓並）
先達七十人
（無髪惣髪妻帯世襲百姓並）
諸国行人寺
諸国行人寺
（師資相承）
先達十五人
（同右）
先達十五人
（奥州一ヶ国先達）
（無髪惣髪妻帯世襲百姓並）
上り下りの行人
諸国道者
奥州道者

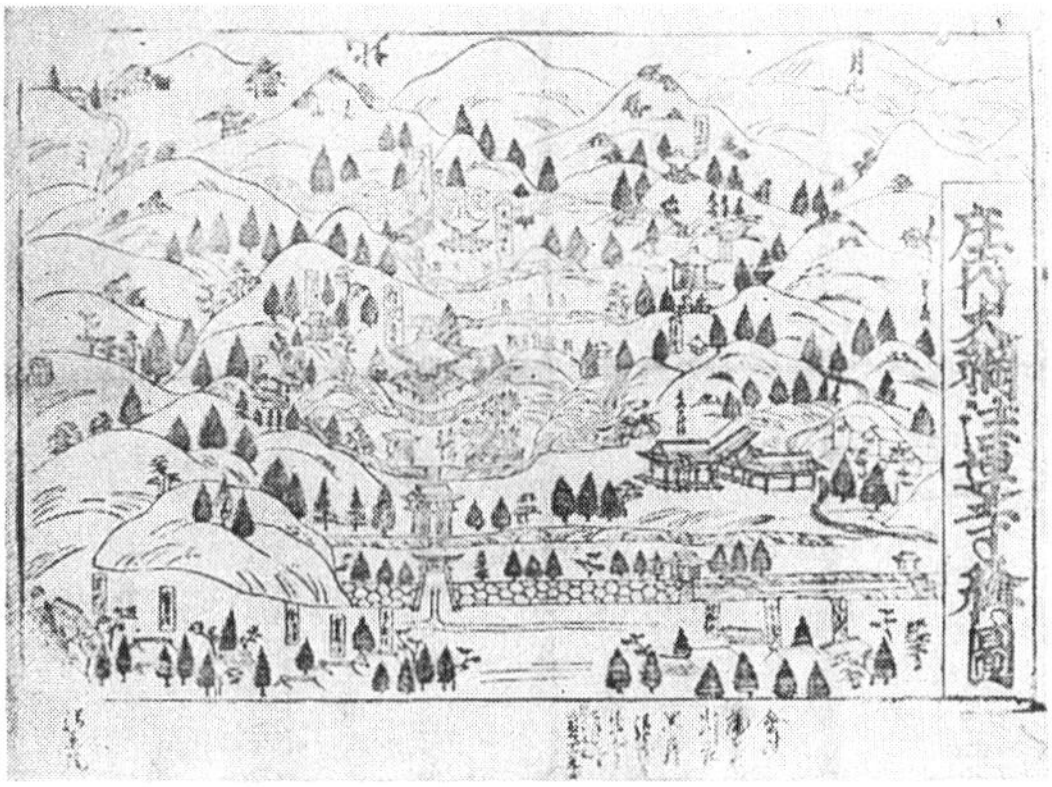

注　連　寺　古　図

注　　連　　寺

大　　日　　坊

大　日　坊　本　堂

大　日　坊　内　堂

田麦俣部落民家

田 麦 俣 部 落

仙 人 沢・垢 離 場

仙人沢行人碑

仙人沢行人碑

仙 人 沢 行 人 碑

仙 人 沢 姥 神 ？

仙人沢より湯殿本宮への拝所の2,3

湯殿山本宮祓所

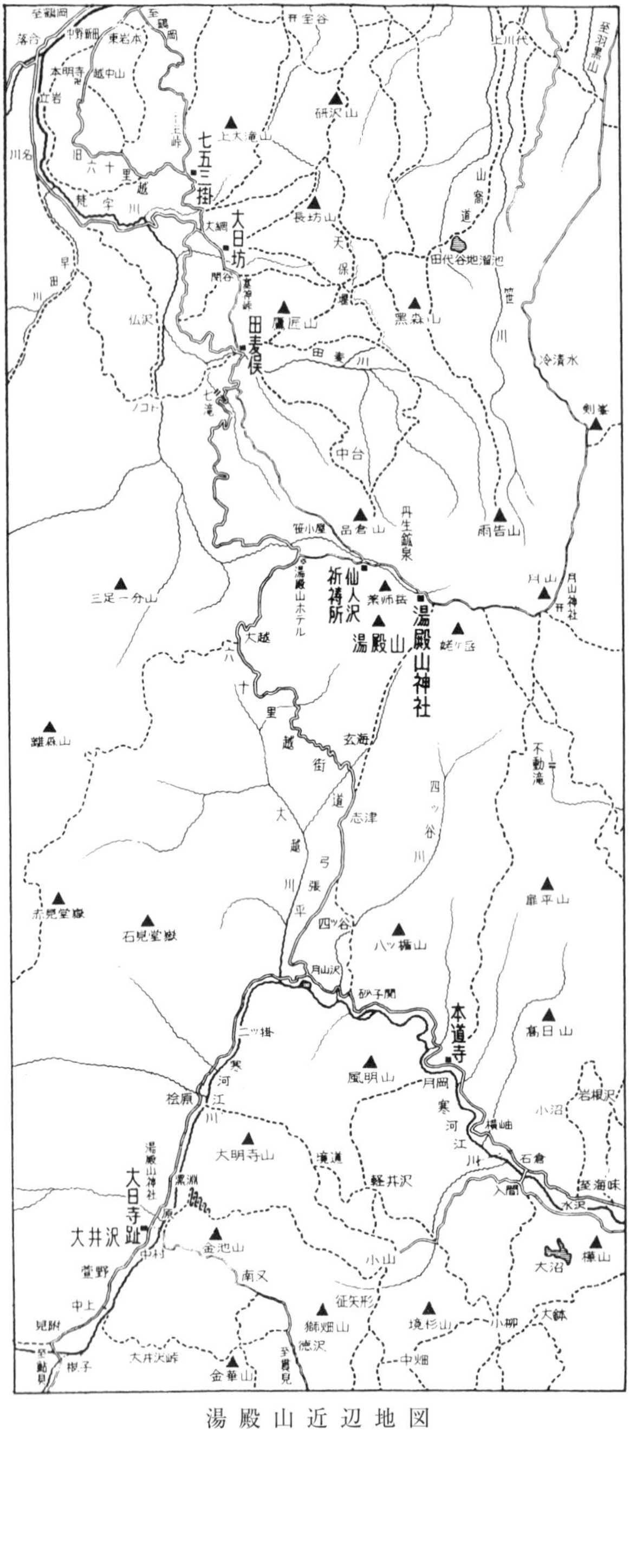

湯殿山近辺地図

とあるように、恣意的な一代修験行者というだけでなく、一代をもって即身成仏を遂げようとの願いを秘めていたものらしく、従って一世行人は山内修験がいずれかといえば受身の態度であるのに対して、対社会的にも極めて積極的であり、呪術祈禱のみならず、医療に、社会事業に活躍した人々を出し、その信仰によって多くの信者を獲得して、自力で多くの行人寺を建立した。また山内修験先達があるいは世襲、あるいは養子縁組の形で継承され、祈禱、宿坊、先達を役職として、自らの修行において深く対決するところのなかったのに対して、一世行人は苦修練行による自己対決を進んで行ない、人格的な迫力においても、従って民衆への説得力においても、すぐれた力を有していたことが推測される。

一般に中世寺院はアジール的性格が強く、ことに深山を背景とする修験寺院などは、徳川幕藩体制の整備と統制力が次第に強化されたのちまで、なおその性格を濃く保存しており、したがって一世行人の前歴、身分などは雑多なものである。従って一世行人の弟子入りには、藩でも厳重な制限を設けたらしく、前出光丘図書館蔵の文化一二年の『注連寺文書』には、「他国者師弟之契約不相成趣被仰渡儀有之候ニ付、御当国之内熟懇之者御座候ニ付其仁相頼親元ニ可仕」ようの布告をし、また事実、一世行人の召捕に藩吏や町役人が外部から僉議した記録が存しているが〔大網注連寺一世行人新庄領真室新町喜兵衛事順由海御領主戸沢組より召捕に参候一件文書〕、全般に一度駆け込めば身を隠し、または黙認見遁しの結果になり勝ちであったらしいことは、現在六躰の即身仏のうち真如海、鉄門海の二人まで、誤って武士を殺害して大日坊、注連寺に遁れたと伝えていることからも推測し得る。そうした前歴ゆえ、また人一倍の苦行精進にも堪え、すぐれた教化救済の活動をもなし得たのであろう。

一世行人はかくして縁をたよって先ず本坊に入って、一定期間は行人弟子として、剃頭して経文や若干の教理を習受し、やがて手形を得て仙人沢の行場へ赴いたようである。今日も仙人沢には多くの行人碑が立ち、行人修行を跡づける洞窟、土壇、碑の類が多い。ここは近い頃までこうした一世行人専門の行場であり、ここで垢離をとり、木食を修し、一日三度の湯殿宝前への参詣を日課とし、一、〇〇〇日ないし五、〇〇〇日の行を積んだ。この間はもちろん惣髪であり、長髭を蓄えた行人が多い。こうした修行中の行人にはまた一種の外護者がつく。全般として薪炭食料の供給は丁度注連寺、大日坊から仙人沢へ行く途中にある田麦俣部落がこれを引受けていたようであるが、大網その他の村にもこの修行を成就させようとの結縁者があったようである。仙人沢において発見した行人碑の一つに文久二年（一八六二）戌七月の年号のあるものがある。この正面には、

世話　田麦俣　九助
　　　　　　　長左衛門
大網下村　清七
中村　八重郎
下村　惣左衛門
七五三　掛甚左衛門
　　　　利左衛門
　　　　与惣左衛門
東荒屋　弥治兵衛
岩本　久助
大世話方惣連中

一千日参籠
　鉄竜海
　　雲海
家内安全
諸願成就

という文字が刻まれている。ここに見える鉄竜海は最後の即身仏となった人であるが、弟子雲海とともに、五ケ村にわたる世話人が名をしるしているところから、その外護をうけていたことがあきらかである。また天保七年（一八三六）の鉄雲海の碑には「世話人　春光院」の名が見え、この春光院は明治九年の帰俗願に連署している山内修験衆徒で、こうした院の当主が保護を行なった例もあったものと見てよい。

一世行人碑に例外なく見える「木食行者」の称は、この行が行人の最も重要な、中心的苦行であったことを示している。木食行とは五穀断ち、十穀断ちをいう。五穀が、稲、麦、粟、黍、豆とするに大体異論はないが、十穀が五穀に何を追加するかは一定しないようである。五穀の豆を分けて大豆、小豆として黍をはぶき、黍、稗、粟を十穀の方へ入れる算え方もある。仙人沢の一世行人について伝承を聞くと、多くは榧の実、栃の実、蕎麦粉を食したといわれている。これは即身仏たらんとする第一の条件であって、この修業を経たものでなければ、死体は腐敗してミイラ化しないといわれている。

この行は古来「穀断ち」といわれて殊に験者の仲間で往々修され、また外道の妖術を志すもの、仙術を得んとする者もこの行を修したといわれる。『塩尻』〔十、下ノ四〕に、「世有下絶二塩穀一而食二菜蔬蕎麦等一以為二修行一者上、謂二之木食上人一、愚婦愚夫奔走信仰為二真仏一」、とあって、当時はかなり流行していたことを知るが、その濫觴は一世行人の規範となっている空海で、その『御遺告』のなかに、「吾去ぬる天長九年〔八三二〕十一月十二日より深く穀味を厭いて専ら坐禅を好む」に至ったとしるされているのに因る。シナでも『宋高僧伝』〔巻八、巨方伝〕の釈智封伝に「木食澗飯」の行を積んだことが見えるが、高野を中心とした木食上人には、中世初頭において行勝房があり、近世初頭において木食上人応其がある。

行勝のことは『玉葉』〔巻四一〕元暦元年〔一一八四〕一二月三日の条に「申刻、高野穀断聖人〔行勝房〕来る、数刻談語す、此の聖人は奇異の霊験等あり云々」とあり、『玉蘂』の承元四年〔一二一〇〕九月五日条にも、同じく行勝房のことをしるして、「生年八十一、穀を断ち、然而して気力壮なるが如し、誠に生身の化仏か」と見える。高野山以外にも断穀の聖人があり、それが民間に信仰を集めたことは『文徳実録』〔巻六〕斉衡元年〔八五四〕七月の条に「乙巳、備前国一伊蒲塞を貢す、穀を断ちて食わず、勅ありて神泉苑に安置す、男女雲会し、観者肩に架し、市里之が為に空し」とされた米糞聖人もあり、また中世説話集には例えば『十訓抄』〔巻中〕に見える河内図金剛山寺の僧を始めとして、松葉を食って仙となるなどの、多くの仙術の徒の修行のことをしるしている。このようにして穀断ちの行は、特に密教系修験者の間には行なわれたものである。ただに修験者だけでなく、木食を標榜した苦行者は他宗にも見える。弘化二年〔一八四五〕に焼亡した京都誓願寺を、大勧進職となって再興した願空誓阿は「木食行者」と称されている。しかし近世以前において木食行の最も著名なのは高野山である。すでに上古の空海、中世の行勝房ともに高野に関係があるが、『紀伊名所図会』〔第三編六ノ三九〕に、

木食の源由は、大和国三輪里平等寺の住職長弘大徳、当山に分け入り、最初は一心院谷の蓮華院にすまれしかど、奥院に詣づる路いと遙なるが上に、寺家の交りもしづ心なければ、唯御廟のあたりちかき寂莫の地にこそすまめとて、此堂を営み、深く行ひすまして、のちには穀味を断ちおはしければ、よの人木食長弘となんいひける、むかしはこの草庵を東林院と号し、体蓮房もこの所に住まれ、快法上人より絶えず木食の行をなすもの多しとかや。

とある。而して近世初頭の木食上人応其〔一五二五―一六〇六〕の事跡は特に注目すべきものがある。彼はもと佐々木氏の家臣であったが、三七歳のとき出家して高野に入り、木実、果実を食して米穀菜蔬を採らなかったので木食上人といわれた。天正一三年〔一五八五〕豊臣秀吉が高野山討伐を決意したのを、懇ろに周旋して慰留するに成功し、秀吉の帰依信頼をうけて高野の一切の管理を委任され、「高野の木食と不レ可レ存、木食が高野と可レ存旨」〔太閤様御雑談之趣、木食記録之一札〕とまで称せらるるに至った。のち京都東山に大仏造営の掌に当り、高野山の興山寺、青巌寺を開き、室生寺その他諸寺の修復に従い、また関ケ原役には諸侯の間を斡旋するなど、政治的にも縦横

の活躍をした。その活動は諸寺でも有名であったと見え、『尋尊大僧正記』（一六五、明応五・七・八）、『多聞院日記』（三四・天正一六・三・三、同九・廿一。三五・天正一七・九・一三。三八・天正二〇・四・二九。天正二〇・九・五など）などにも見えている。この人はかく高野を中心に活躍したが、実際の高野僧ではなく、いわゆる一世行人的存在であり、いわば客分の僧であったため、秀吉朱印状の請状起請文にも署名せず、しかも関ケ原役後は、豊臣氏と深い関係もあって隠退したのであるが、この時行人修験方の勢誉に高野一山支配職を譲ったのである。このため学侶方の反撃をうけ、慶長六年（一六二九）より貞享を経て元禄に亘る（一六八六—一七〇三）学侶・行人の諍論を引き起した末、遂に行人方六〇〇人余の高野退転をもってこの争いの幕を閉じたのである。

高野において学侶、行人の争いの勃発した一年後、あたかも出羽三山においては、宥誉が羽黒別当となり、やがて江戸寛永寺末に転宗して天宥と改名、三山統一の運動を起している。これによって湯殿山四ケ寺が著しく真言宗意識、特に高野の弘法大師直伝真言修験の意識を強めたことは、すでに前節で指摘した。木食上人によって高野に一時覇を唱えた行人方の動向、及びその影響が、湯殿山にどのように反映したかは、興味ある問題であろう。木食行、一世行人、即身成仏、ミイラとつながる一連の思想的実践的系列には、どうも近世初頭の高野山の影響を無視することは出来ないように思われるのである。

（一九六一・三・一）

〔後記・本稿は一九六〇年夏毎日新聞社主催による出羽三山ミイラ調査団に参加して七月下旬、一週間にわたり、現地調査を行なった報告の一部である。本調査においては毎日新聞社学芸部の松本昭氏を始め酒田・鶴岡両出張所の諸氏の斡旋により、また湯殿山注連寺派管長住職菅原則冲大僧正を始め、海向寺伊藤永恒住職、大日坊留守職、本明寺大坂天海師及びそれぞれの信徒からの貴重な資料や伝承の提供を得、鶴岡市の戸川安章、酒田市光丘図書館の佐藤主事、酒田市安祥寺の華園光遵上人、大網村の渡部留治氏らの協力を得た。佐藤氏は図書館蔵書につき、また戸川・渡部両氏は多年苦心して蒐集された資料多数を快く提供され、仙人沢、湯殿山へも同行先達せられた。また東北大学大学院の華園聰麿君は終始筆者と同行して資料の筆写、テープレコーディング、写真撮影等に協力した。ここにこれらの諸氏にあつく謝意を表する。また団長として特に全体の計画を立案された早稲田大学の安藤更生教授、調査の実際的マネージメントに尽力された同大学の桜井清彦助教

授にも感謝する次第である。〕

〔附録二〕　湯殿派一世行人仏海上人塚発掘調査報告

湯殿派の一世行人仏海は、新潟県村上市安良町に文政一一年（一八二八）に生れ、一八歳にて山形県東田川郡大網の湯殿山四ケ寺の一つ、注連寺の快音に従って入門し、ついで二三歳以後、同寺末の行人寺本明寺の一世行人剛海の徒弟として得度した。以来一五ケ年にわたって本明寺に住し、湯殿山登拝、水行、手燈行などの苦行を修し、また師に随って三ヵ年の山籠り修業、上方諸国の巡拝、伊豆天城山中での苦行などをして身心を鍛練した。また酒田市海向寺においても三ヵ年の修行を遂げた。文久二年（一八六二）、三五歳のとき、多くの一世行人の先蹤をふんで穀断ちの木食行を始め、明治三六年（一九〇三）に遷化するまで、四一年間、これを遵守すること一日の如くであったという。三七歳より四〇歳まで、一世行人の専修行場である仙人沢に山籠し、毎日三回水垢離潔斎して湯殿本宮に参詣し、水行、手燈行、滝壺坐禅などの練行を修した。慶応三年（一八六七）、仙人沢より下山して本明寺に住職となり、この年本山より法印に叙し上人号を許された。五三歳（一八八〇）には故郷村上市に帰り観音寺を董し、また十輪寺などを再興したが、このころ具足戒をうけて真言宗の大僧となった。六九歳（一八九六）のとき、折から火災で焼失した注連寺を再興すべく、嘱望されて同寺の住職となり、今日の本堂その他の再建に努力した。のち再び故郷に帰り、観音寺に住したが、明治三六年、同寺において七六歳をもって遷化した（以上、主として明治三四年に書かれた自筆履歴書による）。

上人は加持祈禱のほか、八卦に長じ、予見にすぐれ、また自ら山野に苦行中に自得した「風妙丸」なる薬を製して信徒に与えなどして、多くの人々に敬愛せられた。つねに木食行者として、蕎麦粉、菓物、飴などを常食としていたため、物慾には極めて恬淡であり、信徒から供える祈禱料、布施、賽銭などは、すべて包紙のまま大きな壺の

仏海上人の筆蹟と手形（観音寺）

仏海上人肖像（村上市　観音寺）

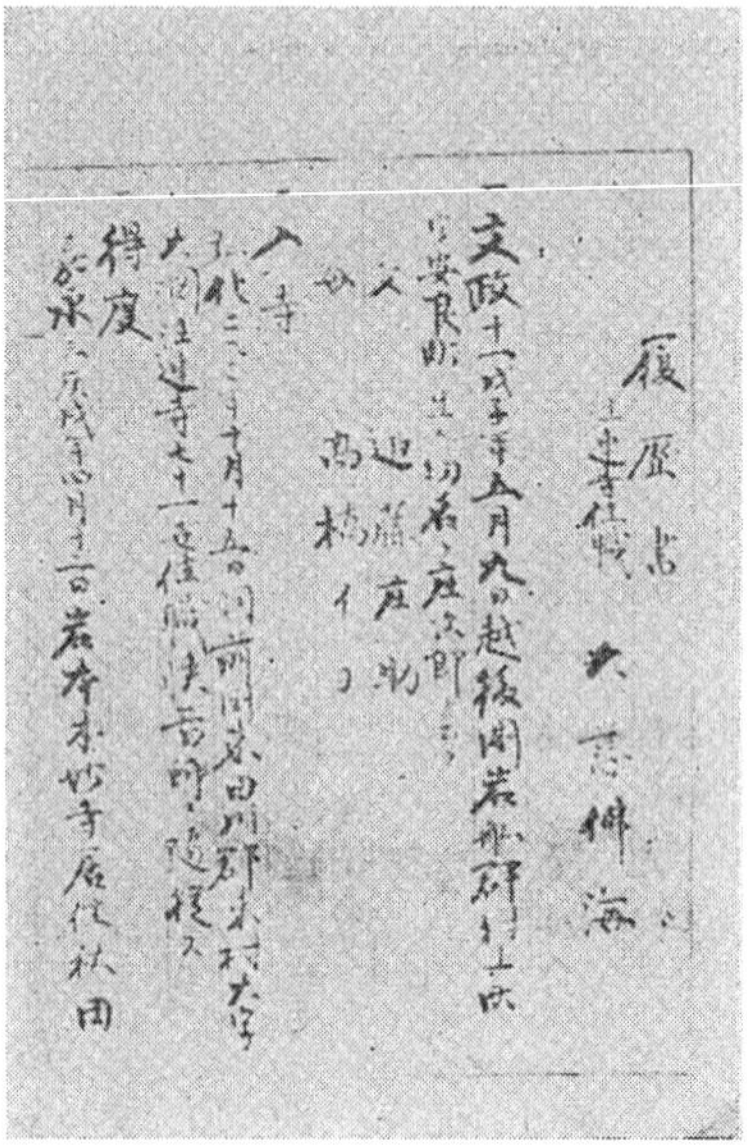

仏海上人自筆履歴書（観音寺）

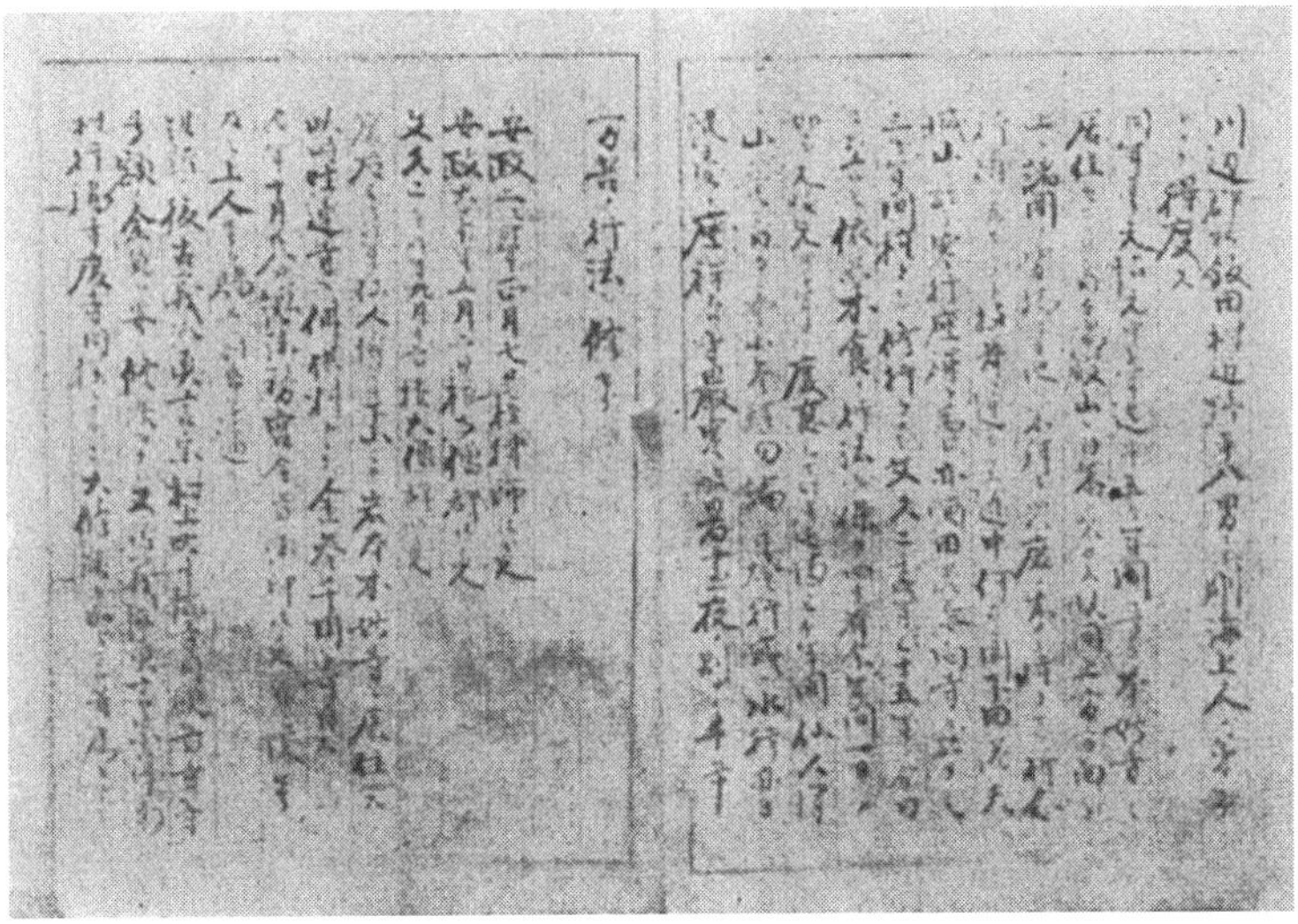

仏海上人自筆履歴書（観音寺）

なかに投げ入れて、随時これを神社、仏閣の再興、教育施設、難民救済などのために投じた。明治一八年から二三年にわたって、その活動は特に顕著なものがあり、新潟県知事から感謝状、賞状をおくられること七回に及んでいる。

従ってその余徳は寂後六〇年を経たこんにちまで、多くの信徒の間に語り伝えられ、いくつかの伝説も生じている。上人遷化のとき、信徒が争ってその湯灌の水を頂いて帰ったという話や、一夜盗人が賽銭箱から若干の銭を盗んで立ち去ろうとしたのを呼びとめて、さらに壺のなかから若干の金銭を恵んで、悔悟せしめたといった逸話も記憶されている。

上人は典型的な一世行人であり、生涯妻帯せず、多くの弟子を養成し、本山注連寺をはじめ幾つかの寺を建立再興したが、その四〇年に及ぶ木食行の実修、また久しく修行し且つ住職した本明寺、注連寺、海向寺には、すでに紹介した本明海、鉄門海、忠海、円明海などの即身仏が奉安されてあった事実からみて、これら即身仏の行儀に傾倒したらしく、自らも生前に土中入定の志があった。しかし当時はすでに警察の取締りも厳重であったから、生前の入定は果せず、晩年自ら墓所を選定し、その設計を行ない、死後

仏海上人墓

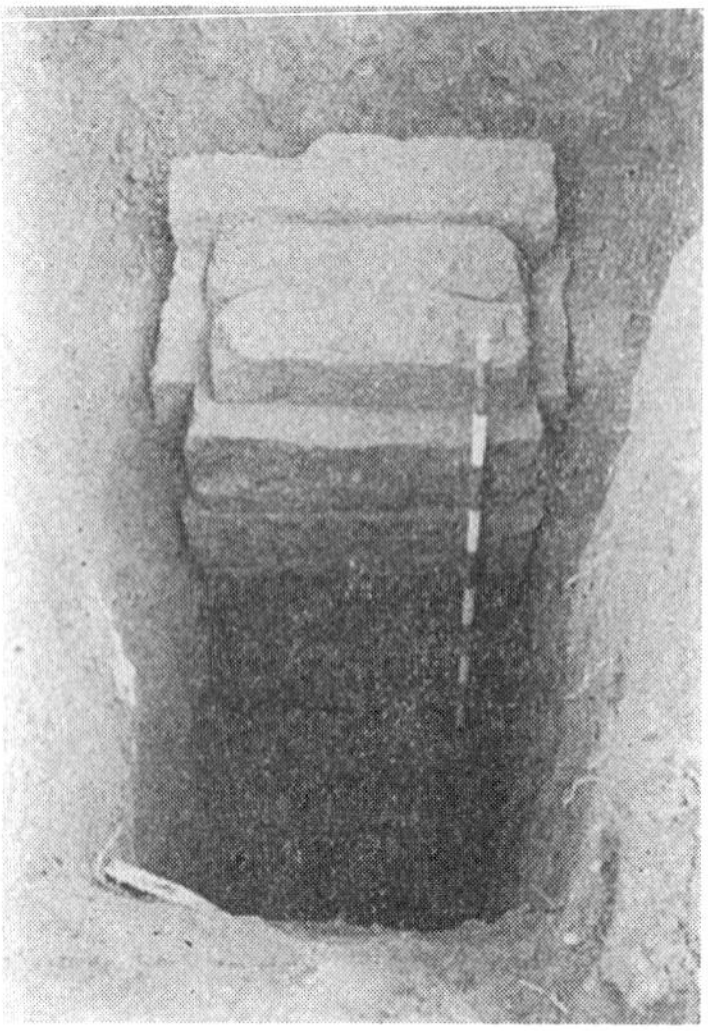

石　室

化したといわれている。

三年目には発掘、乾燥して、即身仏とするよう遺言して遷

上人の寂後、三年、三三回忌の際などに、この遺言を記憶していた信徒の間に、遺体発掘の議が持ち上ったが、遂に実行するに至らず、昭和三六年七月一八日—二〇日、「日本ミイラ研究グループ」（団長、安藤更生早大教授）の手で、毎日新聞社後援のもとに発掘調査が行なわれた。

本邦には多数の行人塚があり、それらには一世行人が生前土中入定して即身成仏をとげたという伝説を有し、また現実にその過程を経てミイラ化した即身仏も存在しているのであるが、遺体の現存する、しかもその生前の経歴のあきらかな入定塚の発掘調査は本件を最初とし、恐らくは最後とするであろう。

上人の墳墓は、観音寺本堂の斜め奥の小高い堆土上にあり、三重の角石基壇上に安置された「大慈院仏海上人墓」と刻んだ卵塔型墓碑で、この墓石を取除いた直下の地表下一メートルのところから石槨上部の蓋石三枚があらわれた。この蓋石の下に切石七枚を以て四方から井戸わく状にかこった堅固な石槨が作られている。石槨は横幅の外ノリ一二五センチ、内ノリ七三センチ、深さ二一七センチあり、上か

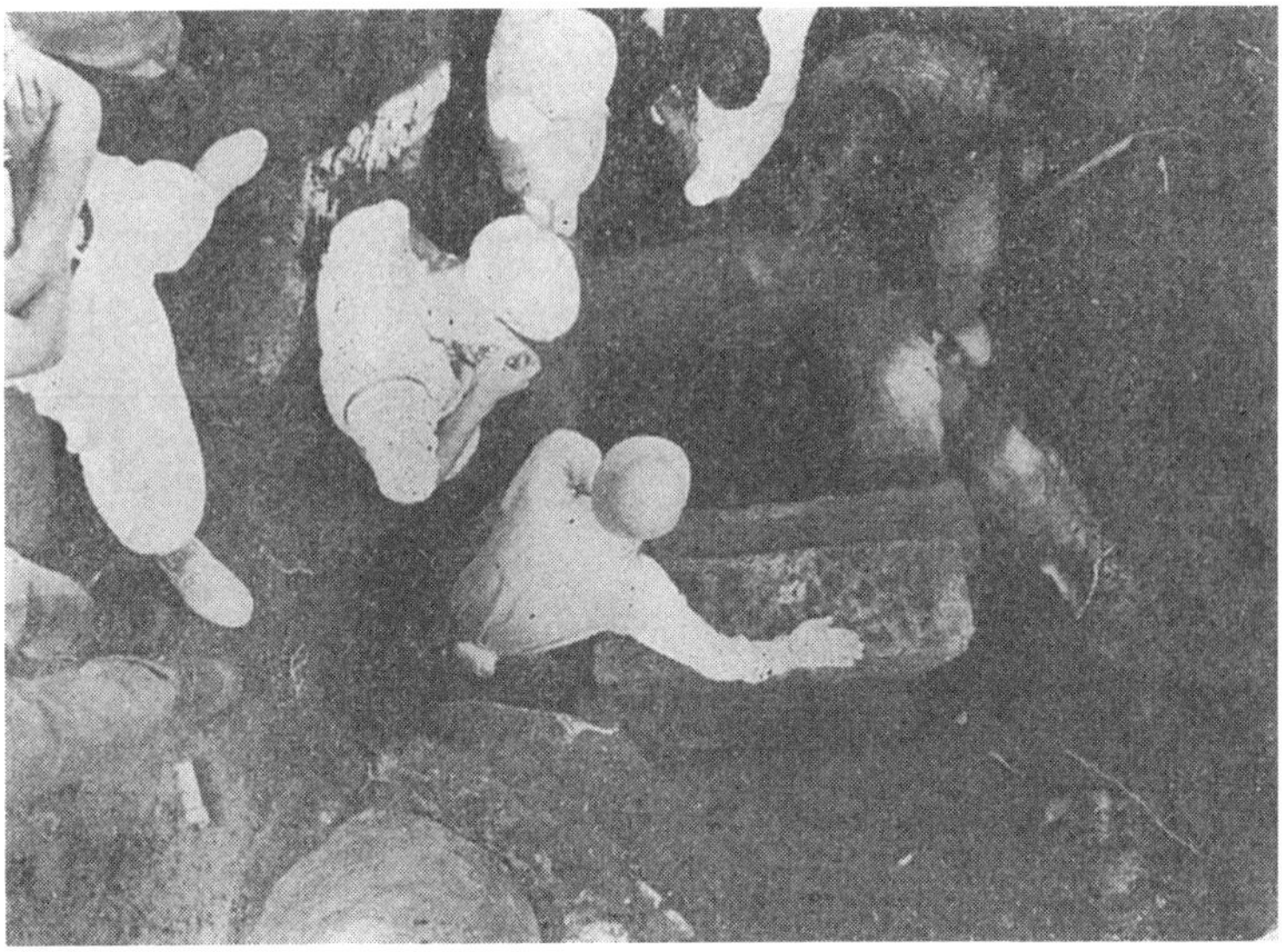

石　室　の　ふ　た　を　取　る

ら五枚目と六枚目の切石の接合部に、幅五・五センチの鉄框四本を井桁に組み、その上に四・六センチほどの厚みのある木棺（外ノリ八〇―八二センチ、横六〇センチ）が安置されている。棺の下、鉄框の下は切石二枚分の空罅となっている。石槨底部は二枚の切石をならべ、中央に隙間をつくって、その間には砂を敷いて、水はけに特別の配慮がはらわれている。

排土が終り、蓋石がのぞかれて、木棺がながめられる。堅牢な材質の棺で周辺は原型を保っているが、六〇年間の埋葬で、おしくも上部の棺蓋が一ケ所腐蝕して棺中に落下している。前方の切石を除き、湿気を吸ってブヨブヨになっている木棺の搬出作業は慎重を極める。幸いに棺底に底板をあてがい、棺全体を白布でまき、無事本堂に安置したのは、すでに薄暮をすぎていた。応急のカビ止めのホルマリン撒布が行なわれ、新潟医大の小片教授らが遺体の調査にあたった。（遺体の状況については、筆者は専門でないのでここで報告することは差しひかえたい。ただ激しい湿気に侵されているので、僅かに骨骼に附着している皮膚や筋肉なども剥落してしまうおそれがあり、遺体は翌朝、直ちに厳重な梱包ののち、新潟医

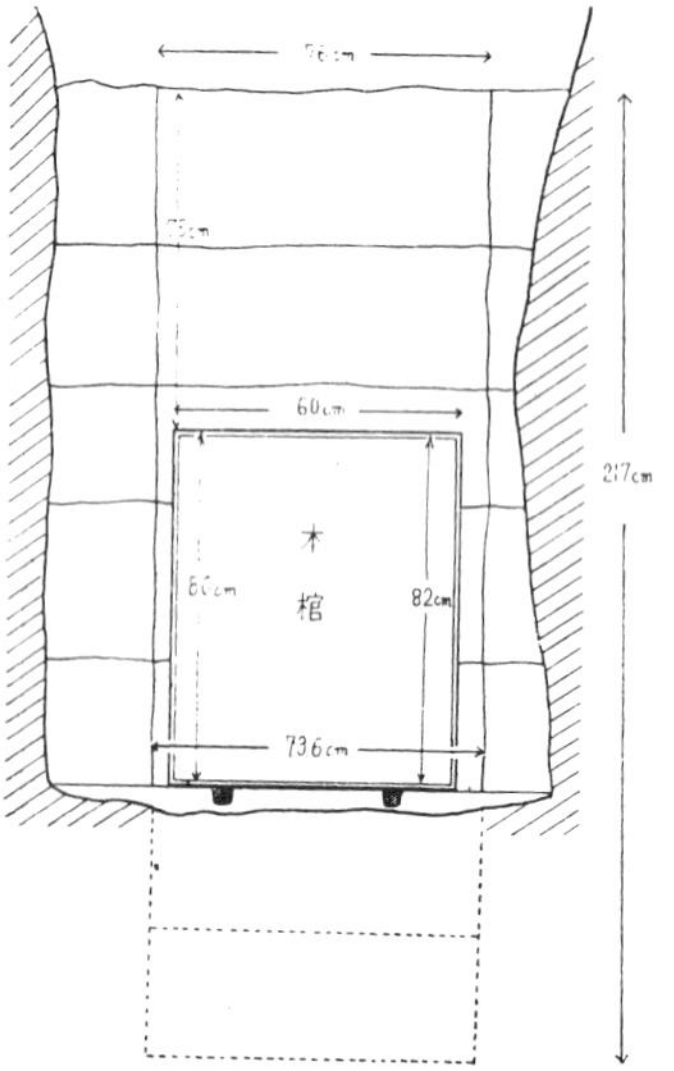

石室断面

石　室　底

大へ運ばれ、小片研究室で乾燥補修した。なお遺体は本年春、即身仏として観音寺へ帰り、本堂内に安置されることになった)。

また石槨の前方、碑石前石の一メートルほど下の粘土層から、あきらかに意図をもって敷いたと思われる梅干大の五色の川原石のうすい層が見られた。これはこの地方の三面川から採られたもので、この地方では墓地などに敷く風習もあるが、ことによると上人の納棺時の供養あるいは行法執行のために、わざわざ敷いたものかと思われる。行法壇には五色の砂をまく例もある。

従来多くの土地で伝える即身仏伝説に、土中に縦一丈二尺に四尺角の穴を掘り、座棺中に青竹の節をぬいた息つき竹を立てて入定したとあるが、仏海上人の塚はほぼこの規模に近いものである。

(一九六一年、第二十回日本宗教学会学術大会発表、宗教研究第三五巻第三輯一一三―五頁)

〔附録二〕　一世行人と年占の神つけ

一

黒森カブキや黒川能ほど世のなかには知られていないが、同じ山形県の荘内地方には、時期も同じ旧正月の行事の一つに、「作祭《さくまつり》」という珍らしい行事がある。修験道湯殿派の、特に行人《ぎょうにん》寺においてだけ行なわれるもので、一種の年占であるが、湯殿山大権現が行人にのりうつって託宣をのべる。以前には鶴岡の南岳寺、朝日村の本明寺をはじめ、いわゆる即身仏、すなわち入定ミイラを輩出した多くの行人寺で行なわれたというが、いまはわずかに、忠海・円明海の二即身仏を安置する酒田市海向寺で二月一八日、狩川の西光寺で二月二二日に催されているにすぎない。

一昨年からはじまった毎日新聞社後援の出羽三山ミイラ（即身仏）調査団に参加して、はじめて即身仏を出した寺にのみ、この祭の存することを知り、一度はぜひ見学したいと念願していたが、ことしは同調査の続きとして現地に参列、海向寺の伊藤住職や酒田市当局の理解ある協力を得て、一応くわしい記録をとることができた。

二

この祭りは五穀豊饒、大漁満足、商売繁盛、身体堅固などを祈願して行なわれる護摩祈禱と、その年の作柄、漁獲、風水病難、火難などをうらなう年占の二つの部分からなっている。

まず第一部の護摩祈禱は、真言宗の不動護摩法にのっとるが、修験宗独特の大錫杖を七五三にふり、声明調の曲節に富む「尊仏礼文《そんぶつらいもん》」、「唱名礼《しょうみょうらい》」がある。「湯殿山大権現」につづいて、「御注連《おしめ》に八大金剛童子」、「御裏《おうら》に三宝荒神」以下の諸神諸仏を勧請して、「懺愧懺悔《ざんきざんげ》、六根罪障、滅除煩悩、滅罪業障」の偈を反復して、罪穢れをはらうのが特色である。

そとは霏々として春雪が舞い、堂内はくらく、須弥壇には大ろうそくがにぶくゆらめいている。ことしは例年より少ないというが、それでも二〇〇人を越す信徒たちが近郷近在からつめかけて、身動きもならぬ。読経の間に、伊藤導師の手で護摩壇には聖火があかあかと燃えさかる。世話方が信徒の間に護摩木をくばり、またその祈願を一々紙に書きつける。三斗三重ねの大鏡餅をはじめ、諸種の供物、信徒の肌着などを入れた風呂敷包みやバッグが、世話人の手でつぎつぎにこの聖火にかざされて、きよめられる。鏡餅は部落ごとに供え、その中の重を「御勧請」（祈禱札）とともに世話人が部落に持ち帰り、信徒の人数に割って、一同に配るのだという。

やがて「祈願文」のあと、かねて受付へ届出た信徒の一人一人の姓名、年齢、祈願の目的などをしるした帳面が導師、供僧にくばられ、これが一斉に、口早やに読み上げられる。ことしは「交通安全」の祈願がしきりに耳についたのは、やはり世相を反映するものであろう。踊るようなリズムの太鼓にのって、「不動讃」がとなえられ、終って導師は堂内の信徒に向かって鈴をふって短い読経をしたあと、壇上から修験特有の「千枚ボンデン」という大幣をもって、信徒の頭上をたたくようになでまわして、祓いを行なう。ボンデンの紙は一々信徒から奉納するもので、住所、氏名、祈願の目的などが書かれている。ボンデンは供僧の行人の手でさらにうしろの方に坐っている信徒たちももれなく祓いをうける。このとき信徒のなかから、一斉にパチパチと拍手をうつのが聞かれ、昔ながらの神仏習合の生きた姿が見られる。

三

いったん休憩のあと、いよいよ年占いがはじまる。行人は白衣に宝冠（頭巾《ときん》）をまぶかにかぶって、まず本尊前で般若心経を読誦したあと、本尊に向かって左の間に居流れて、「神憑《かみつ》け」に入る。役にあたる行人の一人が、頭巾を鼻の下まで押しさげて覆面し、新しく綯った麻なわでアグラの両脚をしばり、両腕にまわして、腰のうしろでくくる。行人は「護身法《ごしんぼう》」の九字の真言をとなえつつ、右手指にて横縦に九線をひく、いわゆる九字《くじ》を切り、終って両手に小さなボンデン（幣）を持たせ、介添えの修験僧と仲間の行人が声をあわせて、心経の偈と「懺愧懺悔」の唱名礼をとなえ、小さな錫杖をかわるがわる耳もとから

海向寺、入口

寒　　行

寒行の勧進

大錫杖

後頭部へかけて連続的にふり、ときどき畳をはげしくたたく。すると二分か三分で、行人の両手ははげしく震え出し、突如として縛られたままの姿で一〇センチほども飛び上り、ボンデンで畳をたたくようにしながらはねまわる。これを介添人が二人がかりで、うしろからなわを持って押えている。

神がつくとすぐ、読経をやめ、「問役《といやく》」が声だかに、「御門中一同の御願いでございます。本年田作《たさく》何分《ぶ》どおりでございましょうや、御告げこうむりとうございます」と聞く。すると行人ははげしく震動しながら、即座に「七分」とか「七分半」、「八分」などと答える。これを「書役《かきやく》」が傍にひかえていて、帳面にかき留める。この分は出来高の歩合を示すので、これを「ブツケ」とよんでいる。

田作から、苗、早稲、中稲、晩稲、畑作、大豆、小豆、秋揚《あきあげ》、蚕、また照《てり》、風、雨、虫、水難、火難、病難、大漁の順に聞き、火水病難や照、風、雨、虫などに、「ある」と答えたときはその時期、それを防ぐための信心仏の名を問う。これらに一々答えおわると、問役は「オアガリー」と荘重に唱え、介抱人が神憑きの行人のうしろから抱きかかえ、頭から如法衣《にょほうい》（袈裟）をすっぽりとかぶせて、心経の偈をとなえながら静かにうしろに倒すと、神がはなれて平常に復する。この間およそ一分か一分半くらいである。

最初にこの地方全般の年占がすむと、そのあと一カ村ずつ、信徒からの願いで、照、風、雨、虫の四項目を除いて同じ順序で、行人が交代で神つきとなって託宣をする。ことしはおよそ二〇カ村からの願い出があり、一人二カ村ずつをつづけて託宣した。病難、火難などの信心仏に種〻な神仏名が出てくる。なかに「ところの氏神」と指定された村もあった。神つけは一言《ひとこと》で聞き、一言《ひとこと》で答えるので、これを「ヒトコトイイ」とよび、この地方ではぶっきらぼうな物いいをする人を、「神つけのようだ」というそうである。何となく「悪事《まがごと》も一言《ひとこと》、善事《よごと》も一言にいい離《はな》つ神、葛城の「一言主《ひとことぬし》之大神」という古事記の伝承が思い出される〔この訓みは新校国史大系本による〕。

この祭りは、先ずその年の小寒の入りから立春の前日までの、寒三〇日間、朝晩水垢離をとり、市中から農村を一戸一戸托鉢勧進してあるく寒行ではじまる。この寒行を最低三年間つづけて修行

部落単位の供餅

大餅を護摩火で清める

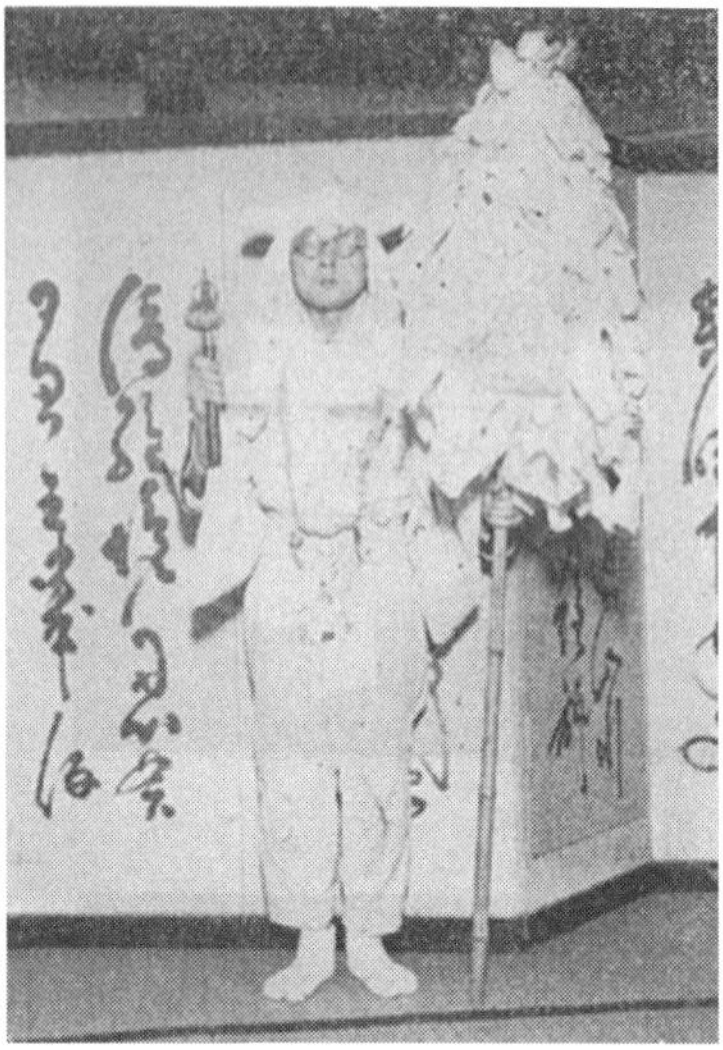

千枚ボンデン

千枚ボンデンで信徒を祓う

せねば、神はつかぬといわれ、神つけをする資格はない。以前は神つけになれる行人の数も多かったので、年占のあとは個人個人の伺いも一々神がかりとなって託宣したものだというが、今は行人の数も少なく、また神のつかぬ人もあって、この祭りもやがては廃絶に帰するのではないかと思われる。

四

小正月の前後、ことに旧正月一四日の「御作立《おさくだて》」の夜に、一年の豊凶、風雨の有無などを、稲や月に見立てた餅や竹片を、米粒や粥をもって占う習俗はひろく民間に行なわれ、神社でも小豆粥によって作をうらなう筒粥《つつがゆ》神事は、大和、諏訪をはじめ、多くの大社でも行なわれ、その結果を社頭に掲示したり、紙に刷ってくばったりしている。

東北地方では、鳥海山の大物忌神社のそれは有名である。

農作はことに気象の状況に左右されることが多く、毎年が一つのあらたなる賭けごとでもある。一年のはじめの年占いの行事が、春祈禱すなわち予祝祭、祈年祭とともに、農民にとってはおろそかならぬものであったことは想像に難くない。そしてこの祈禱卜占は、神道、仏教ともに農民の要求に応じて種〻の役割を演じてきている。しかし一年の豊凶を、神つけによって占う風を今に伝えているのは、東北地方ではこの湯殿派の行人寺の作祭りと、福島県東部山間部に名残りをとどめている「葉山籠《はやまごも》り」の二つではなかろうか。

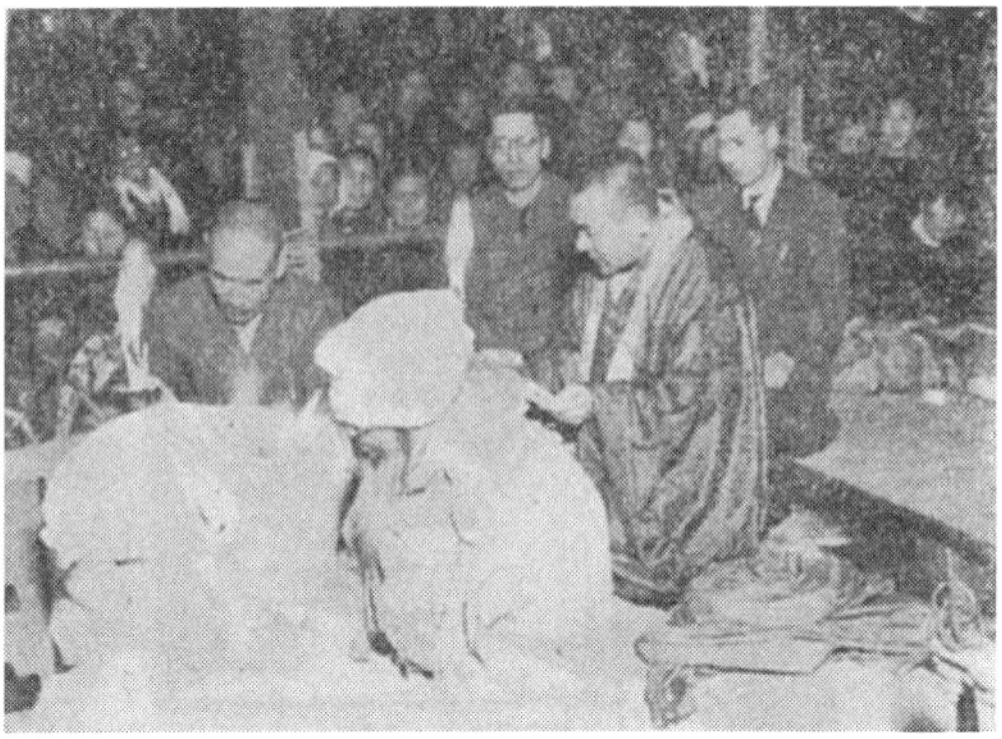

神つけ(1)

神つけ(2)

葉山はこの地方で農神として信仰される山の神で、修験道のいちじるしい影響を蒙った形跡がある。部落単位で祀られ、稲作終了の直後、すなわち旧暦一〇月に、部落各戸から男一人ずつ集まり、水を浴びて身をきよめ、餅をついて、山上の葉山祠に参り、夜半、祠前に注連をはり、荒薦をしいて、「のりわら」とよばれるヨリマシが神つきとなって、翌年の豊凶、天候、火難、水難、病難の有無、時期、場所などをうらなうのである。「のりわら」は「のりわらわ」すなわち戸童の意で

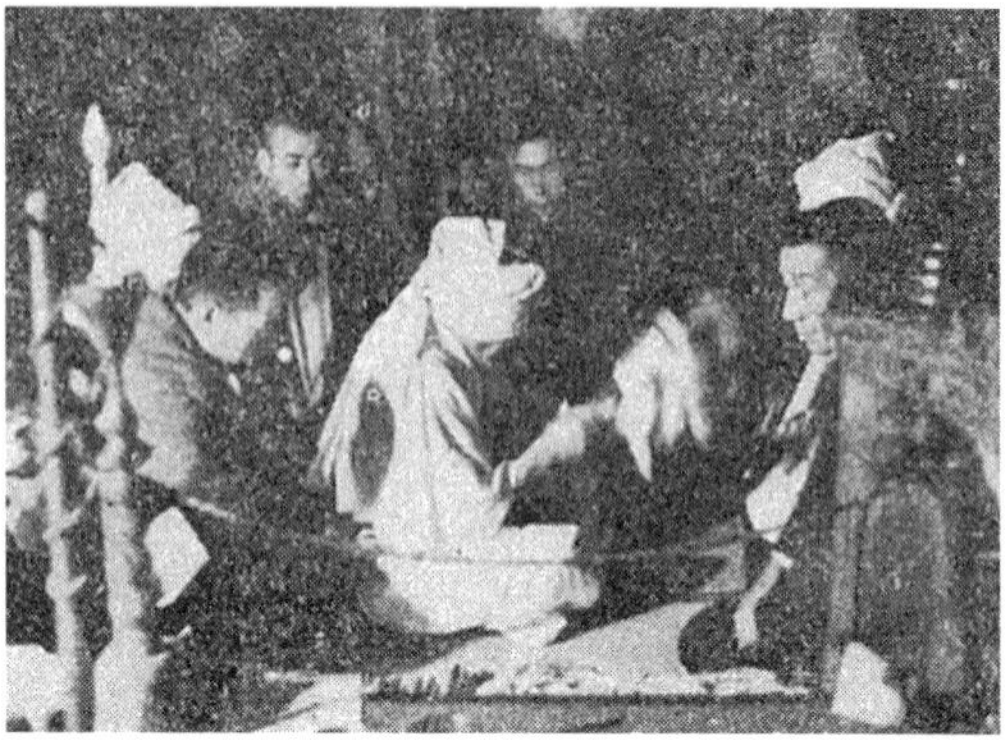

神つけ(3)

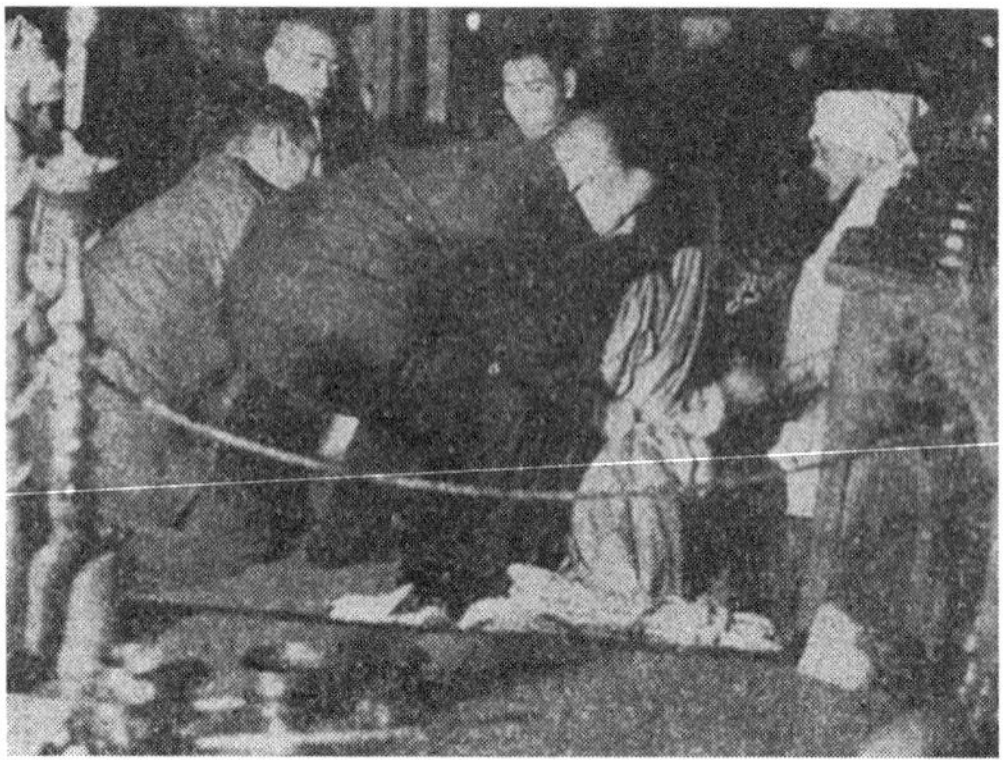

神つけ(4)

ある。この「のりわら」は専門の行人ではなく、つねに平凡な農家の老人が、神の選びによって毎年このわざを続けている。今までは「のりわら」が老衰に入ると、村人のなかから後継者が得られたようだが、世の中がせちがらくなってからは、なかなか適当な人が見付けにくくなって、これまた廃絶の一歩手前にある。

エリアーデ教授もいうように、神つけは一種の古代接神技法であり、特異の神秘体験である。しかしこの技法や体験は、手にとって他人に伝授することはできない。『梁塵秘抄』巻二に、「東《あづま》には女は無きか男巫《おとこみこ》さればや神の男には憑く」という有名な一首がある。日本宗教史において、女巫の活躍はことに著しいが、男巫すなわち覡《げき》の歴史はなお明らかならぬものがある。しかしわたくしは、この作祭や葉山籠りの行事のなかに、「即身即仏」を説き、「本尊われに入り、われ本尊に入る」との「入我我入観」の修行を説く真言密教の教理をとり入れた修験道神秘主義と神秘実践のなかに、日本男巫史の幾ページかが秘められているようにも思うのである。

（一九六二・三・三、毎日新聞）

十　宗教・習俗の生活規制に関する調査研究

——福島県相馬藩の真宗移民について——

一　はしがき

本稿は、福島県相馬市相馬女子高校の岩崎敏夫博士がすでに多年調査していた若干の資料にもとづき、さらに同氏及び東北大学宗教学研究室の諸君の協力を得て、昭和二九年に行なった調査の報告である。

この調査は、日常生活の上に、最も強い規制力を持ち、且つ比較的合理主義的な生活態度を維持している浄土真宗の農民たちと、伝承的な宗教的習俗的規制下にある真言宗、曹洞宗など真宗以外の農民たちとの、特に生活意欲、経済活動の面にあらわれた差異に注目してなされたものである。調査日数が短く、且つ、調査方法にも未熟な点が多く、必ずしも所期の目的を適確に浮彫りし得るだけの効果をあげていないが、今後の宗教と社会との関連に関する一つの試みとして、あえてその結果を報告することにした。

二　相馬藩と真宗移民

相馬藩は現在の相馬市及び相馬郡（旧、行方・宇多二郡）、それに双葉郡の北半にわたり、宇多、北、中、小高、北標葉、南標葉、山中の七郷、二二〇邑、田畑一五、一三五町歩を有したといわれる。天正一八年（一五九〇）の秀吉の朱印四八、七三四石、文禄検地六〇、〇〇〇石、元禄検地六〇、〇〇〇石に打出し三八、〇〇〇石で、人口の最も多かったのは元禄一五年（一七〇二）の八九、五〇五人、収納米の最も多かったのは正徳五年（一七一五）の一七五、九一〇俵といわれ、石高に比して裕福な藩であった。しかも、この藩は、北に奥州の雄伊達藩を、南に磐城平藩を擁しながら、元亨三年（一三二三）相馬重胤がその本拠たる下総国相馬郡から陸奥国行方郡にうつって以後、多少の変遷はあったが明治維新（一八六八）まで、凡そ五四五年間、同じ相馬氏が連綿としてこの地方を領有してきた。しかもその祭事や風俗信仰などのなかに、今なお千葉県相馬郡地方のそれと類似の伝承を残している点など、注目すべき地方である。

ところで、相馬藩は天明七年（一七八七）の大飢饉に見舞われ、藩民の死亡離散はなはだしく、人口は一挙に三二、二四七人に減少し、田地の損耗高八七、六三〇石に達した。これは同藩の最盛時たる元禄一五年の統計に比して、人口減は実に六三・九％、損耗八九・四％という壊滅的なものであった。『奥相志』によると、この飢饉において、押釜村二九戸、一六二人の部落のうち、離散九四人、内、死亡六二人、逃亡三二人としるされているのを見ても、その激しかったことを推察できる。そこで藩はこれが対策として、当時の家老久米泰翁の策をいれて、文化一三年、いわゆる文化の「御厳法」を断行し、藩経済を向う一〇年間一〇、〇〇〇石の格式に切下げ、次三男の新家取立てを奨励して人軒増加をはかり、さらに北陸地方より貧窮の農民を移住入植させるという復興計画を樹てた。

当時、飯豊村馬場野に東福庵とよぶ草庵を結んでいた越中出身の真宗僧闡教と、その弟子とも養子ともいわれる発教（越中礪波郡野尻庄字二日町、善願寺一九世の三男）が、久米の依頼をうけて、移民勧請のことに当り、とくに発教は帰国して、第一回の移民四家族を伴い帰り、これを北郷山下村（吉田熊蔵）、中郷押釜村（林甚右衛門）、同信田沢村（中野市右衛門）、宇多郷柏崎村（五十嵐源吾）に配置し、住家、農具、多少の糧食を与えて、荒廃した水田の再開発と荒蕪地の開墾に従事させた。

『奥相志』及び相馬藩記録に徴すると、この第一回の移民の到着したのは文化一二、三年（一八一五、六）となっているが、この発教（一八〇三―一八七四）の建立した相馬市中村の正西寺（東福庵の後身）に伝える過去帳の第一冊（天保元、一八三〇―嘉永三、一八五〇）の表書に、

文化八（一八一一）未年春、家数拾三軒、其人数七拾九人引連加州ゟ当国江罷越、当寺建立、然ル所ゟ文政十二丑年迄十九年分之過去帳当時相見江不申候ニ付相記兼、依之天保元寅年ゟ相記置申候。

とある。この過去帳は発教自身の筆になるものであるらしいが、発教は正西寺の所伝では明治七年に七二歳で歿したとあるから、これから逆算すると、文化八年は数え年九歳にしかならない。正西寺現住の八幡義教氏は発教の四代の孫と称しており、この歿年代に誤りなしとすれば、発教はむしろ移民として、闡教（？）またはその信者に伴われて当地に来たのかとも思われる。発教はもと林能といい、のち名を改めたとあるが、彼はこののち、その兄弟を勧めて相馬に移住せしめ（原町浄福寺、長塚町正福寺）、また最初の移民の成功によって、そのあと陸続としてやってきた移民たちの中心的人物となったのであろう。第一回の移民の四家族というのと、過去帳の一三家族七九人というのとは、これまた矛盾するが、『奥相志』のしるす四家は、のち相馬藩庁から特に「新軒目付」として苗字帯刀を許された四家であり、恐らくは第一回移民のなかの重立ちであったのかと思われる。因みに南小野の吉田作次郎翁の伝えるところによると、正西寺の加賀門徒の草分けは一三軒といい、飯淵の中野家、岩子の門間家、向山の福迫家、新田の伊藤家、小野の後藤家、粟津の小幡家、日立木の岡田家、百槻の清水家、馬場野の牛来家、荒川家、柏崎の五十嵐家、大曲の山田家、池上の今野家か高松の米倉家の何れかであるという。これは恐らく過去帳に見える一三家族と関係ある家であろう。これらの家は後に新移住者の中心となった。

相馬藩はさらに弘化二年（一八四四）、その縁によって二宮尊徳を招聘し、農村改造に着手しているが、このとき、

第一表　鹿島町勝縁寺過去帳に見える檀家の分布と移住年代

	寛政五	文化四	〃七	〃九	〃一五	文政三	〃七	〃九	〃一〇	〃一一	〃一三	天保二	〃三	〃五	〃六	〃七	〃八	〃九	〃一〇	〃一一	〃一二	〃一三	〃一四	〃一五	弘化二	〃三	〃四	〃五	嘉永二	〃三	〃四	〃五	〃六	〃七	安政二	〃三	〃四	〃五	〃六	〃七	万延二	文久二	元治二	慶応二	〃三	計
鹿島	1		1								1					1	3	2		2	1	1	2					1		1	1	3	2	5	3	1	1		4	3	4	1	2	7	3	57
塩崎		1					1		2		3	1		2		2	2	1	2		3	2	1				2		1		1			1	1	1	1				2	1			1	35
川子				1	1								1	3		1	1	1		2	1					2		1	3	1	1				2							1	1	1	1	26
その他																															8															8
横手						1		1						1								1		1		1	2			1	1	2			4			1	1	2		1		2	1	24
右田					1	1					1				1	2	6	2	1	1	1		1		1		3	1	2	1	1	1	1	1	2				1		1	2	2	3	1	42
小島田									1		1						2						1									1		1		2								1		10
海老										1			1	1		3		2		1			2		2	2	1		2	2	1	2	2	1	2	2	4		1	2	1	1	3	1	4	47
柚木											1					1						1								1		2								1						7
江垂											1		1			1							2		1								3	1	1	2	1	2				1	3	2	2	24
筒樋												1		1						1	1							1	1	1						1			1		1					10
永田														1															1	1	1	1	3	1					1	1		1				12
寺内																		2			1		1	1	2					3		4			1	3	1		1	2	1		1			24
上松																						1				1				1			1		1					1	3			3	1	13
大和田																									2										1											2
島崎																													1								1									2
小山田																													1														1			2
小池																																1					1									2
長塚																																	1						1		1					3
水路																																1														1
糖理沢																																1														1
小猿沢																																1				1					1			2		5
大内																																					1						1			2
門ノ口																																						5	1							6
栃窪																																						1	1					1		3
広屋																																								1						1
牛小路																																									1					1
今田																																									1					1
中山																																												2		2
早間																																											1			1
蒲庭																																													1	1
計	1	1	1	1	2	2	1	1	3	1	8	2	3	9	1	11	14	10	3	7	8	6	10	2	8	6	8	4	12	21	7	20	13	11	17	13	11	9	12	14	17	9	15	25	15	375

北陸移民の数は一、八〇〇戸に達していたという。鹿島町勝縁寺（開基は文化七年越中礪波郡麻生村西園寺の次男廓然で、加越の農民一〇〇余戸を率い来って檀家とすると寺記に見える）の現有過去帳に見える檀家三七五戸の移住年代、及び、『弘化二年度小高郷金主付新百姓調書』に見える一四五戸の移住年代と移住地を見ると、第一表―第三表の如くである。

かくて、これらの北陸移民と二宮尊徳の御仕法の実施によって、藩の経済は次第に立ち直り、文久二年（一八六二）には、戸数八、四九四戸、人口五二、六〇〇人余にまで恢復した。これらの移民は藩庁の保護政策と、発教の努力、また先着移民の勧誘などによって、文政・天保から幕末に及んで、主として加賀、越中を中心に、因幡、伯耆あたりからも伝え聞いて移住したものがあった。そしてこれらの移民はすべて、ほとんど例外なく浄土真宗の信者であった。

元来、相馬藩は、真言宗、禅宗寺院が多く、また修験や巫女の活動も盛んであったが、浄土真宗にとっては未開拓の地方であった。僅かに城下中村に西本願寺派の光善寺がある。開基浄玄はもと岩沼妙観寺の人で、のち飯豊村

第二表　弘化2年度小高郷金主付新百姓調書のうち移住年代の明記せる93戸の分布と移住年代

93戸				現在戸数
内訳：南小高	文政　八	1	2	(11)
	天保　三	1		
岡　田	文政　九	11	27	(39)
	〃　十	8		
	〃　十一	3		
	天保　二	1		
	〃　十四	3		
	弘化　二	1		
大　井	文政　十	1	3	(7)
	〃　十一	1		
	弘化　二	1		
飯　崎	文政十一	1	5	(7)
	天保　三	2		
	〃　六	1		
	弘化　二	1		
塚　原	天保　五	1	2	(7)
	〃　十二	1		
耳　谷	文政十二	1	6	(5)
	天保　三	1		
	〃　六	1		
	〃　十	1		
	〃　十二	1		
	〃　十三	1		
上根沢	文政　十	1	2	(0)
	天保　八	1		
小　谷	天保　六	1	1	(7)
村　上	天保十四	1	2	(0)
	弘化　二	1		
小屋木	天保　三	1	2	(5)
	〃　九	1		
女　場	天保　一	2	4	(3)
	〃　六	1		
	〃　八	1		
神　山	天保　六	1	2	(7)
	〃　十一	1		
行　津	天保　六	1	2	(0)
	〃　八	1		
行　原	文政　十	1	4	(0)
	〃　十一	3		
泉　沢	文政　七	1	5	(3)
	〃　十	2		
	〃　十一	1		
	天保十四	1		
蛯　沢	天保十二	1	1	(1)
上　浦	天保　六	2	3	(0)
	〃　十四	1		
下　浦	天保　二	1	4	(0)
	〃　九	1		
	〃　十一	1		
	〃　十二	1		
南鳩原	天保　六	1	1	(2)
北鳩原	天保　五	1	4	(7)
	〃　六	3		
大　谷	天保　六	2	2	(2)
大田和	天保　六	2	3	(3)
	〃　十四	1		
羽　倉	天保　九	1	1	(2)
浦　尻	天保　六	2	2	(2)
福　岡	天保　六	2	3	(0)
	〃　十一	1		

第三表 相馬藩における真宗移民の移住年代

(鹿島勝縁寺過去帳----, 弘化二年要小高郷金主付新百姓臨書のうち
松本七郎左衛門此金新百姓52戸----, 同上以外の年代明記の93戸——)

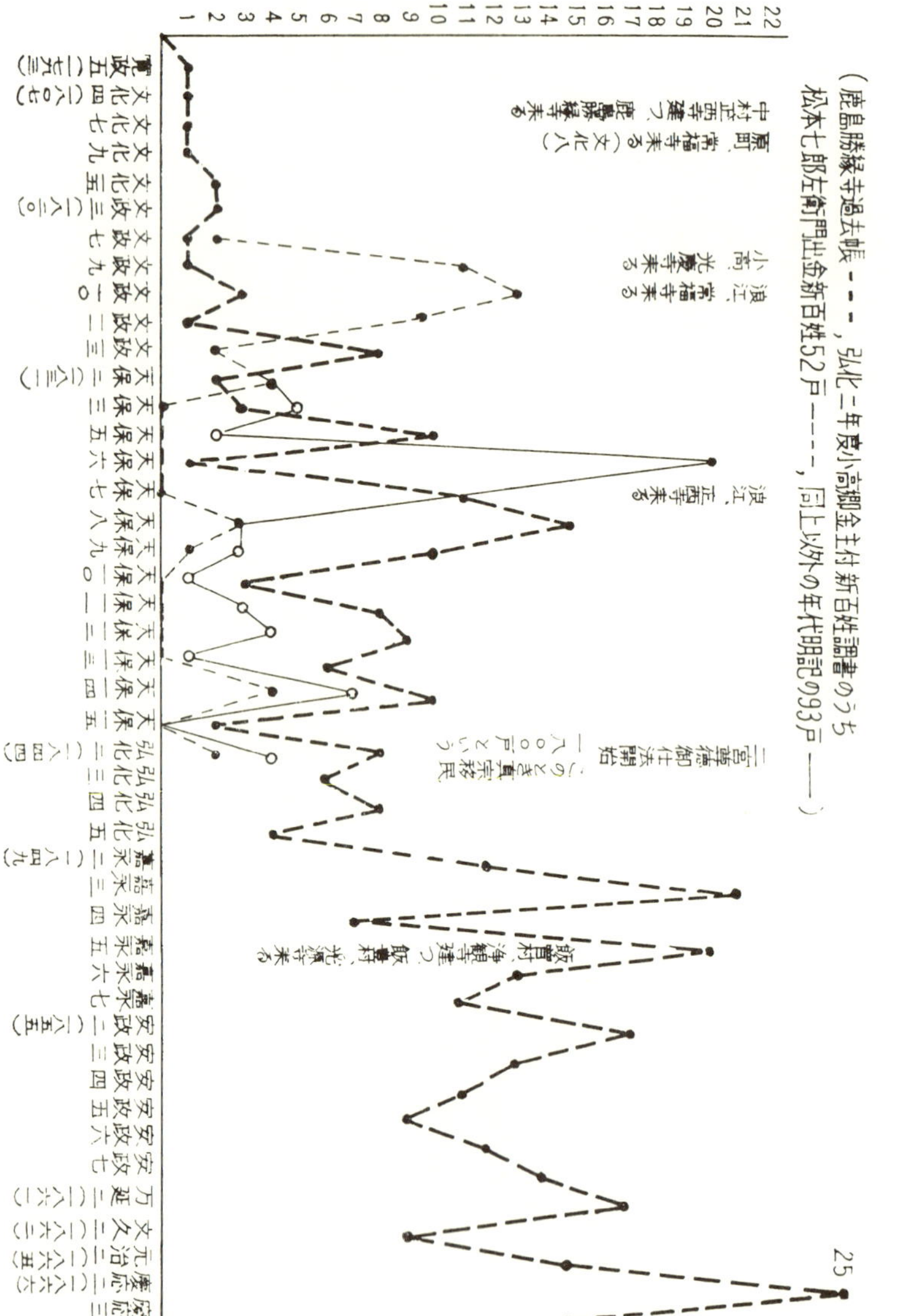

柏崎に浄法寺を建て、さらに慶安五年（一六五二）、中村に遷って光善寺と号したが、その檀家は主としてこの城下に住み着いた近江や堺出身の商人が多かったという。従って農村に浄土真宗の門徒が入ったのは、この北陸移民に始まったのである。彼等は土着農民から一括して「加賀者」とよばれ、また「新軒《しんけん》」「新立《しんたち》」、「立て百姓」などとも呼ばれた。彼等は逃亡を防ごうとする加賀藩の厳重な監視の眼をのがれ、主として越後から会津に入り、二本松を経て川俣へ出、八木沢峠を降って相馬に達する路線を選んだようで、凡そ六〇日かかったという。殆ど荷物は持たず、僅かに故郷の柿の若枝を生大根にさして携えたという。それで今でも真宗門徒の家々に加賀柿の木が大切に保存されていて、これをまた「蓮如柿」ともよんでいる。彼等は縁をたよって藩の相談所、菩提寺となるべき真宗寺院、部落の旧家（草分け）、先住の知音などを頼って、それぞれ部落に落着いたが、久米泰翁はその屋敷内に移民の収容所を設けて、その斡旋に努めたともいう。藩の命令もあり、村の庄屋、旦那衆、造酒家なども、彼等の「わらじぬぎ」の家となった。すでに天明の飢饉後、最初の移民の到着までに二四年以上を経過していたのであるから、潰れ屋敷に入ったもの、また入婿になったものもあるが、多くは荒蕪地を給されて開墾に従事したり、荒れてしまった旧田を修理して住みついた。とくに新田開発は二〇年間無税の特典があったので、開墾は大いに渉取ったことと思われる。また藩では富裕な藩士や富家に説いて、金主となって出資させ、開墾鍬下無税、一五ヵ年のうち五ヵ年は移民取得、六年目より向う一〇年間は金主の取得とする約束で実施し、多くの金主付新百姓をとり立てるのに成功した。

その一人に小高町の松本家がある。同家所蔵文書のなかに、『金主付新百姓調帳』がある。これは小高郷弘化二年度のものであるが、明治二六年正月に改め書き、大正三年七月一八日さらに改書とあるもので、そのなかに、

覚

この金主百姓と申すは、南小高村松本七郎左衛門出金いたし、田畑開墾、家屋を設け、新百姓に建上げたるも

のなり。

第四表　1845年度南小高村金主付新百姓の移住年代
（金主松本七郎左衛門・松本家文書）

	大井	南小高	岡田	女場	泉沢	耳谷	上根沢	小屋木	飯崎	片草	計
文政七年(1824)					1					1	2
八年		1									1
九年			11								11
十年	1		9		2		1				13
十一年	1		2		1				1	3	8
十二年						1					1
天保元年(1830)				2							2
三年		1				1			2		4
八年				2			1				3
九年								1			1
十四年			2		1					1	4
弘化二年(1845)	1		1								2
計	3	2	25	4	5	2	2	1	3	5	52

とあって、内容は村毎軒数しめて五二軒、その内訳は、大井村三戸、南小高村二戸、岡田村二五戸、女場村四戸、奥沢村五戸、耳谷村二戸、上根沢村二戸、小屋木村一戸、飯崎村三戸、片草村五戸となっている。その移住年代は文政七年（一八二四）から弘化二年までの二一年間で、文政九、一〇、一一の三年が最も多く、三二戸がこの三年の間に、岡田を中心に大井、泉沢、片草などに土着している（第四表参照）。

　彼等が弘化二年度において、家族構成及び所有田畑はいかがであったろうか。その概要は第五表の示す如くであるが、移住地により、また個々の家族間の差異によって、必ずしも一様ではないにしても、この金主付新百姓は、最初の移住者が定住してから約二〇年目、大体一四、五年間に、ほぼ水田平均七反、畑平均一反三畝、合計八反三畝ほどの土地耕作者となっている。そして一戸当り人口五・六七五人、労働人口（一八歳―六〇歳）は平均二・七人である。これは現在の同地方の平均からみて、労働人口は甚しく低く、畑作面積は

第五表　真宗移民初期の経済的実態
（弘化二年松本家金主新百姓調帳による）

		労働人口（18歳—60歳）	扶養人口（17歳以下61歳以上）	田			畑		
				町反	畝	歩	反	畝	歩
大　井	I	2	2	6	0	0		3	0
3{文政十……1 十一…1 弘化二……1}	II	2	0	8	5	0	1	5	0
	III	2	3	7	0	0	1	5	0
南小高	I	3	2	5	0	26		8	29
2{文政八……1 天保三……1}	II	3	5	4	5	0		6	28
岡　田	I	2	4	6	8	23	4	1	6
25{文政九……11 十……9 十一…2 天保十四…2 弘化二……1}	II	2	5	9	7	16	2	3	20
	III	2	3	5	4	10		3	9
	IV	2	1	9	3	9		6	27
	V	4	4	7	8	9	1	2	3
	VI	2	5	6	2	9		5	19
	VII	1	3	8	0	13		2	20
	VIII	2	4	8	8	0		7	7
	IX	2	5	5	5	29		3	26
	X	4	4	8	3	4	4	9	11
	XI	1	3	5	8	5		4	8
	XII	1	2	4	0	0			
	XIII	4	2	1 0	3	16		9	12
	XIV	4	4	7	0	24		9	14
	XV	2	5	9	4	9	1	5	29
	XVI	3	1	4	9	24		7	23
	XVII	2	4	6	8	11		5	23
	XVIII	2	3	8	0	0		9	13
	XIX	3	3	5	6	15		3	14
	XX	3	4	8	2	9		3	18
	XXI	3	3	4	9	13		2	15
	XXII	4	1	9	0	0			22
	XXIII	3	2	6	0	0			
	XXIV	3	1	7	0	0			
	XXV	2	4	2	0	25	1	8	2
女　場	I	2	3	6	0	0	1	5	0
天保元……2 八……2	II	5	2	8	0	0	2	0	0
	III	4	0	8	5	0	1	3	0
	IV	2	4	7	1	0	1	6	0
泉　沢	I	2	7	1 2	0	14	1	5	2
文政七……1 十……2 十一…1 天保十四…1	II	2	2	1	5	2	5	4	0
	III	2	2	5	0	0	1	0	0
	IV	3	2	7	0	0	1	2	0
	V	5	2	7	1	0		9	0
耳　谷	I	4	4	8	5	0	1	4	0
文政十二…1 天保三……1	II	3	4	1 4	0	0	1	5	0
上根沢	I	3	2	6	0	0	2	0	0
文政十……1 天保八……1	II	2	1	6	0	0	1	5	0
小屋木 天保九……1		3	3	6	2	0	1	5	0
飯　崎	I	3	4	1 0	0	0	2	0	0
文政十一…1 天保三……2	II	3	2	7	0	0	2	0	0
	III	3	2	3	8	0		7	0
片　草	I	2	5	7	2	0	2	5	0
文政七……1 十一…1	II	3	1	6	3	0	1	5	0
天保十四…1	III	2	3	6	0	0	2	5	0
	IV	3	2	3	5	0	3	2	0
	V	3	7	6	8	0	2	2	0

備　弘化二年（1845）はここにあらわれる最初の移住者（文政七年）が定住してから約20年目

1戸平均人口　　　５・６７５人

1戸当たり平均田地　　　6反9畝6歩

1戸当たり平均畑地　　　1反3畝8歩

著しく少ないが、水田はほぼ水準に達していたことが知られる。恐らく北陸地方の零細農家の出身者にとっては、かなり恵まれたものであり、気候も東北地方のなかでは比較的温和であったから、これらが噂を聞き、縁故をたよっての後続移民を多数迎えるにいたった原因となったのであろう。しかし後から来た移民たちは、荒蕪地も条件のよいところは多く先住者に占有されていたため、個々の農家に委嘱して生計をはからせたと思われる「御頼立百姓」なるものがあり、また「試み百姓」といった特にひどい荒れ地を与えられたものもある。

しかしともかく、弘化二年には前記の如く北陸移民は一、八〇〇戸、これに呼応してやはり北陸地方から移ってきた真宗僧侶によって建立された真宗寺院一二カ寺となって、凡そ文化八年（一八一一）から文政・天保を経て一八四四年の僅か三三年間に、ほぼその七〇パーセントが移住土着している。かくて、これ以後も断続的な移住はつづき、また成功した農家からは明治以後になって分家も出るようになり、さらに中村、原町、鹿島などの町場に出て丁稚から番頭になって一家を独立させた者もあった。現在中村での正西寺檀家四八戸はすべて文化・文政以後の移住者で、本家から分れて町屋へ出たものであり、米穀商、履物商などを営むものが目立って多いといわれる。このようにして、現在、真宗寺院は一五カ寺となっている。その分布は次の如くである。

相馬市中村

光善寺（西）開基浄玄、岩沼妙観寺より飯豊村柏崎浄法寺に移り、慶安五年中村に来り光善寺を建つ。主として堺、近江出身の藩商人の帰依を受く。文化以後の檀家のなかでは因幡系の移住者が多い。

正西寺　開基闡教、文化七年越中より来て東福庵をひらく。のち発教（初名林能）、越中礪波郡野尻庄字二日町普願寺三男、闡教の帰依人荒川六郎兵衛に伴われ当邑にきたり、闡教の養子となり、二代目をつぎ、天保七年寺号を正西寺と改む。真宗移民の勧誘にあたり、その中心となる。

（仏教会館　現在一〇六戸の檀信徒あり）

（同、飯豊村）

光源寺　嘉永五年、杉村右左衛門夫妻、その一子石蔵とともに島根県八束郡から諸国の社寺巡礼のついで当地に来て土着、明治二二年に石蔵、堂宇を建立し名を法恵と改む。大阪府石川郡山田の光源寺を移したという。

鹿島町

勝縁寺　文化七年、僧廓然（越中礪波郡麻生村西園寺次男）来って、加賀越中の移民を檀家として寺を開く。もと南柚木にあり、鋭意開墾に従事し、その利潤米を以て毎年一〇戸ずつの移民を勧誘した。天保五年寺号を許さる。

原　町

常福寺　開基恵敬、越後蒲原郡堤村、光円寺の次男、文化八年五月当地に来て草庵を建つ。発教とともに移民勧誘に尽力した。二代恵順は発教の兄、越中二日町普願寺の次男という。三代恵秀は恵順の甥、越中光円寺次男、養子となる。

（東本願寺別院、明治一一年大谷派説教所、同三五年別院認可。もと発教の仮宿庵という。現在檀家二〇五戸ほどある。）

小高町

光慶寺　開基教西、文政九年に移住。

刈野村

光明寺、光善寺末。開基知道。加賀より移住。

浪江町

正西寺　もと中村正西寺の隠居所という。天保七年寺となる。開基発教。

常福寺　もと原町常福寺の隠居所という。文政一〇年寺となる。開基恵敬。

標葉町

正福寺（長塚）中村正西寺発教の弟。正西寺と常福寺の寺号を合せて正福寺と定めたという。

光善寺（新山）越中礪波郡麻生村西光寺の知教、嘉永五年新山に来り、草庵を結んだが、のち中村光善寺末となる。

大館村常野

善仁寺　鹿島勝縁寺からの分家。初代松岡了海。

飯曽村飯樋

浄観寺　文政年中加賀説教所、松岡了海、嘉永五年寺とする。鹿島勝縁寺の分れという。

富岡町

西願寺　安政四年創建。富山から来た吉田俊慶なるもの製塩を営み、真宗移民を糾合して本寺を建てたという。檀家は主として因幡・伯耆などの後期の移民が多い。二代目は長塚正福寺から養子。

双葉町

広済寺　弘化三年、越後三島郡大川津村報身寺の次男利寛、楢葉郡、本町村に来て新百姓取立ての仕事をし寺を建つ。始め相馬に来り、ついでこの地へ遷ったという、最初の坊守は長塚正福寺から入室した。

以上の一五ヵ寺に、明治以後に建てられた中村の仏教会館、原町東本願寺別院を加えて、現在一七カ寺があるが、前述の縁起にも知られるように、正西・常福・勝縁の草分け三ヵ寺が肉親の兄弟三人によって開かれたのをはじめ、いずれも相互に縁組みや分家などによって、親戚姻戚関係にあるものが多く、相互に緊密な連繋が保たれて、新移民の生活の中心になっていった。現在、これら一七ヵ寺に属する檀家数は凡そ二、五五五戸に達しているが、その内訳は第六表の如くであり、それを地図の上に表示してみると第七表の如くになる。

第六表　檀家帳から見た相馬藩真宗移民の分布と所属寺院

中村町　一五八戸
　中村　九二戸　正西寺、光善寺、仏教会館
　西山
　中野　一一戸　正西寺
　北飯淵
　和田　一戸　正西寺
　本笑　六戸　正西寺
　小泉　一〇戸　正西寺、光善寺
　新沼
　尾浜
　原釜　一八戸　光善寺
　北小泉
　（二〇戸　中村仏教会館）

大野村　一二一戸
　石上　三一戸　正西寺
　塚部　八戸　正西寺、仏教会館
　長老内　六戸　仏教会館
　大坪　二四戸　正西寺、光善寺
　初野　二戸　正西寺

　黒木　二八戸　正西寺
　小野　一七戸　正西寺
　（五戸　中村仏教会館）

山上村　一二戸
　山上
　粟津　九戸　正西寺
　（三戸　仏教会館）

八幡村　七七戸
　今田　八戸　鹿島勝縁寺、正西寺
　坪田　三五戸　正西寺
　成田　七戸　正西寺
　富沢　一三戸　正西寺
　七戸　光善寺
　（七戸　仏教会館）

日立木　八〇戸
　日下石　一〇戸　正西寺
　立谷　一〇戸　鹿島勝縁寺、正西寺
　赤木　二九戸　鹿島勝縁寺、正西寺
　柚木　二四戸　鹿島勝縁寺、正西寺

磯　部　四四戸　（七戸　仏教会館）

磯　部　二〇戸　飯豊光源寺

蒲　庭　二一戸　鹿島勝縁寺、正西寺

（三戸　仏教会館）

飯豊村　一一六戸

百　槻　一五戸　正西寺

馬場野　二三戸　正西寺、光善寺

程　田　八戸　正西寺

柏　崎　二三戸　飯豊光源寺、正西寺、仏教会館

大　曲　八戸　正西寺

新　田　二三戸　飯豊光源寺、正西寺、仏教会館

南飯淵　六戸　正西寺、光善寺

岩　子　三戸　正西寺

（七戸　仏教会館）

上真野村　五八戸

上栃窪・下栃窪　三戸　鹿島勝縁寺

橲　原

角川原

小　池　六戸　正西寺

小山田　一二戸　鹿島勝縁寺、正西寺

御　山

山　下　五戸　鹿島勝縁寺、正西寺

岡和田

浮　田　一戸　鹿島勝縁寺

横　手　一九戸　鹿島勝縁寺、正西寺

牛河内　（九戸　光善寺／三戸　仏教会館）

鹿島町　七一戸

鹿　島　三六戸　鹿島勝縁寺、正西寺

南右田　一六戸　鹿島勝縁寺、正西寺

三戸　正西寺

北右田　一四戸　鹿島勝縁寺、原町常福寺

（二戸　仏教会館）

真野村　六〇戸

江　垂　八戸　鹿島勝縁寺

小島田　九戸　鹿島勝縁寺、仏教会館

川　子　九戸　鹿島勝縁寺、正西寺

烏　崎　二戸　鹿島勝縁寺

三斗蒔

松　下

大　内　三戸　鹿島勝縁寺

塩　崎　九戸　鹿島勝縁寺

寺　内　一四戸　鹿島勝縁寺　（四戸　光善寺／二戸　仏教会館）

八沢村　六三戸

南海老
北海老　二五戸　鹿島勝縁寺
南屋形　七戸　同右
北屋形　一戸　同右
南柚木　七戸　同右
永　渡　一三戸　正西寺
永　田　九戸　同右
（一戸　仏教会館）

石神村　二二六戸
大　原　二五戸　原町別院、同常福寺
深　野　四〇戸　鹿島勝縁寺、原町別院、同常福寺
石　神　一五戸　原町別院、同常福寺
馬　場　二一戸　同右、同右
高　倉　三戸　原町常福寺
押　釜　一四戸　原町別院、同常福寺
大　谷　一八戸　原町別院、同常福寺
信田沢　三七戸　同右、同右
牛　越　一一戸　同右、同右
大木戸　一二戸　同右、同右
北長野　五戸　原町別院
　　　　二〇戸　原町常福寺
長　野　五戸　鹿島勝縁寺
北新田

太田村　一六三戸
上太田　三六戸　原町別院、同常福寺、正西寺
中太田　六戸　原町別院、同常福寺
下太田　二三戸　同右、同右
片　倉　一戸　原町常福寺
矢川原　七戸　原町別院、同常福寺、正西寺
益　田　二一戸　同右、同右、同右
鶴　谷　二四戸　原町別院、同常福寺、浪江常福寺
小木迫　一二戸　原町別院、同常福寺
高　二七戸　原町別院、同常福寺、正西寺
牛　来　六戸　同右、同右、同右

原　町　一三七戸
原　町　九三戸　原町別院、同常福寺、鹿島勝縁寺
桜　井　七戸　原町別院、同常福寺
上渋佐　三〇戸　原町常福寺
下渋佐　七戸　同右

高平村　一三四戸
上高平　一〇戸　原町常福寺
上北高平　三二戸　同右
下高平　一五戸　原町別院、同常福寺
下北高平　二四戸　原町常福寺
泉　一八戸　同右
北　泉　六戸　同右
金　沢　一三戸　同右

大甕村　一四三戸　（一六戸　鹿島勝縁寺）
大　甕　一二戸　原町別院、同常福寺
江　井　一七戸　同右、同右
下江井　一一戸　同右、同右
萱　浜　四〇戸　同右、同右
雫　二五戸　同右、同右
小　浜
米々沢　二戸　原町常福寺
堤　谷　一〇戸　原町別院、同常福寺
北　原　二四戸　同右、同右　（二戸　仏教会館）

小高町　八一戸
小　高　六戸　原町別院
南小高　一一戸　小高光慶寺
大　井　七戸　同右
塚　原　一〇戸　小高光慶寺、浪江常福寺
岡　田　四五戸　同右、同右
片　章
吉　名　（二戸　仏教会館）

金房村　四一戸
小　谷　九戸　小高光慶寺

飯　崎　七戸　同右
南鳩原　四戸　同右、原町別院
北鳩原　七戸　小高光慶寺
金　谷
川　房
小屋木　八戸　小高光慶寺、刈野光明寺
羽　倉　二戸　小高光慶寺
上根沢　二戸　同右
大田和　二戸　同右
大　富

福浦村　六三戸
福　岡　三戸　小高光慶寺
村　上　二戸　同右
女　場　六戸　小高光慶寺、原町常福寺
角部内
蛯　沢　一戸　小高光慶寺
上　浦　三戸　同右
下　浦　四戸　同右
浦　尻　三戸　小高光慶寺、浪江常福寺
耳　谷　五戸　小高光慶寺
行　津　三戸　小高光慶寺、浪江常福寺
水　谷
神　山　二四戸　小高光慶寺、浪江常福寺、刈野光明寺

泉　沢　五戸　小高光慶寺、原町常福寺
（四戸　小高光慶寺）

浪江町　六九戸
権現堂　一一戸　浪江正西寺、同常福寺
高　瀬　五戸　浪江常福寺
樋　渡　五戸　浪江正西寺
牛　渡　九戸　浪江正西寺、同常福寺
川　添　三八戸　同右、同右
（一戸　仏教会館）

幾世橋村　一二二戸
幾世橋　二〇戸　浪江常福寺
南幾世橋　二戸　同右
棚　塩

大堀村　四〇戸
大　堀　八戸　浪江正西寺
井　手
田　尻　六戸　浪江正西寺、浪江常福寺
末　森
小野田
小　丸
谷津田　一八戸　浪江正西寺、浪江常福寺
酒　井　八戸　同右、同右

刈野村　一二二戸
立　野　八四戸　刈野光明寺、浪江常福寺、浪江正西寺

室　原　五戸　刈野光明寺
嘉　倉　二戸　浪江常福寺
藤　橋　一五戸　浪江正西寺、同常福寺
西　台　一〇戸　同右、同右
酒　田　六戸　浪江正西寺
刈　宿

請戸村　一七戸
請　戸　一五戸　標葉正福寺
両　竹　二戸　浪江常福寺
中　浜

長　塚　九二戸
長　塚　七〇戸　標葉正福寺
鴻　巣　八戸　浪江正西寺、同常福寺
寺　沢　六戸　浪江常福寺
渋　川
中　田
上羽鳥　八戸　浪江常福寺、標葉正福寺
下羽鳥
松　倉

新山町　二七戸
新　山
郡　山
前　田
山　田

目迫　二戸　浪江常福寺
水沢
細谷
松迎
石熊
（一二五戸　標葉光善寺＊因幡移民）

大野村　九三戸
野上
大川原
下野上　四〇戸　標葉光善寺
　　　　五〇戸　標葉正福寺
　　　　三戸　双葉広済寺

玉　野　一戸
玉野　一戸　光善寺
東玉野

大館村　五五戸
大倉　一戸　光善寺
佐須
深谷　一二戸　大館善仁寺
草野　一二戸　大館善仁寺、原町勝縁寺
八木沢
関沢　一〇戸　大館善仁寺
伊丹沢　一二戸　同右
沼平
芦股　二戸　大館善仁寺

小宮　（六戸　仏教会館）

飯曽村　三八戸
臼石
二枚橋
前田
須萱
松塚
関根
飯樋　三五戸　飯曽浄観寺
比曽　三戸

津島村　三二戸
津島
下津島
羽附　三二戸　飯曽浄観寺、大館善仁寺
川房
赤宇木
曽根
南津島

葛尾村
落合
野川
上野川
葛尾

熊町村　九九戸
熊　六六戸　浪江正西寺、標葉正福寺＊因幡移民
熊川　三戸　浪江正西寺
夫沢
小良浜
小入野　（三〇戸　標葉光善寺）

合計　二五五五戸

また檀家とその出身地の状態を原町本願寺別院の二〇一戸についてみると、第八表の如くである。

第八表　原町本願寺別院の檀家とその出身地

原町	南新田	一九戸	加賀	
		三戸	三河	
		二戸	名古屋	
		二戸	山形	
		二戸	越後	
		二戸	越中	
	桜井	一戸	加賀	（＊上渋佐、下渋佐ナシ）
高平村	下高平	五戸	加賀	（＊他はナシ）
石神村	大原	五戸	加賀	
	大谷	三戸	加賀	
	信田沢	七戸	加賀	（＊高倉、長野、北新田ナシ）
大甕村	江井	五戸	加賀	
	下江井	九戸	加賀	
	堤谷	九戸	加賀	
	大甕	四戸	加賀	
	雫	五戸	加賀	
	北原	三戸	加賀	（＊小浜、米々沢、萱浜ナシ）
太田村	矢川原	八戸	加賀	
	上太田	九戸	加賀	
	下太田	八戸	加賀	
	牛来	二戸	加賀	
	深野	一〇戸	加賀	
	北長野	四戸	加賀	
	〃	一戸	岐阜	
	大木戸	七戸	加賀	
	牛越	三戸	加賀	
	石神	一〇戸	加賀	

	押釜	一一戸	加賀
	上馬場	一一戸	加賀
	下馬場	八戸	加賀
	中太田	二戸	加賀
	益田	四戸	加賀
	高	七戸	加賀
	小木迫	二戸	加賀
小高町	小高	一戸	尾張
		一戸	伯耆
		四戸	加賀
金房村	鳩原	二戸	加賀

三　真宗移民の同化過程

第七表に見られるように、北陸移民は大野村の石上、黒木、八幡村の坪田、日立木の赤木、柚木、鹿島町鹿島、石神村の深野、信田沢、太田村の上太田、高、原町、上渋佐、大甕村の萱浜、小高町の岡田、浪江町の川添、刈野村の立野、長塚、大野村の下野上、飯曽村の飯樋、津島村の羽附、熊町村の熊など、やや集団をなしているところもあるが、多くは各部落に分散土着しているものが多く、従来の相馬農民との間には、宗教習俗を除いては、衣食住、言語等にわたって、大体三代目あたりを境としてほとんど見分け難く同化してしまったという。もっともその初期にあっては、藩庁の保護政策がかなり強力に推進されたとはいっても、在来の農民との間にかなりの摩擦と抵抗を免れなかった。殊に移民は最初、ほとんど着の身着のままで移住してきたのであり、潰れ屋敷に入ったものも小屋がけ同様の生活であり、全般的に貧困を免れなかった上に、信仰、習俗、言語、態度の細部にわたって、いちじるしい異質性を示したのであるから、相馬農民がいずれかと言えば人情のこまやかな土地柄ではあるが、彼等がそうした異質性を持って自己の生活圏内に進出してくることを必ずしも歓迎のみはしなかったようである。移民は一括して「加賀者」、「新立」、「新百姓」などとよばれて、差別せられた。例えば入会山の山分けに加入することを認められず、給人の家などを訪ねても、また村寄合の際でも、土間などに坐らせられたものだという。それで移民たちが「残念くどき」をしたので、これを「加賀泣き」といった、という伝承などもある。

しかし移民たちは、藩の保護や、何よりも真宗寺院をその信仰の拠り所とし、また団結の中心ともして刻苦精励した結果、次第に富を蓄積し、その社会的地位も向上し、またその過程で意識して相馬化しようとする努力も払われたようである。

岩崎敏夫氏の調査によると、もちろん地域により、また集団度により、一概には論ぜられないが、衣服については、明治初年までは労働着、食物については特殊の団子など、北陸特有のものが多少残っていたが、今日では全く相馬風に同化してしまった。住居も、例えば太田村あたりで、越後から移住した大工の建てた家などもあって、多少相違があったが、これまたすべて相馬風の農家づくりになっているという。ただ真宗農家は、床の間をつくらず、二間通しの立派な仏壇が、座敷にすえられているのがいちじるしい特徴である。言葉も移住後三代目をすぎた家では、これまたほとんど聞き分け難く同化している。ただ新しい移住者集団には、今も若干の故郷のなまりを残している。例えば標葉の光善寺、川原田部落にはオトロシヤーといった因幡方言が、また高平村の一部には越中移民の集団が、「ダラナ奴」（馬鹿な奴）、ヤクセン（わからぬの意）など越中訛りを保存しているという。もっとも若干の信仰関係の用語には北陸門徒特有の単語が残っている。例えばノバ（焼場のこと）、ノヅトメ（焼場での勤行）、ハイヨセ（骨拾いのこと）、オゲソク（供物、主として供物用の餅、その代りの菓子にもいう。華足からの転か?）、オナカサマ（本尊のこと）、ドウギョウ（門徒）、オシウシ（御宗旨、門徒を指す言葉）、オタシュウ（御他宗、真宗門徒が他宗の人々を指す言葉）、オザ（御座、法座のこと）、などがそれである。また農家の収穫後の稲積みも、切り口を外にして下から上の方へ大きく積む独特の積み方（ワラニョウという、藁ニホの訛か。相馬ではワラバセというよし）をするところもあった。

村づき合いや婚姻なども、次第に同化の過程にあり、はじめは「本戸つき合い」には加われなかった移民たちも、次第に経済力の向上にともなって村の諸行事に参加するようになった。しかしまだ心理的な面では何程かの距離を残している。このことは婚姻にかなりはっきりとあらわれ、戦後自由結婚が唱えられてからも、真宗門徒の方にも同宗間の結婚を望む風は強く、殊に長男は必ず真宗の家から嫁を迎えるといわれ、他方真宗以外のいわゆる他宗の人々も、出来れば真宗以外の家との婚姻を希望しているようである。従って婚姻には相互に宗旨の詮索がやかましいようである。従って門徒の結婚には菩提寺の住職が、かなり大きな役割を今も演じている。すでに見てきたように、殊に相馬移民は真宗寺院が中心となって出発し、さらに真宗寺院とともに発展していった。従って寺院の農民に対する規制力は甚だ大きく、すべての精神生活、年中行事が寺院を中心に構成されてきている。この詳細はさらに次章において述べることにするが、真宗門徒のもつ潔癖な阿弥陀一仏の信仰、寺院中心の生活は、いぜん当地の移民たちの間にも継承せられ、信仰、習俗面における同化はほとんど行なわれなかった。もっとも今日では村全体の神祭りにも参加するようになり、前大戦中からは伊勢の大麻や出雲の神札を受ける風が起ってきたが、それ以前には氏神社の幣束も受けず（古来の少数の光善寺檀家は受けに来るが、正西寺の檀家は全く受けに来ないという）、部落の山御講をはじめ湯殿講、金華山講、古峯講、二十三夜講などの土着の講組織にも加入していないものが多い。火葬の風もまた真宗移民独自のもので、かつてはやや卑賤視される原因の一つであったが、今はかえって相馬の在来農民のなかに火葬を行なうものが出るようになった。彼等は部落にある一忌組《いつき》（他の地方の葬式組、死講などと同じ）にも加入しているほかに、火葬組なるものをも組織している。火葬組は真宗門徒だけのもので、部落を越えて広い範囲にわたっている。一部落一・二戸の真宗門徒は、他の部落の門徒たちと結んで火葬組を作っている。これをまた「オコウ組」とも呼んでいる。因みに、葬送習俗のいちじるしい差異としては、真宗門徒は在来農民の行なう霊膳、霊水を用いず、野位牌も使わず、竪棺で屈蹲葬である。六文銭、杖、わらじなどの副葬品は全くなく、死者には経帷子を着せず、白衣をきせるという。在来の農民は牌位持ちが重要であるが、門徒は位牌はなく、家督相続人が香炉を持参する。また遺骨は一年から七年位を家で祭ってから背戸の藪に埋め、シカ花、息つき竹などは用いない。

岩崎氏はまた、相馬人の真宗門徒評を挙げて、社会性に乏しく、経済観念が発達し、団結心が強く、勤労精神に富んでいる、といっている。こうした特色は、移住当時の土着民との間の対立抗争に起因したものでもあるが、また真宗門徒のもつ一種の合理主義精神に拠って形成された態度が、さらに移住という特殊条件のもとに、共通した性格を作り上げていったのではなかろうかと思われる。かくて相馬地方は、急速な復興をなしとげたが、その背後には真宗移民の成功と、二宮尊徳の御仕法の効果があったことは見遁せない。そして真宗門徒の経済力は次第に在来の相馬農民を凌駕するにいたっている。何よりも初期の藩の援助、豊富な荒蕪地、繋累の少ないこと、村つき合いの少ないこと、神事や忌日、祭事などの濫費や休日のなかったこと、寺を中心に講や法座に集り、信仰を強め、勤労と倹約の大切なことをつねに繰返し教えられたことなどが、その成功の大きな原因と考えられている。

四　真宗部落と他宗部落の宗教習俗の差と経済力の差について
――特に相馬市黒木部落の例――

「門徒物知らず」とは多くの地方で、とくに真宗門徒が神祭りをせず、神棚・大黒棚・恵比須棚を持たず、正月などの年中行事に冷淡であり、日を忌まず、精進をせず、忌穢観念に乏しい、といった生活態度に対して発せられる評語であり、事実、真宗地帯には民間伝承というべきものがほとんど保存されていないことは、民俗学者、社会学者のつねに経験するところである。これに対して、殊に相馬地方の農民は、嘗て藩主の故郷であった下総の相馬地方から将来した妙見信仰が盛んであり、また正月三ヵ日の厳重な物忌み潔斎をはじめ、多くの神仏の祭日、講、また雷神その他の忌日があり、家ごとに背戸のウジガミすなわち屋敷神があった。家内には神棚のほか大黒棚、荒

宿仙木・門間家（分家）の仏壇

神棚があり、これらの棚はもとより、門口、茶の間、厩、台所、井戸、便所にも多くの神社仏閣からの神札が貼られている。そして触穢観念は強く、ほとけの口寄せや神おろしなどの風習も盛んである。しかし他方、菩提寺に関する結びつきは、葬式や年忌以外にははなはだ薄い。仏壇も貧弱であって、本尊である仏像や仏画を持たないものが多く、内部には多数の位牌が安置してあって、仏壇というよりは位牌壇と称すべきほどのものである。

これに対して、真宗門徒は、一家の中心は仏壇であり、オアサジ、オユウジと称して朝夕家族一同が仏壇の前で正信偈などを唱え、来客もまず座敷に通って如来様を拝し、そのあとで家族のものと挨拶をかわす。いかに貧しくとも仏壇だけは特に立派で、経済的に余裕ができると先ず第一に仏壇を立派にする。それをしないで、居間や台所、湯殿などを改造したりすると、他の門徒から批難されるという。仏壇には阿弥陀如来像または六字名号をかけるだけで、位牌は一切安置しない。そして彼等の年中行事は、ほとんどすべて寺院と結びついている。例えば旧暦正月に「お七昼夜」の寺まいり、法座、春彼岸の寺まいり、法座、旧四月の親鸞聖人降誕会に寺まいり、法座、旧五月に家々の報恩講があり、菩提寺住職を招き法座、秋彼岸にも法座、旧一〇月に家々の報恩講、旧一一月に本報恩講の寺まいり、法座、といった具合であり、そのほかに毎月の八日、二八日の法座、月一回部落単位の寺御講が催される。そしてこれらの寺詣りの日には早起きをして一通りの田畑の仕事をしてから寺へ出かけるのが普通であるという。

筆者が正西寺の八幡住職から聞いたところによると、例えば黒木部落の字宿仙木は戸数二〇戸、内、真宗移民一八戸という門徒部落である。すべてが正西寺の檀家で、越中礪波郡から移住してきた松本、佐藤、杉本、荒川、門間の五戸が草分けといわれる。のち一代おいて青田、山崎の二戸が加入し、さらに斎藤家が入植した。松本は末家（分家）二戸（字石神へ二戸分出）、佐藤二戸、杉本三戸、荒川一戸（ここから孫分家が一戸分出）、門間三戸、青田一戸、山崎一戸（本家は絶えた）を出して、現在二〇戸の真宗門徒が住み、他に磯貝、佐藤二戸がある。真宗門徒を中心に開発せられた部落であるため、従って在来の相馬農民の制肘をうけることが少なく、いわゆるタブーなどは何もなく、正月にも門松を立てず、盆にも盆棚は作らない。神棚は今度の戦争を契機として設けるようになった。位牌もなく、寺から過去帳を渡され、それを掛軸に作って位牌代りに仏壇の横にかけておく家がある位だという。寺を「親里」といって、先にあげた年中行事に参詣に来るほか、婚姻その他、何かにつけて相談に来た。寺では分家が出るとき挨拶があると、これに小さな鉄鍋を贈るのが慣わしで、これで仏飯を焚いて仏壇に供えさせるのである。正西寺では旧正月七日から一週間、お七昼夜を催し、一四歳以上の青年男女を集めて修道会を催し、また一〇月の半にも、青年が米一升を持参して寺に泊りがけで修養の会を作っている（第九表参照）。この部落には山の神と熊野神社の祠があり、ことに熊野神社は古くからある祠だが、部落民とは全く関係なく、山の神は黒木本村の横山氏の持ち、熊野神社は同じく黒木本村の門間氏の所有で、この両氏が祭典を執行している。

この宿仙木の本村である黒木部落は、今は相馬市に合併されたが、以前は大野村の街道沿いの宿場で、農業を営むとともに、旧幕時代には宿場おくりの常小屋人足を雇わねばならず、足軽の家も十数軒あり、またもと藩士で、維新後知行代りにこの地の田畑を支給されて土着した武士階級のものもあり、宿仙木とあざやかな対照をなしている。黒木の中心である字宿は小関、藤岡（二戸）、佐藤の四戸を除いて、相馬市小泉の曹洞宗慶徳寺と相馬市中村の真言宗歓喜寺の檀家といわれる。今この両部落の宗教習俗にあらわれる差異を便宜上、対照して表示すると、第

第九表　相馬市黒木字宿仙木部落

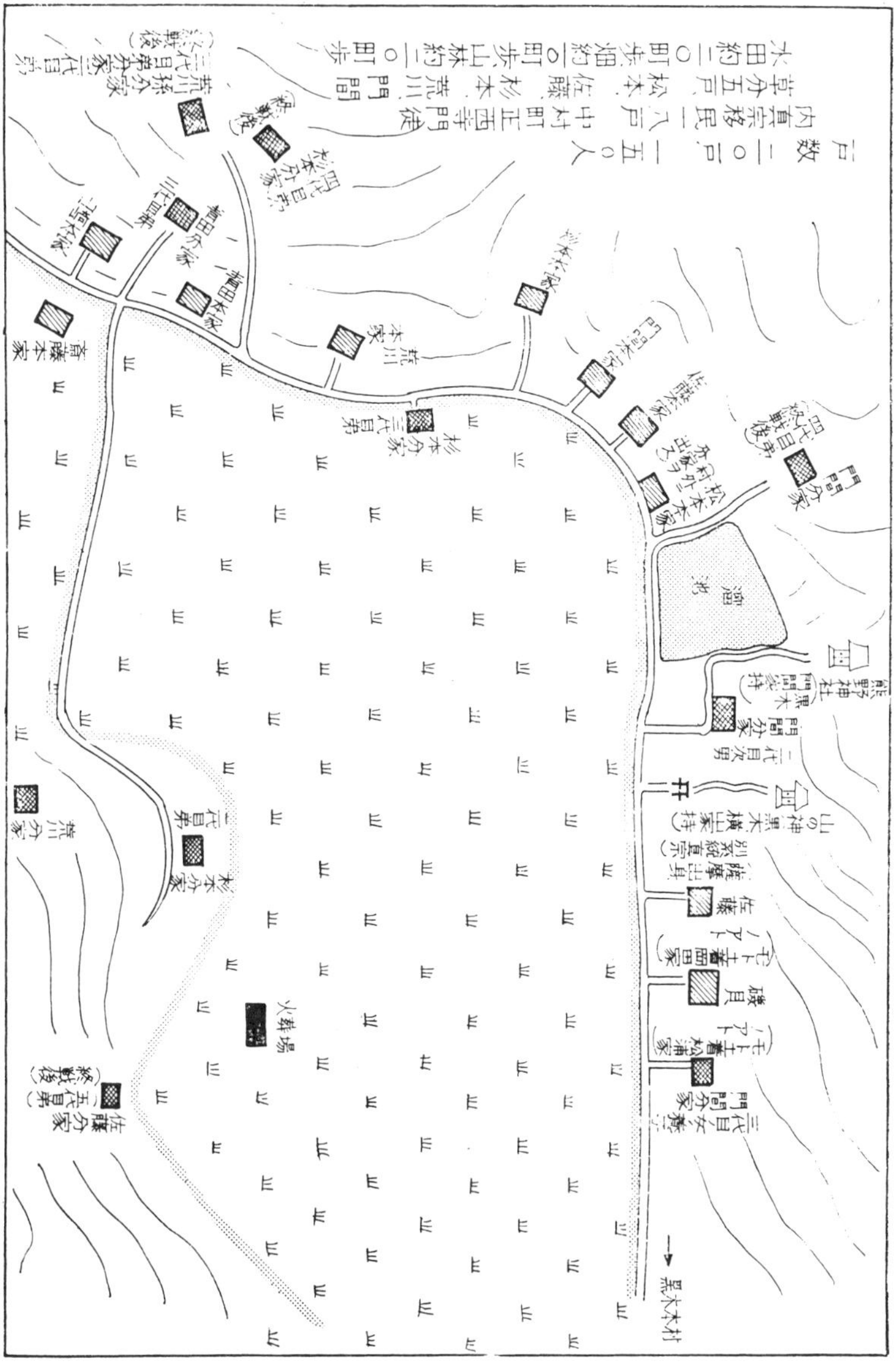

十表の如くで、さらに前述の年中行事や講その他にあらわれる差異を対照させて図示すると第十一表の如くなる。

さて、これらの宗教習俗の差異を持つ真宗移民の子孫たちは、現在どのような経済的水準に達しているであろうか。今これを特に黒木字宿仙木の真宗集団と、黒木本村の大部分の非真宗門徒（他宗）である集団との対比を、家族構造、水田、畑、山林の所有高、村税額などについて役場台帳にあるものを抽出図示してみよう（第十二表）。

この表は、もちろん農地改革以後の資料であり、また黒木全村には、宿仙木部落を除いて、別に真宗移民の子孫

第十表　宗教習俗にあらわれる両部落の差異

	相馬市黒木字宿部落（真言・曹洞）	相馬市黒木字宿仙木（真宗）
神棚	神棚のほか大黒棚、荒神棚。	一切なし。
神札	門口、茶の間、厩、台所、便所、井戸など。	一切なし。
屋敷神	家の背戸にかならずまつっている、ウジガミとよぶ、旧9月9日家内で祭る。	原則的にはない（旧家のつぶれ屋敷を買取った家で、のこされた祠をまつっている家がある）
部落神祠	ある。	現在地内に二社あるが、祭り手は宿部落の人である。
路傍祠	多く見受ける。	全くない。
仏壇	小さく粗末、本尊はなく位牌のみを安置する位牌壇と称すべきもの多し、茶の間に置く。 新調することを忌む。 信心ぶかい人のみ毎日拝む。	大きくて立派、大抵二間ぶっ通しの仏壇、床の間の代りに仏壇としている家が多い。 座敷に置く。 一生の間に仏壇を新調することを念願とし誇りとする。このとき本家分家親戚が集り、寺僧を迎えて開眼供養をする。生臭物で宴会をする。 本尊、祖師像のみを安置して位牌は安置しない。 一代に一度かならず本尊をかえる。 朝食前、夕食前家族一同で正信偈をとなえる。 来訪者はまず仏壇を拝し、そののち家族と挨拶する。 貰い物は何より先に仏壇に供える。
寺との関係	葬式と年忌のときのみ寺へ行く、僧が来る。	寺を「親里」とよぶ。 年に60日位は寺まいりをし、法座を聞く。 婚姻も寺の和尚が媒ちをすることが多い。
宗派意識	真宗信者に対して潜在的違和感はあるが、顕在的な緊張はあらわではない。 しかし真宗への転向者は全くない。 門徒との婚姻を忌む風は強い。 自らを「お他宗」という。	他宗に対して潜在的違和感、顕在的緊張はない。 他宗への転宗者は全くない。 自らを「門徒」、「宗旨のもの」といい、他宗の者を「お他宗」とよぶ。 他宗の家との通婚を忌む。
葬制	寝棺で伸展葬。 霊膳、霊水、野位牌、六文銭、杖、わらじ。 土葬 葬式組をイッキ（一忌）組という。 シカ花を土饅頭にさし、いきつき竹を立てる。	立て棺で屈蹲葬。 副葬品は全くない。 火葬 葬式組を火葬組という。 火葬の翌日ハイヨセをし、遺骨を仏間の次の間にまつる。

	相馬市黒木字宿部落（真言・曹洞）	相馬市黒木字宿仙木（真宗）
墓　制	共同墓地を持つ。 ３年位で石碑をたてる。	１年から７年位家でまつって墓に埋める。墓地は各自の家の背戸の藪の中。
忌穢観念	強　い	弱　い
口寄せ神おろしなどの俗信	極めて多い	ほとんどない。（しかし近年かくれて口寄せや神おろしをしてもらいに行く老人が出てきた）

第十一表　年中行事・講その他にあらわれる部落差

	相馬市黒木字宿（真言・曹洞）	相馬市黒木字宿仙木（真宗）
旧　正　月	若水、３ヶ日別火、16日まで精進（13日を除き魚をくわぬ） アカアカ餅をつくる。 13日　カセドリ 14日　正月送り、法印御祈祷 24日　愛宕さん 23日　二十三夜講 28日　おかま講（竈神祭）	（門松立てず、別火精進なし） 白餅をつくる 10日～16日　お七昼夜寺まいり、法座
旧　2　月	3日　大般若 8日　神もどり（餅つき） 15日　お涅槃（団子、念仏） 春彼岸　彼岸団子	15日　お涅槃 春彼岸１週間寺まいり、法座、永代経
旧　3　月	3日　ひな祭 7日　お蒼前様 （新４月17・18日　相馬神社祭礼）	3日　節供休
旧　4　月	3日　大般若（春祈祷） 8日　花祭	20日・21日　親鸞聖人降誕会寺まいり、法座
旧　5　月	5日　菖蒲節供 18日　お十八夜（作神祭）	5日　節供休 この頃家々の報恩講、住職出張
旧　6　月	1日　むけの朔日 8日　大日さん 14・15日　天王さん 17日　雷神さん 24日　愛宕さん （新７月11・12日　野馬追い）	
旧　7　月	7日　七夕、七日盆、揚げ灯籠 12日　瓜市、盆花採り、盆棚 13日～17日　墓参、迎火、門火、盆踊 27・28日　諏訪神社祭礼	13日～16日　墓掃除、寺まいり （盆棚なし、迎火門火たかず、仏壇ににうめんを上げる） 20日　田の神祭 27・28日　諏訪神社祭礼

	相馬市黒木字宿（真言・曹洞）	相馬市黒木字宿仙木（真宗）
旧　8　月	1日　八朔 15日　月見、八幡祭礼見物 秋彼岸 雷神さんの秋祭	秋彼岸、寺まいり、法座、永代経
旧　9　月	9日　田の神祭、うじ神（屋敷神）の祭 23日　二十三夜講 28日　おかま講 （新10月1日　相馬神社祭礼）	9日　節供休
旧　10　月	10日　秋餅 17日　山の神講 20日　夷講	10日　秋餅 17日　山お講（報恩講をこの日行うところあり） この前後家々の報恩講
旧　11　日	15日　あぶらしめの15日	25日〜28日　本報恩講、寺まいり、法座あり。
旧　12　月	1日　川っぺいりのいたち 8日　神のおたち 13日　すすはらい 27日　門松迎え、（内神、門、井戸に作る年徳神のおがみ松） 28日　餅搗き 30日　飾付け、法印さんの祓い	
毎　　月	3日　月日待（法印）	8日、28日　両度の命日寺まいり、法座
講 その他	秋葉講（おふくだ）、湯殿講、金華山講 庚申講　こぶが原講 妙見信仰	総報恩講　部落ごとに宿が出来て寺から出張する。 寺お講　部落ごとに割当てられた月に寺に集る、法座あり。

八戸があるが、これを識別することが不可能であったので、非真宗の中に含ませてしまってある。またいちおう非農家を除いたけれども、田畑山林の所有高と村税のいちじるしいアンバランスを示す家も何戸かあって、これらを農家として取り扱うべきか否かを迷わせるものもある。従って、この統計から検出された平均値は必ずしも真宗・非真宗農民それぞれのあゆんだ近世史の結果をそのままに物語るものとはいえない。しかし、こうした条件や調査の不備を考慮に入れつつも、なおそこに、両部落の間にかなり著しい経済上の差異が生じていることを指摘出来る。すなわち、その家族構造において、宿仙木が黒木よりも一歳から一五歳までの子ども数においてかなり高い数値を示しているので一戸当りの人数に〇・四人の差はあるが、十六歳以上の成員はほとんど全く両者同数と見られるが、しかも

第十二表　真宗部落（宿仙木）と他宗部落（黒木）との経済基礎の比較（非農家を除く）。昭和29年現在

山村・田・畑は昭和29年1月1日現在。
人員は同年4月1日現在。
村税は昭和28年度

宿仙木部落

家番号	人数	1歳～15歳	16歳～60歳	61歳以上	水田				畑				山林				村税（昭和28年度）
					町	反	畝	歩	町	反	畝	歩	町	反	畝	歩	円
1	5	1	3	1		7	4	22		3	5	00		9	5	00	2,472
2	7	3	2	2		5	5	23		3	0	00	1	0	0	00	2,301
3	11	5	4	2	1	4	0	00		7	5	00	3	0	0	00	8,512
4	6	3	3		1	6	4	12		9	5	00		5	5	00	11,566
5	10	5	5			4	2	00		6	0	00		5	6	00	1,652
6	9	1	6	2	1	4	4	14		7	0	00	2	0	0	00	2,478
7	6	4	2			9	8	00		2	0	00	4	0	0	00	3,316
8＊	8	4	4			3	9	16		2	0	00		6	9	16	11,390
9	7	3	4		1	5	4	03		7	3	00	5	0	0	00	7,782
10	6	3	3		1	0	1	29		6	0	00	1	0	0	00	3,932
11	8	3	4	1	1	4	1	00		6	0	00	2	0	0	00	7,782
12	9	3	4	2	1	4	5	03		7	2	00	2	5	0	00	7,382
13	8	3	5		1	3	2	00		6	0	00	5	0	0	00	6,292
14	8	4	4			7	3	23		4	5	00	1	1	1	00	2,104
15	13	8	5		1	4	3	22		8	5	00	2	5	0	00	7,190
16	7	4	3			1	6	00		1	0	00		1	2	00	570
17	6	2	4			2	2	00		3	5	00					300
18	6		4	2		7	2	00		7	0	00		8	0	00	3,344
（以上宿仙木の真宗の家）																	
他宗19	5	3	2							1	0	00					300
同 20	5	3	2				9	00		1	5	00					300
計	150	65	73	12	17	6	9	17	10	0	0	00	32	7	8	16	90,965
平均	7.5	3.2	3.6	0.6		8	8	01		5	0	00	1	6	3	23	4,548.25
他宗ヲ除イタ平均	7.8	3.3	3.8	0.7		9	8	08		5	4	00	1	8	2	3	5,020.31

黒木部落（93戸、非農家30戸を除く）

家番号	人数	1歳～15歳	16歳～60歳	61歳以上	水田				畑				山林				村税（昭和28年度）
					町	反	畝	歩	町	反	畝	歩	町	反	畝	歩	円
1	7	4	1	2		4	0	00		9	0	00					1,105
2	9	3	5	1			3	02		5	0	00		1	0	00	600
3	6	2	3	1		7	7	20		5	0	00	1	3	0	00	3,724
4	9	4	4	1		4	8	00		3	0	24					840
5＊	9	1	8							3	4	00		1	0	00	3,022
6	10	5	5			8	6	20		3	2	00		1	0	00	2,185
7	7	3	4			4	0	00		5	1	07		1	5	00	524
8	3	1	2			2	5	20			2	10					300
9	11	3	5	3		9	2	18		7	5	26		2	0	00	4,515
10	9	4	5			6	3	00		4	5	00		1	2	00	1,826
11＊	5	2	3							1	6	00		1	0	00	9,370
12	8	2	6		1	2	7	00		6	0	00	1	2	0	00	7,000
13	12	6	4	2	1	0	0	06		7	5	00	5	0	0	00	7,367
14	9	3	4	2		9	3	00		5	0	00	1	1	0	00	3,494
15	4	1	3			2	4	16		2	2	21	1	0	0	00	510
16	10	4	4	2	1	0	8	13		6	0	00		1	0	00	5,608

家番号	人数	1歳〜15歳	16歳〜60歳	61歳以上	水田				畑				山林				村税(昭和28年度)
					町	反	畝	歩	町	反	畝	歩	町	反	畝	歩	円
17	4	2	2			5	8	00		4	0	00		6	0	00	300
18	8	2	5	1	1	1	3	10		7	2	04	4	0	0	00	7,206
19*	5		4	1		8	6	27		5	7	00	3	0	0	00	21,004
20	10	5	5			1	6	11		1	6	04		1	0	00	2,658
21	8	3	4	1		8	6	28		5	5	00		3	0	00	3,338
22	9	5	4		1	0	3	03		8	5	00	2	0	0	00	5,406
23	11	4	6	1	1	4	5	14		7	5	00	3	0	0	00	6,778
24	4		3	1		9	9	27		5	6	00	1	2	7	00	4,024
25	10	4	4	2		7	4	19		5	5	00	4	0	0	00	5,354
26*	8	2	4	2						1	5	00					872
27	9	4	4	1	1	1	5	00		7	0	00		3	0	00	6,580
28	9	3	4	2	1	4	1	00		5	7	00		7	0	00	6,580
29	10	4	5	1		7	5	00		4	0	00	1	0	0	00	590
30	7	4	2	1	1	0	6	00		8	0	00	1	3	0	00	5,556
31	7	2	5			5	7	00		6	0	00		3	5	00	2,082
32	8	4	4		1	0	8	00		4	4	00		5	0	00	5,092
33	4	1	2	1		8	2	08		3	3	00		8	0	00	2,615
34	8	2	5	1		8	3	02		6	2	00	3	0	0	00	3,142
35	5	2	3			5	5	22		5	3	00		1	0	00	2,830
36	5	3	2			3	9	04		3	4	00		1	0	00	331
37	7	1	5	1		8	4	15		7	4	18		4	4	20	3,826
38	6	2	3	1		7	7	23		6	0	00		1	3	00	3,116
39	10	4	6		1	3	4	19		5	0	00	2	0	0	00	6,160
40	6	2	4			2	0	21		2	4	22		1	5	00	1,512
41	11	5	5	1		9	6	00		5	0	00	1	2	0	00	13,466
42	5	1	4			7	9	19		3	5	00		8	0	00	1,309
43	10	3	6	1	1	5	5	20		6	4	00	2	0	0	00	8,096
44	4		3	1		7	7	00		4	5	00	1	2	0	00	3,618
45	6	4	2			6	1	03		4	7	00		1	0	00	2,263
46	9	5	4			8	7	10		5	5	00		1	0	00	4,353
47	5	3	2			8	6	00		3	4	20		2	0	00	1,982
48	9	3	5	1	1	0	3	00	1	0	0	00		1	0	00	4,350
49	5	2	2	1		4	8	00		7	0	00	2	2	0	00	2,033
50	3		3		1	1	2	00		8	3	00	1	5	0	00	5,462
51*	8	4	2	2						2	7	00					2,263
52	6		4	2		6	5	00		4	5	00	3	0	0	00	2.722
53	7	3	3	1	1	0	5	00		5	0	00	3	0	0	00	5,556
54	9	2	5	2		6	8	00		6	0	00	2	0	0	00	2,276
55	7	3	4			2	5	23		3	4	00		3	2	00	804
56	3		3			2	0	00		1	0	00			3	00	300
57	6	4	2			3	1	00		2	5	00		3	0	00	300
58	11	5	5	1		5	6	14		3	0	00		3	0	00	570
59	10	4	5	1		5	8	08		4	0	00		3	5	00	1,193
60	5	3	2			3	0	20		1	1	10					300
61	9	4	4	1		7	1	11		2	1	00	1	0	1	20	1,112
62	7	4	2	1		3	4	15		1	7	00		1	0	00	466
63	6	2	3	1			9	11		1	8	00					300
合計	467	177	241	49	43	7	5	12	29	3	5	6	60	0	3	10	224,036
平均	7.4	2.8	3.9	0.7		6	9	04		4	6	17		9	5	08	3,556.15

(*印ハ純農家ト認メラレヌタメコレヲ除イタ平均)

この両部落農民は、水田所有において平均三反、畑において一反、山林において九反、そして村税において実に一五〇〇円近い差をつけている。これをさらに具体的な数字で示すと、水田一町歩以上の所有者は宿仙木が五〇パーセント、黒木二三・八パーセント、山林一町歩以上の所有者は宿仙木が六一・一パーセント、黒木三八・〇パーセント、村税五〇〇〇円以上の納入者は宿仙木で四四・四パーセント、黒木二八・五パーセント、村税一〇〇〇〇円以上の納入者は宿仙木で一一・一パーセント、黒木三・二パーセントとなる（第十二表参照）。

この差異は、真宗移民が最初に到着し、やや安定した生活に入ったと思われる文化文政以後、すなわち今からおよそ一四〇～六〇年ほどの間に、藩当局の積極的な保護があったとはいえ、すでにのべたように、経済的にも社会的にもかなり低く、悪い条件のもとに発足した真宗移民たちが、それを克服しつつ築き上げてきた結果なのである。ことに草分け五戸、次期移住三戸の八戸の本家から発足した宿仙木の真宗農民が、現在一二戸の分家（うち二戸は部落外）を出すまでの経済力を蓄積してきた。そしてこのうち門間、杉本、佐藤、荒川分家の四戸からは、終戦後になって各一戸ずつの分家、孫分家を同部落内に出しているのであって（第九表参照）、ここにも彼等の経済力が終戦後も上昇線を辿りつつあることを示している。

しからばこのような二つの集団の経済力の差異が何によってもたらされたか。真宗移民の経済力がなぜこのようにいちじるしい伸張を遂げたか。これはすこぶる重要な点であり、また本調査の一つの眼目でもある。

第十三表　昭和二九年における宿仙木真宗部落と黒木部落との経済的差の比較

*平均値の比較	一戸当り人数	一歳～一五歳	一六歳～六〇歳	六一歳以上	水田 町反畝歩	畑 町反畝歩	山林 町反畝歩	村税
宿仙木	七・八	三・三	三・八	〇・七	九八〇六	五四〇〇	一八二三	五、〇二〇・三一円
黒木	七・四	二・八	三・九	〇・七	六九〇四	四六一七	九五〇六	三、五五六・一五円（三、五三四・〇五円）

（*黒木には八戸の真宗移民の子孫を含む）

＊水田一町歩以上所有者の比較

宿仙木	一八戸中	九戸	〇・五〇〇
黒　木	六三戸中	一五戸	〇・二三八

＊山林一町歩以上所有者の比較

宿仙木	一八戸中	一一戸	〇・六一一
黒　木	六三戸中	二四戸	〇・三八〇

＊村税五、〇〇〇円以上の納付者

宿仙木	一八戸中	八戸	〇・四四四
黒　木	六三戸中	一八戸	〇・二八五

＊同一〇、〇〇〇以上の納付者

宿仙木	一八戸中	二戸	〇・一一一
黒　木	六三戸中	二戸（一戸は非農家）	〇・〇三二

これには種々の原因が考えられるであろう。先ず第一に、この移民は藩当局の要請によって入植したのであり、当初より二〇年間の免税その他の厚い保護を受けていたこと。これは在来農民がかかる特典を享受出来ず、田畠の持高に応じて租税、賦役の義務を負わされていたことからして、きわめて有利な条件の下にスタートしたことを物語っている。第二に、移民たちは数戸集団をなして新しい荒蕪地の開発に当った場合はもとより、各部落に分散入植した場合にも、同一の信仰、同一の境遇のもとに強固な連繋が保たれていたこと。第三に、移民たちは在来農民から、信仰、慣習、言語、生活態度その他の異質性から、その初期において、かなり疎外され、社会的にも対等の地位が与えられなかった。このため、移民たちは寺院を中心として強い団結を保ち、また在来農民に対する一種の対抗意識がつねに潜在し、これが一面に勤労意欲と富の蓄積に向わしめたと想像される面があること。第四に、第三とも関連して、移民家族に比較的繋累が少なく、かつ村づき合いからはぶかれ、祭や行事その他の濫費がほとんどなされなかったこと。第五に、第十表、第十一表に示したように、真宗集団と他宗集団には、宗教習俗、年中行

事や講その他において、いちじるしい対照をなす差異を有したこと。そしてここにも知られるように、真宗集団のそれは主として寺院を中心とする講、法座などであって、真宗寺院と真宗教理の規制力が強く働いており、それが真宗移民の勤労、富の蓄積の意欲、また他宗集団の人々に比して合理主義的な生活態度に影響を及ぼしているように思われること、などである。

かくて真宗移民は、その移住以来現在にいたる歴史的形成過程において、すでに考察したように、彼等が本来その本拠地から持参した多くの固有性を喪失し、かつ同化せしめた。そして最後まで相馬化することを拒否しつづけてきたのは、彼等の真宗的性格とそれに基づく宗教習俗及び行事であったといえる。真宗が信者の上に及ぼした深い影響、その生活規制力については、すでに内藤莞爾氏のすぐれた研究「宗教と経済倫理、浄土真宗と近江商人」〔雑誌『社会学』第八巻、一九四一年〕や、ロバート・N・ベラ Robert N. Bellah の Tokugawa Religion, The Value of Pre-Industrial Japan（1957, Glencoe, Ill.）における「宗教と経済」〔邦訳『日本近代化と宗教倫理』一七六―九五頁、一九六二年〕に詳しく論じられているように、たしかに浄土真宗は宗祖親鸞がすでにその師源空の専修念仏をさらに徹底して、自ら沙弥生活に入り、俗信をふくめて余行雑業をすてて、日本仏教諸派のなかで最も合理主義的な信仰生活を主張したのであるが、蓮如以後、世俗倫理と宗教的価値の再統合へと大きく展開した。「厭離穢土」、「悪人成仏」の思想は次第に後退し、殊に近世における民間布教の教理としては、恩と報恩の思想、因縁観とともに、ウェーバーのいう世俗内禁欲主義ともいうべき教説が次第に強く主張されるようになった。現世における倫理的行為が、阿弥陀仏から与えられた恩恵に対する報恩であり、自己の内的信仰のしるしとされる。とくに、「士農工商おのおのが家業を第一に心がける」勤勉こそが、「浄土のよき同行」とされるに至っている。こうした真宗の教義内容が、どの程度まで相馬の真宗農民の意識の上に、明確な影を落とし得たかは、近江商人に見られる如き具体的記録を欠いているゆえに、あきらかにはし得ないが、しかし、真宗寺院が、その移民の先頭に立ち、またその移民の以後の生活確立の上に、つねに中心的な役割を果たしてきたことを考えると、こうした教理が、法座や講を通して、かなり深く彼等の生活態度の上に影響を与えてきたであろうことは、十分に想像される。

また、近世の農民の経済意識の上に深い感化を及ぼした二宮尊徳が、藩主相馬充胤に招かれて相馬を訪れ、そこに彼の仕法を実施したのは、すでにしるしたように弘化二年（一八四四）であり、この当時、真宗移民はすでに一八〇〇戸に達していた。尊徳は、何万町の田を耕すもその業は一鍬ずつの功にありとして、いかなる小事にも励精事をつとむるきびしい勤労精神と、「多く稼いで銭を少なく遣い、多く薪を取って焚くことを少なくする」きびしい節倹貯蓄主義を説いている。彼は他面、儒教・仏教の説く循環輪転の理は必ずしも貧を富にし、衰を盛んにする所以ではなく、自然を克服し、荒廃した土地を回復させ、不毛の地を肥沃にすることこそが、人間のつとめであり、それがやがて村や国を繁栄させ、人が天地人からうけた恩徳に報ずるゆえんであるとする。こうした尊徳の報徳思想は、たしかにその仕法の実施を通して、相馬藩民に影響し、藩経済を急速に立ち直らせることに成功した。こんにちでも家屋の構造などにこの御仕法の名残が認められる。尊徳の影響は、もちろん相馬農民一般に及んだのであるから、必ずしも真宗集団の経済的伸張の直接の原因とはし得ないが、真宗の合理主義的信仰に訓練せられてきた集団が、より速かに尊徳の合理主義的報徳理論を理解し得たであろうことを想像すると、同じ影響といっても、そこに質的な受容度に差があったことはあきらかである。しかし、それがどの程度に深く、具体的にどのようにあったかは、これまた残念ながら測定すべき資料を欠いている。

五　相馬地方青年の持つ宗教的環境と宗教的態度に関する実態

――特に相馬市の高校生を対象とせる調査――

以上、この地方における、極めて特異な真宗移民の実態を、歴史的かつ類型的比較調査によって、不十分ながらも一応あきらかにした。これは一面においては、外来のマイノリティ集団が在来のマジョリティ集団との社会的文化接触を通して、いかにその異質性を失なって同化してゆくかのプロセス、すなわちアッカルチュレーションacculturationのきわめて興味ある一つの事例と見られる。すなわち容易に同化する部分と、最後まで同化し得ざるものとがあり、そのなかに信仰とこれに基く宗教習俗や行事が、きわめて同化を困難にしていることは注目すべきことである。これは宗教が意識、無意識のうちにも、その生活様式や生活態度、また精神構造の上に、いかに大きな規制力を有しているかを示すものであり、また宗教が理性の面を越えて感情の領域に深く根ざすことをも示す資料といえよう。それは単にこの場合がたまたま浄土真宗という特殊の性格をもつ宗教集団であった、という理由だけではない。もちろん真宗集団は他宗集団に比してその規制力は格段に強いのではあるが、しかし、他宗集団もまた接触を通じて真宗に転宗したもののなかった事例も考えてみる必要がある。そしてこれがまた二つの集団相互に通婚がかつて甚だ困難であった唯一の理由でもあった。

しかし他方において、真宗集団の経済力の伸張とともに、彼等の社会的地位は次第に向上した。それにつれて、彼等の在来農民との接触交渉も次第に濃密の度を加えざるを得なくなった。彼等はもはや疎外され、孤立して自己のペースを守っていることは許されなくなった。例えば信仰の有無にかかわらず、村の産土鎮守の社の祭には、村づき合いの上から氏子としての負担金を拠出しなければならなくなった。またこの地方の家族祭祀の中心をなす屋敷神（氏神）を継承したり、新たにまつり始めた家もある。神棚もまた第二次大戦中の伊勢大麻の強制的配布を契機として、多くの家庭に設けられるようになった。ことに分散して土着した家族には、土着の信仰習俗への形式的、または実質的傾斜が、真宗信仰の周辺にあらわとなってきている。

私は前章で、真宗部落と他宗部落の例をあげて対比した際、この両集団の持つ宗教習俗、年中行事その他を、対比の便宜のために、ややアイディアル・パターン化して図示した（第十表、十一表参看）。しかし現実において、この両者の差異は、こんにちではしかく截然たるものではない。この点をあきらかにし、また同時にこの両集団を含めて相馬の青年層がどのような宗教的環境に生活し、またどのような宗教的態度を維持しているかについて、特に相馬市の男女高校生を対象にして、クェスチョネア方式による調査を実施した。これには特に相馬市の岩崎敏夫氏の斡旋により、男子高校生四二八名、女子高校生三二七名、計七五五名に対して、別表の如き一四項目からなる質問を出し、回答を求めたものである。男子高校生四二八名のなかには五五名の真宗家族の子弟があり、女子高校生三二七名のうち真宗の子弟は四〇名である。（宗派を明記しなかった生徒は男子九六名、女子五三名があった）。いま、この調査の結果の集計を列記して、読者の参考に供したい。但し、質問項目がやや多すぎたことや、適切でなかったこともあって、必ずしも筆者の予期したような結果は得られなかった。しかし、不完全かつ不十分な結果ではあるが、相馬北部地方におけるいわゆるインテリ青年層の宗教的環境及び宗教的態度の一端はうかがい得ると考えられるし、これを他日他の地方における調査の結果とくらべ合わせてみるとき、そこに相馬地方の特殊的要素と、普遍的要素を識別することも可能となろう。

調査書

I 住　所＿＿＿＿村 大字＿＿＿＿字＿＿＿＿

年　齢＿＿年＿＿ヶ月　　性　別　　男　　女

家　族＿＿人（曽祖父母，祖父母，父母，兄＿＿人，姉＿＿人，弟妹＿＿人，その他＿＿人）（戸主に○をつける）

II 家の宗旨＿＿宗＿＿派，菩提寺＿＿町村＿＿寺，産土神社＿＿神社（所在＿＿）祭日＿＿月＿＿日＿＿月＿＿日

講（あなたのうちで参加している）＿＿講（＿＿月＿＿日）＿＿講（＿＿月＿＿日）＿＿講（＿＿月＿＿日）

III (a) あなたの家は今の戸主で何代目といわれますか　＿＿代目　(b) 何代（年）前から今の土地に住んだといわれますか　＿＿代（年）前

(c) その前にはどこに住んでいたと聞いていますか

(d) どうしてこの土地へ移ってきたといわれていますか

IV (a) あなたの家の神棚はどこにおまつりしてありますか　(b) 神棚には何と何をおまつりしているといわれますか

(c) 神棚にはどんなお札が納めてありますか

(d) 神棚のほかに大黒棚，荒神棚，その他の棚がありますか，どこに何をまつっているかを全部書いて下さい

(e) 神棚や門口，柱，厩，井戸，便所などに神札や祈祷札が張ってありますか，どこにどんなお札が張ってありますか

(f) 家族の人は神棚を拝みますか　　毎朝，　月のうち＿＿日と＿＿日

(g) 神棚その他に神燈や神酒をあげる日はいつですか，誰が主にそれをしますか，毎朝あるいは月に何回か家族のたれか祝詞をあげることがありますか，

V　(a) 家の裏の方に祠屋敷神がありますか　　ある，　ない　　(b) 何と呼んで，何をおまつりしたといわれますか

(c) 祠を掃除したり，屋根をかえたりする日はいつですか

(d) お祭はいつで，誰が，どんな祭り方をしていますか

(e) どんな範囲の人々がその祭の日に集まりますか

(f) 正月のシメナワとかその他この祠の所へ納めるものがありますか

VI　(a) 村の産土神社は何を祭ってありますか

(b) 祭の時あなたの家ではどんなことをしますか（シメを張ったり，提灯を出したり，御馳走を作ったりしますか）

(c) あなたはその時どんな役をしますか

(d) 祭以外に産土神社へ詣りに行きますか，どんな時に行きますか

(e) 祭以外に神社に寄合うことがありますか，いつ，どんな場合ですか

VII　(a) 子供が生れて初めてお宮や，お寺まいりをするのはどこのお宮，お寺へ行きますか

(b) 農作物の初生や収穫物をどこにもっていって供えますか

(c) 家の祠の神や神社にお詣りして何を祈念しますか（該当するものにいくつでも○をつける）　家の繁昌，農耕の豊作，村の幸福，社会の幸福，国家の発展，家族の健康，天皇の健康，自分のしあわせ，立身出世，入学試験のこと，学期の試験の成績，先祖のこと，現在の境遇に感謝，父母兄弟の幸福，その他

VIII　(a) あなたの家の仏壇はどの部屋にあますか　　(b) その仏壇は何代前につくったといわれますか

(c) 曽祖父，祖父，父などの代に新し仏壇にかえたことがありますか　　(d) 本尊様は何ですか

(e) 仏壇のなかには何が入っていますか　　仏像，仏絵像，名号の掛図，＿＿上人の絵像，先祖代々の位牌，その他

(f) あなたの家で仏壇の掃除をしたり，色々な供え物をしたりして，おもりしているのは誰ですか　　祖父，祖母，父，母，兄，姉，その他

(g) 家族は日をきめて毎日，一日何回か仏壇をおがみますか　　(h) その時誰がお経をあげますか　　あげる（誰＿＿，＿＿経）

(i) あなたはお経か念仏をとなえますか　　念仏をとなえる，＿＿経をよむ

IX　(a) あなたの知っている仏教の経典の名を出来るだけ書いて下さい（そのうち文句を少しでも知っているのに○をつけて下さい）

(b) あなたは仏壇をおがんで何を念じますか（該当するものに○をつけて下さい）　農耕の豊作，家業の繁昌，村の幸福，国家の発展，世界平和，家族の幸福，自分のしあわせ，立身出世，いい学校へ行きたい，成績をよくした

い，先祖の恩に感謝する，如来（仏）様に感謝する，死んだ祖先や近親の冥福を祈る，その他

X (a) あなたの家の墓はどこにありますか　寺の境内，村の共同墓地，一族だけの共有墓地，家の裏山，家の所有の田，畑の中

(b) お墓は何基ありますか，一番古い墓の年号はわかりますか　“先祖代々墓”というのはありますか

(c) 墓まいりに行く日はきまっていますか，いつですか，　年の暮，正月，春彼岸，盆，秋彼岸，その他＿＿＿＿の日，＿＿＿＿の命日，＿＿＿＿の年忌

(d) 盆の墓掃除はいつですか

(e) 盆道を作りますか

XI (a) あなたの家と菩提寺との関係はいつ頃からといわれますか　先祖の時から，　代前から

(b) あなたは小さい時から目上の人につれられてお寺詣りに行った経験はありますか

(c) だれにつれていって貰いましたか（○をつける）　祖父，祖母，父，母，兄，姉，伯父，伯母　（左のなかで一番寺詣りに行く人は誰ですか△をつける）
その他

(d) 家族の誰かがきまってお寺へ行く日とその名とを一年間しるして下さい　（このうちあなたの行く日には○をつけて下さい)—（集計省略）

1月　日～　日（　）；2月　日～　日（　）；3月　日～　日（　）；4月　日～　日（　）
5月　日～　日（　）；6月　日～　日（　）；7月　日～　日（　）；8月　日～　日（　）
9月　日～　日（　）；10月　日～　日（　）；11月　日～　日（　）；12月　日～　日（　）

(e) 臨時に寺へいくのはどんな場合ですか
（○でかこんで下さい）
先祖の年忌法要，死者の命日，家内の相談事，縁談，病人の祈祷，もめ事の仲裁依頼，寺の掃除，法事の手伝い，寺の相談事，暇つぶし，雑談，こまった時の相談，初生や秋の収穫物を持参，如来様へお礼，和尚さんへのお礼，その他

XII 祭や行事，忌日など田畑の仕事を休む日とその名称をあげて下さい（常の日と違った食物を作って神仏に供え，親類や近所へくばる日に○をつけて下さい）

—（集計省略第12表を見よ）—

	日	名称	特別の食物		日	名称	特別の食物		日	名称	特別の食物
1月				2月				3月			
4月				5月				6月			
7月				8月				9月			

10月｛　　11月｛　　12月｛

XIII あなたのうちへ① 神主，② 菩提寺の住職，③ 行者，④ ミコなどのくることがありますか，いつ何をしにきますか，下の答えに ① ② ③ ④ をつけて下さい（こちらから出かけていってたのむものには□でつつんで下さい）

地鎮祭，棟上げ，井戸掘り，家の改造，屋敷神祭，田畑の開墾，田畑の仕事に関係して，葬式，死んだ人の年忌や法事，仏壇を新しく作った時取りかえた時，病人の出た時，家内安全の祈祷，竈や厩やの祈祷，札くばり，新しい事業や作物を始める時，結婚式，子供の生れた時人の死んだ時，失せ物や方角のうらない，お説教，世間話，仏壇をおがむ，神棚をおがむ，収穫の感謝

XIV (a) あなたは宗教が人生に必要であると思いますか　必要であると思う（理由　　）
必要と思わない　（理由　　）
わからない

(b) あなたは過去の日本の宗教家のなかで誰を一番尊敬しますか＿＿＿＿（理由　　）

(c) あなたは人が死んだらどうなると思いますか　(1)無に帰する，(2)土に帰る，(3)霊魂はどこかあの世へ行く，(4)霊魂はこの世のどこかにいる，(5)浄土へ往生する，(6)神の国へ行く，(7)天国へ行く，(8)天に上ってしまう，(8)山へ入る，(10)墓から地下へ行く，(11)海のむこうの国へ行く，(12)その他，
(13)わからない

(d) あなたはあなたや家族の今日あるのは誰のお蔭だと思ったことがありますか　○をつけて下さい　（また目上の人からだれそれのお蔭だといいきかされてきましたか，これには×をつけて下さい）(1)国家，(2)天皇，(3)藩主，(4)二宮尊徳，(5)先祖，(6)祖父母，(7)父母，(8)氏神，(9)産土神，(10)仏陀，(11)如来様，(12)その他

(e) あなたは目上の人から①“罰があたる”②“勿体ない”③“ありがたい”といいきかされたことがありますか，いつどんな場合ですか

①

②

③

(f) あなたは困った時苦しい時，不安の時先ず誰にうちあけたり相談に行きますか

(g) その時何かに祈ったり願ったりしますか

Ⅲの(a)　あなたの家は今の戸主で何代目といわれますか

	男性 (428名)			女性 (327名)		
	浄土真宗 (55)	他宗 (277)	宗派回答なし (96)	浄土真宗 (40)	他宗 (234)	宗派回答なし (53)
回答なし	2	35	31	2	17	10
不明	0	24	4	2	16	1
1代目	14(24.5%)	63(26.0%)	28(43.0%)	10(26.3%)	51(23.5%)	15(34.9%)
2〃	8	40	13	9	43	8
3〃	8	28	8	3	33	6
4〃	4	25	7	4	17	6
5〃	9	16	1	7	24	2
6〃	4	14	1	2	9	1
7〃	1	10	1		10	2
8〃	3	3		1	4	
9〃		1			2	
10〃		7	1		3	1
11〃			1		2	
12〃		2				
13〃		1				
14〃		2				
15〃	1	3			1	1
16〃					2	
17〃	1	2				
55〃		1				

Ⅲの(b)　何代目から今の土地に住んだといわれますか

	男性 (428名)			女性 (327名)		
	浄土真宗 (55)	他宗 (277)	宗派回答なし (96)	浄土真宗 (96)	他宗 (234)	宗派回答なし (53)
回答なし	9	78	43	7	40	24
不明	0	14	6	3	13	1
(回答者)	(46)	(185)	(47)	(30)	(181)	(28)
1代前	6	24	11	3	45	4
2〃	3	20	2	4	14	4
3〃	6	21	6	2	18	3
4〃	3	11	1	2	13	1
5〃	2	11	2	1	6	1
6〃	2	2	2	1	5	1
7〃		2			4	
8〃					1	
9〃		1			1	
10〃		2	1		1	1
11〃			1		2	
12〃		1				
13〃						
14〃						
15〃		2			1	
16〃						
17〃		1				
18〃	1					
30年前	8	38	16	9	13	8
31年～50年前	5	9	2	0	10	2
51年～70年前	1	10	0		13	1
71年～90年前	1	6	1		2	
91年～110年前	1	1	2	1	3	
111年～150年前	2	3	1	5	4	
151年～200年前		9		1	7	1
201年～250年前					1	
251年～300年前	2	4			9	1
301年～400年前		4			3	
401年～500年前		5			2	
501年以上前					3	

Ⅲの(c)　その前に何処に住んでいたと聞いていますか

	男性（428名）			女性（327名）		
	浄土真宗 (55)	他宗 (277)	宗派回答なし (96)	浄土真宗 (40)	他宗 (234)	宗派なし (53)
回答なし	14	118	63	8	70	26
不明	2	25	1	1	27	1
（回答者）	(39)	(134)	(32)	(39)	(97)	(26)
土着(古くからいたとおぼしき者を含む)	7	53	9	16	61	17
福島県伊達郡	2	9			11	1
〃　会津地方		2				
〃　その他	1	8			15	3
千葉、茨城県		7	2		4	
神奈川県		8	1	2	8	
北陸方面	23	3	3	8	4	
宮城県伊具郡	1	5		1	4	
〃　その他	2	12	5		8	
山形県		2				
関東地方（除千葉、神奈川、茨城）	2	11	5	1	6	1
東北及北海道（除福島、宮城、山形）		3	4	1	7	2
近畿、中国、四国、九州、中部（除北陸）		7		2	5	
外地（鮮、満、台、樺太その他）	1	4	4		4	2

Ⅲの(d)　どうして此の土地へ移って来たと言われてますか

	男性（428名）			女性（327名）		
	浄土真宗 (55)	他宗 (277)	その他 (96)	浄土真宗 (40)	他宗 (234)	その他 (53)
回答なし	17	140	71	9	93	35
不明	1	24	1	8	46	3
（回答者）	(38)	(113)	(24)	(23)	(95)	(15)
相馬侯のおとも	1	21	2	1	16	
平家の残党					3	
北畠の残党		1			1	
浪人武士の定住		2				
移封					4	
開拓移住	2	9		5	3	
宗教移住	16			1	1	
引揚，疎開，戦災	2	23	12	3	16	4
職業(転勤，転職，その他)のため	7	36	7	4	22	6
分家のため	7	22	4	9	28	5

Ⅲ(a)について見ると、真宗、他宗を問わず、六、七代までが最も多く、一代目と称している回答も顕著な数字を示しているのは、分家の多いことを物語るようである。これはⅢ(d)にもあらわれている。そしてこの割合は宗派の回答のないものは甚だ高率であるが、真宗、他宗ともにほぼ同数と見てよい。Ⅲ(c)についてはの北陸地方からの移住のほかに、他宗では福島県伊達郡、宮城県、関東地方からの移住が目立ち、またⅢ(d)に見られるように引揚げ、疎開などによるものがかなり見られることは注意される。

Ⅳ－(a)　問　あなたの家の神棚はどこにおまつりしてありますか

	男性（428名）			女性（327名）		
	真（5.5）	他（277）	不（96）	真（40）	他（234）	不（53）
回答なし	19	69	63	11	21	13
ない	7	15	5	3	8	7
「ある」回答者数	(29)	(193)	(28)	(26)	(205)	(33)
居間	6	22	6	5	30	7
茶の間	1	27	2	2	13	2
座敷	7	34	6	5	47	4
中の間	7	69	8	8	66	13
奥の間	2	3	1		19	
床の間		4		1		1
裏ザシキ		2		1	14	
納戸	2				1	
玄関	2					
台所					2	
家の中	3	8	2	2	4	
家の北側	1	6	1		5	
家の西側	1	3	1		2	
二階の間		2				
棚	1	2	1	2	2	3
天井裏		1				
店						1
工場		1				

Ⅳ－(b)　問　神棚には何と何をおまつりしているといわれますか

	男性（428名）			女性（327名）		
	真（55）	他（277）	不（96）	真（40）	他（234）	不（53）
回答なし	31	135	80	17	74	32
ない	1	2	3	1	3	2
「祭神名」回答者数	(23)	(140)	(13)	(22)	(157)	(19)
天照皇太神宮	9	92	6	12	112	15
中村神社	1	11	1		11	
相馬神社	1	13	2	1	8	
妙見神社	1	10	1	2	6	
稲荷神社	1	8	2	2	10	
熊野神社	1	13			12	
古峯原神社		7		2	10	1
出雲大社	1	10			9	1
琴平神社		4		1	4	1
始発神社		1		1		
八幡神社	3	3	1		2	
春日神社	1				1	
山の神	1	5		1	4	1
雷神	1				1	
恵比寿大黒	2	21	2	11	23	2
靖国神社		3	1	2	2	
日吉神社	1	1				
諸々の神	4	24	2	2	10	3
氏神様		3			7	1
竹駒神社		4			4	1
豊受大神宮					3	
山津見神社		5			2	2
諏訪神社					2	
愛宕神社					2	
相善神社					2	
浅間神社					1	
鹿島御子神社		1			2	
秋葉神社					1	
橿原神宮					1	
北野権現					1	
東照権現					1	
白山権現					1	
塩釜神社		1				
金華山		2			1	
八坂神社		3			1	
出羽三山		3			2	
虚空像様					1	1
不動尊		1	1		4	
三宝・荒神		1				
竜神		1				
定義如来		1				
水神		2				
明神			1			
火の神		1				
国玉神社			1			
不明		8	1		2	1
合計（数）	29	261	22	37	266	30
合計（種類）	14	30	12	11	35	11

Ⅳ－(c)　問　神棚にはどんなお札がおさめてありますか

	男性 (428名)			女性 (327名)		
	真 (55)	他 (277)	不 (96)	真 (40)	他 (234)	不 (53)
回答なし	25	91	83	23	52	13
ない	1	5	2	4	4	2
不明(みたことない、きいたことない)		4				
「お札名」回答者数	(29)	(177)	(11)	(13)	(178)	(38)
伊勢皇太神宮	12	73	6	11	88	8
稲荷大明神		6	1	1	6	2
相馬神社	10	35	5	6	44	10
中村神社	6	28	3	5	40	4
妙見神社	2	16	2	2	20	2
竹駒神社	2	16	3	2	17	2
八坂神社		5		1	9	
山津見神社		7		2	7	
雷神	2	5	1	2	10	2
古峯原神社		24		1	19	5
黄金山神社				1	2	2
相善神社			1	1	4	1
八幡神社				1	2	2
塩釜神社		9	3	1	8	2
滝神社		6		1	2	
万蔵稲荷				1		
金華山神社	2	8	1		9	3
山の神	1	7	1		5	2
産土神社	1	1				
明治神宮	1	3			2	1
靖国神社	1	3			6	2
家内安全の札	1	33		6	34	3
琴平神宮	1	1			3	2
日吉神社	1	1			1	
鹿島御子神社	1	4			7	1
子育観音	1	2			1	
その他(諸々の札、近郷諸神社札)	8	38	1	2	22	3
無病息災				1	2	
武運長久		1		1		
蛇類大明神						1
始発神社		2			2	2
寄木神社					3	1
定義如来		1			5	2
白山神社					1	1
伊達神社					1	
稲荷妙楽寺		1			1	
船主大明神					1	
恵比寿大黒		2			11	
東照宮					4	
羽山神社			1		3	
降居神社					1	
天満宮					2	
熊野神社		2	1		5	
小計 (数)	56	353	32	49	416	63
小計 (種類)	17	29	14	20	39	25

Ⅳ－(c)　つづき

	男性（428名）			女性（327名）		
	真（55）	他（277）	不（96）	真（40）	他（234）	不（53）
出雲大社		11			13	
諏訪神社		3			6	
出羽三山		2			2	
笠間稲荷					1	
大塚稲荷					1	
二宮神社					1	
八重垣神社		2			1	
身体健固		4			3	
安波神社					1	
津神社					1	
麓山神社					1	
愛宕神社		2			1	
秋葉神社					1	
宮城神社		1				
日高神社		1				
橿原神宮		1				
刈田神社		1				
豊受神宮		3				
邦玉神社			1			
春日神社			1			
坂元神社		2			1	
成田山		3			2	
蚕の神					1	
お産の神		2				
入学祈祷札		2				
子宮の神					1	
歳徳神		1			3	
事代主命					1	
蔵王山					1	
虚空像様					2	
長命寺祈祷札					1	
水神様祈祷大麻		3			1	
不動尊		2			1	
山寺神社					1	
牛頭天王外八尊					1	
猿田彦					1	
道祖神		1				
かまどの神		1				
五穀成就祈祷札		2			2	1
開運祈願〃					1	1
盗難除〃		1			1	
取子安全身体健固〃					1	
火難盗難除〃		4			1	
海上安全〃					1	
延命息災〃					1	
穣災招福〃					1	
商売繁昌〃		3			1	
諸病悉除守護札					1	
日の神祭祀祈祷札					1	
当病平癒〃					1	
各種神社仏閣祈祷札		4			6	
合計（数）（種類）	56枚 17種	416枚 54種	34枚 16種	49枚 20種	486枚 79種	65枚 27種

Ⅳ－(d)　問　神棚のほかに大黒棚　荒神棚　その他の棚がありますか、どこに何をまつっているか全部書いて下さい

	男性 (428名)			女性 (327名)		
	真宗 (55)	他宗 (277)	不明 (96)	真宗 (40)	他宗 (234)	不明 (53)
回答なし	32	152	76	25	88	34
ない	18(78.2%)	89(71.2%)	17(85%)	13(86.7%)	112(76.7%)	14(73.6%)
ある	5(21.7%)	36(28.8%)	3(15%)	2(13.3%)	34(23.3%)	5(26.3%)
「ある」の回答者、場所、祭神の内訳	床の間(～)1	厩(馬の札)1	ざしき(大黒棚)1	室内(～)1	床の間(荒神だな)1	(大黒棚)2
	(大黒柱)1	天井の柱(棟札)1	茶の間(大黒棚)1	(大黒)1	台所(水神)1	(三夜様)1
	座敷(大黒柱)(稲荷)1	茶の間(大黒だな)1	台所(荒神だな)1		台所(作神)1	裏じき 1
	茶の間(大黒柱)1	(大黒だな)1			台所(～)4	台所(火伏せ神)1
		(だるまだな)1			かまど(かまど神)2	
		(如来)1			かまど(不動尊)1	
		(水神)1			茶の間(～)1	
		(古峯神)1			(大黒だな)9	
		台所(かまど神)1			大黒柱(大黒だな)1	
		井戸(水神)1			二階(かいこ神)1	
		座敷(弘法)1			(光神様)1	
		座敷(先照イナリ)1			{毎月一回塩だちしてお祭りする}	
		台所(荒神だな)2			祠堂(八竜明神 いなり 乳綱明神)1	
		中の間 2				
		大黒柱(家内安全)1			(田の神)1	

Ⅳ－(e)　問　神棚や門口、柱、厩、井戸、便所などに祈禱札や神札がはってありますか

性別	男 (428名)			女 (327名)		
宗派別	浄真	他宗	不明	浄真	他宗	不明
同人員	55	277	96	40	234	53
回答なし	29	125	77	21	61	26
ない	15	79	13	10	59	9
不明	0	4	1	0	3	1
ある	11	69	5	9	111	17

（回答者の示した場所）

性別	男（85名）			女（137名）			性別	男（85名）			女（137名）		
宗派別	浄真	他宗	不明	浄真	他宗	不明	宗派別	浄真	他宗	不明	浄真	他宗	不明
宗派別	11	69	5	9	111	17	台所	2	5		1	6	
							蚕部屋				1		
神棚	2	16	2		20	6	納戸					1	
門口		19			30								
柱	1	6	1		17	4	玄関						3
							土蔵		2			3	
厩	4	28	3	9	54	5	居間					5	
井戸	1	15			19	2							
風呂場					1		かまど		4			6	
							その他	1	1			4	4
牛小舎		1											
鶏小舎					1								
動物小舎		1					小計	11	98	6	11	167	24

（回答したお札の名称、　種類）

お札の名称	男（85名）			女（137名）			お札の名称	男（85名）			女（137名）		
	浄真	他宗	不明	浄真	他宗	不明		性真	他宗	不明	浄真	他宗	不明
馬頭観音	2	11		5	29	2	熊野神		2			1	1
牛体安全				1		1	八坂神		1				1
相善神社	1	4		1	15		八幡神		1			2	
子眉峯神		1		1	3		羽山神		1				
益多領神				1			山の神		1				
家内安全	1	7			6	2	氏神		1				
水神	1	11			15	1	寒行祈祷札		1				
三宝神防火	1	2			1		雷神		1			3	
祈祷札	2	5			16		大歳神		1			3	1
日吉神	1						大国主神		1			2	1
古峯神	1	3	1		8		事代主神		1				
お札幣束	4	17	2	2	16	6	五穀成就		1			1	
相馬神	1	7	1		5	2	奥津神尊		1				
中村神社		2	1		7	1	午頭天王		1			1	
靖国神社			1				出雲大社		1				
八重垣神		1	1				寄木神		1				
鶴岡八幡			1				八雲神		1				
東照宮			1				悪魔払						1
稲荷神			1		3		天地四方						1
天地御宮祭			1				立春大吉					1	
福の神		1			1		竹駒神					1	
天理教会		1					塩釜神					1	
災難除		6			11		金華山					1	
火の神		1			9		養鶏観音					1	
火伏せの神		1			1		養蚕札					1	
皇太神宮札		4					豊受大神					1	
諸々の札		1					諏訪神社					1	
妙見神社		1					常法院					1	
馬体安全		3			4	1	水波能神					2	
秋葉神社		1			1		日神祭祀					1	
かまどの神		1					護摩御札					1	
大石神		1			2		田の神					2	
不動尊		2			2	1	新勝寺					1	
山津見		2					商売繁昌					1	
棟札		1					その他		3			1	
駒ケ峯神		1			5								
大般若家内安全		3				1	合計（枚数）	15	108	9	11	190	24
法印		1					合計（種類）	10	50	10	6	44	16

回答者対枚数比率（種別枚数）

		回答者数	種別枚数	一戸当割合
男性	浄真	11	15	1.3
	他宗	69	108	1.5
	不明	5	9	1.8
女性	浄真	9	11	1.2
	他宗	111	190	1.8
	不明	17	24	1.5

本問回答者対「ある」「ない」の比率

		本問回答者数	ない	割合	ある	割合
男性	真宗	26	15	0.6	11	0.4
	他宗	152	79	0.5	69	0.45
	不明	19	13	0.7	5	0.3
女性	真宗	19	10	0.5	9	0.47
	他宗	173	59	0.3	111	0.6
	不明	27	9	0.4	17	0.6

Ⅳ－(f)　問　家族の人は神棚を拝みますか　　毎朝、月のうち＿＿日と＿＿日

	男性（428名）			女性（327名）		
	真（55）	他（277）	不（96）	真（40）	他（234）	不（53）
回答なし	22	70	55	14	35	20
拝まない	2	17	7		10	4
不定		4	1	1	4	
「拝む」回答者数	(31)	(186)	(33)	(25)	(185)	(29)
毎日	23	144	27	20	139	26
1日	3	14	4	2	14	3
2日		3				
3日	1	1			1	
5日	1				1	1
6日					1	
9日			1			
11日					1	1
12日		1				
15日	2	11	2	1	8	2
18日					5	
20日	1				1	
22日		1				
23日					1	
24日					1	

	男　性　(428名)			女　性　(327名)		
	真 (55)	他 (277)	不 (96)	真 (40)	他 (234)	不 (53)
25日		1				
27日		1				
29日			1			
30日					1	
元日	1	7			8	
節分	2	3			3	
祭日		6			8	
縁日		2			1	
時々		9	2		3	
旧十八夜		1				
旧正月3日		1				
旧正月14日		1				
仕事の休日		1			2	
えびす講	1				2	
命日					3	
山御講					1	
旅行前					1	
家族の誕生日					2	
旧8月15日					1	
特別の日					1	
1月5月9月12月の18日					2	

Ⅳ－(g)　問　神棚その他に神燈や神酒をあげる日はいつですか、誰が主にそれをしますか、毎朝あるいは月に何回か家族の誰か祝詞をあげることがありますか

	男　性　(428名)			女　性　(327名)		
	真 (55)	他 (277)	不 (96)	真 (40)	他 (234)	不 (53)
回答なし	29	92	70	15	60	28
不明		4	1		2	1
しない	5	16	3	2	9	6
「ある」回答者数	(21)	(163)	(22)	(23)	(163)	(18)
神燈や神酒をあげる日						
元日（正月）	7	81	10	4	90	9
節句	1	18	1		14	3
祭日	1	40	4		41	
恵比寿講	1	14	3	2	18	3
大晦日	3	14	3	2	19	
盆	1	6		2	9	1
毎朝	5	18	3		9	1
1日	1	9	1	1	8	2
15日	1	6	1	1	6	2
10月20日	1	3		1	6	
節分	1	1			3	
時々	1	12			3	
初売の日			1			
9月15日			1			
神の日		3		1		
命日		2			4	1
山御講		4			6	
野馬追		2				

	男性 (428名)			女性 (327名)		
	真 (55)	他 (277)	不 (96)	真 (40)	他(234)	不 (53)
18日		1				
部落の祭		4				
旧1月20日		3				
収穫日		2				
誕生日		1			1	
11月8日		1				
28日		1				
16日		1				
特定の日		1			1	
田植の日		2			2	
彼岸		1				
刈上の節句		1				
縁日				2		2
二十三夜				1	1	
月三回					2	
山の神(1月10月17日)					6	
4月初牛の日					1	
大漁出船					1	
水神祭					1	
月の12日、30日					2	
荒神の祭					1	
イチゴの祭					1	
四節の18日、20日					1	
神燈や神酒をあげる人						
父	8	42	8	2	40	7
母	6	21	4	2	18	4
祖母	4	14	1		10	2
戸主	1	18		1	16	2
自分		3	1			
祖父		7				1
兄		9		1	6	4
家族		5		1	4	
伯父		1				
男		2				
不定		3	2			
妹						
主婦						1
弟					2	1
祝祠をあげる回数						
毎朝	1	4			2	
月に5，6回		1				
月に3回	1	2	1			
月に1回		1	1			
年に1，2回		1				
正月元旦		2				
彼岸		1				
不定					7	
祭日			1		1	
祝祠をあげる人						
父		1			2	
		1				
祖母		1			3	
母			1		1	1
祖父		1				
兄		1				
自分			1			
神主					1	
法印					1	

Ⅳ(a)―(e)は、この地方の主として農家が、いかに多くの神仏を勧請奉祀し、またいかに多くの種類の神社仏閣の神札、祈禱札、守札を家屋の内外に貼付して、その守護を仰ごうとしているかを示す資料である。今、この集計を、男女別を合計して、その比率をもって示すと、

Ⅳ(b)	回答者数	神霊の種類	総　数	一戸当りの割合
浄真	45	18	66	1.46
他宗	297	45	527	1.77
不明	32	22	52	1.62

Ⅳ(c)	回答者数	神札の種類	総　数	一戸当りの割合
浄真	48	29	105	2.18
他宗	355	94	902	2.54
不明	49	27	109	2.22

Ⅳ(d)	回答者数	ある（比率）	ない（比率）
浄真	38	7（18.4%）	31（81.6%）
他宗	271	70（25.8%）	201（74.2%）
不明	39	8（20.5%）	31（79.5%）

Ⅳ(e)　「ある」「なし」の比率

宗派	回答者数	ある（比率）	ない（比率）	不明（比率）
浄真	45	20（44.4%）	25（55.6%）	0
他宗	325	180（55.4%）	138（42.46%）	7（2.14%）
不明	46	22（47.8%）	22（47.8%）	2（4.35%）

Ⅳ(e)　回答者の対枚数比率

宗派	回答者数	種　別	枚　数	一戸当りの割合
浄真	20	13	26	1.30
他宗	180	50	298	1.65
不明	22	21	33	1.50

となり、真宗の家庭が在来農家の信仰慣習に傾斜してきている事実がうかがえる。しかし比率から見て、真宗家庭の方が全体に低いパーセンテージを示している。

Vの屋敷神は、さすがに他宗がきわ立って多く所有されている。男女を合した比率は、

	回答総数	ある（比率）	ない（比率）
浄真	80	22（27.5%）	58（72.5%）
他宗	482	281（58.3%）	201（41.7%）
不明	83	58（69.88%）	25（30.12%）

となる。なお屋敷神はこの地方では一般にウジガミとよばれ、真宗家族で一〇戸、他宗家族では一六四戸の屋敷神が氏神とよばれ、そのほかには稲荷（真宗三戸、他宗五六戸）、熊野（真宗五戸、他宗六三戸）が群を抜いて多いことがわかる。

V　家の裏の方に祠屋敷神がありますか。(男性)

		浄土真宗 (55)	他宗 (277)	宗派回答なし (96)
回答なし		7	14	60
なし		34 (70.8%)	115 (43.7%)	3 (8.3%)
(a) ある		14 (29.1%)	148 (56.3%)	33 (91.6%)
あるの内訳	(b) 呼名と祭神	氏神 7 稲荷 2, 熊野 3	屋敷神 1 氏神 84 内神 5 明神 5 不明 2 先祖 3 女神 1 神明 1 鹿島 1 八坂 1 熊野 24 稲荷 27 山神 5 水神 4 作神 1 五穀の神 1 産土の神 3 蛇の神 6 雷神 1 八重垣 1 白幡 1 原ノ町神社 1 伊勢神宮 1 戌亥の神 1 春日神社 1 塩釜 1 手長大明神 1 観音 1 妙見 2 八幡 4 天御中主 1 午頭天王 1 白髪 3 金華山 1	屋敷神 2 内神 2 氏神 14 産土神 1 家の守護神 1 山の神 1 稲荷 1 熊野 2 蛇の神 2 日吉神社 1 北畠顕家 1
	(c) 掃除と改修日	正月 3 初午 2 節句 5 盆 2 秋分 1 不定 2	不定 15 不明 2 毎月1回 2 毎月数回 3 随時 2 週一回 1 春 3 秋 2 祭日 9 正月 14 2月8日 1 6月15日 1 9月8日 3 12月8日 1 12月13日 1 12月18日 1 12月末日 10 盆 3 節句 28 しない 7 先祖の命日 1 初午 3 吉日 1 大安 1 こわれた時 8 10年に1回 1 毎年1回、新わら 2	毎朝 2 不定 4 しない 4 正月 3 2月 1 12月末日 4 毎月1回 1 祭りの当日 1
	(d) 祭日, 祭主, 祭式の方法	しない 2 節句 3 初午 1 4月20日 1 家族 1 祖父 1 神主 1 不定 1 色紙に稲荷とかく 1 (相馬市坪田下高松正西寺の壇家) 赤飯をあげる 1	父母 2 父 7 祖父 1 神主 4 法印 2 自分 1 不定 4 村の祭日と同じ 1 不明 3 春秋 1 しない 3 初午 2 節句 49 刈り上げの日 1 正月 5 1月5日 1 1月23日 1 2月9日 1 3月15日 1 3月18日 1 3月20日 1 4月3日 2 8月1日 1 8月15日 3 8月18日 1 8月19日 1 8月20日 1 9月10日 1	知らない 1 しない 3 春秋 1 3月7日 1 3月15日 1 4月3日 2 9月9日 1 9月15日 1 不定 1

		9月15日 2 9月17日 2 9月18日 1 9月19日 2 10月5日 2 10月10日 1 10月17日 1 11月3日 2 1) 榊を振り廻してコンコンオドリをする 1 2) 新わら，つとに赤飯 9 3) 村中を統一する 1 4) 色紙に男の子の名をかいてあげる 1 5) 五色の幡をかざる 1 赤飯 11 みてぐら 14 おそなえ 2 あぶらげ 1 新米 2 もち 4 みかん 2 おみき 3 さかき 1 はた 1	
(e) どんな範囲の人が集まりますか	親戚 2 家族 2 百姓 1	親戚 28 友人 1 氏子 0 村全部 1 部落一般 3 家族 33 不定 1 近所の人々 1 区長その他 1 同じ宗派の人(三五教) 1 田舎の人 1 村の人々 2 兄弟 2 分家の主人 1 大工、材木商 1 市民一般 1 戸主たち 1 集まらない 3 なし 2	近親 1 友人 1 氏子 1 村全部 1 親戚 4 部落一般 1 家族 1 知らない 1 なし 4
(f) 祠に収めるもの（正月のしめなわその他）	ある 2 へいそく 1 しめ縄 1 飾松 3 なし 4	ある 22 へいそく 10 神社のお札 10 しめ縄 27 餅、くだもの 2 飾松 9 赤飯 2 鬼打木 1 戌亥の立木 1 榊 2 しめ縄を附近に収める 2 つば木 1 まつたけ 1 飾竹 1 団子 1 しない 14	ある 6 へいそく 3 神社のふだ 1 しめ縄 3 もち、果物 1 なし 7

V　家の裏の方に祠（屋敷神）がありますか。（女性）

	真宗 (40)	他宗 (234)	宗派なし (53)
(a) 回答なし	7	15	6
なし	24 (72.7%)	86 (39.2%)	22 (46.8%)
ある	8 (24.2%)	133 (60.7%)	25 (53.2%)

		真宗 (8)	他宗 (133)	宗派なし (25)
あるの内訳	(b) 呼名と祭神	氏神 3 稲荷 1 観音 1 熊野 2 地蔵 1 かまどの神 1 水神 1 明神 1 湯の神 1	氏神 80 熊野 39 稲荷 29 八幡 6 伊勢 3 神明 3 山津見 2 日吉 2 蚕の神 1 遠い先祖 1 水神 4 眼の神 1 蛇の神 8 大日如来 1 内神 2 山の神 3 観音 1 弁天 1 薬師 1 天御中主 1 八坂 1 不動 1 乳縄明神 1 貫船 1 三島明神 1 明神 2 八竜 1 春日 1 不明 3	氏神 12 稲荷 4 熊野 3 日吉 1 かまどの神 1 水神 1
	(c) 掃除と改修日	祭日 1 9月9日 2 彼岸 1 毎朝 1 不定 1 月1回 1 修理(破損した時1)	新年 15 年末 7 節句 33 不定 21 随時 11 週1回 1 月1回 1 毎朝1回 1 祭りの日 10 祭りの前日 4 4月7日 1 9月6日 1 9月29日 1 盆 5 不明 2 しない 4 屋根(こわれた時 11 正月 1 秋15日 1 3年目 1 毎年9月8日 1 13年目 1 10年目 1 不定 1)	7月 1 9月9日 4 初午 1 諏訪の祭りの日 1 不定 2 春 2 時折 1 12月 2 月1回 1 しない 2 屋根(こわれたとき1 祭りのとき1 正月2 年末1)
	(d) 祭日, 祭主, 祭式の方法	2月8日 1 3月18日 1 4月18日 2 4月19日 2 赤飯 3 新藁に赤飯、村の神様でゴマをたいてもらって来る (相馬市、中村砂子田、本願寺布教所) 法印をたのみ親戚をよび、赤飯と酒と肴で祝う (相馬市、蒲庭、前迫、正西寺壇家) 9月9日 5	正月 4 初午 13 節句 53 2月17日 1 3月7日 1 3月15日 1 4月3日 1 4月7日 1 4月10日 1 4月15日 2 4月20日 2 6月15日 1 8月17日 1 9月7日 1 9月8日 2 9月13日 1 9月19日 5 9月22日 1 9月29日 1 10月8日 1 10月10日 1 10月12日 1 11月3日 4 年末 1 村祭りと同じ日 2 秋まつり 1 幡 2 御幣 10 神灯 2 おみき 6 赤飯 25 もち 1 新穀 5 のりと 1 (ムスビ、マツ、トウフ、アブラゲ、タマゴ) 1 ワラにつつんで上げる 10 五色の旗に神の名を書いてあげる 1 父 10 戸主 7 長男 2 法印 1 神主 11 母 1	なし 2 不明 2 2月27日 1 3月15日 1 4月10日 1 4月20日 1 8月27日 1 9月9日 3 主人 1

(e) どんな範囲の人が集まりますか	親戚 4 村落の人達 2 神官 1 なし 3	三部落の代表者 1　家から出た人(分家、とついだ人)9 親戚 12　近所 4 家族 51　氏子 1 部落内 4　集まらない 7	親戚 4　集まらぬ 3 家族 3 近所の人 1 部落の人 4
(f) 祠に収めるもの (正月のしめなわ その他)	〆縄 1 門松 1 氏神 1 幣そく 1 おさめる 1 なし 4	あります 11　年の方角 1　年なわ 3 〆縄 36　そなえもち 3　ない 20 門松 9　へいそく 14　不明 1 お札 10　初午の旗 3 氏神のそば 6　正月のかざりもの 1 ヘソの緒、髪の毛、最初に切った子供の爪 1 赤ん坊のうぶ湯 1　つつこ 1	ある 1 〆縄 2 門松 1 古銭 1 氏神 2 ない 4

VI　問　村の産土神について（男性）

	浄土真宗 (55)	宗派なし (96)	他宗 (277)
	回答なし 15　なし 1 ある 39	回答なし 54　なし 4 ある 38	回答なし 85　なし 6 ある 184　不明 2
(a) 祭神名	稲魂尊 1　馬の神 1 刀 1　八幡神 2 八坂 1　事代主尊 1 稲荷 1　雷神 1 軍人の霊 2　不明 8 建御名方神 1 浅間 1 神功皇后 1 蚕 1 産土神 1	浅間 1　不明 3 山の神 1 石の神 1 八幡神 2 水の神 1 諏訪 2 薬師 2 菅原道真 1 居井神 1 観音 1	羽山 1　広滝大明神 1　キツネ 1 山の神 1　少名彦名神 1　道真 1 天照皇太神 3　八坂 3　妙見 1 イザナギ・イザナミ 1　観音 2　舟玉 1 豊受大神 1　天御中主 4　水波能売 1 此花開耶姫 1　塩釜 2　12の神体 1 八幡 7　キンプタゴン 1　相馬の殿様 1 中村神 3　相馬神社 1　しまの明神 1 応神天皇 1　水神 2　正宗 1 すさのおの命 6　蛇神 1　平 1 稲荷 8　馬の神 5　新明神 1 寄木 6　大木 1　海神 1 竜神 1　大山戸神 1　石の神 1 津神 1　冠欽神 1　神鏡 1 産土神 1　須波 1　玉 1 二宮尊徳 1　薬師 1　不明 26 木船(貴船) 1　武甕槌 3 猿神 1　明神 1 神功皇后 1

	浄土真宗（55）	宗派なし（96）	他宗（277）
(b) 祭日の行事	〆縄 2 ご馳走 21 みこし 1 おみき 1 赤飯 4 チョウチン 2 する 3 しない 4	〆縄 3 ゴチソウ 19 赤飯 1 チョウチン 3 しない 4 獅子舞（悪魔払）} 1 します 3	します 25 ごちそう 98 〆縄 18 チョウチン 19 おみき 4 赤飯 23 幡 1 しない 10 （神社で）神楽をする} 3 お札をあげる 1 みてぐら 1 親戚招待 6 部落一同休む 1 不定 1
(c) 回答者の役	しない 15 飾りつけ 1	しない 16 不定 1 （青年団がする） 1	しない 56 札などをうけて来る 4 ごちそうくばり 3 掃除 5 〆縄をはる 2 そなえものをする 3 手つだい 12 幡をたてる 1 参詣 4 笛をふく（15年目の遷宮のとき）} 1 せっ待 3
(d) 神社へ行く日	臨時祭日 1 誕生日 1 元日 4 4月3日 1 神のあたり日14 行きます 1 行かない 1 不定 1	元日 5 あります 1 行かない 17	行く 2 元日 43 掃除 2 初午 2 若者の元日 1 産前産後 1 祈祷日 2 1月5日 2 随時 1 節句 1 月の初め 1 早朝 1 交際上 1 行事のとき 1 山の神の祭り 1 五穀生成きがん 1 厄年の人（1月14日）} 1 15年目の祭り 1 御礼まいり 1 旅行前 2 困った時 2 ねがいごと 1 結婚の時 1 千度参り 2 願かけ 1 病気 4 入試前 2 めでたいとき 1 大漁きがん 1 事故 1 行かない 56
(e) 神社への集会日	します 1 元日 1 修理 1 七夕 1 しない 12	掃除 1（子供の健康のため） 総会 1 社日 1 村きとう 1 春秋2回 1 不明 2 なし 12	部落集会 3 部落常会 2 神社の相談 4 家内安全のきとう 1 （1月2日） 天神講中の参詣 1 （夜中2時） あいびき 1 祈願 2 村祈祷 2 掃除 3 部落の演芸会 2 大漁きがん 1 7月23日 1 干ばつ、大雨 3 新なめの祭 1 卒業、入学の日 1 12月20日 1 病気 1 毎月15日 1 豊年おどり 1 かぐら 1 ない 53

VI 問 村の産土神について（女性）

	浄土真宗 (40)	宗派なし (53)	他宗 (234)
	回答なし 17　不明 3 ない 0　ある 20	回答なし 24　不明 0 ない 0　ある 29	回答なし 54　不明 1　ない 5 ある 174
①祭神名	鏡 1　不明 2 稲荷 3 寄木 1 天神 1 観音 1 武人 1 葉山 1 貴船 2 八幡 1 伊勢 1	八坂 1　お産の神 2 熊野 1　諏訪 1 すさのを 1　デベソの神 2 中村 1　滝 1 武みかづち 1　不明 4 八幡 1 日吉(サル) 1 稲荷 1 寄木 3 女神 1	葉山大権現 3　塩釜 2　稲荷 5 武人 2　羽黒 1 寄木 2（漁村なので舟によって来た材木をまつってある。） 滝 4　相馬 3　生石 1 八坂 3　白滝 1　朝日 1 天神 6　火伏せの神 1　木花咲耶姫 1 天御中主 4　氏神 1　作神 1 二宮尊徳 1　木の根(大木) 1　観音 1 薬師 1　豊受 1　あはしま 1 伊勢 4　大漁の神体 1　延喜式内御刀神 1 すさのを 6　神明 1　山の神 1 石 1　浅間 1　白鳥 1 鹿島 1　諏訪 1　おしは 1 あたご 1　中村 1　津野 1 火の神 1　ににぎの命 1　イザナギ} 天足日別命 1　鏡 1　イザナミ} 1 御両権現 1　大山咋命 1　不明 14 武甕槌 1　山津見 1
②祭日の行事	します 1　チョウチン 1 ごちそう 13　赤飯 3 しない 1　〆縄 2 当番制になっている(5人) 1 神主来宅 1	します 4 ごちそう 12 赤飯 1 幡 1 親戚招待 1 チョウチン 1 〆縄 1 しない 6	する 17　縄 22　神主よりお札をうけて来る 1 ごちそうする 109　幡 3 おにしめ 1　チョウチン 6 新築祝い（オサガリと言う） 1　もち 3 赤飯をだす 37　花をあげる 2 親戚招待 11　しない 13 おみき 3　神主が来宅してのりと 1
③回答者の役	掃除 1　しない 7 ごちそうをつくる 3 不定 1	手つだい 6 炊事 2 しない 11	ごちそう作り 19　手つだい 18 おそなえする 3　ごちそうくばる 1 参拝 6　不定 1 せったい 1　何もしない 60 掃除する 5

	浄土真宗 (40)	宗派なし (53)	他宗 (234)
④神社へ行く日	病気 1 社日 1 出産 1 元日 2 1月8日 2 1月22日 2 行かない 1	元日 7 災難よけ 1 病気 3 随時 1 結婚 1 節句 1 行かない 7	行く 3 元日 45 病気 14 願いごと 5 出産 2 野馬追い 1 盆 1 旅行前 1 新米をそなえる 1 初午 3 災難よけ 1 命日 2 安産きがん 1 祝祭日 1 2月8日 1 9月9日 3 10月10日 3 御神講（琴平講） 1 山御講 1 早朝詣り 1 誕生3週目 1 随時 3 大漁のとき 1 病気がなおった時 1 なし 8 行かない 40
⑤神社への集合日	遷宮 1 新なめの祭 1 村祈祷 1…（相馬市蒲庭、正西寺檀家） 掃除 1 ない 4	祈願 1 掃除 1 ない 10	ある 2 先祖の命日 1 病気 6 旅行前 1 新なめの祭 1 村きとう 1 きとう札をもらって来る　1月8日 2、5月8日 2、9月8日 2 全快きがん 1 春秋 2 掃除 5 1月14日 1 村の相談 6 氏子相談 5 講のとき 1 厄年の人（はらいのため） 1 世話人会 1 正月、祈祷札をもらいに集会する 1 子供会 1 蚕の前 1 盆 1 改築、遷宮 5 妙見講（1月5日） 1 不明 1 なし 8

Ⅶ－(a)　子供が生れてお宮や、お寺参りをするのはどこのお宮、お寺へ行きますか（男性、女性）

	男性 (428名)			女性 (327名)		
	浄土真宗 (55)	他宗 (277)	宗派なし (96)	真宗 (40)	他宗 (234)	宗派なし (53)
回答なし	31	148	75	12	83	32
行かない	11(45 8%)	45(34 8%)	13(61 9%)	5(18%)	46(30 4%)	10(50%)
うぶすなの神		10	1	1	13	
氏神	1	13	1	2	13	2
八幡	1	8	1		23	4

中村神社	1	9	3	1	9	1
相馬神社	1	5		1	6	
観音		{舟越観音 1　観音 2 {子育観音 3　6	1		{子育観音4　大聖観音1 {夕顔観音1　6	
寺院	正西寺 4	お寺 4		正西寺 2	円応寺 1　お寺 1 ぼだい寺 1 敬徳寺 3 興仁寺 1 長命寺 1	お寺 1 仏願寺 1 仏竜寺 1
神社	八坂神社 1	津神社 1　鎮守 3 初発神社 1　神明 1 竹駒神社 1　白子神社 1 明治神宮 2　天御中主 1 古峯神社 1　妙見 5 諏訪神社 1　お宮 11	国玉神社 1 お宮 2	神明 1 琴平 1 熊野 2	秋葉神社1 津神社1　朝日神社1 愛宕神社1　諏訪神社5 小牛田神社1　妙見6 鹿島神社3　葉山1 子宮の神1　山津見1 照天様(東京)1　神社9	鹿島 1 神社 2
地蔵尊	1					
薬師如来		1	1		1	
仏壇			1	1		
		水神 1 坂元神社 1			摂取密院 1　八竜権現 1 あたり年の神社 1 近くの橋に参拝（宮城、坂元村）	
不明	2	2	2	1	6	

Ⅶ－(b)　農作物の初生や収穫物を何処に持って行って供えますか（男性、女性）

	男性（428名）			女性（324名）		
	真宗(55)	他宗（277）	宗派なし（96）	真宗(40)	他宗（234）	宗派他なし（53）
回答なし	27	131	77	24	91	30
供えない	4	29	7	2	27	7
不明	2	5		1		

	男性（428名）			女性（327名）		
	真　宗（22）	他　宗（112）	宗派なし（12）	真　宗（13）	他　宗（116）	宗派なし（16）
神棚	7	54	6	5	{内1はキウリ 68	
氏神	4	36	3	3	内1は生のもの} 23	(内はキノコをあげる) 8
八坂及天王（キウリ）	3	8	1		5	
仏壇	9	16			{内1は煮たもの} 20	
神社（お宮）		2	1	1	4	(神社は神主がとりに来る1) 4
お寺		3				(お寺は世話役が集めて持って行く1) 2
うぶすなの神		3	1		6	
大神宮		2	1	1	2	
	稲荷1	祠2 山の神1 薬山1 諏訪1 水神2 戌亥の神1 古峯1 鹿島1 巫女1 馬頭観音1 祖先1	山の神1 薬師1	稲荷1	秋葉神社1 長命寺1 慶徳寺1 熊野1 かまどの神1 愛宕1 井戸の神2 鹿島1 先祖1 午頭天王1 八幡1 諏訪3	

Ⅶ－(c)　家の祠や神社にお詣りして何を祈念しますか（該当するものにいくつでも○をつける）

	男性（428名）			女性（327名）			総計
	真　宗（55）	他　宗（277）	宗派なし（96）	真　宗（40）	他　宗（234）	宗派なし（53）	（855）
回答なし	17	86	58	9	40	18	（228）
なし	1	7	2		1	2	（13）
家の繁昌	20	94	12	10	100	13	（249）
農耕の豊作	9	62	8	9	86	11	（185）

村の幸福	4	31	3	4	38	3	83
社会の幸福	8	55	6	8	44	4	125
国家の発展	5	50	5	6	42	4	112
家族の健康	22	98	23	16	151	24	334
天皇の健康	2	18	1	2	19	3	45
自分のしあわせ	13	61	14	8	67	13	176
立身出世	9	55	8	6	44	3	125
入学試験のこと	4	45	8	2	31	4	94
学期試験の成績	2	30	3	2	17	3	57
先祖のこと	4	38	4	4	34	6	90
現在の境遇に感謝	6	38	3	4	39	6	96
父母兄弟の幸福	12	73	9	12	86	11	203
その他	4	22	3	2	16		47
単なる祈り		5			1		6
不明			1	1			2

Ⅶ(a)では、初宮詣でをする祠を問うたものであるが、注目すべきは、真宗の家庭では中村の正西寺に詣るという回答が三六例中に六例あること、他宗においては産土神へ行くという答とともに、氏神（屋敷神）へ詣るとする例が極めて多いこと、また神社のみならず観音や寺院へつれて行く例のあることなどである。

(b)では、初生や収穫物を最初に供えるところが、真宗家族では仏壇、神棚、氏神の順であり、他宗家族では神棚、氏神、仏壇の順になっている。

(c)では、男女性、真宗・他宗を通じて、神に祈る際に、(1)家族の健康、(2)家の繁昌、(3)父母兄弟の幸福、(4)農耕の豊作、⑸自分のしあわせ、⑹社会の幸福、⑺立身出世（一二五）、⑺国家の発展（一二五）、⑻現在の境遇に感謝、⑼入学試験のこと、⑽先祖のこと、⑾村の幸福、⑿学期試験の成績、⒀天皇の健康、⒁その他、となっている。このような序列は、多分に農村青年層における信仰態度を示すものというべく、これを地方中都市、また六大都市の高校生に対して試みるならば、さらに異なる系数が発見されるに相違ない。

Ⅷ－仏壇について（男性　428名）

		真宗（55名）	他宗（277名）	無記宗（96名）
全問題回答なし		11	34	46
仏壇なし		2	21	5
仏壇あり（但し全問に回答しておらない）		42	222	45
a 仏壇の所在（部屋名）	座敷	15	30	9
	居間	5	23	3
	中の間	1	39	9
	茶の間	2	25	4
	奥の間	9	26	4
	上座敷	1	6	
	裏座敷	1	22	2
	床の間	4	3	
	仏間	1	1	
	母の座敷		2	
	神棚		8	
	寝室			1
	観音堂、押入、納戸、家の北側、天井裏		各　1	
b 仏壇製	不明	1	15	2
	1代目	10	49	4
	2代目	6	34	2
	3代目	3	18	
	4代目	3	12	5
	5代目	3	8	1
	6代目	2	2	

作年代（何代目）	7 代 目	1	2	
	9 代 目		1	
	10 代 目			
	12 代 目	1		
	14 代 目		1	
	10 年 前		3	1
	20 年 前	1		
	30 年 前		1	1
	80 年 前	1		
	100 年 前		1	
	542 年 前		1	
c 仏壇交換代目（問3）	な い	18	66	12
	不 明		3	
	ある（単にあると回答）	2	17	2
	（1代目）父の代	2	20	2
	（2代目）祖父の代	7	12	5
	（3代目）曽祖父の代	3	2	
d 守り本尊名	阿弥陀如来	9	11	2
	大日如来	1	1	
	屋 敷 神	1	1	
	無礙光如来	1		
	墓 の 神			1
	先 祖		4	2
	弘法大師		7	
	天照皇太神			1
	不動明王		2	
	観 音 様		3	
	虚 空 蔵		3	
	釈迦如来		1	
	達磨大師		1	
	日蓮上人		1	
	妙 見 様		1	
	弁 天 様			
	鬼子母神		1	
	不 明	1	2	
	無 し		2	
e・f 仏壇	仏 像	9	49	5
	仏 絵 像	18	37	5
	上人の絵像	8	4	1
	名号の掛図	4	16	3
	阿弥陀如来	5		1
	位 牌	11	136	16

		真宗（55名）	他宗（277名）	無記宗（96名）
在中品名	御札		2	
	写真			1
	日蓮上人の絵像		2	1
	弘法大師絵像		2	
	十三仏		1	
	過去帳の写し		1	
	その他	6	39	6
	不明		3	
g 仏壇掃除及供物者名	祖父	4	8	3
	祖母	9	48	10
	父	9	47	2
	母	21	117	25
	兄	2	8	4
	姉	1	20	6
	家族全部	3	9	3
	自分	1	4	
	その他	1	11	4
h・i 読経日及び回数、読経者、読経名	日に2回	8	8	
	日に1回	11	54	2
	毎日	4	11	2
	3日に1回			1
	時々	1	7	1
	特定日		3	
	週1回	1		1
	拝む	2	14	3
	盆彼岸	3		
	拝まない		39	6
	月1回		1	
	読経する（単に）			1
	読経しない			2
	祖父	4	2	1
	祖母	1	5	2
	父	7	10	
	母	4	12	
	兄	3	2	
	姉	1		
	自分	3	2	
	家族全員		4	1

		真宗	他宗	無記宗
	不定		……1	
	僧侶		……1	
	正信偈	……5		
	南無不可思議経	……1		
	般若心経	……1	……5	
	観音経	……1	……1	
	法華経		……2	……1
	修証義		……2	
	不動経		……1	
	祝詞		……1	
	不明	……1	……1	
j 読経、称念仏、する、しない、名称（本人）	読経する	2	7	3
	読経しない	7	42	16
	経名		修証義 1	法華経 1
	となえる（念仏）	9	25	0
	となえない（念仏）	19	86	0
	念仏名		ナムアミダブツ 2	

Ⅷ （女性 327名）

		真宗 （40名）	他宗 （234名）	無記宗 （53名）
全問題回答なし		7	10	15
仏壇なし		0	10	5
仏壇あり（但し全問に亘り回答せず）		(33)	(214)	(33)
a 仏壇の所	座敷	……17	……53	……4
	中の間	……5	……43	……6
	奥座敷（奥の間）	……5	……33	……6
	居間	……3	……26	……5
	床の間	……1	……2	……2
	二階	……1		

		真　宗　(40名)	他　宗　(234名)	無記宗　(53名)
在（部屋）	茶の間		19	2
	仏間		3	1
	裏ザシキ		18	5
	上ザシキ			1
	台所		1	1
	上段の間		2	
	道場		1	
	不定		1	
	家の左側		1	
b 仏壇製作年代（何代前）	最近	2		12
	1代	7	52	11
	2代	4	36	2
	3代	5	26	4
	4代	1	8	
	5代		7	
	6代	1	5	1
	7代		3	
	16代		1	
	10年内	1	4	
	20年内		2	1
	30年内		2	
	50年内	1	1	
	70年内			1
	100年内	1		1
	200年内		1	
	500年内		1	
	不明		14	1
c 仏壇交換代目	なし	14	75	12
	曽祖父	2	4	
	祖父	3	12	1
	父	4	19	2
	初代	1		
	2代		5	1
	3代		1	
	9代前		1	
	10年前		1	
	有る		13	2

d守り本尊名	阿弥陀如来	12	10	2
	先祖	1	17	1
	父	1		
	釈迦如来	1	7	1
	親鸞	1		
	弘法		4	1
	虚空蔵		2	
	観音		4	
	イバラギユウショウ(?)		1	
	道元		1	
	真宗宗(?)		1	1
	達磨		1	
	日蓮		1	1
	不動尊		2	
	如来		2	1
	八幡		1	
	曹洞宗		1	
	守本尊		1	
	千手観音		1	
	父の兄弟		1	
	天照皇太神			1
	不明		8	
	十三仏			
	なし		8	
	南無水神尊			1
e・f仏壇在中品名	仏像	7	37	5
	仏絵像	11	33	2
	名号の掛図	7	17	3
	親鸞の絵像	4		
	位牌	15	171	20
	掛軸	1		1
	蓮如の絵像	2		
	阿弥陀仏	1	(絵像)4	1
	木像	1		
	写真	1	5	2
	十三仏		4	
	上人の絵像		9	1
	日蓮絵像		1	1
	空海絵像		2	
	如来絵像		2	
	定義如来絵像		1	
	観音の掛図		2	1
	えびす大黒		1	1
	不明		8	
	その他		29	4

		真宗（40名）	他宗（234名）	無記宗（53名）
g 仏壇掃除、供物者名	曽祖母		1	
	祖父	2	11	2
	祖母	7	41	6
	父	9	39	4
	母	13	133	16
	兄	4	11	2
	姉	5	22	3
	自分	2	12	
	家族全部		7	2
	その他		15	1
h・i 読経日及び回数、読経者、読経名	日に3回		1	1
	日に2回	（朝夕）7	（朝夕4）6	3
	日に1回	8	25	8
	毎日	4		2
	毎朝	2	56	
	拝む	4		
	特定の日（命日）		8	
	時々		4	
	月2回		1	
	月1回（20日）		3	
	毎月12日朝夕		1	
	変り事		1	
	拝まない			4
	読経しない	6	64	4
	読経する	11	19	5
	祖父	2	2	
	祖母	2	8	2
	父	10	3	2
	母	5	6	3

家族	2	1	1
自分		2	2
坊主(僧)		1	
正信偈	5		
阿弥陀経	1	1	
教行経(?)	1		
御文	1		
仏経	1	1	
大谷経(?)		1	
本尊経		1	
修証義		1	
法華経		2	1
御詠歌		1	
ダラニ経		1	
観音経		2	
般若心経		1	
j あなたは念仏かお経をとなえるか、その他			
となえる	9	24	4
となえない	10	96	13
経名			
正信偈	1		
阿弥陀経	2		

Ⅷの仏壇及びこれを中心とした慣行についての質問は、真宗と他宗家族との間にもっとはっきりした差異があらわれるかと期待したが、結果はむしろ失望すべき材料が多い。真宗家族の仏壇七五例中に位牌が安置してあると答えたもの二六例（三四・六六％）あり、これに他宗家族の仏壇四三六例中三〇七例（七〇・四一％）に比すれば、もちろん率は低いが、元来真宗では仏壇は死者儀礼や死霊供養の対象ではないはずのものであり、次第に位牌壇的要素を加えてきていることが知られる。ただ、「あなたは御経や念仏をとなえるか」との質問に対して、真宗男性三七名中一一名（二九・七％）、女性一九名中九名（四七・三七％）が、他宗では男性一六〇名中三二名（二〇％）、女性一二〇名中二四名（二〇％）が「となえる」と答えているところに、かなりの信仰態度の差異が認められよう。

Ⅸ－(a)　問　あなたの知っている仏教の経典名を出来るだけ書いて下さい。
（そのうち文句を少しでも知っているのに○をつけて下さい）

	男性（428名）			女性（327名）		
	真（55）	他（277）	不（96）	真（40）	他（234）	不（53）
回答なし	44	222	90	28	169	50
知らない	5	36	3	3	42	2
経典名回答者数	6	19	3	9	23	1
般若心経	1	6	1	(1)°　1	9	1
観音経	1	4	1	(1)°　1	9	1
阿弥陀経	3			(2)°　5	2	
正信偈	4			(2)°　5		
大無量寿経	1			3		
浄土和讃	1			3		
観無量寿経	1					
歎異鈔				1		
御文章				(1)°　1		
真宗同胞聖典				1		
三誓偈				(1)°　1		
三部経				3		
勤行聖典				1		
嘆仏偈				1		
法華経		8	1		(3)°　6	
舎利礼文		1				
法華経義疏		1				
教行信証		1				
選択集		1				
興禅護国論		1				
日本仏法中興願文		1				
正法眼蔵		1			1	
立正安国論		1				
普勧坐禅儀		1				
正法眼蔵随聞記		1				
修証義					(1)°　1	
枕経					1	
一切経					1	
陀羅尼経					1	
十三仏経					1	
意訳聖典				1		
バイブル	1					
甘露の法雨					1	
計	13	22	3	28	33	2
1人当	2.17	1.47	1	3.1	1.4	2

IX－(b) 問　あなたは仏壇をおがんで何を念じますか（該当するものに○をつけて下さい）

	男　性（428名）			女　性（327名）			計
	真（55）	他(277)	不（96）	真（40）	他(234)	不（53）	
回答なし	32	110	70	5	60	27	
拝まない		11				1	
単に「拝む」と回答		1	2		1	1	
問の項目に○印を付けた者	(23)	(155)	(24)	(35)	(173)	(14)	424
農耕の豊作	2	27		6	24	2	61
家業の繁栄	4	36	8	7	37	4	96
村の幸福		13		4	9	2	28
国家の発展	3	20	1	6	11	2	43
世界平和	3	29	2	5	17	5	61
家族の幸福	4	75	13	18	88	14	212
自分のしあわせ	4	42	7	11	41	7	112
立身出世	3	45	4	6	35	3	96
いい学校へ行きたい		14		3	13	1	31
成績をよくしたい	2	23	2	2	23	3	55
先祖の恩に感謝する	7	44	7	13	61	9	141
如来(仏)様に感謝する	4	13		11	5	1	34
(仏様に感謝する)					4		4
死んだ先祖や近親の冥福を祈る	9	66	6	17	101	10	209
その他	2	14	5	1	6		28

IX(a)では、家族の仏教信仰やその実修がどこまで内容のある知識となっているかを問うたのであるが、ここにはもちろん高校の教科で学習した知識その他も入りこんできている。しかし結果はかなりはっきりした対照を示した。但し何分にもこの項目に答えた実数は甚だ少なく、真宗男子六名（一〇・九％）、他宗男子一九名（六・八六％）、真宗女子九名（二二・五％）、他宗女子二三名（九・八％）にすぎない。この率からみると一般に女性の方が男性より、そして真宗家族の子弟が他宗の子弟より宗教に関心がふかいことははっきりと示されている。

(b)は、前のVII(c)で試みた神に対する祈願に対して仏壇で何を祈念するかを問うたが、ここではかなりの差が見られた。真宗男子では(1)祖先近親の冥福、(2)先祖の恩に感謝するというのが圧倒的に多く、以下如来様に感謝する、自分のしあわせ、家族の幸福、家業の繁栄となり、他宗男子では(1)家族の幸福、(2)祖先近親の冥福、(3)立身出世、(4)祖先の恩に感謝する、(5)自分のしあわせ、(6)家業の繁栄となっている。真宗女性では(1)家族の幸福、(2)先祖や近親の冥福、(3)先祖の恩に感謝、(4)自分のしあわせ、(5)如来様に感謝となり、他宗女性では(1)先祖や近親の冥福、(2)家族の幸福、(3)先祖の恩に感謝、(4)自分のしあわせ、(5)家業の繁栄、(6)立身出世となっている。また全回答を合計したものの順位でいうと、(1)家族の幸福、(2)先祖や近親の冥福、(3)先祖の恩に感謝、(4)自分のしあわせ(5)立身出世、(6)世界平和、(6)農耕の豊作、(7)成績をよくしたい、(8)国家の発展、(9)如来様（仏様）に感謝、(10)良い学校へ行きたい、(11)村の幸福となる。

X－(a)　あなたの家の墓は何処にありますか（男性、女性、755名）

	男		性	女		性
	浄土真宗(55)	他　宗(277)	宗派不明(96)	浄土真宗(40)	他　宗(234)	宗派不明(53)
回答なし	7	42	47	3	23	16
寺院の境内	10	63	17	7	65	6
村の共同墓地	29	137	2	21	131	25
一族だけの共有墓地	1	8	3	4	1	
家の裏山	2	4	1	3	4	1
家の所有の田、畑の中		1			1	1
その他	4	10	1	1	3	1
墓がない	2	12	5	1	6	3

X－(b)　お墓は何基ありますか。一番古い年号は解りますか。「先祖代々墓」というのはありますか（男性、女性共 755名）

		男性（428名）			女性（327名）		
		真宗（55名）	他宗（277名）	不明（96名）	真宗（40名）	他宗（234名）	不明（53名）
	回答なし	29	176	79	19	111	38
	墓がない	2	4	1		5	1
	1基	6	20	6	2	14	3
	2基	4	10	2	2	16	2
	3基	4	9		5	17	1
	4基	2	10	2	2	9	2
	5基	2	6		1	13	3
	6基	1	5		2	10	
	7基	1	8	2	3	8	1
	8基	1	4		1	5	1
	9基	1	2		1	1	
	10基		6	1		7	
	11基				1	2	
	12基		3	1		3	
	13基以上	16基＝1	14基＝1　26基＝1 15基＝3　30基＝2 18基＝1　50基＝1 20基＝4　53基＝1 } 14	15基＝2 20基＝1 } 3	20基＝1	13基＝1　20基＝5 14基＝1　26基＝1 15基＝1　28基＝1 16基＝2　30基＝1 } 13	21基＝1
	回答なし	41	203	83	29	131	42
	ない	1	4		1	7	1
	不明	4	28	4	5	47	6
	昭和	3	13	4		16	1
	大正	1	4	1	1	5	
	明治	2	11	2	2	19	1
	安政	1			1		
	天保	2					2
	慶憲		2				
	文久		1			2	
	天明		2	1			
	元和		1				
	徳川時代		8	1			
	弘化				1		
	享保					3 延宝1、元禄2、天正1	
先祖代々墓	回答なし	32	157	81	19	89	31
	ない	10	46	4	9	51	8
	ある	13	74	11	12	94	14

X－(c)　（Xの３）墓まいりに行く日はきまっていますか、いつですか（男性、女性共 755名）

		男性 浄土真宗 (55)	男性 他宗 (277)	男性 宗派不明 (96)	女性 浄土真宗 (40)	女性 他宗 (234)	女性 宗派不明 (53)
回答なし		8	43	36	3	16	14
行かない		1	4	2	1	1	1
きまっていない		0	5	2	0	2	0
きまっている		(46)	(225)	(56)	(36)	(215)	(38)
きまっているの内訳（回答数が多くなっている）	年の暮	1	13	1	3	7	4
	正月	7	15	2	3	14	2
	春彼岸	32	193	35	32	198	31
	盆	39	220	52	35	206	37
	秋彼岸	30	189	35	33	195	31
	その他	32	165	20	34	199	27
その他の内訳	1，4，17の日	1			2		
	7の日		2				
	10の日			1			
	15日	1					
	18日					1	
	葬式	1					5
	先祖の命日	13	40	3	17	39	
	父の命日	2	8	1	2	10	
	母の命日	1	4		12	1	
	死人、先祖、父の年忌	10	49	4		70	9
	帰郷の時	1			1		
	兄弟の命日	1	5	1		7	1
	命日		51	9		64	12
	親の命日					1	
	親せきの年忌		3			1	
	兄弟の年忌					1	
	法事の日		2			4	
	その他	1	1	1			

X－(d)　盆の墓掃除は何時ですか

		男性（428名）			女性（327名）		
		浄土真宗（55）	他宗（277）	宗派無記入（96）	浄土真宗（40）	他宗（234）	宗派無記入（53）
回答なし		17	76	54	9	40	20
不明		1	2	1	0	4	1
掃除しない		1	2	3	0	1	2
掃除すると解答した者の内訳	（掃除すると回答）	(36)	(197)	(38)	(31)	(189)	(30)
	7月1日		1				
	7月4日				1		
	7月5日		1	1			
	7月6日		8	1			
	7月7日	16	73	10	18	114	14
	7月8日			1			
	7月10日		9				
	7月11日		2				
	7月12日	2	5				
	7月13日		9	3			
	7月14日	1	2	4			
	7月15日		3				
	7月16日		1				
	7月17日		1				
	8月10日		1				
	8月13日		1				
	入盆の日		5				
	入盆の前日	7	23	8			
	盆の2、3日前	3	11	4	1	1	
	彼岸の前日		7				
	彼岸の当日	2	23	7	1	8	1
	その他	3	11			8	
	盆	3	28	7	11	71	14
	時々		3				1

X－(e)　盆道を作りますか

	男性（428名）			女性（327名）		
	浄土真宗（55）	他宗（277）	宗派無記入（96）	浄土真宗（40）	他宗（234）	宗教無記入（53）
回答なし	21	97	55	8	44	18
不明	0	0	0	0	5	1
作らない	4	25	11	4	34	7
作ります	30	155	30	28	149	27

X(a)―(b)、墓と墓参についての回答は、真宗・他宗の差異はほとんど見出せない。また盆の墓掃除や盆道つくりの慣習も、全く相馬風になってきている。

XI　男性　(a)あなたの家と菩提寺との関係は何時頃からといわれますか

浄土真宗（55名）			
回答なし	16		
回答ある	35		
不明	3		
なし	1		
先祖の時から	23		
一代前から	2	五代前から	1
二代前から	2	十代前から	1
三代前から	3	十二代前から	1
四代前から	1		

宗派記入なし（96名）	
回答なし	73
回答ある	16
不明	6
なし	1
先祖の時から	13
一代目から	1
一代前から	1
五代前から	1

その他の宗（277名中）			
回答なし	96		
回答ある	145		
不明	4		
なし	32		
先祖の時から	99		
一代目から	9	四代前から	5
一代前から	6	五代前から	3
二代前から	13	八代前から	1
三代前から	6	九代前から	1
		十代前から	2

(b)あなたは小さい時から、目上の人につれられてお寺詣りに行った経験はありますか

回答なし	16	回答なし	59	回答なし	108
経験ある	33 (84.6%)	経験ある	25 (67 5%)	経験ある	110 (65.0%)
経験なし	6	経験なし	12	経験なし	59

(c)誰につれて行って貰いましたか

		一番寺詣りに行く人			一番寺詣りに行く人			一番寺詣りに行く人
回答なし	19		回答なし	56		回答なし	99	
ある	36		ある	38		ある	129	
なし	0		なし	2		なし	6	
祖父	4	3	祖父	4	0	祖父	19	7
祖母	11	5	祖母	9	5	祖母	37	32
父	14	10	父	8	3	父	66	28
母	24	14	母	23	12	母	93	45
兄	4	1	兄	1	1	兄	13	4
姉	2	1	姉	3	2	姉	13	3
伯父	1	0	伯父	0	0	伯父	7	3
伯母	1	0	伯母	1	0	伯母	10	5
その他	0	1	その他	3	1	その他	8	4

XI　女性　(a)あなたの家と菩提寺との関係は何時頃からと云われますか

	浄土真宗 (40名)	宗派記入なし (53名)	その他の宗派 (232名)
	回答なし 9 回答ある 30 なし 1	回答なし 22 回答ある 25 不明 1 なし 5	回答なし 63 回答ある 154 不明 11 なし 4
あるの内訳	先祖の時から 20 一代前から 6　四代前から 1 二代前から 0　五代前から 1 三代前から 2	先祖の時から 18 一代前から 5 二代前から 1 十九年前から 1	先祖の時から 92　五代前から 6　十一代前から 1 一代前から 28　七代前から 1 二代前から 16　八代前から 1 三代前から 6　十代前から 1

(b)あなたは小さい時から、目上の人につれられてお寺詣りに行った経験はありますか

回答なし 16 経験ある 19 (79.1%) 経験なし 5	回答なし 23 経験ある 19 (63.3%) 経験なし 11	回答なし 59 経験ある 111 (64.1%) 経験なし 62

(c)誰につれて行って貰いましたか

回答なし 9 ある 30 なし 1	回答なし 24 ある 28 なし 1	回答なし 80 ある 148 なし 4

			（一番寺参りする人）		（一番寺参りする人）		（一番寺参りする人）
あるの内訳	祖父	2	3	1	1	15	7
	祖母	12	8	6	1	44	25
	父	1	4	6	3	35	26
	母	18	13	18	10	83	51
	兄	1		4	1	5	3
	姉	2	1	7		12	2
	伯父	1				3	4
	伯母	2		2	1	7	4
	その他	1		1		4	2

XI－(d)　臨時に寺へ行くのはどんな場合ですか

	男性（428名）			女性（327名）		
	浄土真宗	他宗	宗派記入なし	浄土真宗	他宗	宗派記入なし
回答なし	24	136	69	13	30	
行かない		5	1			
先祖の年忌、法要	15	87	8	17	38	9
死者の命日	18	94	17	19	44	13
家内の相談事	1	1		1	1	
縁談		1				
病人の祈祷		11		2	9	1
ものごとの仲裁依頼		1				
寺の掃除	5	30	5	4	11	4
法事の手伝い	5	13	2	5	5	1
寺の相談事	5	31	2	3	14	4
暇つぶし						
雑談	1	4			1	
困った時の相談		1			1	
初生や秋の収穫物の持参	2	14		3	9	
如来様への御礼	4	9	1	5	5	
和尚さんへ御礼	8	16	1	3	7	
その他	1	8	3			

XIの(b)について、これを男女の合計を見ると、

宗　派	回答数	経験あり（比率）	経験なし（比率）
真　宗	63	52（82.54%）	11（17.46%）
他　宗	342	221（64.62%）	121（35.38%）
不　明	67	44（65.67%）	23（34.33%）

となり、あきらかに真宗家族の子弟が、幼少時から両親その他につれられて寺詣りをする風が、他宗のものより多いことを示している。またこの地方ではおしなべて母親が寺詣りをする風のあることが知られる。

(d)のなかで、先祖の年忌、法要、死者供養などの墓参のほかに、病人の祈禱に寺へ行くとする答が、他宗男性に一一、他宗女性に九、真宗女性に二、見えている。これはおそらく修験系の寺院で、いわゆる祈禱寺への参詣である。なおXIIの年中行事については五二九頁の第十一表の総括に譲ってここでは省略する。

XIII　問　あなたのうちへ①神主②菩提寺の住職③行者④ミコなどの来ることがありますか、いつ何をしに来ますか。
下の答に①②③④をつけて下さい。

	男性（428名）			女性（327名）		
	真宗(55名)	他宗(277名)	不明(96名)	真宗(40名)	他宗(234名)	不明(53名)
回答なし	23	68	62	10	38	27
来ない	2	16	4	3	6	5
○の回答者数	(30)	(193)	(30)	(27)	(190)	(21)

	神主	住職	行者	巫女	○	神主	住職	行者	巫女	○	神主	住職	行者	巫女	○	神主	住職	行者	巫女	○	神主	住職	行者	巫女	○	神主	住職	行者	巫女	○	計
棟上げ	1		1			18			1	11	1				1					1	9	1			8	2					55
井戸掘り	1		1			14	1	2		14	2			1	3	1		1		3	13	1		1	15	2				4	80
家の改造			1		2	16	1	3	1	17	3	1		1	3	1		1	1	3	11	1	1	1	13	2				4	88
屋敷神の祭	1					18		3		17	2							1			14	1	2		10	1			1	1	72
田畑の開墾						1				4											3				2	1				1	12
田畑の仕事に関係して						1		1		1																					3
葬式		13			8	5	60	1	1	51	5				9		11			6	1	29			15		2			7	224
死んだ人の年忌や法事		14			9		79	1		57	2	8			7		11			9	1	36			37		5			10	286
仏壇を新しく作った時、とりかえた時		5			4	3	14	1	1	20	1				2		2			3	1	14			6	1	3			2	83
病人の出た時							2			3												1		3	7					2	18
家内安全の祈祷	1		1		1	19	3	1	1	28	2			1	1	1		1	1		14	1	1		17	2				2	99
竈や厩の祈祷	1					4	1	1	1	2	1										3	2			2						18
札くばり	1	1	1			10	6	2	1	18	1		1		1					1	10	2	2		10						68
新しい事業や作物を始める時	1					1			1	2											3										8
結婚式						1				4							1				3				1						10
子供の生れた時						2				4											2	2			6						16
人の死んだ時		7			4	3	33			28	1	4	1		8		5			5	1	31	1		17						149
失せ物や方角の占い				1				7	5	4				2	1						3	1	4	2	9			1	1	2	43
お説教		4			4	1	5			5					1							5			3		1				29
世間話					1		1	1		1															1					1	6
仏壇をおがむ		4			3	1	22	1		10		1										10			7		1				60
神棚をおがむ						14	1	2		15	1		1		1						8	1		1	5	1	1				52
収穫の感謝						3	1	2		1		1									2				3					1	14
地鎮祭	5				1	27		3	1	20	1				1	2			1	1	14		1		12	2				1	93
合計	12	48	5	1	37	162	230	32	14	337	23	15	3	5	39	5	30	4	3	32	116	139	12	8	206	14	13	1	2	38	1586
(%)	0.4	1.6	0.17	0 03		0 84	1.24	0.165	0.07		0.77	0.5	0.1	0.17		0.185	1 11	0.15	0 11		0.61	0.73	0.06	0.42		0.66	0.62	0.05	0.09		2.10

XIIIは、各家庭と宗教者呪術者などの接触のあり方をさぐろうとしたものであるが、回答者のなかには、神主、住職などの分類をせず、ただ○印をつけたものがかなりの数に上ったため、あまり適確な資料とはなし得ない。しかし、明確に記載された例だけをとって、真宗対他宗の差異を比率をもって示してみると、

宗派	回答者	神主	住職	行者	巫女
真宗	57	17 (0.298)	78 (1.368)	9 (0.158)	4 (0.07)
他宗	383	278 (0.725)	360 (0.94)	44 (0.115)	22 (0.057)
不明	51	37 (0.725)	28 (0.55)	4 (0.08)	7 (0.137)

となり、真宗家族は住職との接触が濃く、他宗家族は神主との接触が真宗に比して著しく高いことを示している。

また宗教者呪術者との接触の機会は、全員の回答合計一五八六のうちわけは⑴死者の年忌、法事（二八五）、⑵葬式（二二四）、⑶人の死んだとき（一四九）の三項目で、実に六五八をしめ、これについで、⑷家内安全の祈禱（九九）、⑸地鎮祭（九三）、⑹家屋改造（八八）、⑺仏壇の新造（八三）、⑻井戸掘り（八〇）、⑼屋敷神の祭（七二）、⑽札くばり（六八）、⑾仏壇礼拝（六〇）、⑿棟上げ（五五）、⒀神棚礼拝（五二）、⒁失せ物方角の卜占（四三）、⒂説教（二九）、⒃病人（一八）、⒄竃、厩の祈禱（一八）、⒅子供の誕生（一六）、⒆収穫の感謝（一四）、⒇田畑の開墾（一二）、(21)結婚式（一〇）、(22)新事業新作物の開始、(23)世間話をしに来る、(24)田畑仕事に関連して、などとなっている。すなわち死者儀礼、死霊供養が最も大きなファクターとなっていて、全体の四一・四八パーセントになる。ついで、祈禱関係（家内安全、地鎮祭、家屋改造、井戸掘り、棟上げ、竃・厩祈禱、病人など）が四五一（二七・六一パーセント）あり、この両項目で実に六九・〇九パーセントを占めることになる。これは相馬地方の特色というよりは、むしろ日本人全般の宗教者呪術者に対する態度と見るべきものである。

XIV－(a)　あなたは人生に宗教は必要だと思いますか

	男	性	(428名)	女	性	(328名)
	浄土真宗　(55)	他　宗 (277)	宗派記入なし (96)	浄土真宗　(40)	他　宗 (234)	宗派記入なし (53)
回答なし 解らない 必要である	9 23(50%) 19(41.3%)	46 84(36.3%) 116(50.2%)	39 27(47.3%) 21(36.8%)	11 10(34.5%) 19(65.5%)	42 60(31.2%) 119(62.0%)	19 16(47.0%) 17(50%)
その理由	心の弱さを支える 良心の支えとして 精神統一 身のよりどころとして 生活への感謝 (2) 強い信念を保持するため 善き行いの保証 祖先崇拝のため 如来への信仰 信仰を必要と認めるから (2) 年中行事など生活に結合している 超科学的問題解決のため 超時間的力へのあこがれ 国家統一上必要 真の宗教のみ必要（新興宗教は不必要）	精神の修養 (12) 精神の支え、安定、統一 (34) 安心立命 (3) 精神のなぐさめ (3) 精神の余裕と安心感 心身の浄化 (6) 信念の強化 (3) 困った時、危機の時頼み (4) 生活の支え (4) 何かに頼らぬと生きて行けぬ (3) 感謝の念 (3) 意志を強固にする (2) 人生の目的を明白にする 人間の真心をよびさます 日常生活に於ける不可解事の解決 良識を与えるため (2) 社会悪と悪人との改善 (5) 世道人心の教導 (4) 或る程度堕落を押える 信仰により或る程度世の中が浄化する 世界親善と平和との実現 社会国家の統一上 (2) 祖先崇拝、霊のなぐさめ (9) 神秘世界へのあこがれ 冥想にふける時間を待つ 無信仰国家はないから 常識的に考えてあった方がよい 宗教は不滅のものだから	心をなぐさめる 精神のよりどころ 最後のよりどころ 安心の出来る場所を得る 人間の信念となる 信仰は人心を浄める 生活上のはげみとなる 困ったときに頼る (2) 文化人としての信念を得られる 人間はすべて神のおかげ 年中行事と関連して 超人間的なことへの不安除去 超人間的人格の尊敬 尊敬心を維持する 歴史的なものだから これと云ってないが良いことと思う はっきりとは云えないが (2) （仏教ばかりが宗教ではない）	精神修養 (5) 心のよりどころ (2) 安心感 感謝の念 人間は危機に於て神に頼る (2) 悪の誘惑に打克つ (2) 人道を教える 信念をもつため 死後の不安を除去する 生活環境の支配 祖先崇拝 (2) 神の崇敬 信仰心	精神修養 (17) 精神の支え、安定、統一 (26) 精神的慰安 (5) 人生修業 人生に意義を与える 人生の道を教える 人生の幸福 (2) 心を正しくしてくれる (3) 生きる力となる 安心立命 (4) 信念の強化 (5) 人格の完成 なやみの解決 苦しい時の神だのみ (5) 困難克服 (2) 欲念をはらう 罪のゆるし (2) 道徳的行為 (5) 人間存在の尊崇 社会の幸福 (2) 社会秩序 家庭円満 祖先崇拝 (7) 超人間的なものへの信仰 (2) 天地万物の創造 霊魂のなぐさめ 死後のなぐさめ (2) 信仰心を持つ (2) 感謝の念	精神の支え、統一 (2) 道徳的修養 心の糧 道義心の昂揚 心のよりどころ 苦しい時の神だのみ (5) 人間は何かを頼りにする 祖先崇拝

	男性（428名）			女性（328名）		
	浄土真宗 (55)	他　宗 (277)	宗派記入なし (96)	浄土真宗他 (40)	宗　宗 (234)	宗派記入なし (53)
必要でない	4 (8.7%) 新興宗教は必要ない 必要ないが葬式は必要	31 (13.4%) 神仏は実在しない 宗教は役に立たない（3） 人を迷わす 必要と感じたことはない 宗教について考えてみたことがない 宗教を信じようと思わない（5） 宗教そのものを嫌悪する 迷信以上の価値を認めがたい 何の根拠もない 自分の意志を頼りとすべきである 文化の発達に障害となる 宗教自体が有害である 自己の意志をしっかり持つべきで何かに頼ろうとする気持が悪い 古代人間の混迷より生じたもので、現代人を迷わすことおびただしい 宗教の本質がわからぬ 現世を楽しむ 神仏は家族で心から祭れば足りる 世の中が平和なら実在していない神など相手にしない (現在も不必要である) 理由なし	9 (15.8%) 宗教は現実的でない 神は存在しない 迷信である 宗教と生活とは関係ない 先ず自分の心を頼みとする 宗教人はけがれているから無価値	0	13 (6.77%) 自分の心掛次第で立派になれる（2） 信じられない（3） 神仏は実在しない 経験上幸福にならなかった 神仏の効力がないから 人の力が足りないためである	1 (3.0%) 役に立たない

XIV－(b)　問　あなたは過去の日本の宗教家の中で誰を一番尊敬しますか＿＿＿＿＿（理由）

	男性（428名） 真宗(55)		他宗(277)		不明(96)		女性（327名） 真宗(40)		他宗(234)		不明(53)		
回答なし	36		164		79		29		161		42		
いない	3		36		10		2		26		5		
わからない	4		13		4				17				
尊敬人物回答者数	(12)		(64)		(3)		(9)		(30)		(4)		(122)
空海	2	社会事業に貢献 1 此の土地へ来た人 1	24	社会事業に貢献 2 教育学問に熱心 2 真言宗の開祖として 1 世人を善導したから 1	1	社会事業に貢献 1	1	慈善事業に貢献 1	9	布教の功績大 3 文化的社会に貢献 1 人生に於ける真の道を開く 1 家人の感化による 1			37
親鸞	2		5	真面目に信仰するとごりやくあり 1			6	民主的宗教を説く 1 人間的宗教をとく 1	7	真面目に信じるとごりやくあり 1 法の道を平易にとく 1 自己の道を樹立した人 1			20
日蓮	2		11	権力に屈せず信念を貫く 2 人格偉大である 2	1				1	迷いを解き人を救った人 1	2		17
最澄	1	ただ漠然と	1										2
道元			1										1
法然			2						2				4
空也			1										1
良寛									1	庶民に親しまれた			1
真如									1				1
内村鑑三			1	真のキリスト者として 1									1
新島襄			1	地上天国の実現者 1									1
岡田茂吉			1	慈善事業人類救済にのりだす 1									1
賀川豊彦			3										3
天照皇太神			1										1
日本武尊			1	神の始め 1									1
聖徳太子			3	仏教を広めた 1									3
八幡義教	1	宗教家として											1
その他（キリスト、釈迦、孔子、仏教の開祖全員、生長の家、あみだ仏）	4		8		1		2		9		2		

XIV－(c)　問　あなたは人は死んだらどうなると思いますか

	男性 (428名)			女性 (327名)			
	真 (55)	他 (279)	不 (96)	真 (40)	他 (234)	不 (53)	
回答なし	10	44	30	3	27	13	
回答者	(45)	(233)	(66)	(37)	(207)	(40)	(628)
(1) 無に帰する	14	77	19	8	67	9	194 (30.9%)
(2) 土に帰る	4	35	14	3	32	5	93 (14.8%)
(3) 霊魂はどこかあの世へ行く	3	7		1	14	4	29 (4.5%)
(4) 霊魂はこの世のどこかにいる	3	18	5	3	36		65 (10.3%)
(5) 浄土へ往生する	6	5	1	9	11		32 (5.1%)
(6) 神の国へ行く		3	1		5		9 (1.4%)
(7) 天国へ行く		11	3	2	6	5	27 (4.3%)
(8) 天に上ってしまう							
(9) 山へ入る							
(10) 墓から地下へ行く		2			2		4
(11) 海の向うの国へ行く		4					4
(12) その他	1	12	5	1	1	3	23 (3.6%)
(13) わからない	14	59	18	10	33	14	148 (23.5%)

XIV－(d)　あなたはあなたや家族の今日あるのは誰のお蔭だと思ったことがありますか（○印をつける、目上の人から云い聞かされたものには×をつける）

	男性						女性						
	浄土真宗 (55)		他　宗 (277)		宗派不明 (96)		真　宗 (40)		他　宗 (234)		不　明 (53)		
	○	×	○	×	○	×	○	×	○	×	○	×	
わからない	2	2	3	3	1	1	0	0	0	0	0	0	
思ったことがない	0	0	7	5	0	0	0	0	0	0	0	0	
回答なし	15	34	57	167	42	78	8	30	35	170	25	41	
回　答	(40)	(21)	(220)	(110)	(54)	(18)	(32)	(10)	(199)	(64)	(28)	(12)	
国　家	2	2	27	9	9	1	3	0	28	2	2	0	85
天　皇	2	2	10	10	1	3	1	0	7	6	0	2	44
藩　主	0	0	2	2	1	2	0	0	2	2	1	0	12
二宮尊徳	0	0	4	5	0	1	2	0	9	8	1	0	30
先　祖	24	3	92	22	23	3	14	4	113	16	14	4	332
祖父母	2	2	30	9	4	2	3	1	14	11	2	5	85
父　母	11	6	68	21	19	1	13	2	80	21	14	1	257
氏　神	0	0	4	2	1	2	0	0	5	6	1	0	21
産土神	0	1	0	2	0	2	0	0	4	3	0	0	12
仏　陀	0	0	0	3	0	1	0	0	3	5	0	0	12
如来様	0	4	1	4	0	1	3	1	5	1	0	0	20
その他	5	1	13	9	6	4	1	0	7	1	2	1	50

XIV－(e)　あなたは目上の人から　(1)罰があたる　(2)勿体ない　(3)ありがたい、と言いきかされたことがありますか、いつどんな場合ですか

(1)　罰があたる（男性 428名）

	浄土真宗 (53)		他宗 (278)				宗派回答なし (97)	
回答なし		25				149		80
ない		6				25		6
わからない(知らない)		0				5		0
ある		22				99		11
あるの内容	御飯をまずいといったとき	(1)	食物のすききらい	(2)	敷居をふむ	(1)	食物がまずいといったとき	(1)
	食物を粗末にしたとき	(8)	食物を粗末にしたとき	(24)	命日を忘れる	(1)	米や食物をむだにする、粗末にする、こぼす	(4)
	物を粗末にしたとき	(2)	墓参・墓掃除をしないとき	(2)	天皇、両親への悪口	(1)	神棚に日参しないとき	(1)
	仏壇に魚のような生物をあげたとき	(1)	神仏に供える前に食べる	(3)	年長者に対する不敬	(1)	神様に供えてから食べぬとき	(1)
	神仏に対する不敬	(2)	(供えものをかくれてとる)	(1)	朝飯に湯をかける	(1)	供物をひそかにとる	(1)
	道理にふれたとき	(2)	神仏への不敬（行為、精神）	(18)	我儘をしたとき	(1)	神仏への非礼	(1)
	悪い行為	(4)	仏への供物を粗末にする	(3)	いたずらしたとき	(4)	炉の中へ足を入れる	(1)
	生活上の欠陥	(1)	神に背を向ける	(1)	金銭を粗末にしたとき	(1)	墓にいたずらする	(1)
	お札を粗末にしたとき	(1)	守袋の紛失	(1)	時間を浪費したとき	(1)	敷居をまたぐ	(1)
	生き物を殺したとき	(1)	井戸の移動	(1)	教科書を乱雑にしたとき	(1)	父母、天皇への悪口	(2)
	方角の無視	(1)	動物の殺生	(6)			教科書の乱雑	(1)
	火を粗末にしたとき	(1)	火に爪、毛をくべる	(1)				
			炉をまたぐ、炉に唾を吐く、炉に汚い物をすてる、炉に下駄をもやす、炉に足を入れる	(5)				
			竈に上る、飯釜をまたぐ	(2)				
			方角土地の禁忌を犯す	(3)				
			禁忌を迷信だといったとき	(1)				

(1) 罰があたる（女性 327名）

	浄土真宗 (40)		他宗 (234)				宗派不明 (53)	
回答なし		22				92		30
ない		0				15		7
わからない		0				0		0
ある		18				127		16
あるの内容	物を粗末にしたとき	(5)	物を粗末にしたとき	(15)	猫をいじめたとき	(1)	米をこぼしたとき	(1)
	食物をこぼし、無駄にしたとき	(6)	食物を粗末にしたとき	(26)	箒をふんだとき	(1)	御飯をのこす、こぼす、粗末にする	(9)
	神棚のお札をいじったとき	(1)	(飯をこぼしたとき)	(19)	敷居にのぼるとき	(1)	神仏をそまつにする	(1)
	仏様に参詣しないでいるとき	(1)	神仏をそまつにしたとき	(10)	迷信などにかかわる時	(1)	氏神様にいたずらする	(1)
	目上の人のいいつけを守らぬとき	(1)	(仏壇をそまつにしたとき)	(3)	道理に反したとき	(3)	墓の供え物をとる	(1)
	天皇などの悪口をいったとき	(1)	神仏に不敬をしたとき		悪いことをしたとき	(14)	お膳の上にあがる	(1)
	悪いことをしたとき	(1)	神にお祈りしない	(3)	物をだまってとる	(1)	炉にものを投げる	(1)
	他人をいじめたとき	(1)	お札を破いたとき	(7)	我儘をしたとき	(1)	金をあまり使ったとき	(1)
	有益動物を殺したとき	(1)	顔を洗わず神仏のものに手をふれる	(1)	正月1日、2日に足を伸して火にあたったり、御飯をすてたりするとき	(1)	人をにくんだとき	(1)
			神棚、仏壇に足をむけて横になる	(3)	神の化身といわれる生き物に加害	(2)	悪いことをしたとき	(3)
			神社へ行って拝さぬとき	(1)	金をなげすてておく	(1)		
			神域をけがす	(1)	仏教信者が四つ足をたべたとき	(1)		
			神社の前で小便する	(1)				
			神仏に御飯を上げずに食べる	(5)				
			供え物を処かまわずすてる	(3)				
			供物をまたぐ	(1)				
			供物を無断で食べる	(1)				
			墓掃除をおこたる	(1)				
			墓に上ったとき	(1)				
			炉の禁忌を破る	(9)				
			井戸の禁忌を破る	(3)				
			殺生したとき	(2)				
			家畜に餌を与えぬとき	(1)				

(2)　勿体ない（男性 428名）

	浄土真宗 (53)		他宗 (278)		宗派回答なし (97)	
回答なし		36		191		85
ない		5		33		5
わからない（知らない）		1		6		0
ある		11		48		7
あるの内容	物を粗末にしたとき	(2)	物を粗末にしたとき	(13)	米、御飯をこぼす	(2)
	食物をこぼす、粗末にする	(7)	食物をこぼす、粗末にする	(19)	食物をのこす	(2)
	生きていること自体	(1)	氏神に参詣しない	(1)	晴衣を着る際	(1)
	過分の境遇に対して	(1)	神仏の前で不敬なことをする	(2)	個人の批評	(1)
			神仏が身近にあるとき	(1)	代議士の講演	(1)
			川に小便をする	(1)		
			おいしいものをおとす	(1)		
			他人の世話になったとき	(1)		
			天皇の写真（新聞などの）	(1)		
			個人批評	(1)		
			晴衣をきるとき	(1)		
			始めて新品を使用する	(1)		
			代議士の講演	(1)		

(2) 勿体ない（女性 327名）

	真宗 (40)	他宗 (234)		宗派不明 (53)
回答なし	28	143		41
ない	0	19		7
わからない	0	3		0
ある	12	69		5
あるの内容	物を粗末にしたとき (4)	物を無駄にしたとき (25)	初日を拝めて (1)	物をそまつにする (4)
	飯や食物を粗末にしたとき (5)	無駄の出たとき (2)	身分が違うとき (1)	御飯をのこす、こぼす (3)
	仏様に供えてから食べなかったとき (1)	米のすててあるとき (1)		
	目上の人に仕事をさせたとき (1)	食物をすてたり無駄にしたとき (13)		
	お金をおとしたとき (1)	飯が変って食べられなくなったとき (2)		
	何事もなく生活出来ているとき (1)	収穫物を無駄にしたとき (1)		
		神から頂く飯を食べないとき (1)		
		神仏に関するものに足をふれたとき (2)		
		種々の材料を無駄に使用したとき (1)		
		御札などをもてあそぶとき (1)		
		神仏に御飯をあげぬとき (1)		
		物を失ったとき (2)		
		天気のよい日に遊んでいる (1)		
		悪いことをして罰せられぬ (1)		
		不注意で何かそそうしたとき (1)		
		晴衣が立派すぎて (1)		

(3)　ありがたい（男性 428名）

	浄土真宗 (53)	他宗 (278)		宗派回答なし (97)
回答なし	39	203		85
ない	5	35		6
わからない(知らない)	1	6		0
ある	8	34		6
あるの内容	住職の説教 (1)	神仏への祈念がかなう (2)	身分の高い人から物を貰う (1)	神のめぐみ (1)
	生存自体 (2)	僧侶、神主に対する敬意 (1)	金をもらったとき (1)	太陽のめぐみ (1)
	過分の境遇に満足 (1)	太陽への感謝 (3)	病気がなおったとき (1)	生存自体 (1)
	困ったときの援助 (3)	作物の豊作 (2)	他人に手助け、物を贈ったとき (2)	病人など良くなったとき (1)
	苦しみから救われたとき (1)	神仏への感謝 (2)	転地して気候温暖な土地にすむ (1)	金をもらったとき (1)
	自分の希望がかなったとき (1)	祭典のあること (1)		代議士の講演 (1)
		初物を供えて (1)		
		災難をのがれたとき (3)		
		祖先の遺産 (1)		
		生存自体の感謝 (1)		
		自己の生活に満足 (2)		
		自己の健康への感謝 (1)		
		旱天の慈雨 (1)		
		他人が自分に有益なことをしたとき (2)		
		困ったとき助けられて (1)		

(3) ありがたい（女性 327名）

	真宗 (40)	他宗 (234)		宗派不明 (53)
回答なし	27	165		39
ない	0	18		8
わからない	0	1		0
ある	13	50		6
あるの内容	何事もなく皆が生活しているとき (3)	神に祈って後あたったと思ったとき (2)	出来事が無事解決して (2)	災難をのがれたとき (1)
	幸福感にみちたとき (1)	神に祈って病気が快方に向ったとき (4)	何かよいことのあったとき (6)	困っていたことが解決したとき (1)
	福が授ったとき、神に対して (1)	収穫の終ったとき (3)	手伝いをしたとき (1)	他人の出来ないことをしてやったとき (1)
	念願成就 (1)	旱に雨のふったとき (2)	父母の教え (1)	自分に利益のあったとき (1)
	悪いことが起る筈のとき起きなかったとき、神に対して (1)	神社の前へ行ったとき (1)	病気見舞 (1)	
	神仏に関する説教を聞いて (1)	すべての神々に対して (1)	迷信などにじゃま扱いしたとき (1)	
	良いことをしたとき (1)	自分の存在は先祖のおかげ (1)	商売がうまく行く (1)	
	上等の食物を豊富に貰ったとき (1)	災難をのがれたとき (5)		
	彼岸のとき (1)	日常無事に生活出来て（先祖、おてんとさま、お百姓様） (8)		
	人に親切にしてもらったとき (1)	現在の境遇に対して (8)		
		思いがけない幸運 (1)		
		人に親切にされたとき (2)		
		何かしてもらったとき (2)		
		物を貰ったとき (3)		
		困っているときの相談相手 (1)		
		自分の健康 (3)		

XIV－(f)　あなたは困ったとき、先ず誰に打ちあけたり、相談に行きますか

		浄土真宗(52)	他　宗(279)	宗派不明(97)
男	両親	22	114	25
	友人	6	46	9
	親戚	0	1	0
	兄弟	7	19	6
	教師	1	4	2
	家族	2	5	0
	年長者	0	1	1
	神	0	2	0
	墓石	0	1	1
	経験したことなし	0	2	0
性	恋人	0	3	0
	相談にゆく		4	1
	相談しない	2	19	8
	回答なし	19	96	56
	わからない	0	0	1
		浄土真宗(40)	他　宗(234)	宗派不明(53)
女	両親	18	101	14
	友人		9	4
	信頼出来る人	1	0	0
	家族	1	5	1
	兄弟	0	24	4
	教会	0	0	1
	教師	0	3	0
	医師	0	1	0
	神	1	4	0
性	仏	2	2	0
	コックリさん	0	1	0
	相談に行く	0	0	1
	相談しない	3	20	7
	回答なし	14	57	24

XIV－(g)　その時何かに祈ったり、願ったりしますか

		浄土真宗(52)	他　宗(279)	宗派不明(97)
男	回答なし	23	131	59
	しない	24	92	29
	する	0	7	0
	神	4	26	1
	神仏	0	6	1
	キリスト	0	1	0
	仏壇（含先祖）	0	3	0
	したことがある	0	3	1
	することもある	1	6	2
性	何となく祈る	0	2	0
	気休めにする	0	0	1
	心に思った	0	0	2
	天にまかせる	0	1	1
	わからない	0	1	0
		浄土真宗(40)	他宗(234)	宗派不明(53)
女	回答なし	20	72	24
	しない	11	75	21
	する	1	10	0
	神	3	35	3
	神仏	1	14	0
	仏	2	4	1
	仏壇	0	1	0
	キリスト	0	3	0
	教会	0	0	1
	先祖、父母	0	3	0
	日蓮	0	0	1
	星	0	1	0
性	することがある	0	4	1
	したことがある	0	4	0
	何となく祈る	1	5	1
	心に思う	1	1	0
	したことがない	0	2	0

XIV(a)では、「人生に宗教は必要であると思うか」を問い、必要・不必要ともにその理由を記載せしめた。その結果、

宗派	回答数	必要である	必要でない	わからない
真宗（男）	46	19(41.3 %)	4(8.7 %)	23(50.00%)
真宗（女）	29	19(65.5 %)	0	10(34.5%)
合計	75	38(50.67%)	4(5.33%)	33(43.33%)
他宗（男）	231	116(50.2 %)	31(13.40%)	84(36.30%)
他宗（女）	192	119(62.0 %)	13(6.77%)	60(31.2 %)
合計	423	235(55.55%)	44(10.40%)	144(34.04%)
（男）	277	135(48.73%)	35(12.63%)	107(38.62%)
（女）	221	138(62.44%)	13(5.88%)	70(31.67%)
総計	498	273(54.81%)	48(9.61%)	177(35.54%)

という数値を得た。これは例えば統計数理研究所国民性調査委員会で行なった『日本人の国民性』（至誠堂、昭和三六年）の「宗教心は大切か」の問に対する結果（これは「宗教を信ずる」と答えた人を除いた人々を対象にしたもの）とかなり喰い違っている。またこの内訳である高校卒の大切七〇パーセント、不必要一八パーセント、二〇歳

	大切	大切でない	D・K	その他	計
全国・II	72	16	10	2	100 (655)
岐阜吟味	80	13	5	2	100 (484)

台の必要六八パーセント、不必要二〇パーセントと比較してもかなり低い。

宗教を必要とする理由のなかでは、何といっても精神の統一、安定を得ようとするため、信念の強化、道徳行為と世道人心の教化、祖先崇拝、人生の意義目的の解明といった点で要求されると答えているのは注目を要する。また不必要とするもののなかに、自己を確立すれば宗教に頼る必要はないとする意見もかなり見られる。これは前述『日本人の国民性』に見られる答と全く符合する。

(b)では、空海、親鸞、日蓮が圧倒的に多く、法然と聖徳太子が四票、三票を得ている。またキリスト教の内村鑑三、新島譲、賀川豊彦があげられ、そのほかに世界救世教の岡田茂吉と生長の家が指摘されている。

(c)の死後霊魂の問題では、無に帰するとするものが最も多く、それについでは土に帰るとしたものであるが、浄土真宗の家の子弟のなかで、かなりの数が「浄土へ往生する」としているのは注意される。また「霊魂はこの世のどこかにいる」とする答が、「あの世へ行く」とするのを遙かに凌駕していること、「墓から地下へ行く」と答えたものが極めて少ないことなども、日本人の霊魂観を知る一つの資料とはなろう。

(d)では家族や自己の今日あるのは、先祖、父母のお陰とする答が最も多いが、それについでは国家、祖父母、天皇、二宮尊徳、氏神、如来様という順になっている。ここで○と×、つまり自発的意志と他からいい聞かされたものとの比率を見ると、

	自発的	他動的	
先祖	二八〇	五二	⊕二二八（五・六）
父母	二〇五	五二	⊕一五三（三・九四）
国家	七一	一四	⊕五七（五・〇六）
祖父母	五五	三〇	⊕二三（一・八三）
天皇	二一	二三	⊕二（〇・九一）
二宮尊徳	一六	一四	⊕二（一・一四）
氏神	一一	一〇	⊕一（一・一）
如来様	九	一一	⊖二（〇・八一）
藩主	六	六	±〇（一・〇〇）
産土神	四	八	⊖四（〇・五）
仏陀	三	九	⊖六（〇・三三）

となる。すなわち如来様、仏様、産土神、天皇の御蔭という意識には多分に教育的な働きかけがあることがわかる。これに対して、先祖、国家、父母などの御蔭という観念は、教育的にうえつけられもするが、直かに感じ取られるものと見ることが出来はしないか。

次に(e)の項の(1)罰があたると言いきかされた例では、食物や物を粗末にしたとき、神仏への不敬のほかに、他宗の回答に多くみられる炉、竈、敷居、方角の禁忌の侵犯があげられている点は興味がある。

(e)の(2)、「勿体ない」の項も、(1)と大差のない答を得たが、ここでは真宗の男性女性のなかに、「生きていること自体」、「過分の境遇に対して」、「何事もなく生活出来ることに対して」、勿体ないと感じるとの答があるのは注日すべきことと思う。

(e)の(3)、「ありがたい」と感ずるのは、真宗他宗を通じて、「生存自体」、「何事もなく生活出来る」、「現在の境遇に対して」、「無事生活出来ることに対して」、「自分の健康に対して」、ありがたいと感ずるという答が「神のめぐみ」、「神仏への感謝」、「祖先に対して」と、また希望がかない、思いがけぬ恩恵や好運のめぐまれた時にありがたいと感ずる例とともに、かなり多く見られることも、この地方青年が比較的宗教的な環境にあることを示すもののように思われるのである。

最後の(f)には、とり立てて解説すべき問題はない。

以上はなはだ不完全、また不備な調査ながら、いちおうその結果を纏めてみた。この調査の目的からするならば、あるいは老人層、壮年層などをも調査対象とすべきであるかとも思われるが、ここでは最も歴史の変革期のなかに育ってきた、しかも新しい教育をうけた知識青年層に属する高校生をとりあげてみた。しかしその結果を通覧すると、彼等をとりまく宗教的環境と、そのなかに育ってきた彼等の宗教的態度の一斑は探り得たかと思う。そこには真宗集団と他宗集団との相互影響、また真宗マイノリティ集団の他宗マジョリティ集団へのアッカルチュレーションのプロセスをもうかがい知られ、かかる歴史的背景が、その郷土的社会構造、風土とともに彼らの意識の上にも、習俗の上にもなおかなり大きな痕跡を有していることを認め得るであろう。

（一九五四年調査　一九六二年一二月一九日稿了）

単行本未収録論文・エッセイ

矛盾する宗教界——若き宗教家にのぞむもの——

一

現在のわが国の宗教界には、相矛盾した現象が存在している。そしてこゝから宗教一般について、世人の批判と関心とが昂りつゝあるように見える。

この矛盾は、一方では既成宗教の民衆への働きかけが弱く、教化活動が衰微沈滞している点が強く指摘されている半面に、新興教団の驚くべき躍進が、既成宗教のあせりを尻眼にかけて膨張しつゝある。グレシャムの法則がこゝにも適用し得るものかどうかは判らないが、とにかく近代資本主義の社会において、単純な教理の陰に呪術と迷信の刃物をひらめかせて、一方的搾取形式による膨大な宗教企業が、金詰りにあえぐ中小商工業をよそに、繁栄の一途をたどっているという世相は、一体何を物語っているのであろうか。

終戦後には、それこそ雨後のタケノコということわざをそのまゝに、一日に二つの平均で新興宗教法人が成立していった事実は、二千年来の伝統と、すぐれた教理内容と、偉大な宗教家をその歴史の中に建設し、輩出して来た神道、仏教、基督教のごとき既成の大宗教を、あるいは自ら育て、あるいは生活の中に受容して来たわが国としては、驚くべきアナクロニズムであり、単に世人の宗教意識の低劣さをなげき、世相の不健全性を指摘するだけではすまされぬ多くの問題を内包しているように思われるのである。

二

第一にそのような呪術や迷信を武器とする宗教的企業が、成り立っていく社会的基盤というものが問題である。企業であるからにはそこには必ず需要と供給の関係がある。しかもその需要は一応満たされたものと考えなければならない。第三者が見ればこそ、一方的搾取というけれども、与えられたものに対する代償であるからには、取引きは正常且つ合法なものである。とすれば、この日本の近代社会はいかに多くの呪術宗教的要求を持っているかがうかゞわれる。

こうした要求を多分に持つ社会は、明らかに健常なものではない。しかしだからといって宗教者や学者が、その罪を社会といった抽象概念や政治の貧困といったものにだけ求めて、冷淡な批判や結論を出しただけでは、この現象は匡正されはしないであろう。社会はわれ〳〵が集まって作っている以外の何ものでもなく、その社会の中でのもろ〳〵の事象についてはわれ〳〵が責任を分担する以外に、何人に責任を負わせるという性質のものではないからだ。だからこの問題は国民の一人々々が、自分で反省し、考えていく以外に、解決の方法はないということになる。

三

それと同時に、われ〳〵は大宗教の権威にかくれて、安逸な夢をむさぼっている多くの宗教家たちにも、反省を求めなければならない。自分で選択する能力のない多くの民衆の宗教的欲求を拱手傍観していて、彼らが低俗な新興教団に救いを求めにいったといって批判する権利はない。

宗教の第一の機能は社会性である。社会性を獲得し得ない宗教は、どんなにその教理が完璧深遠であろうとも、また教会組織がどんなに完備していようとも、しょせんは少数の哲学者や教養人の関心と満足をあがなうに過ぎないであろう。宗教の最高の目標は教養や富を身につけた人々を対象とするのではなく、最も低い階層、最も愚かなる人々の救済をこそ望むべきである。少なくとも古来のすぐれた宗教家はよくこの目標を自覚し、自らを民衆の中に投じて、彼らの苦しみや悩みを自ら苦しみ悩んで、その救済の方法を示し、方法の実践に生涯を捧げて来ている。民衆をないがしろにし、民衆からそっぽをむかれた宗教は、名はあり殿堂はあろうとも、その現代社会における生存理由は失われ、単なる伝統の形骸を守るに過ぎぬとも評されよう。そして現実には呪術と迷信がとう〳〵として止るところを知らず、人文の進展を阻止している。

四

宗教を徒らに深刻なものとし、凡人のうかゞい能わざるものの如く揚言して、自らを権威づけようとする態度は、小役人が法の権威をうしろ立てにして民衆に威張り散らすのとよく似ている。法城の権威はきびしいものであろうともそのために城壁を高くして民衆にその中をうかゞわせぬような態度は、宗教の自殺行為である。

しかしながら他方、法城の権威を自ら否定して、徒らに民衆の迷信や呪術的欲求に迎合するだけでは、宗教はそれ自らを呪術に転落せしめ、意義と価値とを喪失してしまう結果となる点で同じく自殺行為である。

教理と信仰のずれ、法の権威と民衆の欲求とのかゝわり合いの問題が、宗教の社会性の内容を規定して来る。昔から既成宗教の間に民間信仰にどう対処するかについて、常に論議が繰返されている。そして結局法則的な結論は出されていない。だから宗教家はすべからく一切の教理や教養のアクセサリーをぬぎすて丶、誠心を以て民衆の心の中に飛び込むべきだといっても、この飛び込み方に問題があるのだ。民衆の欲求を知り、それに対処してゆく態度において、この二つのかね合いがむずかしい問題なのだ。しかし個々の宗教が真に反省し、実践しようと決意するならば、それは時と場所と人との関係においておのずからその道はある。

私は現在の日本の宗教的な混迷状態を考える時、日本人個々人に自己の精神生活を営む場の選択能力を与えるような教育が確立されることを強く要望すると共に、若くすぐれた、情熱にあふれた正しい宗教家の奮起を望まないわけにはいかないのである。

（『河北新報』一九五四年一月二九日）

日本社会のアノミーに於けるシャーマニズム的宗教形態の抬頭・簇発の社会宗教史的意味について

一般に社会が anomie に陥ったとき、その適応の一つのタイプとして、宗教の顕著な展開が見られるが、わが国の宗教史をたどる場合、遠くは耶馬台国女王卑弥呼から、近くは天理教祖中山みき、大本教祖出口なお、等々に至るまで、つねに大小の巫覡の抬頭があった。巫俗的形態に対しては、神道、仏教、陰陽道などの成立宗教はいづれも表面は否定的、対立的な意識を次第に強くしつつ、実質的にはいづれも民間に根強く存続する巫俗的形態と妥協し、共存し、あるいはこれを利用し、さらにはこれに傾斜して独特の合糅形態をさえ生んできた。しかも巫俗的形態はこれら諸宗教から強い影響をうけつつも、その基本的部分は侵されることなく残存し、社会的アノミーの際、それへの適応形態として、またその再統合的機能体として興起し、且つ民衆に支持されるのか。その理由はもちろん㈠シャーマニズム自体のなかと、㈡これをうけいれている日本社会と日本人自体のなかと、その両面に存することは明らかであろう。第一の理由としては、シャーマニズムは特殊のサイコ・メンタルな徴候を持つ巫覡を中心とする呪術宗教的形態であるから、この psychomental complex が世代的突発的に遺伝する限り、シャーマニズム的形態興起の可能性はつねに存続している。つぎにシャーマニズムは他の成立、組織宗教と異なり、類型が存するのみで、教理体系も教会組織も殆んどないが、極めてルーズである上に、個々の巫覡のエクスタシー技術能力が中心となるので、すぐれた組織者を得て大教派が出現することはあっても、それが全巫覡を統括するような教祖的リーダーは、政治的権力を結合した神政政治形態の終幕以後にはあらわれず、むしろその社会的機能は個人の心理的アノミーへの適応、あるいは小社会、小部族集団の不安、緊張、フラストレーション、規範喪失を解消、恢復する役割を持つに至っている。従って社会的、国家的アノミーを個人的アノミーに帰着せしめ、処理解決する性格を持つ。またシャーマニズムはシャーマンの個人的主体的判断ではなく、つねに外部的な霊によって憑依され、啓示を受けるのであり、他者依存性を持つし、その霊界観は上下の関係意識が強い。しかもわが国では神政政治形態の古代社会を別として、シャーマニズム的形態は、成立宗教の圧迫もあって、社会や文化の価値体系や政治経済の体系と権威に、間接には屈服依存しつつも、直接の強い結びつきを持っていないのである。翻って第二の日本社会と日本人の構造と価値体系は、政治的価値の優位性によって社会がハイアラーキカルに竪割りされており、家とか個々人も社会の政治的関係、即ち支配と従属、恩恵と奉仕の相互関係を持つ「分《ぶん》」とか「間柄」に於て律せられるから、独立性に乏しく他者依存性がつよい。従って個人主義的、合理主義的思考の発達がおくれ、すべてに権威主義的、他者規制的受動態度が醸成されたといわれるが、そのため、社会の政治経済的、ないし宗教を含む文化構造の崩壊によるようる行動支配のノーマティヴな価値や権威の分裂、失墜に際して、一方では他者的啓示的な救済を求める傾向が強くなると同時に、政治と結合し、社会の文化構造内に価値と権威を樹立していた既成宗教に対して、つねに権威崩壊の影響をうけない第三者的な条件を備えている点で、シャーマニズム的形態が、民衆によって迎えられる原因が存するのではあるまいか。だから、新しい社会体系が樹立され、社会が安定すると、巫俗的形態は成立宗教から次第に脱皮させられ、シャーマニズムそのものは新しい宗教的、政治的権威によって圧迫され、次第に民間に沈潜して、次の社会的アノミーに備える形をとるらしいのである。

（『宗教研究』第一六二号・一九六〇年）

宗教と政治

宗教と政治のかかわり合いを、ここでは宗教の社会的機能の面からとり上げて見たい。

いったい宗教は、本質的に「聖」と「俗」の二つの隔絶した平面にまたがるものである。神と人との関係も威嚇と恩恵、畏怖と感謝という矛盾した二重構造を持つが、従ってその社会機能も、互いに矛盾する両面を持っている。社会構造や価値体系のあり方によって、一概に論ずることはできないが、社会がゆるやかな変化をたどりながら、政治的に安定した状態にあるとき、そして宗教がその社会で優越した権威を獲得しているとき、宗教は社会倫理の基礎的価値を提供して、その社会の制度維持的、保守安定力として作用する。しかし一たび人間あるいは社会が、危機と緊張の場に置かれ、現実の政治、経済、倫理などの既成の権威や規範では処理し得ないような窮極的挫折に見舞われるとき、その規範喪失による不安、絶望を解消し、さらには人間や社会の創造的、再生的契機をつくる役割を演ずるのである。

だから宗教活動があらわになり、その創造的展開が見られるのは、安定した平和な時代よりも、不安混乱の時点にある。

自然宗教、民族宗教といわれるものと、普遍的・創唱的宗教との、政治へのかかわり合いは必ずしも同一ではない。前者は元来その社会なり民族なりの統合的役割を担って形成されてきたものであり、その社会が外方の強い政治力と接触して、緊張関係が生じた際、復古という形で、ネティヴィズム、メシアニズムの運動となって、その不安、混乱に対処しようとする。後者はその不安、混乱を処理すべく発現するのであって、まず世俗的権力や既成の権威に対する批判、反抗、無視といった強い態度が見られ、別個の価値体系と機構のもとに人々の不安を収拾しようとする。

ところで注意すべきは、この両者とも、その対処すべき社会不安が一おう解消し、政治的安定がもたらされると、その新しい宗教運動は、その時代の精神的基盤としての権威を獲得するようになって、その教団や宗教者の間には精神的権威と世俗的権力との混同が起り、支配者と結びつき、富を蓄積することによって、教団を発展させ、世俗界に君臨しようとする傾向が見られる。殊に政治的価値や宗教的価値が社会や文化の構造を貫いているような時代、社会ではこの傾向は一そうあらわにあらわれる。

かくて政治や文化価値の批判、反社会性を標榜して起った宗教は、次第に世俗的機構のなかにまきこまれて、停滞的阿片として作用するようになる。ここに再びネティヴィズム、メシアニズム、そして宗教改革が新しい時代を開く宗教運動として要請されるが、現代の重要課題としては、ナショナリズムとコミュニズムの持つ宗教的類似性であり、宗教的ネティヴィズム運動とともに、第三宗教として二十世紀に登場してきたことである。ファナティックな教団的政党の出現は権力闘争において一歩を誤ると、ファッシズムに偏向する恐れなしとしない。これは新しい宗教史の困難にして重要な課題である。

（『中央公論』一九六三年七月号）

社会変動と宗教

只今御紹介いただきました堀でございます。この間「仏教文化」の中に村山宏君が昔の仏青の話を書いていまして、大変なつかしく思いました。村山君の前が柴田道賢君で、その頃は私は本郷をうろうろしておりまして、しじゅうここへ遊びに来ていました。

私は、先程御紹介いただきましたように、印度哲学を卒業したのですけれど、中途で印度哲学からはみ出てしまいまして、宗教学の養子みたいになって、結局は宗教史の教師になったわけです。当時の印度哲学科というものには一種の宗教的雰囲気が存在していた。そういう中において頂いたにもかかわらず、私自身はあまり信仰心があるとはいえない。これは宗教学者の一つの宿命とも見られます。もっとも私の家の宗教は浄土宗でございます。外国にまいりますと、お前の宗教は何かということを必ずきかれて、その時に日本の、特にインテリの人たちは、私は無宗教だと誇らかに言うわけですけれども、これは外国人にショックを与える。宗教を持たないということは何をするかわからない人間だと思われてもしかたがない。お前の宗教は何かと問うて仏教である、あるいは神道であると答えられれば安心する。つまりつきあってもいい人間であるけれども、無宗教といわれると、これは全く、神に対する罪の意識や道徳的規範を全く持たない人間という風に考えられることが多いのであります。そういう点で、よく自分のファミリー・リリジョンは仏教であるということを申しまして、時々皆に笑われるのですけれど、そういう点で、私は皆さんに信仰の問題についてお話しする資格は全く持っておりません。むしろ、そういう問題については皆さんからいろいろとお伺いをしなければならない立場にいるわけでございます。ただ私は先程紹介がありましたように、民衆がなぜ宗教を必要とするのか、また宗教を拠り処として生活してきた歴史、また現に生活している現象に大きな関心をもち、それを中心課題として今日まで、力は足りないのですが多少勉強してまいりました。

この十月に「世界宗教者平和会議」というものに出席致しました。私も宗教史を研究している者のひとりとしてゲストとしてお招きいただいたわけでございます。ゲストには発言権がないのだそうで、もっぱらほかの方々の発言をうかがってまいりました。私は総会などの演説よりも、「人権」という部会に出ておりまして、何人かの違った宗教の人々の発言を聞いて非常に大きな感銘をうけました。一人はインドからまいりました、アンタッチャブルスといわれる日本語では不可触賤民階層などと訳しておりますけれど、ヒンドゥ教徒のカースト制度の生み出したものですが、この階層のなかに最近はネオ・ブッディストの運動が沢山にはいってきている。このネオ・ブッディストの代表者も出席しておりました。また南ア連邦から来ていた牧師さんもいました。インドのネオ・ブッディストの代表は、アンタッチャブルスがヒンドゥ教という宗教の名において過去二年間に千何百人かがリンチをうけて殺されたという話をして、これは全く宗教が人権を擁護するどころか、人権無視のカースト制度の擁護者になっていると述べていましたし、南ベトナムからは有名な釈善明が来ておられた。ご承知かと思いますけれども、南ベトナムのゴヂンジェム政権を倒した時の一方の旗頭で、現在はグエン・バン・チュー政権に対して強い反抗をして終身刑に処せられたのですけれど、民衆の批判的な動きが出ましたために釈放されて日本に来た。また南アフリカからは黒人解放運動の先頭に立っている人もきた。南ア連邦というのは最近、新聞紙上をにぎわしているようにNVBポリシーと呼ばれる白人オンリー政策のために、一年間の総収入の八十五パーセントというものがわずか十数パーセントの白人の手に握られ、あとの十五パーセントという一年間の収入が残りの八十パーセントの黒人に分け与えられているだけである。そういう、いわれなき差別と疎外というものが、キリスト教の名においておこなわれていることに対して激しい批判がなされた。こういう人々の発言にはひじょうな迫力がある。そして日本の諸宗教の代表者たちはたじたじとせざるを得ない。わたくしは、宗教家が真の宗教家であるためにはやはり命がけでなければならないと今さらのように思い知らされました。人権を尊重せよとか平和を理想とせよ、隣人を愛せよと、いろいろのスローガンはすでに二千年も前から唱えられているわけですけれども、しかし実際に宗教、或いは宗教家がその実現にむかってどれだけの努力をしてきたか、しているのかということになると、これは私どもにとっても非常に大きな問題にならざるを得ない。日本でもこんにち公害とかいろいろなことが騒がれているのですけれども、そういう社会問題の先頭に立つ実践の宗教が、やはりこれから要求されるのではなかろうかと思うのです。

私は一昨年、国際会議がございましてイスラエルにまいりました。そこで非常に強烈な印象をうけたのでございます。このごろはまたイスラエルの内部はアラブ・ゲリラだとかいろいろむずかしい問題があってなかなか旅行はできませんけれど、私の参りましたときは、丁度六日戦争がかたづきまして、その小休止の間にまいりました。そこで三週間ばかり夏の暑い盛りでしたけれども、かなり方々をまわりました。それからもう一つこれはこの四月の終りから五月にかけてでございますけれども、是非いかなければならぬ用でインドへ参りました。私はインドは初めてで、しかもごくわずかの滞在でニューデリーの周辺しか知らないのですが、イスラエルとインドからはヨーロッパやアメリカで受けたものと全く異質の強烈な印象を受けました。イスラエルは御承知のように、南の方は大きな砂漠地帯です。特に死海の周辺というものは非常に乾ききったいわゆる「ユダの荒野」といわれるところですけれど、エルサレムからバスでまいりますと、町を出てほんの十分位でもうすでに全く生き物というものがない。草も木も虫も全くない少し赭味がかった石灰岩の岩山と砂の連続でして、それが東の方に行くにつれて土地が下がっていって中途にはここが地中海の水面ゼロメートルという標式が立っていて、そこからまた死海までは千何百フィートか下りていくわけです。そこに皆様ご承知の死海文書がでましたクムランの僧院跡というものが残っているのです。そういう所へいって死海の方をみておりますと、死海を越えたむこうが、モアブの地といわれる、つまりモーセがイスラエルの民をひきつれて、聖書によれば、四十年さまよったといわれる地でありますが——これは三笠宮に伺いますと、四十年はうそでもっと短いのだということですし、それから、さまよったコースもガザの、つまりエジプトからもっと地中海よりだったという説もこの頃あるようですけれど――とにかくここまでまいりますと、一年間の雨量というのが非常に少ない。アカバ湾の一番奥にエイラットという港がありまして、そこがイスラエルのインド洋の方へ出ていく出口になるわけですけれども、そこなどは一年に雨が降る日は三日かせいぜい七日位といわれている。私はイスラエルの内陸にいる間、雲を全く見ることが出来なかった。つまり雲が出来るほどの水分が、その土地にはないわけでして、したがって、そういう非常にきびしい自然、つまり一切の生命を全く拒絶するような自然の中に私ははじめてあの厳格にして畏るべきユダヤ教が出てきた風土を考えさせられました。

また、この四月の終りにインドへ参りましたときには、雨期の直前でして、また朝からかんかんと日が照っておりまして全く雲というものがない。毎日平均日中は四十三度から五度位、明けがたになりますと二十三度位に下る。私はガンジーのお墓へ参りましたけれど、あそこは靴を脱いでお墓の方へ行かねばならないのでたいへん苦しい思いをしました。もっとも、インドには御承知のように長い雨期がありますから、イスラエルの風土とはまた違った、和辻さんのいうモンスーン型の風土を持っているわけですが、博物館などに残っている釈迦像などを見ても、日本のものと非常に違っている。一口にいえばインドの釈迦像は非常に厳しい風土の中で、生の局限状況において人間性の本質を見つめていこうとする非常に強い意志力がその相貌の中ににじみでているような感じがします。日本の釈迦像は智を表わしたものも飛鳥時代のにございますけれども、全体としては柔和な、むしろ慈悲を強調するような釈迦像が多く見られるように思います。そこにも私は文化と宗教、宗教と風土の係わりあいといったものを非常に強く印象づけられました。それにもまして、イスラエルにおけるラビ、あるいは、インドにおけるヒンドゥ教の坊さん、或はイスラムの坊さんたちが持っている民衆生活に対する強い強制力、影響力を感じさせられたわけです。イスラエルには現在でも宗教裁判所がある。イスラエル国民になろうとするためには移民局に手続きするだけでは事は運びません。宗教裁判所にいって自分は確かにユダヤ教を奉ずるという誓いをたてて、許可書をもらってから移民局へいって移民手続きというものをしなければイスラエル国民にはなれない。宗教裁判所というと、日本人はヨーロッパの中世史のことだろうと考えるかも知れないのですけれども、現在もなお存在する。この宗教の持つ民衆の指導力と統制力が、いろいろな点でアラブとイスラエルとの問題、またインドにおけるヒンドゥとイスラムとの問題に無関係ではないと思っております。

私が昔から仲よくしているバブロフスキー教授が、世界宗教者平和会議で「戦火の中に立って」という題で、会議としては異色な演説をしました。バブロフスキーは現在のイスラエルのおかれている血生ま臭い戦争は決して宗教の違いによっておこっているのではないと強調したのですけれども、私は民族と民族との憎しみ合いといったものの中に、どうしても抜き難い憎悪感というものが、ある点では宗教の違いによって引き起される――これは表面にはでてこないかもしれませんが――潜在的に存在していることを感ぜざるを得ない。そういう点では日本の仏教あるいは宗教一般はいかにも生まぬるい。民衆の生活統制力が非常に希薄であるという非難が一方ではあるわけです。けれども、逆にいうならば、日本の宗教が非常に早く世俗化した、世俗的なもの日常生活の中に宗教が、統制するよりは繰り込まれてしまった。このことは日本の宗教史の一つの特色と云えますが、そのために日本の近代化が比較的スムーズに進められていった。つまり近代化への消極的な推進力になったといえるように思うのです。特に、律法主義的な宗教、ユダヤ教にしても、イスラム教、ヒンドゥ教にしても、また、ビルマ、タイあたりの上座部仏教など、いずれもその律法主義の故に民族のなかに階級差別を作らなければならなくなる。そういう点、日本の仏教などは、一面だらしがないとも言えますし、無戒律主義などは堕落にちがいない。しかし、そこに日本の仏教あるいは日本の宗教が歴史の中に果してきた特性なり役割なりが存在するように思うのです。

ところで、現代の急速に進展しつつある工業化あるいは脱工業化といわれる社会変化に対して、どういうリアクションがおこっているか。これは先ず、絵画、芸術の世界にもっとも早く現われている。つまりシャガール以来のシュール・レアリズム、ストラビンスキーの野獣派音楽などが先駆的なあらわれだと思う。それにつづいて一九六八年ごろから日本のジャーナリズムでもとりあげられてきたヒッピーとかハリジャンの運動があり、他方ソルボンヌあたりからはじまってカリフォルニア或はハーバード大学、コロンビア大学をはじめとして、西ドイツ、イギリス、それから日本において非常に激しい動きを見せた学生運動も大きな社会変化に対するリアクションとしての意味を持っていると考えます。急速な社会変動は申すまでもなく、人口の過密化、農村における人口の過疎化に見られる。例えば、四国や山陰などは人口の急速な過疎現象を起しておりまして、大阪あるいは神戸、東京といったところに集まってくる。社会構造の根本的な激動です。もう一つは全てのものがオートメーション化され、個人の能力が発揮できない社会が段々できかけている。チャップリンの「モダンタイムス」という映画などはこうした人間性喪失の社会への痛烈な風刺であったと思う。

現在われ〳〵の遭遇しているような大きな社会変動を人類はかつてその歴史の中で、二回は経験したと思う。第一回は、アグリカルチュラル・レボリューションと呼ばれるものでありまして、食物採集経済から農耕生産の社会へ移っていった段階です。第二は、産業革命であります。このインダストリアル・レボリューションも、人類の大きな試練の時期で、社会構造なり、生活様式なりが、根本的変革を要求された時期であると思われます。第三のレボリューションが正に今我々におとづれているところのポスト・インダストリアル・レボリューション、あるいはニュークレア・レボリューション（核革命）と呼ばれている変動です。これを我々がどのように乗り越えていくのかが、現在我々が直面している大きな課題である。脱工業化、核革命によって起った社会変動、また人間疎外事実に対して、一部の人には技術の発達に罪があるとして、これを敵視する。そして自然の中に沈んでいた時代を楽園と考える考え方がある。しかし私は、これは一種のアナクロニズムにすぎないと思う。社会変動の進行は阻止することはできない。現実の社会変動を見つめ、そこに起ってくる矛盾、不安、挫折感、疎外感をいかに解決するかが今後の宗教の課題であろうと考えているわけです。

最近、ホノルルに「宗教と社会変動研究所」ができ、わたくしたち日本チームをつくって、その仕事を分担しているのですが、先程お話し致しました日本で開かれた「世界宗教者平和会議」、こうした宗教界の動きに、既成宗教が、現在の大きな社会の変動に直面しての深刻な危機意識をくみとることができると思います。

わたくしは現在の宗教が直面している危機意識には、四つの問題点があると思うのです。いったい民衆が宗教を要求する中心的な問題は、不安感とか挫折感、危機意識です。ですから、既成宗教そのものがいまや宗教を求めているとも云える。これは皮肉ないい方なのですけれども、既成宗教は今、新宗教とナショナリズム化したイデオロギー運動の板ばさみになっている。そして新宗教というものの大きな特色は政治宗教的なメシア運動です。もう一つは反体制的イデオロギーです。新宗教運動は、凡そ三つの時期に起っております。一つは、明治維新の前後に、特に民衆の間から起った天理、金光、黒住といった新しい宗教運動、第二には、第一次大戦の前後より昭和維新という日本的ファショ運動の起ってくる過渡期に、大本と「ひとのみち」教団が——今はピーエル教団といっているものですが——急速に都市の小市民やインテリの間に教線をのばしてきました。第三は、第二次大戦の終末と共に起ってまいりました新しい宗教運動でありまして、これはむしろ復活という方がいいのかもしれません。大本にしろ、「ひとのみち」にせよ、非常に大きな政府の弾圧をうけていたのが終戦後に復活したのが多いし、また新しい宗教運動として現われて来たのもあります。現在は少し数は減りましたけれども、ピーク時には七百二十以上の教団が存在していました。日本人は宗教心が薄い民族だといわれている。たしかに旧体制の宗教、たとえば、神社信仰、旧仏教教団、正統キリスト教に対しては人々の関心が薄れてきていることはまちがいない。この点だけとりあげれば、日本人は確かに宗教的人間ではないといえるのですけれども、しかし新しい宗教運動の持っているバイタリティに注目しなければならない。米国の宗教学者のマックファーランドが日本の新宗教運動を論じた『神々のラッシュアワー』という本を出版しました。その最初のところで、彼は天理に出かけてあの「ひのきしん」に信者が手弁当で集まって、あの大きな「おやさとやかた」を建設している。これは第三者から云えば一種の労働搾取です。しかし信者たちは自分の労働を搾取されているとは考えない。喜んで労働力を提供している。それを見たあと、マックファーランドは六キロほどはなれた法隆寺にいった。法隆寺はなるほど立派な建築があり、非常に静かな自然のたたずまいの中に千年以上の古い建物と仏像とがある。しかし、ここには静かさがあるが、信仰はない。美術鑑賞に訪れてきているだけだ。天理で肌で感じとったバイタリティを見出すことはできなかった。つまり、わずか六・七キロしか離れてないのですけれども、彼は、新しき宗教と古き宗教の体質をシンボリカルに実見したと書いています。

彼はこの日本の新しい宗教運動の持っている性格を五つに分析しています。第一は、外から侵入してきた新しい文化、技術によってひきおこされた危機意識、第二はカリスマ的指導者、第三に黙示的しるしとか奇蹟の存在、第四はエクスタシー的態度、第五にシンクレティズムの教義をあげて、これは単に日本の新宗教の特徴ではなく、長い植民地支配や白人の侵入によって脅威にさらされているアフリカやインドやアメリカ・インディアンやその他の近代にいたるところに勃興している諸民族の新宗教運動の共通の特色といっていいと云っている。

現在、経済的にも政治的にもいろいろの問題をかかえている合衆国にも、ヒッピーの運動と反政府的運動が学生を中心におこり、また三百以上の新しいデノミネーションが起っている。ここにも今あげた五つの特色のいくつかが見られるのです。そこにアメリカ自身の苦悩があらわれている。もはや古い、オーソドックスな教派では救われなくなってきた。古い宗教で満足できない人々が新しい宗教を求めていく。

昨年三月にわたくしは韓国にまいりました。韓国は御承知のようにキリスト教の勢力の強い国です。これには中世から近代への宗教事情が非常に違ったことに原因がある。李朝は十四世紀の終り頃から二十世紀まで朝鮮半島を統一した王朝でありますけれども、朱子学を国教にして仏教を弾圧しました。寺院と僧侶を城外に放逐した。徹底した廃仏政策をとった。その結果、二千八百万の人口の中で凡そ三百万のキリスト教徒ができた。日本は一億の人口でキリスト教徒はわづか七十万です。人口比率から見ても韓国におけるキリスト教の勢力が非常に大きいことが判りますが、しかも指導層、インテリ層の殆んど全部がキリスト教徒になっている。しかし、そこにも、古いキリスト教にあきたらない人々によって新しい宗教運動が現在沢山起っている。最近出た韓国のキリスト教系の雑誌によると、この新宗教へ再入信した信者にアンケートを出してその理由をきいた結果、三十五％の人たちが今までの教会の説教や儀式にあきたりなくなったからだと答えている。ソウルを中心にした南の韓国民の北鮮に対する危機感、それに現在ソウルだけで五〇〇万の人口にふくれ上った過密、農村の過疎現象は日本以上にはげしい。そういう大きな危機意識と社会変動のなかで人々に救いを与えるものは、いわば脱皮した宗教である。これはアメリカでも日本でも韓国でも、新宗教運動が人々にアッピールしている大きな原因の一つだと思うのです。

第三は、宗教の世俗化の問題です。ポール・ティリッヒもこのことを論じていますが、別にミルチャ・エリアーデは、〝Modern man is non-religious man〟といっている。近代人は非宗教的人間だ。この場合リリジャスというのは既成宗教に対する拒否を意味している。つまり既成宗教に魅力を感じなくなっている。しかし近代人といえども何らかの自己確立の根拠を求めている。この間隙をうめるものとして、ティリッヒは、イデオロギー運動を擬宗教として指摘する。それはコミュニズムとファシズムとナショナリスティックなデモクラシーだという。この三つはイデオロギーでしかないが、しかしナショナリズムに裏打ちされることによって、イデオロギーは単にイデオロギー的な感動を人間に与える以上のものになってくる。そこには一種の宗教的性格が持たれるようになる。そして民衆の間に魅力を失いつつある宗教の代行的役割を演じようとしているといっています。勿論ティリッヒはその事実を是認しているのではなく、それは人類にとって最もあしき不幸なことであると言っている。しかし既成宗教が民衆の信頼を失っていく場合、民衆はどこへ流れていくか。一つは新しい宗教運動へ、第二は擬似宗教へ移っていく可能性は大きい。

第四の点といたしましては、いわゆる世界宗教といわれる仏教とかキリスト教というものと、民衆の宗教生活とのかかわりあいの問題であります。世界宗教あるいは普遍的宗教といわれるものは本質的ディレンマを持っている。つまり普遍的宗教というものは最初は社会の中のマイノリティーとして、社会の外の聖なる社会を求めている。これは現世否定という性格を強く持っている。しかし、それが民衆の間に多く信者を獲得して教団が次第に大きくなっていくプロセスの中で、世俗社会との係わり合いが生じてくる。政治権力あるいは経済的な富といったものと宗教教団とがいろんな形で絡みあってくる。或る時には政治権力とが混同されてくる。宗教的権威が政治的権力を抱きこんだり、屈服させようとした時期もあるわけです。また教祖の段階においては世俗の富に対しては否定的ですが、教団が大きくなるにつれて教団に莫大な富が蓄積されてくる。そのような世俗的権力との抗争連合、或いは世俗的な富の蓄積の過程で、宗教は結局、世俗社会の法則にまきこまれざるを得ない。これは誰が悪いというものではなくて、いわゆる成立宗教というものがもつ本質的なディレンマです。この本質的なディレンマをどのように乗り越えていくかということが大きな課題となってくる。そして宗教は単にインテリとか貴族、権力者の占有物にならないためには、常に初心に帰り、民衆との係わり合いに力点を置いたところの、つまり民衆の精神力を奮い起こさせるような新しい起爆力が持たれていなければならないのです。それは、つねに宗教改革のインテンションを内部に包摂しているのでなければ、普遍的宗教は運命的に老化現象を起こし、いわゆる体制ベッタリのものになってしまう危険性を孕んでいると思う。とくに日本の宗教には、このベッタリの性格が比較的強かった。そして社会変化に応じて、例えば、鎌倉の新仏教が展開している。しかし、宗教が卒先して、社会を変革したという例はほとんどない。強いて求めれば、聖徳太子が仏教を受容し、この原理をもって新らしい日本を展開しようとしたことと、国学運動が明治維新の推進力になったこととしか見出すことができない。日本の仏教史は、変革を先取りするのではなく、変化していく社会に適応する新しい宗教運動しか出ていないような感じがします。だから、仏教からは変革の思想というものは出なかったし、日蓮を除いては現実社会への関心が比較的弱かったともいえるようです。しかし、この仏教が今や脱工業化の波におし流されて行く人々の救いとなるために、又、人々に活力を与える宗教となるためには、仏教はもっと社会問題と真剣にとりくむ姿勢が必要ではないかと考えます。高僧碩学へのノスタルジア的感傷だけでは世の中は救えない。やはり、親鸞聖人なり日蓮上人なりが命をかけて模索し、解決して行こうとした迫力がとくに青年仏教徒にのぞまれるわけです。この変革していく社会のなかでどう仏教が新しい生命を回復し、民衆に受けいれられていくか。そこが現在と将来の大きな問題点であろうと考えているわけです。

（『仏教文化』二の二・一九六九年）

転回点に立つ宗教

一

急速な技術革命と非聖化（世俗化）の趨勢のなかで、宗教はどのような役割を演じうるか。この問題は既成教団と新宗教とを問わず、今や宗教界の大きな問題となってきている。すでに早く進歩的組織神学者の故ポール・ティリッヒは、コミュニズム、ファッシズム、リベラル・ヒューマニズムを擬宗教として、非聖化しつつある社会における成立宗教への重大な挑戦であることを警告した。

ここ数年、宗教者の間に深刻な危機意識が起こってきたことは、いわゆるエキュメニカル・ムーブメント（世界教会運動）や、私も関係している「宗教と社会変動研究所」（ホノルル）の設立にもうかがわれる。昨年から今年にかけて、私に参加を要請されたものだけでも、ＷＣＣ（世界教会協議会）やＮＣＣ（日本基督教協議会）の主催で開かれた「近代工業化とキリスト教」、「現代における宗教の役割」についてのシンポジウム、全日仏と国際仏教交流センター主催の「第三回日本仏教文化会議」、そして立正佼成会などを中心に企画された大規模な「国際宗教者平和会議」などがあった。

二

「近代人とは非宗教的人間である」とよくいわれる。近代化が進めば進むほど、人々はかつての宗教的価値を世俗的価値におきかえ、宗教的欲求を擬宗教としてのイデオロギー運動によって代償させようとする傾向は強くなる。数理統計局の大がかりな「日本人の国民性」調査やその他によると、日本の宗教的人口は実質二五―三〇%と見られている。これは必ずしも宗教そのものに対する無関心さを示してはいない。信仰を持たないと称する人々でも、その七二―八〇%が「宗教心は大切である」とし、約六三%が「科学と宗教は協力しうると思う」と考えているからである。

このことは、近代人の宗教不信というよりは、むしろ既成教団への不信表明であり、ここに民衆の新宗教運動への傾斜、イデオロギー運動への参加、そして反体制的社会離脱への三極分化の原因があるように思うのである。核革命、技術革命による急速な過疎・過密、そして公害問題は、十八世紀後半にはじまった産業革命の延長線に立つ社会の根本的変革のあらわれであり、第一次・第二次大戦がこれに拍車をかけて既成の権威と価値の崩壊をもたらしている。人権の確立、平和、自由は人類の永遠の目標であり、宗教によって立つ究極的関心であるが、しかし現実の経済の高度成長による人権無視、人間疎外、そして大国の利己主義に立つ武力と経済抗争による世界分割のあざといイデオロギー的対立は、極度に非聖化されつつある民衆に救いなき危機感を醸成しつつある。そして宗教自身も、みずからの聖性を放棄して、人間疎外と対立のお先棒をかついでいる事例さえ見られるのである。

このような危機的情勢のなかに、人々が新しい価値を求め、人間性の再発見と再確立に向かおうとするのは当然であり、それは歴史的にも新しい精神運動、宗教運動発現の契機をなしてきたことは周知の通りである。

三

しかし、新しい価値の発見とは失われつつある権威と価値の失地回復ではない。復古とは決して歴史の逆転であってはならず、そこに未来へのビジョンを含む柔軟性ある現代社会の課題への取り組みが必要である。既成教団内における改革運動や造反、また新しい宗教運動やイデオロギー運動に生きがいを見いだそうという動きも、反体制的社会離脱としてのヒッピーも、全世界の大学に吹きあれた学生運動も、いわば激動する社会と世界情勢に対応する新しい価値、人間の生きがいへの探究の試行錯誤的な動きの一つと見ることもできる。

宗教の領域に限っていうならば非聖化されつつある現代社会への新旧両宗教の役割は、今や重大な転回点に立たされているといわざるを得ない。かつて新宗教は、敗戦後の国民のアノミー（規範喪失）的虚脱状態と、八方ふさがりの生きがたさのなかに、庶民の救済者としての役割を果たしてきた。しかしそののちの四半世紀に、日本経済は跛行的ながらも立ち直り、一おうの安定を得てきた。そして高度成長のひずみが、急速に社会変動という新しい危機をもたらしている。この変動する社会と複雑な国際情勢に対して、宗教はどう対応しどう民衆を導いて行こうとするのか。ここに八〇％の国民がなお期待をよせている現代の宗教の大きな課題がある。

宗教が聖の領域にのみ安住し、閉ざされた社会を世俗社会のなかに樹立しようとする時代は去った。現代の政治、経済、軍事、交通情報の機構は、もはやいかなる特殊社会の孤立をも許さない。世界は次第に一つの統合機構へと向かわざるを得ない運命にある。そしてその統合機構に適合し、それを支持する文化構造と価値体系を求めている。この要求に宗教がこたえ得るとするならば、それは歴史の垢で硬化した機構から脱皮し、現世代のあらゆる生活状況に十分に、かつ敏感に適応し得る柔軟性を備え、将来の人類のあるべき姿を熱情的に呈示し得るものでなければならないだろう。原点に立ちかえるとは、決して過去の礼賛ではなく、新しい価値とビジョンの再発見でなければならない。

（『読売新聞』一九七一年七月二五日）

変動期における宗教の役割

一

一九六五年の九月、ロスアンゼルス郊外のクレアモントで開かれた国際宗教学宗教史会議に出席したあと、シカゴ大学のハスケル講座の講師にまねかれて、十二月中旬まで客員教授としてシカゴに滞在した。ちょうど新学期のはじまる直前、同大学の宗教学講座開設一〇〇年の記念学会が催され、わたくしはここで著名な組織神学者ポール・ティリッヒの最後となった「組織神学者にとっての宗教学の意義」（The Significance of the History of Religions for the Systematic Theologian）と題する公開講演に出席した。彼はこのなかで、一九六三年に出版した『キリスト教と他の世界宗教との出会い』（*Christianity and the Encounter of the World Religions*, New York, 1963）という書物でもとりあげたイデオロギー運動の擬宗教 quasi-religion 化の現状を、宗教への挑戦として再び論及し、極度に世俗化しゆく現代社会と宗教との危機をつよく訴えた。（この講演の全文は、シカゴ大学出版局から J. M. Kitagawa（ed.）: *The History of Religions, Essays on Problem of Understanding*, Chicago, 1967. として出版され、筆者の監訳で『現代の宗教学』と改題して東京大学出版会から一九七〇年出版したもののなかに田丸徳善訳で収められている。）

彼の指摘している擬宗教はリベラル・ヒューマニズム、ファッシズム及びコミュニズムである。がんらいイデオロギーは社会心理的にはユートピア的熱情よりも、近代的・都市的・老成的感動をよびおこすべき本来の性格を、個別主義的なナショナリズムやセクト主義に裏打ちされることによって、古代的・農村的・少年的オルギッシュな激情と、かたくなに他の存立を否定し敵視する不寛容性を示す、あしき宗教化もしくは宗教の代償的役割をはたしつつある。近代精神は理性主義と主知主義によって、人間を宗教的束縛から解放し、自由と歴史の創意を神から人間の手にとりもどしたといわれるが、しかし現代の歴史を形成しつつあるものは、相反するイデオロギー的擬宗教国家のひとにぎりの独裁君主の手のうちにある。大韓民国ではコミュニストは悪人、背徳者の代名詞であり、朝鮮人民共和国では朴政権は米帝国主義の傀儡である。南北ヴェトナムに於て、東西ドイツにおいて、中共と台湾において、その両者の断絶と憎悪は、中世の宗教戦争を、聖地回復の十字軍の扇動者たちを想起させる。イスラエルとアラブ連合、ヒンドゥとイスラームのインド・パキスタンには、よりあらわな宗教的対立の条件がイデオロギーの対立に先行しているように見える。

二

シカゴへの往き帰りに、わたくしはバークレーのカリフォルニア大学を訪れた。そのときから九年前に一ヵ月すごしたことのあるあの落着いた、静かなキャンパスの姿は一変していた。男女の区別も定かでない異様な風態の学生とも浮浪者ともつかぬ青年たちが、いたるところにたむろし、ぞろぞろとあるいている。そこの日本史の教授であるデルマ・ブラウンから、ヒッピーとかマリファナ、LSDという言葉を聞いたのはこのときがはじめであった。シカゴ滞在の三ヵ月は、週一回の半公開講義とセミナーとで、あわただしい準備の毎日を送っていたが、たまたま手に入れたイタリアの宗教史学者ヴィットリオ・ランタナリの『抑圧されたものの宗教——近代のメシア的宗教の研究』(*Religion of the Oppressed——A Study of Modern Messianic Cults——*, 1965, Mentor Book) とミルトン・インガーの『社会学から見た宗教』(*Sociology looks at Religion*, Macmillan, 1961, 1963)をよんで、いろいろ考えさせられるところがあった。

ランタナリの著書は、ヴェルプロスキーやラバールなどから手痛い批判をうけたが、インガーの「都市における宗教の機能」、「社会変化と宗教」の問題についての論考とともに加速度的に進行しつつある社会変動期における宗教の役割、また多年にわたっての植民地支配や白人中心主義の絶滅政策や隔離政策に反抗して一九世紀末から現代まで、アフリカに、アメリカに、ヴェトナムに、フィリピンに、インドに、韓国に、ニューギニアに、陸続と興起した土着民のメシアニズムやユートピアニズムともいうべき、新興宗教の動向にふかい関心をいだかざるを得なかった。

三

当時すでにロスアンゼルスあたりでは、スモッグ公害が人々の口にのぼりはじめ、他方この地方を中心に多くの新しい小会派や分派活動が勃興し、他方では「シェーカース」、「ダヴィデの家」、「物見の塔」、「ナザレン教会」などとともに、「ブラック・ジュー(Black Jews)」やブラック・モスレムの運動なども、人々の注目をあびつつあった。そのころ米国の宗教史学者の一部では、日本の新宗教運動にふかい関心をよせる人が多く、とくに創価学会を基盤とする公明党の華々しい政界進出に注目が集まり、多くの質問がよせられた。そこにはファッショ的な宗教政治が将来日本に出現するのではないか、という一抹の疑惑が遠くから眺めている人々には持たれたようだし、他方では戦後二十年の荒廃の極致から急速に立ち直り、経済的繁栄をきずいた、このフェニックスのような魔的エネルギーが、どのような価値体系の上に吹き出てくるのか、という率直な疑問もある。この前後には実におびただしい数の、日本の新宗教運動に関する書物が欧米で出版され、『アジア研究』や『ルック』誌などにもこれに関する論説やキャンペーンが掲載されている。それは一つの模索ともいえるのだろう。古代的伝承と脱工業化の超近代とのカオティックな保存とみるなら、ドイツのヤパノロギーの教授インゲボルグ・Y・ヴェントがその日本史の表現を率直に *Die unheimlichen Japaner*, (Kohlhammer, 1970) としたこともうなずける。

四

その年の十二月中旬、テキサス州のダラス市の南部《サダン》メソジスト大学のH・ネイル・マックファーランドが、『神々のラッシュアワー——日本の新宗教運動——』(*The Rush Hour of the Gods—A Study of New Religions Movements in Japan*, 1967, Macmillan. 内藤・杉本邦訳、社会思想社、一九六九年) という本をほぼ書きおえて、わたくしにその原稿を読んでほしいという依頼をうけた。シカゴからメキシコへの途中、わたくしは三日間ダラスに滞在した。ある意味では世界を風靡しつつあるカリスマ的、シャーマン的な黙示的な奇蹟やエクスタシー技術を行なう指導者による、きわめてシンクレティスティックな教義や儀礼体系をもつ新しい宗教運動が、外から侵入してくる文化や技術革命によって激化しつつある社会変動と社会危機にもとずいて発生し、民衆の間に受容されている事実は、とうぜん二人の共通の話題となった。彼は、のちにその本の序文に書いているように、日本に到着した直後に天理教本部と、そこから一〇キロほどはなれた法隆寺を見学したことが、この本を書かせる重要な視野を開かせたといっている。天理市の教祖殿と神殿とを中心に、それをとりまく「おやさとやかた」の大建築、大学、図書館、参考館 (民族博物館)、病院、プールなどの施設と、外人の眼には異様なハッピコートを身につけてヒノキシンに奉仕する信者たち、そうした新宗教のもつ強烈なヴァイタリティと、他方、宗教施設というよりは国宝博物館にしかすぎず、訪れる観光客に切符を売り、はさみを入れ、絵葉書や写真やお守りの売店にすわっている僧侶の姿には、およそ宗教的ヴァイタリティと名づけるべき何物も感じられ得ない。この極度に対照的なこの日の経験は、彼には強烈な印象として残ったと書いている。

インガーは宗教と社会変動の問題を論ずるにあたって、五つの可能性をもつ見解のあることを示し、⑴この両者は次元の異なる領域にかかわるから何ら関連性はないとする見解、⑵社会の経済発展、知識増大、技術変革による変化は宗教の変化をひきおこすとの見解、⑶宗教制度と宗教的価値とは社会変動を抑止するとの見解、⑷宗教は社会変動を創始し指導するとの見解、⑸宗教は複雑な相互影響下にある社会組織の一部であり、ある特定の論点や一定の時間のわく内で見ると、宗教の展開は社会環境の根本的な変動への対応《レスポンス》として最もよく理解し得るとの見解、のあることを指摘し、彼はその第五の見解のもとに、変化の現象をとりあげ、それらを社会学的に分析し、解説したいとしている（Yinger: *op. cit.*, p. 40–41）。そしてマックファーランドも、彼の書物で、インガーと同じ見解にたち、新興宗教を、日本の宗教史、社会史の内部で展開したものとして記述し、新らしい宗教運動と現代社会とのダイナミックな関係を探究することを目的としている。

五

わたくしが帰国した一九六六年の春ごろから、そろそろ大学には学生運動の無気味な胎動がはじまり、他方、新宿あたりを中心にヒッピーまがいのフーテン族なるものが出現し、さらに韓国の文鮮明のとなえる世界基督教統一神霊協会の運動が、原理運動の名のもとに早稲田大学の学生を中心にひろがりはじめ、またハリジャン運動なども一部の青年の心をとらえて、一九六七年の夏ごろにはヒッピー運動とともに日本のジャーナリズムにしばしばとりあげられるようになった。

まだヴェトナム戦争はこんにちほどの危機的様相は呈していなかったが、他方での反安保の激情的なイデオロギー闘争がくすぶりつづけている。このような時点で、とくに高度の経済成長をとげつつある日米両国の青年層を中心におこり、共鳴者を獲得してきた背後には、現代社会の体制と規範に対する強い抵抗意識があり、積極的な反体制的な離脱運動が先行していることは注目しなければならない。そこには現代社会体制と彼らとの間に世代的な断絶のみならず、生活文化の価値体系を全面的に拒絶しようとする断層が存在し、それが新しい価値と、その価値を与えてくれる政治的、宗教的カリスマをもとめてゆれ動いていることを示している。

そしてこの揺動は一九六七年の春から次第に激化し、一九六八年の東大紛争、ソルボンヌ分校に端を発するほとんど全世界の自由世界の先進工業国家の諸大学をふきあれた激情的でオルギッシュな、そして呪文的なイデオロギー経典にうらうちされた学生運動の巨大なエネルギーの噴出があった。

ロバート・マートンは社会変動期における人間のレスポンスを、⑴適合、⑵改革、⑶呪術宗教への指向、⑷逃避、⑸反抗、の五つに分類し、（*Social Theory and Social Structure*, revised & enlarged ed., Free Press, 1957）、タルコット・パースンズは、⑴攻撃と逃避、⑵遂行と受容の離間方向と強制方向の存在を指摘し（*The Social System*, Free Press, 1951その他）、クライド・クラックホーンは、⑴引退、⑵忍従、⑶昇華（sublimation）、⑷和解、⑸遁走の五点を社会に内在する不信、不満、挫折、不安などによって生じる敵対衝動への適応反応としてあげている（*Navaho Witchcraft*, Peabody Museum Paper, 1944）。

六

日本には現在およそ六二〇の宗教教団があり、文化庁宗務課発行の『宗教年鑑』の一九六九年度の統計によると、その信者数は日本の総人口を七千万人上まわるという驚くべき数字が示されている。もちろん各教団が信者数を水増ししたり、実質のない名目信者数を報告したり、複数の宗教にかかわりを持つ日本人の特殊性がこうしたナンセンスともいえる宗教人口をつくり上げたのであるが、統計数理研究所の国民性調査委員会の調査になる『日本人の国民性』（一九七〇年第二刷、至誠堂）による実質宗教人口は、年齢別、学歴別、地方別の差はあるが平均して二五―三五％となっており、他の意識調査でもだいたい二〇―三〇％となっている。これは韓国の宗教人口が一三―一五％と報告されているのから見るとかなり高い数字であり、実質はもっと少ないと見ている人もある。

しかし、天理、金光、生長の家、世界救世教、ピーエル教団などのほかに、創価学会、霊友会、立正佼正会といった日蓮系諸教の信者の、一種の熱気ともいえるヴァイタリティは、マックファーランドのいうように、既成仏教や神道信者とはきわめて対照的なあり方を示している。マックファーランドは終戦直後の社会の崩壊の危機的なアノミー状態を克服した現代日本で、一方であらゆる宗教に対する無関心がひろがっている他方で、新宗教運動がひじょうに重要な社会宗教的運動を形成しつつある現状を、社会の根本的変化に対する対応としてとらえた。核革命ともいわれる超スピードの近代工業化の過程は、過疎、過密、公害に象徴されるように、社会構造とそれを支える価値体系に根本的な変革を迫っている。世界のいたるところに、擬宗教化したイデオロギー大国の利己的な「折伏」戦争が勃発拡大しており、人権は無視され、経済大国の開発に名をかりた生活の蹂躙と支配とがある。

ヒッピーと大学紛争、三島事件と成田事件、イデオロギー運動と新宗教運動、これらは相矛盾するように見えて、実は一つの根から引きおこされている。さいきん新旧両宗教陣営の間からは、昨秋日本で催された「世界宗教者平和会議」や、またエキュメニカル・ムーブメントに代表されるような、宗教者の危機意識に立つ運動があらわれ、また昨年ハワイに設立されて、わたくしも日本での研究委員会を委嘱されている「宗教と社会変動研究所」(Institute for Religion and Social Change)の活動もある。社会変動は今や高度工業国家のみならず全人類の重要な課題である。インガーもいうように人類は今や重大な転回点に立たされている。そして人類はよいにつけ悪いにつけ、現代の経済、政治、軍事、交通情報などの機構によってすべてが結びつけられているのだから、そこに一つの統合された世界の構造が樹立されなければならない。しかしこうした構造に適合する文化的構造はまだ展開されていない(*The Scientific Study of Religion*, Macmillan, 1970)。

極度に世俗化した現代社会において、激動のなかに彷徨し模索する人類に一つの方向づけを与える使命は、擬宗教を含めて宗教に課せられた至上命題である。そして歴史的に宗教はその役割をはたしてきた。現在の多くの調査が示すように、大多数の人々は「宗教心は大切であり」(約七二―八〇%)、「科学と宗教は協力し得る」(約六三%)(『日本人の国民性』)としている。宗教が人類にとって必要な文化構造の一要素だとしても、それはもはや歴史の垢にまみれ、硬直化した宗教であってはならない。宗教はつねに現世代のあらゆる生活状況に十分に、且つ敏感に適応し得る柔軟性と、将来の人類のあるべきすがたを熱情的に呈示し得るものでなければならないだろう。あらゆる社会的、文化的構造内での、新らしい価値体系の発見と樹立に向っての試行錯誤的な胎動が、すでにおこりつつあるように思われるのである。

(『学士会会報』七一一号・一九七一年四月)

Scapegoat と Orgie

本研究は贖罪・祓浄の儀礼としてのスケープ・ゴート、また豊饒・収穫の供犠などに伴なう民衆のオージァスティックな興奮のもつ宗教的機能とともに、その社会的機能と逆機能を考察し、そこに現代的な意味づけを行なおうとするものである。聖餐と供犠及びスケープ・ゴートに関する宗教的機能は、すでにふるくロバートソン・スミス、フレイザー、ユベールとモースからエリアーデにいたる多くの仮説が提出されている。フレイザーはスケープ・ゴートにまつわる General license を悪魔の過重した雰囲気の圧迫感からの解放として重視し、エリアーデはオージー現象を農耕儀礼のもつ生宇宙的カオスへの逆転としてとらえた。しかしなぜ供犠やスケープ・ゴートに伴なうオージーが、比較的単調で表面的には平和な、しかし多くのタブーや政治的搾取と抑圧に悩まされてきた農民のなかにとくに強くあらわれるのか。これが人間の心奥に根ざす Oedipus complex ないしは aggressiveness の処理とどのようにかかわり合うのか。わたくしはこれを表面上単調な平和のなかにおける脱工業化と人間疎外のうえに勃発した現在の学生運動との対比において分析してみたい。

クライド・クラックホーンは *Navaho Witchcraft*, 1944 のなかで、ウィッチのもつ機能と逆機能を敵対衝動の処理という方向でとらえ、人間はその社会化の過程において必ずフラストレーション、ないしは喪失経験、もしくは闘争状況を自覚させられ、自己欲求はつねにその社会の文化的、人間関係的な衝突や妨害に遭遇する。社会はかかる個人の敵対衝動に対して、その敵意を抑制し、一定のはけ口をつくっている。この憎悪表現をあらかじめ設定し得ないなら、その社会は名状しがたい闘争状況――すなわちウチゲバに陥るか、極度の神経症に陥らざるを得ない。従って社会を分裂させず、効果ある攻撃性を中和させるチャンネルとして、すべての社会は、内部的な、もしくは外部に、恐怖と嫌悪をぶっつけるにふさわしい攻撃の的となる人間もしくは集団、すなわちウィッチないしスケープ・ゴートを有している。これらは旧石器時代いらい、すべての社会構造のなかにあり、現代のヨーロッパ社会にもその攻撃性解除のチャンネルとしてのスケープ・ゴートを有している。ここにナヴァホ族におけるウィッチの潜在的機能があると論じている。タルコット・パースンズは*The Social System*（1952）の第五章で同様の問題をナショナリズムやナチズム、コミュニズム、ユダヤ人問題などについて論じ、人はある utopian-ideal state of affairs を追求する際、その攻撃性が必ず何らかの scapegoat-object に置きかえられること、また社会の文化体系と個人の欲求処理体系との不一致からもたらされる malintegration が投射され、その欲求充足の期待が革命運動のリーダーや宗教的指導者に向けられるが、彼らはその期待にふくまれる緊張を未来社会もしくは超越的未来の場に置きかえる。そしてある場合、romantic-utopian element をもつスケープ・ゴート・シンボリズムに投射され、ある種の権力や責任保持者が叛逆者として内部的スケープ・ゴートに、魔女が外部的スケープ・ゴートの対象とされることを指摘した。中世のヨーロッパにふきあれ、アメリカにまで飛火した「魔女狩り」は、気狂い沙汰とも見える恐怖と熱狂の社会的スケープ・ゴートの役割をになわされたものだが、それは正統と異端との抗争である。何が正統で何が異端かはそれぞれ立場によって判定はむずかしいが、異端とは硬直化する正統に対する反逆であり、正統は異端を迫害しつつこれを吸収同化することによって正統の地位を拡大し、且つ正当化した（ヒューズ『呪術—魔女と異端の歴史』、早乙女忠訳、筑摩叢書）。『魔女狩り』（森島恒雄・岩波新書）は単に過去の、中世宗教史の物語ではなく、ナチスのユダヤ人虐殺の狂乱や、中共の紅衛兵を使嗾した文化大革命、そのイミテーション的ジェスチャアを装った日本の大学紛争にも、つねにスケープ・ゴートの設定とオージァスティックな激動が見られる。ミルトン・インガーは*Religion, Society and the Individual* 1957のなかで、自己拡張欲と敵対感情を含む反社会的潜在力の昂まりつつある現代社会には、アリストテレスやマクドゥガルの説よりも、むしろホッブスの「万人敵対」説やその一展開としてのフロイトの「社会そのもののゆえに人はhostilityを内蔵する」との理論を重視し、人は社会化と同時にhostilityとegocentricな価値の追求という両面の潜在力をもつものと規定した。フロイトの流れをくむミッチャーリヒの*Die Idee des Friedens und Die menschliche Aggressivität* 1969（竹内豊治訳『攻撃する人間』）の説なども ここで充分に考察されなければならないだろう。人間が集団生活において鬱積させられるhostilityとegocentricityを昇華させるために、宗教儀礼内における、また集団内のマイノリティや外部集団のスケープ・ゴート設定の意義は大きく、それが集団的オージーを触発させることによって反社会的潜在力を再び社会化への力に変質させるチャンネルとなってきたことは重要である。比較的単調な保守政権による表面的な平和社会において、最も単調と人間疎外になやみ、変化を求めようとする階層のなかに鬱積するhostilityとegocentricityを、いかなる目標のもとに、いかなるチャンネルを通して解消させ得るかが、平和を至上主義とする社会の現代の一つの中心課題となるであろう。そしてまた平和と人類愛とを説かない宗教はないとすれば、全世界の宗教が、平和を実現し、これを恒久的に維持して行くためには、この人間と社会の根底によこたわる問題にふかく想いをいたさねばならないと考えるのである。

（『宗教研究』二〇六号・一九七一年）

現代と宗教

現代におけるカオティックな指向

一九三六年、チャールズ・S・チャップリンの製作したモダン・タイムスは、現代文明の技術革命とそれに伴なう人間疎外の傾向に対する痛烈な批判として、大きな反響をよんだ。第一次大戦と第二次大戦との間の資本主義と社会主義との相剋、弱小民族、被抑圧民族との間に起こった民族自決的、民族主義的メシアニズムの勃興という緊迫した事態のなかに、マルク・シャガールなどによって製作されたシュール・レアリズム絵画の流れが人々の関心をよびはじめ、さらにはストラビンスキーの『火の鳥』や『春の祭典』に代表されるフォービズム（野獣派）の音楽が抬頭した。そして文学の世界には、エウジェーン・イオネスコ『瀕死の王』（一九六二年）に代表されるアンチ・テアートル派、ジェームス・ジョイスの『ユリシーズ』（一九二二年）に代表される芸術至上主義的な文学変革の運動があった。

文学芸術の世界におけるこうした一連の新しい傾向と運動が何を意味しているのか。旧い秩序、古典絵画や古典音楽やロマンにしたしんできた人々には、それは規格はずれの不協和音の連続であり、作者の恣意的な色彩のたきつけとしか受けとられず、あまりの奔放さと退屈とからしばしば「常識」者のひんしゅくを買いさえもする。しかしそれがたんに個々の作家の個人的な新機軸、異常性といったもの以上の何かを人々に訴えている。つまり問題はこうした「教祖」の新機軸、異常性を現代に意味あるものとして受けとろうとする人々の心理なのだ。個性の破壊を叫ぶ「十二音音楽」、「偶然性の音楽」に示される一種カオティックな指向は、他方で黒人音楽の流行とともに、西欧的合理主義と技術革命による脱工業化社会の人間の運命を予想したうめきであり、悲歌ともうけとれよう。

イデオロギーの擬宗教化

ポール・ティリッヒは『キリスト教と世界諸宗教の出会い』のなかで、リベラル・ヒューマニズム、ファッシズム及びコミュニズムを擬宗教としてとりあげ、これが極度に世俗化してゆく現代社会において宗教の代償的機能をはたそうとしている点を指摘した。彼は一九六五年の最後の公開講演「組織神学者にとっての宗教学の意義」のなかでも、聖と俗の問題にむすびつけて再びとりあげ、「世俗的なるもの」はそれ自体では自立し得ないから、聖なるものによる支配に対して戦っている限り、正当性をもち得るとしても、空虚化した世俗性は擬宗教の餌食とならざるを得ず、擬宗教は宗教の中の魔的要素と同じく抑圧的傾向をもつとともに、今世紀にわれわれが身にしみて体験したように、真の宗教的伝統のもつ深みと豊かさに欠けるゆえに、宗教の魔的要素以上にあしきものである、と批判した。カール・マンハイムも指摘するように、がんらいイデオロギーは社会心理学的には中世的・青年的なユートピア的熱情よりも、近代的・都市的・老成的な感動をよびおこすべき性格のものである。しかしそれは個別主義的・セクト的・ナショナリズム的な傾向と結合することによって、古代的・農村的・少年的なオルギッシュな激情をかき立て、かたくなに他人の信条と生存を否定し敵視する不寛容性を示すあしき宗教化、もしくは宗教の代償的役割をはたしつつある。

近代精神は理性主義と主知主義によって、人間を宗教的束縛から解放し、自由と歴史の創意を神の手から人間の手にとりもどしたといわれる。しかし現代人のほこる自由と歴史形成の主体性は、相反するイデオロギー的擬宗教的国家の、ひとにぎりの独裁君主の手のうちにある。大韓民国ではコミュニストは悪人、背徳者の代名詞であり、朝鮮人民共和国ではリベラル・ヒューマニズムは米帝国主義と同義語である。南・北ヴェトナムにおいて、東・西ドイツにおいて、中共と台湾において、同一民族の間のイデオロギー的断絶と憎悪は、中世の宗教戦争を、そして聖地恢復の十字軍の煽動者たちの姿を想起させる。イスラエルとアラブ連合、ヒンドゥイズムとイスラムのインドとパキスタンの間などには、よりあらわな宗教的対立の条件が、イデオロギーの対立に先行しているように見える。

いずれも民主主義を唱えつつ、しかも真向から対立するイデオロギーの擬宗教化に対して、ミルトン・インガーは別の角度から擬宗教の存在を指摘している。彼は現代の狭くなった地球上の相互依存性はますます増大の傾向をたどり、中共指導者の決定はアイオアの農村の子供にも影響を及ぼし、米国議会の行動はエジプトの動向に影響するとし、人類は今や重大な転回点に来た。よいにつけ悪いにつけ、政治・経済・情報・軍事に、われわれはすべてひとつに結びつけられようとしている。この限りでは人類は一つの総合世界の構造を建設しつつあるといえようが、しかしこの世界構造内に安心して住めるような適切な文化体系も社会化の手つづきも展開されてはいないのだ。宗教が重要な役割を演じ得るか否かは、まさにこの点にかかっている。しかし主要な現存の諸宗教が、その確立された制度に躊躇している限り、われわれが存在する状況に適した方法で人間の宗教生活を再構成するのに活気ある役割をになえるとは思えない、とし、成立教会に対する分派的プロテストや、現代の土壌から萌え出た宗教的改良や、近代社会に発展した擬宗教のいくつかの綜合から、新しい「超越信仰」、新しい儀礼様式、新しい宗教的構造の興起を期待し、もしこれらが起こらなかったとしたら、この世界はやがてめちゃくちゃになってしまうだろう、と論じている。

現代の非聖化された社会において、インガーがとくに注目している擬宗教の最も重要なものとしてマルキシズム、フロイド主義、及び実証主義をとりあげ、そこにはかりに宗教運動という自覚はなくとも、少なくとも個人的イデオロギーと哲学体系として一つに結びあわそうとする強力な努力があり、多くの世俗的思想家の作品は神学者や改良派の宗教指導者の著述と同じ傾向の努力が払われている。これらの代表として、それぞれに大きな相違はあるが四人の人々をあげることができる。ジャン・ポゥル・サルトル、アルベール・カミュ、ヘルベルト・マルクーゼ、エリッヒ・フロムである、としている。

「危機宗教」としての新宗教運動

インガーはさらに現代の青年運動に対しても、そのニヒリスティックでアノミックな性格にもかかわらず、その要素のいくつかには聖なる思想と性格を追求しようとしている点を評価している。青年たちは今やこのがんじがらめの相互依存形態の開幕期に人間の上にのしかかっている新しい究極的問題に敏感であり、われわれのもっとも献身すべき注意を喚起しているからである。かりに現代の青年が一つの光輝ある宗教を展開し得なかったとしても別に驚くこともあわてることもしないだろう。驚かないのは宗教形成の仕事は生得的でこの上もなく困難なものであるからだし、あわてないのは、彼らの多くは少なくともその探究への第一歩をふみ出しているからである。ヒッピー、マリファナ、LSDの現象は、学生運動とは裏腹の関係にありながら、それに現代の脱工業化による社会変動とあらゆる地球上の人間をがんじがらめにする政治・経済・軍事・情報などの相互依存体制へのひとつのレスポンスである点で根をひとつにする。

他方十九世紀から二十世紀にわたって、アフリカに、南北アメリカに、東南アジアに、オセアニヤに、久しい白人の植民地政策——絶滅、隔離そして「白人オンリー」の利己的な抑圧から多くの部族主義的・民族主義的メシア運動が展開してきたことも注目に値する。ヴィットリオ・ランタナリの『抑圧されたものの宗教——近代のメシア的宗教の研究』はその鳥瞰的論考であり、彼はこのなかで、キリスト教伝道のもたらした三位一体や終末的メシア思想が、皮肉にも土着人の伝統的信仰と習合して、新しい救世主来臨と終末待望の新宗教運動や分派活動が起こり、やがてこれがパン・アメリカニズム、パン・インディアン運動へと展開しつつあることに注目している。ランタナリの著書はヴェルブロスキーやラバールなどの手痛い批判をうけたが、そのラバールはこうした危機宗教原因を(1)政治的、(2)軍事的、(3)経済的、(4)メシアニズム説、(5)カリスマ説、(6)アッカルチェレーション（変容）説、(7)心理的ストレス説、その他に分類している。

「危機宗教」の発現とその驚異的な流行が、とくに十九世紀末から第一次、第二次大戦を経て現代に展開したことは、それぞれの民族のネイティヴィスティックな自覚とともに、旧秩序による世界、西欧文明と白人の優越性のもとに固定化したかに見えた世界の根本的変革への胎動のひとつとしてうけとるべきであろう。そこにはまだ夢のようなユートピアニズムや、他力的なメシア来臨と被抑圧民の救済という旧約的メシアニズムの段階の運動が多いとはいえ、これが民衆の民族意識をかき立て、世界地図をみずからの手で塗りかえようとする起爆剤の役割の一部を担うであろうことは予見できる。

スモッグ公害発祥の地ロスアンゼルスは、またアメリカ合衆国の大小の新分派の勃興地であることも見のがせない。いささか旧著に属するが、クラークの*Small Sects in America*, New York 1949によると、第二次大戦直後の北米は、ソヴェト連邦と対立する世界のおせっかいな救世主を自任し、それにふさわしい巨大な経済力と軍事力を誇示した時代であったにもかかわらず、すでに人種問題や政治・経済・文化の上のひずみの蔭に鬱積していた民衆の不満・挫折・危機意識に基づく体制の断層の上に、実に三〇〇にのぼる新興小教派が展開した。こうした米国の新しいキリスト教分派活動やブラック・モスレムの運動は、当然、世界のキリスト教会にも強い影響を与えたし、外国の宗教学者の関心も次第に日本の新宗教運動のあり方、機能の問題に集中してきた。一九五九年以後にはおびただしい数の日本の新宗教関係の著書や評論が発表された。とくに創価学会とそれを基盤とする公明党の華々しい政界進出が、彼らはあらたな興味の中心となったようである。

一九六五年秋のわたくしのシカゴ大学出講中、この問題に多くの質問がよせられたが、その人々の何人かには、ファッショ的な宗教政治が将来日本に出現するのではないかという一抹の疑惑が感じとられた。それは他方で、戦後二〇年間で荒廃と虚脱の淵から急速に立ちあがり、表面的ながらも経済的繁栄をきずき上げた、この日本人のフェニックスのような魔的エネルギーが、同じ西ドイツの復興と対比して、いかなる価値体系の上に吹き出てきたのか、という疑問ともからんでいる。既成宗教と新宗教のあり方が、日本人の価値体系をどのように改変しつつあるのかは、われわれに提出されているひとつの課題である。これに適確に答え得ることは当の日本人といえども容易ではない。

社会環境の変動への対応としての宗教

マックファーランドは一九六七年、『神々のラッシュアワー』（内藤・杉本訳、東京、一九六九年）を出版した。彼は日本の新宗教運動の特殊性と普遍性とに注目し、その多くはアメリカ・インディアンの間に起こったゴースト・ダンス教やメラネシアのカーゴ・カルトのような、メシア的ないしは千年王国論的宗教運動と比較し得るものであるとしている。多くの人類学者の報告や分析から、こうした宗教には顕著な発展の類似のパターンがあり、それには少なくとも五つの要素が存している。すなわち、(1)侵入する文化によって激化された社会的危機、(2)カリスマ的指導者、(3)黙示的なしるし、(4)エクスタティックな行動、(5)混淆的な教理である。

また日本の新宗教はいわゆる「高等」宗教が優勢である社会にも同質の仲間をもっている。例えば合衆国のペンテコスタル諸教派や店前教会やブラック・モスレムのような宗教集団、ヴェトナムのカオ・ダイ教、フィリピンのイグレジア・ディ・クリストといったものがそれに当ろうが、未開宗教を特徴づけているいくつかの要素は、こうした運動にもあらわに見られる。これらもまた危機宗教であり、特に社会的に下積みとなって生きている人々を引きつけており、彼らにとっては通常の抗議や希望のもてる努力のチャンネルが、その無力さと現代社会の複雑性によって妨げられているところにその原因がある。こうした宗教集団にはふつう強力な指導者があり、この指導者は新しい啓示をうけたと称し、新しい神話を形成し、新しい力を公言し、新しい集団を創設する。

先にも紹介したミルトン・インガーは、『社会学から見た宗教』の第一部で、「都市社会における宗教」と、「宗教と社会変動」の問題をとりあつかっている。彼は宗教と社会変動の問題を論ずるにあたって、五つの見解が可能であるとした。そのひとつは、宗教と社会問題とは全く次元の異なる領域にかかわるものであり、両者の間には何ら関連性はないとする見解であり、第二は社会の経済発展、知識の増大、技術変革による変化は、必ず宗教そのものの変化を引き起こさざるを得ないとする見解である。第三は宗教制度と宗教的価値とは社会変動の抑止力として機能するとの見解であり、第四は宗教こそが社会の変化を創始し且つ指導する役割をになうとする見解である。そして第五は宗教は複雑な相互影響下にある社会体系の一部であり、ある特定の視野、一定の時間の枠内で見る限り、宗教の展開は社会環境の根本的変動へのレスポンス対応としてもっともよく理解し得るとの見解をあげている。インガーはこの五つの見解を認めつつも、彼自身はその第五の見解に立ち、宗教と社会の変化の相互連関性に注目し、これを社会学的に分析し、解説したいとの立場をとっている。このインガーの立場はまたマックファーランドによって採用され、彼は日本の新宗教運動を、日本の宗教史・社会史の内部で展開した現象としてとらえ、新しい宗教運動と現代社会とのダイナミックな関係を探求することを目的とする、とのべている。

新宗教運動の社会宗教的運動の形成

日本には現在およそ六二〇の宗教教団があり、文化庁宗務課発行の『宗教年鑑』一九六九年度の統計によると、その檀信徒数の合計は日本の総人口を約七千万人上回るという驚くべき数字が示されている。これはしばしば外国人を驚嘆させ、また失笑させる。まさに、unheimlich な数である。それはもちろん、各教団が信者数を水増ししたり、実質のない名目的氏子数や檀家数を報告した結果であるとともに、複数の宗教にかかわりを持つ日本人の特殊性が、こうしたナンセンスともいえる宗教人口をつくり上げたのである。

他方、統計数理研究所の国民性調査委員会の調査になる『日本人の国民性』(一九七〇年、第二刷、東京)による実質的宗教人口は、年齢別・学歴別・地方別の差はあるが、平均して二五〜三五パーセントになっている。これは多くの宗教社会学者の地域住民の宗教意識調査でもだいたい二〇〜三〇パーセントになっていることと一致する(一例……芹川博通『都市化と宗教行事』淑徳短期大学報告書)。これは韓国の宗教人口が一三〜一五パーセントと報告されている(韓国宗教問題研究院刊)のから見るとかなり高い数字であり、実質はもっと低いと見る人もある。

しかし、マックファーランドに強烈な印象を与えた天理教をはじめ、金光教、生長の家、世界救世教、PL教団などのほかに、創価学会、霊友会、立正佼成会、妙智会といったとくに日蓮系諸教団の、俗信徒集団の特殊形態、そしてこれらの信者たちのもつ一種の熱気ともいえる宗教的ヴァイタリティは、既成仏教の多くや神社神道の信者たちとは、きわめて対照的なあり方を示している。

マックファーランドは、終戦直後の社会の崩壊の危機的アノミー状態を、これらの新宗教が克服するのに一役を買っただけでなく、これを完全に克服した現代日本で、一方ではあらゆる宗教に対する無関心さが、とくにインテリ層を中心にひろがっている他方で、新宗教運動がひじょうに重要な社会宗教的運動を形成しつつある現状を、社会の根本的変革に対する対応現象として捉えようとしている。

核革命といい、技術革命といわれる超スピード近代工業化の過程は、過疎・過密・公害に象徴されるように、社会構造そのものと、それを支える価値体系に根本的な変革を迫っている。世界のいたるところに擬宗教化したイデオロギー大国の利己的な「折伏」戦争が勃発、拡大しており、人類は極度に無視され、経済大国の開発に名をかりた未開発国への侵略と生活の蹂躙とがある。

ヒッピーと大学紛争、三島事件と成田事件、イデオロギー運動と新宗教運動、これらは相矛盾する出来事のように見えて、じつはひとつの根から引きおこされている。そしてそれはすでによく文学や芸術の世界において先駆した価値と美との試行錯誤的探究にも溯ることができる。

彷徨し模索する人類の方向づけを

さいきん新旧両宗教陣営の間からは、昨秋日本で催された「世界宗教者平和会議」や、またエキュメニカル・ムーブメントに代表される宗教者の危機意識に立つ共同戦線結成への動きがあり、また昨年ハワイに設立されて、わたくしも日本での研究委員会を委嘱されて活動しつつある「宗教と社会変動研究所」などがある。しかしそこからいかなる新しい価値とヴィジョンが生み出されるか。既成教団の過去の栄光へのノスタルヂャと、世界平和、人類愛、人権擁護といった、今や人々の耳にはそよ風のささやきとしかうけとれないようなスローガンで、はたしてこの激動し、変革してゆく世界情勢のなかに、あらゆる機構ががんじがらめにされた人々の宗教的ヴァイタリティをかき立てることができるであろうか。そして社会変動は今や高度工業国家のみでなく、全人類の重要な課題であり、人類は今、重大な転換点に立たされている。このがんじがらめの情報化社会のなかで、擬宗教と新宗教がともにしになう役割は、次第に統合されゆく世界構造のイメージであり、これに適わしい文化構造の創造でなければならないであろう。

極度に世俗化したと称される現代社会において、彷徨し模索する人類に一つの方向づけを与える使命は、宗教に課せられた至上命令であり、しかも宗教は歴史的にその役割を果たしてきた。現在の多くの調査が示すように、大多数の日本人は「宗教心は大切である」（約七二〜八〇パーセント）といい、「科学と宗教は協力し得る」（約六三パーセント）と考えている（『日本人の国民性』）。宗教が人類にとって必要な文化構造の一要素だとするならば、それはもはや歴史の垢にまみれ、硬直化した宗教であってはならないだろう。宗教はつねに現世代のあらゆる生活状況に、じゅうぶんに且つ敏感に適応し得る柔軟性と、将来の人類のあるべき姿を熱情的に呈示し得るのでなければならない。あらゆる社会的、文化的構造内での、新しい価値体系の発足と樹立に向かっての胎動は、すでに起こりつつあるように思われるのである。

（『チャンダナ』三の二・№20・一九七二年四月）

日本の宗教

強烈な一神教に立つイスラム教徒としてのアラブ人、選民思想にもとずくユダヤ教徒としてのイスラエル人の生活や考え方を目のあたりにすると、一人で二つ以上の宗教を信じわけ、一つの家に異質の宗教の祭壇を併置し、何の抵抗も感ぜずに結婚式は神式で葬儀は仏式で行なうという日本人の信仰、またそのような信仰を許容している日本の宗教の特異性を、肌にしみて感じさせられる。

かつてわたしは、岡倉天心の顰《ひそみ》にならって「日本は宗教の生きた博物館だ」といったことがある。民衆の多数を規制している無意識的な儀礼慣行や禁忌は、ふかく古代のアニミズム信仰に根ざしていると考えられるし、また北方ユーラシアの古代エクスタシー技術に立つシャーマニズムの要素も、歴史を貫いてこんにちに残存している。未組織の、古代の自然宗教の、稲作文化の流入を契機とし、次第に国家形成に向う過渡期に於て、農耕儀礼と祖霊崇拝とシャーマニズムの諸要素を合体しつつ、次第に形を整えてきたらしい神社神道がある。

これに加えて、第五世紀ごろには、周末春秋の中国社会に発生して、修身斉家、治国平天下の道をといた儒教や、無為自然の道を唱えた老荘思想が帰化人たちを通してわが国の上層部族社会に導入され、また中国の民間信仰と仏教と老荘哲学との接点に発生したらしい呪術宗教的道教や、天文地理の術を加味した陰陽道も渡来して、漸次人人の間に浸透した一方、神道の成立にも少なからぬ影響を与えたように思われる。第六世紀の半ばには、かつてインド社会に、ジャイナ教とならんで反バラモン的、反社会的な新宗教運動として誕生した仏教が、時代とともに種々の変容をとげ、またインド以外の地方に伝播されて、その普遍的性格を強くするとともに、異質の土着信仰と混融し、これを吸収しつつ中国に流れ、中国思想とも合流して朝鮮半島を経由、わが国に到達した。仏教、とくに日本に渡来した大乗仏教は、南都六宗といわれるすこぶる理論的、戒律主義的なものであったが、やがて天台・真言の二宗が平安初頭に最澄と空海によって船載された。とくに普遍的理想主義的な一乗思想に立つ法華経は、古代の個別的氏族制社会の解体過程に於て、高く評価される一方、滅罪と招福の経典としてファナティックな民間の法華行者をうみ、多岐にわたる機能をもって平安時代の貴賤の信仰の対象となった。またインドの民間信仰であるタントラ教と結びついた密教は、陰陽説とも関連する二元論的形而上学と雄渾な宇宙論を展開するとともに、その祈禱主義、呪術的神秘主義はこれまた平安時代の貴賤の信仰を壟断した感があり、神道の理論的、儀礼的形成に大きく寄与しただけでなく、中世には修験道なる典型的なシンクレティズムに立つ新しい宗派の成立の中核をなした。

第八世紀以後の日本は、神・儒・仏の三教、もしくは民間道教を加えて四つの宗教思想、儀礼、慣行が互いに複雑にからみ合い、それぞれの機能を分担しあって、日本人の宗教的、文化的形成に大きく寄与してきた。しかし他方、これをその歴史的展開の過程で考えてみると、外来の諸宗教はいずれもそのオリジナルな形でわが国に根をおろしたのではなく、きわめて大きな変換統合の過程をたどってきた。日本には民俗宗教といわれるものから、実に種々様々の内容と様相を持つ多くの宗教とその分派が併存し、いずれもその歴史的な存在意義を有しているにかかわらず、これを「全体としての日本宗教」という概念に統合され得るほどの同質性が持たれている。儒教と神道と道教は仏教からその形而上学と心理学を借用し、仏教と神道は儒教からその倫理思想と政治思想を借用した。そして仏教、儒教、道教は、国家及び家族宗教という日本の宗教的伝統のなかに全く日本化されてしまった。

外来宗教の日本化の過程は、仏教のそれが興味ある様相を示している。すでに仏教伝来の当初に於て、ホトケガミ、トナリのカミ（蕃神）という認識が、素朴な日本人の仏教受容の初期の様相を示しているが、天武朝及びそれ以後のいわゆる国家仏教の成立と氏寺様式の普及のなかにも、また神宮寺や別当寺の発生のなかにも伺われる。しかし借用文化としての仏教の土着化は、平安初頭の最澄による天台法華宗、空海による真言宗の伝播を以て一つの段階を劃しはしたが、やがて、これら二宗の政治権力との結合、僧侶と寺院の貴族化、世俗化の現実と、遣唐使の廃止という一種の鎖国的状況のなかに進行したらしい。かくて従来は特定の貴族や知識人の独占物であり、その利己的な信仰対象であった仏教は、平安中期から後期に起ったヒジリたちの運動や、荘園体制から鎌倉封建体制への過渡期の社会不安の場に起って急速に人人の間にひろまった末法思想の浸透によって、次第に民衆の救済という本質的な機能を発揮することによって、完全に日本化、土着化を完成したと見られる。

第一二世紀の後半、遂に先進国と目されたシナ大陸へ足を入れることなくして浄土宗を開いた源空は、鎌倉新仏教の展開の先駆をなしたものであり、一種の宗教改革ともみなし得るものであった。彼の専修念仏の教えは、するどい、旧仏教体制の批判に立ち、形式主義・苦行主義から実質主義・易行主義へ、貴族主義から庶民主義へ、非現実主義（彼岸性の強調）から現実主義（此岸性の強調）へと大きく展開させた。鎌倉新仏教の諸派は、禅宗を除き、いずれも源空の浄土宗から派生したか、その影響下に立っている。例えば親鸞は源空を「よき人」とたのみつつ、論理的にも実践的にも、源空がなお過渡的な曖昧さを残していたのを、一そう徹底した方向づけをしたし、日蓮は親鸞とは逆に、源空を打破しようと努めながら、却ってその影響をうけて、教義と目的を異にしつつ結局は同じような立場に帰着した。高弁、貞慶、覚盛、叡尊などによる旧仏教の復興運動も、それらは単に復活を意図したものではなく、日蓮の場合と同じく、陽に攻撃を加えつつ、実は源空及びその門流の浄土教の民衆への浸透に刺戟され、その示唆をうけて、それぞれの宗派の再構成を意図したものである。禅はこの意味では全く独自の、中国に於て展開し、組織された純中国式宗教ではあったが、しかし純粋に禅の立場に徹底した道元は、只管打坐《しかんだざ》と修法一如の教に於て、外観の大きな相違にもかかわらず、直截に実践の道を追う新仏教の根本性格に一致し、新らしい鎌倉封建社会の担い手の精神的支柱の役割を果してきた。

源空・親鸞・道元・日蓮の宗教運動は、「戒・定・慧」の三学と「上求菩提・下化衆生」を目的とする正統大乗仏教の流れから見るならば、いちじるしい変容を遂げたものである。それは一面から見れば祖型的仏教の逸脱であるが、そこに日本人の宗教受容の態度、すなわち宗教の風土化の最も典型的な姿を見ることができる。宗教の風土化の実例は仏教のみならず、第一六世紀、フランシスコ・ザビエル以下のジェスイット派宣教師による切支丹の歴史にもうかがわれる。彼等の伝道したキリスト教が、どのような形で封建領主や武士たち、また農村の民衆に受容されたかは、その具体的な姿を再構成することは資料的に困難だが、徳川幕府の二五〇年に及ぶ弾圧と鎖国のなかで、こんにちに生きのびた西九州及び離島の「隠れキリシタン」の人人の信仰内容は、もはやカトリシズムとは定義づけられ得ない、極端な民俗化の道をたどっている。

外来諸宗教を風土化する根底には、日本人本来の宗教的思惟と態度とがあり、これがいわば「選択意志」となって働いていると見られる。文化の伝播にはつねに接触（提供）の過程と、受容の過程と、受容文化と先文化との統合の過程とが考えられるが、選択意志は第二、第三の過程に於て強くあらわれる。これはまた日本化の過程でもあり、「日本宗教」なるものの形成要因でもある。ところで「日本宗教」の顕著な特色として、恩と報恩の思想、究極者への合一の思想があげられる。恩の思想は儒教にも存し、孝の倫理の重要な支柱となるが、報恩思想はとくに仏教によって強調され、それは宗教の社会的機能として、長い歴史を通して中心的なものの一つとなった。孝の倫理と報恩の理論は、一方で祖先崇拝を根幹とする「家族宗教」や、政治的価値を重視する「社会宗教」として、世俗的倫理を宗教化するに至っている。

この世俗的倫理の宗教化は、日本人の持つ特殊な神観念とも結びついて、神人合一、即身成仏といった宗教的性格をうみ出した。日本人にとって、神は人の連続性の上に考えられるものであり、ユダヤ・キリスト教的な絶対他者の意識は全く見られない。神はしばしば人の姿をとって、この世にあらわれ、人はその異常性のゆえに容易に神化せられる。死者をホトケとよぶ慣行などはその顕著なあらわれの一つであり、わが国で真言密教がとくに神道教理の展開に重要な役割を演じてきたのも、その「即身成仏説」によるところが大きい。空海の仏教の展開のなかにも、天台の密教化の過程で即身成仏思想が強く入りこんだことはもとより、鎌倉の新仏教にも即身成仏的な思想は濃厚である。禅に於ける「即心成仏」や親鸞の晩年の「如来等同」説の展開など、きわめて興味ふかいものがある。

神人合一の思想は孟子の説や、仏教と道家の思想を編みこんで発展させた程朱の説とも相俟って、中世の伊勢神道の理論形成にも大きな役割を演じている。ここでも道徳的自己陶冶が宗教的努力とみなされ、神人合一の最終目的が、社会的日常義務の遂行によってなしとげられるとする。日本の家族宗教の基底をなすものは孝の宗教であり、家は宗教的祭場であるだけでなく、その人間関係が自然に宗教的に把握されていることは重要である。

これは儒者のみならず、禅や浄土教、日蓮宗等に於ても、また本居や平田の国学のなかにもあきらかに示されている。そして文化的価値に基づく社会とは異なって、日本社会では孝の宗教に何らの矛盾を意識することなく、忠の宗教へ展開して来た。家は政治的社会の外にあるのではなく、政治社会の原理であり、宗教もまた政治の圏外に独立することはほとんどなかった。江戸二五〇年の泰平の間に、戦場に発生した武士道が尊ばれ、理論化されたこともその一つの象徴であり、儒仏の影響を廃して神話の素朴性に帰ろうとする国学の運動も、神道と儒教をとって仏教を廃そうとした水戸学の運動も、そこに宗教と政治の密接な結びつきを示しており、これが近代日本をひらく原動力の一つとなったことは注意すべきことである。仏教の没我と禁欲主義の思想、儒教の士の理想と孝の倫理の追究は、ともに武士道の倫理の形成に貢献するとともに、日本の階級倫理の基礎を形成した。

武士道の成立は、労働階層に於けるそれぞれの倫理宗教的な「道」の探究へと向かわせた。儒教的な「経世済民」という、上からの目的達成に対して、下からは「天職」の意識が起こり、労働に対する自己犠牲的献身と、禁欲的節倹が忠及び孝の宗教に於て高く価値づけられてきている。職人達は、一種の宗教的苦行主義とも通ずるプリンシプルを持ち、苦行練磨が生産手段としてではなく、人間形成の重要な手段として評価されている。江戸時代の石田梅巌らによる心学、商家の家訓、二宮尊徳の「報徳運動」などは、従来社会の被支配層であった農工商の階層を対象とした宗教倫理運動であり、明治以降の日本近代化の推進力の一つとなったことが注目される。

（未発表原稿）

宗教の社会的機能

(上)

民間信仰と近代化の問題について話をするように言われたのでありますが、私は「俗信」とか、「みこのくちよせ」とか、そういったことをおもにやってまいりましたので、近代化の問題ということになると、ご期待どおりにはまいらないかと思います。しかし、ここにかなり珍しいケースが一つありますので、これをお話ししてその責めを果たしたいと存じます。数年まえに調査いたしまして、まだどこにも発表しないで温ためてあるものですが、とにかくこういうケースがあるということをご紹介しようと、いろいろな図表をもってまいりました。これは、宗教というものが人間の生活のうえに、どれほどの影響力、あるいは規制力と申しますか、人間の生活をコントロールする力があるかということを調べる、非常におもしろい材料でございますので、ご参考までにそのことをご紹介かたがた、宗教のもっております社会的はたらきというものをお話し申し上げてみたいと思います。

宗教というものは、マルクスなどはアヘンであるといっております。宗教は農民とか労働者とかが、いまいる地位に満足し、そして支配者とか為政者の思いのままに服従するような点で、非常に大きな役割を果たしているといわれます。これはかなり古い学説でございますけれども、今日でもなお、宗教はアヘンのごときもの、なにか人間の伸びようとする力をマヒさせるような力をもっているというふうに考えがちなものであります。また実際に宗教というものはそういう保守性といいますか、現状維持的な一つの機能をもっていることはたしかであります。しかしまた、マルクスなどがそういう考えをもちましたもとというのは、多くの人類学者などが、まだヨーロッパの文明にあまり染まらない南洋の島とか、シベリアの小さな民族などを調べまして、そういうところにある宗教・信仰は、全体として一つの部落、あるいは地域社会を中心にした小さな社会がそのまま宗教集団であり、これが宗教の本質的な機能であると考えたわけであります。そういうところから宗教というものは、その社会の統合的な役割を一つにまとめていくようなはたらきをもっているんだということをいったわけであります。

たしかにそういう面も宗教にはたくさんございまして、松本の周辺から諏訪の周辺には、イワイデン（祝殿）という一つのマキを中心にした神社がございます。このイワイデンとはだいたいマキのものが集まりまして、一年に一回あるいは二回、その回り番でやることもございますが、大きいところは神主を呼んできてお祭りをすることもございます。そういうマキの結合といったようなものに、非常に大きな役割を果たしている信仰がございます。東北地方、特に岩手、それから青森の八甲田山より日本海側の弘前のほうへまいりますと、いわゆる同族団という、非常に大きな本家と分家の結合があります。岩手南部には、三〇戸あるいは三五戸といったように、一つの本家を中心にかたまった同族団を組織しておりますが、そういうところには、本家のもっております神社が、要するに長野県の松本付近にあるようなイワイデンとほぼ似たような形をもっております。つまり、本家・分家の結合というものが、そういう祭りを中心に非常に強く意識される。一年に一度か二度、そういうところに集まることによって、自分たちが同族の一員である、あるいはその社会の一員であるということを非常に強く意識するものであります。たしかに宗教というものは、現在の現状、あるいは現在の組織あるいは社会体系というものを強める。あるいはそういうものを維持していくうえにかなり大きな影響、あるいは規制力をもっているということができるわけであります。

しかし、宗教はただそれだけのはたらきをしているものではないのでありまして、宗教という現象は、常に相矛盾したはたらきとか要素とかを非常にたくさんもっているものなのであります。これは他の社会現象とはやや違いまして、ご承知のように、非合理的な、論理でつきつめていっても解決できないところを飛躍して、その非合理的な世界にとび込んでいく性格をもっておるためかと思いますが、そういう点で、宗教は非常に多くの矛盾した要素をもっているわけであります。したがって、宗教にはいま申しましたような、一つの社会、あるいは集団というものを固めていく、あるいはそういうものの組織（現在の）を維持していくはたらきと同時に、ある一つの集団を分裂させるような力ももっているわけなのであります。ごく身近な例で申しますと、たとえば北海道炭鉱労働者のなかに創価学会が非常に強く根を張り、そのためにある炭労組合が分裂いたしまして、第二組合が結成された。その第二組合は、創価学会の人たちによって結成された組合であります。こういう例は、単に一つの特殊な事例というものではないのでありまして、宗教というものは、そういうある集団を分裂させるような力ももっているわけであります。

新約聖書のなかに、イエス・キリストが、あなたがたは私がこの地上に平和をもたらすためにやってきたと思っているのか、それはたいへんなまちがいである。私がやってきたのは分裂であるということをいっている。それはこのキリストが、決して当時のユダヤ社会に、平和あるいは調和というもの、つまり現状維持というものを求めて現われたものではなくして、そこに一つの分裂を意識していた。正しい信仰と神のほんとうの信仰を伝える人たちの集団により、別の世界を建設しようとしていたということを現わしていると思うわけであります。

これは単にキリスト教における聖イエスのことばだけではありませんで、仏教におきましても、たとえば釈迦がこの世に出たということは、この社会の秩序を維持していくというよりも、むしろそういう社会秩序に対する批判から生まれてきたということができると思います。それは出家ということばが示していると思います。日本の出家と申しますのは、ほんとうの意味における出家ということにはならなかったのでありまして、これは日本の仏教の非常に大きな特徴であります。日本の仏教では名前は出家といっておりますけれども、とくに平安朝ごろは、立身出世をする一つの手がかりのような形で多くの秀才が僧侶になったわけであります。したがって、出世間ということばが出世ということばと混同されて、世の中を出るということと、世の中に出て成功するということとが同じようにさえみられるような風潮になりました。そこでほんとうの宗教心を養い、そして自分の信仰をみがいていくためには、もう一度出家しなければならない。再出家をしなければならないというような運動が起こってきています。これは後になりまして、たとえば法然とか親鸞とかいうような人たちの運動のなかにも、その当時における既成教団（天台宗・真言宗といったような）というもののあり方をまったく否定するような——法然は寺を一つももたない。あるいは親鸞は自分は僧侶ではなくして愚禿であるといった。こういった場合も、天台宗とか真言宗とかの既成教団における僧侶を意識したことばであります。——今日流のことばでいえば、反教団的な、あるいは反社会的な主張をもっていたということができると思います。そういうふうに宗教には、地域社会を中心にしたような、統合的な性格と機能と、それからその地域社会、さらに大きな広い地域の社会を分裂させるような力とをもっている場合があるわけであります。

さらに、宗教というものがどれくらい矛盾したものをもっているかということを考えてみますと、さきほどからお話しいたしましたように、キリストでも釈迦でも、その最初の出発点は、常にその当時の社会を批判する、その当時のいろいろな習俗なり社会なりを批判するという形をもって出発しております。ところが仏教にしてもキリスト教にしても、それがだんだん多くの信者を獲得し、非常に大きな教団になってまいりますと、今度は地上的な権力と結びつき、また地上的な経済力を握るようになってくるわけであります。今日でもバチカンのもっている多くの美術品であるとか、建築物であるとか、あるいは仏教でも、自分が死んだらその死骸は、加茂川の水に流してさかなに与えてくれといってなくなった親鸞の跡というものは、日本最大の木造建築物であるといったように、非常に大きな地上的な組織を形成しております。

そういう権力とか、富とかを、地上においてそういう教団がたくわえている。ここにまた宗教というものがもっている一つの悲劇的な運命とでもいうべきものがあるのであります。宗教というものがそのために、常にある小さなグループの指導者を出しまして、その当時の社会を批判し、そして理想的な社会、理想的な世界を描いて、そこに僧侶の集団を結成するわけであります。

釈迦は、非常に階級制度が強い当時に、（今日でもインドの階級社会は非常に強い。カースト制度という。）人間はすべて宗教的な立場においては平等である、四種姓平等ということを申しました。四種姓とは、僧侶の階級と武士階級、それからいろいろな生産にたずさわる階級、そして奴隷階級の四つの階級であります。その四つの階級はすべて平等であるといって、仏教の門戸はすべてのものに平等に開かれていたわけであります。初期の仏教団には、たしかに奴隷もおれば、非常に位の高いバラモンもそのでしのなかにはおりまして、そういう人たちによって社会の外に一つの理想的な社会を作っていく。それが僧団、あるいは教団というものであります。

しかし、そういう少数から出発し、その当時における社会の欠けているところ、あるいはその社会におけるよくない面というものを、非常に鋭く批判してまいりましたものが、そのある発達段階まで達すると、それが非常に世俗的なものになる。地上的な権力とか富とかに強く結びつきまして、それがまた社会の発達をある程度まで阻害するような形をとってくるわけであります。ここに、その教団がふたたび勢いをもち、非常に強い影響力、あるいは感化力をもつためには、常に宗教改革が行なわれなければならない。この宗教改革が行なわれない教団は、さきほどマルクスが申しましたようなむしろアヘン的な、地上における現在の状態に満足させるような機能というものしか果たすことができなくなってくるのであります。しかしその社会は、必ずしも一定の形でとどまっているものではないのでありまして、そこには多くの天災地変もございますし、また人為的な戦争であるとか、経済的なパニックであるとか、いろいろなことで、社会は非常に大きな混乱に陥るわけであります。そういう社会の不安・動揺というときに、宗教というものはある意味からすれば、本来の面目をそこで発揮するものでありまして、そういうところに、新しい宗教が民衆のあいだに強く根をおろしていくことになるわけであります。

戦後の日本はことにひどく、一日に一つずつ新しい教団が生まれてくるといわれたほど、新宗教運動が盛んになりまして、今日でも七百いくつという教団が、それぞれに活躍しております。もちろんこのなかには、教祖がひとり、事務をする人もひとりというような、非常に小さな教団も含まれております。いままではこれらは文部省に届けを出しますと、新しい宗教団として認められ、信教の自由が極度に利用されたものであります。またここ十数年のあいだに、非常に大きく飛躍を遂げた教団もあるわけであります。これらをある人たちは、日本人が戦後において非常な虚脱状態に陥ったときの異常な状態であると観察しておりますし、またある人たちは、そういう新しい宗教運動に多くの大衆が動員されているということは、日本の民衆に正しい宗教を選択する力がないんだ、ということをいっております。

しかし、そういう社会の不安とか動揺が極端に達した場合、（これはフランスのデュルケム、その他の人たちが非常にやかましく研究している問題であります）そしていままでのいろいろな社会的な権威とか、宗教的な権威というもので治まりのつかなくなるほど激しい動揺がきたときには、宗教は二つの方向で、その混乱している民衆の心をしずめる役割を果たすんだといわれております。一つは古い宗教がさきほど申しました一種の宗教改革というような形で、非常に教理を単純化して、民衆にわかりやすい一つの既成宗教の形をとりながら、新しい宗教運動をおこしてくる。これは日本におきましては、鎌倉時代の王朝から封建社会に移っていく場合に、法然とか親鸞とか、あるいは日蓮・栄西・道元とかといったような人たちが、非常に複雑な教理体系であるとか、非常に複雑な儀式の型というものを、まったくうち破りまして、民衆がそれを行なうことができ、また民衆が理解することのできるような、素朴な教理をたててきた。これによって、封建社会が新しく開けていく精神的な基盤が鎌倉時代にできたのであります。もう一つの方向は、新しい宗教運動が、古い宗教にとって代わることであります。そういう点で、私は現在非常にたくさんに出ております新宗教運動が、決してそのように低く、あるいは簡単に解決できるものではなくして、これはかなり大きな問題を、将来の日本の宗教史だけでなく、日本の社会の歴史のうえに投げているものであろうと思うのです。

ちょうどキリスト教とか仏教とかが生まれてきたような状態が、今日われわれがみているような新宗教運動のなかから出てこないとは、断言できないのであります。数年まえに、国際宗教学会というのを日本で開き、四百人ばかりの外国の宗教学者が集まりまして二週間にわたって会議をいたしました。そのあと宗教施設を見学したのでございますが、こういう多くのヨーロッパのキリスト教関係の学者が、天理教の本部へまいりましたときに、口をそろえて、ちょうど初期のキリスト教の教団の発達の状態を、現在日本でみることができたような気がするということをいっています。とにかく現在の新しい宗教運動というものを普通一般の人たちは割合に軽く、また非常に低く評価しているということは、これはやはりまちがいでありまして、あるいはこのようななかから、次の何世紀かを支配する新しい日本の宗教が生まれてくるのではなかろうか、というような感じをうけているわけであります。

そういう宗教の、社会の混乱に対して果たす役割が、私は宗教の最も大きな一つのはたらきであろうと思います。そういう点で、日本が近代化していく際に、宗教がどのような役割を果たしたか。とくに徳川時代におけるいろいろな宗教運動が、やはり幕末に近づくにつれて次第に盛んになり、宗教が武士道と結びついて、武士道というものの形成に非常に大きな役割を果たしたものもあります。またご承知のように、国学とか水戸学といったような、これも一つの大きな宗教運動であろうと思いますが、そうした非常に単純化したナショナリズムと結びついたような宗教運動が、やはり徳川の幕藩体制がくずれていく過程に現われてきて、こういうものが明治維新を開いていく一つの柱になってきたと思うわけであります。そういうもののなかで、とくに浄土真宗が農民や商人のなかにはいりまして、どのような形で日本の近代化を進めていく基礎工作をやっていたかということが、私どもにはかなり興味のある問題であります。

これについては、ヨーロッパにおきましてはマックス・ウェーバーという人に、プロテスタントの倫理思想が、近世ヨーロッパの資本主義の発達に非常に大きな役割を果たしたということを論じました有名な論文がございます。またこれと同じような形のものとして、とくに九州大学の内藤莞爾教授が、近江商人が、徳川の中期ごろから（これは農民から出てきたものでありますが）浄土真宗の信仰を非常に強くもちまして、浄土真宗が教えるところの報恩、あるいはなにものも粗末にしないとか、阿弥陀如来の恩というものを常にありがたく思っているとか、あるいは正直をとうとばなければならないというような、並べてみれば非常に平凡な徳目でありますが、そうしたものを身につけることによって、近江商人というものが、江戸時代においては非常に高度の経済的な成功をかちとったということを研究し発表されております。

それならば、この浄土真宗が、どういう形で民衆の宗教として変化してきたかと申しますと、ご承知のように浄土教は、この世というものにはまったく絶望してしまって、死んだ後、浄土に生まれるということをとくに強く念願する宗教であります。厭離穢土、欣求浄土と申しまして、この世はきたない世界であって、この世を早く捨て去って、そして将来そこに生まれるであろう浄土というところに早く往生したいということを、それからもう一つは、これは親鸞の非常に有名な、今日でも仏教学者が高く評価しますところの、悪人こそが阿弥陀仏に救われるという、そういう一つの信条をもっているものであります。ところがこの浄土真宗が徳川時代になるとだんだんに変わってまいりまして、とくに現在の仕事に精をだす、家業にいっしょうけんめい精をだすということが、要するに仏の道を修業することと同じであるという、そういう一つの理論がたってまいりました。もう一つは、当時は商業活動が非常に低く評価されていたのでありまして、これは儒教におきましても、仏教におきましても、商人の地位というものが非常に低く評価されていたわけであります。それは自分みずから生産しないで、生産したものを取りつぐということによって、そのあいだに利益をうるということで、生産しないという点において非常に低く評価されたものであろうと思います。ところがこの浄土真宗では、そういう商人に対する評価に、一つの理論を提供しているのであります。それは、仏教には自利利他ということばがございまして、みずからも利益し、また他人にも利益させるという、その二つのことが行なわれなければ、ほんとうの菩薩の道というものにはならないという説がございます。これを商業活動というものにからみ合わせまして、そのあまっているところのものを取り次いで、足りないところのものに供給するということで、それは利他の精神、つまり他人を利益させるところの精神なんだから、したがって他人を利益させるということによって正当なる報酬をとるということは自利、みずからを利益するということになるのである。したがって、商人が正直にそのあまっているものをとって、足りないところへ補うという行為は、それは自利利他の精神に合致し、仏教でいう菩薩の精神であると説くようになってまいったのであります。また江戸時代に石田梅巌によって唱えられました心学（これは農村から出て商家に長く奉公し、そして一念発起して心学を開きました。）等、商人道徳を説いた運動とか、二宮尊徳の報徳運動（これはとくに農民を対象としたもの）とかが、明治維新によって外国の新しい資本主義体制を受け入れ、近代化していく場合に大いに役だっている。他の東洋諸国においては、その間に非常に大きなギクシャクした不幸な状態がどの国にも起こったにもかかわらず、日本においてはそれが非常にスムーズに行なわれた。というのには、そうした江戸時代における陰の力、宗教とか倫理運動の陰の力が非常に大きな役割を果たしていると考えられております。こういうことは、最近では外国の学者も非常に注意し始めまして、最近まで日本にきていたハーバード大学のロバート・ベラという人などは、「徳川の宗教」という書物を書きまして、そのなかにいま申しましたようなことを非常に強く強調し、日本の近代化は、単に日本人はまねがじょうずであると、いままで多くの外国人は考え、またヨーロッパの一方的な力によって日本が急に近代化したということをいっているけれども、それは誤りであって、日本の近代化は、江戸時代において日本が近代化するに充分な素養、あるいは素地というものをたくわえているんだということをいっております。

（下）

いまお話し申し上げましたのは、とくに浄土真宗というものが、商人の階級にかなり大きな力を及ぼしたことでございますが、ここでお話し申し上げたいと思う一つの例は、農村社会に及ぼした浄土真宗の影響であります。とくに江戸末期におけるものでありまして、これは福島県の相馬藩についてであります。

藩主は平将門の子孫と称しているものでありまして、千葉県から移住したのであります。元弘年間に移住し、中世の戦国時代を経たにもかかわらず、また北には伊達政宗という非常に野心的な大名がおりましたにもかかわらず、明治までひとりの藩主が（一軒の家が）ずっと同じ領地を維持してきた非常に珍しい例であります。したがって、この藩はそういう意味でいろいろな古い習俗がそのままの形を残しているのであります。この藩はだいたい二二〇の村からできあがっており、天正一八年には四万八千石、文禄の検地では六万石、元禄の検地では六万石でありますが、打出三万八千石、これは表方禄高は六万石でありますが、実際は約十万石の収入がある藩と認められたわけであります。そのとき、元禄一五年に人口が八万九千人ありました。ところが天明の飢饉に、相馬藩は非常に大きな打撃をうけたのであります。元禄一五年（一七〇二年）に八万九千人でありました人口が、天明七年（一七八七年）は三万二千人に減ってしまったのであります。六三・九％、およそ六四％という人口がなくなった。死んだものもございますし、飢饉のために村を離散してしまったものもございまして、それから石高も非常に減ったのであります。三万二千にまで減った人口が天保一〇年（一八三九年）には三万三千と、ごくわずかしかふえておりません。そこで藩の財政の立て直しをしなければならないということになった。そのときにたまたま富山県からきておりました闡教という坊さんに、久米の泰翁という家老がとくに頼みまして、越中・加賀の人たちは非常に勤勉だときいているが、それをなんとか移民としてこの藩内に迎えたいということをしょうよう（慫慂）いたしました。闡教はまた加賀・越中へ帰りまして、何人かの窮乏している農民にはたらきかけて、これを相馬へ移住させるようにしたのであります。

ところが天明の飢饉は全国的な飢饉でありまして、加賀藩でも越中藩でも、農民が村を離れてよそへ移住することを厳禁しておりましたために、非常に苦心惨胆して、とにかくここに何人かの移民を招請したわけです。ところがそこでおもしろいことは、加賀や越中からまいりました移民は、全部浄土真宗の人たちであったのです。それまでこの相馬藩にはほとんど浄土真宗はございませんで、おもに真言宗、あるいは禅宗が村の宗教になっておりました。それから後、二宮尊徳の御仕法をこのなかに導入いたしまして、今日では相馬藩はだいたい昔の状態に復しているわけであります。

この加賀移民がいつごろ、どういうふうにやってきたかと申しますと、寛政五年（一七九三年）からぼつぼつ始まってまいります。まず真宗の寺が建ちまして、その寺を中心にして移民が集まってきたわけであります。上図の黒いのが信者の数であります。卍の印のところは浄土真宗の寺であります。相馬中村が中心でありますが、ここに今日では寺が二か所、鹿島という所に一か所、それから原町に二か所等で、このへんに浄土真宗の村がちらばったのであります。そして最初には越中や加賀におきましても割合に貧しい人たちがこちらに移って参りまして、相馬藩において一家をあげて逃げてしまったあとの屋敷、あるいはもう何年もほおってあったために、まったく田んぼとして用をなさないような荒地をあてがわれて、そこに住みついたのであります。弘化二年の小高という所の「新百姓調帳」のなかに、移民の石高、人口などが出ておりますが、弘化二年には

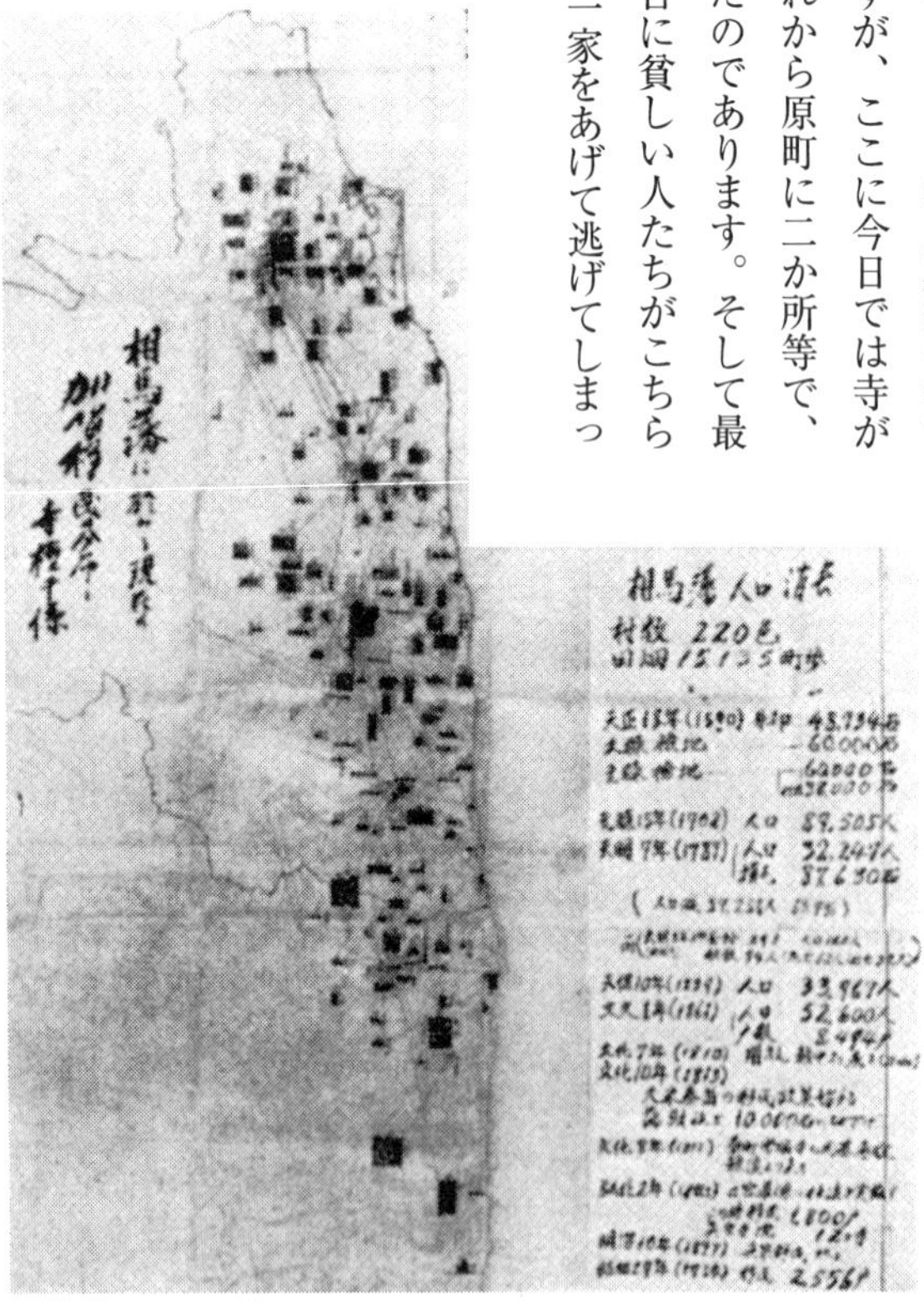

（本書512頁の折込み参照）

だいたい一戸平均が五・六人、田は六反九畝、畑が一反三畝をもっている。これは東北地方の農家といたしましては非常に小さなものでありまして、これだけではとても自活できるものではないのであります。東北地方はだいたい平均二町歩の田をもちませんと、寒いところでありますので、ほとんどが一毛作で裏作がきかない水田に依存しているところでありますから、たべていけないのであります。しかし移住から二〇年ぐらい後には、田が平均六反九畝ぐらいになっております。

また移民の社会的地位が比較的低かったのであります。今日でも古老の話などでは、移民は村の寄り合いがありましても座敷に上がることができなくて、座敷の上からゴザを下に投げて、そこにすわっていろというようなことをいったということです。したがって、ここでは「くやし泣き」ということを「加賀泣き」加賀の移民たちがくやし泣きに泣いたというので「加賀泣き」ということばが今日でも使われているくらい、かなりみじめな生活をしていたわけであります。

ところが、こういう田六反、畑一反でぼつぼつ開墾を始めました移民たちが、今日どれくらい成長したかと申しますと、私がおもに調査いたしましたのは中村の小泉・黒木周辺で、ここに宿仙木という小さな部落があります。ここにはおよそ二〇戸、一五〇人の人が住んでおります。この部落は非常に珍しいことに、部落全部が真宗移民の子孫であります。他は相当入りまじったところがございまして、そういうところはかなり調査しにくいのでございます。宿仙木はだいたい平均人数が一戸当たり七・五人でありますから、五・六人より少しふえております。それから水田はあまりふえず、八反八畝、畑が五反、山林が一町六反三畝です。宿仙木を含めた黒木という部落の平均をとってみますと、人数が七・四人、水田は六反九畝、畑が四反六畝、山林が九反五畝でございます。それから水田を所有しておるものは宿仙木が一八戸のうち九戸まで、黒木は六三戸のうち一五戸しかもっていない。したがって宿仙木では、一町歩以上の水田所有者はおよそ五割、その他の宗派の部落ではおよそ二割三分ということになります。それから山林を一町歩以上もっておりますのは、宿仙木では一八戸のうち一一戸ですから、六割一分、他の宗派のところでは六三戸のうち二四戸と、三割八分しかもっていないということであります。

昭和二八年の村税を五千円以上納めておる人たちが、宿仙木の部落では一八戸のうち八戸ありまして四割四分四厘です。それから同じ部落の他の宗派の家を合計いたしますと、それは二割八分しかおりません。それから一万円以上村税を納めているのは宿仙木の農家では一八戸のうち二戸、その他の村の人たちのなかでは二戸です。

ではこういう差がどこから出てくるかということですが、移住の古いところでいちばんピークになりますのは文政一〇年、天保六年、それから嘉永三年で、これは慶応三年まで続いてきております。現在では二、五五六戸の浄土真宗の人たちがいるわけであります。それが一〇〇年、あるいは一六〇年ほどのあいだにこういう経済的な差がついてまいりました。その一つの原因は彼らのもっている信仰・宗教というものが違うというところからきていると思うわけであります。

その例として、宗教的慣習というものに現われてくる二つの部落の差をみますと、まず神棚については、いろいろお札がたくさんはってあるものでございますが、それが神棚、大黒棚、荒神棚といったように台所などにたくさんございますし、入口とか厩・井戸にもお札がたくさんはってあります。浄土真宗のうちにはそういうものは一つもはってない。また神札なども家の門口・茶の間・台所・厩・井戸、そういうところにたくさんのお札がはってございますが、浄土真宗の家には、これもございません、それから屋敷神というものが、だいたい家の背戸には必ず祭ってあり、たいてい九月九日に祭りを行なっております。こういう屋敷神ももちろん原則的にはないのであります。それから部落神の祠というものも、この真宗の部落にはあっても祭りには参加しないのです。宿仙木には山の神様の祠があり、また熊野神社の祠がございますが、これはこの村の人がお守りをしているのではなくて、下の方の他の部落の人が、ここまできてお守りをしています。それから長野県にもたくさんございますが、道祖神の碑とか荒神様の碑とかいったようなものがこういう浄土真宗の村にはありません。それから仏壇ですが、これには非常に大きな差がございます。浄土真宗というのはご承知のように非常にりっぱな仏壇を作っております。そして自分の代に新しい仏壇を作るということが一つの念願になっているわけですが、他の相馬地方の家にはほとんど本尊をもっていない。浄土真宗のほうはまん中に本尊がございますけれども、位はいなどは一つもおいていない。ただ阿弥陀様がまん中にいるだけという、非常に一神教的な形をとっているわけです。他の農家へまいりますと本尊様はほとんどなくて、位はい堂といっていいくらい位はいばかりがおいてあるというそういう仏壇をもっております。それから仏壇を新調するということは非常に忌まれるのであります。それで、あまりお参りはいたしませんで、ごく信心の深い人たちだけが毎日拝んでおります。浄土真宗の村では、毎日朝めしのまえと夕めしのまえに、家族一同が仏壇の前にすわりまして正信偈を唱える。それからよそから物をもらいましたときも、まず仏壇に供えてからいただく。これはどこでも真宗のうちはそうだと思います。それから人が訪問する場合も、そのうちの人にあいさつしないで、まずすっと座

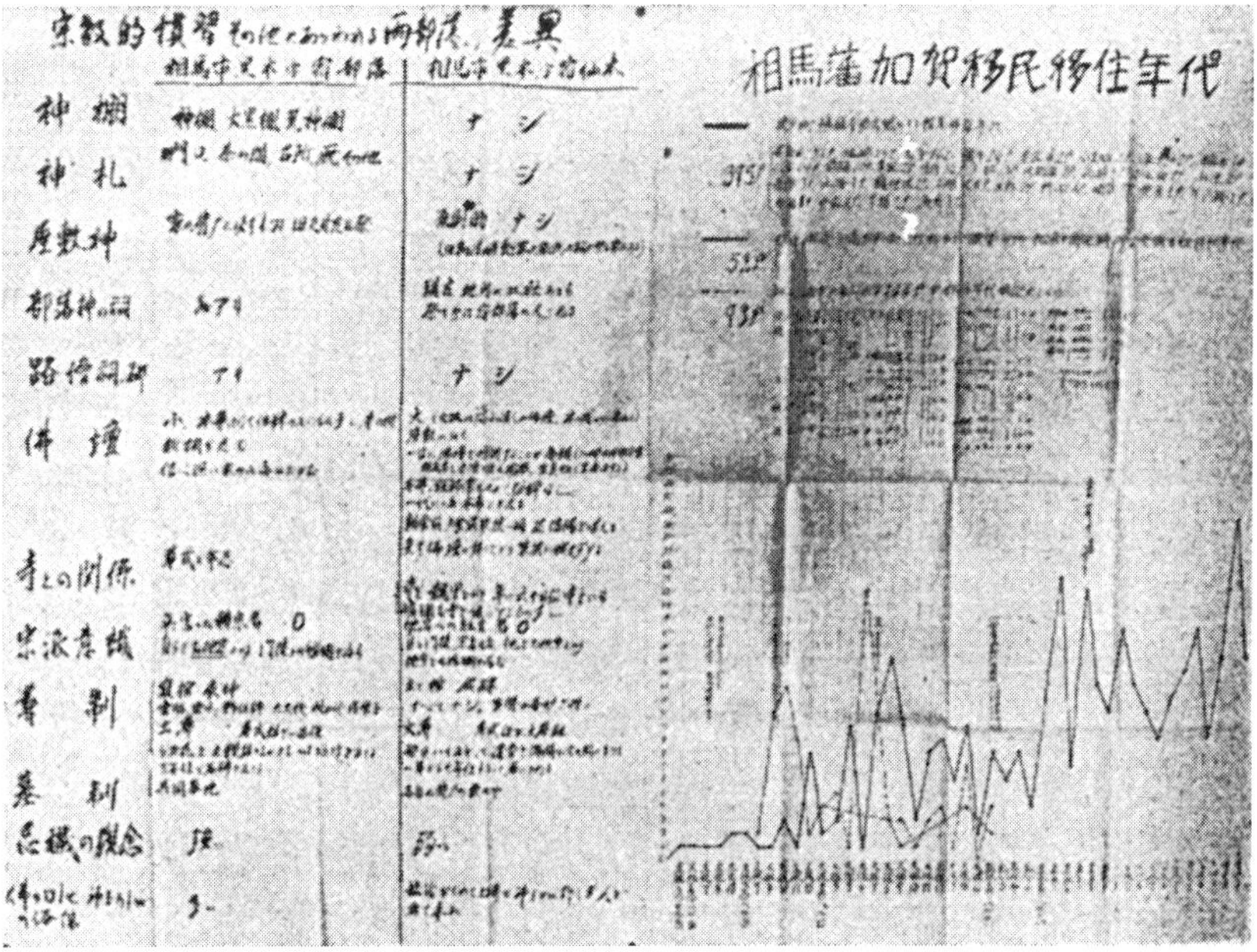

（本書528頁の第十表参照）

敷に上がっていって、いきなり仏壇を拝んで、それから「今日は」とその家の人にあいさつをするのがこの地方のきまりになっております。次に寺との関係は、他の部落ではほんの葬式のときだけ、あるいは信心深いうちでは年忌のときに坊さんをよんだり、あるいはお寺にお参りする程度ですが、浄土真宗の村では、寺は親里だといって、一年にだいたい六〇日ぐらい寺参りをしているわけです。それから報恩講とか、いろいろなことで集まりまして、とくにここでは浄土真宗が移民の中心になっておりましたために、結婚のなかだちとか、その他いろいろな点で真宗の坊さんは、村の人たちと非常に強く交渉をもっております。

そこでこれは非常におもしろいことですが、いままで相馬におりました人たちが、ひとりも浄土真宗に転向していないのです。これは一〇〇年あるいは一五〇年ぐらいのあいだにうえつけられております社会意識、階級的な意識というものから、浄土真宗に転向するものがひとりもいない。また移民のほうでも真言宗とか、他の仏教宗派に転向したものがひとりもおりません。非常にはっきりした一つの断層をなしているわけであります。そしておもしろいのは、土着の人たちは真宗のことをあれは真宗の人だとか、真宗村だとか、真宗部落だとか申しますが、自分のことをお他宗といっていることです。浄土真宗の人がいままでいた禅宗や真言宗の人を、あれはお他宗だといったのを、自分で自分はお他宗だといっているのです。それから葬式の方法なども、浄土真宗以外のところではだいたい寝棺で展伸葬をやっておりまして、これには非常に複雑な、六文銭だとか、杖とかわらじとか、経帷子とか、普通農村で行なわれると同じような制度がございますが、この浄土真宗では、立て棺で屈蹲であります。そして火葬を行ないまして、なにも経帷子とか六文銭とかいうものを入れる風習は全然ございません。家督がただ香炉をもってあとについていくだけです。この部落には一つ火葬場がございまして、火葬場といっても煙突の立っている火葬場でなくて、ただここで焼きますという、石の囲いがあるだけで、昔のさんまい（三昧）というそういうところで火葬をして、そして翌日灰よせをいたしまして遺骨を（仏間は非常に神聖でございまして）仏間の次の部屋に安置して七年ぐらいおいておきます。それから自分のうちの墓のなかに納めるわけです。

それからいみけがれの観念も、浄土真宗以外のところでは非常に強いのであります。真言宗その他、浄土真宗以外の村では非常にたくさんの年中行事がございまして、きょうはなにをしてはいけないとか、きょうはボタモチを作ってあちらこちら配らなければならないとか、きょうは山へはゆけないとか、非常にたくさんのお祭りの日、または休まなければならない日がございます。これに対して浄土真宗の村は、お寺参りがほとんどでございますが、それも一日休んでお寺参りにいくのではなく、朝畑でひと仕事してから寺に出かけるという形をとっている。したがって、そういう点で労働時間にかなり大きな差がでてくるわけであります。浄土真宗の坊さんが中心になりましてご法座というものをいたしますが、さきほどちょっと申し上げましたような浄土真宗の本来の教理、親鸞とか蓮如とかいう人たちが説きました教理が、非常に大きく変化いたしまして、仕事に精をだすことが結局仏教の修行になるんだ、正直に自分の家業に精を出すということが、死んでからもあの世にいって阿弥陀如来に救われる道だというふうな説教を始終されるわけです。そういうことが、真宗の農民のあいだにうえつけられまして、それがいろいろな点に影響し、私の調べたかぎりでは、経済の面でかなり他の宗派の人たちとのあいだに差がつきかけてきているわけであります。

こういう経済的な差がだんだんに強くなってまいりましたために、従来社会の階層的にいろいろ差別されておりました観念も次第に消えてまいりまして、村のいろいろな役員、あるいは農協の中心的な仕事も浄土真宗の人たちがだんだんに参加するようになってまいりました。今日の相馬地方は、昔のような藩的な形はもちろん残っておりませんけれども、非常に特殊な一つの地域社会を形成しているように思うわけであります。

こういう点で、さきほど申し上げました江戸時代における宗教というもの、近江商人と浄土真宗の話など、これと同じようなケースはやはり他の農村にも現われてくるのでありまして、宗教というものが人間の生活をどの程度まで規制していくかということの、これは一つの標本になるのではなかろうかと思うわけであります。

いまの日本は宗教の問題では、岡倉天心は「日本は東洋の美術館」と申しましたけれども、いわば世界の博物館

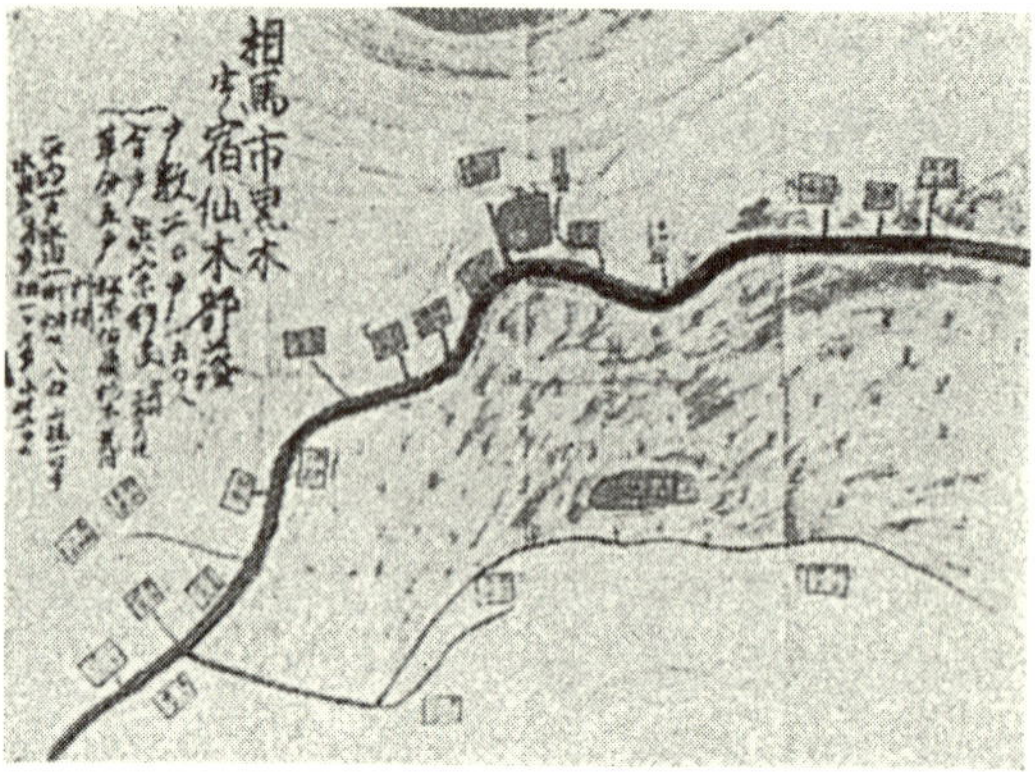

（本書527頁の第九表参照）

といっていいくらい、多くの宗教がございまして、それぞれにいろいろな役割を演じているわけであります。私は、宗教が単に現在の状態を維持していくような、保守的なものではなくして、宗教のあり方というものによっては、それが近代的にも役だてば、あるいは社会変革、社会を改造していくという点にも、非常に大きな精神的な柱になっていくべきものであろうと思うわけです。

そういう点では宗教というものは、（これはみなさんに申し上げるより、宗教家に申し上げなければならないことでありましょうけれども）社会批判とか、あるいは現状というものをむしろ否定するような形から理想社会を描いた一つの運動として、今日の時代にはもう一度新しい出発をすべきものでありまして、単に過去の代における文化的な遺物あるいは遺産というようなことだけで考えることができないと思うわけであります。

（『信濃教育』五・六月号・一九六二年）

精神的風土と日本宗教の型

一　宗教と社会風土

宗教の分類

宗教にはいろいろの定義が可能であるが、世界に存在する諸宗教は、その性格からこれを三つに分類することができる。その第一は「自然宗教」natural religion で、主として文化人類学、社会人類学、民族学などの対象となってきた。未開宗教 primitive religion ともよばれるものである。人間の自然集団の構造とその生活環境のなかに芽生え、主としてその社会集団の維持統合と、それを支える価値体系を象徴する機能をもっている。特定の教祖をもたず、教理体系は確立されておらず、自然集団と同縁にある信者集団によって担われている宗教である。

第二は「民族宗教」folk religion とよばれるもので、ユダヤ教、ヒンドゥ教、神道などがその典型である。特定の民族と特定の神もしくは超自然的な実在とのある種の契約ないし関係づけによって成立し、その民族のもつ価値体系や民族性をつよく反映し、民族統合の精神的支柱ないしシンボルの役割を演じる。特定の教祖をもたず、その根をふかく自然宗教におろしてはいるが、歴史の過程において、宗教的カリスマや予言者、神学者により教理体系がしだいに形成され、また儀礼様式も整備され、その専業執行者ないし信者たちを指導する宗教的教師を持つにいたっている。

第三は「普遍的宗教」universal religion とよばれるもので、仏教、キリスト教、イスラム教などのように、特定の民族宗教のなかから、歴史を超越する宗教的カリスマとしての教祖によって「啓示」された宗教で、世界宗教 world religion ともよばれる。自然集団とか民族といった制約を超克し、神は宇宙の真理の体現者、あるいは全人類の救済者に高められ、全人類的な立場、すなわち平等の立場における個人の救い、「さとり」をその目的とする。教祖と、教義・教理の体系、これらをつかさどる専門の宗教的教師、そして組織化された信者群からなる教団を併せもつものである。この第三のカテゴリーに属する普遍的宗教が普遍主義 universalism とヒューマニズムに立脚するのに対して、自然宗教と民族宗教は、いずれかといえば個別主義 particularism と広い意味での選民思想に根ざしている。

この個別主義から普遍主義への展開は、ヒンドゥイズムから仏教が、ユダヤ教からキリスト教が、シャカ（釈迦）やイエスを中心にその弟子たちによってなされた。それは反現世的、反地上的なる価値の発見であり、まさにエリート的なマイノリティ（少数派）として出発し、当時の社会の世俗的権力や民族宗教的な権威を否定するものであった。

だが普遍的宗教は、その性格から個別的社会や民族を超えて人類へ平等の福音をもたらすものだが、その過程において、原始的教団、すなわち出世間者による僧伽 saṃgha といった閉ざされたゲマインデ（自治集団）は外にひらかれるようになり、特定社会のなかに多数の信者を獲得してその社会で宗教的優位を占めるようになる。教会や聖職者は、しだいに地上的権威をも獲得することになり、政治、経済、文化のあらゆる面にかかわり合ってくる。そして、地上的権力や社会制度、文化価値の重要な担い手の役割を演ずるようになって、かくて普遍主義は理念として背後に押しやられ、現実社会の個別主義に支配されるという皮肉な運命を辿らざるをえなくなる。

外来宗教の受容と変容

普遍的・啓示的宗教集団の辿る右のようなディレンマは宿命的である。それは、一方では、宗教が「聖」と「俗」、

「この世」と「あの世」といった全く相反する二つの世界にかかわり、さらに聖性とはルドルフ・オットー Otto, Rudolf がいうヌミノーゼ Numinose すなわち「神秘的な畏怖と魅惑」mysterium tremendum et fascinum という非合理的な性質（『聖なるもの』Das Heilige, 1917）をふくんでいることとも無関係ではない。だが他方、普遍的宗教は、その発生した歴史的、社会的、文化的基盤をはなれて異邦、異教の地に伝道され、別個の歴史的、文化的風土のなかに根づいて行く過程で、「文化の接触→伝播受容→統合＝変容」という一般的な文化接触 acculturation の法則に従わざるをえないからである。文化の伝播・受容には「伝達の可能性」ともよぶべき制約がある。それは個々の文化要素により大きな違いがあるが、個人の意識下にひろく横たわり、社会の正常な成員にとってはほとんど言葉に出して表現しえないような宗教的態度とか価値観といった重要な要素はとくに、他の社会に移植することはきわめて困難だとされている。

もちろん宗教のもつ理念や儀礼などの行動のパターンは不確実ながらも伝達したり借用することが可能である。だがそれらを真正に機能させる複雑な情緒反応をもふくむ「一つの文化的全体としての宗教」を、そのオリジナルな形で伝達することはできない。そこで借り手は外形を模倣して、正しく伝わることが困難な部分はほかの要素によって代行させ補おうとする。文化の伝播→変容のプロセスには「適応」adaptation,「混淆」syncretism,「反動」reaction の三つが考えられるが、そのいずれの場合にしても、文化の受容はつねに受容する側の社会の自由意志がはたらいている。もちろん、外来の異質の宗教が受容する側の社会に根づいて行く過程で、それが民衆にある種の影響や情緒的改変をもたらすことは当然であるが、外来宗教そのものもまた修正され解釈しなおされて受け容れられるため、受容社会がもとからもっていた理想や価値観は、依然として維持され続ける。ある社会が自己の文化のなかに組み入れる新しい文化要素はいかなるものも、その社会の自由意志によって受容されるのであり、受容の可能性はむしろ受容する側の社会にある諸条件にあるとみられる。

二　日本文化の潜在意志としての神道——ロバート・N・ベラーの着眼——

神道的原理

ロバート・N・ベラー Bellah, Robert N. は、日本人および日本文化の特色について、つぎのように論じている（「神道研究国際会議」、一九六七年六月、国学院大学日本文化研究所主催）。——

「神道は日本文化のすべてをあらわすものではないが、基本的レヴェルでは日本固有の伝統とふかく結びついている。そこには普遍的というよりも、むしろ個別主義の性格がつよい。村々には固有の神道があり、あらゆる集団にはまたその集団固有の排他的でユニークな「神道」があることは、あたかも国家的天皇制が、日本の社会のいたるところにあるさまざまな小天皇制に反映される傾向があるのと軌を一にする。

「このことは、日本人の外来文化受容の態度にもあらわれている。一般に日本人は世界で最も多く外来文化を借用して成長してきたといわれるが、しかしある見方からすると、日本人は他のどの国民よりも他国の文化を借用しなかったとさえ言えるようである。あれは固有文化でこれは借用（受容）文化だという記憶を、これほどまでに強く、また長く持ちつづけている社会は、日本以外にはそう多くない。広い意味での「日本的なるもの」（漠然とした意味での神道的なもの）と「外来文化なるもの」との差別は日本では強く意識されている。

「そのうえ、外来文化を一つの手段として取り扱う傾向さえあった。実用的な目的にかなうものは手軽に採用するが、ひとたび状況がかわると苦もなく捨ててしまう。抽象的ないし哲学的な立場でさえ例外ではなく、輸入された外来文化に献身的にとりくんだごく少数の人たちでさえ、その哲学、宗教、ないし芸術上の立場は「神道化」されがちであった。つまり、それらいろいろの立場をめぐって結集された新しい集団に対しても、グループ・アイデンティティという個別主義の基礎が準備されていた。極言すればマルクス主義者やキリスト教信者の団体でさえ、こうして『神道化』されてきたのである。」

——ここでいわれる「神道」は、寛容的、女性的（もしくは母性的）で、権威主義的でない人と神とのつながりを特色とする。日本の国家レヴェルの集団の宗教的次元は、日本社会がいたるところに小天皇制を反映している点で、あらゆるレヴェルの日本の集団の宗教的次元の規範となるとし、ここでは皇室が一方では天照大神と、他方では日本国民と親族関係を結ぶという観念（皇室は宗家、国民の家はその分流）に象徴されるように、神と人間のつながりや、人間に対する神々の親しさとおおらかさを指摘する。日本国民とその象徴的な統治者は、個人にとっては親のような、どちらかというと母親のような（天照大神が母神であるように）ものと考えられている。集団生活の厳格主義的、男性的、権威主義的な概念は、ベラーによれば、神道的なものではなく、むしろ武士的な儒教から生まれたものとされる。この武士的儒教思想が近代日本に影響を与えたことは間違いないが、固有の思想様式と結びついたおおらかな母性を含んだ概念ほどには日本人を強く動機づけ得なかったと考えられるし、この神道の寛容さは社会権威の概念が柔軟ですぐれた解放性に富み、実用主義的な力を培うのに重要な役割を果たしてきたと見ている。

そしてベラーは、かくて日本では、個人の自己同一性 individual identity や文化的価値、集団の成員権がわかちがたく融合する傾向があり、これが、(1)本来の意味での自我意識の発達や、(2)特殊集団を超えて普遍的価値にふかくかかわる傾向や、(3)既存の個別主義的なきずなを断ち切った任意集団のなかで、自由に働く可能性の出現、といったものを拒んできたゆえんであると、論じた。

三　日本宗教の普遍的性格とその基盤

日本的原理

このベラーの見解に対してはいろいろの異論や反論が予想される。仏教徒はもとより、マルクス主義者やキリスト教徒にとっては心外とさえ思えるかも知れない。だが、この議論はたしかに人の意表をつくものであるが、虚心に考えてみると、日本人と日本文化についての一つの特質をついており、示唆に富むものといえる。

日本人は自己確立がいちじるしく欠如している、とは、これまで多くの人たちによって指摘されてきた。日本人は自己と他者との対立において、つねに他者を中心として思考し反応する性向が強く、それはしばしば欧米人をなやます日本人独特の否定法（イエスとノーの逆用）や、文章における極端な主語の省略、その半面、アイ（I）とユー（you）が自己と他者との間柄や社会的関連性によって実に多岐な分化をとげていること、などに端的に示されている。日本の文化は、合理主義と不寛容と自己確立、すなわちすべてに徹底性を要求するヨーロッパ文化とするどく対立する有限性と相対性の文化であるともいわれる。日本人が物事をあいまいなままに放任し、矛盾を容易に認容し包摂してしまうような相対的な態度は、一面では論理主義の発達をさまたげ、論理の厳粛性を欠くとはいえ、他面で外来文化をプラグマティックに選択受容し、変質統合するという特殊な才能をも可能にしたといえるかも知れない。

ルース・ベネディクト Ruth Benedict は『菊と刀』The Chrysanthemun and the Sword, 1946のなかで、日本人の行動のなかには、欧米人の基準からは全く矛盾すると思われる諸要素が矛盾と感じられずに併存していると、指摘している。彼女は、それは単一なる原理によるという。その原理は仏教のものではなく儒教のものでもない。それは日本的原理ともいうべきもので、そこに日本の長所も短所もあるとした。ここで彼女が用いた「日本的原理」

という表現は、ベラーの表現を借りて、ひろい意味での「神道的原理」といいかえてもよいだろう。それはまたおしなべての「日本宗教」のもつ普遍的な性格、庶民的受容の根底ふかく存する性格に負うものであろう。

日本には、いわゆる民俗宗教―民間信仰といわれるものから、実に種々様々の内容と様相をもつ多くの宗教が併存している。それらの存立の基盤にはそれぞれ固有の意義があり諸宗教の相互には差異があるにもかかわらず、それらを「一つの全体としての日本宗教」Japanese Religion as a whole なる概念に統合されうるほどの同質性を持っている。ベラーの言葉をかりれば、儒教と神道は仏教からその形而上学と心理学を借用し、仏教と神道は儒教から倫理思想を借用した。そして仏教と儒教は国家および家族宗教という日本の宗教伝統のなかに全く同化されてしまった。ベラーは日本宗教の基礎構造を、(1)恩恵施与者としての超従属者（神など）に対する宗教的行為すなわち尊敬と感謝、および報恩思想と、(2)存在の根拠である実在の内的本質としての超従属者に対する何かの形での合一、同化の試み、という二面からとらえている（『日本近代化と宗教倫理』The Tokugawa Religion, 1957）。

神人合一と祖先崇拝

人は「神」、「自然」のみならず、社会的優位者といった自分以上のものから絶えざる恩恵をうけて存在している。この恩恵がなければ、人は全く救われざる存在に堕してしまう。それと同時に、人は「神」であり、「自然」である。人は自己の内部に神性を、仏性を、「道」を具有している。しかし現実生活では、この人間性は利己心や個人的欲望によって曇らされている。したがってこの人間に内在する神性の自覚は、自己をむなしうした報恩、自己犠牲の行為による神人合一によってえられるのである。日本の農村の家の構造において、いく世代にもわたって同じ田畑を耕作し、これを子孫に伝えていくという仲介者的役割を果たすものとしての個人を存立させている最も直接的・具体的な考え方の基礎には祖先がある。

筆者が昭和二九年に行なった福島県のある高等学校の生徒を対象とした宗教意識の調査でも「あなたはあなたや

あなたの家族の今日あるのは、誰のおかげだと思いますか」という問いに対して、男性四六三、女性三四五の回答(二つ以上答えたものを含む)は、「先祖」と答えたもの三三二(うち男一六七、女一六五)、「父母」と答えたもの二五七(男一二六、女一三一)で圧倒的に多く、三位の「祖父母」、「国家」と答えたものそれぞれ八五を大幅に引き離している。(女性の方が「先祖」、「父母」とする意識が男性より一二パーセント方高いのは注目に値いする)。またその答えを「自発的にそう思う」と、「目上の人からいい聞かされてそう思うようになった」の両方のケースに分けてみると、

	自発的	他動的	差
先祖	二八〇	五二	+二二八
父母	二〇五	五二	+一五三
国家	七一	一四	+五七
祖父母	五五	三〇	+二五
天皇	二一	二三	−二
氏神(産土)	一五	一八	−三
仏様(如来様)	一二	二〇	−八

という数字が得られた(堀一郎『宗教・習俗の生活規則』一九六三年)。ここにも将来の東北の農村の中堅的役割を担う青年層に深くしみ通っている祖先観を窺うことができる。

この父母、祖父母を通しての祖先との系譜的連続の意識、その恩恵の意識は、儒教的な「孝」の倫理を宗教的な観念と実践へと進めて行った。祖先は氏神と重なって神性を獲得した。日本社会は政治的価値が優位性をもっている。そして家族集団、同族集団そのものが小天皇制といわれるように、国家も一つの家族集団と見なされ、政治的上位者は家長をふくめて一種の象徴的なカリスマ、神聖性をもち、半神半人性をもつ。ここから神を延長線上に見

る神観念が生まれ、神の人間化（化身、権化）とともに、人間の神化の現象もきわめて自由に矛盾なく行なわれてきた。政治的カリスマと宗教的カリスマとの同一視は「天皇制」の中心的構造であり、とくに日本人の人格形成と信仰の型を決定した重要な素因であると考えられる。

氏神信仰と人神型信仰

日本の民衆を久しきにわたって規制してきた信仰や儀礼や習俗の根幹、――おそらくそれは農耕生活の開幕とともに漸次形成されてきたものと思われるが――それは日本の特殊な地理的風土のなかに形成された極度に孤立しイン・グループ化した村落社会と、それを支えてきた氏神信仰である。氏神信仰は、(1)一定氏族、同族、地域集団の政治経済的自律性を前提としてその維持統合のシンボルの役割を演じ、(2)したがって封鎖性が強く、神の性格もまた排他性を濃く示しており、(3)神霊に機能的分化はあまり見られず、(4)いわゆる氏子集団との系譜的、契約的意識に支えられ、(5)神霊の権威は氏子集団または首長の政治経済上のまた社会文化上のステータスを直接反映する。氏子集団は同時にいわば信者集団でもあり、社会集団でもある周延的な重なりを示している。

しかし日本人の信仰の基底はたんに氏神型の信仰のみではない。そこには氏神型信仰と全く異質な「人神型」の信仰が、いわば二重構造をなして現存している。この事実はとくに重要であり、注目しなければならないもののように思われる。人神型信仰とは古代の三輪（大神）、賀茂、一言主、八幡、住吉、祇園、津島、稲荷、北野などの神々とその神人集団を指すが、それは、(1)一定氏族、同族、地域集団を前提とせず、それらの現状維持ないし統合のシンボルとしてよりは、むしろ現状を打破しより広い次元の集団に信者を吸収する役割を演じ、(2)したがって信仰は解放的であり、(3)神霊は強い個性のある機能的な性格をもち、(4)信者群と神霊との関係は系譜的契約ではなく、個人的信仰の上に成立し、(5)神霊の権威はその仲介者の呪術宗教的な能力、すなわちシャーマニズム的なカリスマ的存在と、それをとりまく信者群の性格などを反映する。これはひろく言うならば日本的シャーマニズムの所産とみることもできるであろう。

この氏神型と人神型の信仰がどのようにかかわり合って日本人の精神構造を形成してきたか。このことについては、筆者は多くの論考を発表してきたし、とくに『日本宗教の社会的役割』（一九六二）でくわしく考察したので、いまはこれ以上の重複は避けることにする。

四　神人合一と即身成仏

日本宗教の潜在的主体性

さて、「日本宗教」なるものの存立根拠として潜在的主体性をみる見方は、日本人は顕在的主体性をいちじるしく欠いており、いわゆる group-identity（集団としてのアイデンティティ）の意識が強く individual identity（個人としてのアイデンティティ）が未発達であったとする見方と、一見矛盾しているが、その根底には前述の諸要素が絡み合って作用していたとも見られよう。しかし、この一見矛盾した現象をみて矛盾と感じとったのは日本人よりも、むしろ外国の日本研究者たちであった。とくに、比較的早い時期にこれに驚きの目をむけたのは英国のチャールス・エリオット Eliot, Charles である。彼はその著『日本仏教』Japanese Buddhism, 1935（1959）のなかで、日本神話の世界にみられるような古代的な儀礼宗教である「神道」が、儒教や仏教、またそれらに伴う中国やインドの文化を大幅に採り入れた異常なまでに知的でかつ進歩的な日本民族の国に、生きのびてきたことに驚異の感を深くする、といっている。

かれによると、神道は芸術的でもなく、偶像ももたず、倫理的規範とか天の思想といった形而上学といったものは何ももっていない。しかしその思想的空虚は無窮の民族的生命や愛国の精神によって埋められ満たされている。

この民族生命の永続性の意義についていては素朴な表現しかないけれども、じつに個人は家族の一員としてのみ存在し、家族は国家の一員としてのみ存在するということを示している。それは現在は過去の伝統と未来の要請に対してみずからを犠牲にしなければならない、と教えている。神道の強靭さはそれが外国の教説の導入や受容によっても崩壊しなかったことにある。神道が今日まで現存しえたのは一部は仏教の寛容性に負うところがあろうが、しかし神道は同じ仏教受容国であるビルマの土着信仰が、アニミズム的なナッツ Nats 信仰といった単なる俗信になり果ててしまったのとは対照的に、一種の国家祭祀としてまた農耕儀礼として、国民の精神生活の支柱の役割を果たした。のみならず、神仏習合、両部神道といった形で、神々は仏・菩薩の化身とみなされ、多数の神社が僧侶の手に委ねられたにもかかわらず、神道はそのために抑圧もされず、ミイラ化もされなかった。そしてしばしばリヴァイヴァル運動の中核に登場し得るほどの根強い生命力を保持しつづけた、と論じている。

エリオットはこうして、従来多くの仏教学者によってとなえられてきた日本文化の形成にはたした仏教の優れて大きな功績を評価しつつも、「事実、仏教こそが神道の影響を、その逆の場合よりも深く蒙っている。つまり一つの全体としての祖先崇拝や、多くの固有信仰や慣習を是認し、これの代償的機能をはたさねばならなかったからである」という。そしてそのもっとも印象深く観察した事実として、日本人は生前に仏教にも寺院にもほとんど何の関心も関係ももたなかった者でも、死ぬと初めて仏教儀礼によって葬られ、戒名を授けられること、また、浄土真宗を除いて多くの家庭の仏壇なるものが、礼拝対象としての仏像の奉安所であるとともに家につながる死者の位牌の安置所であり、一種のタマダナ（魂棚）にすぎないこと、死者を民間ではホトケサマとよびならわしていること、などを挙げている。――ホトケという日本語の語源については、柳田国男のホトキ（缶）、サラケ・キ（甖）と関連ありとの説（柳田国男『先祖の話』一九四六）もあるが、こんにちの民衆の一般的感覚では「迷わず成仏する」、「往生する」などの用法とともに、ホトケは仏であるとみられている。

この事実はエリオットをはなはだしく驚かしたようである。「この大胆な言い方はわたし（エリオット）の知る限り、（多くの仏教国のなかで）日本独自のものである。これは神道の模倣といえる。神道では（なぜと説明はされないが）死者は神となる。だから仏教徒の死者を神道の死者より低い地位に置くことができなかったのだろう。神と仏とは、日本の民衆の考えでは全く同じものなのだ」といっている。

真言密教・法華信仰・浄土信仰

この着眼は卑俗のように見えて、実はかなり的確に日本人の信仰の中核をついている。民衆のレヴェルで、精神生活の内部に深く浸透しえた仏教思想はつぎの三点に要約できるように思われる。(1)第一は、金胎両部の曼荼羅を中心に「入我我入」（本尊われに入り、われ本尊に入る）の即身成仏説をもって、在来の村落共同体の統合の中心的シンボルであった神社信仰（氏神、産土神）と結合し、これを理論化しようとした真言密教である。(2)第二は、滅罪招福や女人悪人の成仏を説く唯一の経典であり、釈迦牟尼仏の最後の真実開顕の教えの経典である法華経の信仰、法華信仰であり、(3)第三は、永遠の六道輪廻の世界と因果のきずなに束縛された人間の、現実社会における危機意識と絶望を、「信心」の確立を条件とする来世での他力的救済を説く浄土教系の念仏信仰である。

第一の密教は、固有信仰とのかかわり合いにおいて、また日本仏教の信仰的構造において、もっとも重要でありながらも比較的軽視され勝ちであった。人びとは鎌倉時代の新仏教とそののちの展開に多く幻惑されて、密教の果たした役割を、たんに平安貴族の利己的信仰という事相面でとらえ、それがいかに強く日本人の信仰心意に訴えたか、また日本仏教の底流となってきたか、ということが見落とされているように思われる。奈良時代のいわゆる「雑密」の流行を経て、空海による密教の本格的導入、それを契機とする平安仏教の極端な密教化、などについてはいずれも本書の四「日本仏教の展開」の章でふれるところであろう。

この時代の加持祈禱の隆盛と、その執行者としての験者の台頭は、やがて民間のシャーマンと結合して「憑り祈禱」を生み、「御霊信仰」といわれる怨霊信仰の流行を招いた。人の死霊を神にまつる風習はしだいに一般化し、巫女は死霊に憑依される「口寄せ巫女」へと移行した。他方、両部信仰の形成と修験道の発生は農村の民衆の信仰や神観念の上にも大きな影響をおよぼしたと考えられる。「即身成仏」、「入我我入」の理は神人合一のもっとも具体的な教理であり、その人と神、人と仏との相互交流の思想は、シャーマニズム的な神観、人間観、世界観に久しく訓練されてきた民衆にとって理解が容易であったにちがいない。とくに「入我我入」の説はシャーマニズムにおけるシャーマン shaman のエクスタシー ecstasy やトランス trance（恍惚状態や忘我の状態）における神霊との交流、憑霊状態を密教教理で形而上学的に説明することにもなったろう。

「即身成仏」は、空海の『即身成仏義』が端的に示すように、真言密教の根本義といわれる。もっとも法華経（「提婆達多品」の龍女成仏）、華厳経（「孔目章」の五種の疾得成仏など）にも即身成仏の思想は見え、最澄も「所化の即身成仏」を説いたが（『法華秀句』巻下）、天台密教の教義を大成した安然は『即身成仏義私記』で、中国天台の学説を大きく歪曲し、五蘊即法界、衆生即仏として、現生成仏、妙覚成仏、身作仏を説いて、久遠の彼方に成仏の理想をかかげる天台の立場を、この一生の間にすべてが成就されるとする立場に変えてしまった。日蓮は表面では「真言亡国」と鋭い批判を浴びせているが、事理両面において真言・天台の密教から大きな影響を受けたといわれる。その門流では当体即仏、受持即仏、修得顕現の三義を説き、受持即仏を宗の正意とするにいたる。禅における即心是仏、即心即仏の神秘体験もこれと無関係だとはいえない。未来往生を説く浄土門においてさえ、親鸞は晩年にいたって「弥勒等同」、「如来等同」の説を華厳経にもとづいて展開し（『浄土和讃』『真蹟書簡』）、顕智はこれをもって親鸞の思想の精要とした（『五巻書』）ともいわれている。真宗教学においてこれがどう解釈されているかは詳らかにしないが、わたしにはとくに重要視せざるをえない展開であるように考えられる。「即身成仏」「入我我入」という考え方、そして神人合一の神秘体験は日本仏教の底流をなすものであり、それはまた、仏教の風土化、日本化への重要な契機となっていたと見ることができないだろうか。

外来宗教の土着化

しかし、ひるがえって考えれば、儒教と仏教は、実に多くのものを日本人にあたえている。漠然とした想念に明確な概念と体系を与えたばかりでなく、日本文化の全領域にわたってその歴史的形成の上に果たした役割を過小評価することは許されない。だから例えば日本仏教の特色を、単に神道の模倣という簡単な、一方的な見解で律せらるべきではないことは明らかである。しかし他方、日本仏教は決してインド仏教や中国仏教の全面的な受容によって形成されたのではなく、いちじるしい変化を受けたことも事実である。日本人は膨大なインドや中国の思想群から自由に選択して、これを日本的に統合し土着させたのである。

すでにのべたように、外来文化の受容には文化接触のあり方、伝播者と受容者の質の問題、歴史的社会的条件、受容の先駆者の社会的地位など、複雑な問題があり、伝達内容、受容の内容には限界がある。それは受容する側の選択意志の表われである。この選択意志によって土着文化に定着統合されて行く過程で、伝達文化と土着文化の双方に量的、質的な変化がおこる。いわゆる文化の変容であり、風土化である。

日本に土着した仏教、すなわち日本仏教は、インド仏教とも中国仏教とも、またセイロン、ビルマ、タイなどの南方仏教とも異なる内容のものに変質した。鎌倉新仏教（浄土宗・浄土真宗・禅宗・日蓮宗）を「過度の逸脱」と評した人もいる。わたしは変容現象が必ずしも質的低下や受容能力の低さを意味するとは考えないし、逸脱なき文化受容は不可能であるとさえ考えている。ローマ教皇庁という教会と教理の中心が確立し、不寛容と徹底した規制力を発揮しえたキリスト教カトリックでさえ、土着宗教との間の相互変容をまぬかれることはできなかった。アフリカの土着民の間に、植民地政策の一貫として強圧を加えて浸透させたキリスト教にもこの現象はあらわであった。同じような報告はアメリカ・インディアンについてもなされている。わたしもかつてメキシコへ遊んだとき、この土着宗教とカトリックの相互変容の興味ある事実をまのあたりにしたが、かつて日本の「隠れ切支丹」を調べた古野清人は、その現在のあり方はもはやカトリシズムとはいえずキリシタニズムとでも称すべきものであるといっている（古野清人『隠れキリシタン』一九五九）。かれらの信仰の変質、変貌は、二百数十年にもわたる長い間、異郷に受容された外来宗教が、正統教会の権威と規制から離れて放置された場合に辿る一つの歴史的結果という重要な資料を提供してくれる。

五　仏教の土着と変質

鎌倉新仏教の問題

仏教は、教理的にも多くの矛盾を容認包摂し、すこぶる寛容性に富む態度と、本地垂迹説といった抱擁力のある柔軟な理論を展開して、異教徒に臨んだ。その上仏教の教団組織は、個々に小権威の中心はあったが、ローマに匹敵しうるような権威の統一的中心はついに確立しえなかったので、その規制力はいっそう乏しかった。日本の仏教史を通して実に多くのセクト sect が分派し、セクト間や寺院間の争いはしばしば武力衝突となり、これが政治に利用されたケースはひじょうに多いが、かつて全仏教教団が一つの宗教的、政治的目的のために大同団結して行動した事例は全くないといってよい。これにはもちろん種々の理由が考えられるが、とにかくこのような無規制的な教団組織が仏教の日本土着化と変質をうながす一つの契機をなしていたことも確かである。

日本に伝来した仏教は、法然によって大きく転向させられたという。鎌倉新仏教の始まりである。それは荘園体制を支えてきた平安貴族仏教に対する批判の上に築かれた合理化のあゆみであり、信仰形式を単純化してその核心を摘出したこと、実践を重んじて空理空論を斥けたこと、宗教を民衆のものとしたこと、日本的独立性を強めたこと、などをその特徴とする。庶民の日常生活そのもののなかに宗教の実践を、「信」を媒介として意義づけようとしたことは、法然以後の日本仏教を大きく性格づけることとなった。法然の直系の親鸞から蓮如、またその法孫にあたる一遍の、それぞれの浄土教の展開はもとより、法然を最大の法敵となし、念仏・禅・真言・律の四宗を徹底的に批判した日蓮も、また、鎌倉期の法相宗、華厳宗、律宗など南都仏教の復興も、法然が打ち出した新しい宗教観と宗教意識から多くの示唆と影響を受けている。また、中国において老荘思想その他の中国思想の影響下に独自の発達を遂げ、そして中国僧堂の特殊な生活規範をその特徴とする禅宗は栄西、道元、および宋朝末期の亡命中国僧によってわが国に輸入され、とくに時代のエリート的存在であった鎌倉武士によって受容された。禅仏教は従来からの日本的仏教の伝統と歴史に無関係に渡来したものであったが、その受容の根底にはこの時代的プリンシプルと多くの共通点をもっている。

鎌倉の新仏教については、これを日本的霊性の開顕として高く評価する学者が多いが、反対に、これをもって感傷的で安易な現実逃避であり、仏教の曲解、誤解にもとづく歪曲として、ここに現われた諸宗派は本格的仏教ではないとみる論者もいる（例えば渡辺照宏『日本の仏教』一九五八、『日本仏教のこころ』一九六八）。前出のエリオットもこの変質の姿を「真宗などは仏教の展開というより、むしろ仏教に巧みに合わせた一組の新思想」と書いている。仏教は日本人に実に多くのものを与え、そして民族思想に順応したが、しかし民族思想そのものは表現しえなかった、とエリオットはみている。日本人が仏教を全面的かつオーソドックスな形で信奉したり受容しえなかったという、この潜在的主体性が何によって導かれ培われてきたか、は考えてみる必要がある問題である。

仏教の土着化と拒否反応

ヨーロッパのキリスト教徒は、理性ではイエスをナザレ人と考え、ヤーウェをユダヤの神に起原すると知りつつも、信仰的に、また心情的にはキリスト教を外来宗教とは感じていない。日本人も仏教を受容してすでに一二〇〇年以上の歳月を経た。これはキリスト教が北欧に浸透して以来の年月よりもはるかに長い。しかも古代以来、すぐれた高僧が輩出し、貴族や知識階層からは深くこれに傾倒した多くの人物が出た。天皇にしても戒をうけて苦修練行し、また退位後法皇となって仏道修行にはげんだ例も多い。また、神道と仏教とは複雑多岐な習合を遂げ、本地垂迹説や、神道理論も構成されてきた。しかし神仏習合は真にシンクレティズム syncretism とよぶべき段階にまでは到達しえなかったように思われる。おそらく修験道のみが中世において、そして近世にいたって新宗教運動のいくつかが、シンクレティズムの名に値する宗教形態をとったといえるのであって、それ以外の神仏の習合は、いずれの面でもきわめてルーズな形での併存にすぎず、教理的にも儀礼的にも体系化の道は辿らなかった。

天平時代の終わり、称徳天皇は道鏡を寵愛し、みずから受戒して尼となったが、その践祚大嘗会の儀式にあたって「朕ハ仏ノ御弟子トシテ菩薩ノ戒ヲ受ケタマワリテアリ。コレニヨリテ上ツ方ハ三宝ニ供エ奉リ、次ニハ天社国社ノ神タチヲモイヤビマツリ……」としつつも、なお「神タチヲバ三宝ヨリ離《サケ》テ触レヌモノゾトナモ人ノ念イテ在ル」と述懐せざるをえなかった（『続日本紀』天平神護元年）。この神仏の峻別意識は長く尾を引いて神木や社地を寺院に侵害されたとして震怒の兆託をあらわした神の伝説も多い。また伊勢の斎宮、賀茂の斎院の卜定禊祓の際や、賀茂、石清水の祭の際の祭主、勅使となった公卿の門前の物忌みの門簡には、平安時代から中世まで、「僧尼重軽服不浄之輩不可参入」と標示する例も多く、同じ日に仏事と神事を宮殿内で執行することを避け、神事に預かるものは仏寺に入らず、仏事を行うものは社前を通らないことが、長い期間、一つの厳重なタブーとして存在した（堀一郎『宗教・習俗の生活規制』）。伊勢神宮における仏を「中子《なかご》」、経を「染紙《そめがみ》」、塔を「阿良々岐《あららぎ》」、僧を「髪長《かみなが》」といった忌詞の使用も、僧尼の参宮禁止も、神仏をできるだけ分離しようとする感覚の根強いあらわれの一つといえる。

しかも、そこには日本を「神国」とする強い認識の流れが、対内的にも、ことに対外的にはつねに、人びとの潜在意識のなかに残っていて、唯一神道から国学へと展開し、日本近代化へのイデオロギー的推進力とさえなりえたことは驚くべきことである。明治の「神仏分離」、「神仏判然」の政策は、久しきにわたった日本人の習合的な神仏観念にとっては、はなはだしく強引な、いわば勢いに乗った暴挙とも評することもできる。しかし『神仏分離史料』に示されるように、寺院側の反発は、真宗と修験道をのぞいては、教義の上でも信仰の上でも、いくた滑稽な事例を残しているが、さしたる混乱もなく、再び両者の歩みさえ見られたのである。

六　宗教と政治——日本宗教の世俗的性格——

以上のような、広義の「神道」の概念に包括しうるような日本的潜在意志の根強い継承は、主として日本社会の構造と価値体系から、またそれらと表裏をなす神観念や儀礼をふくむ宗教の構造から、導き出されるもののように思われる。

日本人と日本社会のもつ個別主義的性格は、その根をふかく政治的価値の優位性においているといわれる。それは多くの学者によって問題とされた。例えば、古くは和辻哲郎が『風土』（一九三五）において「間柄の社会」としてとらえ、近くは中根千枝が『タテ社会の人間関係』（一九六七）と題して論じている。宗教が世俗社会を超えるものとして成長し、宗教的価値の優位性を樹立するためには、宗教と政治の徹底した対決が必要である。しかしこの社会ではそうした対決はほとんどみられなかった。強烈に法（仏法）の優位性を主張した日蓮でさえも、一方で「わずかの小島の主等が威嚇《おど》さんに恐れては」（『御振舞い書』）といいつつ、他方では「所詮天下泰平、国土安穏は、君臣の楽う所、士民の思う所なり、夫小国は法に依って昌《さか》え、法は人に因って貴し、国亡び人滅せば、仏を誰か崇むべき、法を誰か信ずべきや、先ず国家を祈りて須らく仏法を立つべし」（『立正安国論』）としている。王法と仏法の相依相関の、初期日本仏教以来の伝統的な姿勢は崩れていない。親鸞は世俗生活のなかにみずからを埋没させつつ、純一無雑の信仰を説いたが、政治・社会の問題にはむしろ無関心であったらしい。道元は政治的権威に近づくことを神経質なほど拒否しつづけたが、それは、北陸永平寺への隠遁によって象徴されるように、対決ではなくて拒否であり、離脱というにふさわしい態度といえよう。

同じ東洋社会でも、インドでは宗教的価値が政治的価値の上にあって、法律や政治を絶えず蹂躙した。しかし日本では、神道がその原初形態をととのえたとき、それはすでに政治的価値に従属する、いわゆる世俗的な宗教の性格を強くもっていた。そしてかの親鸞が「和国の教主聖徳王」と讃嘆したように、俗人であり、摂政でもあった聖徳太子が事実上の日本の仏教の最初の信者であり、理解者であり、かつ弘通者でもあったことに象徴されるように、政治性と世俗性＝有用性の優位は長く日本仏教の性格を決定したともいえそうである。

エリオットはこうした日本宗教の特色を、「日本では古い前仏教的精神が生き残っている。それは宗教を政府、法律、家族義務および祭儀と同一視している。それらは厳密な意味で一つものなのだ。宗教がそれらを規制しているのではない。それらが宗教なのである」と指摘している。——日本の宗教は、歴史的にいって、国家や民族、社会の利益と衝突したり、これを妨害してはならず、むしろそれにとって有用なものでなければならなかった。神道はまさにそのようなディメンジョンにおいてその機能を果たしてきたといえよう。そしてそこから日本人のもつ宗教の構造が生み出されてきたと思われるし、それゆえにまた速やかに西欧化、近代化をもなしとげ得たのだとも言えそうである。

（『日本の宗教』一九八五年・大明堂）

日本仏教の展開

I　飛鳥・奈良時代の仏教

一　仏教伝来の意義

仏教が百済国聖明王によって、大和朝廷に公けに伝えられたのは西紀五三八年（法王帝説・元興寺縁起）とも五五二年（書紀その他）ともいわれている。この年代および『書紀』の仏教公伝の記事が金光明最勝王経の経文を転用した問題については、飯田武郷『日本書紀通釈』をはじめとして、明治以来多くの学者の論議をよんだ。しかしいずれにせよ六世紀のなかばになって、すでに四世紀の後半に中国から朝鮮半島の諸国に伝播していた仏教が、朝廷に伝えられ、これが動機となって当時の豪族を二分して相争うほどの関心をよびおこしたこと、そしてやがて古代の氏族制社会が崩壊して律令国家へと転回する重要な契機となったことは重要視しなければならない。仏教の伝来が当時の政争の具にせられたことを偶然とする見方もあるが、しかしなぜ六世紀のなかばになって仏教が支配者たちの重要な関心事となってきたかは、仏教がこれ以後急速に受容されて、日本人の宗教生活を決定的に運命づけられたこととともに、大きな意義と必然性をもっていたといわざるを得ない。多くの断片的史料を総合すると、仏教が恣意的な形でわが国に伝えられたのは五世紀ごろからであり、とくに雄略朝ごろに大量に渡来した帰化韓人（新漢人《いまきのあやびと》）がその役割を担ったであろうことは、仏教公伝時およびその直後に活躍した僧尼の多くは、主として飛鳥地方を中心とする近畿、北九州地方出身の帰化人の子孫であったことからもうかがい知られる。

帰化韓人の活動は、仏教受容の主導権をにぎったことだけでなく、彼らのもつ技術力や知的能力は、古代日本に産業と文化の革命をもたらしたものといえる。ウヅマサ（太秦）の名に象徴される秦氏の富力、東漢《やまとのあや》氏や文部《ふみとべ》のもつ知的、政治的な能力は、古代社会の構造や価値体系に何らかの変革を要求せざるを得ないほどの勢力にのしあがってきていた。土地人民の領有と本宗家による一族支配の古代氏族制社会は、すでにあたらしい皇別氏といわれる氏族の勃興と、この異質の基盤に立つ帰化人部族の台頭によって動揺させられざるを得なかった。こうした内部的な矛盾は、欽明朝における朝鮮半島における任那日本府の滅亡、その原因の一つである大陸の隋王朝の強力な独裁的統一国家の出現によって、いっそうあらわなものとなった。この内外の錯綜した情勢は、もはや古代の氏族制社会の上に形成された連合王国的形態の維持を不可能とした。このことはとうぜん、氏族制社会を支えてきた個別主義的な、氏神的ないし政治カリスマによる神政政治形態が、この変動期においてその機能をはたし得なくなったことを意味する。きたるべき社会変革は新たなプリンシプルを必要とする。この必然的な欲求が、朝鮮仏教におくれること二世紀近くたって、はじめて仏教の急速な受容がなされた原因と見てよいであろう（堀一郎『わが国民間信仰史の研究I』）。

しかし、もちろん仏教渡来の初期における一般部族の信仰は、「他国の神」、「蕃神《となりのかみ》」、「仏神《ほとけがみ》」であり、『日本書紀』の仏教伝来記にしるされているように、「無量無辺の福徳の果報」を将来する呪術的対象であったし、したがって僧侶はいわばエキゾティックな呪術者、呪医として迎えられた面も強かった。蘇我氏の飛鳥寺をはじめ、上宮王家の法隆寺、倉山田氏の山田寺、紀氏の紀寺、のちの藤原氏の興福寺（厩坂寺）など、いわば部族における氏神社に対する氏寺の性格を帯びていることも、普遍的宗教として「無上菩提の成就」がうたわれていたにしても、なお個別主義的な受容の姿を示すものといえるであろう。

二　聖徳太子（五七四―六二二）

しかし、聖徳太子の出現は、日本仏教の受容にある意味で決定的な性格づけをしたものとして、重要な意味をもっている。『日本書紀』の聖徳太子に関する記事には、多分に釈迦伝説の転用と見られるものや、種々の神話的著彩が施されているし、太子の著作と伝えられる三経義疏（法華経義疏・勝鬘経義疏・維摩経義疏）についても、近時種々の問題提起がなされている。しかし聖徳太子が実在の人物であったことは『隋書』倭国伝によってもあきらかであり、『書紀』の記録を全面的に否定し去る根拠はない。そして何より重要なことは、太子の仏教理解が当時の一般の水準をはるかにぬきんでていたこと、そして政治の局にあった俗信徒であったことである。

太子の語とつたえられる「世間虚仮、唯仏是真」（法王帝説）や、仏法を「四生の終帰、万国の極宗」（十七条憲法）とする「法」の至上性についての認識や、とくに法華経に傾倒し、その「無量万善同帰成仏」（法華義疏）の説にふかい共感を示したこと、仏の前に衆生はすべて平等の凡夫であるとの見解（十七条憲法）などはその証拠とすることができる。そしてこうした仏教理解がたんに太子一人のものであっただけでなく、彼をとりまく上宮王家の人々にまで及んでいたことも注目に値する。太子はある意味で時代に先んじた識見を、儒教・仏教の教養を通して身につけただけに、部族社会末期の蘇我政権との対立をふかめ、その晩年は政治的には不遇の人であったらしい、その対立がやがてその子孫一族の滅亡という悲劇の十字架を背負って、日本の歴史と社会の大きな転回の礎石となった。山背大兄王の「それ戦勝ちての後に、方《まさ》に丈夫《ますらお》と言わむや、夫れ身を損《す》てて国を固くせんも、亦丈夫ならざらんや」（紀二十四）という自己犠牲の精神が、やがて大化改新の開幕をなす中大兄のクーデターの直接の動機となった。

しかし聖徳太子の仏教信仰が聖職者のそれとは質を異にする在俗信徒の立場のものであり、その十七条憲法に、仏教を篤く敬うべきを説き、「礼を以て本とせよ」としつつも、その「和を以て貴し」とする理想社会は、同時に

「詔を承りては必ず謹む」という天皇至上の国家であり、そこに仏教がかかる天皇国家と社会の形成に果たすべき有用性を高く評価した受容でもあった。このことは推古二年（五九四）の三宝興隆の詔勅に応じて、臣連《おみむらじ》がそれぞれ「君と親との恩《めぐみ》のために競って仏舎を造」ったとする『書紀』（二十二）の記事にも見られるように、外来文化受容における日本人の選択意志の特色を象徴的に示すものである。そしてこうした受容態度は、のちの日本仏教の性格を決定する要素でもあったといえそうである。

文化の伝播には種々の内的外的条件のほかに、受容者の選択意志の働くことは当然であるが、そのキーポイントをなす受容者個人の社会的評価と地位の問題もゆるがせにできない条件である。大化改新以後に編纂された『日本書紀』が、聖徳太子を神話化し、律令国家の先駆的偉人として評価したことも、やがて太子を日本仏教の教主とする考え方を定着させ、太子をもって「救世《ぐせ》観音」の化身とする伝説を植えつける原因の一つになったといえる。

三　国家仏教の展開（七—八世紀）

天武天皇（六二二—六八六）の仏教政策

大化改新（六四五）に際して、蘇我氏を有力な外護者としてきた仏教僧尼の動揺にそなえた詔勅には、蘇我氏崇仏の史実を回想しつつ、「朕さらにまた正教を崇めて大猷《おおいなるのり》を光啓《てらしひらか》むことを思う」（紀二十五）として、十師および法頭《ほうず》の制を設けて衆僧の教導にあたらせるとともに、寺院の僧尼奴婢田畝の巡検を命じて、仏教を律令体制下に組みこむ意図を明らかにした。他方、聖徳太子が熊凝《くまごり》精舎（のち額安寺）を代々の天皇のために「大寺」としたいと遺言して田村皇子（舒明）に付嘱したことが（大安寺伽藍縁起）、やがて宮殿と川をはさんでならぶ百済大寺となり、のち高市大寺をへて、天武天皇の代に「大官大寺《おおつかさのおおでら》」となって、帝王権の宗教的象徴へと成長していく。

近江朝を去って吉野に遁れ、出家修道して沙門皇子と称された大海人《おおあま》皇子（天武）は壬申の乱を克服して飛鳥浄御原朝を樹立し、天皇主権による律令体制を事実上完成した。天香具山の一角に聳える九重塔をもつ大官大寺に象徴されるように、古い豪族が新体制下の官僚貴族化されていく過程において、その個別的信仰対象としての仏教はなお温存されながらも、それらは定額寺として、国家的仏教の枠組みのなかに包摂せられ、統一国家としての仏教が次第に形を整えてくる。天武天皇の兄弟相剋の苦渋の半生に、仏教がどのようにかかわりあったかはあきらかでないが、天武治世下の仏教は、少なくとも記録の示すかぎり、強力な帝王権のもとでの忠実な奉仕者であった。

このころのわが国に伝えられた仏教は、教理的には、聖徳太子の師となった恵慈、恵聡、あるいは慧灌らによる半島経由の三輪・成実論系のもの、また玄奘に直接師事したという道昭（六二九―七〇〇）や、智通と智達による法相宗の第一、第二の伝来が緒につきかけていた。しかしこの二つの宗派は論宗といわれるように、宗教性よりは理論を重んじる傾向がつよく、難解な形而上学を含んでいる。したがって少数の専門家以外に、どこまで理解されたかは疑問である。そして僧侶のはたした機能も、主として護国攘災、五穀豊饒、病気平癒などの呪術的祈願や、橋を架け街路樹をうえるなどの社会事業、施薬・療病などの救恤事業にあった。天武天皇の詔勅には前代にまったく見られなかった「諸国に詔して」という万国の統治者としての意図があらわれ、同時に「莫作諸悪」とか「不惜身命」といった経典用語があらわれてくる。しかし天武の最も尊重したものは『仁王護国般若波羅蜜多経』と『金光明（最勝王）経』とであった。彼はこれらを諸国に頒布するとともに、諸国の家ごとに仏舎をつくり、仏像および経を置いて礼拝供養することを命じ、また氏ごとに出家一人を許して、仏教信仰の普及をはかるとともに、他面、寺院の国家管理を強化し、僧綱（僧正、僧都、律師）の制度を整備し、寺院の僧尼を神社の祝部とひとしい待遇をし、神社祭祀とならんで国家儀礼の重要な担い手とした（紀二十八―二十九）。とくに金光明経の信仰は、『日本書紀』の仏教伝来記の百済王上表文が本経の「寿量品」および「四天王護国品」から引用されている事実や、のちの国分寺・東大寺の創建にもつながり、また金光明会、最勝会、最勝講、御斎会《みさいえ》、吉祥天悔過、放生などの種々の国家的法要儀式の濫觴となった。

国分寺と東大寺

天武朝の徹底した国家仏教樹立の政策はそのまま持統朝（六九〇—六九七）にも引きつがれ、とくに政府の手による東北蝦夷出身の出家者の優遇措置や、九州の大隅阿多地方への伝道事業ともなって進展した。そして国家仏教は天武の孫にあたる聖武天皇の治世（七二四—七四九）においてピークに達したといえる。それは全国の国衙に近く建てられた国分僧・尼の二寺の制度と、首都の東山に聳える「金光明四天王護国之寺」としての東大寺に象徴される。国分寺の創建が『金光明最勝王経』の精神に則ったことは、その詔勅のなかに、「経を案ずるに云う、若し国土に講宣読誦し、恭敬供養してこの経を流布する王あらば、我等四王常に来りて擁護し、一切の災障皆消殄せしめん、云々」と、同経の「滅業障品」の引用されていることからもあきらかである（正倉院蔵・金字金光明経帙繡銘、続紀十四）。そして本経と『法華経』各十部がそなえられ、別に勅写の金字『金光明最勝王経』がその中心をなす七重塔内に安置されるという計画であった。「夫れ天下の富を有するものは朕なり、天下の勢を有するものも朕なり、この富勢をもってこの尊像を造る」と揚言して造建された東大寺大盧舎那仏像は、「三宝の威霊に頼り、乾坤相泰らかに、万代の福業を修し、動植も咸《ことごと》く栄えん」（続紀十五）ことを祈願したものである。この像の建立は、河内国智識寺への参詣の結果発願されたことが、やがて一枝の草、一把の土を持って像を助けつくらんと請願するものの寄進を許す、いわゆる智識の寺の形式をとらせることになった。これを契機として、当時民間に仏教にもとづく因果の理法を説き、都鄙を周旋して大規模な土木事業や社会事業を行なって多くの信者を集めていた行基（六六八—七四九）の積極的な協力と勧進が行なわれ、一種の挙国的な造像となったことは注意される。行基の仏教布教運動は、きわめて計画的な社会事業を伴なったもので（『行基菩薩伝』『同行状記』『行基年譜』など）、民衆への感化力は、養老律令において、みだりに俗人に法を説くことを禁制した国家仏教の体制下では異端としてきびしい弾圧を蒙ったが、次第に無視できない力を蓄え、東大寺大仏勧進の功によって、一躍して大僧正に叙せられるまでになった。

かくて行基のもっていた民衆仏教をも国家仏教のなかに包摂しようとした意図をもうかがうことができる。

奈良末期には、三輪・法相につづいて、新羅の審祥《しんしょう》や日本の良弁《ろうべん》によって華厳宗がおこり、ついで唐僧道璿《どうせん》や、いくたの辛苦を経てわが国に渡来した鑑真《がんじん》（六八八？—七六三）（『唐大和上東征伝』）によって四分律宗が将来され、鑑真によって東大寺およびその居住の寺唐招提寺《とうしょうだいじ》に戒壇が建てられて、本格的な受戒作法が行なわれ、やがて下野の薬師寺、筑紫の観世音寺にも戒壇が設けられ、東大寺のそれとあわせて天下三戒壇と称せられた。華厳経は雄大な宇宙観をもつ経典であり、東大寺は当初から華厳宗の根本道場とされていたのであるが、しかし東大寺大仏が『華厳経』の教主である毘盧舎那仏であるか、あるいは現存する創建当時の台座蓮弁の鐫刻に示されている『梵網経』の教主であるかについては、なお専門家の間に意見がわかれている（境野黄洋『日本仏教史講話』、家永三郎『上代仏教思想史研究』、井上薫『奈良仏教史の研究』など）。しかしこの鐫刻の示すところは、一葉百億の小釈迦仏図、それを包括する千葉一千の大釈迦仏図の統合的報身の本仏としての大盧舎那仏であることを示している。毘盧舎那すなわち、Vairocanaは、のちの密教では大日如来と称される。天平勝宝四年（七五二）、有名な「三宝の奴《やっこ》と仕奉《つかえま》つる天皇」という言葉ではじまる宣命を出された東大寺行幸の記事に、とくに「天皇北面して像に対し」と特記されている（続記十七）ことは注意すべきである。当時の奈良の諸寺院はおおむね南面して建てられていたが、天皇が北面して像に対することはなかったのであろう。これはことさらに臣従の礼をとったことを意味し、この像がいわば神聖王朝の象徴的理想像として信仰されていたこと、また日本神話の天照大神と仏教的太陽神との同一視と考えられなくはない。しかもそれは聖武崩後、光明皇后によって書かれた『東大寺献物帳』の願文に、先帝の霊が「永く法輪に馭して速やかに華蔵（蓮華蔵）の宝刹にいたり、恒に妙薬を受けて終いに舎那の法筵に遇」わんことが祈念されており（正倉院文書）、それは同時に死後浄土でもあり得たのである。

東大寺大仏と宇佐八幡との関係ものちにのべるように、神仏習合への大きなステップとなったが、この東大寺および国分寺の創建が、『続日本紀』（三十三）に、「もと太后（光明皇后）の勧むるところなり」とする記事も見のがせない。推古、皇極（斉明）、持統、元明、元正、孝謙（称徳）と飛鳥奈良の一七八年間を女帝が八代にわたってほぼ九十年を支配したが、これは単なる幼少の皇太子に対する後見的な中天皇としての名目的な要素もなくはないが、しかし当時の政治体制からすれば、いぜん族長としての権威と政治力を備えたものであり、聖武治世下にあっても、光明皇后（七〇一―七六〇）やその生母橘大夫人（県犬養宿禰橘三千代）らの政治の裏面における発言力を予想させる。ことに国分寺の制度が唐の則天武后（六二三―七〇五）が諸国に置かせた大雲経寺の故事にならったとする説（辻善之助『日本仏教史之研究』、角田文衛編『国分寺の研究』二巻、井上薫、前掲書など）をとるなら、皇后の実質的に占めていた地位がどのようなものであったかが想像されよう。こうした事情が、玄昉いらい道鏡にいたる僧侶の国政干与、すなわち、政教一致のあゆみを促進した一つの原因になっていると思われる。とまれこの時代の仏教信仰は、称徳天皇の宣命に示されるように、「この世には世間の栄福《ようふく》を蒙《かがふ》り、忠《ただ》しく浄《きよ》き名をあらわし、後の世には人天の勝楽を受けて終《つ》いに仏になれ」（続紀三十）という願いに尽きるようである。

Ⅱ 平安仏教の諸特色

一 政教分離と新仏教

長く唐に留学し、仏教の真髄を獲て帰国した三輪の学僧道慈（?―七四四）は、『愚志』一巻を製し、「今、日本の緇素の仏教を行ずる、軌模全く大唐の道俗の聖教を伝うるの法則に異なり」（続紀十五）として、吉野に隠棲し、「僧はすでに方外の士、何ぞ煩らわしく宴宮に入らん」（懐風藻）と詠じて太政大臣長屋王の招宴を辞退した。こうした反骨精神とも求道第一主義ともいうべき態度が当時高く評価されたことは、逆に国家仏教の成立のなかに埋没した僧侶の俗化を物語るものであり、その頂点に、日本の歴史上空前絶後ともいえる僧官政権の誕生を見た。しかし法王道鏡（?―七七二）に対する藤原氏のクーデターは、称徳天皇の急逝によってあっけない幕切れとなり、天武系の皇統に代って天智系の白壁王（光仁）の践祚となり、ある意味での反動政策がとられた。次の桓武天皇の治世下（七八一―八〇六）でこの政策は平安遷都という徹底した平城大寺院の孤立化がはかられただけでなく、「平城の旧都は元来寺多く、僧尼も猥りに多くして濫行しばしば聞ゆ」（延暦十七年、類聚国史一八六）として、僧尼と寺院に対する検察、禁令、粛正の勅が発せられ、新都内にはわずかに朱雀門をはさんで左右に東寺西寺の二寺のみを置き、京内への新寺建立を拒否した。これをわずか三十年前、「三宝の奴」と仕奉った聖武と対比して、桓武の宗教政策が一八〇度の転換を行なったことがうかがわれる。

これに加えて桓武はあたらしい平安新政権に対するあたらしい仏教を求めて、二人の秀才を唐に派遣した。すなわち最澄（伝教大師、七六七―八二二）と空海（弘法大師、七七四―八三五）である。最澄は近江の帰化人の子孫三津首《みつのおびと》家の出身であり、空海は讃岐の多度郡の土豪佐伯氏の出であった。

最澄と天台法華宗

最澄（伝教大師全集巻五『叡山大師伝』、三浦周行『伝教大師伝』、塩入亮忠『伝教大師』、堀一郎『伝教大師』など）は近江の国師行表のもとで出家し、ついで南都に赴いて東大寺の戒壇をふみ具足戒をうけて、薬師寺に籍をおいて当時のオーソドックスな仏教理学を研究した。彼が天台宗に傾倒するにいたったのは、恐らく鑑真のもたらした天台智顗《ちぎ》（五三八―五九七）のいわゆる天台三大部（『法華文句』、『法華玄義』、『摩訶止観』）を閲読書写したことにはじまったようである。やがて郷里に帰り、比叡山に草庵を建て、ここにこもって天台宗開立の準備と研鑽にはげんだといわれる。これがのちの一乗止観院、すなわち延暦寺のもとである。彼は若くして願文を製し、仏教者としての異常な決意を披瀝しているが、延暦一七年（七九八）、三二歳のときはじめて久しい沈黙を破って法華十講を山中に創め、ついで二一年には高雄山寺に進出して五ケ月にわたる天台宗義の公開講義を計画した。これは和気清麻呂の子弘世、真綱の兄弟の発願のもとに多くの学僧の参加を得ておこなわれたが、この和気兄弟との結びつき、桓武天皇と秦氏との関係（桓武生母高野新笠は帰化人の子孫）、最澄と秦氏との関係が、やがて次の年、えらばれて、「入唐請益還学生」となる契機をなしたものと思われる。このときの上表文に、彼は「天台ひとり論宗《ろんしゅう》を斥《しりぞ》けて特に経宗《きょうしゅう》を立つ、論はこれ経の末、経はこれ論の本なり」（伝教大師全集Ⅰ、三四一頁）として、暗に奈良の三輪・法相二宗に対抗する意図をあらわにしているが、それはまた新政府の宗教政策そのものであっただろう。最澄は帰化人の子孫でありながら唐音に通ぜず、弟子義真を通訳として同伴した。同じ遣唐使船で入唐した四国の土豪の出身の空海がすこぶる唐音に精通していたことと比較して皮肉な現象といわざるを得ない。

最澄は在唐わずか八ケ月、主として天台山国清寺を中心に南シナで天台学のほか、禅、戒、密教を学び、経論その他二三〇部四六〇巻を蒐集して帰国した。彼のもたらした仏教は純粋の天台宗とはいえず、彼はことさらに自分の立場を「天台法華宗」となのり、とくに天台学と密教学の併存と調和をはかり、延暦二四年（八〇六）、はやくも三輪、法相、華厳、律などの伝統的宗派とならんで毎年二人の年分度者をおくことが公認され、一宗として独立したが、この二人の年分のうち、一人を止観業として天台学を専攻させ、一人を遮那業として密教学に専念させる計画を発表している。しかし最澄にとって不遇であったのは、彼の帰国の翌年、最大の外護者であった桓武天皇を失ったことである。彼はあたらしく将来した天台法華宗を、一方では聖徳太子の法華信仰を「師教」（光空『一心戒文』にのせる詩による）として伝統づけるとともに、他方「先帝（桓武）の御願」として正当化し、奈良の諸宗に対抗した。彼の生涯はほとんど徳一を中心とする法相宗との教理上の論争と戒壇独立に象徴される南都仏教の支配からの離脱運動に費された。これらの運動を通して彼の主著とされる『守護国界章』（八一八年）、『顕戒論』（八二〇年）などが作製された。また彼は三部の『山家学生式』（八一八—九年）を制して大乗戒をうけた以後、十二年間の籠山修行を規定し、弟子の機根に応じて国宝（能言能行《よくものいいよくおこなうもの》）、国師（能言不能行《よくものいいておこなうことあたわざるもの》）、国用（能行《よくおこなえども》不能言《いうことあたわざるもの》）の三段階の養成目標を明示した。

彼の天台法華宗は円禅戒密の「四箇相承」といわれるように、種々の要素が混在し、とくに密教を重視したことはやがて天台宗の密教化を招来することになり、いわゆる中古天台のあたらしい分野を展開することになったし、戒壇の独立が爾後の僧尼の戒律軽視に一つの動機づけをしたことも否めない。そしてこの一種の不統一性、不徹底さが、のちの鎌倉の新仏教展開への可能性を歴史的に内崩する結果ともなった。

空海と真言宗

同じく平安の仏教界を担うべく運命づけられた空海（『贈大僧都空海和上伝記』、『大師御行状集記』、渡辺照宏・宮坂宥勝『沙門空海』など）は、最澄とは性格的にも信仰的にもいちぢるしい対照をなす。讃岐の地方豪族の家に生まれたこの秀才は、若くして縁によって京都の大学に学び明経道を専攻したが、やがて仏教に魅せられ、一八歳のとき『聾戸《ろうこ》指帰《しいき》』（のち二四歳のとき『三教指帰《さんごうしいき》』と改題）をあらわして、儒・道・仏の三教の批判評価をして仏教の優位を強調した。しかし彼は多くの学僧たちとはことなる仏道修行の途をえらんだ。当時民間に多く存在した雑密や法華呪を持して山林や弧崖に苦修練行をかさね、宗教的神秘体験を積む優婆塞として、阿波、土佐の各地や南畿地方を彷徨したようである。この間、恐らく南都にも赴いて勤操《きんそう（ごんそ）》（七五四―八二七）たちから受学し、また『大日経』（唐善無畏訳、大毘盧舎那成仏神変加持経）を閲読書写する機会を得たことと思われる。三一歳にして彼が最澄とともに選ばれて入唐留学生となるまでの経過は、史料的にすこぶる曖昧であり、得度の年月も師資相承の次第も、推薦者も明確ではない。恐らく当時東大寺別当であった勤操が、その異常な天才と宗教的禀性を高く評価して、最澄の新宗教運動への一種の対立候補として空海を推挙したのではなかろうかと推定されている。彼は最澄が南支天台山に向ったのと袂を分ち、遣唐大使らの一行とともに長安に赴いた。そして善無畏《ぜんむい》（六三七―七三五）・金剛智（六七一―七四一）・不空（七〇五―七七四）らによって中国に伝えられて間もない真言密教を、不空の弟子の青竜寺の恵果《けいか》（七四六—八〇五）、カシュミール僧般若《はんにゃ》などについて研鑽したという。しかし不幸にして肝胆相照らした恵果の入滅に遭い、在唐わずか一年数カ月、金胎曼荼羅、法具、経論その他二一六部四五四巻をたずさえて大同元年（八〇六）帰国した。最澄は「請益還学生」という特別の身分であったが、当時の留学僧は少なくとも五、六年、多くは十年以上の在唐生活を送ったのに比して異例の短期留学である。このことが彼の帰国後三年間ほどを和泉の槇尾山にこもって入京し得なかった事実と関係があるかも知れない。しかし彼の将来した密教は、神秘主義的な修法、体験、エキゾティックな行法など、やがて興隆の途上にあった荘園貴族の要望に合致しただけでなく、彼の宗教的カリスマ、文学や書道の上での天才的才能は、同じく文化的教養にひいでた嵯峨天皇との交遊を深くし、他方、南都の旧仏教も彼の密教に大きな関心と支持を与えた。彼は主著『秘密曼荼羅十住心論』のなかで、儒・道・仏三教の内容を十の階層に位置づけし、真言宗を秘密荘厳心として仏果の極致とし、法相を第六位、三輪を第七位、天台を第八位、華厳を第九位に配列したにかかわらず、迎えられて東大寺別当に任じられているところにも、空海の性格と、さらには彼をもって最澄の天台宗に拮抗させようとする旧仏教側の意図もうかがわれる。

在唐期間が短く、とくに密教の伝受に不足を感じた最澄は、進んで空海の主導した高雄の灌頂に与かり、弟子を選んで空海のもとに学ばせ、多くの経論章疏の借用を乞うた。しかしこの二人の交遊は弘仁七年（八一六）の泰範の天台離脱事件によって終りをつげた。最澄は「法華一乗と真言一乗と何ぞ優劣あらん」としたが、いまだ年分制すなわち一宗独立の公許を得ていない空海にとっては、「非法の伝法は盗法」であるとして、真言至上主義を強調し一宗独立への積極的な努力をはじめる。先ず高野山を乞うて根本道場、かつ自己終焉の地としてその経営にあたり、また故郷に満農池をひらくなどしたが、弘仁一四年、京都の東寺を賜わって延暦寺に対する京都の根拠地とし、これを「教王護国寺」と名づけた。最澄とともに空海にもなお前代の鎮護国家の仏教の性格は濃く残存している。彼は最澄の『山家学生式』に対して『三学録』をあらわして真言宗僧侶の学則を定め、他方、民衆の教育機関としての綜芸種智院《しゅげいしゅちいん》を創立したが、同時に前述の『十住心論』をはじめ、『秘蔵宝鑰《ひぞうほうやく》』、『即身成仏義』、『弁顕密二教論』などの理相教学のすぐれた述作や、文学に関する『文鏡秘府論』などをあらわした。理相教学の大成とともに、真言宗独立のための事相活動も盛んに行ない、宮中真言院の創設、結壇修法の勤修などを要請した。かくて承和二年（八三五）、真言宗に年分度者三人の設置が公認され、ここに独立した一宗となった。最澄の天台法華宗公認におくれること二十九年である。

空海は真言密教の理論的大成者であり、同時に偉大なカリスマ的神秘体験者であり、ゆたかな天分にめぐまれた天才児であり、また幸運児であった。『大日経』を中心とする即身成仏の教えと、金剛・胎蔵の両部曼荼羅《まんだら》に象徴される二元論的宇宙観は、シャーマニズム的な人神《ひとがみ》信仰、陰陽思想なども矛盾なく調和され、その神秘的な加持祈禱、結壇修法はふかい理相教学に裏うちされて、呪術性と宗教性の美しいハーモニーの世界をつくり出そうとした。しかしこうした空海の天才的な成果は、爾後の真言宗の歴史において、未完成に終った。最澄の天台宗に見られるような多彩な変化と展開は見られない。むしろ真言宗の展開は教学のレベルではなくて事相すなわち加持祈禱のレベル、そして民衆の信仰のレベルで大きな著彩と足跡を残したといえる。従来の仏教諸宗が全く説かなかった「即身成仏義」がいかに平安時代およびそれ以後の日本人の宗教に影響と共鳴を与えたか、神仏習合理論としての両部神道がいかに民衆の信仰に大きな役割を演じたかは、序論の「精神的風土と日本宗教の型」のなかで触れたところである。

二　平安仏教の密教化

最澄と空海はあたらしい政治の展開点において、前代の仏教とは質的に異なる理想主義的、神秘主義的な宗派の樹立に成功した。しかしなお注目すべきことは、仏教教学と戒律の二点において、南都仏教の優位性は平安中期までつづき、八六六年から一一〇〇年までの二三四年間に、仏教学と戒律の国家試験に合格し、勅会の講師をつとめて獲得する五つの学階を有するものをもって補任する諸国講師一三二人のうち、法相宗一六八人、三輪宗三四人、華厳宗一八人に対して天台宗はわずかに一二人、そして真言宗からは一人の講師も出し得ないというのが実情である（富貴原章信『日本唯識思想史』）。そして専門の仏教学の研究やその学僧の階位、昇進制度などは、ほとんど奈良の諸宗の採用した論議や講会の形式が踏襲されている（堀一郎『宗教・習俗の生活規制』所収「我が国の学僧教育について」）。戒律は最澄の大乗戒壇の独立によって大きく変化させられ、次第に戒律無視の方向へと進んだことは事実であるが、授戒の権威はなおしばらく南都僧綱によって握られていたようである。

こうした情勢のもとに、天台・真言の二宗は教学よりはむしろ荘園貴族との結びつきを強くし、主として貴族の政権争奪やその現世利益・後世安穏という願望に対する加持祈禱の面であたらしい機能を受けもつことになる。この点、真言宗は容易にこの願望にこたえ得る体質を有していたが、法華一乗主義を中心とする天台宗の苦悩は大きかった。もっとも『法華宗』は一心三観、三諦円融、一念三千といった高度の形而上学や久遠実成の仏陀観などを展開させる教説を内包するとともに、「提婆品」を中心とする女人成仏、悪人成仏を説き、一切衆生に仏性の存在を教える教えがあり、また「観世音菩薩普門品」以下に見られるような除災招福の説もあり、「勧持品」などに代表されるように苦難をのりこえ、迫害に堪える精神力、信仰力を強く要請する部分もある。こうした教説は奈良時代以来、法華を滅罪の経とし、また陀羅尼を誦して経の功徳を讃嘆して彷徨する多くの民間の持経者を生んだ。しかしこうした教説を貴族の願望にマッチさせるためには、神秘的でドラマティックな密教儀礼と、その天台特有の教理的裏づけを必要とする。すでに最澄は密教受容に大きな関心を寄せたが、この意志は相ついで入唐求法の途にのぼった円仁（慈覚大師、七九四―八六四）および円珍（智証大師、八一四―八九一）によって大きく前進した。

円仁は在唐九年のうち六年を長安にすごし、大興善寺の元政や青竜寺の義真たちから密教の秘法、儀軌、悉曇などを学び、また長安への途次五台山に赴いて四種三昧の一つである常行三昧に引声念仏の法を伝受し、武宗廃仏の危機的状況のなかを曼荼羅や法具のほか新写の経論疏五八四部八〇二巻をたずさえ、千辛万苦の末帰国した（円仁

『入唐求法巡礼行記』)。円珍は在唐六年、福州および天台山を巡礼ののち長安において法全や慧輪から主として密教を授かり、四四一部一〇〇〇巻の経論章疏と曼荼羅、法具を得て帰国した(円珍『行歴抄』)。円仁は帰国ののち天台宗にあらたに年分度者二人の追加を申請して許され、一人は『金剛頂経』、一人は『蘇悉地《そしつじ》(羯羅《から》)経』を専攻させることとし、慧亮は貞観元年八月に『大安楽経』を主専攻とする賀茂神分と『維摩詰経』を主専攻とする春日神分の二人の新度者を追加することを乞い、円珍のときさらに二人の年分の新加を乞い、一人を大毘盧遮那業として大比叡神分、一人を一字頂輪王経業として小比叡神分と定めた。神のために神に奉仕する度僧のことはこれ以前にも史実に見えるが、神分度者を公称したのはこのときにはじまる。そしてここに毎年八人の天台宗年分度者が生まれることとなったが、その専攻名からもうかがわれるように、純粋の天台学専攻は僅かに最澄の申請した止観業一人にとどまり、二人は兼業、他の五人はすべて密教学のものである。しかも円珍は従来の顕勝密劣、顕密同列から顕劣密勝、すなわち密教の優位性を強調した。しかも円珍門下が相ついで天台座主職を占めるようになって、天台宗はいちじるしく密教化され、いわゆる真言宗の東密(東寺の密教)に対する台密(天台密教)の確立となり、平安の新仏教は全く密教一色に彩られることになった。台密の教理は五大院大徳・安然《あんねん》(八四一—八九七?)の『教時問答』、『菩提心義抄』、『悉曇蔵』、『八家秘録』、『即身成仏義私記』など九十余部に及ぶ論著によって大成されたといわれる(四一・十門の説)。それはシナ天台とは全く質を異にする現生成仏、身作仏を許すとする、すなわち、一生の間に仏道修行はすべて完成するとの独自のいわゆる「中古天台」の教学が樹立され、これはやがて相ついで叡山に学ぶ鎌倉新仏教の祖師たちにもふかい影響を及ぼすことになった。

三　山の験者の成立——密教とシャーマニズムの習合——

平安仏教の密教化は荘園貴族との結合をふかくし、その盛衰と運命をともにすることになる。仏教伝来以来奈良末期にいたる期間にも、政権をめぐる多くの争いはあり、ときに僧侶自身がその渦中に入ることも少なくなかった。しかし天武朝以後の律令国家では、中央政権の実力は強く、一おう天下の富、天下の勢は天皇の掌握するところであり（前出、聖武の詔勅）、寺院も勅願寺、定額寺《じょうがくじ》の制度によって広大な寺領地や墾田を擁してはいたが、中央寺院の統制力、僧綱支配は強く、これらが相まって護国攘災の国家仏教の性格を保ち得た。そして古来のシャーマンや呪術者のあるものは厭魅邪法の施行者として異端視され、戒定慧の三学に通じた僧侶にしてはじめて国家護持僧たるの任に堪え得るとして、とくに民衆への布教は禁ぜられ、一種の官僚として隔離された存在だったのである（養老元年の勅、僧尼令など）。

しかし平安時代に入ると、律令体制はしだいに弛緩し、荘園貴族が抬頭してくるにつれて、寺院も僧侶もしだいに変質してきた。特定の貴族との縁によって、宏壮な私僧坊や子院が生まれ、「お祈りの師」、「護持僧」がこれによって貴族との間に「師檀の契り」を結ぶようになった。惟仁《これひと》（のち清和天皇）、惟喬《これたか》の二皇子が儲位を争ったとき、天台の慧亮は惟仁のために、真言の真済《しんぜい》は惟高のために互いに護持僧として結壇修法したとの伝説（元亨釈書慧亮伝）に象徴されるように、道長の覇権確立にいたるまでの貴族相互の陰湿な政争は、他氏異姓間のみならず、同姓同族の間にもくり返され、そこに密教呪術が一家一門の繁栄のため、したがってライヴァルにとっては呪詛の黒呪術《ブラックマジック》としての役割を演ずることになる。かくして信仰はいちじるしく利己主義的、現世的なものとならざるを得ない。そして貴族の出身者や、貴族と師檀の関係を結び得た僧侶とその住する院は、呪術的貴族とその邸宅と異なるところはなく、本寺の統制力は弛緩して、私坊、子院の経済力が増大していった。また清水や長谷など、京都内外の霊験の聞え高い寺々にも、いわゆる「師の坊」ができ、当時の参詣が通夜参籠の形式をとったから、坊は同時に宿坊をも兼ねることになった。

密教の祈禱者は、超人間的呪力を身につける必要があり、いわゆる深山幽谷を跋渉し、あるいは山中の巌窟などに籠って苦修練行を重ね、神秘体験を積んだものが、その超凡性のゆえに偉大な加持力を有するものとみなされた。

『枕草子』（四段「ことごとなるもの」）に、「まして験者などのかたは、いとくるしげなり、御嶽、熊野、かからぬ山なくありくほどに、おそろしきめも見、しるしあるきこゑ出できぬれば」とあるのもその一つの証拠とされる。かつては寺に籠居して戒行かけざる僧が高く評価された。しかしいまや山林に抖擻《とそう》することが重要な修行法となり、承和三年（八三六）には比叡・比良、伊吹、愛護《あたご》、神峯、金峰、葛木の七山を七高山として五穀豊饒を祈らせ、七高山阿闍梨なるものが任命されるようになる。そして相応（八三一—九一八）の言葉と伝えられる「八福田中看病第一、結縁の内師檀尤も深し」（無動寺建立和尚伝）とあるように、彼らはその獲得した験力をもって檀那に奉仕することをもって第一の任務とした。

他方、「頭陀巡礼《ずだじゅんれい》」、「寺めぐり」、「山踏み」などの風は貴族社会にも普及し、ことに清和上皇の苦修練行（三大実録巻三十八）や宇多法皇の「山伏《やまぶし》」の修行は著名であるが、九世紀には「負笈杖錫」の持経持呪の徒が山林を徘徊していたことは記録に見え（続日本後記十八）、聖宝による金峰山修行路の開創いらい（聖宝僧正伝）、いわゆる御嶽詣での風は貴族だけでなく、平安京の民衆の間にも盛んとなった。平安末期に異常な流行を見た熊野詣《くまのもうで》は、長い旅程と嶮峻な山路を踏破する必要があり、長い物忌み精進も要求されたから、必然的に山の修験者がその指導と先達にあたり、現地には宿坊や在庁御師の制度を成立させ、金峰から熊野へ、熊野から金峰への順逆の峯入り修行も行なわれ、やがてのちの修験道の成立へと進んでいった（和歌森太郎『修験道史研究』、村上俊雄『修験道の成立』）。

験者の活躍とともにかつては疫神といい、神の怒りと考えられていた天変地変や病気難産などを、特定の人間霊のたたりとする考え方がひろく流行しはじめた。記録にみえるのは無辜にして陰謀の犠牲となった早良廃太子とその生母井上内親王の怨霊がしばしば桓武天皇を悩ませたことにはじまる（類聚国史二十五、帝王五）。漠然とした世論、陰謀者の良心の苛責、卜筮や託宣がこうした信仰を一挙に盛んにし、これがまた加持祈禱者を一そう必要とすることにもなった。当代稀れな文化人であった嵯峨上皇は、「世間の事、物怪あるごとに祟りを先霊に寄するは、これ甚だいわれなきこと」を遺詔においてさとしたが、当時の廷臣たちの間には「遺詔ありといえども卜筮の告ぐるところ信ぜざるべからず」（続日本後記十三）との空気が濃厚であり、それから僅か二一年のちの貞観五年（八六三）五月には有名な神泉苑の御霊会《ごりょうえ》が催され、崇道天皇（早良太子追号）、伊予親王以下六柱の寃魂を鎮祭するにいたった。「近代以来疫神繁《しき》りに発《おこ》り死亡のものはなはだ衆《おゝ》し、天下以為《おもえら》く、この災は御霊の生《な》すところなり」（三代実録七）とする世論に刺激されたものである。この信仰の流行は、菅原道真の怨魂が巫女や尸童の口をかりて名乗り出され、ついに天満大自在天として北野に鎮祭され、全国の雷神信仰を統一した天神信仰の成立において一つのピークに達した。ここには藤原政権への反抗的な世論と、民間のシャーマンと験者との結托が与って力があった。

当時の加持祈禱の一つの形式に、巫女や尸童を中に立てて行なう「寄せ加持」「憑り祈禱」があり、ときに宮廷の女官が霊媒に使われたことも『紫式部日記』や『権記』、あるいは『栄華物語』などに数多くしるされている。かくして験者、陰陽師たちは、古来のシャーマニズムと手をむすぶことによって、平安貴族の心を思いのままに操縦した。勝者はつねに敗者の亡霊におびえ、敗者は来世における報復のなぐさめを得た。人々は来世への関心をふかめざるを得なくなった（堀一郎『我が国民間信仰史の研究Ⅱ』）。

四　常行堂念仏の展開——民間の浄土信仰とシャーマニズムの結合——

念仏の流行もこの風潮に乗じた現象ともいえる。阿弥陀念仏の法は、もと天台宗の修行法である四種（常坐、常行、半行半坐、非行非坐）三昧の一つ、常行三昧（般舟三昧）に発する。精神統一の手段として一期九十日間、つねに行施して休むことなく、阿弥陀仏を心に想い、口に名をとなえ、歩々声々念々ただ阿弥陀仏にあるとするものである。これは廬《ろ》山《ざん》慧《え》遠《おん》にはじまり、智顗によって天台行法の一つに加えられた。これをわが国にもたらしたのは、五台山で法照の流れの引声《いんぜい》念仏を伝承した円仁であった。彼は『観仏三昧経』に説く過去現在の一切の罪を消滅して死後の極楽往生を成就するとの目的でこれを比叡山上に移植した。これを行なう堂をとくに常行三昧堂とよぶが、円仁の弟子相応はその遺命によってこれを整備し、増命や良源らによって比叡山の三塔（東塔・西塔・横川）に建立され、専属の常住僧も置かれて、不断念仏として例時修行されるようになった。のち天台系統の諸寺院には常行堂が設けられ、法華懺法、法華八講とともに、ドラマティックで音楽的な要素をもつ重要な法会に発展した。「朝には法華三昧に住して円頓一実を観じ、夕には念仏三昧に入りて心を安養九品に遊ばしむ」（廬山寺縁起）とは当時の一般的風潮とされた。天台は安然が台密の教理を大成した反面に、天台浄土教は源信（恵心僧都、九四二―一〇一七）の『往生要集』（花山信勝『往生要集註記』）の撰述と、空也光勝（源為憲撰『空也誄記』、堀一郎『空也』）（九〇三―九七二）の庶民教化、慶滋保胤（寂心、？―一〇〇二）の『日本往生極楽記』の著作（九八五―九八七年の作）、ついで良忍（一〇七二―一一三二）の念仏功徳を自他一切に融通する融通念仏の提唱などによって、貴族から庶民の間へ、また諸宗の僧尼の間にひろまっていった。浄土教の立場はダンテの神曲と対比される『往生要集』に示されているように「厭離穢土《おんりえど》・欣求《ごんぐ》浄土」をその根本課題とする。しかしこの当時、一般の浄土信仰には三つの流れが見られる。一つは藤原政権の確立にともなって現世の栄達に失望した人々に来世の希望をいだかせる救済としての浄土教であり、二つには現世の繁栄を来世にも持続したいとする願望をこめた後世安穏の信仰であり、三つにはあらぶる御霊や怨魂を弥陀の慈悲の手にゆだねようとする死者追善の呪術的宗教的信仰である。奈良時代にも死霊供養は盛んであり、写経や造像の願文に安養浄土、西方浄土の語が見え、弥勒の兜率《とそつ》往生の信仰や、法華滅罪による法華千部会や石淵《いわぶち》八講などの行事も行なわれたが、十世紀ごろからは弥陀信仰が死者追善の主流になってくる。醍醐天皇の大葬（九三〇）に、諸寺念仏僧が八十六所に路を挟んで幕を設け、葬列に向って鐘を撃って念仏したことが『李《り》部王記《ほうおうき》』（醍醐寺雑事記）にしるされている。これ以後、葬送、追善の記事は枚挙にいとまないほどで、僧俗ともに臨終に念仏を唱え、験者と交代して舗設を改めて念仏僧が請じられて中陰の不断念仏を修し、墓側に念仏僧を居住せしめた例も多い。藤原道長は基経以来の北家累代の木幡の墓所に三昧堂を建て、左右に僧坊をつくり、十二人の僧を常住せしめて亡霊に廻向させ（栄華物語十五、疑の巻）、またみずからも当時流行していた糸引きの阿弥陀の糸にすがって念仏して果てた。

御霊信仰と念仏との結びつきは、験者の調伏加持とならんで、民間の念仏には古代の葬送儀礼としての歌舞や「えらぎ」（宴遊）の風、あるいは疫神祭や鎮花祭にみられる舞踊形式と習合して、いわゆる念仏踊りに展開して行く「踊り念仏」がおこり、一種の集団的エクスタシー状態を起こして死霊をなごめ、かつその不安を解消しようとした。踊り念仏の起原、由来などについては橋川正いらい種々の考証がなされているが、まだ仮説の域を多く出ていない（橋川正『日本仏教文化史之研究』、藤原猶雪『日本仏教史研究』、井上光貞『日本浄土教成立史の研究』、堀一郎『空也』）。しかし少なくとも一一世紀ごろには民間には金鼓、鐘鼓をうつきわめてエクスタティックな踊り念仏が浸透し、それが空也に結びつけて伝承されていたことは事実であり、これをふまえて時宗の開祖智真（一遍上人、一二三九—一二八九）はみずからこれを実践して一宗の組織とした。踊り念仏は中世から近世へと、飢饉疫病、あるいは戦乱、天変地異などの社会不安の際、勃発的に民衆によって踊られ、集団的オルギーの機能をはたしたが、やがて一方は「念仏踊り」として、専門芸能化の過程をたどり、他方地方に土着して種々のヴァラエティをもった郷土芸能と化して行った。新羅の元暁の踊り念仏がどんなものであったかは史料が断片的であきらかにし得ないが、少なくともシャーマニスティックな疫神や死霊鎮祭の舞踊と習合したものであることはほぼ確実である。そこに群集によるマス・エクスタシーの宗教的興奮も期待されたが、同時に御霊鎮送の呪術的役割とともに、民衆の不安解消の機能を担っている。かくて御霊信仰を媒介として、民間の浄土教にも古代シャーマニズムの要素は結びついた（堀一郎『空也』）。

多くの熱烈な信者を僧俗の間に獲得しつつもなお寓宗として恣意的に受容されていた浄土教は、次期の源空（法然上人、一一三三—一二一二）、親鸞（一一七三—一二六二）の出現をまって、はじめて民間念仏の呪術性を漸次払拭して、次第に人間性の本質にせまる純粋な、しかも最下層の民衆の一人一人の救済を説き、平安の貴族体制に密着した教団形式を打破した、宗教改革的な新宗派の樹立へと進み、はじめて民衆教化の有力な担い手となって行くが、他方民間のマス・エクスタシー的な念仏、疫神、御霊、害虫などに対する熱狂的な虫送り念仏、百万遍念仏、葛西、六斎など多くの呪術的念仏など、いぜん根づよく民衆の間にうけつがれていくことになる（堀一郎『我が国民間信仰史の研究Ⅱ』）。

五　神仏思想の習合

平安仏教の密教化と御霊信仰の異常な流行は、験者の山めぐり、山ごもりの修行を高揚し、霊山を中心とする修行場や道場の建立をうながした。また地方への寺院の進出、寺領地の増大につれて、仏教は次第に民衆との接触をふかめて行ったが、こうした種々の条件のもとに神仏の関係は急速に習合へのあゆみをとりはじめた。

仏教渡来の際、仏菩薩は「他神《あだしかみ》」、「蕃神《となりのかみ》」として迎えられたが、当時宮中や氏族のなかに固く定着していた神信仰と神道儀礼は、序論でのべたように、いぜんその固有性を保持しつづけ、聖武天皇が「三宝の奴」と称し、仏戒をたもつ沙弥尼となった称徳天皇の世においてさえ、「神をばほとけより離《さ》けて触れぬものぞ」という考えが根強く支配していた（続紀二十六）。神木を伐って仏塔を建てたことが神の震怒をかったとか、寺院の進出を喜ばぬ神のたたりがあらわれたという物語もいくつか記録されている。しかし仏教はやがて国家仏教としての地位を確立し、神社の巫祝や民間の呪術者やシャーマンのなかにも、仏教の国家的受容に敏感に反応を示すものがあらわれてきた。他方、僧侶の側でも、あらたに山を開き、土地を選定して寺を建てる際に、その山なり土地なりを支配し、周辺の住民にふかく信仰されてきた土地神、氏神、また山神との諒解を必要とした。仏教側からの神社への進出は、まず神宮寺の建立である。その古いものは伊勢、多度、気比、若狭彦をはじめ、すでに奈良時代にその存在の明確なものが少なくない。ついで神社の境域内に仏塔を建て、経典を奉納し、神前に僧をつかわして読経させることなども奈良末期ごろには行なわれている。他方、神社側から仏教に積極的に近づこうとしたのは宇佐八幡がもっともいちじるしい例である。八幡神はすでに天平の初期に仏教へ強い関心を有したらしく、九州の動乱鎮圧の報賽として天平一三年（七四一）に秘錦冠一頭、金字最勝王経、法華経、度者一〇人、封戸馬五疋、三重塔一区が奉られ（続紀十四）、いわゆる神のための度受が行なわれている。神分度者の初例である。神宮寺の八幡弥勒寺の建立もこのころにあったらしい。ついで八幡は東大寺大仏建立に積極的な援助を与え「銅湯《あかがねのゆ》を水と成し、我が身を草木土に交えて障《さ》わることなくなさむ」との託宣のあったこと、また称宜大神杜女《おおみわのもりめ》に託宣して、はるばる東大寺を拝すべく東上したことは、天平勝宝元年（七四九）一二月の宣命に見えている（続紀十七）。この八幡の奈良進出はやがて東大寺手向山八幡、大安寺八幡となって、いわゆる伽藍鎮守神の性格をも帯びるようになった。そして平安初頭（延暦二、七八三）には宇佐八幡に「大自在王菩薩」の称号を奉るまでになった。奈良時代の神宮寺建立の伝説には、神は衆生の一つであり（『藤原家伝』下、武智麻呂伝、気比神宮寺建立の条、『多度神宮寺伽藍縁起』、『若狭比古神宮寺縁起』など）、なお苦悩をまぬがれぬとの表現が見られるが、こうした仏法守護の天部神との混淆は、やがて一歩を進めて神の自在なる働きをもって菩薩の機能と同一視されるようになる。斉衡三年大洗磯前に巫女の口をかり奇瑞をあらわして出現した大奈母知・少比古奈の二神に、社を建てて薬師菩薩名神の神号を奉った（天安元、八五七）例（文徳実録八—九）にもうかがわれる。

平安中期の御霊信仰の隆盛にともなって、いわゆる御霊会が催され、六所御霊、やがて八所御霊などが鎮祭され、さらに一〇世紀後半には菅原道真の霊が巫覡の口に日本太政威徳天、天満大自在天などと名乗り出た。そしてたたりをもってあらわれた神は、やがてその個性に応じて次第に機能神化してゆく。他方こうした御霊信仰とも関連して発達した験者の山ぶみ、山ごもりの修行や、ここから導かれた金峰山や熊野詣での流行などがたがいにからみ合って、神仏の習合を一そう促進した。神社が寺院に勧請されて「鎮守」と称せられたのは文献的には貞観元年（八五九）をもって初例とするらしいが、実質的には前述の東大寺の手向山八幡が早く、地主神と寺院との関係も比叡山における日吉山王、高野山における丹生津媛と狩場明神、東寺と稲荷、春日神社と興福寺など事情はまちまちながら多くの先例がある。貞観元年の天台僧慧亮の表文に、「皇覚物を導く、且つは実、且つは権、大士迹を垂るる、或いは王、或いは神、故に聖王の国を治むるには必ず神明の冥助に頼る、神道累を剪るには只だ調御《ちょうご》の慧刃に憑る」（三代実録三）という「権実」、「垂迹」の表現が見え、承平七年（九三七）の『石清水田中文書』には「権現・菩薩垂迹なお同じ」という「権現」思想もあらわれてきている。

六　既成教団の世俗化と「ひじり」の運動

平安仏教は荘園貴族との結びつきによって栄えた。それは貴族たちの利己的な栄達への願望と御霊怨魂への絶えざる恐怖という二面性の機能によって、貴族の精神生活はほとんど護持僧や験者の手に掌握されていた。その結果は既成教団と寺院をほとんど荘園領主化させた。専属の武力を行使し得なかった当時の貴族たちには、呪力は武力を上廻る防衛力であり、地方の小領主や寺院は、中央の大寺院に所領を寄進し、その末寺となり、在庁となることにより、さらには土地神を勧請して地方民の帰属をはかることによって、呪術武装化の道をあゆんでいった。そして平安末期には、いわゆる天台の三門跡（三千院・青蓮院・妙法院）をはじめ、中央の有力寺院は驚くべき経済力をその手中に納めることになった。

さらに平安仏教の世俗化に拍車をかけたのは貴族の子弟が寺院に進出してきたことである。平田俊春の研究（『平安時代の研究』所収「平安時代の寺院統制の弛緩」）によると、延暦以後正暦元年（七八二―九九〇）を前期、同二年以後延久元年（九九一―一〇六九）を中期、同二年以後文治六年（一〇七〇―一一九〇）を後期とし、この間に各宗寺院の支配的地位にあった僧侶の出自のあきらかなものを貴族（諸国の受領以上）と庶民に分けて計算すると、前期には庶民出身の僧侶が九七パーセントを占めていたのが、中期には五二パーセントに低下し、後期院政時代にはわずか一〇パーセントとなっている事実を指摘している。井上光貞（前掲書）もとくに天台教団のみについて詳しい資料を検索して、院政期の天台教団はほとんど受領以上の子弟に独占され、とくに天台座主職は梶井と青蓮院の二門跡によって占められていることをあきらかにしている。

こうした既成教団への貴族進出は、とうぜん寺院統制力の弛緩と宗教活動の低下を将来する。それは道心を求める僧侶のみならず、貴族の間においてさえ好もしからざるものと見られたようである。良源（慈恵《じえ》大師、九一二—九八五）のとき、叡山はその面目を一新するまでの堂塔伽藍の整備が行なわれたが、その弟子尋禅《じんぜん》（九四三—九九〇）は時の権力者大納言師輔の子で天台座主となり、「権門座主」と評されたが、これ以後、いわゆる「学侶」と「大衆」の対立ははげしくなり、大衆は自衛軍団を組織して朝廷への強訴や他寺との利権争奪に走るようになる。そして叡山中興の祖といわれた良源の時代から、いわゆる反体制的な教団離脱者が続出してきたのは皮肉な現象といわざるを得ない。

鎌倉末に編纂されたという『二中歴』（巻十三）に、役行者、日蔵、教待、相応、朗善、浄蔵、陽勝の七人を「奇異行者」とし、「空也 六波羅蜜寺沙弥、 性空 書写山沙弥得二六根浄一、 賀統 土佐国人、即身詣二補陀落山一、 仁賀 近江国、 増賀聖人 多武峰、已上五人、徳行無双聖人、」としるしている。ここにあげられた人々は役行者を除いて、すべて一〇世紀末から一一世紀初頭に活躍していた。この種の行者は行基をはじめはるか前代にも溯ることができるが、しかしこの時期になると、「心きよき奥山のひじり」とか穀断ちの聖（香山聖人）とか「寒暑を論ぜず鹿皮を着く」といわれた皮聖《かわひじり》行円など、数多く「ひじり」、「聖人」とよばれる人物のあらわれてくるのは注目すべきことである。徳行無双の聖人のうち空也と性空の二人までが「沙弥」と註記されているのも重要であり、増賀は横川のひじり源信とともに良源の弟子である。増賀は狂気を装って師の許をはなれて多武峰に隠棲し、奇行をもって知られた。書写の聖性空は三六歳ではじめて出家し、霧島や背振の山に法華を修して神秘体験を積み、「閑亭隠士、貧而亦賤、富貴不レ楽、以レ是為レ楽」（閑亭語）との求道生活に徹した。この非世俗性と超脱的な性格は、それゆえに却って貴族たちからも異常な尊敬をかち得た。性空のもとへは花山法皇や藤原道長、公任をはじめ、源信、仁賀、増賀、慶滋保胤、和泉式部らがあるいは訪れ、あるいは書を送っている。

増賀や性空、源信らがいずれかというと山居隠棲のひじりであったのに対して、空也は「市上人」、「市ひじり」の名にふさわしく、京都の市井にかくれて庶民教化にその生涯を捧げようとした阿弥陀の聖であった。晩年には天台僧となり、貴族とも交わり、六波羅蜜寺（もと西光寺）の建立などもしたが、その行動と思想はのちの智真に深い影響を及ぼした。源信はすでにのべた浄土教不朽の名作『往生要集』の撰述とならんで、浄土信仰最初の結社たる二十五三昧結衆の運動をはじめ、内記《ないきの》聖《ひじり》寂心（慶滋保胤）も『日本往生極楽記』をあらわして、わが国の浄土教の普及にパイオニア的役割を演じた。

恣意的な隠遁者は前代にもまた中世にもその数は少なくなく、その風雅な生活と文学は多くの人々の共感をよんだが、しかしここにあげた「ひじり」たちは、相互に交渉があったらしく、そこに山林孤高型と市井遊行型の差はあり、その信仰基調はいぜん法華と念仏の併存にあり、その運動はまだ宗教改革というには程遠いが、それはやがて源空―親鸞、また智真らの寺院制度の拒否と聖道門否定の新浄土教の樹立に、また他方純粋の法華信仰と天台リヴァイヴァル運動を展開した日蓮の出現に、先駆的な役割をになったことは重要である。

七　末法思想

天慶・承平の乱を契機とする荘園体制の地方からの漸次的崩壊過程に入ったが、この時点で一方ではひじりの運動がはじまったが、他方、末法思想が切迫した危機意識を民衆のレベルまでかき立て、人々を一挙に浄土信仰へと傾斜せしめた。

仏教はいつの頃からか一種ペシミスティックな運命論が起こった。釈迦の遺法は永遠の真理の開顕としながらも、その法の存続は有限であり、教行ともに仏法が純粋の姿をたもつ「正法《しょうぼう》」の時代（一〇〇〇年とも五〇〇年ともいわれる）、教のみ伝わって行や証の衰えてゆく「像法《ぞうぼう》」の時代（一〇〇〇年）を経て、世は「末法」となる。末法時代は一万年つづくが、末法には天災地変、戦乱疫疾が続発し、人々は悪見煩悩が盛んで闘争を事とし、僧侶も破戒無慚、真の修行者はなくなり、やがて悪主の破仏、悪魔の跳梁によって法滅のときを迎えるとする。この思想はすでに奈良時代末ごろから僧侶の間に注目をひき、最澄は「当今……正像やや過ぎおわりて末法はなはだ近きにあり」（守護国界章）といい、空海も「当今時はこれ濁悪にして、人根劣鈍」（秘蔵宝鑰）として末法の近きを警告している。正像二千年説によると、当時一般に仏滅年代は西紀九四九年とされていたから、正法第一年は前九五〇年であり、像法第一年は後五一年であるから、末法の第一年は一〇五二年（永承七年）となる。

源信はこの年に先立つ三五年に没したが、「方今像法の寿、喉《のんど》に至る」として末法到来の切迫をのべ、浄土信仰を鼓吹した。一一世紀から一二世紀にかけて、『小右記』、『春記』、『中右記』、『山槐記』などの多くの貴族の日記に、事にふれて「末法之最年」、「末世」、「仏法破滅」、「天下之破滅」などの文章がしるされ、『扶桑略記』、『栄華物語』、『愚管抄』などにも、「今年入二末法一」、「今年入二末法一歴二三十五年一矣」、「この世のかはりの継目に生れあひて」、「世の中ともすればいと騒がしう……世の末になりぬればなめり」といった嘆きのことばがのべられている。それは荘園体制の崩壊から封建体制の樹立へと揺れ動いた社会不安の世相と、末法を実証するかのように襲いかかった地震大火、飢饉疫癘、兵乱盗賊の難などの続発によって、ひろく民衆のなかにも浸透していった。すでに道長が一〇〇七年金峰山中に銅製経筒に経典を納めて埋めたことも、法滅ののち弥勒下生の世まで経典をこの世にとどめようとの意図に出たものであるが、この埋経や、瓦経などの風は全国にひろがったことが各地から出土する遺品によってうかがわれる。そのなかには例えば鳥取県東伯郡出土のものに「釈迦大士壬申入滅、日本年代記康和五年（一一〇三）癸未歳、粗依文籍勘計、二千五十二載也」（日本国宝全集二十六）とあり、康治二年（一一四三）の瓦経には「右始自此釈迦滅後二千余年、仏法淪亡之時」とみえ、また「釈迦末法」としるした経筒、瓦経なども数点出土している。かくて末法到来の危機意識は、個人の自覚というよりはむしろ社会的なものとして民衆の心にも刻みこまれていった。

末法思想の一種の予言書として、当代および次期の栄西（興禅護国論）、源空（和語灯録）、親鸞（顕浄土真実方便化身土文類）、日蓮（四信五品抄）などに深刻な影響を与えたのは最澄撰といわれる『末法灯明記』である。本書は今なお真撰偽撰の論議がくり返されているものだが、その内容は、末法の世には言教のみあって行法はなく、したがって戒法もないから破戒と称すべきものもなく、まして持戒などはあり得ないとし、この末法の現実にあっては末法相応の名字僧をもって真宝として仏法を継続せしめる以外に道のないことを説いている。末法相応の法と僧の存在意義を主張したものであるが、これが鎌倉の新仏教の祖師たちのあたらしい宗教運動に一つの契機を与え、確信をうえつけたことは注意すべきことである。

ひじりの運動と末法思想の普及は、古代から中世への社会変革の流れのなかに、荘園体制に密着して民衆をおきざりにした天台・真言などの諸教団への批判と不信をよびさまし、やがてきたるべき新仏教展開の民衆的土壌ともなっていったのである。

（『日本の宗教』一九八五年・大明堂）

教団論――その宗教社会史的アプローチ――

一　序論――宗教の三つの型

宗教にはいろいろの定義が可能であるが、現に世界の諸民族の間に持たれている諸宗教の構造から、これを三つのカテゴリーに分類することができる。

Ⅰ　自然宗教

第一は「自然宗教」（Natural Religion）とよぶことのできるもので、いつ、誰が説え出したというものではなく、その民族の社会構造なり、文化・生産の構造、また風土的条件などから、民衆の日常的な、あるいは突発的な生活上の脅威や不安に対する解消を目的とする願望や希求に応じて、自然に発生し、集団によって維持、実修されて、それぞれに次第に形を整えてきたものである。

文化人類学（社会人類学）や民族学が、主として対象としてきた、いわゆる「未開宗教」（Primitive Religion）といわれるものである。また、高い文化段階に達し、多くの異質の宗教や文化諸要素を摂取した民族の間では、この自然宗教は高等宗教の下部構造として、あるいはそれら高等宗教によって再解釈されて、いろいろの変化をうけながらも、年中行事その他として「民間信仰」（Folk Religion）の名のもとに、民衆の信仰生活や儀礼、日本の底辺に根強く残存しているものである。

人間のつくり出した原始的社会は、自然集団ともよばれるが、自然宗教はその社会の人々の生活環境と密接に結びついているだけでなく、主としてその社会集団の維持統合と、それを支える社会の価値体系を象徴する役割を演じている。

つまり、特定の教祖を持たず、教理体系も確立されておらず、また聖職者と名づくべきものもまだ成立していないが、自然集団の首長、部族長などが祭祀の権利と義務（祭祀権）を担い、その集団員や族員をしたがえて、先祖から伝承されてきた儀礼を執行する。この儀礼を通し、これに参加することによって、集団員や族員は、同じ神、同じ信仰のもとに統合し、共同の運命を負わされた共同体の構成員であるという意識を強め、その連帯意識をあらたにするのである。

この場合は信者集団はそのまま自然集団であり、コミュニティ（共同社会）そのものが、ひろい意味での個別的、独立的な教団でもある。わが国の民間信仰のなかに素朴な形でのこの類型を求めるならば、本家と分家を中心に形成されている同族集団の様式や、頭《とう》（当）屋神主制などに見られる。

同族集団における本家には、同族祭祀を行なう祠、祖先祭祀を行なう仏壇、死者祭祀を行なう墓地、そして時として寺が専有されていて、同族の神の祭、盆正月の行事、祖先の年忌、その他の冠婚葬祭が、主として本家の主人の主宰によって行なわれ、分家の人々は本家に集まって、これらの行事を手伝い、また参加する。

同族団といった小さな家グループ以外に、さらに広い範囲の村の鎮守の社や村氏神の祭には、その村の草分けとか旧家の主人が一年ごとに順まわりや、神鬮によって神主（一年神主）をつとめるのが頭屋制度である。この一年神主はその任期（主として大祭から次の大祭まで）の間、朝夕水垢離をとったり、別火精進といって、家族と隔離して浄火でひとり煮炊きしたものを食べ、神社に参拝し、大祭には神と人との取次ぎ役として、その主役を演じる。頭屋神主の精進と神への奉仕は、その一年の村人の幸福や不幸と密接に関連すると信じられ、いろいろの物忌みや禁忌に服さなければならない。

こうした例に、自然集団と宗教集団との不可分の結びつきが見られ、いわゆる「自然宗教」の典型的な名残ということができる。この祭祀を主宰する権利、つまり祭祀権が、その集団での宗教的権威の象徴であり、同時に政治的支配力の根源とも考えられていたことは、古代の天皇制や祭司王権といわれるものと、規範においては異なるが、本質構造は全く同じである。つまり祭祀権を持つ本家の主人、族長、頭屋は、その分家集団や族員や、村人全体の安寧福祉、その連帯性維持に対して、全面的な責任を担うべきものだからである。

この構造を図式化すると次のようになろう。

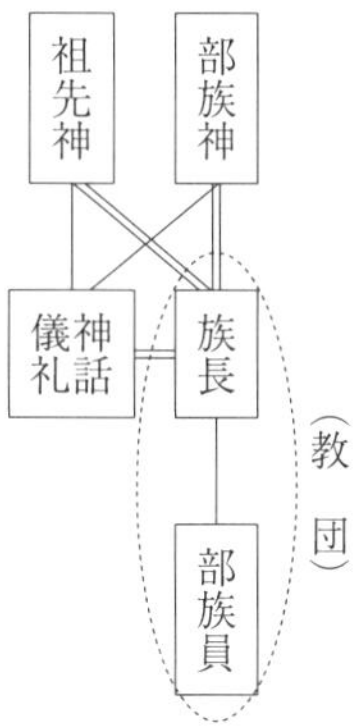

Ⅱ　民族宗教（National Religion）

（Ⅰ）民族・国家と宗教

第二の宗教構造の類型としては「民族宗教」があげられる。その典型的な例としては、イスラエルにおこったユダヤ教、インドの土着宗教であるヒンドゥ教（バラモン教、インド教）、中国の民間道教、わが国の神道（とくに神社神道）などが、現に生きている民族宗教の典型的な例といえる。

民族宗教は、自然宗教が拡大統一の過程をたどったもので、特定の民族と特定の神、もしくは神々との、神話的、伝承的な契約関係によって成立し、その民族のもつ価値体系や民族性、民族意識を強く反映し、民族統合の精神的支柱、ないしシンボルの役割を演じている。そして民族が国家を形成する段階で、民族宗教はいちじるしく国家的ないし軍事的宗教の色彩を濃くもつようになる。民族宗教はその根を深く自然宗教におろしている。そして原始的には家族集団の宗教から村落共同体、部族共同体の宗教へ、そしてさらに村落連合、部族連合の国家体制へと移行するにつれて、とくにその支配部族長の政治・軍事・宗教上の力が大きな役割を演じることになり、従ってその部族長、すなわち祭祀王があらわれて、多くの部族を統合し、宗教と行政の両面から国家統治を行なうようになる。

この場合、日本のように一民族一国家といった比較的単純な同化過程をたどる例もあり、いくつかの異民族、異部族間の対立抗争を通して、そのなかから支配民族なり部族なりによって国家が形成される例もある。また同じ範疇に入る民族でも、地方ごとの部族国家が、種々の過程を辿って統一国家に向かう例もある。そしてやがて支配者も被支配者も同じ民族意識や国家意識をもつようになる。

アメリカ合衆国などは雑多な移住民が集まって、いわば人工的につくり上げた連邦国家であり、言語、経済、教育などを通して国家意識を身につけつつあるし、ソ連邦などは、帝政ロシア時代のシベリア、中央アジアなどの弱小民族の統合から、次第にイデオロギー的政治圧力のもとに、つくり上げられた半独立的連邦国家である。これに対して、中華人民共和国やインド共和国は、広大な亜大陸ともいえる領土をもち、地方ごとに言葉も通じないほどであるが、そこには共通した中国人インド人という意識があり、一つにまとまった民族性や民族意識が強くもたれている。これは長い歴史の過程に生まれてきた意識でもあるが、多くの混血、文化の交流を経ながら、体質的にも一つの類型をなしている。

ヨーロッパではきわめて複雑な歴史と人種の接触混淆が行なわれてきていて、同じドイツでもミュンヘンを中心とするバヴァリア地方、ベルリンを中心とする地方、ライン地方では訛りもちがい、体質的にもやや異なるし、小さなベルギーなどにも言語を異にする種族がいる。スイスなどは四か言語が公用語として用いられているが、これらはこんにちでは、それぞれに一つの民族国家 nation states をつくり上げている。しかしインド民族がヒンドゥ教徒とイスラム教徒に分かれ、これが第二次大戦後、インド独立にあたって、ヒンドゥのインド共和国と東・西パキスターン（東パキスターンはバングラデシュとして独立）に分かれ、アイルランドが小さな島国ながら同じキリスト教の新教とカトリックの宗派上の差から、一部を除いてイングランド・スコットランド・ウェールズを中心とする United Kingdom（連合王国）から独立した共和国をつくり、ユダヤ教のイスラエルに対抗して、エジプト、シリア、レバノン、ヨルダンなど回教国がアラブ連合を結成するなど、宗教の差によって、国家の分裂や統合が行なわれていることも興味ふかい。

民族宗教の典型とも考えられるユダヤ教をつくり上げたユダヤ民族は、かつて十二部族の連合によって、一つの神ヤハウェを奉ずる民族国家を形成したが、北方のバビロニア、南方のエジプト、そして西方のローマの三大強国にはさまれて、つねに苦難の歴史をあゆんだ。そして西紀七〇年、イスラエルの滅亡によって完全に国を失い、そののち実に一九〇〇年に及ぶディアスポラ、すなわちヨーロッパへ、近東へ、インドへと、民族は放浪していった。しかし彼らはそのたどりついた土地の宗教には改宗せず（例外はあるが）、最後まで同民族間の結婚によってユダヤ人の血を保ち、ユダヤ教徒としての信仰を捨てなかった。これがまた近くはアウシュヴィッツの虐殺に、古く「ヴェニスの商人」に象徴されるような、迫害と差別の苦難の歴史を歩ましめることになったのである。

このように民族と国家の関係もかならずしも一様ではないし、同一民族がかならずしもすべて同一の民族宗教によって統一されたというものではない。同じゲルマン民族の血を引くドイツでも、元来はゲルマン神話といわれるものに象徴される、ゆるやかな宗教連合体を組んでいたであろうが、やがてキリスト教の宣教によって、次第にキリスト教化され、原始民族信仰はキリスト教的な再解釈を経た儀礼として、神々は妖怪や魔、そして祭司は魔法使いに転落させられ、その信奉者たちは妖術使や魔女として迫害された。

しかし、同じキリスト教国になっても、ルッターが出て宗教改革を唱えて以後は、長い血なまぐさい宗教戦争を経て、同じ民族、同じ国民がプロテスタントとカトリックの両派に分かれている。ここにはもはや民族宗教というべきものはなく、社会集団、民族集団と宗教集団とは別個のものとなっている。イギリスは同じくキリスト教化されてはいるが、いわゆる連合王国は単一の英国聖公会を王国の公認の宗教として、国王の即位の戴冠式も、ウェストミンスター大寺院の大司教が、うやうやしく神の名に於て新王の頭に王冠をかぶせる儀礼を主宰するのである。この「英国教会」(Church of England) はまた「国教会」(Established Church) ともよばれ、同じキリスト教国のなかでも一国一宗派をもつという国教主義の国である。

同じような例は、南方の仏教国のセイロン、ビルマ、タイ、カンボヂア、また北方のヒンドゥ国であるネパールにも見られる。これらの国々には仏教とかヒンドゥ教以外の宗教教団も寺院、僧侶も存在しているが、しかし国王はそれぞれの国教に対する最高の保護者・信者であり、すべての国家行事はその国教によって営まれるだけでなく、タイのように、国民の全部が一定の年令に達すると、必ず一定の期間僧院に入って宗教の修行をすることが法律的に義務づけられている国もある。こうした国々では、僧侶や聖職者の社会的地位はきわめて高い。

(Ⅱ) ユダヤ教の場合

民族宗教の典型的な構造は、ユダヤ教、ヒンドゥ教、道教、神道などに見られる。このうちもっとも厳密な意味で民族と直結した宗教としてはユダヤ教が、そして国家祭祀と直結したものとして神道があげられよう。ユダヤ教はモーセというカリスマ的な指導者によって、ヤハウェ(エホバ)の神の信仰のもとに、全イスラエル人を統合しようとした宗教である。そしてやがて多くの預言者の活躍によって、次第に宗教集団として形成された。ヤハウェは天地創造の神であり、絶対にして全知全能の唯一の父なる神である。

旧約聖書の「出エジプト記」には、シナイ山でモーセの前にあらわれた神は、「汝、我面《わがかお》の前にわれのほか何人をも神とすべからず、汝、自己《おのれ》のために何の偶像をも彫むべからず、又上は天にある者、下は地にあるもの、ならびに地の下の水の中にある者の何の形状《かたち》をも作るべからず、之を拝《おが》むべからず、これに事《つか》うべからず、我エホバ汝の神は嫉《ねた》む神なれば、我を悪む者にむかいては父の罪を子にむくいて三四代に及ぼし、我を愛し、わが誡命《いましめ》を守るものには恩恵《めぐみ》をほどこして千代《せんだい》にいたるなり」、と告げている。いわゆる絶対他者として唯一絶対神たるの宣言である。

　また、「汝の神エホバの名を妄りに口にあぐべからず、エホバはおのれの名を妄りに口にあぐるものを罰せではおかざるべし」、との厳しい「父」なる専一神（Monolatry）たること、神の名はタブーとさるべきことを命じている。

　さらに神が、天地を創造して七日目に休息したとの「創世紀」神話にもとずいて、いわゆる安息日《あんそくにち》の制を立て、「安息日を憶えてこれをきよくすべし」として聖日を定めた。「汝らかならず吾安息日《わがあんそくにち》を守るべし、是は我と汝らとの間の代々の徴《しるし》にして、汝らに我の汝らを聖《きよ》からしむるエホバなるを知らしむるための者なればなり。即ち汝ら安息日を守るべし、是は汝らの聖日なればなり。凡て之を瀆《けが》す者は必ず殺さるべし。凡てその日に働作《はたらき》をなす人はその民の中より絶たるべし、六日の間業《わざ》をなすべし、第七日は大安息にしてエホバに聖《きよき》なり、凡て安息日に働作《はたらき》をなす者は必ず殺さるべし、かくイスラエルの子孫は安息日を守り、代々安息日を祝うべし、是れ永遠の契約なり、是は永久《とこしなえ》に我とイスラエルの子孫の間の徴《しるし》たるなり。其はエホバ六日の中に天地をつくりて七日に休みて安息に入りたまいたればなり」（以上出エジプト記）。

　これにつづいてモーセに啓示された神の律法は、ことこまかく神への儀礼を制定している。神に対する供犠による祭祀には、三つの種類のものがあった。第一は「罪祭《ざいさい》」と称して、イスラエルの民の無意識のうちに犯した罪、穢れを神の前に謝罪し、これを悪魔アザゼルのもとにはらい送るために、七月十日を大贖罪日とし、一頭のヤギを「いけにえ」として屠り、他の一頭のヤギに、イスラエルの人々のもろもろの罪と、もろもろのとが、すなわち彼らのもろもろの罪をその上に告白して、これを荒野に送らなければならない（レビ記）。

この祭がスケープ・ゴート（scapegoat, 贖罪羊）の名で知られるので、春分の次の満月の夜に行なわれる「過《すぎ》越《こし》の祭」とともに、ユダヤの大祭の一つとなっている。ちなみに「過越の祭」は、エジプトで苦しめられていたイスラエル人を救い出そうとして、神がエジプト王をこらすため、エジプト人の長子をはじめ、家畜の新生児をことごとく殺したが、イスラエル人の家だけは、あらかじめ神の啓示に基き、戸口に羊の血を塗っておいて、神の目じるしとして殺戮をまぬがれた。この神の恵みに感謝するため、神殿で大祭を行ない、各家庭でもその夜は当歳の羊を殺して祭の食事をした。はるかのちに、イエスが弟子たちをつれてエルサレムに上ってきたのも、この大祭にあうためであり、やがて十字架にかけられる前夜の最後の晩餐は、この祭の宵にあたっていたといわれる。

ヤハウェによって制定された祭儀には、「罪祭」のほかに「燔祭《はんさい》」と「揺祭《ようさい》」の二つがあった。燔祭は一種の火祭で、祭壇の上にいけにえの動物を焼き、その香わしいかおりを神に捧げる儀礼であり、「揺祭」というのは、いけにえにしたヤギの胸をとって、神前に振る儀礼である。「出エジプト記」や「レビ記」には、それぞれの目的に応じて、罪祭、揺祭、燔祭のいずれかを捧ぐべきことを神が規定している。

その上、神はこれらの祭儀を執行すべき最高の祭司を任命した。「汝、又イスラエルの子孫《ひとびと》に命じ、橄欖《かんらん》を搗《かて》取りたる清き油を燈火のために汝に持ちきたらしめて、絶えず燈火をともすべし。集会の幕屋に於て律法《おきて》の前なる幕の外に、アロンとその子ら、晩《よい》より朝までエホバの前にその燈火を整うべし。是はイスラエルの子孫が世々たえず守るべき定例《のり》なり。汝イスラエルの子孫の中より、汝の兄弟アロンとその子ら、すなわちアロンとその子ナダブ、アビウ、エレアザル、イタマルを汝に至らしめて、彼をして我にむかいて祭司の職をなさしむべし、汝また汝の兄弟アロンのために、聖衣《きよきころも》を製《つく》りて汝の身に顕栄《ほまれ》と栄光《さかえ》あらしむべし。汝凡て心に知慧あるもの、すなわち我が知慧の霊を充《みた》しおきたる者等《ものども》に語りて、アロンの衣服《ころも》を製《つく》らしめ、之を用てアロンを聖別《きよ》めて我に祭司の職をなさしむべし」（出エジプト記）として、その聖衣のこまごましたつくり方や装飾やシンボルまで指示されている。

ここに民族宗教の特徴のいくつかが、あきらかに示されている。すなわち、神は天地を創造し、あらゆる生物をつくったあと、イスラエルの民を選んで、モーセに啓示した律法をしるした「契約の櫃」を神の象徴とし、エルサレム神殿の建造以前には、民族の移動にはつねにこの「契約の櫃」が捧持され、これを幕屋のなかに安置して、その礼拝と祭儀が行なわれた。つまり、神と特定民族との特殊な契約、神によって選ばれた民という意識（選民思想）、神による律法の制定、儀礼の規定、及びこれを執行すべき祭官（祭司）の専任といった特徴である。

(Ⅲ) バラモン教の祭官制

古代の民族宗教における祭官制は、古代インドのバラモン教にも見られる。バラモン教は八世紀以後に、種々の高等宗教の形態や要素をとりいれ、また改革派などの手によって、こんにちのヒンドゥ教へと展開していったが、古典的バラモン教は、有名なヴェーダの信仰儀礼に源を発している。ヴェーダ信仰が文献化されたのは古く、西暦前一五〇〇年～一二〇〇年にかけて、インド西北部に侵入したアーリア人が、神々の讃歌をとなえて供犠を中心に儀礼を行なっていたものが整理されてできたものといわれている。

アーリア人はユダヤ人のように一神教ではなく、太陽や風雨、雷電といった自然現象を神格化するとともに、火や酒の威力をも信じ、讃歌を捧げてその威力をたたえ、司祭者すなわち呪術宗教的指導者を中心に、さまざまな祭祀儀礼が行なわれてきた。こうした呪術宗教的指導者がやがて、西暦前一〇〇〇年ごろにガンジス川流域の肥沃な中原の地に進出定住して、氏族制農耕社会を営みはじめるようになると、そこにカースト制度が確立して、祭司族がバラモン階層として、王族（クシャトリヤ）、商工農民層（ヴァイシャ）、奴隷（スードラ）の上に君臨するようになった。カースト制はヒンドゥ教にもうけつがれ、こんにちのインド社会を規制する基本概念となっているが、その基礎には業と輪廻転生の思想がある。インド人はすべていずれかのカーストに属し、これを選択することはできない。生れた人間が特定のカーストに属するのは、その個人の前世の行為による結果であり、現世の行為は次の世の生を決定する。ここには個人行為の帰結としての現世が強く説かれるから、僧族に生まれるということも前生の果報なのである。

こうしてバラモン教には、祭官によって、一方では梵我一如といった形而上学も展開し、やがてウパニシャッド哲学を生み出してくるが、他方、祭官制も発達し、複雑に分化した。バラモン階層のものは、一定年齢に達すると師匠のところにいって、弟子として祭式やヴェーダの読誦、意義などについての修行をする。このとき入門式(プラナーヤナ)や、祭式執行者の資格を獲るディクシャの儀礼を行なうのである。ディクシャの儀礼では、俗人として死に、新たに聖なる祭官バラモンとして生まれかわるという再生のモチーフをもつ儀礼が行なわれ、そして一人前の祭官バラモンとなり、それから家庭をもって俗生活に帰るわけである。

バラモン祭官の執行する儀礼は、季節の農耕儀礼、誕生から成人、結婚、死にいたる人生の通過儀礼、建築儀礼、治病の儀礼など多岐にわたっているが、これらの儀礼目的に応じての神々と、その神々への讃歌、呪文がいわば四つのヴェーダにまとめられたともいえる。そしてこの四つのヴェーダにそれぞれの讃歌や解説書(梵書)がつくられ、例えば最古のヴェーダといわれるリグ・ヴェーダには、アイタレーヤ梵書《ブラフマナ》といった解説書ができ、これを実際に執行するバラモンをホートリ祭官とよんだ。同様にヤジュール・ヴェーダにはタイティーリヤ・サムヒター(讃歌)が編集され、これはアドヴァルユ祭官によって管掌された。またサーマ・ヴェーダはウドガートリ祭官がつかさどり、もっとも民間信仰との接触の強くみられる呪術的讃歌を集めたアタルヴァ・ヴェーダは、ブラフマン祭官によって、民衆の増益調伏の要求に答える儀礼が行なわれたといわれる。

国王の即位式もまたバラモンの最高祭官によって灌頂《かんじょう》、すなわち聖水・香水を頭上から灌ぐ儀式が執行されたことは、ちょうどイギリス国王の戴冠式と同じであり、こんにちもネパールなどで行なわれる。またタイあたりでは仏教僧は葬儀を執行しないので、わざわざバラモン僧を招いてこれをとり扱わせることは、シナの道教の道士が葬儀を扱うのと似ている。即位の灌頂はのちには密教に入って、結縁灌頂、伝法灌頂などという入門や伝授の儀礼に転用されていった。

（Ⅳ）日本の天皇制と祭祀王権

日本はこの点でやや事情を異にする。先史時代の日本人は、南方から、西南方から、また北方から、種々の民族が日本列島に漂着し、移住してきた。そして混血と風土化をうけつつ、次第に「日本石器時代人」とよばれる独自の体質をもつ原日本人が成立し、そののちも朝鮮半島からの帰化人の多量の移住とそれに伴う文化の流入があったが、奈良末期ごろにはいずれも特有の日本民族となり、特殊の言語構造をあみ出して、弥生時代には水田耕作を主体とする村落、村落連合の広義の国家形成の道をあゆんで来た。

多くの東南アジアの平地稲作民族に見られるように、農耕生活を主体とした村落や、その開発本家には、それぞれに祖先・土地神・稲霊などをまつる祠や社が、自然木、岩石、森といったものを中心にいとなまれ、やがてそれが常設の社にまで発展していった。こうしていわゆる原始神道の原型が形成されてきたが、この「自然宗教」から発達した原始神道は、やがて天皇家による統一国家の形成過程のなかで、宮廷神話が諸部族のもっていた神話を統合改変した形で『古事記』にまとめられ、これに基ずく儀礼もきわめて規模の大きい、荘厳なものとなっていった。

そして注意すべきことは、ここに自然宗教時代には、部族長や本家の主人といった集団首長が管掌していた祭祀権が、形式的にはそのまま温存されながらも、神話の定型化にともない、また儀礼の複雑化、荘厳化に伴って、それらを専ら読誦したり、執行したりする特定の部民、たとえば「語部《かたりべ》」とか、中臣氏や忌部氏といった祭官階級が出現したことである。これがはっきり職制化されたのは大化改新で、八省百官の制を唐制に模して整備した際、行政府にあたる太政官《だいじょうかん》とならんで、神祇官が併置され、これが神部《かんべ》、卜部《うらべ》、使部《つかいべ》などの部民を配下にもつ独立の機関となっている。これを図式化すると

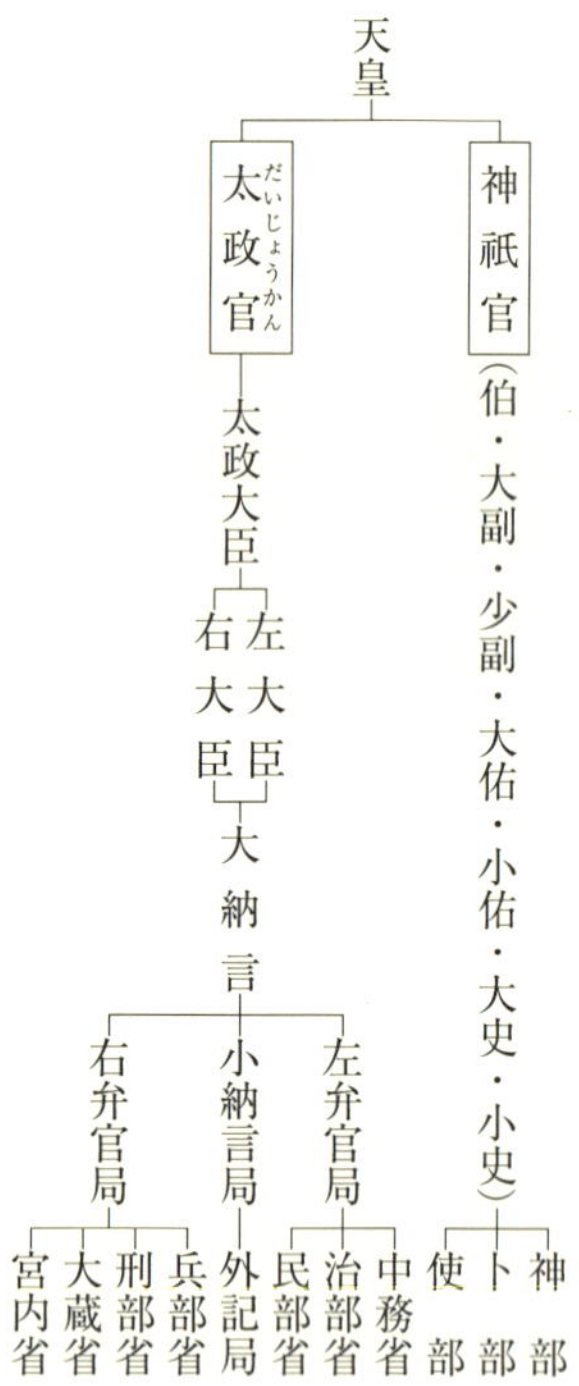

の如くである。

しかしこの一つ前には、『魏志倭人伝』に見える邪馬台国の女王卑弥呼のような祭司女王の宗教的政治のあったことは見のがすことはできない。魏志によれば卑弥呼は

鬼道ニ事《ツカ》エ、能ク衆ヲ惑ワス。年已ニ長大ナルモ夫婿ナク、男弟有リ、佑《タス》ケテ国ヲ治ム。王ト為リシヨリ以来、見ル有ル者少ナク、婢千人ヲ以テ自ラ侍セシム。唯ダ男子一人有リ、飲食ヲ給シ、辞ヲ伝エ、居処ニ出入ス、

とするされている。ここには

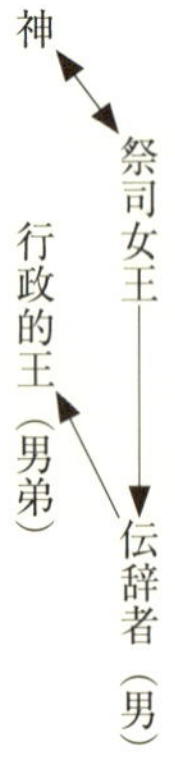

という構造がある。

これを記・紀の伝承にさぐってみると、記紀伝承はすでに天皇制の確立した天武天皇の意志をうけて、削定改変

が行なわれているので、多くは男としての天皇の事蹟として語り伝えられているが、それでも、例えば崇神天皇紀には天皇の姑、倭迹々日百襲姫命《やまとととひももそひめのみこと》が宮廷の大女祭司として、三輪の大物主神の託宣を神がかりして伝え、またのちにはこの神の妻となったという伝承が書紀にしるされている。また同じ天皇のとき、それまで皇祖天照大神の御霊代としての神鏡と、大和の国魂神である大国魂神のよりしろを、天皇の宮殿内に奉斎していた（同床共殿の様式）のに、天皇がひどく神の勢を畏れて共に住んでいるのに不安を感じ、やがて皇女の豊鍬入姫命《とよすきいりひめのみこと》に託《つ》けて、これと廷域内外の笠縫邑《かさぬいのむら》に遷しまつらせ、やがて次の垂仁天皇の世に、皇女倭姫命《やまとひめのみこと》によって、神の話のままに、神鏡を奉じ、神の御杖となって、遠く伊勢の五十鈴川の川上に鎮座して、こんにちの伊勢神宮のもとが開かれた。これがのちのちまでつづいた伊勢斎宮の制度のはじまりといわれている。

また仲哀天皇紀には、天皇が熊襲を討ちに九州の香椎宮に遠征中、神功皇后に神がかりがあって、熊襲を討つことは無意味であり、むしろ叛乱の根源にある新羅を討つべしとの託宣があった記事がある。このとき天皇は琴をひき、武内宿禰が審神者《さにわ》として傍に侍していた。天皇は神託を信ぜず、皇后によりついた神は怒って、天皇に死を命じ、仲哀天皇は即座に崩御されたとしるされている。この記事から次の応神天皇紀にかけての神功皇后の存在は、書紀の編纂者がこれを魏志倭人伝の女王卑弥呼に擬して、神功皇后紀のなかに三回にわたって魏志を引用しているところからも、神功皇后と卑弥呼の間の祭司女王としての共通性をうかがうことができるだろう。つまり

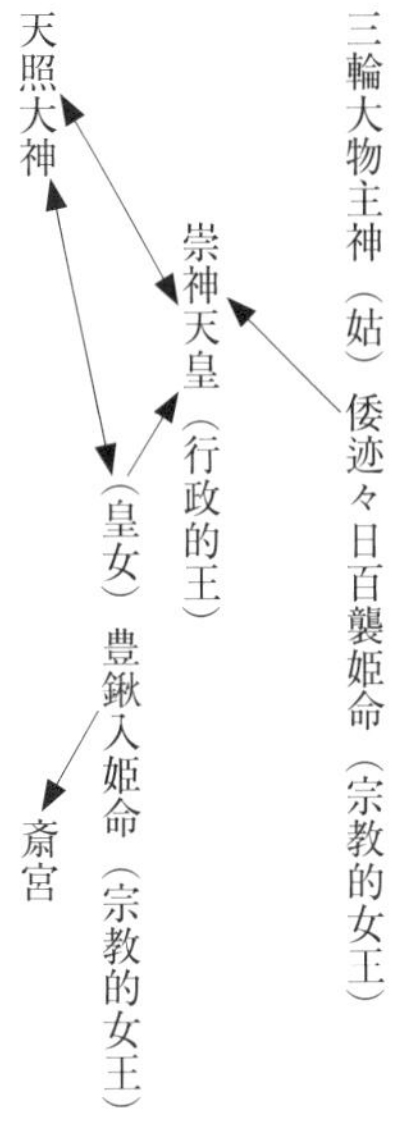

という形と

という卑弥呼型とが二重にあらわれてきている。このことは、シナの社会制度の影響をうけ、またシナや朝鮮半島からの帰化人の勢力が強くなるにつれて、次第に父権制と男系相続制が宮廷や貴族の間に導入されて、宗教的女王の地位が次第に形骸化していった過程を物語るものであろう。つまり行政的王の権力が増大し、宗教的女王は斎宮といった、天皇に代って神に奉仕する女神官にかわり、そして宮中の神事は形は天皇親祭であっても、実際には故実を重んじる専門職としての神祇官制度に委ねられるようになった。

　この形は近世の琉球王国にも見られる。琉球王国では、国王の妹または姪が「聞得《きこえ》大君《おゝぎみ》」として、全国の祝女《のろ》、司《つかさ》、すなわち地方の呪術宗教的統轄者と、その支配下にある村ごとの女神主を統率し、その資格を認定する免許状を出す権利を有していた。つまり「聞得大君」は斎宮であるとともに、神祇官の長官でもあったわけである。これも政治と宗教との分業過程の一つの名残りと見られる。

　このように民族宗教はふかく古代王権にかかわりをもっている。つまり神政政治（Theocracy）であり、王は最高祭司であるとともに、行政的権力の担い手でもあった。この形態は古代のバビロニア、エジプト、スーダンなどに見られ、その構造はわが国の天皇制とすこぶる類似している。

　王権は三種の神器に象徴されるようなレガリアと、王みずからが祭の主要なにない手となる。日本の天皇制は、天照大神の孫であり、天上の世界から天降って地上の君主となったニニギノミコトと一体化されて考えられていた。

それは即位式である大嘗祭のかずかずの秘儀によって、アマツヒツギ（天つ日嗣）の高御座を占める資格を獲得する。天皇の尊いのは、本居宣長のいうように、「徳の高きによれるにあらず、もはら種《たね》によること」であって、それが即位式の秘儀によって皇祖皇宗と一体化し、はじめてカリスマ（イツ・稜威）を身につけるからである。そして天皇のもっとも重要な任務は年ごとの祭事、とくに収穫祭にあたる新嘗《にいなめ》祭などを親祭するとともに、毎日、清涼殿東南隅に設けられた石灰壇にあがって、はるかに伊勢神宮を遥拝されることにあった。これを「石灰壇の御拝」とよんでいて、平安時代を通して長く慣行せられた。

伊勢神宮は、この意味で天皇に直結する神の宮であり、天皇のミイツ、すなわち統治呪力はここに淵源する。このために伊勢神宮は久しく天皇以外の者の参拝を禁止して、神の力が天皇ひとりに集中するよう配慮されていた。『延喜式』のなかの「伊勢大神宮」の条には

凡ソ王臣以下、輙ク大神ニ幣帛ヲ供ズルヲ得ザレ、其ノ三后、皇太子モ若シ応ニ供ズベキ有ラバ、臨時ニ奏聞セヨ。

と規定されていて、三后（太皇太后、皇太后、皇后）はもとより、皇太子でさえ、伊勢に参宮し、これに弊帛を奉ろうとするには、勅許を必要としたのは、全く神の力の分散を防ぐためである。

こうした点は自然宗教における氏神と族長の祭祀権との関係と質的には同じであり、即位大嘗祭が、農耕の収穫を神に感謝する新嘗祭と質的に同じ行事が規模を大きくして行なわれたこととともに、同族本家の主人のもつ祭司権の拡大とみることができるのである。

こうして天皇は、みずから天照大神――ニニギノミコトと同一化するための祭の主宰と、きびしい物忌みや精進に服さなければならなかった。そしてこの祭祀を通して祭司王は神聖な霊力、神力を身につけていると信じられたから、俗人にとって、天皇はみだりに見たり、触れたり、名を口に出したりすることは危険とされ、多くの王権にまつわる禁忌が生まれてくる。「王権の悲劇」とよくいわれるのも、祭司王が一方では「聖」の世界の神霊と交わり、

その霊能を身につけている反面で、地上の君主として、もっとも俗的な世界の支配権を掌握するという、「聖」と「俗」との葛藤ないし矛盾対立する両方の世界にまたがる存在であることにも由来する。

フレイザーが多くの例をあげて説明しているように、古代の祭祀王のなかには、みずから素足で大地を踏むことも、食事をすることも、髪や爪を切ることも許されなかった。もしこうした王が不用意に大地を踏めば、その霊の力によって大地が震動する。みずから食事をすれば、その手のふれた皿、食物、箸に霊力がしみついてしまう。従って王はつねに敷物の上をあるき、定められた座にすわり、輿にかかれて外出しなければならない。またその顔を直接他のものに見られないよう、玉座の前に御簾を垂れてとじこもらなければならなかった。明治の初めごろまで、医師が天皇を診察するのに、直接その体にふれられないため、糸を腕にまいて糸脈によっていたことはよく知られている。こうして王自身にも、王に対する臣下にも、多くの禁忌が課せられたわけである。

(V) むすび

以上のべたように、民族宗教は、いわば自然宗教の発展の一過程のなかにあらわれた歴史的な所産であるから、特定の教祖はもっていない。そして多くの神話や儀礼も自然宗教のなかに発生したものを継承しているが、他面、のちにのべる啓示的宗教もしくは普遍宗教、世界宗教とよばれるものの影響をうけて、それらの要素をとり入れたり、再解釈したり、規模を拡大したりしてくる。つまり、その発展の歴史の過程で、宗教的霊能者、預言者とかシャーマン、呪医《メディシン・マン》といわれるカリスマや、神話や儀礼の解説や教理化をはかる教導者たちがあらわれ、彼らによって神の教が説かれ、体系化され、儀礼格式も整備されてくる。そしていわゆる祭官といわれる儀礼の専業執行者も制度化されて、信者群を指導する宗教的教師の役割や、教団組織者の役割を演ずるようになる。これを図式化すると次のようになる。

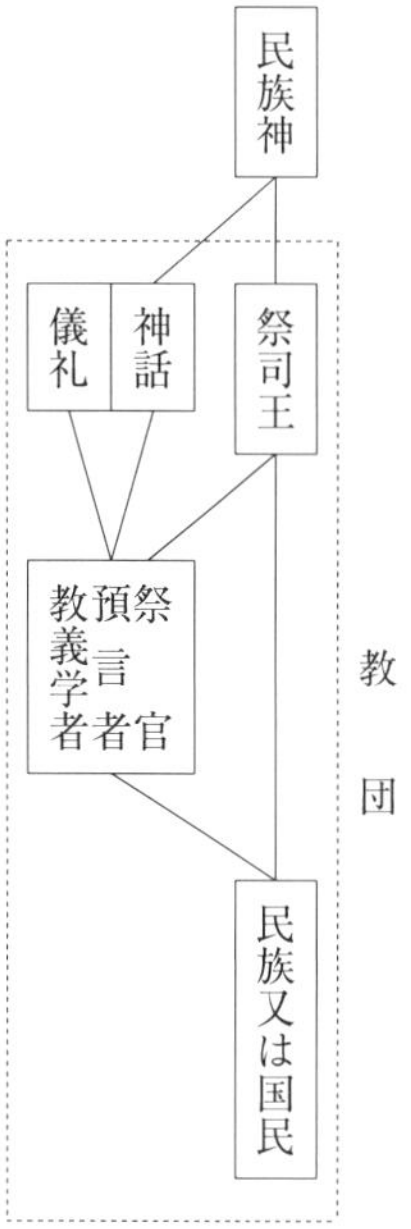

Ⅲ　啓示宗教の構造

第三の類型としての「啓示宗教」とは、仏教やキリスト教、イスラム教、また多少例外的要素をもつが儒教などがこれにあたる。

啓示宗教は特定の民族的宗教の地盤のなかから、その歴史的、社会的、風土的、文化的条件を十分にないながらも、それらを超越した宗教的カリスマとしての釈迦牟尼、イエス、マホメット、孔子といった教祖によって、神の啓示を受け、あるいはみずから宇宙の真理と人生の目的についての「悟り」をひらいて、その福音なり、「悟り」の内容なりを人々に伝道する使命のもとに起こってきた宗教で、一に「普遍的宗教」（Universal Religion）とも「世界宗教」（World Religion）ともよばれる。

自然集団とか民族、国家といった制約を超克し、神は全人類の神となり、仏は宇宙の真理の体現者として、全人類の祈願の対象に、そして救済者へとたかめられる。

すなわち、従来の自然宗教、民族宗教という二つの類型の宗教が、神と人との契約、神の選民、祖先と子孫という特殊条件、また民族神と民族、国家神と国家という制約をもつ、一定の集団にとっての特殊主義的・個別主義的

(particularistic) で、特定の目的達成 (goal-attainment) 的な性格と機能とをもっていたのに対して、啓示宗教は個々の集団や民族や国家を超越した万人に、平等の立場に立って個人として、人間としての「救い」、「悟り」を得させることをその中心の目標にかかげている。

従って啓示宗教には、今まであらわれなかった「教祖」が中心となり、教祖によって説かれた「教義」、教祖によって発案された「儀礼」がその宗教の根本となる。そして教祖によって説かれた教えを、さらにふかく、その真意を探究し、民衆にわかりやすく解説し、これを体系化しようとする専門の教学者(神学者)や、また師の教えを民衆に福音として伝道しようとする専門の布教師や、さらにこうした神学者や布教者を一つの組織体に形成する組織者、指導者があらわれ、その布教者によって改宗させられた信者を、その組織のなかに編入し、一定の信仰信条、儀礼標式を制定し、信者をこれに参加させ、生活規制することによって、同一宗教集団の信者としての自覚をあらたにさせる。

従って民族の枠を超え、国境を越えて、次第に異教徒や異民族の間に宣教し、しばしばその信仰の不寛容性によって、苛烈な殉教や闘争をくり返しながらも、ひろい層、ひろい地域に信者を獲得していく性格をもっている。それは「世界宗教」といわれるように、世界的規模の信者組織をもち、また「普遍的宗教」とよばれるように、神や仏の前に人間は、その人種や国籍を問わず、平等であるとする普遍主義 (Universalism)、と人道主義 (Humanism) に立脚している。

この自然宗教、民族宗教のもつ個別主義と目的達成主義から、啓示宗教のもつ普遍主義と人道主義への展開は、ユダヤ教からキリスト教が、そしてのちのイスラム教が、ヒンドゥ教の地盤から仏教が出現したように、それぞれの母胎となった民族宗教と、それを生みはぐくんだ風土、社会、文化の影響を蒙りつつも、それらを止揚して、より高次の宗教意識、人間観、宇宙観を展開したことで、人類の精神史の上でも劃期的な、革命的なものということができる。

だから、そこには当時の社会体制や世俗的権力や民族宗教的権威に対する批判もあり、反世俗的な宗教的価値の発展という要素が見られる。はじめには教祖とそれをとりまくごく少数のエリートたちのマイノリティ集団として発生するのが通例である。そしてその発展の過程で種々の迫害や殉教をくり返すこと、また世俗的権力との接触と世俗化といった矛盾した歴史をたどるのも、この啓示宗教だけのもつ特色といえるだろう。これらの点については、後でややくわしくのべてみたい。

啓示宗教の構造を図式化すると、

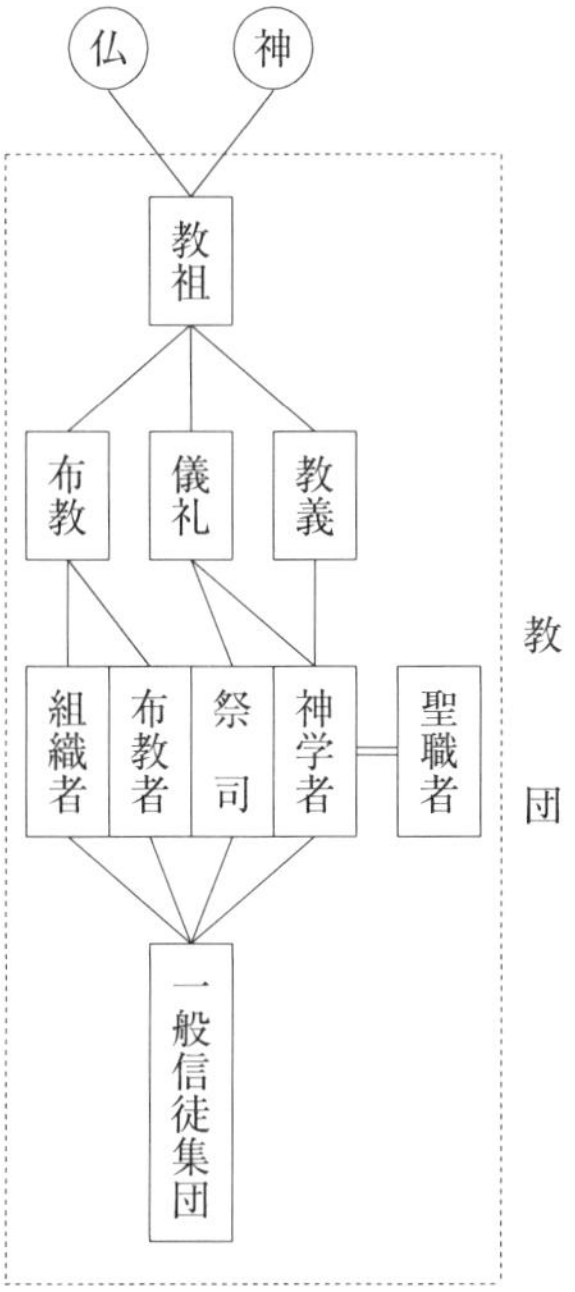

二　啓示宗教のになうディレンマ的諸問題

Ⅰ　宗教におけるエリートと大衆とのかかわり

宗教を論ずるのには三つのあり方がある。一つは護教的・神学的態度で、神・仏、または教祖の側にのみ立って、宗教的意識や信仰形態のあり方を論じようとする行き方である。第二は哲学的態度とも名づくべきもので、自らの思弁による自内証や理想型の宗教者を、教祖や聖者や高僧のなかに見出し、自己の理想的イメージをもって彼らを賞揚するとともに、そこに宗教の「あるべき姿」を発見しようとする行き方である。これに対して、社会学的な態度とでもいうべき第三の行き方がある。それは宗教をつねに集団現象として、社会や文化との連関における精神運動の一つとしてとらえようとするものである。この第三の立場に立つとき、宗教はただすぐれた指導者としてのエリートだけの専有物ではなく、また信者大衆との関連において考察しなければならないのである。

宗教は哲学でもなく、思想そのものだけでもない。宗教にはもちろん哲学も思想も必須の要素として内蔵されなければならない。しかし哲学や思想そのものであってはならない。哲学は他人の頭痛や悩みを癒す必要はない。一人の共鳴者がなくても、彼は自分を哲学者と名乗ることができる。それは個人の哲学、個人の思想として十分の存在理由を持ち得るのである。「知己を後世にまつ」という哲学者や思想家の自負は、多くは生存時にはその価値を認められず、死後になって真価が見出されることを期待した言葉である。しかし宗教者は、こうしたエリートの世界に高踏して、自らなぐさめるという立場は許されない。一人の人間にも精神的救いを与えることのできない宗教者は宗教者とはよべない。一人の信者もいない宗教は宗教と名乗ることはできない。

ところで従来の宗教史家や宗教学者が犯した大きな誤りは、この宗教的エリートたちを追究することに急であって、信者大衆の存在を軽んじ、また時に無視してきたことである。ここからエリートと大衆の文化・思想の混同という誤謬が犯されることになる。つまり理想的エリートの思想を美化し、賛美することによって、それが日本の大衆一般の思想であり文化であるごとき錯覚に陥らせるのである。

道元の思想、生活態度は、日本的霊性の発現といわれるように、これは日本の歴史にも稀にすぐれた宗教者であり、実践者であった。しかしこの道元の思想なり、態度なりと、こんにちの曹洞宗のあり方とはあまりにもかけ離れすぎている。世俗の権力を極端にきらい、鎌倉幕府からの寄進状をもらって帰った弟子を破門しただけでなく、その常時生活していた場所の土まで掘り返して寺外に捨てたという道元、朝廷から賜った紫の袈裟を一生屋根裏に置いて身につけなかったという道元の精神と、こんにちの祈禱と葬式にあけくれて、遺族でさえ覚えられぬような戒名に何十万、何百万という法外な金を要求しながら、口先だけで宗祖道元の思想などと説法している曹洞宗の現状。

死んだら賀古の教信沙弥にならって遺骸を賀茂川に流して魚に与えよと常にいっていたという親鸞と、こんにちの全く天皇制のミニチュアと化している法主制度下の真宗教団。こうした矛盾と背理は、とくに普遍宗教につきまとう歴史的なディレンマといえる。

「もののあわれ」、「わび」、「さび」、静寂主義などという日本文化に特色づけられる紋切型のうたい文句もその例外ではない。宗教的神秘主義に裏打ちされた東洋的静寂主義の理想は、たしかにわが国のエリートたちの心をとらえ、この国土に中世以来、すぐれた哲学、思想、芸術の華を咲かせた。こうしたエリート文化にしか目を向けないならば、日本人の精神的特性として静寂主義を強調することも一おうの理屈はある。しかし現実の日本、そして大衆のなかに果してこうした静寂主義がどこまで根づいているのか。公害と騒音、通勤ラッシュとデモ、ゴーゴーにボーリング。これらのどこに「もののあわれ」があり、静寂主義があるのか。

およそ社会の文化は、つねにエリートと大衆との二つの極の間のギャップと矛盾を免れることはできない。即ちエリートによる理想型文化と、大衆による現実型文化との落差である。この二つの型の間の落差は、あるいは相剋し或はときに関連している。つまりエリート型の文化は、いわば大衆の現実型の文化のアンチテーゼ、大衆文化との相剋の過程における所産である。そのことは現実型文化にきわめて批判的なエリートの、いわば反現実的な思考、生活態度として表出されたものである。この少数の、エリートの文化は、従って現実にはその逆なるものが横行していたことを前提とする。従ってそれは現実批判と理想追求の一つのモデルとして重要な意味をもつことはいうまでもない。

ところが、エリートはエリートたちによって追随され、支持されている限り、その初期の理想型を維持し得るが、その支持層や讃美者が次第に膨張して、大衆とかかわり合う段階までくると、そこに一つのディレンマの現象を起こしてくる。

創唱宗教、啓示宗教、すなわち教祖によってはじめられた宗教は、この二つの文化型の両極に脚をふまえて存在しなければならない宿命をもっている。宗教が、カリスマでありエリートである教祖と、それを理解し信随している少数のエリートの弟子たちを中心として、その純粋性を保とうとすれば、それは少数の知性人のためだけの宗教に止まってしまう。逆に創唱宗教が、大衆の現実型文化のなかに埋没してしまうと、それは大衆を教化するどころか、かえって大衆を愚昧の淵に陥しいれ、マルクスのいう「阿片」の役割しか演じなくなる。

自然宗教や民族宗教にはこうしたディレンマは存在しない。それはいわば大衆の日常生活における不安や、突発的な不安に対する適応として、大衆の呪術宗教的欲求から生じたものだからである。しかし啓示宗教、創唱宗教には教祖に集約される限定された前提があり、独自の教理体系がある。しかも宗教はつねに大衆の呪術宗教的欲求から遊離し、高踏することを許されぬ運命をになっている。衆生済度ということは、あらゆる宗教の至上命令である。この点で啓示宗教は、その社会化の過程において、他の諸文化現象とちがった、きわめて困難な立場にあることを示している。

つまり教団はすぐれたエリートの指導者を包摂し、これによって洗練され、体系化される他方で、いつも大衆と連繋し、大衆によって支持され、信頼され、理解されなければならないからである。そこで一般に文化のなかに存在するエリートと大衆のギャップ、反世俗的もしくは超世俗的と世俗的なるものとの間の相互矛盾を、どのようにして乗りこえて行くかが、啓示宗教ではきわめて深刻な問題となる。ここに宗教の教理よりも教団の運営者の責任が社会的に追究されなければならないのである。

II　宗教の社会に果たす役割

宗教の社会的役割については、従来とも多くの宗教社会学者や宗教民族学者の間で論議されている。古代の小集団社会、未開社会、もしくは現代の農村社会のあるものについては、すでにのべたように、社会そのものが一つの宗教集団である。そこでは宗教は例外なくその社会の制度、文化価値に対するもっとも強力な統合的、現状維持的役割を演じている。しかし、その社会が拡大し、文化が複雑となり、外来文化や外来宗教の伝播受容がはじまると、同一社会、同一国家内に二つ以上の宗教集団員が併存し、あるいはその社会を越えた特殊宗教教団が成立し、ある場合には社会を分裂に導くこともあり得る。

ただし高度で複雑な文化を持つ社会でも、その社会と宗教のかかわりの度合によって、あるいはその社会の性格によって、必ずしも一様ではない。たとえばインドのように、社会の安定度と伝承的、保守的性格の強い社会では、宗教と僧侶階級は、その社会に君臨し、従って、その影響が社会生活のすみずみにまで規制力を発揮する。そしてこれがカースト制度に見られるように、制度維持的な、保守的停滞的な力として作用する。

同様に偉大な古代文明を創造したギリシア社会では、伝統的僧侶階級はインドに比していちじるしくその社会的勢力は弱かった。これがインド文明とギリシア文明の展開の上にも大きな影響を与えているといえる。それはひいて東洋文化と西洋文化の大きな差異にも結びついていると言えよう。

先にのべたヒンドゥ（バラモン）教、ユダヤ教、神道といった民族宗教と、仏教、キリスト教、イスラム教といった普遍的宗教を、その社会史的展開の上からごく大ざっぱにとらえてみるならば、民族宗教は元来、その発生した社会の制度や文化価値の維持を立て前とし、その社会の統合的役割をはたすが、しかしその社会が、外部からの侵入勢力や侵入文化によって緊張関係に入ったとき、社会は大きな脅威にさらされ、民衆の間に不安がたかまってくる。そうした時には、ネティヴィズムの愛国運動、もしくはメシア（救世主）待望の新しい宗教運動として展開復活する動向をもっている。

これに対して普遍的宗教とよばれるものは、その発生においては、宗教的カリスマやエリートが、社会変動や文化変化の危機的状況のなかで、人間とは何か、人生いかに生くべきか、という原点の問題を追究して、これを合理や科学、すなわち政治、経済、倫理、芸術、自然科学といった領域では解決できない問題として、超越者とのかかわり、もしくは自己の現世からの超越を以て、これを解決しようとしたのである。従ってそれは反社会的なマイノリティ・グループ（少数エリート教団）として出発し、当時の社会の世俗的、宗教的権力や権威に反抗、批判、逃避して、神の王国、地上天国、往生極楽、地上仏国の理想社会の建設やそこへの生まれかわりを希求する傾向をもち、現世的地上的なものを懐疑、否定する性格が濃い。浄土教における「厭離穢土・欣求浄土」というスローガンなどは、そのもっとも端的な表現ということができるだろう。

ところがその伝道が、その社会のなかに次第に根ずき、さらにその社会の外に流れて多くの信者を獲得する大教団に成長するにつれて、教会や僧侶はいつしか地上的権威を獲得するようになり、地上的支配者と結托したり、それと権力を争ったり、その地位にとって代って、地上の権力や、社会の制度、文化の維持に重要な挺子の役を演ずるようになる。そして歴史の過程において、内部から再びエリートたちの反教団的、反制度的な運動が、いわゆる宗教改革の形をとり、「教祖へ返れ」というスローガンのもとにあらわれ、これがその時代の社会の変革に指導的役割を果たし、もしくは来るべき新しい社会の精神的バックボーンの役割を演じる。

民族宗教におけるネティヴィズムやメシアニズムの運動は、江戸末期のわが国学や水戸学の運動に、またアメリカ・インディアンのゴースト・ダンス教やペヨット教に、アフリカの黒人たちの間のメシアニズムの新宗教運動、インドネシアのマーディズムやニューギニアあたりのカーゴ・カルトなどの、反植民地支配、反白人文明、先祖のよみがえりと救世主来臨の民族主義の運動がある。

これに対して啓示宗教の面では、仏教やキリスト教そのものが、新しい時代への普遍的価値の採用という立場で登場してくる。この仏教とキリスト教という二大宗教の社会史上における対比はきわめて興味ふかく、且つ重要である。

Ⅲ　危機社会と啓示宗教

いったい宗教とは、人間もしくはその人間集団（社会）の危機と緊張の場において、しかも従来の政治、経済、倫理などの規範によっては処理し得られないような不安を、超越者への帰依、自我の滅却と世界観・人生観の根本変革（自己変革）を通して解決しようとする人間のいとなみである。従ってその反応は、伝承的な場におけるよりも、むしろ創造的な、再生的な契機となる面が重要である。

それゆえ、宗教における創造性は必然的にその現実における混乱、不安、規範喪失などの状況とからみ合う。すなわち啓示宗教の発展のもっとも創造的な時期は、安定した平和で平等な生活を享受した時代よりも、むしろ不幸なる社会の不安と混乱期であったことは注目してよい。マックス・ウェーバーやH・G・ウェールズなどが指摘しているように、西紀前第七世紀から第五世紀にわたる人間精神の異常な飛躍期、すなわちそののち二〇〇〇年にわたる偉大な文化の流れを基礎づけた創造的な宗教運動、精神運動は、いずれも急速な社会と文化の動揺期、変革期であったことは注意すべきことである。

シナに儒家・道家のおこったのは、いわゆる春秋戦国の時代であって、諸国に封建諸侯が群立割拠し、互いに合《がっ》従連衡《しょうれんこう》をくり返して相争った動乱期であり、それがやがて秦・漢の帝国へと統一されていく過渡期であった。インドに仏教、ジャイナ教、ウパニシャッドの哲学などが興起したのは、幾多のインド社会の内部抗争の時代、すなわちアーリア人と先住民との間の複雑な問題、仏教聖典にも見られる十六大国以下の、小さな地方国家の分立した封建的諸国家間の争い、バラモン階級に対するクシャトリア（武士）階級の社会的優位をめざす争い、といった動揺期においてであった。

のちのキリスト教、さらにおくれて出現したイスラム教の源泉をなすユダヤ教の成立、それを導き、確立した預言者たちの新しい動きは、イスラエル王国がすでに全盛をすぎ、メソポタミアの新興勢力によって、いわゆるバビロン捕囚といった深刻な民族的危機にさらされた時代にはじまっている。

ギリシアにおける古典的文明の発端もまた、小都市国家間の相互の利害の衝突、さらには東方からするペルシアの強大な圧力によって、不安定な社会状態のなかから芽ぶいている。

すなわち、ひろく宗教的倫理的な新しい運動が、教祖、預言者、哲人といったエリートを中心におこり、以後の文明を指導する偉大な文化体系が形成されたのは、じつにこうした全古代文明社会を通じての混乱期であったのは偶然ではない。

儒教、仏教、ヒンドゥ教、老荘哲学などは、東洋の巨大な精神文化の主要な枠組みを形成した。他方、ヘブライの預言者たちは、世界で最初の唯一絶対にして普遍的で倫理的な人格神を創造し、ギリシア人は西欧文明の基盤をなす分析的、思弁的知性を建設した。

これより数世紀後にあらわれたキリスト教は、いわばヘブライ的とギリシア的伝統の総合体として、取扱うことができる。預言者的ユダヤ教の背景なしには、普遍的、倫理的一神教はあり得なかったろうし、ギリシア哲学とくにグノーシス派の背景なしには、キリスト教の合理的神学の発達はあり得なかったに相違ない。そしてキリスト教そのものが、また社会と人間価値のいちじるしく動揺していた状態のもとに生まれた。

当時ユダヤ人はいくたの外国支配の長く苦しい経験ののち、ローマ帝国に吸収され、その総督統治下の新しい社会状態へ、どう適応すべきかの、苦しい試練に耐えつつあった。この適応がきわめて困難なものであったことは、イエスの意志に反して民衆が彼をメシアすなわちキリストとして迎えようとしたこと、またこのことが、ローマ総督統治下において危険人物と見なされたにも知られる。そしてイエスの十字架からわずか半世紀にして、ユダヤ戦争が勃発し、イスラエルの完全滅亡とユダヤ人の国外放浪となった事実からも知られる。

キリスト教徒の運動がユダヤ人社会に吸収されず、聖パウロによってローマに伝えられたことは、西欧文明史にとってもっとも決定的な出来事ということができる。このキリスト教の西欧文明に対する偉大な定礎事業は、その歴史を通して流れている二つの基本的プリンシプル、すなわち「普遍主義」（Universalism）と「能動主義」（Activism）とに帰すべきものである。

「能動主義」とは、本質的には人間の目的と価値が与えられた物質的、社会的条件にどう適応するか、もしくはそれからどう逃避するかにかかわるのではなく、それらをどう克服するかにある。この点では儒教はこれを強固な社会秩序の構成へと志向し、道教は「無為自然」の神秘的体得にかけ、ヒンドゥの神秘主義者は業の輪廻からの解脱を目指し、そして仏教徒は涅槃の境地に到達しようとしている。

これに対してキリスト教は、無明を神の意志の働きによって克服しようとする。それは地上の生活にかかわることなしに、自然を克服するという禁欲主義にあらわれている。それはやがてカルヴィン主義を中心とするプロテスタント派の世俗内禁欲主義と地上における神の王国の出現という観念になって展開されてきた。つまりは神の意志によって、よりよき社会を地上に実現しようとする運動である。

他方、ギリシア精神による能動主義的探究態度は、科学と宗教との闘争という激しい歴史のなかで、科学者は、神のわざを探究することによって神を知る、という立場に立って、西欧にのみ高度に発達した自然科学を生み出した。

またローマ精神に根ざす「法」の普遍性の精神は、教会法として生かされ、それに基いて中世のヨーロッパを支配した普遍主義的宗教としてのキリスト教は、中世文明の大きな発達に根幹的な役割を果たした。さらに普遍的個人主義は各人が不滅の霊魂をもち、すべて平等の宗教的価値をになうとする点で、また近代ヨーロッパ文明の平等主義の主張に深く寄与したことは疑いを容れない。個人の尊厳と独立の観念もまた、キリスト教精神から派生した産物と見られるのである。

Ⅳ　仏教と東洋文明

ところで、東洋文明の礎石の一つとなった仏教は、インドの民族宗教としてのバラモン教（ヒンドゥ教）の伝統と、その社会の文化を継承しつつも、三法印・四法印（諸行無常・諸法無我・涅槃寂静・一切皆苦）の説や、四諦、八正道、十二縁起などの原始仏教の教理に象徴される「法の普遍性」と「合理主義」の態度を強調し、根深いインド・バラモンのカースト制社会のなかに、四姓平等の教団、すなわち和合衆（Saṃgha）の結成によって、法の前に平等にして独立性のある個人の集団を目指した。和合衆は「法」の前に平等な個人によって形成された、世俗社会を離れた同信同行の共同体であり、出世間とか出家の語にも象徴されるように、それは世俗のもろもろの社会的、政治経済的な繋縛を捨て去ること、すなわち入信入団の入門・加入礼によって、新しい人間関係と価値体系の社会に入るのである。

従って初期の仏教教団の主要な目的は、あくまでも個人の解脱であり、修行の場としての教団であって、それは直接に社会改革を現実に目指すものでなかったことは、キリスト教とも等しかった。

仏教の主張した普遍主義と平等主義、そして合理主義的思考様式は、それまで個別主義と階級的差別主義、そして呪術神秘主義的思考様式のなかに存在してきた多くの古代東洋社会のなかに、仏教の合理主義的倫理思想とともに深刻な影響を与えている。もっとも、東洋社会は西欧のようなまとまりのある文化的、宗教的共同体を形成し得なかったから、仏教の及ぼした影響も、そのうけ取り方も一律ではないし、仏教はユダヤ・キリスト教的一神教とはいちじるしく異なる教理内容をもち、異なる宣教態度、すなわち寛容にして本地垂迹的な習合を許容する態度をもって、異民族、異教徒に対したのであって、その地方ごと、国家ごと、民族ごとに受け取られた変容度はきわめて複雑である。

しかし少なくとも、東洋的ヒューマニズムの根底には、儒教とともに仏教精神の存在を否定することはできないし、哲学・文学・芸術から、人間の思考、感情表現の領域にわたって、仏教を受容した以前と以後に、截然たる差異を生じていることは、東洋の高文化民族社会には例外なく認められることである。この意味で仏教は、東洋における古代との絶縁、近代精神への開幕、そして呪術から宗教への定礎的契機をなしたといっても過言ではないであろう。

シナにおける秦・漢の統一帝国の出現、とくに漢帝国の成立には、儒教のもつ済家安民、治国平天下の理想的倫理思想を、そのバックボーンとしていた。それは漢の武帝の儒教奨励とその尊崇に象徴される。これと同様に、インドにおける史上空前の大王国を建設したアショカ（阿育）王の仏教への回心と、仏教を国教として国内のみならず、遠く国外に伝道布教させた事実は、コンスタンチヌス帝によるキリスト教をローマ帝国の国教とした史実とともに、新しい国家建設に対する新しい宗教的倫理的基盤として、普遍的・統一的・理想主義的なるものへの指向を示すものであり、仏教は儒教やキリスト教とともに、創造的建設的な役割を果したものといえるであろう。

シナにおける隋とそれにつづく唐の大帝国は、漢帝国とともに漢民族の長い歴史のなかでももっとも安定した国家であった。唐帝国の基盤となった宗教倫理には、漢帝国における儒教や、アショカの王国やカニシカ王における仏教のように、いわゆる国教の制はとられず、五胡十六国の混乱期にも、新しい宗教倫理運動ははっきりした形ではあらわれなかった。しかし世界の文化史上にも比類のない初唐の覇気にあふれた国際的政治と国際的文化交流の背景には、西域の東トルキスタンを越え、南海の波濤を凌いでインドへ、ペルシアへとのびた三大東洋文化圏の連繋に負うところが多い。

唐帝国の西域経営とインド文明摂取の異常な熱意は、玄奘や義浄の仏法求法の長駆インドへの留学、多数の経典・仏像の将来、その飜訳事業が、唐の帝室の事業として積極的に押しすすめられた政策にも、端的に象徴されている。そして長安の都には、多くの西域やインドの高僧が寺院を賜わって止住し、西域やペルシアの胡楽、胡服が流行し、まさに東洋における一大国際都市の観を呈し、また国際文化の中心となった。

唐初のインド文化と西域文化の流入は、やがてシナ古来の民族宗教であった道教にも大きな影響を及した。道教の僧すなわち道士たちは、仏教教理と老荘哲学を混合して独自の経典を編纂し、大蔵経にかたどってこれらを道蔵とよび、シナ民間の神々に仏教の仏菩薩の性格や信仰を導入し、仏教寺院にならって道教寺院、すなわち道観を建て、民衆の呪術宗教的欲求に対応して、仏教と対立するようになった。中唐以後、政権が不安定になるにつれて社会不安と民衆の動揺に乗じ、唐の王室が李姓であって、老子と同姓であるのを奇貨として、朝廷に進出し、仏教を打倒しようとして武宗の廃仏という未曽有の破壊を行なった。この場合の道教は、宮廷内の信仰を掌握したが、老荘哲学の深遠な教理は影をひそめ不老長生の呪術宗教に顚落しており、心ある知識人や篤信の仏教信徒の顰蹙を買うにすぎなかった。それは衰亡し行く唐帝国の起死回生の原動力とはなり得ず、むしろ老衰のあがきを象徴するにすぎなかった。

日本の仏教は、その時間的、地理的な距りのゆえに、インドの仏教は西域―シナにおいて大きな質的変化をとげ、また老荘哲学との混合による禅などの展開もあって、朝鮮半島を経由して渡来し、受容された。それはシナに仏教が渡来して四〇〇年、朝鮮半島に渡来して以後一五〇年もたったのちのことである。なぜ仏教の受容が日本ではこれほどおくれたのか。そしてその伝来後、大きな抵抗はあったとはいえ、なぜ急速に日本の上層部にうけいれられていったのか。そこに古代日本のもっていた政治的、社会的、宗教的なものが、激しい変革を迫られており、そこに新しい理念と価値を儒教とともに仏教に求めようとしたからだと云えるようである。

つまり仏教のもつ普遍的な統一原理が、日本社会の変革していく社会不安と動揺のなかで、その収拾と次代の新しい精神原理となるべき役割をになって登場してきた、ということである。

もちろん朝鮮仏教を受容した最初期の仏教なるものは、いわゆる氏神型信仰の別形態として、また福徳の果報をもたらす斬新な呪術として、個別的、恣意的な形で信仰されはじめたに相違ない。蘇我氏の飛鳥寺、紀氏の紀寺、上宮王家の法隆寺など、いずれも個別主義的な氏寺の形をとっている。しかしその公的な仏教受容の時期が、古墳末期の氏族制社会の崩壊期であったことは重要視しなければならない。

仏教導入の直接の契機は、隋帝国の圧力が朝鮮半島に延び、これをめぐって数百年間保持してきた半島南端の任《みま》那《な》日本府の滅亡という国際的危機の場に於てであった。しかし古代氏族制社会の崩壊への萌芽は、すでに雄略朝に胚胎している。雄略天皇は、日本書紀のなかに、「天皇心ヲ以テ師トス……タダ愛寵スルトコロハ史部身狭村主青《ムサノスグリアオ》、桧隈民博徳等《ヒノクマノタミハカトコ》ナリ」としるされているように、強い個性の持主である。南宋書にいわゆる倭王武に擬せられる偉大な倭王であったが、その国際政治の上からも、多くの帰化人を愛寵し、近侍させていたことが知られる。そしてしきりに使者を大陸に派遣して先進技術の吸収と、技術部民の帰化政策を積極的に押しすすめていった。のちの政治、経済、技術史の上に大きな発言力と実力を行使するようになる東西の漢《あや》氏、今の京都地方を根拠地とした秦《はた》氏などは、いずれもこの天皇のときに、その社会的地位を引上げられ、在来の豪族とほぼ同等の地位を獲得するに至っている。

かくて雄略以後には、種々の政争を利用して、蕃別氏《ばんべつ》とよばれた帰化人氏族は、古代社会の神々の子孫と称する神別《しんべつ》氏族、天皇の子孫と称する皇別《こうべつ》氏族とともに、天下を三分して指導的階層へと進出していった。ことに高句麗や百済の滅亡に伴なって、その王族や遺臣の亡命が相つぎ、彼らのもつ知識と技術、そしてその経済力は、政治の領域にも次第に発言力を増大してきている。そして古代社会はこの新興勢力の異常なまでに急速な抬頭、氏族の膨張、その団結力などによって、旧来の社会構造及びそれを支えてきた宗教的、倫理的、文化的規範が次第に維持されにくくなっていったのは当然の経緯である。

新興勢力がいつの世にも逢着する必然の過程は、実力を有しながら、社会的、神話的もしくは宗教的権威の前には、旧来の伝統氏族に対して、常に劣等感を抱かせられざるを得ないということである。つまり神話的伝承を権威とする神別氏族（その代表は物部、大伴、中臣などの諸氏）、天皇や皇子の血統を誇る皇別氏（和珥《わに》、多、吉備などの諸氏）からは、一段と低い階層と考えられていた。しかし国際関係が敏感に国内政治に反映するような情勢がひらけてくると、国内にある新興の皇別氏族が、帰化人と密接な関係をたもちつつ抬頭してくる。仲哀、神功、応神の三朝にわたって、朝鮮半島への進出という政策転換の中心的指導者と伝える武内宿禰の子孫と称する家、すなわち平群、紀、巨勢、蘇我などの諸氏が政治の世界に抬頭してくる。そして最も伝統をほこる神別氏の総帥としての物部大連家に対して、新興皇別氏族の蘇我大臣家が、帰化部族との連合体としてのし上り、やがて物部氏を滅して最終の覇権を握ることになった。

こうした国内における力のバランスの破綻、社会構造や文化や価値体系の大きな変動、新しい技術の導入による経済や産業の発展、そして外方からの新興隋帝国の積極的な外征政策による国際間の力の均衡の破綻という深刻な情勢のなかで、仏教は雄略朝に渡来した新漢《いまきのあや》とよばれる新しい帰化部族によって恐らく将来され、次第に受容されてきたものが、ついでその主導力によって、逐次蘇我氏と蘇我氏をとりまく宮廷氏族の間に浸透していったと見ることができる。

この場合の仏教は、いわば古い社会体制や宗教倫理の体系を分裂させ、新しく展開すべき社会に対する精神的、文化的価値の組織者としての役割をになっていた、ということができる。こうした社会の変革期における非伝統的、反伝統的な進歩的氏族の役割と、その精神基盤となりつつある仏教の役割とを見つめ、そこに来るべき新しい社会の建設を夢みたのは聖徳太子であり、その理想はやがて太子歿後、その子孫たちの一族をあげての自己犠牲によって、一天万民の大化改新の統一王朝へと展開する。

三　分裂と調和、反世俗と堕世俗――啓示宗教の運命的ディレンマ――

宗教運動、とくに超越的なるものを強調する啓示宗教は、すでにのべたように、宗教制度や世俗制度をふくむ現実社会の多くのあり方に対して、これを透視し批判する立場から出発する。例えばキリスト教の場合には、それは一方で「異教」に対して、他方ではローマ帝国の体制に対する離反である。

マタイによる福音書には、

地上に平和をもたらすために、わたしがきたと思うな。平和ではなく剣を投げこむためにきたのである。わたしがきたのは、人をその父と、娘をその母と、嫁をそのしゅうとめと仲たがいさせるためである。そして家の者が、その人の敵となるであろう。わたしよりも父または母を愛するものは、わたしにふさわしくない。わたしよりもむすこや娘を愛するものは、わたしにふさわしくない。また自分の十字架をとってわたしに従ってこないものはわたしにふさわしくない

とあり、ルカによる福音書には、「わたしは火を地上に投じるためにきたのだ……あなた方は、わたしが平和を

この地上にもたらすためにきたと思っているのか。あなた方に言っておく、そうではない、むしろ分裂である」、と表現されている。

このイエスの言葉は、きわめて激しい調子のものである。同じマタイによる福音書の、あの有名な「それではカイザルのものはカイザルに、神のものは神に返しなさい」という言葉とともに、それは一方で啓示宗教のもつ反社会、反家族的な信仰至上主義、カイザーに象徴される支配的権力に対する離脱主義をあらわしている。

たゞ初期のキリスト教徒は、少数のエリート、すなわちマイノリティ・グループであり、それは世俗の世界からはきわめて目立たぬ、取るに足らぬ人々の集まりにすぎなかった。そして彼らが生きのびることのできたのは、その社会の他の成員や、ローマ当局者がこれを寛容に見すごしてきたことも見のがせないことである。じっさい当時のキリスト者の運動は、主として差しせまったキリストの再臨への期待と、そのための悔い改めの奨励にあって、その社会と連関するような問題はほとんど念頭に浮かばず、関心も引かなかった。キリスト教と俗社会とのつながりは、悪なる世界からの汚れを防ぎ、主の福音をひろめるという関心に止まっている。

しかし幾多の紆余曲折を経て、コンスタンチヌス帝がキリスト教をローマ帝国の国教としてうけ入れたとき、キリスト教自身には根本的な変化が起こってきた。一つはキリスト者の社会の統合体としての、制度化された教会組織の観念が芽生え、発達したことであり、第二には「わが王国は地上のものではない」という成句に象徴されるような、地上のものに対する冷淡さ、あるいは嫌悪の態度であり、制度化された教会組織や、キリスト教王国の制度にも強く反撥しようとする立場との、激しい相剋がはじまる。

反制度的、反体制の傾向があやまっているか、正しいかの問題より、具体的な現実社会のなかの制度化された宗教となった以上、その社会に完全にまきこまれることなしには存立し得ないことはあきらかである。ここに西欧の歴史を濃く彩る教会と政治権力、教会と富との問題が、いかにキリスト教を混乱せしめたかを見れば足りよう。

アショカ王以前の初期仏教教団が、どのような対世俗社会の態度をとっていたか。世俗社会とどこでまじわり、どの点で相反撥しあったかはつまびらかでない。しかし少なくとも、アショカ王が仏教を国教とし、王の命令によって法勅詔文が各地に建てられたり刻まれたりし、また僧侶が四方に派遣されるようになったとき、仏教教団のなかにも、キリスト教と同様の根本的な変化がおこったろうことは想像にかたくない。

釈迦牟尼自身がすでに王族の出身であり、いくつかの有力な国王や富豪の外護や喜捨によって精舎を建て、教団を維持拡大していったのであるから、理念的にはとにかく、実際的に反社会的な要求も関心も稀薄であったとも見られる。しかしイエスが「貧しい者は幸いである」といったと同じく、釈迦牟尼も地上の栄華を無常にして無価値なるものとし、「出世間」の語に標榜されるように、世間からの離脱、出家すなわち家族主義からの離脱という性格は強く持たれていたにちがいない。しかし、ここに新しく開かれてきた環境に対して、聖と俗の合弁の制度的教団が、国家権力との結合の上に芽生え、発達していったことはあきらかである。そしてキリスト教の歴史にも見られるように、一方で教祖の精神に忠実であろうとする「出家は帝王を拝せず」とする主張との相剋も生まれたことであろう。

富は権力を行使する最大の手段である。権力と結びついたものは富を欲し、富を手に入れたものは権力を行使しようとする。ここに宗教のもつ運命的、歴史的なおとし穴がある。それは宗教の堕落、変質というよりも、宗教の発展過程において、その世俗社会とまじわり合うことなしには、具体的な社会の制度的宗教たり得ないという社会学的条件によって規定される宿命ということができるだろう。

キリスト教にせよ、仏教にせよ、それが漸次その社会の精神界に君臨し、高い地位をその社会内に築いていくにつれて、精神界における優越性と、日常的世俗社会における行動の優越性とが判然と区別されなくなってくる。つまり精神界を支配することは、同時に世俗的権力を持つもののように錯覚されてくる。かくして権威（Authority）は権力（Power）と混同され、この二重のからみ合いのうちに、教団は成長し発展していく。

いかなる宗教も、その歴史の展開の過程において、この深刻なディレンマをまぬがれる方法はないのである。教団と権力、教団と富の問題は、宗教の理想追究よりも、その権力なり富なりを行使する現実処理に力点がおかれる。そのためには信仰とか信念、修行に専念する聖職者のほかに、多数の有能な政治的手腕や事務処理の能力者を必要とする。いわゆる政治局、事務局が、信仰の外に大きな比重を教団のなかに占めるようになってくる。しかし、観念的理想論は別として、教団と権力、教団と富力との関係は、それを獲得し、それと結合することを批判するよりは、それをいかに行使し、コントロールするかというところに根本的に問題がある。

要するに、宗教の制度的宗教化への問題は、二重のあり方で世俗社会にまきこまれるということになる。すなわち初期の段階における宗教運動は、その時代の社会の制度化された価値に対して、否定、離反、拒否の態度をもって出発する。人々のこの世における生活上の不如意、不満、不安をとらえ、その人間関係や、慣行的な倫理行為における不適合、不調和を処理し、新しい人間関係、新しい神・仏への信仰を通しての新しい生き甲斐や価値の発見という点で、人々にアッピールする。

しかし、その教団がその社会で次第に優越した地位を占めるようになると、その直接の結果として、宗教運動はむしろ教団の維持や信者の組織化、そして教義の整備という面に力点がおかれるとともに、ラディカルな政治活動に乗り出すという二足の草鞋をはくようになる。

しかもその活動が、社会における教団の優越する地位をさらに強化し、安定させようとすればするほど、既存の秩序や権威を維持する保守的な安定勢力として働くことになる。ここにおいて宗教は、貧しく苦しむ人々を現世から救済することを念願しつつ、みずから地上に社会的権威と権力と富とを築き上げ、且つそれを継続していくための企業体として、それ自身が一つの地上的、世俗内の存在と化してしまう。

従って人々は、宗教を通して究極的な精神の安らぎ、生き甲斐、永遠の生命を求めようとするのであるが、一度び人間界の制度となった宗教教団そのものは、もはや究極的な安定を保ち得ず、社会学的な法則の支配をうけ、歴史のなかを、つねにその社会とともに流転していく運命を辿らざるを得ないことになるのである。

四　日本仏教史における反世俗と世俗の循環

(一)

すでにのべたように、古代社会における体制崩壊の危機的な局面において、聖徳太子は儒教の普遍的人倫道徳思想とともに、仏教を来るべき新時代への精神的基盤として、これにふかく傾倒し、とくに法華経の精神を、「万善同帰成仏」の法として、統一国家への統一理念と考えたようである。日本の歴史上の人物で、古来、聖徳太子ほど一方で極度に讃美されつつ、他方で極度に嫌悪された人物も珍らしい。平田篤胤の『出家笑語』などには口をきわめて太子を罵り、日本をこんにちの思想・信仰の混乱に陥れた元兇とさえ評している。

他方、伝教大師は聖徳太子の法華信仰を以て自からの先師と仰ぎ、「海内求縁力　帰心聖徳官　我今弘妙法　師教令無窮　両樹随春別　三卉応節同　唯願使円教　加護助菩薩」という献詩を太子の廟前に詠じた。また親鸞は有名な「和国の教主聖徳皇、広大恩徳謝シカタシ、一心ニ帰命シタテマツリ、奉讃不退ナラシメヨ」をふくむ百十四首の「聖徳奉讃」と、七十五首に及ぶ「皇太子聖徳奉讃」をその晩年に作製している。

この儒者や国学者や神道家の執拗な聖徳太子の政治的宗教的な責任追及の論評と、仏教者の聖徳太子を日本の教主と仰ごうとする態度とは、ともに聖徳太子が日本の宗教史、思想史のなかに独自の地位を占め、その影響が長く尾を引いている事実を、ともに裏書きするものである。

それは太子が同時に政治家であり、仏教の理解者、導入者であったという悲劇的な運命に負うところも大きいし、そこに日本仏教の一つの性格が象徴されているともいえる。純粋の宗教者ではなく、困難な政治情勢のなかに立って、その政治的責任と権力の中心にあった聖徳太子によって、仏教が日本に根づかせられたことは、他方で日本の社会が、古くから垂直的な政治的価値の優位な体制——タテ社会——につらぬかれ、上下の身分、間柄に細分され、いたるところに家を中心とする小天皇制（万世一系、血脈相続）と家族主義の社会構造をもつ点とあわせて、日本における社会と宗教とのかかわり合いを決定する一つの鍵となろう。すなわち日本仏教は、社会のもっとも目立たぬ、とるに足らぬ反世俗的マイノリティ・グループから出発したのではなくて、すでにアショカ王、カニシカ王以後、そしてシナ王朝の、政治的権力と結びついた仏教であり、民衆のなかからもえ上った宗教的情熱の所産というよりは、為政者によって上から下へと流された仏教であった。しかもそれは僧侶の仏教ではなく、俗信徒としての優婆塞の仏教であったのである。

聖徳太子は、憲法のなかで、「和を以て尊しとなす」という、理想社会の実現を念願し、その宗教的なバックボーンとして、「四姓の終帰、万国の極宗」たる仏教を篤く敬うことを要請している。それは「人皆党《たむら》あり、また達《さと》れるもの少なし」という小部族の分裂、対立、抗争の社会において、人々の心の「枉《まが》れるを直く」する役割を期待するものであり、儒教の「礼」の倫理とともに、理想社会の秩序の源泉と信じられた。

聖徳太子の三経義疏のなかに散見する独特の表現、すなわち「一大乗」、「常住一体の三宝」、「万善同帰」といった思想は、仏教がその成長の過程のなかを一貫して流れている普遍主義的統一理念であり、これを個別主義的な氏族制社会から統一国家への革新的な、高次的統合の原理として採り上げ、且つ深い共鳴を示したものと見られる。すなわち、太子は調和的統一の理念を、儒教と仏教の普遍原理に求めはしたが、しかしそこに「詔を承りては必ず謹しめ」という天皇の最高権威の強い主張がなされていることは、とくに注意すべきことである。つまり太子は、純粋な、自由な宗教的カリスマもしくはメシア的存在ではなく、みずから世俗的権力の象徴たるの地位にあって、その権威主義体制を、調和と平和のなかに実現しようと念願したと見てよいであろう。

この点で初期の日本仏教の受容のあり方は、初期のキリスト教やインドにおける初期の仏教のそれといちじるしい違いをもっている。それは分裂ではなく調和を、出世間ではなく世間のなかの宗教としての仏教であった。つまり日本仏教は、聖徳太子によって、反世俗と世俗という対立のプロセスを通過することなしに、いきなり地上的存在として発足したことになるのである。

㈡

これについては、さらに別の角度から見れば、それが日本社会の特殊構造に負うところが大きいとも云えるであろう。多くの学者の指摘しているように、インド社会が横に、水平に切断されたカースト制の社会であり、シナ社会は古くから「孝」の倫理が「忠」に優先して説かれる家族主義的社会であるのに対して、日本は前にのべたように、縦の、ハイアラーキカルな上下の間柄において連続するピラミッド型社会といえる。従ってインドやシナのように、「出家」ということが、そのまま非世俗的世界に入ることを意味しなかった。なぜなら「家」は日本では世俗的世界の象徴的単位ではなかったからである。

「家」は政治体系の外にある独立体ではなく、家長は家族員に対して政治・経済的な支配権を祭祀権とともに行使するが、それと同時にさらに広い家集団の長の政治的下位者として、これに服従の義務を負っている。日本ではあらゆる分野にわたって人々はつねに自分より上位のものに対する服従の負い目を荷っている。家の存続と名誉が家長や嫡子そのものより優先する。実子をしばしば廃嫡したり勘当して養子を迎える制度は日本独自のものであり、神もまたそれを祭る家の格式によって位づけがされている。皇室の祖神の天照大神も、みずから神御衣を織り神田を耕作する神をまつる女神であり、天皇もまた神をまつることによって天皇の資性を身につける。つまり個の背後にはつねに家につながる社会の政治的宗教的義務がつきまとっている。

従って「出家」は必ずしも社会の世俗的義務から全く解放されるというわけにはいかなかった。もちろん寺院にはアジール的性格がつよく保持されたし、仏門に入ることによって政治的責任を免れるという逃避の城であったことも事実であるが、他方では出家した皇太子が大軍を募って天皇方を打倒し、新しい政権を樹立した天武天皇のような例もあれば、平安末期のように出家した法皇が事実上の政治を親裁する例もあった。そして寺院が氏を中心に、その氏人の出家者によって運営されて氏寺の形をとることも慣例化され、また上代にはしばしば家の繁栄のため、主君や天皇の病気平癒のために代度と称して出家させられる例もあり、またすぐれた僧侶の徳をたたえて、その生家の一族に恩賞を賜るといった例も、特に例外的に、異常な出来事とは考えられなかったのである。

聖徳太子の神話的権威による天皇主権の樹立を前提とする新しい国家体制の意図は、やがて大化改新によって一おうの展開を見せた。「天神ノウケヨサセタマイシマニマニ、方今ハジメテマサレ万国ヲ修セムトス」という大化改新の詔勅は、まさに唐帝国を手本とする中央集権の神聖王権の全国的統一であったことを示している。部族が個々に独立した一つの国家を形成していた古代社会に、儒教に裏打ちされ、唐制による中央国家制の樹立は、古い独立の豪族を官僚貴族へ、私有地私有民の天皇政権への奉還による班田収授制の採択へと、一挙にして大きな政治体制と社会体制の変革をもたらした。しかもこうした変革が、帰化人出身の留学僧僧旻や留学生高向玄理などの手で行なわれたことも、聖徳太子の遣隋使の先見の明の一つの結実ともいえるだろう。

大化改新は一見して儒教精神が根幹をなしているが、しかしその仏教政策は、従来の蘇我氏とそれをとりまく皇族や豪族の信仰から一転して国家の宗教としての変質を迫られたことがわかる。それは大化元年に天皇の発願として、従来の蘇我氏の崇仏の事実をあげたあと、新政府もまたこの仏教の正しい法を尊崇することを宣言して、僧尼らの動揺を防ぎ、且つ、「凡そ天皇より伴造《とものみやっこ》にいたるまで、造るところの寺、造ること能わざるは朕皆助け造らん」との宣言が発せられ、また大師の制を設けて、寺院と僧侶の国家統制にのり出したことが記録されている。

ここにも寺院が社会を越えた、出世間的な修行の道場であるという性格は、始めから持たれていなかったことが示されている。これは推古天皇二年に、日本仏教を正式に受容するとの三宝興隆の詔勅が発せられた際に、日本書紀には、「ここを以て臣連、おのおの君と親との恩《めぐみ》のために競って仏舎を造る、これをテラという」という記事とも照応している。そして天武天皇以後には、金光明（最勝王）経や仁王護国（般若波羅蜜多）経がとくに選ばれて諸国諸寺に講説され、これがやがて国分寺へと進展して行くとともに、諸氏から必ず一人の出家を出させて、氏神とならぶ氏寺様式もこの時代に奨励された。そこに部族的仏教を統合する国家仏教への開幕がある。

東大寺の大盧舎那仏は、華厳経の教主ともいわれるが、その台座の蓮弁に示される梵網経の千葉一千の大釈迦仏図、一葉百億の小釈迦仏図を統一して化現する報身の本仏という雄大な統一的世界観を秘めており、奈良朝仏教の象徴と考えられる。聖武天皇はこの東大寺の四門の一つに「金光明四天王護国之寺」と親書した額を掲げさせ、「この寺衰亡せば国家も衰亡せん」との誓願を籠めた。ここに見られるように、仏法は国家の法すなわち王法と一体不可分の運命共同を強調するものであり、この趨勢は他方において神仏習合思想や、その具体例としての神宮寺（別当寺）や寺院鎮守神などの発生とともに、仏教が社会の安定力として期待されたことを物語るものである。

天武天皇によって確立された仏教と帝権との密着は、やがて律令体制によって強化され、僧侶は寺院にとじ込められて自由な布教を禁止された。このなかで僧行基が民衆の間に罪福の因果の理を説き、民衆を動員して膨大な社会事業を行なったことは、当時の律令政府の神経をひどく刺戟し、数次にわたるはげしい弾圧を蒙っている。しかし彼の民衆への教化力は、やがて東大寺大仏の勧進という任務を引きうけたことから、一躍大僧正に任命され、民間仏教の雄もやがて律令体制にくみこまれてしまった。しかし彼ののこした独自の布教方法は、こののち長く「行基菩薩」として民衆の信仰をかちとり、やがて次にのべる平安時代のヒジリの運動へとつながって行く。

聖武天皇はみずからを「三宝の奴」と称し、戒をうけて「沙弥勝満」となり、事実上仏教を国教化した。この意図と信仰は次の孝謙（称徳）天皇にもうけつがれ、とくに法王道鏡の出現によって、宗教的権威が地上の権力の座を奪い去るかの観を呈した。しかしこれは必ずしも宗教的価値が政治的価値に取って代ったというものではなく、いわば個人的、閨房的な側近政治ともいうべきものであって、それゆえ称徳女帝の崩御にまつわるクーデターによって、僧官政治は一挙にしてあえなく覆滅してしまった。

㈢

桓武天皇による平安遷都は、一つには平城京内に蟠居し、政治的権力にからみついた寺院と僧侶とを、政治の中心から放逐することにあった。それは南都の諸大寺の一寺も新京へ移転することを許されず、新京には僅かに南端朱雀門をはさんで東寺と西寺が建立されたのみで、市街地には全く寺院をもたぬ構想であったことからも知られよう。そして政治と宗教の分離を目指す僧尼と寺院に対する手きびしい統制令の相つぐ発令となり、教権は完全に帝権のもとに屈服してしまった。

平安新政府の宗教政策へのよき協力者として、また奈良仏教教団に対抗するエースとして抜擢された伝教大師と弘法大師は、奈良朝初期に法相宗を直接玄奘に学んで伝えたという道昭、中期にあらわれた三論宗の大成者道慈、法相宗の義淵、後期の民衆仏教布教者の行基などとならんで、その真摯な求道精神、すぐれた仏教の理解、またその社会的実践といった面で、真に日本仏教史の上で傑出した第一級の人物といえる。伝教大師は『山家学生式』において、社会の一隅を照らす「国宝」僧の養成を志し、また奈良仏教教団の桎梏から独立すべく、戒壇の独立を十重四十八軽戒という真俗ともに実践し得る大乗戒を実施し、法華経の一切衆生悉有仏性の理想主義をもって、法相宗のエリート主義に論戦した。しかし、彼のもたらした天台法華宗は、時代の要請もあったと見えて、天台プロパーに加えて密教を重視し、またみずからの宗派を桓武天皇の御願によって建立したものと権威づけた。

弘法大師は、インドから伝来して間もない真言密教をシナに学び、その教学的な大成者となり、諸寺の経堂や綜芸種智院といった私立大学の創設によって、一般庶民の高等教育に画期的な事業を起こすなどしたが、事相の面では鎮護国家、攘災招福の斬新で神秘的な呪術祈禱の形態をもたらして、当時の宮廷や貴族から歓迎され、また卓越した文学や芸術の才能のゆえに、嵯峨天皇、淳和天皇と親しい交わりを重ねた。のち世俗を厭って遥かに高野山に隠棲して弟子を養成し、そこに入定したが、いずれもその仏教と地上的権力を結びつけ、その社会組織と価値体系の維持と強化の役割をになわせたことは、否定さるべくもない。

伝教大師歿後の比叡山は、慈覚大師、智証大師などの俊才が相次いで入唐し、中唐時代のシナ密教を大量に日本に舶載し、智証大師とくに「顕劣密勝」、すなわち天台宗をはじめとする顕教を密教の下位におき、もっぱら天台の密教化につとめ、ついに真言宗の密教（東密）に対抗する天台密教（台密）の樹立に成功した。ここに天台教学は大きく密教の影響をうけて変質し、安然たちによって大成された「中古天台」、「本覚思想」をうち出すことになった。

平安中期には天台・真言の二宗は、その呪術性が強く貴族の願望にアッピールし、社会における教権、すなわち精神的優位性を確立した。しかも皮肉なことには、この教権の確立は逆に天台・真言の二宗をいちじるしく世俗化することになった。それは、

(1)律令体制の弛緩にともなう荘園貴族の抬頭につれて、仏教教団にも中央の統制力がおとろえ、僧侶は特定の貴族の出身者、またはその外護によって、宏壮な私僧坊や子院が生まれ、いわゆる貴族に専属する「御祈りの師」とか護持僧が生まれ、一家一門の自然的な繁栄をもたらし、政敵を呪詛調伏するような祈禱師が増加したこと。

(2)このため貴族出身や貴族の尊敬を得た僧侶の私坊には莫大な寄進の財産が蓄積され、これが弟子によってうけつがれ、いわゆる後の門跡寺院が形成されたこと。それは中央政府の統制力が衰えて荘園貴族が実力をもったのと同じく、中央寺院の政治・経済力、統制力が衰えて、子院、末寺が栄えるという結果になった。

(3)荘園貴族化した教団は、その荘園の維持と経営のため、いわゆる学侶（学僧）に対する大衆《だいしゅう》、すなわち事務

局を整備拡充していかなければならなくなった。ことに寺領地は全国に散在していたから、その年貢の収納、土地の整備その他には多数の事務官を必要とし、ちょうど荘園貴族がそれぞれに邸内に政所《まんどころ》を設置し、地方に目代などをおいたのと同じ構造をもった。とくに地方豪族との領界の争いが激化すると、そこに武装した軍団組織も必要となってきた。いわゆる僧兵なるものの出現は、天台座主良源のときにはじまるといわれる。これはユニフォームをつけ、頭をまるめてはいるが、宗教者ではなく、一種の護衛兵であり、また事務官であった。

(4)当時、僧侶は租税と課役を免除される特権階級であった。それゆえ、地方の小豪族や地主層は、その特典を利用し、みずからの所有地を寺院に寄進し、僧侶となってその輩下に属する風潮が強く、三善清行の『意見封事十二箇条』には、こうした特権利用のため、天下の人民、その三分の二は禿首、しかも口になまぐさを食い、家に妻子を蓄えて放埒な生活をしていることを嘆いている。これは清行当時の延喜二年の戸籍帳によっても証明される。すなわちこんにち残っているこの戸籍帳には、いわゆる租税、夫役、兵役の義務を負うべき壮丁（二〇―六〇歳）の人口は激減し、総体に男子一に対して女子六～八の比率を示している。これは実際に男子の人口が減少したのではなく、戸籍から削除されていることを示す。つまり大部分は貴族の家人や寺院のなかに逃避したことを意味している。

(5)さらに従来は、学問と修行によって衆望をになって座主職に任ぜられた天台座主に、いわゆる顕門座主、すなわち藤原氏を中心とする貴族の子弟が進出したことも注意される。これも良源の弟子として右大臣師輔（九条家の祖）の子禅尋にはじまる。こののち権門座主、権門門跡は院政時代にかけて一般化し、比叡山は梶井（三千院）、清蓮院、妙法院の三大門跡によって独占され、法親王や藤原一門の子弟が幼くして門跡に任ぜられ、これが座主になるようになった。かくて門閥による座主の出現によって、教団の統制力は全く失われ、数をたのむ大衆の意のままに動かされる象徴的な存在と化してしまった。興福寺もまた一乗院、大乗院の二大門跡が、すべて藤原氏の子弟で代々継承され、これが奈良法師なる軍団の実力によって支配される結果となった。

(6)他方、学僧たちは、ひたすら研究室にとじこもって、教学の研究、訓詁註釈の学にのみ専念した。その結果は、多くのすぐれた学者が輩出し、またそれぞれの研究に従って多くの異説が生じた。天台宗では源信の流れを恵心流といい、源信とならぶ教学の巨匠覚運の流れを檀那流といい、それらがさらに細分されて恵檀八流といわれるようになった。真言宗は小野流と広沢流という二つの流派がさらに細分されて野沢十二流というふうになった。しかもそれらの細かな解釈や訓詁の違いを、「切紙」とか「伝授」として秘教化し、互いに論議をくり返した。これは一面からいえば学問的には進歩といえるが、しかしこうした細かな教義の研究は、逆に学僧から、宗教的活動、つまり求道者や信者に対する積極的な教化の活動力をいちじるしく弱める結果となった。

こうして、教団はいよいよ世俗の繁栄を求める世俗化の道をあゆみ、他方で学僧はいよいよ雲の上の象牙の塔に籠って満足してしまうということになり、教団はほとんどその宗教的使命と宗教的活動を見失ってしまったといえる。

㈣

このような平安の仏教教団のあり方は、やがて源平の争乱を経て武家の封建社会が成立し、律令制に発した荘園体制は崩壊する。この社会変化において、仏教はどのように転回をとげたであろうか。

第一〇世紀の半ばごろから徐々に破綻のきざしを見せてきた荘園体制——とくに承平・天慶の乱——と、その価値体系に密接に癒着し、その安定勢力として、みずからの地上的教権の樹立を謳歌していた仏教教団のなかから、いくつかの新しい動きが、とくに政治の中心である京都を根拠地とする天台宗僧侶の間から起こってきたことは興味がある。その一つはヒジリの運動であり、第二には末法思想の浸透と危機意識の昂揚である。

空也、源信（恵心僧都）、寂心（慶滋保胤《よししげのやすたね》）、寂明、増賀、性空などを中心とする、世俗化した教団に対する一種のプロテストの動きは、一面ではもっともよく、敏感に社会の推移をみつめ、これと纏繞《てんじょう》しながら世俗化し切った教団の運命を見通し、真の宗教的な使命感に徹し、求道者の道を歩もうとする人々の動きとみることができる。

このヒジリの運動は二つの方向に流れた。一つの流れは「再出家」ともいうべき形で教団を離脱し、真の宗教的求道の生活を完成しようとする道心型と、第二の流れはこうした制度的、貴族的教団のあり方に反発し、これから脱出して、みずからの信仰を民衆のなかに布教しようとする民衆教化型とに分けられる。

前者は、狂気をよそおって叡山を脱出して多武峰にかくれた増賀《ぞうが》聖や、久しく沙弥の生活をおくって播磨の書写山にかくれ住んだ性空によって代表されるし、後者は比叡山を「物さわがし、市井の鉢蔵なるにしかず」として山をおりて、京都の市内に身をかくし、民衆に念仏をすすめて一生を送って市聖《いちのひじり》とも阿弥陀の聖ともいわれた空也に代表されよう。

こうした人々は一見して恣意的な、隠遁的な形をとっているが、その心の底には強いレジスタンスの精神を秘めており、その反骨性と、宗教を特権者の独占物から広く民衆の救済のために開放しようとする意図とは、後世に大きな感化を及ぼしたことは否定できないのである。

人々は鎌倉の新仏教の祖師たちを、歴史を越えて出現した偉人として神話化しているが、しかし法然上人、親鸞上人、一遍上人のような浄土教の祖師たちには、空也や賀古の教信沙弥の行為が深い影響を与えているし、また日蓮上人には増賀聖や性空聖の純粋に法華経の精神に徹し、身をもって実践しようとした法華行者の精神が継承されていることは見遁すことができない。もちろん平安中期から起こってきたヒジリの運動は、その生活態度は離脱型であり、直接既成教団に対する修正を要求しなかった点では、初期的な未熟さや不徹底さは免れ得ないが、しかし彼らの先駆的な運動がなかったら、鎌倉の新仏教があのような形で展開したかどうかは疑わしい。この運動については、私の『我が国民間信仰史の研究』を参照されたい。

平安末期の末法思想の浸透については、すでに多くの専門家の研究がある。これらの人々の考証によると、一般に永承七年（一〇五二）をもって、末法第一年とする説がひろく流布していた。この思想は、最澄の作といい、あるいは偽作といわれて争われている『末法燈明記』をその思想的先駆とするが、これがもたらした危機意識は、特に鎌倉仏教の祖師たち、法然上人、栄西禅師、親鸞上人、日蓮上人などが、いずれもこの書物に触発されて、末世濁悪の世の頑愚にして罪業深重の衆生を済度する最もすぐれた仏説と信仰形態を探究し、新しい宗教運動を起こすにいたった点からも指摘されよう。

そうした先駆者のみでなく、この危機意識が平安末期の貴族をはじめ、地方民衆の間にまで浸透し、深刻な不安を醸成していったということは、すこぶる重要な意義を有するように思われる。

末法思想は貴族と貴族社会に寄生してきた仏教者にとっては、いわば救いなき絶望と恐怖を与え、それが現実の政治体制の動揺や戦乱や天災地変による社会不安と相まって、一そう身にしみとおった点で、新しい社会体系と価値体系の成立への大きな跳躍台の役割を果たしたことは否定できない。

かくてこれらの運動と思想動向をうけて、王族の支配体制から武家の封建体制へと移行する社会変革の不安動乱の決定的時期に、浄土、禅、日蓮の諸宗が、たんに宗教改革という歴史上の意義だけでなく、来たるべき新時代の精神的支柱の役割をになって登場してくる。

日蓮上人のメシア的天台リヴァイヴァル運動は、深い現実認識と政治的関心を示し、天台・真言・禅・律・念仏などを鋭く批判し、法華経の釈迦牟尼、釈迦牟尼の法華経にかえって仏教を統一し、日本の国難に直面した精神界の統合を意図したものである。「それ国は法によって栄え、法は人によって貴し」として、国家と仏教の関連性を強調しつつも、他方「わづかの小島の主等が威嚇さんに恐れては、閻魔王の責をばいかんがすべき、仏の御使と名のりながら、臆せんことは無下の人人なり」という「法」の普遍的な権威を無上のものとする意識も強かった。そしてこうした主張が新しい時代をになう中で下層の人々をとらえ、一般民衆や下級武士の間に次第に受容され、のちには室町時代の新興階層である町衆《まちしゅう》などへとその教勢を拡大していった。

法然上人や親鸞上人、一遍上人の浄土教運動は、深い人間自覚に立って、阿弥陀一仏への純一無雑の信仰こそ、末世の世の混迷せる不安と絶望の社会の、罪業ふかき衆生を済度する道として、平安中期以後、シャーマニズムとも結合して、すこぶる呪術的な様相を呈するにいたった民間念仏の行を、純化し、体系化しようと試みたものである。法然上人は「あとを一廟にしむれば遺法あまねからず、予が遺跡は諸州に遍満すべし。ゆへいかんとなれば、念仏の興行は愚老一期の勧化也、されば念仏を修せんところは貴賤を論ぜず、海人漁人がとまやまでもみなこれ予が遺跡なるべし」として、いわゆる草庵の生活に終始し、制度的な寺院形態を否定した。

親鸞は「弟子一人も持ちて候わず」として同朋同行の立場をつらぬき、佐渡配流以後は妻帯して「愚禿」、「非僧非俗」という師資相承の既成教団の概念を打破して、俗聖的な無戒律主義に徹し、わが国の仏教教団の最初の「俗信徒集団」を同信の講組織を通して作り上げた。

一遍上人もまた、「法師のあとは跡なきを跡とす」として、その半生を一所不住の勧進遊行の旅に送り、熊野信仰との結合、踊躍念仏の再興など、多くの民間信仰の諸要素を合糅しつつ、主として庶民教化の第一線に活躍した。

道元は浄土教系の祖師たちに比すれば、はなはだしい精鋭主義をとり、厳重な清規《しんぎ》――生活規定――によって新しい宗教共同体の樹立をはかり、天童如浄を媒介として、釈迦牟尼―迦葉直伝の禅を伝えた。彼は貴族の出身であったが、天台僧徒の圧迫によって、鎌倉と京都という因襲と政治の中心をさけ、エリートを権勢の間に求めず、遠く永平の山中にかくれて、孤高の宗教生活と指導を全うしようとした。

これらの祖師たちは、いずれも既成の世俗的宗教の権力や権威に対して、改めてこれから離脱し、拒否する態度をとり、新しい秩序と価値の体系を、実践を通して提唱している点で、またそれが当時の社会において、名もなき、取るに足らぬ人々のマイノリティとして出発した点で、キリストのいう「分裂」ないし「剣を投げ」に来たものといえるであろう。鎌倉の祖師たちの役割は、キリスト教の歴史でいうなら、パウロの役割をになったものである。それは宗教改革でもあったが、実質上は家族や知識人の所有物であった仏教を、はじめて民衆のレベルにまでおろし、真に日本仏教を開幕した人々といってもよい。

㈤

鎌倉の新仏教運動は、封建社会の機構のなかに、次第に適応しつつ拡大し、発展していった。マイノリティとして出発した反世俗主義、反権威主義の主張は、その教団が発展して次第にマジョリティとなり、多くの民衆の上に精神的権威としてのぞむようになると、それぞれの祖師の教説を次第に再解釈し、変質させた。かつて祖師たちによって強く否定された制度的教団化の道をたどり、一方では組織の世俗的権力や経済力を結合し、みずからもまた地上の権力と富の蓄積過程をたどるとともに、他方、教団内の教学的、権勢的対立をもたらし、いわゆるセクト的分裂の方向を辿っていく。

封建社会から近代社会への大きな社会変革の場に、多くの宗教・倫理運動がおこった。既成仏教は織田信長の比叡山焼討ち、豊臣秀吉の根来寺焼討ち、信長と本願寺との抗争などを通して、完全に幕藩体制のなかにのみこまれ、切支丹禁圧を契機に、寺請制度の末端機構をうけもつことになった。こうした既成教団のあり方は、日蓮宗の一派の不受布施派を除いては、ほぼ平安中期の天台・真言二宗や東大・興福の南都の大寺のたどったのと似た方向をたどっている。

徳川中期から幕末にかけて、次第に社会情勢が変化し、商人階層の抬頭、武家の没落という状況のなかで、民衆的宗教・倫理の運動が、やはり反世俗的・反権威主義の主張をもつ、社会の取るに足りぬマイノリティとして芽生えてきた。国学、水戸学、石田梅岩による心学、二宮尊徳の報徳運動などは、そうした例にあげることができる。それとともに浄土真宗や禅宗、日蓮宗のなかにも、民衆の日常生活にとけこみ、その教団への参加による宗教心昂揚の運動が、教団の下部構造のなかにおこっている。家業に精を出すことがそのまま仏にすくわれる道であり、報恩講やお会式の参加が信仰の結びつきを強化し、寺子屋制度が、初等教育を通して、幼童の子に一種の宗教的情緒をうえつけた。こうした事例は、ベラの『日本近代化と宗教倫理』や、私の『日本宗教の社会的役割』にくわしく説いてある。

しかし全般的に見て、江戸時代の仏教は、徳川の幕藩体制とその価値体系の維持に果たした役割は強く、それがやがて国学や水戸学の社会変革の指導理念のもとに、尊皇倒幕とならんで廃仏毀釈の運動をもり上らせる原因ともなっている。

廃仏毀釈は一種の暴挙であり、時の勢いとも見られるものだが、しかしこれに対して民衆の間から、また僧侶の間から、いくつかの例外を除いて、いちじるしい反撃や防禦、法を守る殉教者が輩出しなかったことは、注目すべき事実である。たんに反撃、防禦の動きだけでなく、仏教内からの革新的分派活動も、反教団的、反権威主義の運動も、ほとんど実を結ばなかった。そしてむしろ新政府への妥協と協力の上に、請願による教団維持の動きが強く見られる。

明治仏教の復興なるものは、宗教的であるよりは、哲学的、思想的、言語的、歴史的研究であって、西欧におけるインド研究の趨勢に追随するところから出発した。エリートの学問的知性を満足することに終始した姿は、あたかも社会と民衆の存在を無視して、エリート的貴族の知性のなかに根づいた南都六宗の形態に逆転したともいえる。それゆえ僧侶が原典をよみ、東西哲学の思想でもって教理を解説し、多くの文献や記念碑や遺跡調査の結果を駆使して詳細で緻密な歴史的考証を行ない、その広範な知識を身につけた点では、教祖、宗祖の何人をも凌駕するに至ったにかかわらず、一文不知の愚鈍の身になして、尼入道と等しく、智者のふるまいをしなかった法然上人の宗教運動、教化活動にはるかに及ばず、ただ檀家制度と葬式、年忌の供養布施によって辛うじて寺院を経営してきたにすぎない。

そして他方で、急速に近代工業化に邁進した資本主義体制と、天皇主権に名をかりて抬頭してきた全体主義体制、反資本主義的共産主義イデオロギーとの狭撃のなかを、その権力の行方を追って押し流されてきたとも見られよう。明治維新の社会変革において、大正末期の資本主義体制の確立期の経済機構の変革期に、そして終戦直後の虚脱的なアノミー状態のなかで、民衆の間からは多くのメシア的、カリスマ的人格があらわれて、新しい宗教運動を展開し、多くの混迷した民衆の上に、それぞれ精神的救済の役割を果たし、生き甲斐と希望を与えてきた。そして今や旧くて長い伝統を誇り、深遠な教理体系、信仰体系もいよいよ複雑化、神秘化しつつ、しかも葬式仏教などと罵られる儀礼的機能にのみ跼蹐している旧仏教が、生きた信者を急ピッチで獲得し、近代的な殿堂や教団組織を築きつつあるということは、一見皮肉な現象であるが、また歴史の示すように、新しい時代の新しい宗教の、いわば未完成の活力こそ、宗教の根源であり、民衆の欲求にこたえるものであることを示している。

しかしマイノリティの時代の啓示宗教が、次第に教団組織を整備し、多数の信者を組織化すると、そこに啓示宗教に特有の深刻なディレンマが生まれてくる。このディレンマをどうのりこえるか。世俗的な権力と富とにどう対処していくか。教団組織をどう流動化し、万人参加の途をとざすことなく開放していくか。教団首脳部が固定化し、天皇制的な象徴的な会長とそれをとりまく固定化した側近政治をいかに処理し、いかに新しい血液と新しい知能とを交替させていくか。本部と末端との絶えざる意志の疎通、交流をいかにはかるか。時代の流れに応じて教学、儀礼をいかに適応させ、率先して時代を指導する教学を打ち立てるか。

こうした困難なディレンマの問題は、新しい宗教運動も、その歴史の推移とともに解決していかなければならない問題である。この点で過去の宗教の歴史をふり返ること、そのどこに欠陥があり、どこにのりこえられぬ障害があり、どこに解決の糸口があるかを発見する一つの指針となるであろう。新しい宗教運動はまた歴史の所産だからである。

（未発表原稿）

編者あとがき

本巻『宗教と社会変動』は、宗教の社会的機能や社会変動との関係を論じた主要著作を収めている。時期的には、堀先生が比較的晩年にかけて取り組まれたテーマである。この巻の中心となるものは、一九六二年に未來社から刊行された『日本宗教の社会的役割』（日本宗教史研究Ⅰ）と、一九六三年刊行の『宗教・習俗の生活規制』（日本宗教史研究Ⅱ）で、そのほかに、同時代の重要と思われる小編と、先生の手元に残されていた未刊行と思われる手書きの原稿を収録した。

すでに前回配本の第七巻の「編集あとがき」で記したように、本著作集は第六回の配本（一九九〇年一二月）以降、十年近くも刊行が途絶えてしまったことから、二〇〇〇年に有志の方々のご協力によって「堀一郎著作集刊行会」を結成し、完結に向かって努力することになった。そこでは、当初全十巻としていた構想についても変更が検討され、第十巻に予定していた「随想・書簡・日記」を割愛して、全九巻として出版することになった。こうして、第七巻は第七回配本として二〇〇二年四月に刊行された。残りは第二巻『上代日本仏教史』と第九巻『宗教と社会変動』の二冊となり、まず、第九巻の刊行にとりかかった。

ところが諸般の事情によって出版が遅れ、すでに五年が経過してしまった。さらに、編者である私が高齢のうえ、体調をくずして入退院を繰り返すようになった。刊行会の方々のなかにも編者と同様に齢を重ね病人が増えている。最近になって、これまで慎重に、かつ献身的に編集・出版を手伝い、実際には実行委員としての役割を担ってきた若手教員の方々から、とにかく早急に『堀一郎著作集』の完結を実現すべきだという意見が出されるようになった。

　幸い、予定される第九巻の校正は大半が完了していたが、第二巻予定の『上代日本仏教史』が問題になった。第七巻「編集あとがき」でも触れたように、この第二巻はすでに版組みまで終わっていたが、出版界の事情の悪化に伴って印刷会社が閉社になり、原稿も紛失するという事態が起こり、未來社にとっても不幸なことになっていた。この巻は堀先生の初期の上代仏教に関する研究を収録したもので、研究史の面でも、資料の収集という面でも貴重な巻であるが、出版するにあたっては、多大な困難と長い時間を要することになる。

　その結果、予定されていた第二巻『上代日本仏教史』の出版を断念して、第九巻『宗教と社会変動』を第二巻としてはどうかという案が浮上した。これは以前から検討されてきた案のひとつではあったが、慎重論があって実行に至らなかった。しかし、私の老齢化や体調の悪化が進んできた今日、刊行会の方々が全員健在のうちに著作集を完成させることが良策と考えられるようになった。刊行会の方々や未來社の西谷社長もこの案に賛成され、理想と現実との対立に挟まれることになったが、私も若手実行委員の方々の意見に従うことにした。

　思えば、堀先生が他界されたのが一九七四年（六四歳）。本著作集の第一回配本として第一巻『古代文化と仏教』が刊行されたのは、その三年後の一九七七年一月であった。それから実に三十年の歳月が経過した。ともかく、堀先生の偉大な学業を集めた著作集全八巻がここに完結し、先生の御霊前にご報告できる日を迎えたことを喜ぶとともに、完成が遅れたことに対して申し訳なく、お詫びの気持ちで一杯である。

　『堀一郎著作集』の全巻刊行に当たっては、物心両面からご支援をいただいた堀家のご家族や、刊行会の岡田重精、月光善弘、小森正信、坂田安儀、鈴木智覚、高橋堯慧、橋本武人、華園聰麿、北條賢三、北條礼子（旧姓三和）、星宮智光の方々、実行委員の池上良正（駒澤大学教授）、諸岡道比古（弘前大学教授）、山崎亮（島根大学教授）、故渡辺喜勝（前東北大学大学院教授）、並びに事務局長で会計担当の鈴木岩弓（東北大学大学院教授）の方々には、ご助力をいただいたことを感謝する次第である。

さまざまな事情があったとはいえ、このような編集の度重なる不手際の責任は、すべて編者の私にある。本著作集の刊行を心待ちにされていた堀家のご家族、そして何よりも一般読者の皆様には、心からお詫び申し上げる次第である。また、第六回配本まで巻末に貴重な解説や「月報」に玉稿を頂いた皆様にも、この場を借りてお礼を申し上げたい。

最後になったが、本著作集の刊行に当たっては、未來社の初代社長・西谷能雄、第二代社長・小箕俊介、第三代社長・西谷能英の各氏に多大なお骨折りをいただいた。また本巻については、編集部の天野みか氏のお世話になった。心から感謝を捧げます。

二〇〇七年七月

編集責任者　楠正弘

堀一郎著作集　第二巻

二〇〇七年一〇月五日　初版第一刷発行

定価（本体一六〇〇〇円＋税）

©著者　堀《ほり》一《いち》郎《ろう》

編者　楠正弘

発行者　西谷能英

発行所　株式会社　未來社

〒112-0002　東京都文京区小石川三―七―二

電話代表　〇三（三八一四）五五二一

振替　〇〇一七〇―三―八七三八五

http://www.miraisha.co.jp/

E-mail: info@miraisha.co.jp

印刷　スキルプリネット

製本　榎本製本

ISBN978-4-624-90402-9　C3314

堀一郎著作集　全八巻（消費税別）

第一巻　古代文化と仏教　一二〇〇〇円

第二巻　宗教と社会変動　一六〇〇〇円

第三巻　学僧と学僧教育　九五〇〇円

第四巻　遊幸思想と神社神道　九八〇〇円

第五巻　神と人　九八〇〇円

第六巻　生と死　一二〇〇〇円

第七巻　民間信仰の形態と機能　一二〇〇〇円

第八巻　シャマニズムその他（オンデマンド版）　一五〇〇〇円